**Brigitte Berendonk**

# Doping

## Von der Forschung zum Betrug

rororo SPORT

**Rowohlt**

Aktualisierte und erweiterte Neuausgabe

Veröffentlicht im Rowohlt Taschenbuch Verlag GmbH,
Reinbek bei Hamburg, Juni 1992

Umschlaggestaltung Peter Wippermann/Jürgen Kaffer
(Foto: Sarraute/Image Bank)
Satz Times (Linotronic 500)
Gesamtherstellung Clausen & Bosse, Leck
Printed in Germany
1690-ISBN 3 499 18677 2

*Mundus vult decipi, ergo decipiatur.*
Die Welt will betrogen werden, also soll sie betrogen werden. –
(Lateinisches Sprichwort)

# Inhalt

# Erstes Vorwort
# Spiele, verloren in Lug und Betrug

*«Der Sport wird das alles ausschwitzen wie die Kinder die Masern... Es ist eine schlechte Sache, mit unreinem Herzen nach dem Höchsten zu greifen... Ich meine, ich hätte... schon einiges ausgesagt über das, was wir unternehmen, um das Problem... in den Griff zu bekommen»* (Willi Daume, NOK-Präsident; *Süddeutsche Zeitung*, 14.4.1977).

*«Wir sind auf dem richtigen Weg, dieses... Problem... endgültig in den Griff zu bekommen»* (Hans Hansen, Präsident des DSB; *Süddeutsche Zeitung*, 14.2.1991).

Seit 1969 ziehen immer wieder heftige Doping-Diskussionen über die deutschen Lande, unperiodisch, aber doch vorhersehbar. So auch zur Zeit. Wahrscheinlich sind aber auch sie schon bald wieder vorübergezogen, und der Leser wird in der Zeitung erfahren, daß das Problem Doping bei NOK und DSB, bei den Sportverbänden, beim Sportärztebund und beim zuständigen Bundesministerium des Inneren (BMI) gut und kompetent aufgehoben sei. Man habe es – nun aber endgültig – «unter Kontrolle» oder noch besser «im Griff», und ein Festredner verkündet Entwarnung und die erste allgemeine Versicherung: *«Die moralische Krise des Leistungssports ist zunächst überwunden!»* (Ministerialdirektor und DLV-Sportwart Prof. Dr. Manfred Steinbach; *Leichtathletik*, 3.1.1978).

Die offiziellen Sprechblasen sind jedoch mit Leichtigkeit zu erkennen: Lügen als verbindliche Sprachregelung, routinierte Heuchelei, staatlich gefördert. Das nationale Selbstgefühl, offenbar vom Erfolg im Sport abhängig, hat einen hohen Stellenwert. Man will Sieger um jeden Preis, olympischer Zweck heiligt Doping als Mittel. BMI, Sporthilfe und Sponsoren fordern und fördern bekanntlich die Leistung, auch die betrügerische, zumindest solange die Drogenabhängigkeit der Leistung nicht bekannt wird.

In Wirklichkeit ist die Wahrheit über das tausendfache, gesetzwidrige

Doping mit androgenen Hormonen (Anabolika) allen Verantwortlichen seit mehr als zwei Jahrzehnten bekannt. Man hat sie aber immer wieder mit großer Energie vertuscht, verdrängt und ausgesessen. Und weil diese Wahrheit die Bevölkerung schockieren könnte, gilt sie als staatsfeindlich, besonders die Veröffentlichung von konkreten Beweisen für die Verbreitung, die Mechanismen und die Seilschaften des Erfolgssystems Doping. Die schlimme Wahrheit des modernen Leistungssports und der Sportmedizin in Dokumenten festzuhalten, die Festredner verstummen zu lassen: Das ist Ziel dieses Buches.

Schon als aktive Leichtathletin habe ich Ende der 60er Jahre öffentlich gegen die betrügerische Manipulation mit Anabolika gekämpft. Meine frühen Befürchtungen haben sich inzwischen leider bestätigt, Daumes Masern-Prophezeiungen und die olympischen Eide waren falsch. Das wahre Werk der Sportführer der letzten Dekaden ist seit kurzem öffentlich ausgestellt: ein Potemkinsches Olympisches Dorf, hinter der festlichen Fassade eine anabole Müllhalde von Lug und Betrug, von Pillenschachteln, Hormonampullen und Spritzenbestecken.

Medizinische Gesellschaften stützen heute meine damalige Einschätzung und sprechen sich mit schärfsten Worten gegen den Einsatz von Anabolika im Sport aus. Mit ihrer Einstufung als äußerst gefährliche Substanzen unter den «Controlled Substance Act» im Dezember 1990 durch die Regierung der USA ist die in Deutschland immer mal wieder von einigen Ignoranten propagierte Freigabe endgültig ein Thema ohne Bedeutung.

Freuen kann ich mich nicht, recht behalten zu haben. Schließlich habe ich einen Teil meines Lebens dem Sport – dem Sportunterricht wie dem Leistungssport – gewidmet und kann daher die Drogenabhängigkeit des Sports nicht nur mit Resignation und Zynismus betrachten. Das Erkennen des gigantischen, geheimdienstartig organisierten Dopingschwindels im Spitzensport, der staatlichen Beteiligung daran und der augenzwinkernden Kooperation eines großen Teils der Sportjournalisten hat in mir zuerst Ärger, dann Wut, dann Trauer über einen verlorenen Menschheitstraum aufkommen lassen.

Seit dem letzten Jahr bin ich allerdings auf einer anderen Reaktionsebene angelangt: Nach Lektüre der amtlichen Berichte von Dopingkommissionen der Regierungen Australiens, Kanadas und der USA mit Schilderungen unglaublich komischer Doping- und Vertuschungspraktiken, nach der Entdeckung gemütlicher westdeutscher Dopinggruppen und vollends nach meinem Besuch des Verschlußsachenspeichers der früheren Nationalen Volksarmee der DDR, gefüllt mit stolzen Berichten des Dopingbetrugs der kriminellen Gemeinschaft von SED, SMD, DTSB, NOK, FKS, Jenapharm und Konsorten, ertappe ich mich häufig dabei, wie ich auflache: Mein Gott, wie haben sie die Welt betrogen, die ganze Welt und sich selbst am meisten!

Welch völkerverbindender Schwindel von schwindelerregendem Ausmaß! Ost wie West haben ganze Sportlergenerationen von Betrügern und Lügnern erschaffen, erzogen und zum Vorbild der Jugend ausgewählt, die – wäre der Schwindel nicht aufgeflogen – noch ihre Enkel belügen würden und ihre gesammelten Lebenslügen als Vertrauliche Verschlußsache mit ins Grab genommen hätten. Und viele dieser Betrüger sind nun mitten unter uns, damit sich auch beim Doping das Wort des großen Ehrenvorsitzenden erfülle: Es wächst zusammen, was zusammengehört.

Der internationale Beitrag der beiden Deutschlands zum sportlichen Betrug ist beträchtlich, besonders jener der Sportmediziner der DDR. Dabei stellt der vorliegende Band nur eine erste Auswertung von über hundert wissenschaftlichen Arbeiten dar. Denn die Forschung zum sportlichen und medizinischen Betrug namens Doping ist zugleich auch ein weiteres Beispiel pervertierter deutscher Wissenschaft. Hochgeförderte Forschungsinstitute widmeten ihre Arbeit der Suche nach besseren Dopingmitteln und -methoden, neuen Wegen des Umgehens sportlicher Regeln und Kontrollen wie der Vertuschung der Wahrheit. Forscher haben die Wissenschaft durch unethische Zielsetzungen und verbrecherische Anwendungen verraten, bis hin zur Verabreichung von androgenen Hormonen an Minderjährige, vor allem Mädchen.

In all den Jahren meines Kampfes war ich aber Ansprechpartner für viele, die mit Dopingproblemen zu tun hatten. Besonders habe ich dabei die Sportler bedauert, die so jämmerlich betrogen wurden, von ihren gedopten Konkurrenten wie von ihren eigenen schweigenden Funktionären und Ärzten, die ihnen trotz besseren Wissens nicht die Wahrheit sagten. Leid taten mir vor allem die jungen Menschen, die den Festrednern glaubten und denen ihre Fairness und Sauberkeit zum Handicap wurde. Wie naiv oder idealistisch müssen in vielen Sportarten und spätestens nach München 1972 all die ungedopten Athleten und Athletinnen gewesen sein, die für den Wettkampfsport trainierten!

Wenn ich also nun die Dokumente der bösen Wahrheit der Öffentlichkeit übergebe, dann tue ich das auch für alle heutigen und zukünftigen Sportler und Sportlerinnen, die Bestes leisten wollen, ohne sich zu dopen. Denn der Sport sollte ihnen gehören, und sie müssen bestimmen, wie sie ihn haben wollen, damit sie auch in späteren Zeiten stolz auf ihre Leistung sein können. Sie müssen ihr Recht auf einen dopingfreien Leistungssport einfordern. Denn wegen des Wettkampf- und Förderungsmonopols der Sportverbände folgt aus der Duldung des Dopings der Zwang zum Doping, zumindest in einer dopinganfälligen Sportart: Eine junge Diskuswerferin etwa muß zu Dopingmitteln greifen oder auf den internationalen Wettkampfsport verzichten. Aber welches normal veranlagte Mädchen möchte denn schon die Mengen männlicher Hormonpräparate einnehmen, die hier seit vielen Jahren den großen Erfolg ausmachen? Wie ich weiß, haben inzwischen viele Sportler erkannt, daß nur ein freiwillig und radikal kontrollierter, dopingfreier Sport ihre einzige Chance ist und daß sie dafür selber kämpfen müssen. Ihnen vor allem ist dieses Buch gewidmet – ebenso wie den vielen ungenannten Nebenwirkungsopfern, eines davon in meiner eigenen Verwandtschaft.

Dieses Buch ist auch für die Eltern, Lehrer und Übungsleiter talentierter Jungen und Mädchen geschrieben. Sie sollen erfahren, was ihre Kinder im heutigen Leistungssport erwartet und daß sie in der Dopingfrage weder dem Staat noch den Sportverbänden vertrauen können.

Doch wer kann, mag sich auch ein wenig bei dieser Gaunerkomödie amüsieren! In diesen Tagen schwindelt man schon wieder. Wer frühere Diskussionswellen zum Thema Doping miterlebt hat, erkennt auch heute leicht den bewährten Goldenen Zehn-Punkte-Plan zum Schutz des diskreten Anabolismus:

1. Aussitzen;
2. Ruhe, Gelassenheit, keine Emotionen, es sei denn gegen «Störenfriede», «Selbstbezichtiger», «Nestbeschmutzer», «Wahrheitsfanatiker» und «Moralisten», d. h. Doping-Gegner;
3. Gründung vertraulicher Kommissionen, die außer allgemeinen Feststellungen und Pressemeldungen schon nichts zustande bringen werden, das Staats- und Sportsräson gefährden könnte;
4. «Hearings» vor dem Sportausschuß des Bundestages, möglichst als geschlossene Gesellschaft von Duldern und Stillen Teilhabern des Dopings;
5. Viele Anti-Doping-Grundsatzerklärungen (grundsätzlich unverbindlich) von NOK, DSB, den Sportverbänden bis zum Sportärztebund; noch besser ist eine «Charta» (natürlich «magna»), das bringt wieder Ruhe ins Volk, genau wie 1977;
6. Tägliche Pressemeldungen über viele negative deutsche Dopingkontrollen;
7. Bundesverdienstkreuze, silberne Lorbeerblätter und anderes staatliches Suppengewürz für verdiente Mitglieder der geheimen Dopingfamilie;
8. Öffentliche Gruppenbilder – mit oder ohne Dope-Damen: der Bundespräsident stellt sich vor die gedopten Sportler, NOK-Präsident Daume hinter die dopenden Ärzte;
9. Verwirrspiele mit Sportgerichtsverfahren, seit 1977 besonders bewährt;
10. Die Sportjournalisten wählen eine Über-21-Meter-Kugelstoßerin zur (ungedopten) Sportlerin des Jahres – wie 1977, und die Kameraleute des Fernsehens werden instruiert, Nahaufnahmen von Spitzensportler(inne)n mit verräterischer Steroid-Akne zu vermeiden.

Wer allerdings durch dieses Buch die sportmedizinischen Tricks zum Unterlaufen von Kontrollen kennengelernt hat, etwa die DDR-Rezepte der «Zwei-Tage-Absetz-Überbrückungstherapie», wer dann noch in den Tageszeitungen die vielen Reisen von Spitzensportlern auf ferne Dope-Islands verfolgt, und wer die bisherigen Dopingkontrollen kennt, der muß wohl erkennen, daß sich das neue Dopinggleichgewicht längst schon wieder eingespielt hat. Was hätte man auch sonst erwarten sollen, sind doch überwiegend noch dieselben Personen im Amt, die auch bisher für das Doping verantwortlich waren.

Dieser Bericht mußte auch geschrieben werden, weil von offiziellen deutschen Stellen kein ehrlicher Bericht zu diesem Thema erwartet werden kann, auch von keiner der diversen Kommissionen, die ja von den Tätern und Vertuschern selbst eingesetzt werden. Auf schonungslos dokumentierte Tatsachenberichte zum Thema Doping, die an Ehrlichkeit den entsprechenden Regierungsberichten Kanadas (Dubin 1990), Australiens (Black 1989, 1990) oder der USA (Biden 1990) auch nur nahe kämen, wird man bei uns vergeblich warten. Auch die deutsche Öffentlichkeit und die Presse mahnen sie nicht an. Aufklärung und Recht haben hierzulande anscheinend keine Lobby. Deshalb habe ich gehandelt.

Heidelberg, im Sommer 1991 — Brigitte Berendonk

Die Autorin wird den Gewinnanteil ihres Honorars für dieses Buch «sauberen» Leichtathletikvereinen für ihre Nachwuchsarbeit, zur Anlage eines Archivs der speziellen Doping-Literatur, besonders der Verschlußsachen-Arbeiten aus der früheren DDR, und für einen Rechtsschutzbund ungedopter Sportler und Sportlerinnen zur Verfügung stellen.

# Zweites Vorwort
# Ende des Spitzensports: Urinmanipulationen, Anabolika-Postversand, Testo-Dope-Injektionen und die Verhöhnung der Wahrheit

*«Ein Schmierenstück erster Ordnung!»*
(Prof. Dr. Manfred Donike, Beauftragter für Dopinganalytik des Bundesinnenministeriums, Mitglied der Medizinischen Kommissionen des Internationalen Olympischen Komitees IOC und des Internationalen Leichtathletikverbandes IAAF; Kommentar zum Erschleichen ganz bestimmter Kontrollflaschen-Siegel der Firma Envopak durch das holländische Dopingkontroll-Institut «NeCeDo» und zur besonderen Art und Weise, mit der Rechtsanwalt Dr. Reinhard Rauball vor dem DLV-Rechtsausschuß in der «Krabbe-Affäre» diese wohl kaum ernsthaft als Beweis dafür präsentierte, daß der von ihm erfundene Große Unbekannte Urinmanipulator an solche Siegel gelangen konnte.)

*«Die Arbeiten liegen an den von Ihnen genannten Standorten nicht vor, und es gibt auch keine Informationen über ihren weiteren Verbleib. Offenbar sind diese Arbeiten aufgrund ihres hohen Vertraulichkeitsgrades und ihrer politischen Brisanz in den Wirren der ‹Wendezeit› Ende 1989 bis Anfang 1990 von den damals Verantwortlichen vernichtet oder an einem anderen Ort vor dem Zugriff der Öffentlichkeit gesichert worden. Ich bedauere sehr, Ihnen keine weiterreichenden Informationen geben zu können.»*

(Aus einem Antwortbrief vom 17.2.1992 des Ministerpräsidenten des zuständigen Freistaates Sachsen, Prof. Dr. Kurt Biedenkopf, zum Verbleib der Leipziger Dissertationen von Dr. Thomas Ferkl zum Doping der DDR-Mittel- und Langstreckler(innen) und von Dr. Lothar Hinz zum Hochdosis-Doping der DDR-Werfer und -Werferinnen. Man beachte die Ohnmacht selbst eines Ministerpräsidenten gegenüber den Doping-Seilschaften des früheren DDR- und heutigen BRD-Staates.)

1991/1992 hat sich der deutsche Sport mehr geändert als in Jahrzehnten zuvor. Der politische Wille, die Erwartungen und das Finanzvolumen sind zum Bersten aufgeblasen, Land und Leute, Sportler und Trainer, Presse und Zuschauer bis zum Zerreißen polarisiert. Die Sportverbände und die tonangebenden Politiker haben das Erbe der DDR angetreten, haben es genossen, bei den Olympischen Spielen in Albertville Nr. 1 der Welt zu sein, «über alles in der Welt». Nun glauben sie, das Volk wolle diese Art Sporterfolg um jeden Preis und müsse dafür auch zahlen und unethische Personen und Praktiken in Kauf nehmen.

Mit dem Einzug von Staatssport und «Staatsplanthemen», von Hundertschaften Doping-erprobter Trainer und im Schnellwaschgang gewendeter Funktionäre aus der früheren DDR hat sich – von der Öffentlichkeit fast unbemerkt – auch der Geist und die Betrugskultur der DDR eingenistet. Und in diesem Geiste werden auch immer noch Doktorarbeiten geheimgehalten und DDR-Geheiminstitute fortgeführt, müssen offenbar perverse Betrugspraktiken wie die Manipulationen des Dopingkontroll-Urins der Mecklenburger Sprinterinnen («Krabbe-Affäre») im höheren Staatsinteresse unaufgeklärt bleiben. Nur einige unverbesserliche Idealisten wollen sich diesem neuen alten Geist und dem Nationalopportunismus noch nicht widerstandslos beugen und verteidigen jenen Leistungssport, den man Kindern empfehlen konnte.

Endkampfstimmung: Rückbesinnung oder Ende des Spitzensports als Vorbild und Erziehungswert. Entweder findet der Leistungssport zurück zum Selbstverständnis als guter Teil der Gesellschaft und der Erziehung, zur Vorbildrolle einer humanen Leistungsfreude – oder er wuchert aus zu einem Haufen von Hasardeuren und Freaks, abhängig von Drogen und Sponsoren, einer davon namens Staat – oder der Leistungssport der dopingfreien Normalmenschen («Normis») trennt sich in einer grundlegend neuen Organisation vom Drogensport gedopter «Hormis».

Mein Buch soll durch die Verbreitung der Wahrheit mit zu dieser Polarisierung und zur Entscheidung beitragen. Das vorliegende Taschenbuch ist eine gestraffte, durch neu aufgefundene Geheimdokumente ergänzte und aktualisierte Version des Buches «Doping-Dokumente – Von der Forschung zum Betrug», das im Herbst 1991 erschienen ist. Dieses Buch ist das erste und einzige, in dem die konkrete Wahrheit über das massenhafte Doping in den beiden Deutschlands bewiesen worden ist, und es wird wohl auf lange Zeit das einzige bleiben. Wie von mir 1991 vorausgesagt, kann man die inzwischen abgeschlossenen offiziellen Berichte des deutschen Sports (DSB, IOC und BMI) ruhig vergessen: «Reiter-Kommission», «Richthofen-Kommission» und andere Ausschüsse haben wie erwartet nur Allgemeines präsentiert, teilweise gut gemeint, doch eben immer hübsch unpersönlich und dreifach juristisch gefiltert, Unverbindlichkeiten, die keinem weh tun und für die Wahrheitsfindung belanglos sind.

Der Unterschied zwischen diesen kümmerlichen deutschen Berichten und den Doping-Untersuchungen anderer Länder ist nicht zu übersehen – im Umfang, in der Qualität und in den Konsequenzen: In Kanada beispielsweise wurde nach dem Erscheinen des Berichts der Kommission des Richters Dubin (1990) das kanadische Sportförderungssystem geändert, wurden mehrere des Dopings überführte Sportler gesperrt, schuldige Trainer wie Charles Francis lebenslänglich verbannt, und dem Sportmediziner Dr. Jamie Astaphan wurde von der Ärztekammer der Provinz Ontario sogar die Arztlizenz entzogen. Noch strengere Maßnahmen traf man in Australien nach den Berichten der Kommission des Senators Black (1989, 1990), und der Bericht der Biden-Kommission (1990) in den USA führte sogar zu neuen, verschärften gesetzlichen Bestimmungen gegen den Anabolika-Mißbrauch.

Nichts dergleichen in Deutschland. Hier fürchtet man effektive Doping-Gesetze ebenso wie Aussagen vor Gericht oder einen Parlamentarischen Untersuchungsausschuß: Das würde zuviel Wahrheit ans Licht bringen, und die wiederum könnte in Zukunft medaillenmindernd sein. Hier sind die hochgedopten Sportler pauschal und flott und ohne Bekenntnis und Reue am 5.8.1991 generalamnestiert worden. Auch die meisten Dopingtrainer und -funktionäre sind noch im Amt, ohne je die Wahrheit bekannt zu haben, selbst Minderjährigen-Doper werden nun von öffentlichen Mitteln bezahlt. Und während die Reiter-Kommission noch tönend auf die Pflichten und Möglichkeiten der deutschen Ärztekammern gegenüber Dopingmedizinern hinwies[1], praktizieren deutsche Anabolika-Rezepteure unbehelligt weiter.

Wie vorhergesagt, hat sich wieder einmal die besondere deutsche Art von Vergangenheitsbewältigung und Scheinheiligkeit durchgesetzt, die die Wahrheit zudeckt und nationale Solidarität mit wem auch immer fordert. Statt dessen preist man nun die eigenen Dopingkontrollen als besonders gründlich und weltweit führend an. Aber auch das ist nur eine Lüge, denn die deutschen Kontrollen sind zwar zahlreich, aber auch von abenteuerlicher Schlampigkeit, erlauben Urinmanipulationen in allerlei perversen Varianten, mit Kondomen, Vaginalsäckchen, Pipimix mit Apfelsaft oder als Gammelurin.

1 *«Ein Arzt, der bei Dopingverstößen mitwirkt, verstößt u. a. gegen das Strafrecht, setzt sich möglicherweise zivilrechtlichen Ansprüchen aus, handelt gegen das Arzneimittel-, das Kassenarztrecht und auch die ärztliche Berufsordnung. Der rechtliche Rahmen zur Bekämpfung des Dopings durch Ärzte ist ausreichend... Die Ärztekammern sollten bei gravierenden Dopingfällen von sich aus in Aktion treten.»* (Aus dem Bericht der «Unabhängigen Doping-Kommission» von DSB, IOC und BMI, der sog. «Reiter-Kommission», übergeben am 19.6.1991.) Auch deshalb scheidet eine Freigabe von Dopingmitteln «unter ärztlicher Kontrolle» aus.

Die Wahrheit der «Doping-Dokumente» war wohl für viele zuviel. Die Reaktionen auf das Buch waren zumeist genauso wie im Ersten Vorwort vorausgesagt und durchweg heftig: Haß oder Anerkennung, Ekel oder ungläubiges Staunen darüber, daß es so etwas gibt und mehr noch, daß es aufgeschrieben wurde und man damit Doktor- und Professorentitel erwerben konnte. Beachtung fanden die Dokumente auch international, von Frankreich bis Schweden, von Japan bis Kanada. In den USA z. B. erschienen ausführliche Berichte in der *Washington Post* ebenso wie in der führenden Wissenschaftszeitschrift *Science*, im National Public Radio wie in einer besonderen Sendung des CBS-Fernsehmagazins «60 Minutes».

Außer Beachtung und vielen positiven Kommentaren – auch von wissenschaftlichen Gesellschaften und Lehrerverbänden – erntete das Buch natürlich den Unmut vieler Funktionäre, Trainer und Sportmediziner. Es gab Breitseiten konzertierter Attacken, darunter fünf Anträge auf Einstweilige Verfügungen, und bereits eine Woche nach Erscheinen war eine erfolgreich: Eine zweite Teilauflage zur Frankfurter Buchmesse mußte mit einigen geschwärzten Textstellen erscheinen. So kam es schließlich zu insgesamt fünf in der Öffentlichkeit mit Interesse verfolgten Gerichtsprozessen, die im wesentlichen alle vom Buch und den Dokumenten gewonnen wurden:

– Der Diskuswurf-Bundestrainer des Leichtathletikverbandes DLV, Karl-Heinz Steinmetz, bekam auf diese Weise seine Dopingerfahrung und Sportbetrugsbeihilfe auch gerichtlich bestätigt – und mußte von seinem Ehrenamt zurücktreten. Als Folge verlor er dann auch noch Prozesse gegen den Diskuswurfmeister und Vizepräsidenten des Hessischen Leichtathletikverbandes, Alwin Wagner, und erhielt eine angemessene Schadensersatzklage.

– Der Chefverbandstrainer des DLV, Dr. Bernd Schubert, mußte sich vom Gericht darüber belehren lassen, daß seine Klassifizierung als *«ausgewiesener Fachdoper und aktiver Teilnehmer am Anabolika-Doping der DDR»* richtig ist, denn sie wurde im Buch *«nicht nur glaubhaft gemacht, sondern... sogar bewiesen»*. Der DLV versuchte nach diesem ordentlichen Gerichtsurteil noch eine Weißwäsche durch eine unordentliche Spielerei, mußte dann aber den Fachdoper in einem etwas weniger exponierten Amt verstecken.

– Der Leipziger Dopingforscher Prof. Dr. Winfried Schäker unterlag vor Gericht in allen Punkten ebenso wie der bekannte Freiburger Doping-Rezepteur Prof. Dr. Armin Klümper in der weit überwiegenden Zahl der Streitpunkte.

– Die originellste Klage wurde vom Buchhalter und Optimierer des Massendopings der DDR-Leichtathleten, dem heutigen Bayreuther Professor Dr. Hartmut Riedel, vorgebracht, der u. a. junge Frauen serienweise mit Testosteronestern spritzte und ihnen das illegale Präparat STS 646, das starke Androgen Mestanolon, verabreichte. Der frühere Dopingforscher und Chefarzt des DDR-Leichtathletikverbandes DVfL erwirkte im Oktober 1991 unter Berufung auf den Urheberrechtsschutz für seine geheimgehaltene unethische Habilitationsschrift (Dissertation B, Riedel 1986) zum Doping und zu Tricks zum Unterlaufen der Dopingkontrollen zunächst eine Verfügung des Landgerichts Nürnberg, die jedes Zitieren von Dokumenten und Textstellen aus dieser Arbeit untersagte. Das Oberlandesgericht am gleichen Ort aber sah das wenige Monate später schon ganz anders, hob am 10. 3. 1992 das Verdikt auf, und so darf heute jedermann nach Lust und Laune aus Riedels Doping-Standardwerk zitieren.

Die vorliegende Fassung ist also prozeßfest und gerichtlich gehärtet, sie enthält auch wieder die wesentlichen Zitate und Wertungen, die untersagt werden sollten und zeitweilig geschwärzt werden mußten. Die Prozesse hatten aber noch den Vorteil, daß einige der wichtigsten Dokumente nun vor Gericht und z. T. durch die Autoren selbst als authentisch anerkannt sind – von Riedels handschriftlichen Notizen der Dopingdrogen-Dosierungen von mehr als 200 Spitzensportlern der DDR bis zu den diversen Formen von Blanko- und Halbblankorezepten für Anabolika aus der Praxis Prof. Klümpers und dem förmlichen Beweis der Illegalität der massenhaften Dopingexperimente des Leipziger Instituts FKS (heute IAT). Und so werden die Dokumente des sportlichen Betrugs und einer verbrecherischen Medizin in die Geschichte des Sports wie der Medizin eingehen.

Doch wenn nun auch die Wahrheit über das Doping, die schädlichen Nebenwirkungen und seine Vertuschungstricks belegt und bekannt ist, das Wissen um die Taten und die Täter bedeutet eben doch keinen Schutz in Gegenwart und Zukunft. Im Gegenteil, die Doper wissen, daß sie gebraucht werden – zum schwarz-rot-goldenen Ruhme –, und daß sie von ihren geheimen Sympathisanten in hohen und höchsten Stellen gedeckt werden, was immer sie tun – Doping oder Urinmanipulationen. Wer also nicht will, daß seine oder die ihm anvertrauten Kinder in diesen Dopingsumpf geraten, halte sie fern vom neudeutschen Spitzensport. Legt den Sumpf trocken – durch Nachwuchsmangel.

Heidelberg, im April 1992 Brigitte Berendonk

# Dank

Dieses Buch wäre nicht möglich gewesen ohne die Mitarbeit meines Mannes, Werner W. Franke; auf ihn gehen die Auswertungen der medizinischen und naturwissenschaftlichen Angaben in den Doping-Dokumenten der DDR zurück, und er übernimmt mit Freude die Verantwortung dafür. Er wird sich um Aufklärung und Rechenschaft über die Dopingforschung und die illegalen Menschenversuche im Bereich der Wissenschaft, bei den Ministerien, Ärztekammern und Strafverfolgungsstellen bemühen.

Besonders bedanken möchte ich mich für vielfache Kooperation bei den sportjournalistischen Teams des *Stern* (Martin Hägele und Teja Fiedler) und des *Spiegel* (Heiner Schimmöller und Udo Ludwig) und der US-Fernsehgesellschaft CBS (Berater: Dr. Terence Todd, Dept. of Physical and Health Education, University of Texas, Austin). Dem *Spiegel* danke ich auch für die Erlaubnis, den Bericht des DDR-Schwimmtrainers Michael Regner in dieses Buch aufzunehmen, außerdem für die Überlassung des in Abbildung 29 gezeigten Blankorezepts. Viele andere, die mir in der Bundesrepublik Deutschland wie in der «alten» DDR oder den «neuen Bundesländern» geholfen haben, an bestimmte Dokumente zu gelangen, haben mich ausdrücklich gebeten, ihre Namen nicht zu nennen. Ihnen allen möchte ich an dieser Stelle für ihre z. T. mutigen Einsätze und Bemühungen meinen Dank und Respekt erweisen. Alwin Wagner danke ich außerdem für die Überlassung von Dokumenten zum Abdruck.

Dem wissenschaftlichen Springer-Verlag, besonders Frau Dr. Jutta Lindenborn, danke ich ebenso für Unterstützung wie Herrn Bernd Gottwald vom Rowohlt Verlag.

Brigitte Berendonk

## Doping-Definitionen

Doping ist im Laufe der Jahre verschieden definiert worden, manchmal um Inhalt bemüht, manchmal vordergründig pragmatisch. In jedem Fall fiel die Verabreichung von androgenen Hormonen, oral oder injiziert, unter den Doping-Begriff, auch im Bewußtsein der aktiven Sportler: Sie haben die Einnahme solcher Mittel immer verheimlicht und abgestritten.

*«Doping ist die Verabreichung oder der Gebrauch körperfremder Substanzen in jeder Form und physiologischer Substanzen in abnormaler Form oder auf abnormalem Weg an gesunde Personen mit dem einzigen Ziel der künstlichen und unfairen Steigerung der Leistung für den Wettkampf.»*

(Europarat 1963)

*«§ 1 Begriffsbestimmungen*

*1. Doping ist der Versuch einer unphysiologischen Steigerung der Leistungsfähigkeit des Sportlers durch Anwendung (Einnahme, Injektion oder Verabreichung) einer Doping-Substanz durch den Sportler oder eine Hilfsperson... vor einem Wettkampf oder während eines Wettkampfs und für die anabolen Hormone auch im Training.*

*2. Doping-Substanzen im Sinne dieser Richtlinien sind insbesondere Phenyläthylaminderivate (Weckamine, Ephedrine, Adrenalinderivate), Narkotika, Analeptika (Kampfer und Strychninderivate) und anabole Hormone. Sportartspezifisch können weitere Substanzen, z. B. Alkohol, Sedativa, Psychopharmaka, unter den Dopingsubstanzen aufgeführt werden.*

...

*§ 3 Verbot der Anwendung*

*1. Die Anwendung von Doping-Substanzen im Sinne des § 1 Abs. 2 ist verboten und wird bestraft.*

...

*§ 4 Anwendung aus medizinischen Gründen*

*1. ...*

*2. Für die Anwendung von anabolen Hormonen bei Sportlern besteht keine Indikation»* (Deutscher Sportärzte-Bund 1977).

*«Doping ist die Verwendung von Substanzen aus den verbotenen Wirkstoffgruppen und die Anwendung verbotener Methoden»* (gültige Definition der Medizinischen Kommission des internationalen Olympischen Komitees, IOC).

Es folgt eine Liste (Fassung von 1989):

I. Dopingklassen (A. Stimulanzien, B. Narkotika, C. Anabole Steroide, D. Beta-Blocker, E. Diuretika, F. Peptidhormone und Analoga).

II. Dopingmethoden (A. Blutdoping, B. Pharmakologische, chemische und physische Manipulation).

III. Drogenklassen eingeschränkter Anwendung (A. Alkohol, B. Lokalanästhetika, C. Kortikosteroide).

# Ethische Prinzipien, Richtlinien und Gesetze

*Ethische Prinzipien, Richtlinien und Gesetze* zu Versuchen an Menschen, die einer Verabreichung von Dopingmitteln an Sportler – auch zur Doping-Forschung – entgegenstehen und -standen, besonders bei Minderjährigen und in der früheren DDR.

**A.** Auszüge aus der Deklaration des Weltärztebundes (World Medical Association) von Tokio 1975 (überarbeitete Fassung der Deklaration von Helsinki 1964) in der revidierten Form von 1989 (vgl. Deutsch 1991)

*«I. Allgemeine Grundsätze…*

*4. Biomedizinische Forschung am Menschen ist nur zulässig, wenn die Bedeutung des Versuchsziels in einem angemessenen Verhältnis zum Risiko für die Versuchsperson steht…*

*5. Jedem derartigen Projekt sollte eine gründliche Beurteilung der wahrscheinlichen Risiken im Vergleich zu dem vorhersehbaren Nutzen für die Versuchspersonen oder andere vorausgehen. Die Sorge um die Belange der Versuchspersonen muß immer Vorrang vor den Interessen der Wissenschaft und der Gesellschaft haben.*

*6. Das Recht der Versuchsperson auf Wahrung ihrer Unversehrtheit muß stets geachtet werden. Alle Vorsichtsmaßnahmen sollten getroffen werden, um den Persönlichkeitsbereich der Versuchsperson zu schützen und die Auswirkungen des Versuchs auf die physische Unversehrtheit sowie die Persönlichkeit der Versuchsperson so gering wie möglich zu halten.*

*7. Ärzte sollten von Versuchen Abstand nehmen, wenn nicht abzusehen ist, ob die damit verbundenen Risiken überschaubar sind. Ärzte sollten alle Versuche abbrechen, bei denen sich herausstellt, daß die Risiken den wahrscheinlichen Nutzen übersteigen.*

*8. Der Arzt ist verpflichtet, bei der Veröffentlichung der Versuchsergebnisse dafür Sorge zu tragen, daß die gefundenen Resultate unverändert wie-*

*dergegeben werden. Berichte über solche Versuche, die nicht mit den in dieser Deklaration niedergelegten Grundsätzen übereinstimmen, sollten nicht zur Veröffentlichung angenommen werden.*

*9. Bei jedem Versuch am Menschen muß jede Versuchsperson ausreichend über Absicht, Durchführung, erwarteten Nutzen und mögliche Risiken des Versuches sowie über möglicherweise damit verbundene Störungen des Wohlbefindens hingewiesen werden... Nach dieser Aufklärung sollte der Arzt die freiwillige Zustimmung der Versuchsperson einholen; die Erklärung sollte vorzugsweise schriftlich abgegeben werden.*

*II. Ist die Versuchsperson nicht voll geschäftsfähig, sollte die Einwilligung nach Aufklärung vom gesetzlichen Vertreter entsprechend nationalem Recht eingeholt werden. Die Einwilligung des nach nationalem Recht zuständigen Rechtsvertreters oder Erziehungsberechtigten ersetzt die der Versuchsperson, wenn diese infolge körperlicher oder geistiger Behinderung nicht wirksam zustimmen kann oder minderjährig ist....*

*III. Nicht-therapeutische biomedizinische Forschung am Menschen...*

*4. Bei Versuchen am Menschen sollte das Interesse der Wissenschaft und der Gesellschaft niemals Vorrang vor den Erwägungen über die möglichen Risiken und den wahrscheinlichen Nutzen für die Versuchspersonen haben.»*

**B.** Auszug aus «Voraussetzungen und Bedingungen für medizinische Versuche am Menschen in der DDR» (Feller und Terhaag, 1976)

*«Zu den Pflichten des Versuchsleiters gehört in jedem Fall, daß... die Einwilligung des Probanden oder Patienten einzuholen ist. Sie soll nach Möglichkeit schriftlich gegeben werden.... Die ausgewählten Personen sind über den Versuch eingehend aufzuklären. Einige Personengruppen dürfen für bestimmte Untersuchungen nicht herangezogen werden, ... wenn sie sich auch prinzipiell für solche Untersuchungen zur Verfügung stellen wollen. Es sind dies: Insassen von Erziehungs- und Haftanstalten, Soldaten, Geisteskranke, Frauen im gebärfähigen Alter, Schwangere und Kinder, selbst wenn die Eltern die Genehmigung dazu erteilen.»*

**C.** Auszug aus «Empfehlungen zur Wahrung ethischer Grundsätze bei der Erprobung neuer medizinischer Verfahren und Maßnahmen» (in der DDR; *Z. klin. Med.* 43, 437–438, 1988)

*«...3. Eine Erprobung von Verfahren ist nur mit vorheriger schriftlich erteilter Zustimmung des Probanden zulässig. Diese Zustimmung muß freiwillig gegeben worden sein. Sie darf nicht auf Grund eines direkten oder indirekten Abhängigkeitsverhältnisses zustande gekommen sein. Der Proband ist zuvor über Ziel, Art, Umfang, Mittel und Methoden sowie das eventuelle Risiko ... korrekt und taktvoll aufzuklären. Der Inhalt der Aufklärung und*

*die erteilte Zustimmung sind in der medizinischen Dokumentation zu erfassen und ggf. in Publikationen auszuweisen.*

*6. Bei Kindern und Jugendlichen sind Erprobungen von Verfahren nur zulässig, wenn aus Untersuchungen bei Erwachsenen nicht die angestrebten Erkenntnisse… gewährleistet werden können. Es muß vorher die Zustimmung des Erziehungsberechtigten eingeholt werden.»*

**D.** Auszug aus «Zur Problematik von Arzneimittelempfehlungen… und zur Breite zulässiger Abweichungen von offiziellen Festlegungen und Empfehlungen hinsichtlich der Anwendung von Arzneimitteln» (in der DDR; Quandt et al. 1982; Abkürzungen s. Tabelle 4)

*«Der Verkehr mit Arzneimitteln ist in der DDR durch das Arzneimittelgesetz vom 5. Mai 1964 geregelt. … Art, Umfang und Ablauf der erforderlichen pharmazeutischen, pharmakologisch-toxikologischen Prüfungen sowie der Prüfungen zur Anwendung am Menschen sind durch die 12. Durchführungsbestimmung zum Arzneimittelgesetz (GBI. 1, Nr. 17, S. 248 ff) vom 2. Juni 1976 geregelt. … Mit der Zulassung eines Arzneimittels werden… die zulässigen Indikationen, Applikationsarten und der Dosisbereich festgelegt. Sie finden ihren Niederschlag in den Mitteilungen des ZGA (medicamentum), im Arzneimittelverzeichnis, in den ‹Informationen für Ärzte und Apotheker›, in den Beipackzetteln… Aus Gründen der Wirksamkeit und Sicherheit von Arzneimitteln unterliegt deshalb auch die Untersuchung neuer Applikationsarten sowie die Änderung des Dosisbereiches bereits im Sortiment befindlicher Arzneimittel den gleichen Bedingungen. Die mit der Zulassung getroffenen Festlegungen zu den Anwendungsbedingungen eines Arzneimittels gelten solange als verbindlich, bis durch das MfGe andere Entscheidungen getroffen werden.»*

# Kapitel 1
# Die Entartung des Sports zum Wettkampf der Lügen

---

*«I watched the race on TV with a track coach, and we both were awed by the athletic performance. And, we both exclaimed, ‹Where did that body come from? What's he on?›» (Ich hab mir den Lauf im Fernsehen angeschaut – zusammen mit einem Leichtathletik-Trainer –, und wir beide konnten nur ehrfürchtig staunen und riefen beide gleichzeitig aus: «Woher hat der so einen Körper? Welchen Stoff nimmt der?»)*
Dr. Robert Kerr, früher Anabolika-Rezepteur für Tausende von Athleten, darunter nach eigener Aussage unter Eid 20 Medaillengewinner der Olympischen Spiele 1984, Autor eines «Dope yourself»-Büchleins (Kerr 1982), sagte dies in einem Interview über Ben Johnson und den 100-m-Endlauf von Seoul 1988 (Breo 1990). Darin schildert Kerr, heute Anabolikagegner, auch, wie er an eine Probe des Stoffs gelangte und ihn analysieren ließ: Stanozolol – in einer Zubereitung, die dem Veterinärpräparat «Winstrol V» entspricht, einem Anabolikum für Pferde (vgl. Dubin 1990).

Der Sport wird nie mehr sein, wie er war. Streben nach besserer Leistung, Vertrauen auf Fairness und Natürlichkeit des Gegners, spontane Freude an der besonderen Leistung, der eigenen wie der anderer, all das ist in den letzten zwei Jahrzehnten untergegangen in einer Flut von systematischen Betrügereien, die zwangsläufig die ständige Lüge nach sich ziehen. Eine schöne, schlichte Idee, der sportliche Wettkampf und die Vorbereitung darauf – von Pädagogen wie Philosophen als Bildung gepriesen, von Ärzten als Körperertüchtigung geschätzt und von allen als Unterhaltung geliebt –, ist im Doping versunken.

Selbst wenn es gelänge, Doping zu kontrollieren und dadurch einzudämmen, die Arena und der Sport blieben behaftet mit dem Wissen um die Manipulierbarkeit der Leistung durch Drogen. Die Luft in den Stadien ist ein für allemal vergiftet vom Zweifel. Wer wird in Zukunft eine herausragende Leistung oder gar einen «Rekord» noch spontan und guten Glaubens bejubeln können? Der denkende Teil des Publikums jedenfalls hat den Glauben an die sportliche Leistung und Fairness und Sauberkeit verloren. Sicher, es werden noch genügend Zahlende zu besonderen Veranstaltungen in die Hallen und Stadien kommen, Rekorde und Medaillen fordern und bejubeln, aber das werden andere Menschen sein. Sponsorensport, Schickeriazirkus, Gala-Shows für Unbeteiligte bis hin zum Dinner-Profi-Boxen, zu Ben Johnson-Isostar-Auftritten oder dem Catchen. All das wird es geben, und es wird wahrscheinlich auch kommerziell erfolgreich sein. Aber es wird nicht mehr der Sport sein, den wir unseren eigenen Söhnen und Töchtern anraten, den wir in der Schule fördern und verantwortlich mit Steuermitteln unterstützen können.

Seit meiner Kindheit habe ich stets und gern Sport getrieben, ganz besonders gefiel mir der sportliche Wettkampf. Ich war neben meinem Studium und meiner Lehrtätigkeit mit Begeisterung viele Jahre Leistungssportlerin und habe mich für die Belange des Leistungssports, insbesondere des Frauensports, eingesetzt, einige Jahre auch als gewählte Sprecherin der deutschen Frauen-Nationalmannschaft. Sport ist das eine meiner beiden Unterrichtsfächer, und ich habe den Sport, auch und besonders den Leistungssport, lange Zeit als erzieherisches Mittel in einer auf persönlichen Einsatz und Leistung angelegten Gesellschaft bejaht. Wie andere Pädagogen habe ich den Leistungssport für eine Möglichkeit der Persönlichkeits- und Charakterbildung gehalten, auch für ein Mittel zum Erkennen und zum Akzeptieren von Wahrheiten und Grenzen – vor allem der eigenen.

Daher hat es mich geschmerzt und wütend gemacht, miterleben zu müssen, was die Verantwortlichen in Sport und Politik in den letzten Jahrzehnten aus dem Leistungssport gemacht haben: Wettkämpfe der Lüge mit der ersten Erfolgsregel, Dopingmittel zwar zu nehmen, dieses gleichzeitig aber hartnäckig abzustreiten, wenn nötig bis zum Meineid und bis ins Grab.

Ich habe aus meinem Einsatz für den Leistungssport immer auch das Recht und die Pflicht abgeleitet, ihn, besonders den Frauensport, gegen jene zu verteidigen, die ihn leichtfertig zugrunderichten: gegen die in den letzten beiden Jahrzehnten ins Übermächtige gewachsene Schar von dopingfördernden Funktionären, Politikern, Sportmedizinern, Trainern und auch gegen jene betrügerischen Sportler, die durch ihr Doping dem Leistungssport seine guten Argumente, seine Existenzgrundlage entzogen haben, nämlich Gesundheit und Erziehung, körperliche Integrität und Fairness.

Weihnachten 1990 lag die Dopingwahrheit erstmals in ihrem ganzen Ausmaß und ihrer ganzen Traurigkeit auf dem Gabentisch der Sportler: irgendwie unerwünscht, ein eher peinliches Präsent, aber eben doch vorhanden und nicht mehr zu verstecken, zu verdrängen oder wegzureden; pfundweise Dokumente, Aussagen unter Eid und an Eides Statt, offizielle Berichte von Regierungskommissionen mehrerer Länder (z. B. USA: Biden 1990; Australien: Black 1989, 1990; Kanada: Dubin 1990), Doktor-

und Habilitationsarbeiten, geheime Ergebnisberichte und Protokolle, sichergestellte Rezepte, öffentliche Geständnisse.

Allein die Namenliste jener Sportler und Sportlerinnen, die bei den spärlichen – und durch zeitiges Absetzen eigentlich so leicht zu umgehenden – offiziellen Dopingkontrollen erwischt wurden oder deren Doping in anderer Weise eindeutig belegt ist, ist zu verblüffender Länge angewachsen.

Für meine eigene Sportart, die Leichtathletik, habe ich die Fälle nach Ländern geordnet (Tabelle 1). In fast allen Staaten und Disziplinen wird gedopt, vor allem mit anabolen Steroiden (Anabolika). Auf dieser Schandtafel drängelt sich die Prominenz: Europa- und Weltrekordler, Europa- und Weltmeister, Gewinner olympischer und anderer Medaillen.

Wie aber noch gezeigt werden wird, ist das Bild sehr unvollständig, da der Dopingstaat Nummer 1, die gewesene **D**eutsche **D**oping **R**epublik, wegen ihres volkseigenen Sicherungssystems hier nur durch einen «Absetzunfall» (Slupianek) und die Aussage einer geflüchteten Sportlerin vertreten ist. Wie in den folgenden Kapiteln gezeigt werden wird, waren Jahr für Jahr Tausende von DDR-Sportlern systematisch gedopt.

Das Ergebnis der Beweisaufnahme ist klar: Seit den 60er Jahren ist in den meisten Sportarten Doping mit Anabolika die Grundlage des Erfolges gewesen. Das gilt vor allem für die von der Maximal- und Schnellkraft abhängigen Sportarten und für den Frauensport im allgemeinen. Denn bei Mädchen und Frauen wirkt Doping mit männlichen Keimdrüsenhormonen natürlich durchschlagend.

Man scheint allerdings die zwingende Schlußfolgerung aus den nun bekannt gewordenen Doping-Dokumenten noch zu scheuen: Die Ergebnislisten der neueren Sportgeschichte vieler Disziplinen sind Makulatur, und die durch den – heute beweisbaren – Betrug ergaunerten Medaillen haben den ideellen Wert von Edelmetallschrott. Die Geschichte des Sports müßte eigentlich neu geschrieben werden. Die ersten fünf des olympischen Kugelstoßwettbewerbs 1988 der Männer zum Beispiel sind heute alle als Anaboliker entlarvt und können mit Fug und Recht sportliche Betrüger genannt werden: Timmermann (DDR), Barnes (USA), Günthör (Schweiz), Beyer (DDR), Machura (ČSFR); auch der elfte, der US-Amerikaner Jim Doehring, ist inzwischen erwischt und gesperrt worden. Es ist so lächerlich, weil es immer allen Kundigen bekannt war, aber nicht gesagt werden durfte. Denn zu viele profitierten vom Schwindel:

die betrügerischen Sportler ebenso wie heuchlerische Funktionäre und Politiker, die das jeweilige Dopingsystem tolerierten oder sogar förderten und in einigen Staaten die Sportler sogar zum Doping zwangen,

aber auch die Trainer, die ihre Sportler zum Doping brachten und häufig auch den Stoff besorgten,

und die Sponsoren und Medien, die spektakuläre Leistungen präsentieren und vermarkten wollten.

**Tabelle 1.** Offiziell bekannt gewordene Fälle von Doping – zumeist mit Anabolika – bei Leichtathlet(inn)en, nach Nationen geordnet; Beweise, falls nicht anders angegeben, sind positive Dopingtests[a] (Dubin 1990), klinische Dokumente, Pressemeldungen, Geständnisse und Aussagen vor Gericht (Ende 1991).

| | |
|---|---|
| *Ägypten* | |
| Achouch, Mohamed | 1988 |
| Shata, Ahmed Kamiel | 1985 |
| *Australien* | |
| Barber, Wayne | 1985 |
| Howland, Sue | 1987 |
| Mullhall-Martin, Gael | 1981, 1987 |
| *Belgien* | |
| Desruelles, Ronald | 1980 |
| Dewachter, Sabine | 1988 |
| *Brasilien* | |
| Dos Santos, S. D. | 1986 |
| Rodriguez, Luis | 1988 |
| *Bulgarien* | |
| Andonova, Ludmila | 1985 |
| Dimitrova, Emilija | 1986 |
| Dimitrova, Svetlana | 1989 |
| Grigorov, Anri | 1990 |
| Kolev, Nikolai | 1987 |
| Petrova, Totka | 1979 |
| Stojanova, Jelena | 1978, 1982 |
| Teneva, Daniela | 1979 |
| Tzwetanow, Emil | 1991 |
| Velev, Velko | 1975 |
| *China (VR)* | |
| Sui, Xinmei | 1991 |
| Sun, Su-Mei | 1990 |
| *ČSFR (ČSSR)* | |
| Hladka, Blanka | 1991 |
| Kubalova, Renata | 1991 |
| Machura, Remigius | 1985 |
| Matejkova, Alice | 1986 |
| Silhava, Zdenka | 1985 |
| *Deutschland (Bundesrepublik)* | |
| Beyer, Uwe | 1977 |
| Dressel, Birgit[b] | 1987 |
| Föhrenbach, Claus-Dieter[c] | 1989 |
| Kessler, Markus | 1986 |
| Konya, Kalman[c] | 1989 |
| Kroninger, Annegret[d] | 1977 |
| Krug, Hans-Joachim | 1978 |
| Martin, Sven | 1991 |
| Menne, Thomas | 1987 |
| Neu, Hein-Direck | 1978 |
| Ommer, Manfred[e] | 1977 |
| Reichenbach, Ralph[e] | 1989 |
| Schmidt, Walter | 1977 |
| Steines, Gerd[e] | 1986 |
| Steinmetz, Karlheinz | 1991 |
| Wagner, Alwin | 1990 |
| *DDR* | |
| Neufeld, Renate[e] | 1979 |
| Slupianek-Briesenick, Ilona | 1977 |
| *Dominikanische Republik* | |
| De la Cruz, Juan | 1983 |
| Nunez, Juan | 1983 |
| *Finnland* | |
| Ali-Leppilampi, Mikko[f] | 1981 |
| Hovinen, Seppo | 1977 |
| Maaninka, Kaarlo[f] | 1983 |
| Pesonen, Asko | 1977 |
| Roikanen, Janne | 1991 |
| Tuokko, Markku | 1977 |
| Vainio, Martti[g] | 1984 |
| *Frankreich* | |
| Avedissian, Serge | 1989 |
| Beaugant, Chantal | 1989 |
| Demarne, Jean-Louis | 1987 |
| De Smedt, Eric | 1987 |
| Girard, Patricia | 1990 |
| Motti, William | 1989 |
| Pheulpin, Adrien | 1989 |
| Richard, Antoine | 1987 |

**Tabelle 1.** (Fortsetzung)

| | |
|---|---|
| *Griechenland* | |
| Delifotis, Dimitrios | 1984 |
| Ierissotis, Kleanthis | 1984 |
| Kofa, Katerina | 1990 |
| Verouli, Anna | 1984 |
| Yendenkos, Nikolaos | 1985 |
| *Großbritannien* | |
| Brunning, Neal | 1992 |
| Gutteridge, Jeff | 1988 |
| Hamilton-Jones, Robert | 1991 |
| Sutherland, Colin | 1978 |
| *Irak* | |
| Abdul, Rahman Awf | 1986 |
| *Iran* | |
| Fahamy, Naser | 1984 |
| *Irland* | |
| Quirke, Paul | 1987 |
| *Island* | |
| Hafsteinsson, Vesteinn | 1984 |
| *Italien* | |
| Pantani, Andrea | 1988 |
| Urlando, Gian-Paolo | 1984 |
| *Jamaica* | |
| Black, Trevor | 1990 |
| *Japan* | |
| Kawazu, Satomi | 1988 |
| *Jugoslawien* | |
| Bilac, Borut[h] | 1990 |
| Lazarevic, Jovan | 1984 |
| Milic, Wladimir | 1980 |
| Stojilovic, Sasa | 1988 |
| Swancic, Iwan | 1980 |
| Zivanov, Danica | 1988 |
| *Kanada* | |
| Bethune, Tim | 1989 |
| Dajia, Peter | 1986 |
| Dolegiewicz, Bishop | 1989 |
| Gray, Rob | 1986 |
| Issajenko, Angella | 1989 |
| Johnson, Ben | 1988 |
| Killingbeck, Molly | 1989 |
| MacDonald, Alexis-Paul | 1981 |
| Mahovlich, Mike | 1986 |
| McCurdy-Cameron, Linda | 1988 |
| McKnight, Dave | 1989 |
| McKoy, Mark | 1989 |
| Morrison, Brian | 1991 |
| Mowatt, Andrew | 1989 |
| Pirnie, Bruce | 1989 |
| Rocheleau-Baumann, Julie | 1989 |
| Sharpe, Tony | 1989 |
| Sokolowski, Mike | 1989 |
| Spiritoso, Mike | 1986 |
| Thibedeau, Cheryl | 1989 |
| Wenzel, Joan | 1975 |
| Willers, Harold | 1985 |
| Williams, Desai | 1989 |
| *Kenia* | |
| Ndeti, Cosmas | 1988 |
| *Korea* | |
| Jung, Hyw-Young | 1987 |
| *Kuba* | |
| Azoro Casillo, A. L. | 1986 |
| Betancourt, Lazaro | 1986 |
| Betancourt, Maria-C. | 1983 |
| Delis, Luis | 1990 |
| Fernandez, Elizabeth | 1989 |
| Fernandez, Rosa | 1983 |
| Lopez, Juan-Miguel | 1986 |
| Vila, Mayra | 1985 |
| *Neuseeland* | |
| Hinchcliff, William | 1991 |
| *Norwegen* | |
| Andersen, Georg | 1991 |
| Hjeltnes, Knut | 1977 |
| Nilsen, Lars Arvid | 1987 |
| Pedersen, Arne | 1982 |

**Tabelle 1.** (Fortsetzung)

| | |
|---|---|
| *Österreich* | |
| Käfer, Karoline | 1981 |
| Lendl, Evelyn | 1981 |
| *Polen* | |
| Juzyszyn, Dariusz | 1963 |
| Kaduskiewicz, Jerzy | 1982 |
| Niemczak, Antoni | 1986 |
| Rosani, Danuta | 1976 |
| Wlodarczyk, Anna | 1982 |
| *Portugal* | |
| Rios, Elisio | 1983 |
| *Puerto Rico* | |
| Morales, Luis | 1988 |
| *Rumänien* | |
| Calenic, Dorina | 1987 |
| Chindae, Mihaela | 1987 |
| Cioltan, Valentina | 1975 |
| Costian, Daniela | 1986 |
| Marasescu-Betini, Natalia | 1979 |
| Mihalcea, Gabriela | 1987 |
| Silai, Ileana | 1979 |
| Tilfa, Felicia | 1990 |
| Vlad, Santa | 1979 |
| *Schweden* | |
| Haglund, Linda | 1981 |
| Kallström, Lars-Eric | 1983 |
| Sundin, Lars | 1985 |
| Svensson, Göran | 1985 |
| Wallgren, Ola Conny | 1986 |
| *Schweiz* | |
| Baumann-Rocheleau, Julie | 1989 |
| Gasser, Sandra | 1987 |
| Günthör, Werner[i] | 1989 |
| *Spanien* | |
| Colorado, Rosa | 1980 |
| *Thailand* | |
| Pongsak, Watcharakupt | 1986 |

| | |
|---|---|
| *Türkei* | |
| Erbek, Temel | 1987 |
| *UdSSR* | |
| Abashidze, Nunu | 1981 |
| Bagatsch, Alexander | 1989 |
| Bykowa, Tamara | 1990 |
| Eichelmann, Sirje | 1990 |
| Gordiyenko, Jekaterina | 1978 |
| Iljuschin, Alexander | 1989 |
| Ivanova, Inna | 1988 |
| Jernolovich, Natalia | 1990 |
| Kazankina, Tatjana | 1984 |
| Kisseljow, Wladimir | 1991 |
| Kowalewa, Jelena | 1979 |
| Kowcun, Dimitri | 1988 |
| Kudryawtsewa, Nadeshda | 1979 |
| Leonov, Alexander | 1988 |
| Lykscho, Wjatscheslaw | 1990 |
| Mironov, Jewgeni | 1978 |
| Nikitina, Larissa | 1990 |
| Podkopayeva, Jelena | 1990 |
| Rodina, Elena | 1991 |
| Tkachenko, Nadeshda | 1978 |
| Toptschina, Jelena | 1991 |
| Tsapkalenko, Vera | 1977 |
| Yershov, Wassili | 1978 |
| Zhaloshik, Vladimir | 1974 |
| *Ungarn* | |
| Herczeg, Agnes | 1983 |
| Szabo, Laszlo | 1981 |
| *USA* | |
| Armstrong, Gary | 1986 |
| Atwood, Duncan | 1985 |
| Barnes, Randy | 1990 |
| Caldwell, Willie | 1989 |
| Crawford, Darren | 1986 |
| Crouser, Brian | 1991 |
| Doehring, Jim | 1991 |
| Floyd, Delisa | 1991 |
| Foster, Greg | 1989 |
| Green, Bill | 1987 |
| Huminik, Tom | 1989 |
| Jadwin, Tom | 1986 |

**Tabelle 1.** (Fortsetzung)

| | | | |
|---|---|---|---|
| Kelly, Holly | 1991 | Reynolds, Harry | 1990 |
| Kinder, Gary | 1991 | Rowe, Mark | 1989 |
| Laine, Gordon | 1989 | Schoterman, Al | 1984 |
| Marsh, Henry | 1989 | Stulce, Mike | 1990 |
| Martin, La Vonna | 1991 | Swarts, Art | 1986 |
| McKay, Antonio | 1989 | Valley, Lynn | 1987 |
| McSeveney, Greg | 1986 | Voorhees, Dave | 1978 |
| Meyer, Rick | 1986 | Williams, Diane | 1989 |
| Moses, Greg | 1990 | Willicky, Gary | 1985 |
| Myricks, Larry | 1989 | Wolf, August (Augie) | 1985, 1986 |
| Olson, Bill[j] | 1989 | Zelezniak, Joe | 1986 |
| Payne, Bill | 1990 | | |
| Plucknett, Ben | 1981 | *Zypern* | |
| Powell, John[j] | 1987 | Lambrou, Maria | 1982 |

[a] Verweigerung von Dopingkontrollen wird laut Reglement wie ein positiver Test gewertet.

[b] Verstorben am 10.4.1987, 22.25 Uhr; Gerichtsmedizinisches Gutachten der Staatsanwaltschaft Mainz.

[c] Ärztliche Angaben und Unterlagen im Anhang der Arbeit von Wolf (1989).

[d] Aussage vor der Staatsanwaltschaft Bochum.

[e] Detaillierte, aufrechterhaltene Selbstbezichtigung bzw. nicht bestrittene Bezichtigung einer durch Repressalien erzwungenen Anabolikaeinnahme (Fall Neufeld, DDR).

[f] Geständnis von Blutdoping bei den OS 1972 (M. A.-L.) und 1980 (K. M.).

[g] Gleichzeitig Blutdoping und Anabolikadoping.

[h] Weitspringer Bilac, Bronzemedaillengewinner bei den EM 1990 in Split, wo er nach positivem Dopingtest nachträglich disqualifiziert wurde, ist Mai 1991 vom Europäischen Leichtathletikverband rehabilitiert worden mit der Begründung, möglicherweise könne das bei ihm nachgewiesene Choriongonadotropin (HCG) auch von einer Geschwulst herrühren. HCG ist beim gesunden Mann praktisch nicht nachweisbar, tritt aber – als diagnostisch verwertbares Anzeichen – bei bestimmten Keimzell-, vor allem Hodentumoren wie Seminomen auf. Bilac trainierte häufig in Jena, wo wie allgemein in der DDR vor großen Wettkämpfen das HCG-Überbrückungsdoping betrieben wurde (vgl. Kapitel 15). Prof. Dr. H. Riedel, der Dopingberater der DDR-Leichtathleten, schrieb dazu in seiner Dissertation B (Riedel 1986) über das Doping mit HCG: «...*empfehlen wir... Einzeldosierungen von max. 4500 IE (Internationale Einheiten) und zwischenzeitliche Intervalle von 4 Tagen. Der... geringere Anstieg des Quotienten T/e-T (Testosteron/Epitestosteron) spricht zusätzlich für die Anwendung des HCG.*»

[i] Laut öffentlichem Eingeständnis des Arztes Dr. B. Segesser hat Günthör 1985–1988 mehrmals jeweils mehrwöchige «Anabolika-Kuren» mit Stanozolol (Präparat: «Stromba oral») durchgeführt, die wie beim DDR-Doping als «Therapie» erklärt waren, u. a. wegen einer so schwerwiegenden Indikation wie «Übertraining» (*Berner Zeitung*, 4.5.1990).

[j] Positives Kontrollergebnis durch formalistische Tricks entwertet (Voy 1991).

*Anmerkung:* Laut Meldung des Internationalen Leichtathletikverbandes IAAF hat es 1990 insgesamt 35 positive Dopingfälle gegeben (USA: 9; UdSSR: 9; Frankreich: 4; Polen: 3; Bulgarien: 2; Kuba: 2; Rumänien: 2; DDR: 1; Jugoslawien: 1; Nigeria: 1; Portugal: 1), 1991 insgesamt sogar 42 (davon 23, also die Mehrzahl, Frauen!) aus insgesamt 16 Ländern (USA: 14; UdSSR: 9), darunter sogar 2 Chinesinnen, aber kein deutscher Fall. Da nur in wenigen Fällen die Namen der Sünder angegeben wurden, konnten die meisten dieser 77 Fälle hier nicht berücksichtigt werden.

Eine besondere Rolle spielten jedoch die Sportmediziner, die den Athleten immer neue Präparate einraunten, gegen alle ärztliche Ethik schädliche Nebenwirkungen riskierten und ihre Objekte systematisch durch ihr Doping geleiteten. «Ärztlich überwachen» nannte es der frühere DDR-Sportmediziner und heutige Kölner Professor Alois Mader, als «Therapie» bezeichnete es sein SMD-Genosse, der ehemalige DDR-Leichtathletik-Verbandsarzt Dr. Hartmut Riedel (Kapitel 9–15).

Wenn auch den Verantwortlichen in Sport und Politik die Wahrheit über das umfassende Anabolikadoping schon seit mehr als 20 Jahren bekannt war, sie auszusprechen war ebenso inopportun wie alle Vorschläge, diesen gesetzwidrigen Medikamentenmißbrauch durch wirksame Kontrollen zu verhindern. Im Gegenteil, Funktionäre und Politiker der führenden Sportnationen haben, in einer bemerkenswerten Ost-West-Allianz, das systematische Doping ebenso systematisch vertuscht. Kontrollen wurden nur zögernd und nur in unzureichender Form durchgeführt, oft durch gezielte Maßnahmen der Sportverbände unterlaufen.

Immerhin hat sich seit 1990 insofern etwas grundlegend geändert, als erstmals genügend Dokumente und amtliche Berichte vorliegen, die das weltweite Doping nun endlich beweisbar machen. Es ist aber erstaunlich, wie trotz der erdrückenden Beweise die Verhaltensmuster und Strategien der betroffenen Athleten, Trainer und Funktionäre gleich geblieben sind: Weiterlügen! Abstreiten! Aussitzen! Deswegen habe ich mich entschlossen, Beweise für das Doping zu veröffentlichen. Zuvor werde ich noch einmal den langen und schwierigen Weg zur Wahrheit nachzeichnen.

# Kapitel 2
# Die frühen Jahre: Einzelkämpfer gegen die Freunde des Anabolikadopings

*«Brigitte Berendonk fordert denn auch energisch die Einreihung der Androgene unter den Komplex des Dopings... Die Diskuswerferin fordert... die internationalen Verbände zur Kontrolle auf.*
*Keul ist da anderer Meinung: ‹Jeder, der einen muskulösen Körper haben und einfach männlicher wirken möchte, kann Anabolika einnehmen.... Von Doping kann also keine Rede sein. Im übrigen halte ich Kontrollen für nicht durchführbar›»*
(*Westdeutsche Allgemeine Zeitung*, 21.2.1970).

*«Dem Problem der Leistungssteigerung im Sport unter Zuhilfenahme von Pharmaka unter Hinweis auf den hippokratischen Eid aus dem Wege gehen zu wollen, ist nach meiner Meinung vordergründige Drückebergerei...»*
(Sportmediziner Prof. Dr. A. Mader; *Medical Tribune*, Bd. 12, Nr. 18, 6.5.1977).

*«So sind bei Bodybuildern schwere Rhabdomyolysen mit konsekutivem Nierenversagen während einer hochdosierten Anabolikaeinnahme aufgetreten. Der tödliche Herzinfarkt eines 29jährigen Bodybuilders* [Werner Laufer; ähnlich verstarben schon mehrere Anaboliker; Verf.] *mit sekundärer An-alpha-Lipoproteinämie muß ebenfalls in Zusammenhang mit der Wirkung anaboler Steroide auf das Lipoproteinsystem gesehen werden... Wenn sich auch über die Häufigkeit schwerer Nebenwirkungen wegen der Dunkelziffer keine Aussagen machen lassen, so können irreversible Spätschäden auch bei niedriger Dosierung nicht ausgeschlossen werden»*
(Prof. Dr. J. Keul und Mitarbeiter in Dickhuth et al. 1989).

*«Die Einnahme von Anabolika durch Athleten geschieht häufig in Unkenntnis oder Mißachtung der gesundheitlichen Gefährdung... Gesundheitliche Gefährdungen sind vor allem in folgenden Bereichen möglich: Wachstumsstop bei Jugendlichen, Leberschäden bis hin zum Leberkarzinom, Förderung der Atherogenese durch negativen Einfluß auf die Serumfettwerte..., Virilisierung bei Frauen, Hemmung der Spermiogenese beim Mann, psychische Veränderungen etc.»*
(Empfehlungen des Wissenschaftlichen Beirats der Bundesärztekammer, unterzeichnet von sieben Autoren des Arbeitskreises «Pharmaka und Sport», darunter die früher anabolikafreundlichen Professoren für Sportmedizin W. Hollmann, J. Keul, W. Kindermann und A. Mader; Bachmann et al. 1990).

Nein, ich freue mich nicht, recht behalten zu haben in der Analyse des Anabolikadopings wie in der Einschätzung des Risikos schädlicher Nebenwirkungen. Nur wundert es mich schon, wie unauffällig und gekonnt sich führende Sportmediziner und Funktionäre gewendet haben, wobei allerdings zu fragen ist, ob diese Wende eine echte Wandlung oder nur ein opportunistischer Gesellschaftstanzschritt war.

Die hormonellen Manipulationen im Leistungssport, vor allem mit Anabolika, aber auch mit bestimmten, auf das Nerven- und Muskelsystem zielenden «Neuropeptiden», waren in der DDR – wie, wenn auch weniger systematisch, in anderen «sozialistischen» Staaten – geheim, aber dennoch massenhaft und vom Staat organisiert. In der Bundesrepublik dagegen und in anderen Staaten der «westlichen Welt» ging das Hormondoping dezentralisiert vor sich, in kleinen Gruppen, aber ebenfalls konspirativ und in vielen Sportarten ebenso weit verbreitet, auch hier meist mit Duldung des Staates. Viele Kugelstoßer und Werfer des DLV nahmen «die Pille» mindestens seit 1967; ihr Trainer Werner Heger bekannte und beklagte das erstmals öffentlich in der *Frankfurter Allgemeinen Zeitung* vom 22.7.1970.

Ich erinnere mich noch gut an den Tag, als mir bewußt wurde, daß auch die Frauen-Leichtathletik voll und endgültig von der Seuche des Dopings mit männlichen Hormonpräparaten erfaßt war. Es war in den Tagen der Europameisterschaften 1971 in Helsinki. Auf dem Einwurfplatz neben dem Olympiastadion traf ich Werferinnen des Ostblocks, die ich größtenteils aus früheren Jahren und Wettkämpfen kannte. Sie waren körperlich derart verändert – massiger geworden, behaarter an ungewöhnlichen Stellen, teils mit tiefer oder eigenartig quäkender Stimme, in jedem Falle aber mit ins Sagenhafte gesteigerten Leistungen an der Hantel, bei einigen verbunden mit ostentativ männlichem Kraftgebaren (allen voran der damals neue sowjetische Diskuswurfstar Faina Melnik) –, daß jedem, der die Zeichen sehen und lesen konnte, schlagartig bewußt wurde: das Endzeitalter des Frauensports war angebrochen.

Damals war auch schon klar, daß weder Sportfunktionäre noch Sportmediziner dies ernsthaft verhindern wollten. Im Gegenteil, für sie waren jene, die auf das Anabolikadoping und die Folgeerscheinungen hinwiesen oder gar öffentlich dagegen angingen, sofort die erklärten Feinde des Systems, «Nestbeschmutzer», «Drückeberger» (so Prof. Mader). Wer nicht mitdopen wollte, schloß sich aus und wurde ausgeschlossen: *«Wie, du nimmst keine Anabolika? Dann bist du selbst schuld, wenn du es nicht schaffst!»* So zitiert Liesel Westermann (1977), die letzte ungedopte Weltrekordlerin in meiner Hauptdisziplin, dem Diskuswerfen, einen hohen DLV-Funktionär, als sie die anabole Norm des Verbandes für die Olympiateilnahme in Montreal 1976 nicht schaffte. Bezeichnend auch die Kritik des Kommentators von *Leichtathletik*, Heinz Vogel (8.3.1977), der Liesel und mich nach einer

Fernsehsendung wegen unserer «Selbstgerechtigkeit» als Anabolikaverweigerer kritisierte: *«Es war immer schon leichter, die Rolle des Apostels als die des Mitschuldigen zu spielen!»* Man war also schon dadurch ein Außenseiter, daß man nicht schuldig war, olympischer Spielverderber!

Auch ein Teil der Presse war versteckt oder offen für ein geheimes Doping zum Ruhme der Nation. Im Jahr 1977, nach einer Welle von Doping-Erkenntnissen und Selbstbezichtigungen, wählten die deutschen Sportjournalisten die Kugelstoß- und Mehrkampfrekordlerin Eva Wilms, Produkt des schlimmsten deutschen «Hormon-Trainers», Christian Gehrmann, demonstrativ zur «Sportlerin des Jahres».

Weder die Ausbreitung des Anabolikadopings noch die feindlichen Reaktionen gegenüber jenen, die auf die – ungesetzliche – Dopingpraxis hinwiesen, konnten mich damals, 1977, noch überraschen. Ich hatte bereits als aktive Sportlerin Ende der 60er Jahre erstmals alarmierend diese Form des Dopings beim Namen genannt und vor den Folgen gewarnt. Mein umfassender Artikel 1969 in der Wochenzeitung *Die Zeit* enthielt bereits alle wesentlichen Aussagen zum Problem Anabolikadoping, auch Lösungsvorschläge für wirksame Kontrollen[1] (Abb. 1). Der Artikel wurde mehrfach nachgedruckt und weithin besprochen (Abb. 2 zeigt ein Beispiel). Hier ein Auszug:

*«Seit Mexiko (Olympische Spiele 1968) und Athen (Europameisterschaften 1969) kann man es auch beim besten Willen nicht mehr vornehm vertuschen: Die Hormonpille (oder -spritze) gehört anscheinend ebenso zum modernen Hochleistungssport wie Trainingsplan und Trikot, wie Spikes und Spesenscheck. Nach meiner Schätzung treffen sich bei großen Wettkämpfen bald mehr Pillenschlucker als Nichtschlucker. Olympia nach dem Motto: Dianaboliker aller Länder, vereinigt euch! Nahezu alle Zehnkämpfer der Weltklasse nehmen die Pille, 90 Prozent der Werfer, Stoßer und Gewichtheber, etwa die Hälfte der Springer und Sprinter, und auch bei den Ruderern, Schwimmern und Mannschaftsspielern wird sie immer beliebter...*

*Und wenn mir heute beispielsweise ein Wurfathlet beteuert, keine Anabolica zu nehmen, dann glaube ich ihm vorerst ganz einfach nicht; zuviel ist in dieser Frage schon gelogen worden, von Offiziellen wie von Athleten. So sind auch die – schon an ihrem Beamtendeutsch als einstudiert erkennbaren –*

1 Man hätte also handeln können, hätte man handeln wollen, und man hätte nach einem entsprechenden Forschungsauftrag zur Ausarbeitung eines Routineverfahrens – Prinzipien der Steroidanalytik waren damals bereits in der Fachliteratur angegeben (vgl. Donike 1975) – bereits 1972 in München recht saubere Olympische Spiele haben können, statt des riesigen Anabolika-Festivals, das jene Spiele in Wirklichkeit waren (vgl. Bauersfeld et al. 1973; Biden 1990; Francis u. Coplon 1991).

*Dementis der urplötzlich so stark gewordenen DDR-Asse oder ihrer Vormund-Funktionäre schlichtweg unglaubwürdig. Im privaten Gespräch – so etwa einem britischen Athleten gegenüber – haben einige von ihnen den Gebrauch von Anabolica unumwunden zugegeben. Im Frauensport scheint man ebenfalls mehr und mehr nach der Eliminierung der «natürlichen» nun die künstlichen = hormon-induzierten Intersexe heranzubilden: Jedenfalls geben Muskelmassezunahmen von mehr als fünf Kilo in wenigen Wochen (bei erwachsenen Frauen) ebenso deutliche Hinweise wie eine galoppierende Akne oder bestürzt erörterte Zyklus-Störungen.*

*Es ist offensichtlich: Die Leistungssteigerungen des letzten Jahrzehnts zum Beispiel in den technischen Disziplinen der Leichtathletik gehen nur zum geringen Teil auf Verbesserungen des Bewegungsablaufs, ... der Trainings- und Lebensbedingungen zurück. Schon seit vielen Jahren stärken sich etwa US-Athleten, die berühmten schwarzen ‹Naturtalente› nicht ausgenommen, regelmäßig mit dem Ciba-Präparat Dianabol, einem Mittel, das auch heute noch – jedenfalls von westlichen Athleten – bevorzugt wird.*

*Sportführung und Sportpresse haben sich... bisher im wesentlichen nur darum bemüht, daß der Sport nicht ‹sein Gesicht verliert›. Man war peinlich darauf bedacht, das derart weit verbreitete Doping mit Steroiden zu vertuschen und zu verdrängen....*

*Welche Möglichkeiten einer wirksamen Kontrolle von Anabolica-Doping gäbe es denn eigentlich? Nach vielen Diskussionen mit Fachleuten erscheint mir nur ein... Weg beschreitbar: 1. Die Sportverbände verpflichten sich zur ständigen Hinnahme einer internationalen Hormon-Doping-Kontrolle. 2. Ein internationales Gremium... bestimmt stichprobenartig durch ein Zufallssystem in unperiodischer Folge unter den 20 oder 30 Weltbesten einer jeden Disziplin die Namen von Sportlern (Sportlerinnen), die sich dann (an ihrem Heimatort) binnen zwei Tagen einer Urin...-Untersuchung... stellen müssen. 3. Überschreitet der Gesamtgehalt an Androgenen (bzw. Androgenderivaten und Abbauprodukten)... des Urins einen oberen Normwert, oder werden qualitativ körperfremde androgene Steroide im Chromatogramm angetroffen, so liegt Doping vor, und der betreffende Athlet oder (und) Verband erhält eine Sperre.»*

Wie man weiß, haben meine Zustandsanalyse und mein Kontrollvorschlag bei den Sportverbänden und den tonangebenden Sportmedizinern damals keinen Anklang gefunden. Im Gegenteil, ich hatte mir damit ein paar Feinde fürs Leben geschaffen. Besonders der Freiburger Sportmediziner Keul trat mir öffentlich entgegen und pries die Anabolika für jedermann an. Seine zu Beginn des Kapitels zitierte Empfehlung *«Jeder... kann Anabolika nehmen!»* kennzeichnet seine damalige Haltung, mit – wie man heute weiß – verheerender Wirkung.

Zwar wurden schon bald, am 14.5.1970, auf einer Sitzung der Doping-

**Abb. 1.** Alle Jahre wieder Doping-Diskussionen – verdrängt und ausgesessen. Mehr als zwei Jahrzehnte lang warnte die Verfasserin vor der Anabolika-Seuche als Ende des fördernswerten Leistungssports: Beispiele von 1969 *(Die Zeit)* und 1977 *(Süddeutsche Zeitung)*.

sumer crusader Ralph Nader, who helped with Malek's study, "than they are in the consumer." And critics such as Nader were not reassured when new Commissioner Charles Edwards said that the agency must "move more in the direction of working with industry." For his part, however, Edwards said: "Good management is one of the things I can bring into the agency." And this, it seems, is what especially interests Finch.

## Breakfast of Champions

It is scarcely a secret that today's sports stars sometimes use drugs to augment their natural strength, stamina and skill. Pep pills allegedly have helped shave split seconds off the 100-yard dash and add feet to the javelin throw. And a shot of Novocain has helped many a quarterback return to the game despite a torn muscle. At the Bavarian Sports Physicians Conference in Munich last week, doctors from many parts of Europe debated the use of the most exotic—and possibly dangerous—performance booster of all: male hormones.

What put the matter on the conference agenda was an article in Die Zeit three weeks ago by Brigitte Berendonk, a high-ranking West German discus thrower and shot-putter. "The hormone pill or shot," the 27-year-old star asserted, "is as much a part of modern competitive sport as the training program and the tricot sweat suit." According to Miss Berendonk, nearly all the world-class decathlon competitors, most discus throwers, shot-putters and weight lifters, and half the runners and jumpers use hormones. Reportedly, American decathlon champions Bill Toomey and Russ Hodge, as well as Swedish discus-thrower Ricky Bruch, have swallowed hormone pills along with their training breakfasts. Al Oerter, four-time U.S. Olympic discus champion, while hedging on whether he has used hormones himself, observed: "The practice is now so widespread that the younger guys who are just starting out have no choice if they want to stay on top."

**Muscle:** The drugs in question are "anabolic steroids," synthetic forms of testosterone and other male hormones. Such drugs tend to add tissue to the body and normally are prescribed by physicians to increase the weight and strength of men debilitated by age or long-term illness. Athletes say that the drugs augment the development of muscle tissue during training and increase strength. Dr. Manfred Steinbach of the University of Mainz reported that some persons taking the drugs show a 2 per cent increase in weight, a 4 per cent increase in the size of their biceps and a 3¾ per cent gain in leg circumference.

But apart from whether the use of hormones is in keeping with the precepts of good sportsmanship, many of the physicians at the meeting were concerned about whether it is safe. In teen-agers, the hormones can prematurely stop bone growth, preventing the attainment of full stature. For women who take them, the drugs pose the hazard of virilization: the development of facial hair, a deepening voice and change in the menstrual cycle.

Horst Muller

**Brigitte: Are the stars drugged?**

**Damage:** "The extra hormones at an early age," said Dr. Ingeborg Bausenwein, a Nuremberg physician and former Olympic javelin thrower, "could create irreversible damage." Moreover, some doctors are convinced that the hormones are overrated as a means of improving athletic performance. "The idea of their increasing strength," said Dr. Konrad Schwarz, a Munich endocrinologist, "is more psychological than physical."

Whatever the merits or dangers of the male hormones, most physicians at the meeting agreed that it would be difficult to police their use. Miss Berendonk, a doctor's daughter who disclaims the use of male hormones, suggested that medical experts could spot-check athletes in their hometowns to look for evidence of "hormone doping." But such tests, according to one doctor, "would turn sports into an organic-chemistry internship."

Some of the doctors at the meeting concluded that the use of male hormones should be discouraged on the ground of pure sportsmanship. "We need to clarify that sport, even the top sport, should contribute to health," said Dr. George F. Schlichenrieder, physician for the German Olympic hockey and cross-country ski teams, "and not be used for breaking records alone."

kommission des Internationalen Leichtathletikverbandes (IAAF), die Anabolika für die Leichtathletik als Dopingmittel klassifiziert und auch in die Dopingbestimmungen des DLV (veröffentlicht am 2.3.1971 in *Leichtathletik* Bd. 22, Nr. 8) übernommen, aber sonst geschah praktisch nichts. Obwohl auch den Mitgliedern des DLV-Leistungsrates inzwischen klargeworden war, daß «*Kontrolle und Nachweis von Anabolika im Training durchführbar ist*», am besten dadurch, daß «*in zufälliger (durch Los) und gezielter Verteilung (Stoßer, Werfer u. a.) Urin-Stichproben im Training entnommen werden*» (Stellungnahme vom 8.8.1970, *Leichtathletik* Bd. 21, Nr. 40 vom 3.11.1970), gab es erst Mitte der 70er Jahre Kontrollen, zunächst unverbindlich und auf wenige große Wettkämpfe beschränkt.

Offiziell war also Anabolikadoping in der Leichtathletik spätestens seit 1970 verboten, im Wettkampf wie im Training – natürlich, denn da werden diese Mittel ja überwiegend eingesetzt. Schutzbehauptungen, in jüngster Zeit häufig von DDR-Sportfunktionären und -medizinern zu hören, Anabolika seien erst 1978 zu Dopingmitteln erklärt worden und ihre Einnahme im Training sei noch bis 1987 erlaubt gewesen (z. B. Rademacher et al. 1991), sind schlicht falsch.

**Abb. 2.** Alle wesentlichen Tatsachen zur weltweiten und seuchenhaften Verbreitung des Dopings mit androgenen Steroidhormonen (Anabolika) waren schon 1969 – spätestens nach meinem Aufsatz in der Zeitschrift *Die Zeit* – ebenso bekannt wie meine Vorschläge für eine Eindämmung durch wirksame Kontrollen während des Trainings. Als ein Beispiel für die danach einsetzende internationale Diskussion ist hier ein Artikel in der US-amerikanischen Wochenzeitschrift *Newsweek* vom 29.12.1969 vorgestellt. Darin wird auch der vierfache Olympiasieger im Diskuswerfen, Al Oerter (USA), zitiert, der einer direkten Frage nach seinem eigenen Anabolikakonsum seinerzeit noch auswich (auch damals schon das schlechte Gewissen des Betrügers: inzwischen hat auch er sein Anabolika-Doping öffentlich zugegeben), aber einräumte: «*Der Gebrauch* [dieser Drogen] *ist inzwischen so weit verbreitet, daß die jungen Nachwuchsathleten gar keine andere Wahl haben, wenn sie Spitze werden wollen.*» In dem Artikel wird auch auf die 1968er Untersuchung von Prof. Dr. Manfred Steinbach (heute Sportwart des DLV) Bezug genommen, in der Muskelmassezunahmen nach Anabolika-Verabreichung an Jugendliche beschrieben werden (Steinbach hat sich in dem Artikel dann allerdings gegen den Einsatz von Anabolika ausgesprochen). Außerdem werden in dem Artikel mehrere Medizinerhinweise auf schädliche Nebenwirkungen und mein Vorschlag von zufallsverteilten Stichproben-Kontrollen während des Trainings besprochen, auch der Widerspruch eines – hier nicht genannten – Mediziners: «*Solche Kontrollen würden doch den Sport in ein Praktikum der organischen Chemie verwandeln.*» Nun, genau das hat stattgefunden, aber nicht als Folge der Kontrolle des Anabolikadopings, sondern gerade wegen der Ablehnung von wirksamen Kontrollen.

Der beste Beweis, daß die Einnahme von Anabolika für Athleten wie Funktionäre und Öffentlichkeit schon immer Betrug und Doping war, ist die Tatsache, daß die Einnahme dieser Mittel von keinem aktiven Athleten je öffentlich zugegeben wurde, auch in den 60er Jahren nicht, als diese Form des Dopings noch nicht offiziell verboten war. Auch im persönlichen Gespräch hat mir gegenüber nie eine aktive Athletin die Einnahme von Anabolika eingestanden.

Erstmals wurden bei der Leichtathletik-Europameisterschaft 1974 in Rom, beim folgenden Europa-Cup-Finale und bei den Juniorenmeisterschaften Kontrollen vorgenommen: insgesamt zehn Athleten wurden erwischt, ihre Namen aber geheimgehalten, *«um Aufsehen in der Öffentlichkeit zu vermeiden»*. Eben.

Auf ihrer Sitzung in Innsbruck am 6.4.1974 beschloß auch die «Medical Commission» des Internationalen Olympischen Komitees (IOC), die Anabolika auf die Liste der verbotenen Dopingsubstanzen zu setzen und Kontrollen durchzuführen, allerdings nur bei Wettkämpfen, so daß eine Entdeckung durch vorzeitiges Absetzen der Mittel leicht zu vermeiden war (vgl. Donike 1975). Dennoch wurden bei den Olympischen Spielen 1976 in Montreal zum erstenmal und mit einer noch nicht sehr exakten Bestimmungsmethode («Radioimmunoassay», RIA; vgl. Tabelle 4) insgesamt acht Athleten überführt, namentlich bekanntgegeben und gesperrt (De Mérode 1979). Erst danach wurden die überlegenen gaschromatographischen bzw. massenspektrometrischen Methoden eingesetzt, seit 1983 routinemäßig, jedoch immer noch ausschließlich bei Wettkampfproben (Donike et al. 1984).

Für den Nachweis des Dopings durch künstliche Erhöhung des Testosterongehalts, sei es durch Verabreichung von Testosteron oder Testosteronestern oder durch Injektion des menschlichen Hormons Choriongonadotropin (hCG; vgl. Tabelle 4) – seit Mitte der 70er Jahre als «Überbrükkungsdoping» unmittelbar vor einem Wettkampf weit verbreitet (s. Kapitel 9–15) –, wurde die direkte Testosteronbestimmung wegen verschiedener natürlicher Schwankungen als nicht zuverlässig genug angesehen. Seit 1982 wird hier eine Bestimmung des Quotienten Testosteron : Epitestosteron durchgeführt, wobei ein Wert von größer als 6 in der Regel als Indiz für diese Art Doping gilt (vgl. Donike u. Kaiser 1984; Zimmermann 1986). Die besondere Problematik dieses Tests und die Möglichkeiten, ihn zu «unterlaufen», werden später in Kapitel 15 und 20 behandelt.

Nach Montreal 1976 gab es in der deutschen Sportmedizin wie in den Sportverbänden und in der Sportpresse plötzlich eine sehr starke Bewegung für eine Freigabe der anabolen Steroide zu Dopingzwecken: Arzneimittelgesetz hin, Ethik her – die DDR hatte in Kanada gerade ungeheuer viele Medaillen geerntet, zwar mit etwas seltsam gebauten und baßknörenden Schwimmerinnen, aber «wo gehobelt wird, da fallen auch mal Späne».

Das nagte am bundesdeutschen Selbstbewußtsein. Anscheinend glaubte man, eine sogenannte «kontrollierte Freigabe» (die es rechtlich gar nicht geben kann und die es selbst in der DDR nie gegeben hat) dieser rezeptpflichtigen Präparate in einer Kampagne durchsetzen zu können – gegen die medizinische Fachwelt und gegen die bestehenden Gesetze.

Es gab damals Serien von öffentlichen Diskussionen, und Ende Oktober 1976 fand ein als Wegbereitung für das Doping weitbeachteter Kongreß der Deutschen Sportärzte in Freiburg im Breisgau statt, bei dem außer den bekannten Freiburger Anabolika-Freunden, darunter auch Prof. Dr. Armin Klümper, ein neuer Vertreter des Dopings auftrat: Dr. Alois Mader, Sportmediziner bei Professor Wildor Hollmann an der Sporthochschule Köln, sprach sich für Anabolikadoping aus und erklärte, das sei *«kein sportärztliches Problem, sondern eine sportethische Frage»* (*Badische Zeitung*, 25.10.1976). Auf demselben Kongreß meinte der Sportärzte-Präsident Prof. Herbert Reindell zum Problem der Pharmaka im Sport: *«Kleinere Schäden müssen dabei in Kauf genommen werden»* (*Frankfurter Allgemeine Zeitung*, 26.10.1976). Und sein Mitarbeiter Dr. Wilfried Kindermann (heute Professor in Homburg/Saar und DLV-Verbandsarzt) empfand die durch Anabolika bedingten Veränderungen bei Frauen mehr als soziales Problem: *«Im Osten kommen Frauen auch mit tiefen Stimmen durch den Alltag. Dort sind sie sozial abgesichert»* (*Frankfurter Allgemeine Zeitung*, 26.10.1976).

Besonders Dr. Maders Bombardement mit Vorträgen, Zeitungsartikeln und Diskussionsauftritten erschien als Vorbereitung der großen Pro-Anabolika-Offensive: *«Wenn wir nur den sportethischen Standpunkt gelten lassen, können wir die Sportmedizin im Spitzensport abschaffen!»* (*Medical Tribune*, Bd. 12, Nr. 20, vom 20.5.1977).

Ich traf Mader zuerst am 18.12.1976 anläßlich einer Podiumsdiskussion des katholischen Sportverbandes DJK in Bonn-Venusberg. Nicht, daß wir total verschiedener Ansicht über den Anabolikaeinsatz im Sport waren, bewegte mich am meisten, sondern seine ruhig-radikale Durchsetzungs-Zuversicht, die ich erst verstand, als ich hörte, daß er gerade zwei Jahre zuvor vom Sportmedizinischen Dienst (SMD) der DDR in den Westen gekommen war. Er berichtete sehr positiv von seinen Dopingerfahrungen, und aus seiner Argumentation hörte ich den Anspruch des Kollektivs auf die Bereitschaft und Manipulierbarkeit des einzelnen und erkannte: mit diesem Mann war der Geist des SMD nun unter uns.

Wie aktiv Dr. Mader als Pharma-Manipulator schon vor Montreal gewesen war, erfuhr ich erst später. Selbst den gewiß nicht zimperlichen Funktionären des DLV ging der Doktor etwas zu weit. So berichtete Ilse Bechthold, Vizepräsidentin des DLV, in einem Verbandsgerichtsverfahren (Schreiben vom 10.5.1977), wie sie und Sportwart Otto Klappert mit vereinten Kräften den Dr. Mader, der mit Spritzen voller «unterstützender

Mittel» auf dem Einlaufplatz den Damen nachstellte, zurückhalten mußten: *«Anläßlich des Junioren-Länderkampfes gegen die USA am 7./8.7.1976 in Lüdenscheid fanden auch Vorbereitungswettkämpfe in einigen Disziplinen auf die Spiele in Montreal statt, so auch 400-m-Läufe für Frauen. Auf dem Einlaufplatz wurde ich von Gerd Osenberg, Trainer (TuS 04 Leverkusen), darüber unterrichtet, daß Athletinnen mit ‹leistungsfördernder Spritze› versehen werden sollten. – Der DLV-Sportwart... und ich haben sofort die notwendigen Schritte eingeleitet, diese Maßnahme zu stoppen.»* Klappert betonte dazu noch in einer Erklärung vom 11.5.1977: *«Ich sprach Dr. Mader darauf an und untersagte ihm vor Zeugen, Athleten des DLV diese Injektionen weiter zu verabreichen.»*

Nach der Diskussion mit Dr. Mader entschloß ich mich, noch einmal alle Argumente gegen das Anabolikadoping und für wirksame Kontrollen in der Trainingsperiode zusammenzufassen. Dieser Artikel erschien am 26.2.1977 in der *Süddeutschen Zeitung*, gefolgt von einer Serie weiterer Artikel von mir (Abb. 1) und anderen, natürlich auch von Dr. Mader. Der Artikel löste mehrere Fernsehsendungen aus, «Coming-out»-Serien öffentlicher Selbstbezichtigungen von Athleten, Podiumsdiskussionen, Kongreßveranstaltungen und eine monatelange Debatte in der Bevölkerung.

Nach heftigen Auseinandersetzungen mit Sportmedizinern und Funktionären schien sich – oberflächlich betrachtet und für die Öffentlichkeit gemeint – bald alles zum Guten gewendet zu haben: Am 11.6.1977 wurde in Baden-Baden eine «Grundsatzerklärung des Deutschen Sportbundes (DSB) und des Nationalen Olympischen Komitees (NOK)» beschlossen, die sich gegen «jede medizinisch-pharmakologische Leistungsbeeinflussung» aussprach. Die feierliche Erklärung, auch als «Anti-Doping-Charta» des Deutschen Sports gefeiert, stimmte weitgehend mit meiner Position überein. Im gleichen Sinn erklärte sich nun auch – verblüffenderweise – der Deutsche Sportärztebund, wobei die Presse bei einigen prominenten Vertretern eine Blitzwandlung «vom Saulus zum Paulus» feststellte. Glaubhaft für die tägliche Dopingpraxis war das alles aber nicht: die Professoren Wildor Hollmann (Köln) und Armin Klümper (Freiburg i. Br.), Arzt der meisten Spitzenathleten, äußerten sogleich abweichende Meinungen, und Klümper kündigte sogar öffentlich weitere Rezeptierbereitschaft für Anabolika zum sportlichen Betrug an: *«Ich bin der Meinung, daß der mündige Athlet in einer Demokratie das Recht hat, sich frei zu entscheiden.»* Und: *«Ich fühle mich weiter verpflichtet, ... anabole Steroide zu verabreichen, wenn der Athlet es unbedingt will»* (*Frankfurter Allgemeine Zeitung* und *Bild*-Zeitung, 20.5.1977).

Was 1977 in Wirklichkeit geschah, war jedem bald klar, der in den nächsten Monaten die Sportpolitik beobachtete: Zu einer Anhörung des Sportausschusses des Deutschen Bundestages am 28.9. wurden fast nur Praktiker und Freunde des Anabolikadopings geladen, jedoch keiner der erklärten Gegner. Das Protokoll läßt denn auch die heimliche Sympathie vieler Redner und Politiker für die erfolgsichernden Praktiken erkennen. Der damalige Abgeordnete und Jurist Dr. Wolfgang Schäuble, später als Innenminister für den Spitzensport zuständig, gab grundlegend zu bedenken, ob es statt der gerade beschlossenen Grundsatzerklärung nicht richtiger sei, *«zu sagen: Wir wollen diese Mittel nur sehr eingeschränkt und nur unter der absolut verantwortlichen Kontrolle der Sportmediziner... einsetzen..., weil es offenbar Disziplinen gibt, in denen heute ohne den Einsatz dieser Mittel der leistungssportliche Wettbewerb in der Weltkonkurrenz nicht mehr mitgehalten werden kann.»* Gesetze (Arzneimittelgesetze zum Beispiel), Warnungen und Festlegungen medizinischer Fachgesellschaften, ethische Prinzipien könne man also getrost ignorieren, wenn internationaler Konkurrenzdruck es erfordere: Politische Wegwerfmoral.

Im Grunde war als Folge der heftigen Doping-Diskussion von 1977 nur der Vertuschungsaufwand erhöht worden. Die für den Sport Verantwortlichen hatten in kurzer Zeit ein komplexes, neues System des illegalen Anabolikadopings geschaffen, an dem auch wieder Sportmediziner diskret rezeptierend mitwirkten, wie an Hand von Dokumenten noch zu schildern sein wird. Prof. Manfred Donike, Leiter des 1974 von der Bundesregierung eingerichteten und finanzierten Dopingkontrollabors in Köln, mahnte zwar die Kontrollunwilligkeit der meisten Sportverbände öffentlich an, aber ohne viel Resonanz.

Immerhin gab es dann erste positive Kontrollergebnisse, offenbar «Absetzunfälle»: am 21.5.1978 wurde mein früherer Teamkamerad, der mehrfache deutsche Diskuswurfmeister Hein-Direck Neu, ebenso erwischt wie der Kugelstoßer und Diskuswerfer Joachim Krug, der 1973 aus der DDR gekommen war, wo er schon – wie er öffentlich erklärte – *«im Alter von 18 Jahren... Anabolika erhalten und genommen hatte»*. Nach diesem Vorfall wurde allgemein noch etwas besser beim Absetzen aufgepaßt. Einen zusammenfassenden Artikel Silvester 1977 in der *Süddeutschen Zeitung* überschrieb ich mit dem wichtigsten Ergebnis in der Dopingpraxis, das die Sportverbände erzielt hatten: *«Der Athlet lernt zu schweigen. ... Es wird weitergedopt, nur geschickter.»* Wie in der Bundesrepublik nach 1977 das Anabolikadoping organisiert war, wird in Kapitel 18 geschildert.

Erst seit 1989, also 20 Jahre nach meiner ursprünglichen Forderung, werden von deutschen Leichtathleten auch Urinproben in der Trainingsphase genommen, wenn auch noch sehr selten und mit «Vorwarnzeiten».

Spätestens seit 1977 aber waren auch die Fronten klar: Der deutsche Sport und der deutsche Staat hatten sich für die Betrüger und gegen die Betrogenen entschieden. Unter den Politikern und Funktionären war keiner, der sich konsequent gegen das verschwiegene Doping eingesetzt hätte.

Alle schienen vielmehr damit beschäftigt, die Dopinggegner zu bekämpfen.

Die Doppelzüngigen gaben den Ton an, und ihr Häuptling und Hohepriester zugleich war kein Geringerer als NOK-Präsident Willi Daume. Anfang März 1977 hatte ich ihn im «Aktuellen Sportstudio» des ZDF auf das Anabolika-Rezept (Deca-Durabolin) des Olympiaarztes Prof. Dr. Joseph Keul (Freiburg) für Hammerwerfer Uwe Beyer hingewiesen, das jener als öffentliches Beweisstück dem Moderator Harry Valerien übergeben hatte (s. Kapitel 18 G). In den Wochen danach wurde Daume in mehreren Presse-Interviews auf diesen Widerspruch (Olympia und Anabolika) angesprochen. Er wischte über die lästige Frage nach den Dopingtatsachen im eigenen Lager weg und bekundete seinen *«tüchtigen Sportärzten»* vom Schwarzwaldrand uneingeschränktes Vertrauen. Auch für Doping-Rezepteur Prof. A. Klümper setzte er sich später energisch ein, als dieser nach dem Doping- und Todesfall der Mehrkämpferin Birgit Dressel die DLV-Nationalmannschaft nicht mehr betreuen sollte.[1] Den Lohn für diese Haltung konnte Daume allerdings erst Jahre später in Empfang nehmen: Auf Antrag der Freiburger Sportmediziner wurde er Ehrenprofessor des Landes Baden-Württemberg.

Daume, der sich durch großzügige Geschenke für Funktionärsgattinnen wie durch zitatreiche Festreden in der oberflächlichen Öffentlichkeit den Ruf eines Gentleman und Feingeistes erworben hat, war sich aber auch nicht zu schade, bei der Einschüchterung und Beschimpfung von erklärten Dopinggegnern kräftig mitzumischen. Ich selbst war für ihn natürlich ein rotes Tuch: *«Alternde Diva»* nannte er mich wütend Weihnachten 1977 (ich war 35, er 64), was die *Stuttgarter Zeitung* (6.1.1978) in einem Kommentar so erklärte: *«Daumes Schritt vom Weg der Ritterlichkeit verriet, wie hart die im Februar 1977 erfolgte Antidoping-Attacke der ehemaligen Sprecherin der Nationalmannschaft vor allem die alten Kameraden der Sportführung getroffen hatte.»*

Wer immer Daume gegenüber vom Dopingproblem redete, wurde vom stillen Doping-Dulder abgekanzelt: vom Marathonläufer und Sportjournalisten Manfred Steffny (*«ausgeflippter, pubertärer Besserwisser»*) und Sprint-Vizeeuropameister Manfred Ommer (*«kalte, ungeschneuzte Lüge»*) bis zu Peter Bouschen, dem Dreisprung-Olympiafünften von 1984 und DLV-Aktivensprecher (*«dummer Junge»*), und dem heutigen Sprecher der deutschen Spitzensportler, Ruderer Volker Grabow (*«... Daume... hat je-*

1 Nach der Darstellung des damaligen DLV-Präsidenten Prof. Dr. Eberhard Munzert waren er, DLV-Generalsekretär Heiner Henze und DLV-Chefverbandsarzt Prof. Krahl am 13.8.1987 übereingekommen, «Professor Klümper von seiner Tätigkeit für den DLV zu suspendieren». Dem kam Klümper am 17.8.1987 durch Rücktritt zuvor.

*den, der damit anfing, massiv zusammengestaucht»*; *Süddeutsche Zeitung*, 22.12.1990). Daume schirmte Doping und Doper energisch und erfolgreich ab, wollte gar den Sportlern öffentliche Diskussionen über dieses Thema ausreden und disqualifizierte die Dopinggegner als *«jene, die nun Oberschiedsrichter der Nation sein wollen»*, warf ihnen *«Beschimpfungen und fragwürdige Denunziationen»* vor, forderte sie noch 1977 auf, geduldig *«die Arbeit der zur Lösung dieser Fragen eingesetzten Fachgremien zu unterstützen und das Ergebnis abzuwarten»*. Nun, das Ergebnis war schon da: Doping überall und schlimmer als je zuvor. Präsident Daume hat sich so auf seine Weise um die Ausbreitung des Dopings verdient gemacht.

Seit 1978 gab es auch keine öffentlichen Selbstbezichtigungen mehr, die Verbände hatten ihre Sportler wieder völlig unter Kontrolle. Der DLV hatte seine Athleten sogar in einem besonderen «Maulkorb-Brief», voll von Willi Daume-Zitaten, dazu aufgerufen, das Thema Doping nicht mehr in der Öffentlichkeit zu diskutieren.

Ab und zu meldete sich bei mir jemand zum Thema Doping: Athleten, Funktionäre, auch Eltern von Athletinnen, die abgestoßen waren von Doping, Lügen, Nebenwirkungen und den vielen neuen Abhängigkeiten. Nachrichten aus dem Ostblock, besonders aus Rumänien und der DDR, waren trostlos. Und es gab keine Hoffnung, die Wahrheit je beweisen zu können! Sollte sich mir je die Gelegenheit dazu bieten – schwor ich mir –, würde ich sie nutzen.

# Kapitel 3
# Die Entwürdigung der Frau durch Androgendoping

*«Bei Frauen würde ich die Gabe von Anabolika ohne medizinisch angezeigte Gründe in jedem Fall als ärztlichen Kunstfehler bezeichnen»*
(Prof. Dr. Hans L. Krüskemper, Endokrinologe und Direktor der Medizinischen Klinik C der Universität Düsseldorf; in: Aumiller et al. 1979).

Die Risiken schädlicher Nebenwirkungen beim Anabolikamißbrauch im Sport – bis hin zu Todesfällen (s. Anfang von Kapitel 2) – sind heute in der Fachwelt unbestritten, sowohl die körperlichen als auch die psychischen, auch bei sogenannten niedrigen Konzentrationen.[1] Dabei ist auch anzumerken, daß die in vielen Sportarten üblichen Konzentrationen alles andere als niedrig sind. Diese Risiken, aber auch die von vielen hochrangigen Forschergruppen und Ärzten (darunter z. B. auch der frühere Olympia-Chefarzt der USA, Dr. Robert Voy) nachgewiesene Gefahr der physischen Abhängigkeit,[2] haben dazu geführt, daß diese Arzneimittel in den meisten in der medizinischen Forschung führenden Staaten unter besonders strenge Aufsicht gestellt worden sind, seit Dezember 1990 in den USA sogar unter den «Controlled Substance Act, Class III», d. h. wie harte Rauschdrogen behandelt werden.

In vielen Diskussionen habe ich aber den Eindruck gewonnen, daß bestimmte, für Mädchen und Frauen charakteristische Schäden und persönlichkeitsverändernde Wirkungen unterschätzt werden. Libido und Sexualverhalten werden stark vom androgenen Hormon Testosteron beeinflußt, auch bei der Frau, und somit auch von allen Anabolika.

1 Taylor (1987); Pope u. Katz (1988, 1990); Dickhuth et al. (1989); Hallagan et al. (1989); Hickson et al. (1989); Sehling et al. (1989); Bachmann et al. (1990); Horber (1990); Voy (1991).

2 Tennant et al. (1988); Brower et al. (1989, 1990, 1991); Kashkin und Kleber (1989); Hay et al. (1990); Perry et al. (1990).

Zur Verdeutlichung jener Nebenwirkungen der Anabolikaeinnahme von Mädchen und Frauen, welche die – meist männlichen – Sportmediziner, Trainer und Funktionäre als gering ansehen und häufig sogar mit Stammtischwitzen kommentieren, seien hier einige kurze Auszüge aus dem Protokoll der Anhörung von Betroffenen vor der Untersuchungskommission des Justiz-Senats der Vereinigten Staaten zitiert: die Aussage von Diane Williams, Weltklasse-Sprinterin mit einer Bestleistung von 10,86 Sekunden auf 100 Meter, Dritte der Weltmeisterschaften von 1983 (Biden 1990).

Ms. Williams: *«Einen Monat später gab mir Chuck* [DeBus, der Trainer, inzwischen vom US-Leichtathletikverband auf Grund mehrerer Zeugenaussagen gesperrt][1] *eine weiße Plastikflasche ohne Aufschrift. ... So, das isses. ... Da waren so 50–100 Pillen drin. ... Er wies mich an, pro Tag 2 Pillen zu nehmen, und das 6–8 Wochen lang. ... Danach sagte Chuck, ich solle die Steroide 4 Wochen lang absetzen. ... Ich konnte länger und härter trainieren, was dann auch meine Leistung verbesserte. ... Ich bekam sofort Akne und Pigmentstörungen im Gesicht. Ich war nun eine Frau, die plötzlich stark wie ein Mann wurde. ... Damals machte ich mir wirklich Sorgen, weil ich deutliche Veränderungen an meinem Körper sah. Ich fand deshalb auch raus, was die kleinen blauen Pillen waren: Anavar*[2]. *... Er gab mir dann ein anderes Steroid mit Namen Dianabol, da er wußte... daß ich nun stärkere Mittel brauchte. ... Er versicherte, daß Dianabol... das i-Tüpfelchen für meine Form wäre. ... Nach weiteren 8 Wochen Pilleneinnahme bemerkte ich ernsthafte Nebenwirkungen. März 1983... hatte ich keine Menstruation mehr... Vermännlichungserscheinungen traten auf, wie z. B. ein Schnurrbart und Flaum am Kinn. Meine Klitoris... wuchs auf peinliche Ausmaße an...*

Zeugin bricht in Tränen aus.

Vorsitzender: *Lassen Sie sich Zeit. Wenn Sie lieber eine Pause machen wollen, können wir ... Ich weiß, es ist schwer für Sie, aber es ist wichtig. ...*

Ms. Williams [etwas später]: *Ich bekam eine tiefere Stimme und entwickelte männliche Körperbehaarung. Die Steroide veränderten auch mein Sexualverhalten. Oft war ich wie eine Nymphomanin...* [später] *Ich kriegte eine hCG-Injektion* [von Dr. R. Kerr, San Gabriel, Kalifornien]... *mit einer langen Nadel in die rechte Hüfte*[3], *und das kostete 100* $ *pro Woche.*

1 DeBus war lange Zeit auch der Trainer der Sprinterin Merlene Ottey (Jamaica), die jetzt im Doping-Paradies Italien lebt (vgl. Black 1990, 1991).

2 Anavar ist ein Anabolikum der Firma Searle, 1988 vom Hersteller «wegen Mißbrauchs im Sport» vom Markt genommen. Das in Deutschland nie zugelassene Präparat ist auch von den Sprinterinnen des Hammer DLV-Trainers Spilker benutzt worden (Kapitel 18 E).

3 Wie die dem Senatsbericht beigefügte Patientenkarteikarte von Diane Williams beweist, hat sie von Dr. Kerr beide Dopingmittel injiziert bekommen: hCG und menschliches Wachstumshormon HGH (dort als STH eingetragen; vgl. Tabelle 4).

*… Ich habe einige der möglichen schädlichen Nebenwirkungen an meinem eigenen Körper erfahren, z. B. starkes Körperjucken, Heiserkeit, erhöhten Sexualtrieb, Depressionen, Vaginalblutungen und vor allem Schmerzen im Unterleib, die ich auch heute noch habe.*

*… Im Dezember 1986 und im Januar 1987 hatte ich Blutgerinnsel. Es war – sie gingen einfach ab …*

Vorsitzender: *Ja, ich weiß, das fällt Ihnen sehr schwer, über all das zu sprechen. … Aber Ihre Bereitschaft, hierherzukommen und so genaue Zeugenaussagen zu machen, hat uns zwei Sachen klargemacht: Erstens, wie leicht eine junge Frau mit Zukunftsträumen hier ein Opfer werden kann. … Und zweitens, was die Steroide Ihnen angetan haben, und welche negativen Wirkungen von Steroiden allgemein ausgehen können.»*

Um wieviel schlimmer ist das Anabolikadoping gar minderjähriger Mädchen, wie es bei den Dreizehn- bis Siebzehnjährigen im DDR-Sport weithin angewandt wurde (s. Kapitel 4, 6, 9, 10, 12–14; vgl. S. 349), in Einzelfällen aber auch in der BRD und in Frankreich.

Ich habe in der deutschsprachigen Fassung dieses Buches darauf verzichtet, den Fall einer Verwandten von mir zu schildern, einer Kanusportlerin, die mit 16 Jahren Anabolika nehmen mußte («Verbandskonzeption»!), schwere gynäkologische Nebenwirkungen entwickelte und schließlich bis zur «Wende» 1989 mit dem Leistungssport aufhörte. Da sie sich – wie üblich – bei Androhung von Strafen schriftlich zur Geheimhaltung verpflichten mußte, hat ihre Mutter erst nach der Wiedervereinigung 1990 von dem androgenen Doping und den medizinischen Problemen ihrer Tochter erfahren. Das Mädchen hat aber – auf meine Bitte hin – ihre Dopinggeschichte ausführlich vor den Kameras der amerikanischen Fernsehgesellschaft CBS geschildert, damit dokumentiert bleibt, was den «Erfolg» des Jugendsports und der Nachwuchskader der DDR – in der immer noch ignoranten Öffentlichkeit weithin als «erhaltenswerte» sozialistische Errungenschaft angesehen – in Wirklichkeit ausmachte: Gezieltes Anabolikadoping Minderjähriger (vgl. Kapitel 6).

# Kapitel 4
# «7, 8, 9, 10 – Klasse!»
# Ein Vierteljahrhundert Doping in der DDR

---

*«Die DDR-Leichtathletin hat den gegen sie erhobenen Vorwurf entschieden zurückgewiesen. – Entscheidungen, wie sie jetzt in Sevilla getroffen wurden, sind ungerechtfertigt und können das persönliche Ansehen der Sportler nur herabsetzen»*
(Von der offiziellen DDR-Nachrichtenagentur ADN am 11.11.1977 veröffentlichte Stellungnahme der DDR-Sportführung zum Fall der Kugelstoßerin Ilona Slupianek, die vom Europäischen Leichtathletikverband des Anabolikadopings überführt und gesperrt worden war).

*«Im Zeitraum bis 1980 wurden z. B. zu hohe Dosierungen von Oral-Turinabol... angewendet»*
(Aus der bisher geheimen Dissertation B des Chefarztes des DDR-Leichtathletik-Verbandes Dr. Hartmut Riedel, 1986).

Wenn Doping, besonders mit Anabolika, auch ein globales Problem des Sports war und ist, so kann doch spätestens seit dem Bekanntwerden der ersten Dokumente nach der «Wende» nicht mehr bestritten werden, daß dem Ersten Deutschen Arbeiter- und Bauernstaat in dieser Disziplin die Siegespalme gebührt. Da das DDR-Doping – oft vermutet, aber bisher nicht bewiesen – eine Klasse für sich war, sowohl im Ausmaß als auch in der systematischen Durchdringung und in der bürokratischen Organisation, soll es hier zuerst und mit gebührender Ausführlichkeit beschrieben werden.

Seit den Olympischen Spielen 1968 in Mexiko war der im internationalen Sport erfolgreichste Staat der letzten beiden Jahrzehnte, der sich «Deutsche Demokratische Republik» nannte, immer wieder in den Verdacht geraten, systematisch Dopingmethoden anzuwenden, vor allem androgen-anabole Steroide zur Steigerung der Leistungen im Frauensport einzusetzen: Allzu auffällig waren gerade dort die Erfolge. Derselbe Verdacht galt zwar auch anderen osteuropäischen Staaten und später auch Kuba und

China, und er wurde für diese Staaten ja schon bald durch viele positive Dopingkontrollen bestätigt (s. Tabelle 1). Doch irgendwie traute man der DDR-Sportführung eine ganz besondere Effizienz zu, sowohl im Doping als auch im Vertuschen des Dopings: teutonische Rigorosität im Verbund mit deutschem Fleiß und preußischer Disziplin.

Auch mir war 1968 in Mexiko klargeworden, daß Anabolikadoping damals längst nicht mehr nur das Privileg einiger amerikanischer Athleten war. Der Ostblock dopte kräftig mit, und die Sportstrategen dieser Staaten hatten außerdem anscheinend keine Hemmungen, Frauen mit männlichen Sexualhormonen zum Erfolg zu manipulieren: Gleichberechtigung der Frau im Sozialismus bewies sich eben auch im Doping.

Diese gewissenlose und betrügerische Haltung gegenüber den sporttreibenden «echten» Frauen und dem Frauensport an sich hatte im sozialistischen Lager damals schon Tradition. Hatte man dort doch bis wenige Jahre zuvor Intersexe und sogar Männer in die internationalen Frauenwettkämpfe eingeschmuggelt, die so natürlich mit Leichtigkeit die Überlegenheit der «sozialistischen Körperkultur» demonstrieren konnten. Die Namen der bekanntesten Betrüger(innen) wie der (die) russische Mehrkämpfer(in) «Irina» Press und ihre diskuswerfende und kugelstoßende «Schwester Tamara» zieren heute noch ebenso die Siegerlisten der großen Sportfeste der 60er Jahre wie der (die) polnische Meistersprinter(in) Eva (Ewald?) Klobukowska(i). Die androgene Manipulation des weiblichen Körpers durch Anabolika löste also nur als eine verfeinerte Form des Betrugs die andere, plumpere, doch irgendwie harmlosere, ab: Charlys Tante auf dem Siegertreppchen hatte doch wenigstens noch etwas Komisches!

Außerdem war von der DDR in Mexiko 1968 – die Truppen des Warschauer Paktes waren gerade in die Tschechoslowakei einmarschiert – Olympischer Krieg angesagt, DDR-Sportler erhielten für die sogenannten «sportpolitischen Höhepunkte» tatsächlich einen offiziellen «Kampfauftrag». Besonders parteistramme Genossinnen ließen einen den weltanschaulichen Gegensatz auch demonstrativ spüren. So traf ich z. B. im Olympischen Dorf die spätere Olympiasiegerin im Kugelstoßen, Margitta Gummel, die ich noch aus meiner Jugend in der DDR kannte. Meinen Gruß erwiderte sie mit brüsker Ablehnung: «Mit dir spreche ich nicht!» Meine Familie hatte zwar gut 10 Jahre zuvor die DDR verlassen, aber auf soviel politischen Haß unter Sportlern war ich nun doch nicht vorbereitet![1]

Zwar hatten aus der DDR geflüchtete Athleten, Funktionäre und Sportmediziner immer wieder einmal vom dortigen Anabolikadoping berichtet, auch in der Presse. Aber das führte keineswegs zu nachhaltig negativen

1 Margitta Gummel ist seit 1974 Mitglied des Nationalen Olympischen Komitees (NOK) der DDR, seit 17. November 1990, 15.19 Uhr, auch des gesamtdeutschen NOK (vgl. Kapitel 11).

Reaktionen oder gar Kontrollforderungen der westlichen Sportverbände und der Medien.

Im Gegenteil, als etwa Sportmediziner Mader, der von 1965 bis 1974 an der Sportmedizinischen Hauptberatungsstelle des Bezirkes Halle (Saale) verantwortlich, zuletzt als Oberarzt, das dortige Anabolikadoping «ärztlich überwacht» hatte (die mehrfache Medaillengewinnerin im Schwimmen Kornelia Ender gehörte z. B. zu seinem Bezirk), 1974 in die Bundesrepublik an die Sporthochschule Köln wechselte, wurde er im Westen als Doping-Know-how-Träger geradezu gefeiert. Er berichtete auch ganz ungeniert von den Wohltaten des DDR-Anabolikadopings, und er und seine Gefolgschaft hierzulande fanden daran eigentlich nichts Wesentliches auszusetzen, außer eventuell, *«wenn, wie z. B. im Sportschwimmen der Frauen in der DDR, die Verantwortlichen – hauptsächlich beim SC Dynamo Berlin und im Schwimmsportbund – ihre Leistungsbeeinflussung so weit getrieben haben, daß die negativen Folgen auch für den Laien so deutlich sichtbar werden»* (Mader, *Frankfurter Allgemeine Zeitung*, 11.9.1976).

Auch der 1975 aus der DDR geflüchtete Turner Wolfgang Thüne (Vizeweltmeister am Reck) machte öffentlich aus seiner Anabolikaerfahrung im real existierenden Sozialismus keinen Hehl und empfahl – wie Dr. Mader – diese «unterstützenden Mittel»[1] wärmstens seinen westlichen Kollegen.

Selbst als 1979 in der westdeutschen Presse an Hand des Falles der bereits 1977 in den Westen geflüchteten Olympiakader-Sprinterin Renate Neufeld (mit der 4 × 100-m-Staffel des TSC Berlin DDR-Juniorenmeisterin 1976) das DDR-Anabolikadoping von Sprinterinnen mit all seinen Zwängen ausführlich dargestellt wurde – von der *Bild*-Zeitung (15., 16., 17.1.1979) bis zum *Spiegel* (12/1979) – war die Empörung nur kurz und schwach. Dabei hatte die wackere Sprinterin die ihr vom DDR-Verbandstrainer Günter Klann übergebenen Pillen (befohlene Tagesdosis für die 18jährige waren 10–15 mg) in den Westen mitgebracht, wo sie dann im Kontrollabor des Prof. M. Donike auch erwartungsgemäß als das DDR-typische Dopingpräparat «Oral-Turinabol» identifiziert wurden (Tabelle 4).

Renate Neufeld hatte nicht nur die Dopingpraxis der DDR-Junioren genau beschrieben, sondern auch ihre eigenen Erfahrungen mit schädlichen Nebenwirkungen, die sie, besonders als sie Virilisierungserscheinungen feststellte, so sehr ängstigten, daß sie sich schließlich weigerte, die Pillen weiterhin zu schlucken. Sie hatte auch geschildert, wie sie dabei von der TSC-Klubärztin Dr. Karin Kögler im Stich gelassen wurde, wie sie von den Klubpsychologen wieder zur Pilleneinnahme bewegt werden sollte, wie sie das Anabolikadoping selbst vor den Eltern geheimhalten mußte und wie sie schließlich von zwei Stasi-Beamten abgeholt wurde, die sie außer nach

1 «Unterstützende Mittel» (u. M. oder UM abgekürzt) war die Sprachregelung für Dopingmittel in der DDR (vgl. Tabelle 4 und Kapitel 11).

ihrem bulgarischen Freund auch nach dem Grund ihrer unsozialistischen Dopingverweigerung fragten. Außerdem hatte Trainer Klann der Sprintschülerin einer Kinder- und Jugendsportschule (KJS) für den Fall fortgesetzter Unwilligkeit zum Doping schon verkündet: *«Dann wirst du bald eine Fabrikhalle kehren!»* Da flüchtete sie mitsamt ihrem Freund in den Westen.

Der Neufeld-Bericht ließ jedoch Sportfunktionäre und Politiker im Westen so gut wie ungerührt. Fast schien es, als wären solche Wahrheiten aus dem Munde Betroffener eher störend: Kalter Krieg um Anabolikadoping, das paßte damals nicht in die sportpolitische Landschaft! Renate Neufeld und das Oral-Turinabol der DDR wurden auf beiden Seiten der Mauer schleunigst aus der Diskussion verdrängt.

Wie die früheren DDR-Doping-Mediziner Alois Mader (heute Professor in Köln) und Hartmut Riedel (seit 1989 Professor in Bayreuth) in ihren Schriften schon kritisch vermerkten, sind bis 1980 in bestimmten Sportarten – vor allem im Mädchen- und Frauenschwimmsport – so hohe Anabolikadosierungen verabreicht worden, daß die Welt die schädlichen Nebenwirkungen – vor allem die virilisierenden – akustisch wie optisch bemerken mußte, mit Entsetzen oder Ironie, je nach Temperament und Fähigkeit zum Mitleid. Die tiefen Stimmen und die maskulinen Körperformen jener DDR-Schwimmerinnen, die bei den Olympischen Spielen in Montreal 1976 die Medaillen abräumten, erregten Aufmerksamkeit und Abscheu, und die unwirsche Antwort eines verantwortlichen DDR-Funktionärs auf eine lästige Journalistenfrage (*«Die sollen schließlich schwimmen und nicht singen!»*) ging als Ausdruck der menschenverachtenden DDR-Einstellung zum Frauensport in die Sportgeschichte ein.

Auch eklatante Beweise von Dopingfällen prominenter DDR-Sportler konnten die Ost-Berliner Sportstrategen in ihrer Doping-Sicherheit nicht wirklich erschüttern. Als bekannt wurde, daß im August 1977 beim Europapokal in Helsinki im Urin des Kugelstoßstars Ilona Slupianek (heute Briesenick) vom SC Dynamo Berlin ein Anabolikum nachgewiesen worden war, gab es zwar zwei Wochen lang Wirbel in der westlichen Presse. Aber die Führer des DDR-Sports waren inzwischen viel zu erfahren im sportlichen Betrug, um deshalb noch die Nerven zu verlieren: der Befund wurde dementiert und ebenso wie die ausgesprochene Sperre in der DDR-Presse praktisch ignoriert.

Der «Sünderin» Ilona wurde bald danach sogar noch ein besonderer Staatsorden verliehen, und bereits nach wenigen Monaten gelang es der DDR-Sportführung – mit erstaunlich bereitwilliger Unterstützung westlicher Sportfunktionäre –, ihre vorzeitige Begnadigung zu erwirken. So konnte die anabole Dame bereits im folgenden Jahr den Europameistertitel in Prag gewinnen, wie sie dann auch 1980, in einer praktisch nicht dopingkontrollierten, «durchgedopten» Saison, zuerst am 11. Mai mit

22,45 Metern einen Weltrekord[1] erreichte, später auch noch olympisches Gold in Moskau.

Dieselbe Taktik – abstreiten, Protest, Schutzlügen, dann nur noch ignorieren und Tee trinken – hatte die DDR-Sportführung auch bei einem anderen Dopingfall angewendet, dem des Radrennfahrers (Einzelverfolgung) Norbert Dürpisch bei den Radweltmeisterschaften 1978.

Das Verdrängen und Aussitzen von Dopingfällen, gefolgt von frühzeitiger Begnadigung, machte dann schnell Schule: Die ukrainische Rekordmehrkämpferin Nadeshda Tkatschenko (UdSSR), als Europameisterin 1978 beim Anabolikadoping erwischt und – nach Titelaberkennung – gesperrt, nahm bereits 1979 wieder am Wettkampfgeschehen teil und gewann 1980 eine Goldmedaille. Gipfel der Selbstsicherheit und Frechheit der sozialistischen Verbände, aber auch der «westlichen» Inkonsequenz und Feigheit im Internationalen Leichtathletikverband war dann im März 1980 die Discount-Begnadigung «aus humanitären Gründen» (wegen der bevorstehenden Olympischen Spiele in Moskau) gleich für fünf überführte Anabolika-Sünderinnen, drei rumänische (Natalia Marasescu, Ileana Silai, Santa Vlad) und zwei bulgarische (Totka Petrova, Daniela Tenewa).

So waren im Grunde schon 1980 die Weichen für den Sieg des Sozialismus im Sport gestellt, Dopingkontrollen und Sanktionen als Papiertiger entlarvt. Außerdem hatte man gelernt, wie die Kontrollen vor einem Wettkampf leicht durch ein «Überbrückungsdoping» mit Testosteronestern und hCG-Injektionen umgangen werden konnten, eine bereits bei den Spielen in Montreal und Moskau offenbar weitverbreitete Praxis (s. Kapitel 12 u. 15). Als die Urinproben («B-Proben») von Moskau 1980 Jahre später im Kölner Dopingkontrollabor noch einmal analysiert wurden, wiesen beispielsweise 7,5 % aller Proben von Frauen ein erhöhtes, d. h. Doping anzeigendes Testosteron/Epitestosteron-Verhältnis auf. Angesichts der Tatsache, daß dieses Kollektiv auch Proben aus nicht anabolikaverdächtigen Sportarten enthielt, ist das eine erstaunlich hohe Zahl von mit reinem Androgen gedopten Frauen (Zimmermann 1986).

Die DDR sann außerdem nach 1977 auf weitere Perfektionierung des Dopings im Sinne einer besseren Absicherung gegenüber peinlichen Dopingbefunden à la Slupianek. Vor großen Wettkämpfen wurde eine Urinprobe jedes Athleten in einem eigens dafür auf das Modernste eingerichteten Dopingkontrollabor vorgeprüft («Ausreisekontrolle»), das später im Zentralinstitut des Sportmedizinischen Instituts (Direktor: Obermedizinalrat Dr. R. Donath) in Kreischa bei Dresden eingerichtet und von dem 1984 an der Leipziger Karl-Marx-Universität mit einer einschlägigen Dok-

1 Seit Herbst 1990 auch gesamtdeutscher Rekord des DLV: anaboles Vorbild für die deutsche Jugend.

torarbeit promovierten Chemiker Claus Clausnitzer geleitet wurde. Damit war Doping mit Anabolika in der DDR in immer mehr Sportarten möglich und bald schon üblich und technisch gesehen kein Problem mehr. Man hatte es «im Griff» und konnte nun nach außen, z. B. in den internationalen Sportverbänden, sogar scheinheilig als Anti-Doping-Apostel auftreten, wie es etwa Dr. Dietrich Hannemann und Dr. Manfred Höppner, der Leiter und der Stellvertretende Direktor des SMD, gern taten.

Nicht nur durch «Überläufer» wie Dr. Mader, sondern auch durch Trainer waren immer wieder Informationen über das systematische Doping in der DDR in den Fachkreisen des Westens bekannt geworden. Diese «Insiderinformationen», auch von DLV-Chefarzt Prof. Dr. W. Kindermann 1990 in einer Fernsehsendung bestätigt, behielten die westlichen Experten aber für sich. Kaltblütig schweigend sahen sie zu, wie einige der ihnen Anvertrauten, die «sauberen» Sportler des Westens, in den ungleichen Wettstreit der Systeme geschickt wurden.

So war trotz aller Hinweise und Beweise (Dopingfälle Dürpisch und Slupianek) die Sportführung der DDR bis zu ihrem Ende im Herbst des Jahres 1990 nie in wirklichen Schwierigkeiten oder etwa gezwungen, beim Systemdoping auch nur vorsichtiger zu Werke zu gehen. Sie konnte sich auf die Indifferenz der internationalen Sportpresse ebenso verlassen wie auf die «Hilfe» der westlichen Sportfunktionäre und Sportmediziner, von denen viele übrigens öffentliche Dopingvorwürfe gegen die DDR – wider ihr eigenes «Insiderwissen» – als Verleumdung und Mißgunst abwerteten.

Wer damals in der Bundesrepublik das Doping in der DDR nur erwähnte, bekam Prügel, überraschenderweise auch von westdeutschen (!) Sportmedizinern. Als beispielsweise der Heidelberger Sportpädagoge Prof. Dr. Gerhard Treutlein 1974 (also in demselben Jahr, als Dopingexperte Mader die DDR verließ) in einem Buchmanuskript das DDR-Doping mit Anabolika erwähnte – unter Hinweis auf ein vertrauliches Interview, das Eric Lahmy mit einem DDR-Trainer geführt hatte und das in der französischen Sportzeitung *Equipe* erschienen war (8.9.1973) –, wurde er von den vom Bundesinstitut für Sportwissenschaft (Köln) bestellten Gutachtern, den Freiburger Sportmedizinprofessoren Klümper und Keul, heftig kritisiert: Die Vorwürfe gegen die DDR seien eine «Unterstellung». Der DDR-Sport hatte offenbar mächtige Freunde im Westen, und das Buch konnte nur nach auferlegter Selbstzensur ohne diese Dopingvorwürfe erscheinen (Pfetsch et al. 1975).

Das erstaunlichste Phänomen ist also eigentlich nicht das Dopingwesen der DDR und des Ostblocks, sondern die oft gar nicht erkennbare Gegenwehr der westlichen Nationen. War es innere Aufgabe, ohnmächtige Anerkennung der Überlegenheit des Kriminellen im Sozialismus? Oder war es etwa das eigene schlechte Gewissen, das den Westen hemmte? Hielt man im Westen die Enthüllung des Ost-Dopings einfach für inopportun, schädlich für den Ruf des Weltsports im ganzen? Oder waren die Beweggründe der West-Funktionäre zum Stillhalten und Schweigen vielleicht ganz trivial: Man brauchte die Stimmen der Ost-Funktionäre zur Wahl in Weltsport-Funktionen und zur lukrativen Kommerzialisierung?

Andererseits, die Fälle Slupianek und Dürpisch lagen zurück, die DDR-Sportführung hatte sich sogar hartnäckig geweigert, die Analysen anzuerkennen, und die Berichte von «Überläufern» tat man sowieso als üble Verleumdung aus politischen Motiven ab. Es fehlten eben die unumstößlichen Beweise aus der DDR selbst, schriftliche Dokumente etwa. Die – da war man ganz gelassen – würde es nie geben. Es gab sie auch nicht, erstaunlicherweise auch nicht durch die in die Bundesrepublik gewechselten früheren SMD-Mitarbeiter wie Mader und Riedel.

Dr. Maders Anabolikadoping-Werbetrommel war in der Öffentlichkeit schon bald nach 1977 verstummt, der Oberarzt des Kölner Welt-Sportärzte-Präsidenten Prof. W. Hollmann war ruhig und C3-Professor geworden. Und auch bei Dr. Riedels gesammeltem Schweigen war der Kölner Ober-Weltsportarzt auf seltsame Weise beteiligt. Denn nur einmal, so weiß man heute im nachhinein, war der Anabolika-Schwindel der DDR wirklich in großer Enthüllungsgefahr.

Ausgerechnet Riedel, Chefarzt und Chefdoper des DDR-Leichtathletikverbandes DVfL, hatte sich im Mai 1987 – anläßlich des Mehrkampf-Meetings im österreichischen Götzis – in den Westen abgesetzt, nur einen Monat, nachdem er an der Militärmedizinischen Akademie in Bad Saarow am 7. April seine 251 Seiten starke Habilitationsarbeit (Dissertation B) mit dem eindeutigen Titel *«Zur Wirkung anaboler Steroide auf die sportliche Leistungsentwicklung in den leichtathletischen Sprungdisziplinen»* verteidigt und dafür den Titel eines Doktors der medizinischen Wissenschaften (Dr. sc. med) bekommen hatte. Dr. Riedel, Systemüberläufer mit Top-Know-how in Sachen Doping, hatte wohl beschlossen, sein Wissen zu Geld zu machen, und bot es der Hamburger Illustrierten *Stern* an. Dort erhielt er sogleich den Sportjournalisten Burkhard Lüpke als Führungsoffizier und einen fetten Mitarbeitervertrag. Das war natürlich auch dem DDR-Geheimdienst nicht verborgen geblieben, und beim SMD schrillten die Alarmsirenen. Dr. Manfred Höppner, stellvertretender Leiter und politisch die lenkende Kraft im SMD, schilderte nach der Wende im *Stern* (25.4.1991) seine damaligen Sorgen so: *«Daß die bundesdeutschen Sportfunktionäre uns nicht hochgehen lassen würden, dessen waren wir uns sicher. Die wollten doch nur ihr eigenes* [Doping-]*Wissen verfeinern. Als wir aber vom* Stern *hörten, gab es Alarmstufe I. Bis hin zu den Olympischen Spielen 1988 in Seoul erwarteten wir eine publizistische Bombe: die öffentlichen Enthüllungen des Dr. Riedel.»*

Die blieben aber aus. Dafür sorgte das internationale Dopingsyndikat. Schnell fand Dr. Riedel Besseres als kurzfristige *Stern*-Honorare. Nach einfühlsamen Gesprächen mit dem Kölner Weltsportärzte-Chef Hollmann, dem Freiburger «Drogen-Guru» (Voy 1991) Klümper und wichtigen Sportfunktionären der BRD entschloß er sich, dem *Stern* nur Triviales über den DDR-Sport zu erzählen, das Wort Doping kam gar nicht vor (*Stern* 35/1987). Mag anfangs auch die Sorge um seine in der DDR zurückgelassene Frau sein Schweigen mitbegründet haben (sie durfte dann auch bald ausreisen), für sein anhaltendes Schweigen danach, selbst noch nach der Wende und sogar noch nach der Wiedervereinigung, muß es andere Gründe gegeben haben. Jedenfalls lief für den schweigenden Riedel im Westen alles zum besten, und es dauerte nicht lange, da war er akademisch versorgt. Er kam zunächst als Assistent beim Anabolika-Freund Prof. H. Liesen an der Sportmedizin der Universität Paderborn unter und dann schon bald auf eine C3-Sportmedizin-Professur der Universität Bayreuth, deren einflußreicher Prof. Rolf Andresen in Riedels Berufungsausschuß wie auch dann als Direktor im Bundesausschuß Leistungssport (Ba-L) des Bundesinnenministeriums wirkte. Die Namen der zwei von drei bestellten Gutachtern, die Riedel für diese Professur entscheidend empfahlen – obwohl Riedel zum Zeitpunkt der Bewerbung kaum nennenswerte Veröffentlichungen und erst recht nicht seine Habilitationsschrift vorweisen konnte –, wird der kundige Leser sicher schon erraten haben: Professores Hollmann und Keul (nur der Heidelberger Sportmediziner Prof. Weicker hatte sich für eine andere Kandidatin und damit gegen Riedel an erster Stelle ausgesprochen).

Dabei wußte man in Bayreuth natürlich genau, weshalb man Riedel in Wirklichkeit haben wollte. Denn schließlich, wie das Berufungsprotokoll vom 11.7.1988 ausdrücklich vermerkt, *«erarbeitete er wesentliche Erkenntnisse auf dem Sektor der anabolen und katabolen Hormone»*, obwohl – welch ein Wunder – Riedel damals außer seiner Dopingarbeit von 1986 gar keine andere Veröffentlichung auf *«dem Sektor der anabolen Hormone»* vorweisen konnte. Wer allerdings bisher als selbstverständlich annahm, Riedel habe bei seiner Bewerbung auf der Liste seiner Veröffentlichungen den programmatischen Titel seiner Habilitationsarbeit korrekt angegeben, muß heute mit Erstaunen den Vorwurf von Prof. Keul vernehmen, der hier Gutachtertäuschung reklamiert: In dem ihm zugesandten Veröffentlichungsverzeichnis war der Titel durch selektive Weglassung des Wortes *«anabol»* und Bildung eines neuen Genetivs gefälscht worden (*«Zur Wirkung von Steroiden auf die sportliche Leistungsentwicklung...»*). Aus diesem Titel, so Keul, hätte er nicht entnehmen können, daß sich Riedels Arbeit mit anabolen Steroiden, also Doping, befaßt habe; es hätte sich dabei ja auch um z.B. *«Corticosteroide, Östrogene, Gestagene, Digitalis usw.»* handeln können. Anscheinend kann aber die Universität Bayreuth mit solchen Vorwürfen ebenso gut leben wie mit Riedels öffentlichem «Geständnis» als bayrischer Professor, er habe zum Nachteil seiner Patientin

Heike Drechsler-Daute wissenschaftliche Daten gefälscht (*«die Eintragungen sind falsch»*, *Frankenpost*, 21.9.1991). Hier wirken offenbar höhere Kräfte im Hintergrund – heute wie früher.

Jedenfalls konnte damals – 1987, 1988, 1989, 1990 – die Lüge des DDR-Dopings durch Verschweigen der Wahrheit im Westen weiter gedeihen. Und die «sauberen», doping-unwilligen Sportler des Westens, die noch an Fairness und sportliche Regeln glaubten, wurden weiter von ihren eigenen Ärzten und Funktionären mit «Insider»-Wissen für dumm verkauft und verheizt.

# Kapitel 5
# Versuche zur Wahrheit in Wendezeiten

*«Die bemerkenswerten Resultate des Leistungssports der DDR sind beileibe keine Wunder, und sie sind auch nicht dem Zufall zu danken. Diese Erfolge sind in erster Linie darauf zurückzuführen, daß die Vorzüge unserer vorwärtsstrebenden sozialistischen Gesellschaftsordnung systematisch, zielstrebig und schöpferisch genutzt werden. ... Wir hatten uns vorgenommen, alles, was uns, der Jugend von früher, im kapitalistischen Staat vorenthalten wurde, nunmehr gesetzlich zu gewährleisten. Das haben wir getan und noch einiges mehr. ... Der Sport gibt unserer Jugend Gesundheit, Lebensfreude und Leistungsfähigkeit. Er hilft, ihre sozialistische Persönlichkeit und guten Charaktereigenschaften zu entwickeln»*
(Walter Ulbricht, der Vorsitzende des DDR-Staatsrats, 1971 vor Sportlern, Trainern, Sportwissenschaftlern und Funktionären).

*«Die Aggressivität, die die Dopingpillen vermitteln, hielt die zehn Tage bis zum Wettkampf an – aber auch zehn Nächte. Manchmal war's kaum zum Aushalten. Diese Dinger waren gleichzeitig so potenzsteigernd, daß du plötzlich angefangen hast zu onanieren, im Wald, kurz vor dem Training hinter der Schanze, auf der Toilette oder sonstwo. Es ist wahnsinnig, aber du mußt einfach. ... Die Skilangläufer hatten's gut. Dort fand immer ein reges Sexualleben statt. ... Die Spitzenathleten wurden oft auch von ihren Trainern befriedigt»*
(Sportmediziner Hans-Georg Aschenbach, Olympiasieger 1976 und Weltmeister im Skispringen, über die Praxis des Anabolikadopings in der DDR, Sportinformationsdienst sid, 25.6.1989).

Jahrzehntelang, bis nach den Olympischen Spielen in Seoul 1988, hatten die Vertreter der Ostblock-Länder, Aktive wie Funktionäre, ihr systematisches Anabolikadoping vor der Welt und ihrer eigenen Bevölkerung erfolgreich verborgen. Die einzige bemerkenswerte Ausnahme von Ehrlichkeit war ein Bericht des ungarischen Sportmediziners Dr. Zoltan Torma vom Nationalen Zentrum für Körperkultur und Sport in Budapest im Jahre 1985

– seltsamerweise in der angesehenen Literatur-Wochenzeitschrift *Elet es Irodalom* (Leben und Literatur), der kurz danach auch in der britischen Wissenschaftszeitschrift *Nature* (8.8.1985, Band 316, Seite 479) wiedergegeben und besprochen wurde. Dr. Torma gab offen zu, daß in der Volksrepublik Ungarn viele Spitzensportler systematisch mit anabolen Steroiden gedopt würden, und er verteidigte das mit dem häufig gehörten, aber bewiesenermaßen falschen Argument, nur so würden Athleten daran gehindert, willkürlich hohe Mengen von Anabolika zu sich zu nehmen.[1] Bei der damals heftigen öffentlichen Diskussion in den ungarischen Medien wurde besonders auf das Paradoxon hingewiesen, daß Ungarn gleichzeitig Devisen-Etatmittel im Gesamtwert von etwa 400000 DM pro Jahr für Dopingkontroll- und -bekämpfungsmaßnahmen ausgab. Torma und der Leitende Arzt des Sportministeriums, Dr. Istvan Kojtar, riefen öffentlich zu einer generellen Neubestimmung und schärfsten Kontrollen von Anabolika auf.

Aber wie in der großen Politik, so brachte auch im Dopingwesen des Ostblocks erst das Jahr 1989 eine Wende, die sicherlich auch mit den allgemeinen Veränderungen zu mehr Transparenz und Wahrheit («Glasnost») und dem Willen zu Reformen in einigen dieser Länder – zunächst vor allem in Ungarn, Polen und der Sowjetunion – zu tun hatte. Außerdem wirkte weltweit der Schock des Wahrheitseinbruchs bei den amtlichen Untersuchungen des Ben Johnson-Skandals durch die von der kanadischen Regierung eingesetzte Kommission (Dubin 1990).

Meldungen über Doping im Ostblock hatten plötzlich Hochkonjunktur, auch in der West-Presse. Bei den ungarischen Gewichthebern etwa, die mit zwei prominenten Opfern von Dopingkontrollen auch 1988 in Seoul aufgefallen waren (darunter der disqualifizierte Silbermedaillengewinner Andor Szanyi), wurde im März 1989 ein Skandal um den Trainer Istvan Juhasz bekannt, der seinen Jugendlichen, darunter 16jährige, Anabolika aus einem privaten Lager in der Klubsporthalle gegeben hatte. Bei den polizeilichen Ermittlungen verteidigte sich Juhasz mit dem – wohl richtigen – Argument, er habe doch nur das gemacht, *«was bei dem ungarischen Gewichtheberverband sowieso üblich sei»*. Etwas später wurde Gewichtheber Kalman Csengeri, bereits im Jahr zuvor in Seoul unter den positiven Dopingfällen, bei den ungarischen Meisterschaften (Wieso durfte er eigentlich schon wieder starten?) erneut des Anabolikadopings überführt: lebenslängliche Sperre.

Nun griffen hin und wieder auch die unangemeldeten Kontrollen während der Trainingsphase. Bei den bulgarischen Gewichthebern traf es Ivan Paschlanow als ersten: Sperre für den Rest seines Lebens. Bei den bulgari-

1 Die nahmen sie in Ungarn wie anderswo ohnehin zu sich. Außerdem gehörten polnische und ungarische Kraftsportler schon damals zu den internationalen «Groß-Dealern» von Anabolika, vor allem bei Westreisen.

schen Leichtathleten wurde 1989 der Junioren-Weltrekord von Siebenkämpferin Svetlana Dimitrova wegen Dopings annulliert, verbunden mit einer zweijährigen Sperre.

Auch von UdSSR-Sportlern wurden plötzlich Serien von positiven Dopingkontrollen gemeldet: Gewichtheber Nazarow wurde ebenso vom eigenen Verband gesperrt wie der Leichtathlet Alexander Iljuschin, dem obendrein auch noch öffentlich der lukrative, weil mit Privilegien verbundene Titel «Meister des Sports» aberkannt wurde. Im Sommer war gar der Star-Kugelstoßer Alexander Bagatsch beim Europa-Cup-Finale im britischen Gateshead des Testosteron-Dopings überführt worden. Da wollten Athleten und Funktionäre anderer Sportarten nicht mehr hintanstehen: Eishockeystar Igor Larionow, inzwischen in Kanada angestellt, schilderte das Doping der sowjetischen Spitzenmannschaft ebenso ausführlich wie die Betrugspraktiken bei den Dopingkontrollen (hinter der Toilette des Kontrollraums war stets ein kleiner Container mit Fläschchen voll «sauberen» Urins zum Austauschen bereitgestellt) und bezichtigte Staatstrainer Victor Tichonow, die Nationalmannschaft der UdSSR zum Doping gezwungen zu haben.

Längst waren aber auch innerhalb der Sowjetunion die Doping-Informationsmauern durchbrochen: bereits im März 1989 war in der Zeitung *Leninskoje Snamja* (Lenin-Banner) enthüllt worden, daß allein in den Jahren 1986–1988 insgesamt 290 (!) positive Dopingfälle bei internen Kontrollen des UdSSR-Sports registriert worden waren, die aber vor der Außenwelt vertuscht wurden. Und der frühere, inzwischen in Wien tätige Cheftrainer des sowjetischen Schwimmverbandes, Sergei Wajzchekowski, hatte frank und frei alle sowjetischen Schwimmerfolge der letzten Jahre zum Betrug erklärt: *«Alle meine Schwimmer waren in der Vergangenheit gedopt!»*

Gleich nach Neujahr 1990 erschien dann auch prompt die Jahresbilanz 1989 der internen UdSSR-Dopingkontrollen mit einer bunten Strecke: 33 positive Fälle, darunter 15 Gewichtheber, 5 Bodybuilder, 2 Eisschnelläufer, 1 Moderner Fünfkämpfer, 1 Radrennfahrer, 1 Kugelstoßer. Zum erstenmal hatten sowjetische Ärzte auch den Mut, Anabolika-Abusus mit einem Todesfall in Verbindung zu bringen, und die Zeitung *Iswestija* druckte es sogar: Nikolai Schilow aus Minsk, erst im Jahr zuvor in Oslo Europameister im Bodybuilding in der Klasse bis 65 Kilogramm geworden, verstarb innerhalb weniger Tage in einem Moskauer Krankenhaus. Als Ursache für den Tod des 26jährigen geben die Ärzte *«Dopingmitteleinnahme über einen längeren Zeitraum und in hoher Dosierung»* an.

Angesichts dieser Bekenntnisse beim ungeliebten «großen Bruder» drängte es auch die tschechoslowakischen Sportrepräsentanten zur Wahrheit. Schließlich war die ČSSR (heute ČSFR) durch besonders eklantante Dopingfälle (z. B. Diskuswurf-Weltrekordlerin Zdenka Silhava oder Kugelstoß-Halleneuropameister 1985 Remigius Machura) und besonders brutal anabol wirkende Athletinnen wie Kugelstoß-Weltrekordlerin Helena Fibingerova oder die 400- und 800-m-Doppelweltmeisterin von 1983, Jarmila Kratochvilova, aufgefallen. Da konnte es eigentlich kaum noch überraschen, als Cheftrainer Josef Odlozil im Dezember 1989 öffentlich bekannte, die Leichtathleten seien über Jahrzehnte hin *«mit Duldung höchster offizieller Stellen»* gedopt gewesen. Speziell seien etwa 80 Prozent der bei den Weltmeisterschaften 1983 in Helsinki so auffällig erfolgreichen ČSSR-Nationalmannschaft zuvor mit Anabolika auf Spitzenleistung gebracht worden.

Die ČSSR war 1989 erstaunlicherweise aber auch im fernen Kanada im Dopinggerede. Wie im offiziellen Regierungsbericht nachzulesen, hatten die kanadischen Gewichtheber unter Eid zugeben müssen, warum sie in den letzten Jahren so gerne ihr Trainingslager ausgerechnet in der ČSSR bezogen: hier gab es unter der fürsorglichen Schirmherrschaft eines tschechischen Trainers mit dem Decknamen «Emil» gegen einen Pauschalversorgungspreis von nur 50 US-Dollar Anabolika satt und problemlos, Urinanalysen vor der Rückreise nach Kanada inklusive (Dubin 1990).

Nur die härtesten Dopingfestungen des «Warschauer Paktes» hielten den Angriffen der Wahrheitsfindung noch stand: die DDR und Rumänien. Besonders die DDR sah sich als der letzte Hort aufrechten Kampfes gegen bürgerlich aufgeweichte Moralvorstellungen: *«Doping hat die DDR nicht nötig!»*

Dabei hatten die Sportfunktionäre bereits im Sommer 1989 alle Hände voll zu tun, um den sich häufenden Bekenntnissen von «Verrätern» und «Ausreisern» im Westen entgegenzutreten. Im Juni 1989 hatte ein Prominenter, der aus der DDR geflüchtete Sportmediziner Hans-Georg Aschenbach, Olympiasieger 1976 und Weltmeister im Skispringen – zusammen mit dem ebenfalls in den Westen gekommenen Judo-Funktionär Dr. Hans Noczensky –, das totale Anabolikadoping in der DDR vor *Bild am Sonntag* in aller Ausführlichkeit und mit erschreckend drastischen Darstellungen von Nebenwirkungen geschildert (s. auch Zitat am Anfang des Kapitels). Aschenbachs Angaben bestätigten und erweiterten die früheren Berichte wie z. B. die des Medizinerkollegen Dr. Mader und der Sprinterin Renate Neufeld ein Jahrzehnt zuvor:

*«Jawohl, ich habe Dopingmittel genommen über den gesamten Zeitraum meiner sportlichen Laufbahn. Acht Jahre lang habe ich Anabolika geschluckt und gespritzt. ... Wir mußten diese Medikamente nehmen. Wir wurden dazu gezwungen. Wer sie nicht nahm, flog aus dem Nationalkader, aus dem Sportklub und bekam dann noch viel Ärger im Privatleben. ... Wir wurden vergattert, zu niemandem darüber zu sprechen. Wer quatschte, flog sofort raus. ... 30 bis 40 Milligramm Nandrolon* [vgl. Tabelle 2] *mußte ich täglich nehmen. Zehn Tage vor einem Wettkampf wurden die Dopingpillen abgesetzt. ... Untersuchungen haben ergeben, daß nach fünf Tagen keine*

*Spuren mehr im Körper festgestellt werden können. Ich habe immer zehn Tage vor einem Wettkampf abgesetzt. Wir sprachen von doppelter Sicherheit»* (Sportinformationsdienst sid, 26.6.1989).

Sportmediziner Aschenbach, der auch Schwimmstar Kristin Otto des Anabolikadopings bezichtigte, wurde schon kurz darauf von der nach Österreich ausgereisten Schwimmerin Christiane Knacke sekundiert, die 1977 als erste Frau die 100 Meter Delphin in weniger als einer Minute zurückgelegt und bei den Olympischen Spielen in Moskau 1980 eine Bronzemedaille gewonnen hatte. Vor der Presse berichtete Frau Knacke-Sommer, wie sie im Institut des Sportmedizinischen Dienstes in Kreischa von ihrem Trainer Anabolika bekam, und zwar in kräftiger Dosierung. Später schilderte sie auch noch, wie sie und Petra Thüme (1976 in Montreal Doppelolympiasiegerin über 400 und 800 Meter Freistil) kurz vor dem Start bei den Schwimmweltmeisterschaften 1978 in Berlin wegen eines immer noch zu hohen Anabolikapegels im Urin vom Start ausgeschlossen wurden (Christianes Tagebucheintragung: *«Scheiße!! Noch voll im Stoff! Thümi und ich bleiben da!»* [*Stern* 51/1990]), während ihre Freundin Barbara Krause eine günstigere Urinausscheidungskurve (vgl. Kapitel 15) aufwies, starten konnte und für die DDR eine Goldmedaille gewann.

Christiane Knacke gehörte damals dem für seine Skrupellosigkeit bekannten Stasi-Klub SC Dynamo Berlin an, dessen Trainer und Funktionäre für ihre hohen Dosierungen bekannt waren (Ilona Slupianek, die «tiefen Stimmen von Montreal», Kommentar von Dr. Mader im vorigen Kapitel, Textdokument 3 A). Christiane Knacke bezeichnete denn auch öffentlich ihren früheren Trainer Rolf Gläser (jetzt als Schwimm-Coach in Österreich tätig) als *«einen der schärfsten Anabolika-Trainer der DDR»* und ihren Schwimmverbandsarzt Dr. Lothar Kippke als jemanden, *«den man niemals mehr an junge Sportler heranlassen»* dürfe.

Auch in der Leichtathletik gab es im Herbst 1989 Bekenntnisse über das real existierende Anabolikadoping in der DDR, eines davon aus besonders kompetentem Munde: Günter Schaumburg, im Herbst 1989 mehr als 5 Jahre nach einem Ausreiseantrag aus der DDR entlassen, ist unter Werfern kein Unbekannter. Der Olympiazehnte im Diskuswerfen von 1968 in Mexiko, damals beim Armee-Sportklub ASK «Vorwärts» Potsdam, arbeitete nach 1972 selbst noch 8 Jahre als Trainer im Spitzensport. Seine präzisen öffentlichen Aussagen über das Wann, Wie und Womit des Anabolikadopings sind deshalb besonders interessant, weil er selbst zur ersten Gruppe von DDR-Werfern gehörte, die schon ab 1967 regelmäßig und mit monatlichen Kontrollen in Kreischa Oral-Turinabol schluckten, und zwar in hohen Dosierungen (vgl. auch Kapitel 11).

Sogar bei der Untersuchung der kanadischen Regierungskommission unter Richter Dubin geriet das DDR-Doping mehrmals unverhofft in den Brennpunkt des Interesses. Im offiziellen Bericht ist an mehreren Stellen von der DDR die Rede (Dubin 1990). So berichtete dort z. B. Ben Johnsons Doping-Arzt Jamie Astaphan unter Eid, wie er sich 1985 in Toronto unter nahezu konspirativen Umständen mit einem DDR-Athleten traf, von dem er im Austausch gegen 144 Flaschen einer Mixtur aus Inosin, Zucker und Vitamin B12 insgesamt 48 Riesenampullen mit je 30 Milliliter Inhalt eines anabolen Steroids erhielt, *«das eingespritzt werden mußte und von gewissen Elite-Athleten der DDR benutzt wurde»*. Astaphan vereinbarte mit dem DDR-Boten ausdrücklich, diese Substanz stets nur unter dem Phantasienamen «Estragol» zu erwähnen, *«damit die US-Konkurrenz nichts davon erführe»*. Von da an liefen Johnson & Co. außer auf Stanozolol häufig auch auf «Estragol», das u. a. auch Trainer Charles Francis den Athleten injizierte und auf das «Big Ben» besonders gut ansprach. Astaphan hat sich übrigens sogar noch Richter Dubin gegenüber geweigert, den Namen des Überbringers aus der DDR anzugeben, *«weil er sich und seine Familie nicht in Gefahr bringen»* wolle.

Auch Johnsons Trainer Francis weist immer wieder auf die führende Rolle der DDR im Anabolikadoping hin. So schildert er in seinem Buch (Francis u. Coplon 1991) ehrfürchtig sein Schlüsselerlebnis bei den Olympischen Spielen 1972 in München, den Anblick der DDR-Sprint-Olympiasiegerin Renate Stecher: *«Nie zuvor in meinem Leben hatte ich eine solche Frau gesehen: Sie erschien größer und auch muskulöser als Valerie Borsow* [Sprint-Olympiasieger der Männer]. *Hier sah ich den Beweis der Wirkung der Anabolika.»* Von da an war Francis wie besessen hinter den Geheimnissen der DDR-Leichtathletik her.

So berichtet er von einem DDR-Frauenländerkampf gegen Kanada ohne Dopingkontrollen, zu dem die DDR-Damen *«offenbar voll geladen»* mit Anabolika angetreten waren, *«mit wenigstens 10–15 Pfund mehr Muskelmasse als bei den kontrolierten Wettkämpfen vorher und nachher»*. Vor allem aber bewunderte er sein großes Vorbild, den Trainer der Sprinterinnen von «Motor Jena», Horst-Dieter Hille, und seine straffe Trainingsorganisation. Francis schildert auch, wie er bereits ein Jahr später durch die Vermittlung eines befreundeten prominenten westdeutschen Trainerkollegen, des Hammer Frauen-Trainers Jochen Spilker, zur höchsten DDR-Dopingformel für Sprinter gelangte (vgl. auch Kapitel 18 E). Denn der kannte den DDR-Coach Wolfgang Meier, Trainer und Ehemann von Marita Koch, der 400-m-Weltrekordlerin: *«Meier bestätigte, daß das damalige DDR-Standard-Steroid-Doping-Protokoll für Frauen zwischen 20 und 40 Milligramm Dianabol*[1] *pro Tag lag, wobei die Dosierung der einzelnen Athletin von Jahr zu Jahr um 5 Milligramm zunahm»*. Von da an ging auch bei Kanadas Sprintern die Erfolgskurve steil aufwärts.

1 Gemeint ist aber wohl «Oral-Turinabol»; die wirkliche Dosis ist in Kapitel 12 angegeben (Tabelle 5).

Vollends beeindruckt vom perfekt organisierten Hormondoping und den unglaublich hohen Krafttrainingsbelastungen im DDR-Sport war Francis dann, als er die DDR-Nationalmannschaft 1983 anläßlich eines Länderkampfes gegen die USA in Los Angeles erlebte, im Wettkampf wie beim Training an den Hanteln. Nach einem Gespräch mit Dr. Edwin Tepper, dem DDR-Cheftrainer der Sprinter, war er so betroffen vom sportlichen Siegeswillen des Sozialismus, daß er mit dem Kommentar schloß: *«From the people who brought you the blitzkrieg.»*

Dabei hatten es Francis am meisten die DDR-Damen angetan: *«Marita Koch war einfach gigantisch, mit Oberschenkeln, die breiter als lang erschienen, wie die einer Katze. Marlies Göhr war ebenfalls beeindruckend.»* Und erst die starken Werferinnen: *«An jenem Abend habe ich zwei der DDR-Werferinnen auf ihrem Weg zum Abendessen in der Cafeteria beobachtet. Sie hatten sich in Rüschen-Kleidchen herausgeputzt – mit passenden Handtäschchen – und stelzten auf unwahrscheinlich dünnen hochhackigen Schuhen einher. Zwischen Kleidern und Schuhen aber war das, was einen daran erinnerte, wozu sie nach Los Angeles gekommen waren: Waden wie Baumstämme, Achilles-Sehnen wie Brückenkabel. Eine Kindheitserinnerung fiel mir plötzlich wieder ein: Die tanzenden Nilpferdchen aus dem Film Fantasia.»*

Das größte Kompliment hatte der DDR-Sport bereits im Herbst 1987 vor einem Untersuchungsrichter im Bezirk von San Jose (Kalifornien, USA) erhalten – und zwar von Anabolika-Kennern und Doping-Kollegen, den Mitgliedern einer kriminellen Vereinigung von Steroidschiebern im großen Stil. In der Morgendämmerung des 7. Oktober hatte eine Spezialgruppe von FBI und FDA für Anabolika-Kriminalität in einer Razzia in Santa Clara zugegriffen, zwei Lastwagen voll Steroiddrogen mitsamt Laborausrüstung und Kundenkarteien sichergestellt, zwei Lagerhäuser und ein Labor beschlagnahmt und die fünf Haupttäter verhaftet: den Sportmediziner Dr. John Perzik, Krafttrainer und Organisator Steven Coons und seine getrennt lebende Frau Caroline, Trainer und Amateurchemiker Jeffrey Feliciano sowie Helfer Charles Lewis Silcox. Die Hormonschieber hatten ihre Produkte nicht nur gegen das Gesetz an Bodybuilder und andere Kundenkreise vertrieben (Reingewinn in zwei Jahren: 1,6 Mio. US $), sondern dabei auch noch falsche, offenbar absatzfördernde Phantasie-Etiketten verwendet wie «East German Drugs» und «Made in East Germany». Wenn die DDR-Wirtschaft auch bei anderen Produkten ein solches Image gehabt hätte, der Sozialismus hätte doch noch siegen können.

Doch im Sommer 1989 arbeiteten die Doping-Dementierkommandos des DDR-Sports noch immer wie gewohnt, und die Äußerungen schienen eine Zeitlang sogar noch wütender als sonst. Bei den Europameisterschaften der Schwimmer im August in Bonn hatten DDR-Schwimmfunktionäre wie Egon Müller noch alle Fragen zum Anabolikadoping bei Schwimmern verärgert abgeschnitten: *«Es kotzt uns an, wir werden dazu überhaupt nichts mehr sagen!»*

Und der Pressesprecher des Nationalen Olympischen Komitees (NOK) der DDR, Volker Kluge, ließ Ende Juni – wie ein «Eduard von Schnitzler des DDR-Sports» – einen scharfen Anti-Aschenbach-Artikel in mehreren DDR-Zeitungen veröffentlichen, aus dem in der westlichen Presse vielfach zitiert wurde. Unter dem Titel *«Erst der Verrat und dann die Lüge»* wurde jeder Satz von Aschenbach als Lüge und Verleumdung zurückgewiesen. Außerdem sei Aschenbach sowieso moralisch minderwertig: *«Fragt sich nur, wie weit* [der heutige NOK-Pressechef meinte wohl «tief»] *man moralisch sinken muß, um sich für solch scharfmacherische Geschäfte in bundesdeutschen Redaktionsstuben herzugeben!»* (Sportinformationsdienst sid, 29.6.1989). Auch behauptete Kluge kategorisch, es gebe *«keine Dokumente, die Anabolika-Einnahmen von DDR-Sportlern auflisten»*: Wie in den folgenden Kapiteln demonstriert werden wird, eine klare Unwahrheit des heutigen «Vorsitzenden der NOK-Medienkommission»![1]

Schließlich, nach den kritischen Demonstrationen am 9. Oktober in Leipzig und der großen Ostberliner Demonstration (fast eine Million Menschen) «für Demokratie in der DDR» am 4. November, paßten sich auch Vertreter des DDR-Sports in einer flotten Salto-Wende der neuen Situation an. Nur wenige Tage später erschienen in derselben *Jungen Welt* von demselben Volker Kluge die ersten Bekenntnisse von positiven Dopingfällen in der DDR – frisch aus dem Labor in Kreischa geliefert (am selben Tag brachte auch das Ostberliner *Deutsche Sportecho* eine ähnliche Meldung): Allein 14 Sportler seien im Olympiajahr 1988 bei den Vortestanalysen («Ausreisekontrollen») in Kreischa (die wohlgemerkt zum besseren Betrug, nicht zur Aufdeckung dienten) erwischt worden, ihre Namen blieben aber geheim.

Im Januar und Februar 1990 folgten dann die DDR-Dopingmeldungen Schlag auf Schlag: Der frühere Spitzenzehnkämpfer Steffen Grummt, später als Beifahrer im Zweierbob mit Pilot Wolfgang Hoppe Olympiasieger und Weltmeister, beschuldigte sich und die gesamte, so erfolgreiche DDR-Bobsport-Nationalmannschaft, Oral-Turinabol genommen zu haben,[2] und nannte Verbandsarzt Dr. Wolfgang Schneider als Geber, was besonders peinlich war, da Schneider als Vorsitzender der Medizinischen Kommis-

1 Seine jahrelange offiziöse Lügentätigkeit hat Volker Kluge, dem früheren Sportchef der FDJ-Zeitung *Junge Welt*, nach der Wiedervereinigung in keiner Weise geschadet: Wie andere SED-Sport-Hardliner (u. a. Ulrich Wehling, Margitta Gummel) und der Kreischaer Doping-Betrugsgehilfe Dr. Claus Clausnitzer ist auch er seit 17.11.1990, 15.19 Uhr Persönliches Mitglied des «NOK für Deutschland».

2 Steffen Grummt war allerdings auch schon während seiner Leichtathletik-Karriere selbst viele Jahre mit Anabolika gedopt (z. B. Tabelle 6).

sion des Internationalen Verbandes (FIBT) gleichzeitig auch für die Dopingkontrollen zuständig war. Der Vizepräsident des Weltverbands, Martin Kilian, auch Präsident des Deutschen Turn- und Sportbundes der DDR, wies Grummts Bekenntnisse und Beschuldigungen als «haltlos» zurück und kündigte in der Presse «mögliche gerichtliche Schritte» von Hoppe und Schneider gegen Grummt an. Der Generalsekretär des DDR-Bobverbandes beherrschte den alten DDR-Originalton noch besser und nannte Grummts Bekenntnisse «aufgewärmtes Zeug» und «unbewiesenen Mist».

Die Verbreitung des Anabolikadopings im Wintersport war nicht erst durch Aschenbachs Erklärung bekanntgeworden: In früheren Jahren waren z. B. sowjetische Eisschnelläufer sogar bei Zollkontrollen als Anabolika-Dealer erwischt worden. Nun steuerte auch die DDR ein weibliches Steinchen zum Dopingmosaik bei: Im Fernsehsender «Tele 5» bekannte die Olympiasiegerin und Weltmeisterin Karin Kania-Enke ihr Doping und beschrieb den Zwang zur Einnahme als «Teufelskreis». Kurz darauf verwirrte sie allerdings die Öffentlichkeit noch mehr, als sie, in hilflosen Ausreden, ihre Aussagen als Mißverständnis zurücknehmen wollte, offensichtlich unter dem Einfluß derer, die sie immer noch für mächtig hielt.

Schienen bis Ende 1989 alle Verdächtigungen, Vorwürfe und Bekenntnisse zum Doping in der DDR noch – wie gehabt – schlicht dementierbar und durch Ignorieren lösbar, so wurde das schlagartig anders, als die ersten Sportmediziner des Forschungsinstituts für Körperkultur und Sport (FKS) in Leipzig ihr jahrzehntelanges Schweigen brachen, allen voran Professor Hermann Buhl, der frühere 3000-m-Hindernisläufer. In einem Interview mit der Monatszeitschrift *Sports* (Februar 1990) gaben FKS-Professoren, manche etwas eitel-stolz, andere eher nachdenklich zu, systematisch Anabolika eingesetzt zu haben. Die Herren des FKS hüteten sich aber, irgendwelche konkreten Angaben zu machen und Namen zu nennen, aber zum Thema Doping lockte Buhl die sporterfolgshungrigen «Wessies» mit dem Satz: *«Da haben wir lauter Knaller!»*

So überraschte es nicht, daß sich prompt die Sportverbände anderer Nationen für das «Leipziger Know-how-Allerlei» interessierten. Auch im Bonner Innenministerium müssen solche Verheißungen anscheinend auf fruchtbaren Phantasie-Boden gefallen sein: *«Erhaltenswertes im DDR-Sport»*, wie es damals hieß, galt es zu nutzen. Und so kam es dann, daß von all den vielen Forschungsinstituten der DDR, darunter einige durchaus international renommierte, nur drei – und ausgerechnet nur sportwissenschaftliche – Institute, voran das FKS, im deutschen «Einigungsvertrag» als unbedingt erhaltenswert aufgeführt sind, Dopingvergangenheit als wiedervereinigte Zukunft.[1]

1 Aus Artikel 39 des Einigungsvertrages zwischen der Bundesrepublik und der DDR: *«Der Spitzensport und seine Entwicklung in dem in Artikel 3 genannten Gebiet*

Aber immer noch waren die eigentlichen Abläufe des Dopings in der DDR, die Verantwortlichen für den Einsatz der ja auch in der DDR rezeptpflichtigen Präparate nicht bekannt. Da veröffentlichte im März das Wochenmagazin *Der Spiegel* (11/1990) erstmals das ausführliche Bekenntnis des Schwimmtrainers Michael Regner. Regner, der sich wenige Wochen zuvor, als er zusammen mit Schwimmstar Michael Groß im Aktuellen Sportstudio des ZDF auftrat, noch sehr bedeckt in der Dopingproblematik gehalten hatte (damals hoffte er wohl noch auf einen Trainerjob im DM-Westen), hatte sich entschlossen, weit weg nach Neuseeland zu ziehen, aber vorher noch mit seiner deutschen Dopingvergangenheit abzurechnen. Sein Bericht, ebenso wie andere Berichte des *Spiegel*, im März 1990 ausdrücklich von FKS-Professor Buhl gegenüber einer britischen Zeitung gelobt (*«Ich hätte es selbst nicht besser schreiben können»*, *Observer*, 6.4.1990), ist so anschaulich, daß er im folgenden Kapitel noch einmal als Dokument der DDR-Sport-Verbrechen an Minderjährigen aufgeführt werden soll.

*wird, soweit er sich bewährt hat, weiter gefördert. Die Förderung erfolgt im Rahmen der in der Bundesrepublik Deutschland bestehenden Regeln und Grundsätze... In diesem Rahmen werden das Forschungsinstitut für Körperkultur und Sport (FKS) in Leipzig, das vom Internationalen Olympischen Komitee (IOC) anerkannte Dopingkontroll-Labor in Kreischa (bei Dresden) und die Forschungs- und Entwicklungsstelle für Sportgeräte (FES) in Berlin (Ost)... fortgeführt oder bestehenden Einrichtungen angegliedert.»*

Niemand konnte mir bisher die Sonderstellung ausgerechnet dieser Institute im Einigungsvertrag erklären. Zügig und großzügig sind diese hochbelasteten Institute der Forschung zur deutschen Chancenungleichheit bis zum Frühjahr 1992 unter neuen Namen, aber im alten Geist überführt worden (s. Kapitel 20 u. 22).

# Kapitel 6
# Die Sozialistische Körperkultur – Minderjährige gedopt und virilisiert

## Der Bericht des Trainers Michael Regner über das Anabolikadoping im Schwimmsport der DDR

(leicht gekürzt und mit Fußnoten kommentiert)

*Elf Jahre lang habe ich bei einem Armeesportklub gearbeitet. Als Schwimmtrainer hatte ich zügig Erfolg: zunächst als Sportoffizier bei einer Pioniereinheit in Havelberg, später dann, seit Dezember 1978, beim Armeesportklub (ASK) Potsdam. Ich habe hier mit einer Gruppe von zwölfjährigen Jungen gearbeitet, die bald darauf bei den «Jugendwettkämpfen der Freundschaft» ihre ersten Siege verbuchten. Es gelang mir, sogenannte Ausschulungskandidaten – Sportler, die nach allgemeiner Auffassung das Ende ihrer leistungssportlichen Entwicklung bereits erreicht hatten – neu zu motivieren. Kurz: Ich habe immer und überall mein Plansoll erfüllt.*

*Unvermittelt kam dann der Tag, an dem ich, so kommt es mir jedenfalls heute vor, endgültig als vollwertiges Mitglied des DDR-Sports akzeptiert und in dessen tiefere Geheimnisse eingeweiht wurde. Das geschah so beiläufig und so selbstverständlich, daß ich es zunächst gar nicht als etwas Besonderes erkannte.*

*Ich war damals, im Juni 1987, für eine Gruppe von 12- bis 14jährigen Schwimmerinnen verantwortlich. Unter ihnen hatte ich zwei Mädchen mit überdurchschnittlichem Talent entdeckt: Grit Müller[1] und Diana Block. Beide waren zwar erst 13 Jahre alt, schwammen aber schon so schnell, daß sie bei der Jugend-Europameisterschaft in Rom an den Start gehen sollten.*

*Wie jeden Tag stand ich während des Trainings am Beckenrand, als mich*

1 Als Mitglied der deutschen Mannschaft Gewinnerin der Silbermedaille über 800 Meter Freistil bei den Schwimmweltmeisterschaften 1991 in Perth (Australien).

*der beim ASK Potsdam für die Sektion Schwimmen zuständige Arzt Jochen Neubauer zu sich ins Zimmer 131 an der Kopfseite der Halle bat. Neubauer schloß die Tür hinter sich, wir saßen uns an seinem kleinen Konferenztisch gegenüber. Dann legte er einen verschlossenen Briefumschlag auf den Tisch. «Paß mal auf», sagte der Arzt, «hier sind ein paar Pillen drin. Red da mal nicht drüber und gib denen, die zur Europameisterschaft fahren, pro Tag eine halbe Tablette. Du wirst sehen, das ist gut so.»*

*In dem Umschlag waren zwölf blaue Tabletten, rund, etwa vier Millimeter lang. Jeweils eine halbe davon sollte ich den Schwimmerinnen während der nächsten zwölf Tage verabreichen – «und zwar am besten so, daß sie nichts davon merken», wie Dr. Neubauer betonte. Der Einfachheit halber könne ich die Pillen in Wasser auflösen und sie dann «dem Vitamingetränk beimischen». Auf meine Frage, was das denn überhaupt für ein Mittel sei, meinte Neubauer lapidar: «Das erkläre ich dir ein andermal. Gib das mal, ist schon okay.»*

*Schließlich klärte er mich noch über mögliche Nebenwirkungen auf. «Die Mädels», meinte er, würden durch diese Tabletten vermutlich «ein bissel lustiger» werden,*[1] *und sollte eine Sportlerin zudem «über Verspannungen klagen», so müsse ich eben mal einen Tag mit der «Gabe» aussetzen. Weil uns beide zu diesem Zeitpunkt schon ein absolutes Vertrauensverhältnis verband, habe ich an diesem Tag keine weiteren Fragen gestellt und mich strikt an die Anweisungen gehalten.*

*Bis dahin hatte ich meinen Sportlern täglich eine Vitaminmixtur mit Traubenzucker, Zitrone, bisweilen auch Eisen und Kalium-Magnesium angesetzt und sie in die jeweils mit Namensschildern versehenen Plastikflaschen abgefüllt. In den Trainingspausen tranken die Mädchen daraus. Grit Müller und Diana Block nahmen so in den kommenden zwölf Tagen zusätzlich eine halbe dieser blauen* [5 mg Oral-Turinabol] *Tabletten ein – ohne es zu wissen.*

*Die beiden Mädchen haben dann ein knallhartes Trainingspensum absolviert. Sie sind ihre Strecken geschwommen, aus dem Becken gestiegen und haben sich enorm schnell regeneriert, so daß sie gleich anschließend dieselbe Serie noch einmal hätten bewältigen können. Diese Leistungssteigerung habe ich seinerzeit darauf zurückgeführt, daß ein Wettkampf wie die Jugend-Europameisterschaft offenbar eine ganz besondere Motivation darstellen muß.*

*Wenn ich heute darüber nachdenke, muß ich mir vorwerfen, grenzenlos naiv gewesen zu sein. Ich hatte mir damals einfach gedacht: Die Mädchen kriegen ja ohnehin schon eine Unmenge von diesem Pillen-Zeug – und jetzt*

1 Diese zynische Bemerkung soll wohl darauf anspielen, daß bei den 13jährigen Mädchen mit einem frühen Einsatz sexueller Libido zu rechnen sei, was angesichts ihrer mangelnden Lebenserfahrung zu «lustigen» Situationen – auch für den Trainer – führen kann (vgl. S. 48–50).

*kriegen sie eben eine Sorte mehr. Heute weiß ich, daß dies nur die halbe Wahrheit war.*

*Denn als ich den beiden 13jährigen damals eine neue Sorte in die Flasche mischte, habe ich sie gedopt – ohne daß es mir und ihnen bewußt war. Ich habe ihnen ein Anabolikum verabreicht. Es heißt Oral-Turinabol.*

*Daß solche Mittel im DDR-Sport verwendet werden könnten, hielt ich damals für undenkbar. Denn ich habe jahrelang grundsätzlich nur an das Gute im Sozialismus geglaubt. Ich war ein überzeugter Kommunist. Meine Freunde sagten mir damals nach, ich sei jemand, der immer auf der obersten Zinne stehe und die rote Fahne schwenke. Ich habe an die Partei geglaubt, an den Staat, an die Gesellschaft. Deshalb faszinierte mich gerade der Leistungssport: eine absolut starke Sache, eine ehrliche Sache; ein Gebiet, auf dem der Sozialismus stets bewiesen hat, daß er das bessere System ist.*

*Die Ergebnisse der Mädchen in Rom haben mich in diesem Irrglauben bestärkt. Grit Müller gewann den Wettkampf über 800 Meter Freistil. Zwei Tage zuvor hatte sie in einem Abstand von zirka 40 Minuten bereits zwei schwere Strecken bewältigt und dabei jeweils die Bronzemedaille gewonnen – über 400 Meter Freistil und 400 Meter Lagen. Solche Leistungen – das weiß ich aus meiner heutigen Erfahrung – sind fast ausschließlich auf die Einnahme von Anabolika zurückzuführen. Genauso arglos wie ich waren seinerzeit auch die Sportler. Doping existierte nach ihrer Vorstellung allenfalls im kapitalistischen Ausland.*

*Nun mußten wir die Athleten allerdings darauf vorbereiten, daß sie sich bei internationalen Wettkämpfen möglicherweise einer Dopingkontrolle zu unterziehen hätten. Dieses Problem wurde in der DDR nach Art des Landes überaus heuchlerisch gelöst.*

*Während der Europameisterschaften in Rom etwa gab der damalige Mannschaftsleiter Wolfram Allendorf der versammelten Truppe eine «mündliche Einweisung»: «Also, paßt mal auf», hieß es dabei, «wir befinden uns hier sozusagen auf Feind-Gebiet. Die Kapitalisten wollen uns am Zeug flicken.» Besonders gefährlich werde es immer bei «diesen Dopingkontrollen – um uns zu überführen, versuchen die, uns dieses Zeug heimlich in die Vitaminflaschen zu füllen». Jeder habe deshalb peinlich genau darauf zu achten, daß seine Flasche niemals unbeobachtet bleibe. In Wahrheit wurde in den letzten beiden Jahren nur deshalb nie einer erwischt, weil die Anabolika nach einem ausgetüftelten System verabreicht werden. Aber das habe ich erst später begriffen.*

*Die nächste Lektion bekam ich Ende September 1987. Wieder bat mich Jochen Neubauer in sein Zimmer. Er legte ein vorgefertigtes DIN-A4-Blatt auf den Tisch. Ich hätte ja mitbekommen, meinte der Arzt, «daß wir da bestimmte Sachen machen, die nicht ans Licht der Öffentlichkeit gehören». Und da ich jetzt eine feste Größe in der Konzeption des ASK Potsdam sei, würde er mich «bitten, das hier mal eben zu unterschreiben. Die entsprechenden Informationen bekommst du noch von mir.»*

*Auf dem Formular stand dem Inhalt nach folgendes: Hiermit wird der Unterzeichner darauf aufmerksam gemacht, daß alles, was im Zusammenhang mit den «Unterstützenden Mitteln» (UM) steht, der strengsten Geheimhaltung unterliegt. Ein Verstoß gegen diese Geheimhaltungsvorschrift wird bestraft.*

*Ich wollte wissen, was UM zu bedeuten hat, doch ich bekam keine Antwort. Ich habe das Formular dennoch sofort unterschrieben, weil ich im Hochleistungssport weiterarbeiten wollte. Das Gespräch hat nicht einmal zehn Minuten gedauert. Vier Wochen später erklärte mir Jochen Neubauer den Begriff UM. Dies sei lediglich «ein Beitrag von medizinischer Seite, der die Sportler belastungsverträglicher macht und auch psychisch ein bißchen lockerer».*

*Ende Oktober wurde mir der Posten des Trainers für die weibliche Spitzengruppe des ASK Potsdam angedient. Dazu gehörten neben Grit Müller und Diana Block noch Katrin Gronau, Heide Grein, Corinna Meyer, Franziska Zietermann und Andrea Koch. Ich war nun dafür verantwortlich, möglichst vielen von ihnen die Teilnahme an den Olympischen Spielen 1988 in Seoul zu ermöglichen. Als erster ernsthafter Test für Korea stand damals der Europacup in Monte Carlo vom 12. bis 13. Dezember 1987 auf dem Programm.*

*Als Vorbereitung darauf sollte, so erfuhr ich von Doktor Neubauer, ein sogenannter Zyklus – also die Verabreichung von UM über zwölf Tage hinweg – durchgeführt werden. Zum erstenmal erhielt ich nun die Tabletten nicht mehr in einem Briefumschlag, sondern original verpackt. Dabei ordnete der Arzt an, ich sollte die Pillen rausdrücken und die Folien dann mitsamt der Packung vernichten – «und zwar so, daß es niemand merkt».*

*Ich habe also die Pillen im verschlossenen Trainerraum aus den Folien rausgedrückt, habe die Dinger mit nach Hause genommen und dort im Ofen verbrannt. Selbst meine Frau hat davon nichts mitbekommen. Es blieb eine Angelegenheit zwischen dem Arzt und mir.*

*Unvermittelt war ich in eine Zwitterrolle geraten: Einerseits wußte ich, daß sich die Parolen vom sauberen DDR-Sport als eine Mär entpuppt hatten, andererseits war ich nun so etwas wie ein Geheimnisträger und somit unversehens in die Rolle des Mittäters geschlittert.*

*Meinen Sportlerinnen erzählte ich wider besseres Wissen lediglich von «sportmedizinischen Maßnahmen», die «keinerlei Nachteile» nach sich ziehen würden. Im Gegenteil: «Wenn ihr die anderen schlagen wollt, wird euch nichts anderes übrigbleiben, als mitzumachen.» Ich habe die Mädchen dann einzeln zum Arzt geschickt. Auch sie mußten dann dieses Formular unterschreiben, womit sie zur Geheimhaltung verpflichtet waren. Selbst mit ihren Eltern durften sie nicht darüber reden.*

*Solche Praktiken empfand ich zwar als unsauber, dennoch hatte ich kein schlechtes Gewissen dabei. Ich war davon überzeugt, daß der Kapitalismus ausschließlich das Scheitern unseres sozialistischen Systems zum Ziel hat. Um das zu verhindern, dachte ich, mußten alle Mittel erlaubt sein. Zudem hatte mir der Doktor versichert: «Es machen ohnehin alle, auch die im Westen. Wir machen es nur ein bißchen besser.»*

*In der Tat konnte ich dann beobachten, daß auch die Trainer der männlichen Gruppen, Jürgen Höfner und Lutz Wanja, das Büro des Arztes mit denselben Medikamentenschachteln verließen wie ich. Solche Kurzbesuche in Zimmer 131 wurden fortan zu einer Selbstverständlichkeit: Wenn ein Zyklus begann, wurden wir eingerufen, dann gab es dieses Zeug.*

*Für die älteren Sportler gehörten die Anabolika ohnehin längst zum Alltag. Zuweilen mußten die Pillen sogar für Scherze herhalten. Wenn etwa jemand im Kraftraum, wo sich auch Leichtathleten, Kanuten und Turner aufhielten, zur Hochform auflief, machten schon mal Sprüche wie: «Hast wohl wieder drei Blaue eingeworfen» oder «Der hat zuviel Kristall gefressen» die Runde. Die Zeiten, in denen den DDR-Sportlern die muskelbildenden Präparate noch mit dem Suppenlöffel verabreicht wurden und die Mädchen teilweise mit Bariton-Stimmen herumliefen, waren jedoch längst passé.*

*Die Anwendung der Anabolika wurde zentral gesteuert. In Ost-Berlin saß eine Kommission, die jedes Jahr ein «Programm für die sportmedizinische Untersuchung» erstellte. Das diente keinem anderen Zweck als dem systematischen Aufbau der Athleten mit Anabolika.*

*In solchen Programmen wird detailliert festgehalten, welcher Sportler in welchem Klub zu welchem Zeitpunkt UM einzunehmen hat. Nur die Dosierung wird vor Ort bestimmt. Am Ende eines Trainingsjahres erfahren die Herren in Berlin dann, wieviel Tabletten jeder Sportler in den letzten zwölf Monaten eingenommen hat; denn die Trainer sind verpflichtet, über jeden Zyklus penibel Protokoll zu führen.*

*Die Sportmedizinische Kommission verschickte ihre aktuellen Pläne nur an die Klubärzte, die dann die Trainer informierten. Dr. Neubauer etwa hatte bei solchen Gesprächen meist den Ordner mit den Terminen für meine Sportler vor sich liegen. Die Anforderungen wurden stets genau befolgt, denn sie garantierten perfektes Training: Nie wurde ein Mitglied des ASK Potsdam des Dopings überführt.*

*Um diese Gefahr vollkommen auszuschließen, darf kein Sportler das Land verlassen, der sich vorher nicht einer Dopingprobe unterzogen hat. Dafür zeichnet das «Zentrale Dopingkontrollabor des Sportmedizinischen Dienstes» in Kreischa verantwortlich.*

*Jeweils eine Woche vor der Abreise zu Wettkämpfen im Ausland mußten sich etwa die Sportler des ASK Potsdam morgens um sechs Uhr im Klub einfinden, um ihre Urinprobe abzugeben. Regelmäßig zwischen sechs und halb sieben fuhr dann ein Kombiauto vor, sammelte die Proben ein und fuhr stracks zurück nach Kreischa. Wenige Tage später wurden dem Klubarzt die Ergebnisse telefonisch übermittelt.*

*Nur einmal habe ich es erlebt, daß aus Kreischa ein positiver Befund übermittelt wurde. Während eines Trainingslagers in Lindow wurde uns mitgeteilt, daß ein Nachwuchsschwimmer aus Halle «positiv» sei und mithin die Reise ins Ausland nicht antreten dürfe. Um den Zwischenfall zu vertuschen, rief die Mannschaftsleitung sämtliche Athleten zusammen und gab eine «dringende Einweisung»: Jeder solle streng darauf achten, «daß er auch alle Reiseunterlagen zusammen hat». Anderenfalls könne es einem ähnlich ergehen wie dem armen Sportfreund aus Halle: «Dem fehlt nämlich ein wichtiges Dokument, der darf nicht mit.»*

*Das verschleiernde Gerede war typisch. Zumindest die älteren Sportler wissen, daß jeder von ihnen mit leistungsfördernden Mitteln versorgt wird. Darüber gesprochen wird allerdings nie, und zugeben würde es auch niemand. Das führt zwangsläufig immer wieder zu skurrilen Situationen.*

*So spielte sich während des Zyklus in der Potsdamer Schwimmhalle zur Vorbereitung auf den Europacup 1987 eine merkwürdige Zeremonie ab. Gemeinsam trainierten fünf Gruppen in dem 50 Meter langen und 15 Meter breiten Becken. Jede Gruppe hatte einen eigenen Trainer. Als die Schwimmer ihr Pensum absolviert hatten, bauten die Trainer um das Becken herum jeweils einen quadratischen Tisch auf. Jede Gruppe mußte nun bei ihrem Betreuer anstehen, um sich – so die offizielle Version – ihre «Vitamine» abzuholen.*

*Ich war zu dieser Zeit für acht Sportlerinnen verantwortlich – auf meinem Tisch also hatte ich acht Häufchen mit verschiedenen Vitaminen, Eisen und Kalium-Magnesium zusammengestellt. In meiner Umhängetasche auf dem Boden befand sich zudem ein Fläschchen mit Oral-Turinabol-Tabletten. Sie durften nicht auf den Tisch gelegt werden. Die Übergabe erfolgte deshalb in Form eines beherzten Händedrucks.*

*Die Schwimmerinnen streckten mir nacheinander ihre Handflächen entgegen, die Innenseite nach oben gekehrt. Dann reichte ich jeder einzelnen meine Rechte und übergab so die «Blauen». Die Mädchen schlossen ihre Hand zur Faust und führten sie zum Mund. Einmal hatte ich vergessen, Grit Müller ihre Tablette in die Hand zu drücken. Sie blieb einen Moment am Tisch stehen und sagte dann: «Herr Regner, da fehlt noch was.»*

*Zwar konnte jeder in der Halle diese Rituale beobachten, aber niemand hat darüber gesprochen. Zudem durfte kein Trainer vom anderen wissen, wieviel er welchem Sportler gibt. Denn die wirkungsvolle Versorgung der Sportler mit Anabolika garantiert den Erfolg und mithin die Reputation jedes Trainers – an diesem Punkt hört die Kollegialität auf. Ich habe das erfahren, als ich einmal von Lutz Wanja wissen wollte, welche Menge er seinen Sportlern verordnet. Da hat er nur milde gelächelt und gesagt: «Das mußt du schon selber rauskriegen.» Die Dosierung darf ein Trainer nur mit dem Arzt abstimmen.*

*So hat mir dann anfangs auch Neubauer ein Konzept für meine Gruppe ausgearbeitet. Danach bekamen die älteren Sportler die blauen Fünf-Milligramm-Tabletten aus der Originalverpackung, für die jüngeren bekam ich in einem Briefumschlag Ein-Milligramm-Tabletten – weiße, gelbe, manchmal auch rosafarbene.*

*Ich habe beim Zyklus die «Gabe» dann unserem Trainingsverlauf angepaßt, den wir «Dreieinhalb-Tage-Rhythmus» nannten. Drei Tage lang wurde das volle Pensum absolviert. Während der ersten zwei Tage gab ich den Schwimmerinnen jeweils eine halbe Tablette, am dritten Tag eine ganze. Am vierten Tag wurde nur vormittags trainiert, deshalb bekamen sie nichts.*

*In solchen Phasen haben alle Mädchen im Schnitt ein bis zwei Kilogramm zugenommen, was fast ausschließlich auf Muskelzuwachs zurückzuführen war. Ich machte zudem die Erfahrung, daß meine Dosis für Langstreckler zu hoch war. Heide Grein zum Beispiel wurde davon ziemlich fest, das heißt, ihre Muskeln verspannten sich. Für Brust- und Lagenschwimmerinnen war die Menge optimal, auch die Jüngeren zeigten die erwarteten Leistungssteigerungen. Denselben Zyklus wiederholten wir dann vor den DDR-Meisterschaften im Juli 1988.*

*Der Dopingskandal von Seoul um den Kanadier Ben Johnson hat den DDR-Sport in Panik versetzt. Daß einer der weltbesten Athleten erwischt worden war, wirkte wie ein Schock. Keiner wußte, ob Doping nun überhaupt noch eine Zukunft haben würde. In dieser Situation, es war im November 1988, sprach ich bei einer Tasse Kaffee den Kollegen Lutz Wanja in unserem Dienstzimmer neben der Schwimmhalle auf das Thema an. Auf meine Zweifel fand er nur eine knappe Antwort. Es mache ohnehin jeder, Doping sei «allgemein üblich» – «und wenn du es nicht machst, dann bist du schön blöde».*

*Einen Monat vor diesem Gespräch hatte der Schwimm-Cheftrainer des ASK, Knut Kempa, eine überraschende Order ausgegeben: «Es läuft nichts mehr», ließ er uns wissen. Zwar suche der Sportmedizinische Dienst nach neuen Wegen, «aber erst mal ist Stop». Später erfuhr ich von Neubauer, daß in dieser Zeit neue Dopingmittel ausprobiert wurden, die aus Nasenspray-Fläschchen eingenommen wurden.*[1] *Dieses Experiment habe sich aber, so der Doktor, «nicht bewährt».*

*Ausgerechnet während dieser heiklen Phase wäre mir meine Arglosigkeit beinahe zum Verhängnis geworden. Ich lag seinerzeit mit einer Grippe zu Hause, und Knut Kempa hatte meine Trainingsgruppe übernommen. In meinem Zimmer suchte er nach den Trainingsplänen.*

*Den Schlüssel zu meinem Schreibtisch hatte ich verloren, und so konnte er die Schubladen durchsuchen. Dabei fand er im untersten Fach einige*

1 Wahrscheinlich Androstendion. Zur Androgen-Applikation durch die Nase vgl. S. 123, 124, 354–357.

*Oral-Turinabol-Folien: ich hatte vergessen, sie zu vernichten. An meinem ersten Arbeitstag bat er mich in sein Büro und kanzelte mich ab: «Wenn das noch mal passiert, bist du in diesem Bereich untragbar.»*

*Zwei Monate hielt die Unsicherheit an, wann und wie denn jetzt gedopt werden solle. Im Januar 1989 fand dann in Lindow ein Treffen hochrangiger Trainer und ausgesuchter Ärzte statt. Jürgen Tanneberger, unser Verbandstrainer, berichtete, daß andere Verbände, etwa die Kanuten, auch nach Seoul «ohne Unterbrechung» weitergemacht hätten. Offensichtlich sei «alles nicht so schlimm», wie ursprünglich befürchtet. Schließlich erhielten wir Order von der Sportmedizinischen Kommission: «Zunächst einmal weiterarbeiten wie gewohnt.»*

*So konnte ich erfahren, daß ich noch längst nicht in alle Geheimnisse eingeweiht worden war. Der nächste Zyklus war für die Zeit vom 4. bis zum 13. April 1989 angesetzt: Er sollte die Schwimmer auf einen Länderkampf gegen die Sowjetunion in Gera vorbereiten.*

*Während dieser Phase eröffnete mir Neubauer, daß die Gabe von Oral-Turinabol lediglich die erste Phase der perfekten Vorbereitung sei. Dieses Stadium nenne man «M1»*[1]*. Anschließend sollte ich vier Tage lang eine andere Sorte von Medikamenten verabreichen. In Fachkreisen nenne man das «M2»*[2]*. Vom 14. bis zum 17. April gab ich jeder Sportlerin täglich eine weiße Fünf-Milligramm-Tablette, die ich wiederum in einem Briefumschlag vom Doktor bekommen hatte: Bis zur Europameisterschaft im August in Bonn mußte dieser Zyklus noch zweimal wiederholt werden, und zwar jeweils während eines Höhen-Trainingslagers. Besonders heikel ist bei solchen Reisen der Transport der Anabolika.*

*Bevor ich am 4. Mai ins Trainingslager nach Zachkadsor in Armenien aufbrach, mußte ich sämtliche Pillen in ein undurchsichtiges, mit meinem Namen versehenes Fläschchen packen, das unser Verbandsarzt Horst Tausch auf dem Flughafen in Empfang nahm. Nachdem jeder Trainer seine Medikamente abgegeben hatte, verstaute Tausch sie in seinen Medizinkoffer, den er dann verplombte. Die Tabletten für meine Sportler habe ich erst wieder in der Sowjetunion ausgehändigt bekommen.*

*Der «M1»-Zyklus sollte hier vom 7. Mai bis 27. Mai durchgeführt werden. Während der ersten Woche habe ich damit allerdings ausgesetzt, die Zeit-*

1 Wie in Kapitel 10 noch bewiesen wird, war «M1» nur ein neuer Codename für Oral-Turinabol selbst (vgl. Tabelle 2 und S. 108 und 343–351).

2 Mestanolon, auch «STS 646» genannt, ein in der DDR nicht zum Einsatz beim Menschen zugelassenes Präparat desselben Herstellers wie von Oral-Turinabol, VEB Jenapharm. Wegen seiner hohen androgenen (vermännlichenden) Wirkung (laut Herstellerangabe 16mal stärker als Oral-Turinabol!) ist die Gabe an Frauen, erst recht an junge Mädchen, nicht nur ein eklatanter ärztlicher Kunstfehler (Tabellen 2 und 3, S. 48), sondern ein Verbrechen. Und alles ohne Aufklärung (S. 23–25)!

*spanne war mir einfach zu groß. Meinen Sportlerinnen habe ich das so erklärt: «Paßt auf, Mädels, der Zyklus ist mir zu lang. Hier geht es nur um die Vorbereitung auf die DDR-Meisterschaften, und wir wollen ja nicht mit Kanonen auf Spatzen schießen.» Die DDR-Meisterschaften begannen am 13. Juni, deshalb sollte vom 28. bis 31. Mai «M2» verabreicht werden. Jeweils zwölf Tage vor einem Wettkampf nämlich dürfen keine Tabletten mehr eingenommen werden. Hier habe ich auch auf «M2» verzichtet, weil ich die Athleten nicht überfüttern wollte.*

*Im Sportkomplex von Zachkadsor bewohnte ich im zweiten Stock des Hotels gemeinsam mit Stefan Hetzer, dem Trainer der sechsfachen Olympiasiegerin Kristin Otto, ein Zimmer. Zum erstenmal war ich im Kreis der Nationalmannschaft unterwegs. Und spätestens hier wurde mir endgültig klar, daß unsere Methoden aus Potsdam mit denen im gesamten DDR-Schwimmsport identisch waren.*

*Häufig haben wir während dieser Tage abends in unserem Zimmer zusammengesessen. Wir haben dann Musik gehört, und jeder hat dabei auf dem Tisch die Tabletten – Vitamine, Eisen und auch die «Blauen» – für den nächsten Tag abgezählt. Stefan Hetzer war der einzige Kollege, mit dem ich offen über das Thema Doping reden konnte.*

*So erzählte er mir beispielsweise, daß seine beiden Parade-Schwimmerinnen, Kristin Otto und Silke Hörner (zweimal Gold in Seoul), im Zuge der allgemeinen Angst vor verschärften Kontrollen «erst sauber bleiben» sollten. Vermutlich würden sie während des ganzen Jahres «nichts kriegen» – denn je häufiger man diese Präparate benutze, um so höher müsse die Dosis beim nächstenmal sein, damit überhaupt noch eine Wirkung erzielt werde. Lediglich seine jüngeren Sportler, erklärte er mir, sollten weiterhin am Zyklus beteiligt werden.*

*In Armenien habe ich am eigenen Leib erfahren, welche durchschlagende Wirkung Anabolika haben können. Denn hier habe ich meinen zweiten «Selbstversuch» unternommen – ich habe mich selber gedopt, um die Folgen wirklich beurteilen zu können. Beim zweitenmal setzte ich die Dosen wesentlich höher an und schluckte täglich bis zu zehn Milligramm, also zwei Tabletten Oral-Turinabol. Zudem trainierte ich wie ein Besessener – zwei Stunden Krafttraining pro Tag und obendrein mindestens zwei Stunden Tennis oder Jogging. Das Ergebnis: ein Faserriß im Oberschenkel und permanente Krämpfe in der Nacht, so daß mich Stefan Hetzer massieren mußte. Gleichwohl fühlte ich mich körperlich in einer phantastischen Verfassung, ich hatte fast vier Kilogramm zugelegt.*

*Mir ist dabei klargeworden, welchen Anteil diese Drogen tatsächlich am Erfolg des DDR-Sports haben. Bei entsprechendem Talent und entsprechendem Training haben Anabolika eine ungeheure Fahrstuhlwirkung. Jugendliche im Alter von 14 oder 15 Jahren werden damit systematisch aufgebaut und so in relativ kurzer Zeit auf Weltklasse-Niveau gehievt. Ohne dieses*

*Zeug könnten sie diese Leistung wohl nur schwer erbringen. Das ist wie mit einem Motor, der «getunt» wird.*

*Wenn solche Pillen unverantwortlich geschluckt werden, kann das fatale Folgen haben. Und offenbar gibt es in der DDR auch heute noch Trainer, die ihre Sportler hemmungslos vollstopfen. So mußte ich etwa während des Höhentrainingslagers im mexikanischen Toluca, wo die unmittelbare Vorbereitung auf die Europameisterschaft in Bonn stattfand, auch die Rostocker Schwimmerin Enja Eichorst betreuen. Vor dem Abflug klärte mich ihr Heimtrainer Ingolf Jopke über die Dosierung auf: Das Mädchen sollte am Tag bis zu zehn Milligramm schlucken. Das hielt ich für absoluten Wahnsinn und gab ihr während des Zyklus vom 7. bis zum 31. Juli die gleiche Menge wie den anderen Schwimmerinnen auch.*

*In diesen Tagen habe ich zum erstenmal ernsthaft daran gedacht, aus diesem Geschäft auszusteigen. Auf dem Flug von Ost-Berlin nach Mexiko fiel mir vor der Zwischenlandung in Amsterdam ein, daß ich vergessen hatte, meine Medikamente vorher beim Verbandsarzt abzugeben. Die Pillen lagen noch in meinem Handgepäck. Ich habe mich neben Doktor Tausch gesetzt und ihn gefragt, wie ich mich verhalten soll. Mit aschfahlem Gesicht gab er mir den Rat: «Behalt sie am Mann und sieh zu, wie du durch die Kontrolle kommst.» Im Notfall solle ich die Präparate «als Herztabletten deklarieren».*

*Einen Moment lang war ich fest entschlossen, mich in Amsterdam abzusetzen. Ich hatte Angst, sah schon die hämischen Schlagzeilen der Westmedien vor mir. Aber auch wenn es nicht auffliegen würde, so dachte ich mir, sei ich erledigt: Denn als Geheimnisträger war ich jetzt nicht mehr tragbar.*

*Aber die Kontrolle verlief reibungslos, und ich bin später nie mehr darauf angesprochen worden. Doktor Tausch wird den Vorgang wohl verschwiegen haben, um sich nicht selber zu kompromittieren. Ich war von ihm abhängig, und er war von mir abhängig.*

*Obwohl in Toluca*[1] *nach den üblichen Methoden munter weitergedopt wurde, mußten jetzt verschärfte Regeln eingehalten werden. Chef-Verbandstrainer Wolfgang Richter verlangte, daß alles zu unterbleiben habe, «was uns irgendwie verdächtig machen könnte». Erstmals händigte der Arzt deshalb den Trainern nicht mehr alle Tabletten zu Beginn des Zyklus aus. Sie wurden nur noch in Rationen für jeweils drei Tage ausgegeben. Auch durften die Pillen jetzt nicht mehr in der Schwimmhalle verteilt werden. Statt dessen kamen die Sportler abends zu ihrem Trainer und holten sich ihre Portion für den nächsten Tag ab.*

*Ich teilte mein Zimmer im ersten Stock des Hotels mit dem Magdeburger Kollegen Wolfgang Sack, der die derzeit besten DDR-Schwimmerinnen zu betreuen hatte: Kathleen Nord, Olympiasiegerin, Welt- und Europameiste-*

1 In Toluca haben sich die deutschen Schwimmer auch nach der Wiedervereinigung auf die Weltmeisterschaften in Perth (Januar 1991) vorbereitet.

*rin, Anke Möhring, dreimalige Europameisterin, und Astrid Strauß, die bei den Olympischen Spielen eine Silbermedaille gewonnen hatte. Abends zählten wir die Tabletten ab und packten sie in Röhrchen. Dann besuchten uns die Athleten, holten sich ihre Röhrchen ab und verschwanden wieder. Eines Abends hatte eine Schwimmerin von Wolfgang Sack vergessen, die Tabletten abzuholen. Auf seine Nachfrage antwortete sie anderntags treuherzig: «Wir haben das unter uns geklärt und halbe-halbe gemacht.»*

*Schließlich kam der Tag, an dem ich plötzlich wußte, daß ich zu meiner Arbeit nicht mehr stehen konnte, daß ich diesem Sumpf entfliehen mußte. Vom 7. bis zum 10. August fand in Karl-Marx-Stadt* [Chemnitz] *noch eine letzte Vorbereitung auf die Europameisterschaft statt. Hier nahm mich Doktor Tausch beiseite und verfügte: «Schick die Mädels noch mal zu mir, die bekommen noch 'ne Spritze in den Hintern.» Ich müsse damit rechnen, daß sie «in den nächsten Tagen koordinative Schwierigkeiten haben könnten». Auf meine Frage, was da gespritzt werde, bekam ich eine schroffe Abfuhr: «Das geht dich nichts an.»*[1] *Niemals zuvor ist mir so bewußt geworden, daß der Leistungssport in der DDR exakt so organisiert ist wie die Armee.*

*Ein letztes Mal habe ich den Sportlerinnen etwas vorgemacht, weil ich ihren Start in Bonn nicht gefährden wollte. Ich habe ihnen erzählt, die Spritze erleichtere nur die Umstellung von der Höhenluft Mexikos auf das Flachland. In Karl-Marx-Stadt hatte ich die deprimierende Erkenntnis gewonnen, daß ich über Jahre zwar offiziell für Kinder und Jugendliche verantwortlich war, im entscheidenden Moment aber eine Statistenrolle spielen mußte. Ich hatte endgültig den Einfluß auf die Mädchen verloren, weil irgendein Vorgesetzter mit ihnen anstellen durfte, was er wollte.*

Die Angaben Regners sind inzwischen im wesentlichen durch viele Dokumente, öffentliche Geständnisse und Aussagen vor der Staatsanwaltschaft (z. B. vom früheren Vize-Europameister Raik Hannemann) bestätigt worden. Das besonders skrupellose, aber für den Schwimmsport geradezu typische androgene Hormon-Doping sehr junger Mädchen, fast Kinder noch, ist sogar im offiziellen, aber geheimen Bericht zum «Staatsplanthema 14.25» von 1988 bestätigt, in dem eine verbindliche «Verbandskonzeption» des DDR-Schwimmverbandes von bis zu 10 Milligramm Oral-Turinabol täglich für 14–15jährige Mädchen angegeben ist (Textdokument 1D, S. 350). Die darin geschilderte Methode des ebenso systematischen wie widerlichen – und auch gegen DDR-Recht verstoßenden (vgl. S. 23–25) Dopings der Schwimm-Mädchen beruht auf einer Doping-Optimierungsstudie des Sportmediziners Dr. Günter Rademacher und des Trainingswissenschaftlers Dr. Günter Baumgart (damals beide im FKS Leipzig), die im Anhang aufgeführt ist (Rademacher u. Baumgart 1986; vgl. S. 349–351).

1 Wahrscheinlich Testosteronpropionat (s. Tabelle 2). Zum «Überbrückungsdoping» vgl. Kapitel 15.

# Kapitel 7
# Akten- und Spurensicherung 1990

*«Da hatten Reißwölfe schon halbe Arbeit geleistet, denn ‹Dozent› und ‹Frank›, ‹Hans Heiner› und ‹Lehrer›, ‹Bernd›, ‹Dr. Munkwitz› und ‹Rose› sollten ruhig schlafen können. Aber auch Kopierer hatten das ihre getan, allerlei war aus der Festung getragen worden für eine spätere Zeit, beispielsweise für ein Zubrot zur Rente. Wäre das nicht geschehen, könnten ‹Herbst› und ‹Burkhard› unbefangener lügen. ... Leipziger, schützt eure Akten!»*
(«Der Zorn des Schafes» von Erich Loest, 1990).

1990 – die Lügenburg des DDR-Sports war zwar etwas erschüttert, stand aber noch. Denn all die Doping-Bekenntnisse und -Beschuldigungen – «Roß und Reiter» waren auch genannt worden – schlugen nicht durch. Sorgsam vermieden es Beschuldigte, Sportler wie Funktionäre und Sportmediziner, vor den Kadi zu geraten. Denn wie der Ausgang der Untersuchung der Dubin-Kommission in Kanada allen Dopern klar gemacht hat, droht die Wahrheit am ehesten dann durchzubrechen, wenn die Beteiligten unter Eid aussagen müssen. Und da, wie man annahm, wohl niemand so dumm gewesen sein dürfte, schriftliche Beweisstücke zu hinterlassen, schliefen die Mitglieder der DDR-Dopinggemeinde noch immer ruhig. Bald würden die Beichten der Herren Aschenbach und Regner ebenso vergessen sein wie die Anklage der Christiane Knacke. Die brisanten Zeitungsartikel von 1990 würden als Altpapier gelten, die Genossen vom SMD und FKS, aus Kreischa und Kienbaum wieder diskret und wirksam ihrem normalen Geschäft – nun in einem größeren Deutschland – nachgehen. Wie 1969 und 1977 würde auch die Diskussionswelle der Jahre 1989 und 1990 mit guten Nerven auszusitzen sein, schließlich kannte noch niemand die Namen der letztlich Verantwortlichen. Bevor jemand zur Verantwortung gezogen würde – da kannte man die neuere deutsche Geschichte –, wäre schon die große Generalamnestie verkündet.

Aber waren wirklich keine schriftlichen Spuren hinterlassen worden?

Gab es keine Hoffnung auf die Protokolle des Bösen? Blieb dieser Teil der Zeitgeschichte ungeschrieben? Das einzige, was noch hoffen ließ, war das Vertrauen auf die deutsche Gründlichkeit und die Eitelkeit von Sportmedizinern und Wissenschaftlern, die ihren Beitrag zum Sieg des Sozialismus im Sport doch sicher irgendwo schwarz auf weiß festgehalten hatten. Und hatte nicht im Februar 1990 der Professor Buhl auf die Frage nach der Dopingforschung des FKS den Interviewern der Zeitschrift *Sports* stolz geantwortet: *«Wir haben geforscht über Dosierung und Modifizierung solcher Mittel. Das wurde alles sauber dokumentiert! ... Da haben wir lauter Knaller!»* Ja, wo waren sie denn, die Knaller? Sauber dokumentiert? Und wo sollte man suchen und nach welchen Namen?

Nur tröpfelnd kamen Informationen. Von DDR-Trainern, früheren und noch tätigen, hatte ich schon seit Herbst 1989 immer wieder Hinweise auf die Schriften, einschließlich der Dissertation B, eines Dr. Lothar Hinz in Leipzig erhalten. Das waren Trainer in den Wurfübungen. Trainer in den Sprungübungen dagegen priesen kennerisch die Habilitationsschrift («Dissertation B») des Dr. Hartmut Riedel, der lange Zeit Mitglied des SMD in Jena und danach in Kreischa war. Wieder andere nannten den Namen eines Dr. Winfried Schäker vom FKS.

Der Name Schäker war dann auch der erste, der per Computer in der Fachliteratur gefunden wurde: Er erschien als Koautor auf einigen wenigen international registrierten Arbeiten über die Wirkungen bestimmter Neuropeptide wie Oxytocin und Vasopressin auf Verhalten und Leistung von Ratten (vgl. Kapitel 16). Ansonsten war diese Art der Literatursuche unergiebig, kein Wunder bei sogenannter Geheimforschung.

Schäker, inzwischen Professor am FKS, erschien dann Anfang März zusammen mit seinem Doktorvater und Mentor Prof. Friedrich Klingberg von den Karl-Marx-Universität in Leipzig auf der 68. Tagung der Deutschen Physiologischen Gesellschaft in Heidelberg (6.–9.3.1990). Der dort vorgestellte FKS-Beitrag «Endokrine Tagesrhythmen bei Spitzensportlern» von W. Schäker, G. Rademacher, R. Sattler und R. Häcker ließ erkennen, daß sich das FKS unter anderem sehr für die Schwankungen der Testosteronkonzentrationen von Spitzensportlern beim Höhentraining zwischen 2000 und 4000 m interessiert hatte, Probleme, die relevant für das Anabolikadoping der DDR-Athleten schienen.

Aber als die beiden Leipziger Professoren von westdeutschen Kollegen direkt auf Versuche mit Oxytocin und Vasopressin zu Dopingzwecken angesprochen wurden, stritten sie vehement ab, jemals diese Verbindungen an Menschen eingesetzt zu haben, schon gar nicht im Sport; zumindest was Schäker betrifft, eine glatte Lüge (Kapitel 16).

Gab es vielleicht in «Dope-City», in Leipzig, noch Akten? Wo waren eigentlich die immer wieder erwähnten Doktor- und Habilitationsarbeiten? Hatte etwa der von Loest beschriebene Leipziger Reißwolf in diesen

Fällen ganze Arbeit geleistet? Sofortige Spurensicherung schien geboten, falls es noch Spuren gab. Eine Leipziger Freundin, die sich gut im Bibliothekswesen auskennt, hatte es übernommen, vor Ort, in der neugekürten «Heldenstadt der Oktoberrevolution» von 1989, nachzusehen. Ihr Antwortbrief war getragen von Frust:

*«Also: Laß Deine Maßstäbe weg, Leipzig ist anders! Zur Sache: Die Deutsche Bücherei war ja Fehlanzeige – für Schäker, Riedel und Hinz!*

*Heute war ich in der Zentralbibliothek der DHfK: Wieder Fehlanzeige. Die Bibliothekarin dort bestätigte aber, daß das FKS eine eigene Bibliothek hat (als Laie wundert man sich freilich, daß die Zentralbibliothek nicht wirklich das Zentrum ist und alles zum Fach Gehörige hat). Also dorthin. Im Katalog: nix. Eine freundliche Seele, die mir helfen wollte: ‹Dissertationen haben wir gar nicht, die stehen in der Abteilung, die bisher zur öffentlichen Benutzung nicht zugelassen war. Ist aber jetzt zugänglich!›*

*Also dorthin: Die Kollegin dort hat alle Dissertationen des Instituts im Original, und die Diplomarbeiten waren wenigstens in der Kartei verzeichnet. Aber: Erneut Fehlanzeige. Sie meinte übrigens, in den 70er Jahren hätte das FKS noch gar nicht das Promotionsrecht gehabt. Nun meine Frage, was noch zu tun sei, um an eine solche Arbeit ranzukommen. Sie: ‹Dieser Schrank hier enthielt Arbeiten, die noch geheimer waren. Er war immer verschlossen, wir konnten nie dran. Aber der ist jetzt aufgelöst. Wer ihn ausgeräumt hat und wohin der Inhalt gekommen ist, weiß ich nicht. Das ist gemacht worden, als wir nicht da waren.›*

*Danach könnte ich nur die Institutsdirektorin fragen. Ich sollte aber nicht nach dem Schrank fragen, sondern nur nach einer der gesuchten Arbeiten. Ich kann mir vorstellen, daß die arme Frau sich in dem großen Laden ihrer Haut nicht ganz sicher sein kann.*

*Daß ich beim Direktor nichts erfahren würde, war ja wohl klar. Vielleicht möchtest Du hinschreiben oder anrufen? Vielleicht ist ja alles ganz anders, und die Arbeiten gibt es gar nicht! Ich hoffe es fast. Dies für heute. Tschüs.*

*PS: Ich hab den Brief wieder geöffnet, weil ich den Namen der FKS-Bibliothek, die jetzt mit dem ‹Öffentlichen Teil› vereinigt wird, zu nennen vergaß: ‹Ergebnisspeicher› nennt sie sich.»*

Mein Mann, Wissenschaftler an einem Forschungsinstitut, konnte nicht glauben, daß akademische Arbeiten einfach verschwinden, und bot die professionelle Hilfe der Zentralbibliothek seiner Dienststelle an: Ausleihen wissenschaftlicher Arbeiten zwischen akademischen Instituten sind schließlich üblich, gewissermaßen akademische Pflicht.

Die offiziellen Antworten aus Leipzig waren zwar negativ, doch rätselhaft und verblüffend in ihrem Widerspruch: Prof. Dr. J. Krug vom FKS teilte mit, *«daß alle Dissertationen von Angehörigen des FKS in der Zentralbibliothek für Körperkultur und Sport an der DHfK eingespeichert sind»*. Wogegen die Bibliotheksrätin Gisela Fiedler für die DHfK-Zentralbibliothek erklärte: *«Ihren Wunsch nach Ausleihe der Dissertationen Riedel und Hinz können wir leider nicht erfüllen. Grund dafür ist, daß diese beiden Arbeiten uns nicht erreicht haben. ... Bei diesen beiden Arbeiten, die bei ihrer Erarbeitung als vertraulich galten, ist alles etwas ominös, sie sind z. Z. nirgends auffindbar.»*

Inzwischen hatte der *Spiegel* (35/1990) den Bericht des früheren DDR-Leichtathletikverbandstrainers für Mehrkampf- und Sprungübungen, Klaus Gehrke, erhalten, der sich inzwischen im Niederrheinischen zur Ruhe gesetzt hatte, dazu ein handschriftliches Ganzjahres-Dopingschema der DDR-Leichtathleten, aber auch weitere Hinweise auf die Bedeutung der Riedelschen Arbeit für die Dopingpraxis der DDR. Doch Riedel selbst, inzwischen C3-Professor für Sportmedizin an der Universität Bayreuth geworden, konnte oder mochte nicht helfen: Seine Habilitationsarbeit (Dissertation B) blieb verschwunden.

Konnte vielleicht etwas Geld der Wahrheitsfindung nachhelfen? Würde der eine oder andere Leipziger beiseite geschaffte Akten als Notgroschen angreifen? Da die anscheinend so wertvolle Habilitationsarbeit als verschollen galt, ließ mein Mann Anfang November 1990 eine Suchanzeige mit dem Versprechen von 2000 DM Finderlohn in die *Leipziger Volkszeitung* setzen, die am 24. November erschien.

Aber das war natürlich für so viel Wahrheit um Größenordnungen zu wenig Geld! Und als die Anzeige erschien, lag auch schon ein Exemplar der Riedel-Arbeit in Hamburg, dem *Stern* verkauft. Die folgende Ausgabe des *Stern* (49/1990) war insofern ein Durchbruch zur sportgeschichtlichen Wahrheit, als erstmals das systematische Doping des DDR-Sports mit Dokumenten belegt wurde, darunter auch eine Kurve und Tabelle aus Riedels Dissertation B. Aus Gründen des Informantenschutzes konnte jedoch der *Stern* sein Exemplar nicht herausgeben. Solch versteckte Wahrheit aber half natürlich nicht weiter!

Der *Stern*, dessen Dokumentenmaterial ausdrücklich vom Stellvertretenden SMD-Leiter, Obermedizinalrat Dr. Manfred Höppner, in einem Interview bestätigt wurde – wenn auch in einer schönfärberischen Darstellung –, hatte sich auch darüber informiert, wieso die meisten wichtigen DDR-Dokumente verschwunden waren: *«Nach dem Fall der Mauer wurde die Parole ausgegeben, sämtliche belastenden Papiere zu vernichten. Der nur mündlich weitergegebene Befehl kam von ganz oben, und er traf sich mit dem dringenden Wunsch der Athleten und Trainer, alle Spuren ihrer Dopingvergangenheit zu verwischen. Zwischen November 1989 und April 1990 wanderten fast alle Dokumente, Anabolika betreffend, in den Reißwolf.»*

Also alle Beweise verloren? Da glomm aber ein Hoffnungslicht auf: die Nationale Volksarmee und die Militärmedizinische Akademie in Bad Saarow, wo mein Mann noch anscheinend gut erhaltene Exemplare der angeblich ausgestorbenen Spezies ausgemacht hatte.

# Kapitel 8
# Die Reise nach Bad Saarow

*«Nach Bad Saarow am Scharmützelsee, dieses gewesene Nobel-Bad östlich von Berlin, in dem einst Schmeling und Frau Rökk ihre Villen besessen hatten, wo unterdessen Becher segelte – der Kulturbund lud in ein Haus am See zwischen Kiefern und in wundersame landschaftliche Ruhe»*
(«Durch die Erde ein Riß» von Erich Loest, 1981)

*«So wurde das ganze Land regiert: Wir wissen alles über dich, du weißt gar nichts. ... Machen wir noch was. ... Und ehe wir unter die Erde gehen, gehen wir noch mal angeln»*
(«Brief aus Leipzig, 1990» von Horst Drescher, in «Deckname Lyrik» von Reiner Kunze, 1990).

Es gibt kleine bedeutende Orte mit Namen, die einem vertraut und doch zugleich entrückt vorkommen. Bestimmte Künstlerkolonien gehören dazu wie auch gewisse romantische Politikertreffpunkte: Worpswede und Ahrenshoop zum Beispiel oder Bad Boll oder gar Wildbad Kreuth. Bad Saarow war für mich auch immer so ein edler ferner Name gewesen – bis zum 20. Dezember 1990, als ich plötzlich und unerwartet eine Eintagesreise in den brandenburgischen Kurort an der Autobahn nach Frankfurt (Oder) antreten mußte.

Eile tat Not, denn es hatte sich Verblüffendes herausgestellt: Die Militärmedizinische Akademie (MMA) der – damals schon nicht mehr real existierenden – Nationalen Volksarmee (NVA) in Bad Saarow war ein letzter, stiller Hort der Dopingwahrheit der DDR, sportliches Fort Detrick und Oak Ridge zugleich. Dort lagen offenbar noch hochkarätige Produkte, Dissertationen A und B, rechtlich verwertbare Werke zur Erlangung höherer akademischer Weihen. Während in den Dopingmetropolen Berlin und Leipzig Reißwölfe verzweifelt Überstunden machten und korrupte Sportwissenschaftsprofessoren versteckte Hamsterspeicher mit Kopien und Kopien von Kopien vertraulich verschlossener Berichte und Dissertationen füllten, um sie bei erstbester DM-Gelegenheit zu *Stern*-Talern zu machen, herrschte tief hinten in der Mark Brandenburg noch gute preußische Ordnung: Beim Militär wandert nichts in den Reißwolf ohne Befehl.

Mag Oberst Friedrich Hrdina, Verschlußsachenoffizier der Ex-NVA, sich vielleicht auch gewundert haben: sein empfindlicher Geheimspeicher im Urstromtal der Spree blieb unbeachtet am Wegrand der Wiedervereinigung liegen. Die Akademie in Bad Saarow erreichte einfach keine Order zur Vernichtung der geheimen Dokumente der glorreichen Sportgeschichte der Ersten Deutschen Arbeiter- und Bauernrepublik. Die neuen Vorgesetzten in der Abteilung Sanitäts- und Gesundheitswesen des Bundeswehrkommandos Ost in der Brötzeler Chaussee im weiter nördlich gelegenen Strausberg ahnten wohl auch nichts von den «vertraulichen Verschlußsachen» (VVS), die da hinter versiegelter Tür im müffeligen Saarower Stabsgebäude lagerten.

Und so gab es denn schon zur Vorweihnachtszeit eine Bescherung, das Erhaltenswerte der DDR blieb wirklich erhalten.

Vermutungen, die MMA in Bad Saarow könnte ein vergessenes Versteck von anderenorts schon vernichteten Dokumenten sein, waren in den vorangegangenen Wochen immer wieder einmal aufgekommen. Unter Freunden in der DDR ging das Gerücht, an der Saarower Akademie, aber auch an der Militärmedizinischen Sektion der Universität Greifswald, habe es Menschenversuche der unethischen Art gegeben. Auffällig viele FKS-Doping-Doktoren hatten ihre akademischen Schulterstücke nicht an der nahegelegenen Karl-Marx-Universität Leipzig oder der Martin-Luther-Universität im benachbarten Halle erhalten, sondern im fernen Kurort Bad Saarow. Ein Mitarbeiter meines Mannes, der noch im Herbst 1989 aus der DDR getürmt war, staunte, als er bei der Lektüre des Artikels zum DDR-Doping im *Stern* auf dem dort abgebildeten Titelblatt der Riedel-Arbeit den Namen Bad Saarow las: «In Bad Saarow?! Aber da gibt's doch nur Militärmedizin!» So entschloß sich mein Mann, anläßlich einer Dienstreise in den Osten Berlins einen Abstecher nach Bad Saarow zu machen, um dort möglicherweise unethischen Forschungsprojekten der DDR nachzuspüren, dabei auch nach den verschollenen unethischen Arbeiten von Schäker, Riedel und Hinz Ausschau zu halten.

Dieser Suche am Freitagnachmittag war jedoch – trotz eines unterstützenden Schreibens des Bonner Bundesministeriums für Verteidigung – nur ein Teilerfolg beschieden. Oberst Hrdina, Ex-Offizier mit Immer-noch-Kommando-Ton, war wie ein Dobermann zur Stelle und versperrte die Einsicht in auch nur eine einzige der etwa 30 dort registrierten VVS-Dissertationen. Lediglich ein Verzeichnis von Autorennamen, ohne Themen und

Thesen, wurde unfreundlich vorgelegt. Doch das reichte. Befund positiv: Die FKS-Dissertationen der Kategorien A und B waren noch da.

Nun war klar, daß im ganzen Beitrittsgebiet, in den «fünf neuen Ländern» des neuen Deutschland, die Doping-Genossen sofort Alarm schlagen und die morschen Telefondrähte erhitzen würden. Die alten u. M.-Seilschaften würden hektisch beraten, und es drohte das schicksalhafte Verschwinden der belastenden Dokumente. Schutz der Persönlichkeitsrechte, der Intimsphäre der Dopingstars, Fourth-Amendment-Argumente würden nun ausgerechnet jene anführen, die noch kurze Zeit zuvor willfährig als Unterstützer und Vollstrecker dem SED- und Blockparteiterror gegen Bürger- und Menschenrechte gedient hatten. Lauthals würden die frisch gewendeten Hälse «Datenschutz» reklamieren und die große Oral-Turinabol-Amnestie fordern.

So beschlossen wir, in der folgenden Woche nach Bad Saarow zurückzukehren, um möglichst viel zu sichern, was sichernswert war. Schon vor vielen Jahren hatte ich gelernt, daß es bei der versteckten staatlichen Absicherung des Dopings im Osten wie im Westen oft geheimdienstlich und nicht ungefährlich zugeht: man tut daher stets gut daran, nichts allein zu unternehmen oder zu sagen, um für eventuelle Vorfälle oder Äußerungen wenigstens einen Zeugen zu haben! Das hatte sich schon mehrfach bewährt und schien gerade bei einer Expedition ins märkische Stasi-Land angeraten. Mein Mann bekam eine Fax-Genehmigung des Bundesministeriums für Verteidigung, in Bad Saarow *«alle Dissertationen A und B, einschließlich derer, die als Verschlußsache geführt wurden, einzusehen und ggf. zur weiteren Prüfung zu entleihen»*.

Die Reise fand noch vor Weihnachten, am 20.12., statt. Nach der Landung in Tegel frühmorgens wartete schon der handverlesene wackere Ost-Berliner Taxifahrer ohne Taxi-Schild auf uns, ein orts- und NVA-erfahrener Mann für alle Fälle. Die Fahrt durch Berlin und die mit Schneeresten befleckte Landschaft verkürzte er mit Schnurren aus der «alten» DDR-Zeit. In der MMA betreute uns ein sympathischer Bundeswehr-Feldwebel aus dem Münsterland, der uns nach einem Begrüßungskaffee zu einem Gespräch mit der MMA-Leitung führte.

Die beiden zuständigen Oberstärzte der Leitung erklärten uns aber sogleich, daß nach dem Besuch meines Mannes wenige Tage zuvor erstaunlich viel geschehen war. So sei zwar beschlossen worden, die Geheimhaltung einiger Dissertationen aufzuheben und diese in den «offenen» Teil der MMA-Bibliothek zu überführen. Das gelte aber nicht für die sportwissenschaftlichen Dissertationen des FKS Leipzig. Man verwies auf Telefonate und Telegramme aus Leipzig und sogar aus dem fernen Bayreuth: die Professoren Häcker, Schäker und Riedel hätten darin auf weiterer Geheimhaltung bestanden. Es fielen auch – wie erwartet – die Worte vom «Schutz persönlicher Daten», von Versuchen «nach damals gültigem

DDR-Recht»,[1] vom «Mißbrauch» der Wahrheit «in der Presse wie *Stern* und *Spiegel*», wobei die Herren das Veröffentlichen nichtopportuner Fakten offenbar immer noch und grundsätzlich als höchst verwerflich anzusehen schienen. Es sah in jenen Minuten gar nicht gut aus für die Wahrheitsfindung in Medizin und Geschichte, und es bedurfte schon des geduldigen Gesprächs und einigen Geschicks, die Herren schließlich doch noch zu bewegen, wenigstens Einblick in die Arbeiten zu gewähren.

Der Einblick in die erbetenen Arbeiten, in einem schreibmaschinenklappernden Sekretariat, wurde zum Einblick in Ungeheuerlichkeiten: Betrug en gros, illegale Menschenversuche ohne Beachtung der Deklarationen von Helsinki und Tokio die Regel, Anabolikaexperimente der Doktoren Riedel und Rademacher an Jugendlichen: Übles zum Übelwerden!

Wir exzerpierten, so schnell und so gut es ging. Eine sinnvolle Auswertung dieses Drogenmanipulationswusts war so aber nicht möglich. Auch die in einem Buch versteckt eingebaute Dokumenten-Minikamera, die bei anderen Expeditionen in den Dopingsumpf schon gute Dienste geleistet hatte, konnte unter den Argusaugen der Sekretärinnen nicht eingesetzt werden. Wie könnte man aber die Protokolle des Millionenschwindels aus Bad Saarow herausholen? In Verhandlungen mit der Bundeswehrleitung erreichte mein Mann schließlich doch noch die Ausleihe der wichtigsten Arbeiten. Selbst der schreiende Verschlußsachenoberst, Verteidiger der DDR-Betrugs-Fachliteratur bis zum letzten Atemzug («Sie geben sofort die Arbeiten zurück!» – «Ich hole die Polizei!» Und, besonders wünschenswert: «Ich bring das heute abend ins Fernsehen! Das hat's ja noch bei keiner Armee der Welt gegeben!»), konnte nicht verhindern, daß die Wahrheit über den DDR-Sport sichergestellt und mit dem ordnungsgemäßen Stempel «Geheimhaltung aufgehoben» in einer bundesdeutschen Reisetasche landete, gerettet für die Geschichte.

1 Eine oft wiederholte, aber falsche Ansicht: Die Dopingpraxis der DDR, bei der Dosierung und Abgabe der Medikamente ja oft durch den Trainer erfolgten, verstieß gleich gegen mehrere Gesetze der DDR, besonders die Arzneimittelgesetze zum Umgang mit rezeptpflichtigen Präparaten und die Gesetze zum Schutze Minderjähriger (vgl. S. 24–25). Ebenso wurde in den meisten Dopingversuchen gegen mehrere der auch in der DDR als bindend angesehenen «Empfehlungen» des Weltärztebundes (Declaration of Helsinki, vgl. S. 23) verstoßen (vgl. Tanneberger 1989).

# Kapitel 9
# Das staatliche Dopingsyndikat der DDR und seine geheimen Protokolle

---

*«Doping hat es im DDR-Sport nicht gegeben»*
(Manfred Ewald, langjähriger Präsident des NOK der DDR und des DTSB, von dem die meisten Dopingforschungsaufträge ausgingen, am 8.12.1990 im Jugendradio DT 64).

*«Ich kann eindeutig sagen: Es gab tatsächlich ein flächendeckendes Doping, welches gesteuert wurde, ganz eindeutig – die Namen sind eigentlich alle bekannt – vom DTSB.»*
(Sportmediziner Prof. Dr. Hartmut Riedel, 1986 in der DDR mit einer Dopingarbeit habilitiert und Chefarzt des DVfL geworden, in einer Sendung des ZDF am 21.9.1991)

Selten haben so viele Personen so ausdauernd und so frech gelogen und betrogen wie im Leistungssport der DDR, bis hin zu den höchsten Vertretern des Sports und des Staates. Die Verantwortlichen des DDR-Sports glaubten nicht nur an die erfolgsträchtige Wirkung des Dopings – von dieser Tatsache hatten sie sich überzeugt –, sie waren geradezu besessen vom Dopingbetrug an sich, als geheimes Fachgebiet und als Möglichkeit, schnell und sicher zu sportlichen und damit auch politischen Erfolgen zu kommen. So wurden sie, aktive Sportler wie Funktionäre, schließlich vom Doping abhängig, sannen immerzu über neue Dopingmöglichkeiten nach, träumten vom großen Super-Dope. Wie alle besessenen Betrüger blieben sie aber gleichzeitig immer auch voller Angst, ein anderer könne ein noch größerer Betrüger sein, oder ihr Betrug könnte entdeckt werden. Sie fürchteten Dopingkontrollen und Donike so sehr, daß sie die besten Steroidchemiker der Republik bemühten, über Tricks zum «Unterlaufen» der Dopingkontrollen nachzudenken. Sie scheuten auch keine Devisen und leisteten sich in Kreischa ein modernes Dopingkontrollabor mit dem Gaschromatograph/Massenspektrometer/Datensystem 5985 der US-Firma Hewlett Packard.

Und so wie das Doping war auch die Lüge zu ihrer zweiten Natur geworden. Noch einmal einige Stimmen aus dem Lügenchor des DDR-Sports:

*«Die DDR ist, wie jedermann weiß, aus prinzipiellen Gründen gegen jede Art von Doping im Sport. Das Prinzip harmoniert mit unserer grundsätzlichen Auffassung, daß Körperkultur und Sport der Gesundheit und Lebensfreude organisch gewachsener Leistungsfähigkeit und allseitiger Persönlichkeitsentfaltung dienen... Kampf gegen Doping hat die besten Erfolgsaussichten, wenn er mit dem Ringen um die ethischen Werte des Sports verbunden wird...*

*Im Vorfeld der 2. Weltkonferenz über Anti-Doping im Sport... nahm Obermedizinalrat Dr. med. Dietrich Hannemann, Leiter des Sportmedizinischen Dienstes, zur Haltung der DDR Stellung: ... Seit Doping und andere unlautere Methoden vor allem im Gefolge von Professionalismus und kommerziellem Mißbrauch im Sport ihre Spuren hinterlassen, treten der DTSB der DDR, das NOK und alle, die im DDR-Sport Verantwortung tragen, konsequent für die Eliminierung dieser den Sport und den Sportler schädigenden Einflüsse ein. Über 20 Vertreter der DDR wirken konstruktiv bei der Erarbeitung und Durchsetzung von gültigen Regeln in den Kommissionen des IOC und internationaler Föderationen mit. Ihre Anstrengungen sind stets darauf gerichtet, hinsichtlich der gleichberechtigten Behandlung aller Länder und Sportler das erforderliche hohe wissenschaftliche Niveau zu sichern. – Für die Tätigkeit in der DDR hat der DTSB nach den Olympischen Spielen eine Anti-Doping-Rahmenrichtlinie beschlossen, deren Festlegungen gleichfalls unsere Grundhaltung ausdrücken. Der humanistische Auftrag besteht darin, den Sport zum Wohle des Menschen allseitig zu entwickeln und das Streben nach hohen sportlichen Leistungen auf das engste mit dem Schutz der Gesundheit und der gesunden Lebensgestaltung der Sportler zu verbinden. – Entsprechend dem Prinzip ‹Vorbeugen ist besser als heilen› wird beim Sportler eine vorbildliche Haltung im Kampf gegen das Doping anerzogen... – Folgerichtig wendet sich der DTSB entschieden gegen jegliche Form des Dopings und tritt für dessen weltweites Verbot ein. Er... sieht in den Anti-Doping-Bestimmungen des IOC die Grundlage für sein eigenes, wirkungsvolles Kontrollsystem. – ‹Jeder verantwortungsbewußte Arzt wird seine Verpflichtungen darin sehen, diesen verhängnisvollen Irrweg im Weltsport zu stoppen.› Die Sportmediziner der DDR bekennen sich dazu. ‹Wir praktizieren seit Jahrzehnten einen Weg, der die Sportler... Schritt für Schritt an höhere Belastungsanforderungen heranführt und mit anderen gesellschaftlichen Faktoren ein umfassendes System medizinischer Betreuung, Beratung und Fürsorge einschließt.› Ein letztlich überlegenes System»* (D. Wales, Chefredakteur der Sportzeitung *Sportecho*, über Doping im Sport, und ein Interview mit Dr. D. Hannemann, dem langjährigen Leiter des Sportmedizinischen Dienstes der DDR; in *Körpererziehung* 39/1989, vgl. S. 133).

*«Die DDR bleibt bei ihrem Standpunkt, daß Doping entschieden und welt-*

*weit bekämpft werden müßte»* (Manfred Ewald, Präsident des DTSB der DDR).

*«So wie die Tatsachen liegen, kann ich... den Vorwurf, ein Heuchler gewesen zu sein, nicht von mir weisen»* (OMR Dr. Manfred Höppner, früherer Stellvertretender Direktor des SMD der DDR, im Interview mit dem *Stern* auf die Frage: «Der SMD verteilte... Anabolika, andererseits waren Sie als internationaler Dopingkontrolleur eingesetzt. Kann man noch schlimmer heucheln?»; *Stern* 49/1990).

*«In den leichtathletischen Sprungdisziplinen werden anabole Steroide seit 1969 im Trainingsprozeß zur Vorbereitung von Wettkampfhöhepunkten angewendet. In Verbindung mit ständig erhöhten Trainingsanforderungen hat ihre Anwendung dazu beigetragen, die sportliche Leistungsfähigkeit vieler Sportlerinnen und Sportler... zu erhöhen, so daß zu den sportpolitischen Höhepunkten wie Olympische Spiele, Welt- und Europameisterschaften, Europa- und Weltcup u. a. sehr gute Erfolge teilweise mit Weltrekordleistungen... erreicht wurden. – In der sportmedizinischen Betreuungspraxis wird vorwiegend mit empirischen Kenntnissen gearbeitet. Eine sog. Anwendungskonzeption empfiehlt für namentlich bekannte Sportler verschiedener Disziplinen Dauer und Dosierung der Steroide. Im Rahmen dieser allgemeingültigen Empfehlung ‹individualisiert› der betreuende Arzt in Zusammenarbeit mit Trainer und Sportler die Therapie-Empfehlung auf Grund individueller Erfahrungen, der konkreten Trainingsplanung und bekannter Nebenwirkungen. – Im Zeitraum bis 1980 wurden z. T. zu hohe Dosierungen von Oral-Turinabol (OT) pro Jahr oder im Einzelzyklus, ungeeignete Kombinationstherapie von OT und Testosteronestern, nach ‹Suppressionstherapie›*[1] *mit OT verschiedene sog. ‹Überbrückungstherapien› mit hCG, Testo-Tropin und Testosteronestern... angewendet»* (Schilderung der Praxis des Anabolikadopings in der Einleitung der Dissertation B von Dr. Hartmut Riedel 1986, «Vertrauliche Verschlußsache» VVS-DRI/181/6-86).

*«Im DDR-Leistungssport stellte in der Vergangenheit das Oral-Turinabol (OT) das Mittel der Wahl bei der anabolen Unterstützung dar. Neben den bekannten Effekten auf die Entwicklung der konditionellen Fähigkeiten, der Erhöhung der Körpermasse, der besseren Verarbeitung von hohen Trainingsbelastungen und der schnelleren Wiederherstellung ruft der OT-Einsatz auch Störungen bei der Lösung bestimmter trainingsmethodischer Aufgabenstellungen hervor. ... Deshalb bestand in der Sportpraxis der Wunsch nach einem besseren anabolen Steroid – höhere anabole Wirkung bei gleichzeitiger Reduzierung der Nebenwirkungen sowohl aus klinischer als auch aus trainingsmethodischer Sicht»* (aus der Einleitung der Dissertation B von

1 Die verblüffende Anwendung der medizinischen Bezeichnung «Therapie» für Doping ist eine originelle Wortschöpfung des Dr. Riedel, die er erstmals in seinem «Arbeitsbuch/Aufzeichnungsheft» festgehalten hat (Abb. 4).

Dr. Günter Rademacher, gespeichert als VVS-LRI/122-1; Rademacher 1989).

Aus den Verschlußsachentresoren der früheren DDR sind doch mehr Wahrheiten vor dem Reißwolf gerettet worden, als SMD und Stasi, Regierung, Sport und Wissenschaft und auch besorgte West-Funktionäre sich vorstellen konnten. Die Wahrheit dieser und anderer DDR-VVS-Akten war nicht beliebt, und man stellte sicher höheren Ortes Überlegungen an, ob es nicht besser wäre, unter Anwendung des Ersten de Maizièreschen Gesetzes («Innerer Friede kommt vor öffentlicher Wahrheit») einstweilig etwas gegen die Verbreitung der störenden Dopinggeschichte verfügen zu lassen.

Schon im Dezember 1990 hatte der damals Noch-Schwimmstar und Noch-nicht-ganz-Journalist Michael Groß einen «Schlußstrich» gefordert, «um den deutschen Sport voranzubringen». Aber Schlußstrich unter was? Unter Unbekanntes oder etwas, was es nach den Aussagen der Beteiligten nicht gegeben hat? Man forderte die Beachtung der Hauptregel des gesunden Journalismus: Wahrheit, die nichts nützt, soll man ruhen lassen! Schluß mit den Enthüllungen! Wir kennen keine Doper mehr, sondern nur noch Deutsche!

Aus den inzwischen für die Geschichtsschreibung sichergestellten Dissertationen A (Doktorarbeiten) und B (Habilitationsarbeiten), offiziellen Ergebnisberichten und Dienstsachen läßt sich heute ein recht genaues Bild vom Ausmaß und von der Organisation des staatlichen DDR-Dopings, seiner Ziele, Mechanismen und Förderungswege rekonstruieren. Die mir bisher bekanntgewordene zitierbare Literatur enthält nun schon weit über hundert Titel, meist in VVS-Archiven, die im Literaturverzeichnis I alphabetisch aufgeführt sind. Die wichtigsten Dopingmittel des DDR-Sports und ihre Wirkungen sind in den Tabellen 2 und 3 zusammengestellt. Tabelle 4 erklärt Abkürzungen und häufig benutzte Begriffe des Sport- und Dopingsystems der DDR.

Als ehemalige Leichtathletin werde ich in diesem Buch besonders Beispiele aus dieser Sportart anführen. Wie aber aus den Titeln vieler Literaturangaben ersichtlich, gibt es ähnlich eingehende Berichte auch von anderen Sportarten, vor allem vom Gewichtheben, Ringen, Boxen, Turnen, Fechten, Schießen, vom Schwimmen und vom Rudern, vom Kanu- und vom Radsport, vom Handball und vom Volleyball der Frauen.

Außer dieser zitierbaren Literatur habe ich in einigen Fällen Angaben aus dem handschriftlich geführten «Arbeitsbuch/Aufzeichnungsheft» des Dr. Hartmut Riedel (begonnen am 12.1.1984, als VVS inventarisiert 1987) herangezogen, in dem nicht nur die Anabolikadosierungen und die Dopingzeiträume von über zweihundert Leichtathlet(inn)en einzeln festgehalten sind, zusammen mit den Ergebnissen der Leistungstests, sondern auch aufschlußreiche Konzeptnotizen für seine «berühmt» gewordene Dissertation B, besonders über «ethische Positionen» (Abb. 3 und 4).

**Tabelle 2.** Die gebräuchlichen Dopingmittel im DDR-Sport

| Trivialname | Alternativ- bzw. internationaler Name | Kurz- bzw. Codebezeichnung | Chemische Bezeichnung | Hersteller des in der DDR benutzten Präparates |
|---|---|---|---|---|
| **Androgene Steroide** (Anabolika) | | | | |
| **Oral zu nehmende Präparate** | | | | |
| Oral-Turinabol Tabletten | – | OT, O-T, M 1 | Dehydrochlormethyltestosteron, 4-Chlor-1-dehydro-17 α-methyltestosteron, 4-Chlor-17 α-methyl-17 β-hydroxy-1,4-androstandien-3-on | VEB Jenapharm |
| Steroidsubstanz XII, Substanz XII oder 12 | – | S XII, U 2 | 11-β-hydroxy-O-T | ZIMET[a] bzw. VEB Jenapharm |
| Steroidsubstanz 482 | – | STS 482 | 4-Chlor-17 α-methyl-17 β-hydroxy-5 α-androst-4-en-3-on | ZIMET bzw. VEB Jenapharm |
| Steroidsubstanz 648 | – | STS 648 | 4-Chlor-17 α-methyl-17 β-hydroxy-5 α-androstan-3-on | ZIMET bzw. VEB Jenapharm |
| Steroidsubstanz 646 | Mestanolon, Methylandrostanolon | STS 646, M 2 | 17 α-Methyl-17 β-hydroxy-5 α-androstan-3-on, 17 α-Methyl-5 α-dihydrotestosteron | VEB Jenapharm |
| Dianabol | Methandienon, Metandienon, Methandrostenolon | – | 17 α-Methyl-17 β-hydroxy-1,4-androstandien-3-on, 17 α-Methyl-5 α-dihydrotestosteron | Ciba-Geigy (Vertrieb vom Hersteller 1982 eingestellt) |
| **Zu injizierende Präparate** | | | | |
| Testosteron-Ampullen | Testosteronpropionat | TP | – | VEB Jenapharm |
| Testosteron-Depot-Ampullen | Testosteronenantat | TD | – | VEB Jenapharm |

**Tabelle 2.** (Fortsetzung)

| Trivialname | Alternativ- bzw. internationaler Name | Kurz- bzw. Code-bezeichnung | Chemische Bezeichnung | Hersteller des in der DDR benutzten Präparates |
|---|---|---|---|---|
| Testo-Tropin-Ampullen (pro ml: 25 mg TP und 1000 IE hCG) | – | TT | – | Dänischer DDR-Import |
| Turinabol-Ampullen | Nandrolon-phenyl-propionat, Durabolin | TA | Phenylpropion-säureester von 17β-Hydroxy-19-norandrost-4-en-3-on | VEB Jena-pharm |
| Turinabol-Depot-Ampullen | Nandrolon-decanoat, Deca-Durabolin | – | – | VEB Jena-pharm |
| **Oral oder injizierbar oder als Nasenspray** | | | | |
| Androsten-dion (unmittelbarer Vorläufer des Testosterons) | – | AD | – | VEB Jena-pharm |
| **Die Testosteronproduktion stimulierende Substanzen** (injizierbar) | | | | |
| Gonabion-Ampullen | Choriongonado-tropin | hCG, HCG | – | VEB Arzneimittelwerk Dresden; Kombinat Germed, Radebeul |
| Clomiphen, Clomifen (Tabletten) | – | – | Di-ethyl(2-[p-(β-chlor-α-phenyl-styryl)phenoxyl]-ethyl)amin | u. a. Serono, Italien, u. Egyt, Ungarn |
| **Neuropeptide** (Regulatorische Peptide) | | | | |
| Lysin-Vaso-pressin (CYFQNCPKG mit C–C)[b] | – | LVP | sowie Analoga, Derivate und Fragmente | Wie bei Substanz P |

**Tabelle 2.** (Fortsetzung)

| Trivialname | Alternativ- bzw. internationaler Name | Kurz- bzw. Code-bezeichnung | Chemische Bezeichnung | Hersteller des in der DDR benutzten Präparates |
|---|---|---|---|---|
| Oxytocin (CYIQNCPLG mit C–C)[b] | – | OXT, B 17 | sowie Analoga und Derivate | Wie bei Substanz P |
| Substanz P (RPKPQ-QFFGLM)[b] | – | SP | sowie Analoga, Derivate und Fragmente | Viele Peptid-Firmen wie Serva und Bachem Biochemica, BRD und Schweiz |

**Neurotropika, Psychotropika, Nootropika**

(Präparate von geringerer Bedeutung im praktischen Doping; Beschreibungen in einschlägigen Lehrbüchern; s. S. 360 u. 365) u. a.

ACTH (Adrenocorticotropes Hormon) und Modifikationen

Piracetam

Nicergolin

Nivalin

[a] ZIMET: Zentralinstitut für Mikrobiologie und Experimentelle Therapie in Jena.

[b] Aminosäuren im Ein-Buchstaben-Code, C – C bezeichnet eine Disulfidbrücke.

**Tabelle 3.** Bestimmung der relativen androgenen und anabolen Wirkung von im Doping international und in der DDR gebräuchlichen androgenen Steroiden; Bestimmungen in Tierversuchen mit dem sog. «Hershberger-Test» an der Ratte. (Nach Hobe 1988; nach Angaben aus dem ZIMET; vgl. auch Dörner et al. 1966).

| Steroid | Androgene Wirkung | Anabole Wirkung | Dissoziationsindex anabol : androgen |
|---|---|---|---|
| Testosteron | 28 | 36 | 1,3 |
| 17 α-Methyl-Testosteron | 100 | 100 | 1 |
| Dianabol | 45 | 90 | 2 |
| Oral-Turinabol | 6 | 53 | 8,8 |
| Substanz XII | 16 | 463 | 28,9 |
| Mestanolon (STS 646) | 97 | 53 | 0,55 |

**Tabelle 4.** Verzeichnis von Abkürzungen und Fachausdrücken, besonders der DDR-Sport- und -Dopingliteratur; ausgenommen sind chemische Präparate, die in Tabelle 2 erklärt werden

| | |
|---|---|
| A./a.S./AS | anabole Steroide |
| AD | Androstendion |
| AdW | Akademie der Wissenschaften |
| AK | Anwendungskonzept |
| ANT | Anschlußtraining |
| AR | Arbeitsrichtung |
| ASK | Armee-Sportklub («Vorwärts») |
| AWD | Arzneimittelwerk Dresden |
| BAL | Bundesausschuß Leistungssport (Ba-L) |
| Bd. | Bankdrücken |
| Bel. | Belastung |
| DDR-H | DDR-Hallenmeisterschaften |
| DDR-M | DDR-Meisterschaften |
| DHEA | Dehydroepiandrosteron |
| DHfK | Deutsche Hochschule für Körperkultur (Leipzig) |
| DKL | Doping-Kontrollabor (Kreischa) |
| DKSV | Deutscher Kanusportverband (DDR) |
| DLV | Deutscher Leichtathletikverband (BRD) |
| DSB | Deutscher Sportbund (BRD) |
| DSV | Deutscher Schwimmverband (BRD) |
| DTSB | Deutscher Turn- und Sportbund (DDR) |
| DT/TD | Depot-Testosteron (vgl. Tabelle 2) |
| DVfL | Deutscher Verband für Leichtathletik (DDR) |
| EC | Europa-Cup |
| EEG | Elektroenzephalogramm |
| EM | Europameisterschaften |
| FDJ | Freie Deutsche Jugend (DDR) |
| FG | Forschungsgruppe |
| FG ZL | Forschungsgruppe «Zusätzliche Leistungsreserven» (FKS) |
| FKS | Forschungsinstitut für Körperkultur und Sport (Leipzig) |
| «Freie Intervalle» | Wochen ohne Applikation von u. M. |
| HCG/hCG | humanes Choriongonadotropin (vgl. Tabelle 2) |
| HDL | High-Density-Lipoproteins, eine Klasse der Blutfett-Eiweiße |
| HEM | Halleneuropameisterschaften |
| HLT | Hochleistungstraining |
| HM | Hallenmeisterschaften |
| HTM | Haupttrainingsmittel |
| HU Berlin | Humboldt-Universität Berlin |
| HWS | Hallenwettkampfserie |
| IAAF | Internationaler Leichtathletikverband |
| IE | Internationale Einheit |
| i. m. | intramuskulär |
| IOC | Internationales Olympisches Komitee |
| IUD | Intrauterine device (mechanisches Kontrazeptivum) |

**Tabelle 4.** (Fortsetzung)

| | |
|---|---|
| i. v. | intravenös |
| JEM | Junioreneuropameisterschaft |
| Kb. | Kniebeugen |
| KG | Kontrollgruppe |
| KJS | Kinder- und Jugendsportschule (DDR) |
| KK | Kaderkreis |
| KLD | komplexe Leistungsdiagnostik |
| KLT | Konzentrations-Leistungstest (psychol.) |
| KM | Kadermitglieder |
| KM | Körpermasse (kg) |
| LG | Leichtes Gerät |
| LSP | Bereich Leistungssport des SMD |
| M1 | Oral-Turinabol (siehe Tabelle 2) |
| M2 | STS 646 (s. Tabelle 2) |
| MAZ | Makrozyklus (Trainings- bzw. Dopingeinheit) |
| MCR | «metabolic clearance rate» (Stoffwechselprodukt-Ausscheidungsgeschwindigkeit) |
| MEZ | Mesozyklus |
| MfGe | Ministerium für das Gesundheitswesen (Berlin, DDR) |
| mg | Milligramm |
| mHG | mittleres Hantelgewicht |
| MKT | Maximalkrafttraining |
| MKÜ | Maximalkraftübung |
| MM | Militärmedizinisch |
| MMA | Militärmedizinische Akademie der NVA (Bad Saarow) |
| NM | Nationalmannschaft |
| NOK | Nationales Olympisches Komitee |
| NP | Neuropeptid |
| NVA | Nationale Volksarmee |
| OS | Olympische Spiele |
| O-T/OT | Oral-Turinabol (vgl. Tabelle 2) |
| PS | psychotrope Substanzen |
| Quotient T/e-T(T/E) | Quotient Testosteron/Epitestosteron |
| RIA | Radioimmunoassay |
| Schn. | Schnelligkeit |
| SED | Sozialistische Einheitspartei Deutschlands |
| SG | schweres Wurfgerät |
| SK | Schnellkraft |
| SKS | Staatssekretariat für Körperkultur und Sport |
| SMD | Sportmedizinischer Dienst |
| SPT | Staatsplanthema |
| ST | spezielles Training |
| STH | Somatotropes Hormon |
| Sto. | Stoßen |
| STS | Steroidsubstanzen |

**Tabelle 4.** (Fortsetzung)

| | |
|---|---|
| T | Testosteron |
| Te. | technische Fähigkeit |
| TP | Testosteronpropionat (vgl. Tabelle 2) |
| TT | Testo-Tropin (vgl. Tabelle 2) |
| u.M./UM | unterstützende Mittel |
| UWV | unmittelbare Wettkampfvorbereitung |
| VA | Verbandsarzt |
| VBM | Visuelles Belastungsmodell (psychol.) |
| VP | Vorbereitungsperiode |
| VR | Volksrepublik |
| VVS | vertrauliche Verschlußsache |
| WC | Welt-Cup |
| WKG | Wettkampfgerät |
| WKL | Wettkampfleistung |
| WKP | Wettkampfperiode |
| WM | Weltmeisterschaften |
| WKS/WS | Wettkampfserie |
| WKÜ | Wettkampfübung |
| WR | Weltrekord |
| WZ | wissenschaftliches Zentrum |
| ZDF | Zweites Deutsches Fernsehen |
| ZGA | Zentraler Gutachterausschuß für Arzneimittelverkehr |
| ZIMET | Zentralinstitut für Mikrobiologie und Experimentelle Therapie (Jena) |
| ZK | Zentralkomitee |
| ZNS | Zentralnervensystem |
| ZT | Zyklustag |

In meinen Auswertungen habe ich vor allem Doktor- und Habilitationsarbeiten berücksichtigt, weil ihnen besonderes dokumentarisches Gewicht und große Beweiskraft zukommt. Sie waren schließlich Grundlagen zur Verleihung öffentlicher akademischer Titel, die laut Einigungsvertrag zwischen Bundesrepublik und DDR ihre volle Gültigkeit auch im wiedervereinigten Deutschland behalten haben. Die Richtigkeit der darin gemachten Angaben wird außerdem nicht nur vom Autor, sondern auch von jeweils mindestens drei Gutachtern – in der Regel Hochschulprofessoren – garantiert. Wer also heute die Angaben in diesen Arbeiten anzweifelt, wie das einige der belasteten Ex-DDR-Sportler und -Trainer getan haben, wirft damit zugleich mehreren deutschen Professoren und Wissenschaftlern Betrug und gefälschte Ergebnisse vor. Und das darf man ja noch nicht einmal denken!

Nein, die Riedels haben recht, und nicht die Athleten. Auch die Lüge der Dopingstars, das Oral-Turinabol zwar entgegen-genommen, aber nicht ein-genommen zu haben, vielmehr die Jenapharm-Produkte immer gleich weggeworfen zu haben, hat zu kurze Beine! Einerseits hatten Trainer wie Sportmediziner in vielen Sportarten eine direkte Leistungsabhängigkeitskontrolle über die Einnahme, oft forderten Trainer und Athleten von den Sportärzten sogar eine Erhöhung der Anabolikadosis oder verlangten bestimmte Präparate.[1] Auf der anderen Seite wurden die Athleten ziemlich regelmäßig über Wirkungen und schädliche Nebenwirkungen befragt und haben freigiebig Angaben dazu gemacht, die z. T. infolge ihrer Spezifität nur durch eine erfolgte Einnahme erklärt werden können (s. Beispiele in den folgenden Kapiteln).

Außerdem wurden in vielen Fällen die Dopingmittel unter Aufsicht eingenommen. Häufig, besonders beim UWV-Überbrückungsdoping vor «sportpolitischen Höhepunkten», wurden sie vom Arzt verabreicht: Wie Tabelle 2 zeigt, müssen fast alle in der DDR üblichen Überbrückungspräparate (besonders häufig: TP, TT und hCG) injiziert werden. Vielfach wurde die Drogeneinnahme sogar durch Urinanalysen kontrolliert, in der Regel im Zentralen Dopingkontrollabor in Kreischa. (Verbandsarzt Dr. H.-H. Lathan z. B. hat durch «nicht angekündigte Stichproben» das Doping der von ihm betreuten Gewichtheber kontrolliert, auch um eigenmächtige Überdosierungen zu vermeiden; vgl. Kapitel 12 F.)

Schließlich haben die DDR-Sportmediziner bisher fest und unwidersprochen behauptet, sie hätten die Sportler, wie das Gesetz – auch das der DDR – es vorschrieb, ordnungsgemäß auf Wirkungen und mögliche Nebenwirkungen hingewiesen und sich deren schriftliches Einverständnis eingeholt (vgl. Israel 1979). Auch SMD-Arzt Dr. Höppner hat das in seinem Interview im *Stern* (49/1990) ausdrücklich betont (dem entgegen steht allerdings die Aussage des Schwimmtrainers Regner über den Potsdamer Klubarzt Dr. Neubauer in Kapitel 6).

Daß diese Berichte und Dissertationen als VVS geführt wurden, zeigt schon, daß es sich dabei nicht um normale sportwissenschaftliche Studien handelte, sondern um als «staatstragend» empfundene, empfindliche Dokumente, die besonders gesichert werden mußten. So hatten selbst in den am Dopingsyndikat beteiligten Instituten keineswegs alle wissenschaft-

1 Besonders aufschlußreich ist z. B. ein Brief, den – so Prof. Dr. Michael Oettel (heute Direktor des ZIMET in Jena) – die Rostocker 400-m-Weltrekordlerin und Olympiasiegerin Marita Koch an den VEB Jenapharm schrieb und in dem sie sich beschwerte, ihre Jenenser Sprintkonkurrentin, die vierfache Olympiasiegerin Bärbel Wöckel-Eckert, bekäme zusätzlich noch besondere oder stärkere Anabolika, weil ein Verwandter von ihr bei Jenapharm angestellt sei. Nach Oettel, der damals als Forschungs- und Entwicklungsdirektor von Jenapharm diesen Brief beantworten und den Steroid-Streit der Sprint-Walküren schlichten mußte, war solcher Dope-Neid typisch für die Einstellung der DDR-Sportler (die Dosierungen beider Sprinterinnen sind in Tabelle 5 angegeben).

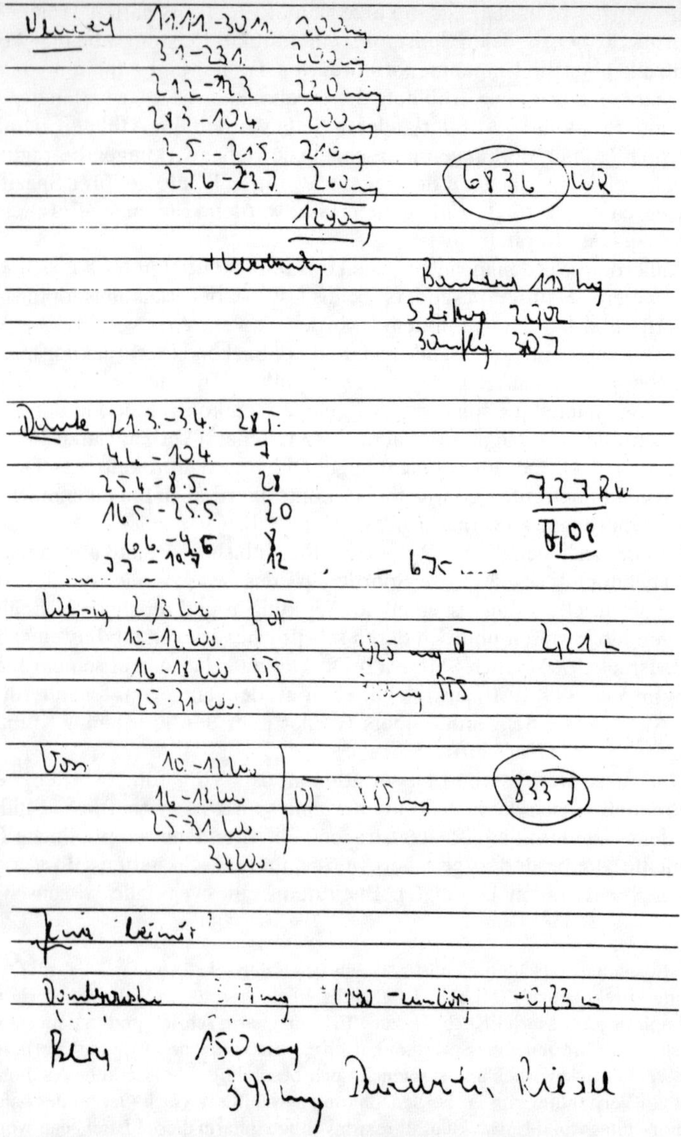

**Abb. 3.** Aus dem großen Dopingbuch der DDR-Leichtathletik. Collage aus einigen der über zweihundert handschriftlichen ärztlichen Eintragungen zum Anabolikadoping von DDR-Springern und -Mehrkämpfern im VVS-Drogenprotokoll

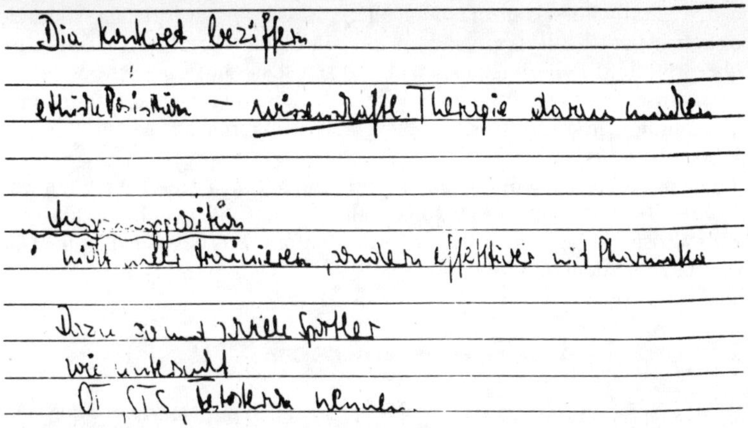

Die konkret beziffern

ethische Position – wissenschaftl. Therapie daraus machen

Ausgangsposition
• nicht mehr trainieren, sondern effektiver mit Pharmaka

Dazu so und soviele Sportler
wie untersucht
OT, STS, Testosteron nennen.

**Abb. 4.** Notizen eines Doping-Mediziners. Handschriftliche Eintragungen in das Arbeitsbuch des Dr. Hartmut Riedel, die stille Sternstunden der Dopinggeschichte darstellen, mit Thesen wie «ethische Position – wissenschaftl. Therapie daraus machen» (man beachte die Unterstreichung des Wissenschaftlichen) oder «Ausgangsposition – nicht mehr trainieren, sondern effektiver mit Pharmaka» und «Dazu so und soviele Sportler – wie untersucht – OT, STS [646], Testosteron nennen.»

---

zur Arbeit von Riedel (1986): Namen, Daten, Mengen (mg) von Oral-Turinabol, Best- und Testleistungen. Der Namenszug des Meisters ist – gewissermaßen als Signatur – in der unteren rechten Ecke zu sehen. Die Doper sind, von oben nach unten:

- Neubert (Ramona), Weltmeisterin und damals auch Weltrekordlerin im Siebenkampf (hier mit dem WR von 6836 Punkten und einer Gesamtdosis von «1290 mg + Überbrückung» eingetragen (Überbrückungen sind in Abb. 19 gesondert aufgeführt), dazu Testleistungen: Bankdrücken 115 kg (sagenhaft für eine Mehrkämpferin), 5er Hop, 30 m fliegend;
- Daute (Heike, spätere Drechsler), damals (1983) mit 675 mg Oral-Turinabol und mit 7,27 m im Weitsprung registriert (RW, Rückenwind, Weltmeisterin);
- Gerd Wessig, Olympiasieger 1980 im Hochsprung, nahm außer 925 mg OT noch 300 mg STS 646;
- Torsten Voss, Weltmeister 1987 und Olympiazweiter 1988 im Zehnkampf, nahm damals als Junior (8335 Punkte) erst 885 mg OT;
- Zwischeneintragung des Doping-Doktors: «Jena bei mir!»
- Lutz Dombrowski, Olympiasieger 1980, Europameister 1982 und Deutscher Rekordhalter mit 8,54 m und mittlerer Dosierung;
- Almut Berg (heutige DLV-Ärztin Dr. Heyne), damals Hochspringerin der Spitzenklasse, erhielt (laut Riedel) außer 150 mg OT noch kräftige Injektionen des Androgens «Durabolin» (395 mg)

lichen Mitarbeiter – ja nicht einmal alle Professoren – Zutritt zum Allerheiligsten, dem VVS-Raum, sondern nur ein kleiner Kreis von sicherheitsüberprüften SED-Parteigenossen. Doch selbst sie durften solche VVS-Sachen nur auf Antrag einsehen, mit schriftlicher Ein- und Austragung und Vollständigkeitskontrolle aller einzelnen, numerierten Seiten bei der Rückgabe.

Die politische Bedeutung und der kriminelle Inhalt dieser Arbeiten war also den Mitgliedern der «Dopingfamilie» wie auch den anderen, klassenkämpferisch weniger zuverlässigen Mitarbeitern stets bewußt: Doping war normal, aber dennoch Staatsgeheimnis.

## Die beteiligten Personenkreise

Beim Doping mit anabolen Steroiden, aber auch mit Neuropeptiden und anderen Stoffklassen, waren viele verschiedene Personen und Institutionen beteiligt. Tausende von Sportlern wurden Jahr für Jahr gedopt, nicht nur Spitzenathleten, sondern auch zweit- und drittklassige Sportler, selbst viele Kinder und Jugendliche, vor allem an den Kinder- und Jugendsportschulen (KJS), trotz des gesetzlichen Verbots von Menschenversuchen bei Minderjährigen (Ethische Prinzipien, S. 24 u. 25). Hunderte von Sportmedizinern waren damit ebenso befaßt wie Klub- und Verbandstrainer, Trainingswissenschaftler, Wissenschaftler anderer Fachrichtungen und Institute sowie Mitarbeiter der Pharma-Kombinate. Sekretärinnen tippten die Berichte und führten die VVS-Maßnahmen durch, Mitarbeiter mehrerer Ministerien, Regierungsstellen und der Sportorganisationen lasen und kommentierten sie. Im nachhinein verwundert am meisten, wie das alles dennoch so erfolgreich geheimgehalten werden konnte.

– Die **Sportler** haben in den meisten Fällen willig beim Doping mitgewirkt und eine Geheimhaltungserklärung unterschrieben. Ob die DDR-Sportmediziner ihre «Leistungspatienten» in allen Fällen wirklich ordnungsgemäß informiert und über Risiken aufgeklärt haben, müßte von Staatsanwaltschaften und Ärztekammern geklärt werden. Immerhin hat es nachweislich auch Fälle von Verabreichungen der Dopingmittel ohne Wissen und Willen der, dann meist sehr jungen, Sportler gegeben (vgl. Kapitel 6), ebenso durch Druck und Nötigung erzwungenes Doping, besonders bei Mädchen und jungen Frauen (vgl. z. B. die Erklärungen von Renate Neufeld in Kapitel 4).

Die älteren und international erfahrenen Sportler dagegen müssen gewußt haben, daß es sich bei ihren «Pillenkuren» um Doping, d. h. Betrug, handelte. Denn ihre verständnisvolle, konspirative Mitwirkung war spätestens beim Überbrückungsdoping in der sogenannten UWV erforderlich. Außerdem mußten sie ihren Urin zur «Ausreisekontrolle» im Zentralen

Dopingkontrollabor abliefern, und oft lag die begehrte Auslandsreise dann in Dr. Claus Clausnitzers Hand: Warten auf das Verdikt von Kreischa. Selbst die jüngsten Schwimmer wußten schon, was das hieß, und wehe den Positiven (s. S. 64).

Den meisten Sportlern gefiel anscheinend das perfektionierte Doping ganz gut, sicherte es ihnen doch in vielen Disziplinen einen Vorsprung vor zumindest jenem Teil der internationalen Konkurrenz, der Doping ablehnte. Sie haben sich daher in der Regel sehr kooperativ verhalten und z. B. bereitwillig Angaben über Präparate, Dosierungen, Wirkungen und Nebenwirkungen gemacht, wie in VVS-Arbeiten an Hunderten von Beispielen, mit Namensangaben, dokumentiert ist. Eifersüchtig wachten manche der Stars, daß die Konkurrenz im eigenen Land nicht wirksamere Drogen bekam.

– Die **Trainer** haben als Drogenverteiler, Dosisbestimmer und Wirkungsbeobachter eine zentrale Rolle gespielt, dabei (wie in Kapitel 6 geschildert) ihre vermeintlichen Dopinggeheimnisse voreinander zu verbergen gesucht. Sie – und nicht die Mediziner – bestimmten die tägliche Dopingpraxis.

– **Sportmediziner** und **Naturwissenschaftler** haben die Dopingsubstanzen ausgewählt, Dosisempfehlungen an die Trainer gegeben, die Zeiträume der Dopingmittelgaben festgelegt, das Doping medizinisch überwacht und optimiert, Nebenwirkungen engagiert verharmlost. Überdies haben sie immer daran gearbeitet, Methoden zur Störung und Umgehung der internationalen Dopingkontrollen zu entwickeln. Sie müssen auch verantworten, daß nicht für den Einsatz am Menschen zugelassene Substanzen und Präparate (STS 646, S XII, Androstendion, Substanz P) an Sportler verabreicht wurden, sogar an minderjährige, ohne ärztliche Indikation und gegen die Arzneimittelgesetze, die Regeln des Weltärztebundes (S. 23–25) und auch ohne die Genehmigung einer Ethischen Kommission.[1] Viele ha-

1 Wie der langjährige Vorsitzende des hier zuständigen Zentralen Gutachterausschusses für Arzneimittelverkehr (ZGA) des Ministeriums für das Gesundheitswesen der DDR, Prof. Dr. Dr. h. c. Friedrich Jung (AdW, Berlin-Buch), auf Anfrage ausdrücklich versichert hat, hat es weder beim ZGA noch bei einer Ethischen Kommission jemals einen Antrag auf Zulassung des Einsatzes androgen-anaboler Steroide zu Versuchen der Leistungssteigerung von Sportlern und Sportlerinnen gegeben. Jung fügte hinzu: *«Wir hätten entsprechende Anträge auch sehr schnell und drastisch abgelehnt.»* Alle derartigen Einsätze im DDR-Sport waren also illegal, wenn auch staatlich gefördert, und anderslautende Angaben in bestimmten Ergebnisberichten sind falsch. Die Behauptung, diese Anwendungen seien illegal gewesen, ist mir von dem FKS-Prof. Dr. W. Schäker gerichtlich bestritten worden. Er unterlag jedoch, und das Landgericht Heidelberg bestätigte meine Wertung. Vor allem trug das von Schäker vorgelegte Dokument vom Juni 1976 eben *nicht* die Unterschrift des ZGA.

ben auch an der Entwicklung neuer Dopingmittel mitgearbeitet und nach vorteilhaften Applikationsformen gesucht oder als Analytiker Nachweismethoden ausgearbeitet und angewendet, die der Optimierung dienten und die Entdeckung des DDR-Dopings bei internationalen Kontrollen verhindern sollten («Ausreisekontrollen»).

– **Sportfunktionäre** haben das Doping und die Dopingforschung organisiert, die Ergebnisse in den Zentren der Sportverbände gespeichert und weitergegeben. Von ihnen wurde dafür gesorgt, daß in der Regel nur Athleten und Trainer mit der richtigen Einstellung zum Doping in die Reisekader für die «sportpolitischen Höhepunkte» kamen. Ebenso frivol wie geschickt haben sie die Dopingintervalle mit den Wettkampfterminen koordiniert.

– **Politiker und Behörden**, einschließlich des Ministeriums für Staatssicherheit (MfS) und – ironischerweise – des Ministeriums für das Gesundheitswesen (MfGe), haben das Dopingsystem des Spitzensports in jeder Weise gefördert, gegenüber der eigenen Bevölkerung abgeschirmt und die strenge Geheimhaltung gewährleistet. Es wurden dabei beträchtliche Finanzmittel für den SMD sowie für Dopingforschung und -entwicklung ausgegeben.

Dabei war die Geheime Kommandosache «u. M.» von größter Bedeutung. Die letzte Entscheidung lag auch hier beim Zentralkomitee (ZK) der SED, dem der oberste Sportführer der DDR, Manfred Ewald (Präsident des DTSB – bis 1988 – und des NOK), als ordentliches Mitglied angehörte. Aber nicht nur Ewald, auch andere ZK-Mitglieder interessierten sich persönlich für diese phantastische Betrugsmöglichkeit, gewissermaßen fachlich als politische Betrugsgenossen. Sogar der ZK-Vorsitzende, Erich Honecker, hat sich mehrmals die Wirkung der Anabolika und der Neuropeptide erklären lassen; bei einem FKS-Besuch erkundigte sich seine Leibärztin besonders nach der libidosteigernden Nebenwirkung.

Unmittelbar dem ZK unterstellt war eine «Abteilung Sport» mit dem knallharten Kaderfunktionär und Ordensverteiler Rudi Hellmann als Leiter und Ewalds riesiger DTSB mit seinen Sportverbänden.

Ebenfalls dem ZK unterstellt war die «Leistungssportkommission», in der acht Ministerien (Gesundheitswesen, Volksbildung, Hoch- und Fachschulen, Verteidigung, Staatssicherheit, Inneres, Bauwesen, Leichtmaschinenbau) und das Staatssekretariat für Körperkultur und Sport (SKS) vertreten waren. Für das Dopingwesen und die Dopingforschung war das SKS mit dem langjährigen Staatssekretär Prof. Erbach und seinem rührigen Stellvertreter Prof. Buggel zuständig, denn diesem unterstanden die vier großen Sportforschungsinstitute: die Deutsche Hochschule für Körperkultur (DHfK), das FKS, die Forschungs- und Entwicklungsstelle für Sportgeräte (FES) und der Sportstättenbau. Ebenso war der SMD dem SKS nachgeordnet, aber hier teilte sich das SKS die Zuständigkeit mit dem MfGe.

Aufträge zur Dopingforschung, -entwicklung und -anwendung wurden also entweder direkt vom SKS erteilt, entweder an das FKS (Direktor: Prof. H. Schuster) oder den SMD oder an beide in Koordination, oder vom DTSB (meist durch den für Leistungssport zuständigen Vizepräsidenten Prof. Horst Röder, der bei mehreren Olympischen Spielen auch als Chef de Mission wirkte) an die einzelnen Sportverbände, wobei aber auch dann das FKS mitbeteiligt war und in der Regel die Arbeiten koordinierte.

Wegen dieser komplexen und verschachtelten Zuständigkeit einerseits und der gebotenen Geheimhaltung andererseits war es denn auch schon bald – Mitte der 70er Jahre – notwendig geworden, alle Arbeiten über u. M. (Doping) zentral zu koordinieren. Hierzu wurde ein besonderes «Staatsplanthema» formuliert und eine entsprechende Verbundforschungsstruktur gegründet. Nach der Darstellung von Prof. Dr. Rüdiger Häcker, dem Ärztlichen Direktor des FKS, wurde dem FKS 1975 der erste Auftrag in diesem Staatsplanthema erteilt, und zwar von Manfred Ewald selbst und in schriftlicher Form.

Die routinemäßige Anwendung und die Verteilung der Dopingmittel im DDR-Sport aber oblag einzig und allein dem SMD, besonders dessen Bereich «Leistungssport II» (LSP II) und seinem langjährigen Chefarzt MR (später OMR) Dr. Manfred Höppner. Die bewährten Doping-Hausmarken wie Oral-Turinabol wurden direkt beim Hersteller – z. B. Jenapharm – bestellt bzw. abgeholt. Wurden neue Dopingmittel benötigt – oder mehr als geplant –, so wurden diese vom SMD beim koordinierenden FKS bestellt. Zwei solcher Bestellungen für den zunehmenden Verbrauch von Mestanolon (STS 646) bzw. von Testosteronpropionat zum Überbrückungsdoping kurz vor wichtigen Wettkämpfen sind hier in der fotografischen Abbildung 5 am Beispiel von typischen SMD-Aufträgen wiedergegeben. Hieraus kann man auch die zunehmende Verbreitung des Dopings in den 80er Jahren erkennen.

**Abb. 5.** (S. 106) Der DDR-Sport in seinem Dopingwahn brauchte immer mehr Dope, als im Staatsplan vorgesehen, und die Schwierigkeiten des Sozialismus und seiner Fünfjahrespläne waren auch beim Doping offenkundig. Zwei der vielen Dopingmittel-Anforderungen (VVS) des Sportmedizinischen Dienstes (Stellvertr. Direktor und Chefarzt MR bzw. OMR Dr. Manfred Höppner) an das FKS Leipzig (Ärztlicher Direktor Prof. Dr. Rüdiger Häcker) aus dem Jahre 1987 (oben) und 1985 (unten) belegen, daß man für bestimmte Dopingzwecke und für das «Überbrükkungsdoping» mehr Mestanolon (STS 646, oben) und Testosteronpropionat (unten) brauchte als geplant.

**SPORTMEDIZINISCHER DIENST**

Stellvertreter des Direktors

1040 Berlin
Chausseestraße 13
Telefon

| Nachweis-bereich | Lfd. Nr. | Jahr | | |
|---|---|---|---|---|
| VI.-3 | 2 | 87 | 1 | 1 |

Forschungsinstitut für
Körperkultur und Sport
Gen. Prof. Dr. Häcker
Fr.-L.-Jahn-Allee 59
Leipzig

7 0 1 0

Berlin, 13. April 1987

Arzneimittelplanung 1985-1990

Auf Grund eines zunehmenden Verbrauches von STS 646 5 mg und 10 mg, der bei der Planung vom 19.11.1985 (VVS B 433-44/85) nicht zu erwarten war, benötigen wir für

| | 1987 | 1988 | 1989 | 1990 |
|---|---|---|---|---|
| 5 mg | 12 000 | 20 000 | 20 000 | 20 000 |
| 10 mg | 25 000 | 43 000 | 43 000 | 43 000 |

Wir bitten zu prüfen, ob unsere Bestellung zu realisieren ist.

OMR Dr. Höppner
Chefarzt

... DIENST

**Vertrauliche Verschlußsache**
VVS B 433 – 28/85
— Ausfertigung 1 Blau

Forschungsinstitut für
Körperkultur und Sport
Prof. Dr. Häcker

,6.8.85

7010 L e i p z i g
Fr.-L.-Jahn-Allee 59

Arzneimittelplanung 1986/87

Werter Genosse Prof. Dr. Häcker!

Auf Grund neuer Erwägungen wurde es notwendig, unsere Planung (VS-Nr. 3433-61/84/1/2) vom 13. 12. 84 für die Jahre 1986/87 zu überarbeiten.

Wir bitten, für das Jahr 1986

statt 300 Ampullen Testosteronpropionat (10 mg)
1000 Ampullen " "

und für das Jahr 1987

statt 300 Ampullen Testosteronpropionat (10 mg)
1500 Ampullen " "

zu bestellen. Vielen Dank für Ihre Mühe.

Mit sozialistischem Gruß

MR Dr. Höppner
Stellv. des Direktors
und Chefarzt

# Kapitel 10
# DDR-Staatsplanthema 14.25 – Das Manhattan-Projekt des Sports

*«[1] Auf dem Frage ‹wem nützt es› läßt sich antworten, daß politische, wissenschaftliche, aber auch eindeutig individuelle Interessen berührt werden. Man kann von einem ‹gemeinsamen Ziel› sprechen. Die Zielstellung der u. M. ist damit legitimiert und human. . . .*
*[2] Der Gang der Entwicklung der u. M. verlangt die ärztliche Zustimmung für den Einsatz der u. M. im Sport. . . .*
*[3] In der Anwendung u. M. im Leistungssport kann ein Arzt durchaus eine verantwortungsbewußte Gestaltung der eigenen sozialen Rolle sehen. Die Mitwirkung beim systematischen Aufbau einer sportlichen Spitzenleistung löst auch beim Arzt Erfolgserlebnisse aus. . . .*
*[4] Es ist zu sichern, daß alle Personen, die . . . über die Anwendung von u. M. im Einzelfall informiert sein müssen, in die Schweigepflicht (etwa mit dem Rechtsstatus des Erfüllungsgehilfen) einbezogen sind. Sie sind über die Notwendigkeit der Verschwiegenheit zu belehren und sollten diese Belehrung auch schriftlich bestätigen. Unter den gegenwärtigen Bedingungen sind . . . alle Beteiligten daran interessiert, daß die Applikation von u. M. verschwiegen wird . . .»*
(Dr. med. habil. Dr. paed. Siegfried Israel, Leipziger Professor für Sportmedizin am FKS – von 1970 bis 1978 – und seitdem an der DHfK; aus der für die Argumentation, warum Doping in der sozialistischen Gesellschaft legitimiert sei, wegweisenden Schrift von Israel 1979)

Bei der Bearbeitung von VVS-Akten des DDR-Sports fiel meinem Mann eines Tages außer einigen chemischen Kürzeln eine Zahlenfolge auf, die ihm von anderen Akten her bekannt vorkam, nämlich von Berichten aus naturwissenschaftlichen Instituten der gewesenen DDR. Das Aktenzeichen ZF.14.25, zentrale Forschungsaufgabe des «Staatsplanthemas 14.25», tauchte hier wie dort auf, war der gemeinsame Nenner für all die Vielfalt des Betrugs und der Forschung zum Betrug.

Die Erkenntnis war unausweichlich: Für den Staat DDR war die pharmakologische Manipulation im Sport, war Doping von so großer Wichtigkeit, daß alles, was damit zu tun hatte, und alle, die dabei mittun konnten, in einem vom Staat koordinierten Forschungsprogramm unter dem Staatsplanthema (SPT) 14.25 zusammengefaßt und gefördert wurden («Aufgabenkomplex 08»). Im Zentrum der DDR-Forschung nach immer neuen, effektiveren Dopingmöglichkeiten, nach neuen Methoden zum Unterlaufen der Dopingkontrollen und zu immer rigoroserer Anwendung stand ein in viele Unterprojekte gegliedertes Förderungswerk von überragender nationaler Wichtigkeit, dessen einzelne Etappen als sogenannte «Olympiazyklen» vorgegeben waren. Ein umfassender offizieller Bericht über den kompletten letzten Olympiazyklus 1984–1988, verfaßt von einem Autorenkollektiv und auf dem Deckblatt schwungvoll unterschrieben vom «Themenleiter» Prof. Dr. Alfons Lehnert (FKS) – hier Leiter der «Themengruppe Bereich D» vom SPT 14.25, ansonsten Leiter der FKS-Themengruppe «u. M.» – ist gerettet worden wie viele der Protokolle, Vortragsmanuskripte und schriftlichen Beiträge auf Geheimtreffen («Kolloquien»), bei denen sich unter Federführung des FKS die Sportwissenschaftler mit ihren Kooperationspartnern, führenden Medizinern und Naturwissenschaftlern der DDR, trafen und über ihre einzelnen Forschungsvorhaben berieten.

Die schriftlichen Berichte und Unterlagen beweisen, daß die Erforschung und die optimierte Anwendung der sportlichen Betrugsmöglichkeiten keineswegs nur das Spielchen einiger Sportmediziner war, sondern eine nationale Forschungsaufgabe, die privilegierte Förderung erfuhr und viele Forscher unter der Fahne des Dopings vereinigte. Ziele, Struktur und Komplexität der Forschung zum SPT 14.25 werden an Hand des Berichtes von Lehnert et al. (1988) im Textdokument 1 vorgestellt (S. 343).

Aus noch unbekanntem Grund hatten sich übrigens die Doping-Verantwortlichen der DDR im Jahre 1987 neue Codebezeichnungen ausgedacht, den Code aber selbst nicht immer konsequent eingehalten: Oral-Turinabol hieß jetzt «M1», Mestanolon alias «STS 646» wurde entsprechend «M2» genannt, während die «Substanz XII» jetzt rätselhafterweise als «U2» geführt wurde (vgl. Tabelle 3). Der neue Code war aber wohl so plötzlich eingeführt und so verwirrend konspirativ angelegt, daß offenbar selbst die VVS-Schreibkräfte nicht ganz mitkamen, denn einige Male ist in den Berichten der neue Codename über den alten, teilweise gelöschten, getippt. Diese neuen Codenamen erklären im nachhinein auch das M1-M2-U1,2,3-Rätselraten unter den Trainern und Sportwissenschaftlern in den Jahren seit 1987 (Kapitel 6).

Die DDR-Doperseilschaft war sich auch nach der Wende 1989 noch erstaunlich sicher, daß Nichteingeweihte ihre doppelte Kodierung der Verbindungen (z. B. Mestanolon = STS 646 = M2) nicht entschlüsseln könnten und sie so vor konkreten Vorwürfen und eventueller strafrechtlicher Verfolgung sicher seien. Noch am 26. März 1991 beruhigte so Prof. Dr. Winfried Schäker (FKS Leipzig) den ZIMET-Direktor Prof. Dr. Michael Oettel (Jena) in einem Brief: *«Die Dechiffrierung ist nach meiner Kenntnis nur Dr. Höppner möglich.»* Nun, eine Entschlüsselung war zu diesem Zeitpunkt schon erfolgt.

Zum besseren Verständnis der inhaltlichen und personellen Zusammenhänge, aber auch um darzustellen, wie langfristig und komplex die DDR-Dopingforschung und -anwendung angelegt war, sind die Protokolle einiger Geheimkolloquien des Jahres 1981 in den Textdokumenten 2 A–C aufgeführt (S. 367–381).

## Die hauptsächlich beteiligten Institute

Die Grundstruktur des DDR-Dopings, vor allem des effektiven Anabolikadopings, war die «Goldene Medaillenachse» Jena–Leipzig–Berlin. Die wichtigsten Institutionen und Personen der staatlich organisierten Dopingforschung seien hier kurz aufgeführt:

- Deutsche Hochschule für Körperkultur (DHfK), Friedrich-Ludwig-Jahn-Allee 59, O-7010 Leipzig;
- Forschungsinstitut für Körperkultur und Sport (FKS), dieselbe Adresse wie die DHfK;
- Zentralinstitut für Mikrobiologie und Experimentelle Therapie (ZIMET), Abt. Steroidbiochemie/Endokrinologie, der Akademie der Wissenschaften (AdW), Beutenbergstr. 11, O-6900 Jena;
- VEB Jenapharm, Betrieb des VEB Pharmazeutisches Kombinat Germed, O-6900 Jena;
- VEB Arzneimittel Dresden, Stammbetrieb des VEB Pharmazeutisches Kombinat Germed, O-8122 Radebeul;
- Zentralinstitut des Sportmedizinischen Dienstes (Direktor: Obermedizinalrat Dr. med. R. Donath), August-Bebel-Str. 12, O-8216 Kreischa;
- Zentrales Doping-Kontroll-Laboratorium (ZDK; Leiter: Dr. Claus Clausnitzer), ebenfalls in Kreischa;
- Institut für Luftfahrtmedizin in Königsbrück (bei Dresden);
- Prof. Dr. Fritz Klingberg, Paul-Flechsig-Institut für Hirnforschung, Karl-Marx-Universität Leipzig, Karl-Marx-Platz 10, O-7010 Leipzig;
- Prof. Dr. Hansgeorg Hüller, Institut für Klinische Pharmakologie der Humboldt-Universität, Schumannstr. 20/21, O-1040 Berlin;
- Prof. Dr. sc. med. Joachim Schmidt, Institut für Pharmakologie und Toxikologie, Medizinische Akademie Dresden, Fetscherstr. 74, O-8019 Dresden;
- Institut für Wirkstoff-Forschung der AdW (Direktor: Prof. Dr. Peter Oehme), Alfred-Kowalke-Str. 4, O-1136 Berlin;

- Staatssekretariat für Körperkultur und Sport (SKS) beim Ministerrat der DDR, Berlin;
- Ministerium für das Gesundheitswesen (MfGe), Berlin;
- Leitung des Sportmedizinischen Dienstes, O-1040 Berlin, Chausseestr. 13 bzw. Czernikauer Str. 21 (LSP II);
- Deutscher Turn- und Sportbund (DTSB) Berlin (langjähriger zuständiger Vizepräsident: Prof. Dr. Horst Röder, dessen Name auf dem Verteiler vieler Doping-Ergebnisberichte steht), Storkower Str. 118, O-1055 Berlin

Hilfestellung gab auch die Nationale Volksarmee (NVA), z. B. durch ihre Militärmedizinischen (MM) Institutionen (die MM-Fakultät bzw. -Sektion an der Ernst-Moritz-Arndt-Universität Greifswald und die MMA in Bad Saarow) und den NVA-Sportverband ASV «Vorwärts» mit seinem riesigen Sportklubsystem ASK, dessen Mitglieder als Versuchsobjekte für besonders gewagte oder besonders geheime Dopingexperimente geschätzt waren.

Eine wichtige Funktion im Dopingnetzwerk des DDR-Sports hatten auch die sogenannten «Wissenschaftlichen Zentren» (WZ) der Sportverbände an bestimmten Universitäten. Auch sie erhielten Kopien der Doping-Ergebnisberichte.

## Kooperations- und Förderungsmechanismen

Das Dopingforschungs-SPT 14.25 vereinte den geballten wissenschaftlichen Sachverstand der Republik mit viel krimineller Energie – vom ZK bis zum FKS, von der AdW bis zur NVA. Wer da alles zum höheren Ruhme der DDR mitarbeitete, vom Akademie-Präsidenten bis zum General, ist durch die Protokolle der Beratungsgespräche beim SKS vielleicht am besten dokumentiert, von denen zwei durch ihre Titelblätter in der Abbildung 6 wiedergegeben sind.

Das Ergebnis ist erstaunlich: Doping war Politik auf hoher Ebene, Dopingforschung ressortübergreifende strategische «Großforschung». So ging es bei der Dopingforschungs-Beratung am 9. 4. 1986 (vgl. Abb. 6 oben) u. a. um:

«***3. Beratung mit dem Präsidenten der Akademie der Wissenschaften:*** *Der Stellvertreter des Staatssekretärs übernimmt es, die Beratung der Themenleitung mit Prof. Scheler zu organisieren. Dazu sind ihm entsprechende Unterlagen durch die Themenleitung* [FKS, verantwortlich: Prof. A. Lehnert] *vorzubereiten.*

***4. Beratung mit dem Chef der Militärmedizin, General Gestewitz:*** *Die bereits vorhandenen Kooperationsbeziehungen zu Bad Saarow* [MMA] *sind im Herbst dieses Jahres durch den Stellvertreter des Staatssekretärs in einer*

Forschungsinstitut für Körperkultur und Sport
- Abt. Endokrinologie -

10. 4. 1986

Nur für den Dienstgebrauch

Aktennotiz
über eine Beratung zum Staatsplanthema

Am 9. 4. 1986 fand im Staatssekretariat für Körperkultur und Sport eine Beratung zu aktuellen Problemen des Staatsplanthemas statt. Daran nahmen teil: Prof. Dr. Buggel, Dr. Staps, Prof. Dr. Lehnert, Prof. Dr. Häcker.

Nach einer Information zum gegenwärtigen Stand der Forschung wurde zu den anstehenden Problemen folgende Übereinstimmung erzielt:

1. Durchführung trainingsbegleitender Untersuchungen:
   Zur Sicherung einer reibungslosen Leitung und Organisation trainingsbegleitender Untersuchungen wird durch die Themengruppe eine entsprechende Regelung ausgearbeitet und dem Vizepräsidenten für Leistungssport, dem Stellvertreter des Staatssekretärs und dem Leiter des Bereiches Leistungssport II des SMD zugeleitet.

Nur für den Dienstgebrauch

Forschungsinstitut für Körperkultur und Sport
- Themengruppe u. M. -

Leipzig, den 17. März 1987

Festlegungen
aus der Abstimmung mit dem Stellv. des Staatssekretärs, Genossen Prof. Buggel

Am 5. 3. 1987 fand zum Staatsplanthema ein Abstimmungsgespräch statt. Daran nahmen teil:

SKS: Prof. Buggel, Dr. Steger, Dr. Staps
FKS: Prof. Lehnert, Prof. Häcker, Prof. Schäker

Im Ergebnis der Beratung wurden zu den einzelnen Punkten folgende Festlegungen getroffen:

**Abb. 6.** Doping und Dopingforschung waren Teile der DDR-Regierungskriminalität und wurden auf hoher politischer Ebene beraten und entschieden. Die Titelblätter zweier Protokolle von Doping-Besprechungen des FKS mit dem SKS (Staatssekretariat für Körperkultur und Sport) aus dem Jahre 1986 (oben) und 1987 (unten) – hier unter der Leitung des Stellvertretenden Staatssekretärs Prof. Dr. Buggel – zum Staatsplanthema 14.25 beweisen die direkte Beteiligung der Regierung bei dieser Betrugsforschung und der Durchführung des Betrugs (Dokument-Zitat: Lehnert 1986, 1987).

*gemeinsamen Beratung mit General Gestewitz in einen offiziellen Stand zu heben....*

***5. Personelle und materielle Auswirkungen des Staatsplanthemas:*** *Die personellen und materiellen Konsequenzen des Staatsplanthemas sind in den jeweiligen Volkswirtschafts- und Haushaltsplänen auszuweisen....*

***6. Stimulierung der Mitarbeiter:*** *Der Stv. Staatssekretär übernimmt es, die Angelegenheit bis Ende des Monats April zu regeln.*

***7. Auszeichnung Prof. Hüller:*** *Einer Auszeichnung Prof. Hüllers mit dem Ehrenzeichen Körperkultur und Sport wird zugestimmt. Ein entsprechender Antrag ist durch die Themenleitung in Abstimmung mit dem Leiter der AG u. M. an den Stellvertreter des Staatssekretärs zu richten...» usw.*

Allein schon die bürokratische Sprache läßt die Wichtigkeit dieser Doper-Gipfelgespräche erkennen; so auch im Protokoll «Festlegungen» vom 17. 3. 1987 über das «Abstimmungsgespräch mit dem Stellv. des Staatssekretärs, Genossen Buggel» vom 3. 3.:

***«1. Abrechnung des Forschungsplanes 1985/1986:*** *Gen. Buggel entscheidet nach Abstimmung mit dem Staatssekretär, ob und in welcher Form die zusammenfassende Darstellung der Ergebnisse der Forschungsarbeit der Themengruppe 1985–1986 an die Genossen Ewald und* [Rudi] *Hellmann übergeben werden.*

***2. Hauptaufgaben der Themengruppe 1987:*** *Gen. Lehnert übermittelt Gen. Buggel eine Problemliste für eine Beratung mit dem Vizepräsidenten, Gen. Köhler.*

***3. Leiterinformation:*** *Die Herausgabe einer Leiterinformation zu ‹U. M. und Doping› wird unterstützt. Inhalt, Form und Verteiler der ersten Leiterinformation – Juli 1987 – stimmt Gen. Lehnert mit Gen. Buggel ab.*

***4. Einladung der Leitung der Militärmedizinischen Akademie Bad Saarow an das FKS:*** *Einer Einladung wird zugestimmt. Sie ist auf der Ebene Direktor des FKS, Prof. Schuster, und Chef der Militärmedizinischen Akademie, General Gestewitz, zu realisieren...» usw.*

**Das FKS Leipzig** spielte unbestrittenermaßen die führende Rolle beim DDR-Doping. Auch bei vielen höchst unethischen Menschenversuchen war dieses Institut – oft zusammen mit dem SMD – beteiligt.[1]

FKS-Wissenschaftler traten auch beim Staatsplanthema wie z. B. bei den SPT-14.25-Beratungen, Kolloquien und Vortragsveranstaltungen in der Regel als federführend auf.

1 Nach schriftlicher Aussage von Prof. Dr. W. Schäker (FKS) vom 26. 3. 1991 oblag die ärztliche Verantwortung und Aufsichtspflicht beim Anabolikadoping von Sportlern (Dosierung und Applikation) dem SMD-Chefarzt, OMR Dr. M. Höppner. Die ärztliche Aufsichtspflicht für alle Forschungsaufgaben und die davon abgeleiteten Untersuchungen hatte Prof. Dr. Rüdiger Häcker, Ärztlicher Direktor am FKS.

Anscheinend fanden die gesamtdeutschen Politiker das gesamte Know-how des FKS für die gemeinsame deutsche Zukunft so wichtig und erhaltenswert, daß sie den Fortbestand dieses Instituts im Einigungsvertrag ausdrücklich festgeschrieben haben (Fußnote auf S. 68 u. 69). Wie bedeutend diese Hochburg des Dopings mit ihren «Themengruppen» bzw. Abteilungen für «Unterstützende Mittel» (Leitung Dr. A. Lehnert) und für «Endokrinologie» (vornehmlich Anabolikaforschung; Leitung ab 1988 Prof. Dr. W. Schäker) für die DDR-Politik war, mag für die Öffentlichkeit erstmals nach den Olympischen Spielen 1976 erkennbar geworden sein, als dem Wissenschaftlerkollektiv um FKS-Leiter Prof. Dr. Hans Schuster der mit 100000 Mark dotierte Nationalpreis der DDR I. Klasse für Wissenschaft und Technik verliehen wurde.

Das FKS war aber eingebunden in gemeinsame Projekte mit anderen Institutionen und erhielt Forschungsaufträge auch direkt von der Regierung bzw. von den großen Sportverbänden, denen es dann Bericht erstattete. Gezielte Dopingforschungsaufträge kamen z. B. vom Deutschen Turn- und Sportbund (DTSB), wie aus der Einleitung vieler Ergebnisberichte zu ersehen ist: *«... ergab sich durch den Vizepräsidenten des DTSB (Leistungssport) der Auftrag...»* (vgl. Textdokument 3A, S. 382). Einzelne Unterprojekte wurden an Kooperationspartner im SPT 14.25 oder an andere spezialisierte Institute an Universitäten, in der AdW oder in der Industrie vergeben.

**Die DHfK,** die sich seit kurzem «Fakultät für Sportwissenschaft an der Universität Leipzig» nennt, war und ist durch kommunizierende Röhren mit dem FKS verbunden, und die alten Dopinggespenster werden hier wohl noch lange durch die Flure geistern. Der Rektor der DHfK nach der Wende, Prof. Dr. Helmut Kirchgässner, hat immer wieder betont, daß auf dem gemeinsamen Campus nur das FKS, nicht aber die DHfK Doping und Dopingforschung betrieben habe. So hat er sich in der Presse (z. B. *Leipziger Volkszeitung* vom 4. 12. 1990) dagegen verwahrt, daß durch *«einige Veröffentlichungen und Fernsehsendungen... die DHfK mit Doping in Zusammenhang gebracht worden»* sei, und gar erklärt, *«Doping-Forschung sei in Leipzig ausschließlich am FKS betrieben worden»*.

Das ist unwahr. Tatsache ist, daß das FKS eine innere Knospe der DHfK ist. Der am FKS für das gesamte Dopingprogramm zentral verantwortliche Leiter der Themengruppe «u. M.», Prof. Dr. A. Lehnert, war z. B. früher Prorektor der DHfK.

Historisch gesehen ist die DHfK sogar die Mutter des Anabolikadopings in der DDR, denn der erste und bahnbrechend positive Ergebnisbericht über «u. M.» im Jahre 1973 trägt einen DHfK-Absender: «Erfolgstrainer» Dr. paed. Karl-Heinz Bauersfeld, zuständig u. a. für den phantastischen Leistungssprung Margitta Gummels und der DDR-Werfer und -Stoßer

Ende der 60er Jahre, hat nach dem ersten dokumentierten Oral-Turinabol-Doping der Jahre 1966 und 1967 – nur ein Jahr nach der Einführung als Arzneimittel der DDR (Dörner 1965; vgl. Dörner et al. 1966) – und nach den Olympischen Spielen 1972 in München seinen Erfahrungsschatz beim sportlichen Betrug zusammengefaßt (Kapitel 11). Der Starttheoretiker im Leichtathletik-Trainerrat und spätere DHfK-Professor für «Theorie und Methodik», auch als Erstautor des Lehrbuchs «Grundlagen der Leichtathletik» (Bauersfeld et al. 1979) bekannt, adressierte den Bericht (Bauersfeld et al. 1973) an den DDR-Leichtathletikverband DVfL, dessen damals Verantwortlicher, Präsident Prof. Dr. Georg Wieczisk, seit Herbst 1990 Ehrenpräsident des gesamtdeutschen DLV ist.

Die DHfK ist in der Dopingliteratur auch durch andere Professoren wie Dr. Dr. Siegfried Israel (1979) vertreten. Noch 1990/91 hielt der FKS-Doper und Chefarzt des DDR-Gewichtheberverbandes, Prof. Dr. Hans-Henning Lathan, Autor von Multi-Drogen-Studien im Hochdosisbereich (s. auch Text-Dokument 2C, S. 377–381), an der DHfK Vorlesungen über sein Spezialgebiet «Pharmakawirkung im Sport».

Vor allem hat der DHfK-Großverein, der SC DHfK Leipzig (Präsident ist seit kurzem Prof. Bauersfeld), eine besonders traurige Rolle im Dopingwesen der DDR, auch bei SPT-14.25-Projekten, gespielt – als anabole Versuchsanstalt, die dem FKS die Sportler-Versuchskaninchenkollektive für seine unethischen Dopingexperimente lieferte. Zum Leipziger Anabolikerklub gehörten nicht nur prominente Turinabol-Hürdensprinter wie Olympiasieger Thomas Munkelt und seine Nachfolger Holger Pohland und Idriss Gonschinska, sondern auch ganze Mannschaften Anabolika-abhängiger Leichtathletinnen wie z. B. Medaillen-Sprinterin Kerstin Behrendt (vgl. Kapitel 13), Mehrkampf-Rekordhalterin Sabine Möbius-Paetz-John (Silber bei der EM 1982, WM 1983, OS 1988), Diskuswurf-Doppelweltmeisterin und Olympiasiegerin Martina Hellmann-Opitz, die WM-Zweite von 1983 über 100 m Hürden Kerstin Knabe, die Starhochspringerinnen Andrea Bienias-Reichstein und Gabriele Günz, Weitspringerin Gaby Ehlert und viele andere androgenverstärkte Frauen (Angaben mit Dosierungen in den Kapiteln 12–14).

Man trifft im DHfK-Klub aber auch spezielle kleine Dopinggruppen der zweiten Garde und im Nachwuchsbereich («Anschlußtraining») wie die in Kapitel 13 vorgestellte Sprintergruppe. Der SC DHfK stellte darüber hinaus wie sonst kein anderer Verein – vielleicht außer dem ASK Potsdam – für das SPT 14.25 und das FKS immer wieder junge Probanden für das mephistophelische «Anfixen» («Erstanwendungsvarianten» im Originalton Ost). Der Lehnert-Bericht von 1988, vorgestellt im Textdokument 1C, S. 348–349, hat diese Rolle ausdrücklich vermerkt (*«Die Untersuchungen wurden im Zeitraum von 1983 bis 1988 mit insgesamt 15 Sportlern des SC DHfK durchgeführt.»*), mit den abschließenden Empfehlungen: *«Bei der erstmaligen Anwendung von M1* [Oral-Turinabol] *als u. M. genügen bereits geringe Dosierungen im Bereich von 3 bis 5 mg/Tag über zwei bis drei Anwendungszyklen von zwei bis drei Wochen Dauer... Die biologischen Wirkungen einer Erstanwendung von M1 sind bei einer... Sportlerin bei einer Erhöhung der Tagesdosis von 3 auf 5 mg/Tag... reproduzierbar. Bei den Männern war die Reproduzierbarkeit der biologischen Reaktionen jedoch erst bei höheren Dosierungen im Bereich von 8 bis 10 mg/Tag individuell unterschiedlich gewährleistet... Die 1987 wegen überhöhter Nebenwirkungen... vorgenommene Kombination von M1 und M2*[1] *führte bei den Sportlern... zu einer trainings- und leistungsunterstützenden Wirkung.»*

Besonders schlimm sind jedoch die Experimente des FKS-Forschers Dr. Günter Rademacher (1989) mit Anabolika an minderjährigen (16–18 Jahre) SC DHfK-Kanusportlern, denen er hohe Tagesdosen von 20 mg Oral-Turinabol bzw. Mestanolon (STS 646, M2) verabreichte (vgl. z. B. Textdokumente 3E und G sowie Abb. 23). Rademacher, der fast ein ganzes Jahrzehnt lang Kanuten dopte, teilweise unterstützt durch F. Lange von der «Forschungsgruppe Kanu» der DHfK (Rademacher et al. 1981), führte die gedopten Jugendlichen sogar noch nach der Wende in seiner Habilitationsschrift (8. Dezember 1989) auf, mit der er die Befähigung als Hochschullehrer auch für das gesamte Deutschland erhielt (Rademacher 1989). Interessanterweise behauptete der Massen-Doper (er führte u. a. ähnliche Experimente auch an Kanuten des ASK Potsdam und an über 100 meist jugendlichen Wettkampfschwimmern durch), von allen Minderjährigen bzw. ihren Eltern ein «schriftliches Einverständnis» erhalten zu haben, außerdem eine ZGA-Genehmigung. Das erscheint mir zweifelhaft (s. Fußnote auf S. 103) und bei Jugendlichen auch in der Sache rechtlich wie ethisch fragwürdig (Problem von Aufklärung und Freiwilligkeit). Zumindest verstießen er und seine Mit-Doper mit solchen Versuchen gegen die Richtlinien der «Voraussetzungen und Bedingungen für medizinische Versuche am Menschen in der DDR», die für Minderjährige äußerste Einschränkung, praktisch ein Verbot, vorsahen (s. S. 23–25).

**Die Akademie der Wissenschaften (AdW)** hat als Kooperationspartner beim SPT 14.25 entscheidende Beiträge zur Entwicklung des DDR-Dopings geleistet. Die geheimen Berichte und Diskussionsprotokolle (z. B. auch die Textdokumente 1 und 2) beweisen die langjährige Mitarbeit führender Wissenschaftler beim Austüfteln neuer Dopingmöglichkeiten bzw. bei der Optimierung des Anabolika- und Neuropeptiddopings.

Es ist verständlich, daß sich die AdW-Wissenschaftler nach der Wende als «reine» Forscher darstellen wollten und seither jede frühere Beziehung

1 M2 = STS 646 (Tabelle 2) war bis zum Ende der DDR als Arzneimittel zum Einsatz beim Menschen nicht zugelassen.

AKADEMIE DER WISSENSCHAFTEN DER DDR

FORSCHUNGSZENTRUM FÜR MOLEKULARBIOLOGIE UND MEDIZIN

INSTITUT FÜR WIRKSTOFFORSCHUNG

DIREKTOR: PROF. DR. MED. HABIL PETER OEHME

Nur für den Dienstgebrauch

DDR - 1136 BERLIN-FRIEDRICHSFELDE
ALFRED-KOWALKE-STRASSE 4

Forschungsinstitut für
Körperkultur und Sport
Genossen Dr. Landgraf

7010 Leipzig
Jahnallee 59

Berlin, d.

IWF 80 1-2

Werter Genosse Dr. Landgraf!

Vom Stellvertreter des Direktors des Forschungszentrums für Molekularbiologie und Medizin, Gen. Dr. Cermak, wurden wir aufgefordert, uns mit Ihnen über die Formulierung einer Staatsplanaufgabe zum Plan 1981 bezüglich der Prüfung von Substanz P in der Sportmedizin abzusprechen. Wie Sie wissen, führen wir bis Ende 1981 die Verträglichkeitsprüfung am Menschen durch, so daß 1982 eine unseren weiteren Aktivitäten parallellaufende eigene Wirkungsbefundung am Menschen in der Sportmedizin erfolgen könnte. An einer solchen Studie sind wir sehr interessiert. Ich schlage Ihnen daher die folgende Formulierung vor:

"Substanz P
Bereitstellung von pharmakologischen, toxikologischen und klinisch-pharmakologischen Untersuchungsergebnissen sowie von Prüfmustern für die Durchführung einer Wirkungsprüfung in der Sportmedizin 1982. 12/81"

Ich bitte um Ihre Rückäußerung.

- 2 -

Bankkonto: BSK 6771-29-119052 | Fernsprecher 52033 | Telex: 011 2623 awmor | BN 30262865

BLG 032/79 1 267/5033

**Abb. 7a und b.** Die Akademie der Wissenschaften (AdW) mit mehreren Instituten war ebenso an der Forschung zum Betrug beteiligt wie AdW-Präsident Prof. Dr. W. Scheler selbst, hier belegt am Beispiel eines Briefes aus dem AdW-Institut für Wirkstofforschung (Direktor: Prof. Dr. Peter Oehme) zum sportmedizinischen Einsatz des Neuropeptids «Substanz P» als Dopingmittel (vom Stellvertreter unterzeichnet,

In unserem Institut sind folgende Personen Kenntnisträger der Aufgabe:

Gen. Prof. Oehme, Institutsdirektor

Koll. Prof. Jentzsch, Stellv. Institutsdirektor

Gen. Dr. Landmann, Leiter der Abt. Applikation/Überführung des IWF (Verantwortlicher für die Aufgab

Koll. Dr. Vogt, AG-Leiter in der Abt. AÜ des IWF (Stellv. Verantwortlicher für die Aufgabe und mit der experimentellen Bearbeitung beauftragt)

Kolln. Grund, Sekretärin des Institutsdirektors

Die genannten Personen wurden unterschriftlich zur Verschwiegenheit über die im Zusammenhang mit der Bearbeitung der Aufgabe erlangten Kenntnisse verpflichtet.

Mit sozialistischem Gruß

i.V. Jentzsch

Prof. Dr. P. Oehme

**Staatssekretariat für Körperkultur und Sport**

**Juni 1986**

- 39/86

4

**Problemliste für eine Beratung mit dem Präsidenten der Akademie der Wissenschaften der DDR, Gen. Prof. Dr. W. Scheler, zur Thematik "Pharmakologische Beeinflussung der Leistungsentwicklung"**

**Anliegen**

**Die dynamische Entwicklung sportlicher Höchstleistungen erfordert eine höhere Wirksamkeit des gesamten Systems der Vorbereitung der Sportler, insbesondere eine größere Effektivität des Trainings. Die durch das Training angestrebten Adaptationen des Organismus als Ganzes sowie seiner leistungsbestimmenden Teilfunktionen müssen exogen durch die Anwendung von Pharmaka beschleunigt werden. Aus biologischen Sicht sind zwei wesentliche Komplexe für eine mögliche exogene Einflußnahme relevant:**

**Zu dem Gesamtanliegen der pharmakologischen Unterstützung der sportlichen Leistungsentwicklung erbitten wir Unterstützung durch die AdW, besonders zur pharmakologischen Beeinflussung der Bewegungssteuerung.**

Abb. 7 a und b – oben) an das FKS aus dem Jahre 1980 (einige Angaben im Kopfteil des Briefes sind vom Informanten zu seinem Schutz abgehalten worden) und einer Themenliste für eine Beratung mit Prof. Scheler (Abb. 7 b – unten).

zur Dopingforschung und -anwendung abstreiten. Die Akademie war aber keineswegs so unschuldig, wie sie heute gerne erscheinen möchte. Ihre Wissenschaftler haben deutliche Fußabdrücke im DDR-Doping-Schlamm hinterlassen, und ihre Leistungen zur Entwicklung des DDR-Dopings sind rühmend im STP-14.25-Gesamtbericht verzeichnet (Lehnert et al. 1988).

An der Großforschung zum Betrug im Sport waren übrigens nicht nur einzelne AdW-Institute wie die Steroidabteilung des ZIMET in Jena oder das Institut für Wirkstoff-Forschung in Berlin beteiligt (Abb. 7a und b – oben – geben einen Brief der Institutsleitung zur «Substanz P» wieder, Abb. 8 das erste Blatt der viele Seiten starken Liste der Einzelprojekte, die für 1989 und die Jahre danach geplant waren, aber aus bekannten Gründen so nicht mehr realisiert werden konnten). Nein, der AdW-Präsident war sogar persönlich in Dopingforschungen und Dopingpläne verstrickt. Er gab nicht nur die Forschungsaufträge des SPT 14.25 an die beteiligten AdW-Institute, er stellte sich auch selbst – als klinischer Pharmakologe und Toxikologe – in den Dienst der Dopingforschung. So ist der Nachwelt z. B. eine detaillierte *«Problemliste für eine Beratung mit dem Präsidenten der Akademie der Wissenschaften der DDR, Gen. Prof. Dr. W. Scheler, zur Thematik ‹Pharmakologische Beeinflussung der Leistungsentwicklung›»* des SKS vom Juni 1986 erhalten geblieben, die das ganze Spektrum der Dopingmittelforschung abdeckt (der Titel ist in Abb. 7b – unten – abgebildet). Kein Zweifel, der AdW-Chef dopte mit.

**Dem AdW-Institut für Wirkstoff-Forschung,** an dem die Abteilung von Prof. Oehme führend bei der Erforschung der «Substanz P» war, wird bescheinigt, es habe *«durch Substanzbereitstellung und praktische und theoretische Hilfestellungen die Einarbeitung der Substanz P ermöglicht»* (Textdokument 1L). Das Institut von Oehme, der im Arbeitsschwerpunkt «Adaptationsforschung» des Instituts über die vielfältigen Wirkungen der Substanz P (Tabelle 4), besonders gegen Stress-Störungen, forschte, hatte den Stoff geliefert, der gleich serienweise an Sportler verabreicht wurde, vorzugsweise an Turner und an Turnerinnen (Schwebebalken!), Schützen und Fechter. Das Textdokument 1I veranschaulicht die Experimente und die Dopingmentalität der Experimentatoren, die am Ende des Berichts für die Jahre nach 1988 empfehlen (S. 363 und 365): *«Substanz P unterstützt die Stress-Resistenz und die Adaptation an veränderte Umweltbedingungen im*

**Abb. 8.** Geheimpläne der Dopingforschung des Staatsplanthemas 14.25 als Kooperationsobjekt des FKS mit AdW-Institutionen (hier mit dem Institut für Wirkstoff-Forschung in Berlin und dem ZIMET in Jena) bzw. dem Pharma-Kombinat Germed, die 1989 begannen und bis weit in die 90er Jahre hinein bearbeitet werden sollten. Hier ist nur ein Teil der ersten Seiten einer vielseitigen Projektaufstellung gezeigt.

IV-0-81

Vertrauliche Verschlußsache
b 105- 602/
Ausfertigung Blatt

**Staatliche Planauflagen Wissenschaft und Technik 1989**

zum Aufgabenkomplex 08   Z.14.25

Verantwortliches zentrales Organ: Staatssekretariat für Körperkultur und Sport

- Akademie der Wissenschaften der DDR -

| Aufgaben-Nr. | Bezeichnung der Aufgabe | Arbeitsstufe Termin Geheimhaltungsgrad | Verantwortlicher Betrieb/ Einrichtung |
|---|---|---|---|
| ZF.14.25.13087 | A Weiterführung der experimentellen Prüfung des unterstützenden Effekts von Substanz P auf die Wettkampfstabilität von Leistungssportlern | A 3 06/89 VVS | Institut für Wirkstoffforschung, Berlin |
| | B Untersuchungen zur Wirkungsdifferenzierung von Lys-($ZNO_2$)-Pro-HCL | G 3 06/89 Dienstsache | Institut für Wirkstoffforschung, Berlin |
| ZF.14.25.20515 | Abschluß der tierexperimentellen Untersuchungen von STS 646 | A 4 06/89 Dienstsache | ZI für Mikrobiologie und experimentelle Therapie, Jena |
| ZF.14.25.20516 | Unterstützung bei der präparativen Herstellung von Steroidderivaten bzw. bei verschiedenen Bestimmungsmethoden (Zusammenarbeit mit FKS, VEB Jenapharm und Dopingkontrollabor des SMD) | A 3 09/89 Dienstsache | ZI für Mikrobiologie und experimentelle Therapie, Jena |

*Training und Wettkampf. Es... erhöht die Reaktionsfähigkeit. Der Unterstützungseffekt war besonders bei solchen Sportlern nachweisbar, die aufgrund psychisch-emotionaler Probleme ihr Leistungsvermögen nicht ausschöpfen.»* Und, nicht zu vergessen, man hoffte, mit Substanz P die natürliche Angst vor schwierigen, d. h. vielfach auch gefährlichen Übungen zu überwinden («Überwindungsfähigkeit», S. 359), ein wahrhaft riskantes Ziel! Doch das Schönste an Substanz P ist, daß sie *«in der Dopingkontrolle bisher nicht erfaßbar»* ist (Textdokument N, S. 365).

**Prof. Hansgeorg Hüller, Direktor des Instituts für Klinische Pharmakologie der Humboldt-Universität,** wurde mit besonders warmen Worten und mit Orden (S. 112 u. 361) gedankt, denn er hat ebenfalls *«experimentelle Untersuchungen zur Wirkungsdifferenzierung von Substanz P und zur klinischen Anwendung in die Kooperation eingebracht».* Außerdem trug Hüller *«als klinischer Pharmakologe im Staatsplanthema wesentliche Verantwortung für die Einführung der M2...»* (Textdokument 1L), d.h. des starken Androgens Mestanolon (STS 646; Tabellen 2 und 3), das ohne klinische Zulassung im SPT 14.25 eingesetzt wurde, sogar bei Frauen und Mädchen (vgl. auch Textdokument 2B; Riedel 1986). Wer diese systematischen «ärztlichen Kunstfehler» (Prof. H. L. Krüskemper, Kapitel 3) zu verantworten hat, steht auch im SPT-14.25-Bericht: *«Prof. Hüller ist gegenüber dem MfGe* [Ministerium für Gesundheitswesen] *und dem ZGA* [Zentraler Gutachterausschuß für Arzneimittelverkehr] *der verantwortliche klinische Pharmakologe des Staatsplanthemas»* (Textdokument 1L).

Das ist ein besonders aufschlußreicher Satz, weist er doch darauf hin, daß das sogenannte MfGe – in einer Perversion seines eigentlichen Auftrags – bei illegalen Menschenversuchen (S. 23–25), bei Doping und Dopingforschung beteiligt war, ein Eindruck, der durch eine Erwähnung von Rademacher (1989) und im Textdokument 1N noch verstärkt wird: *«Durch eine lange Zusammenarbeit mit dem Zentralen Gutachterausschuß und dem Ministerium für Gesundheitswesen wurden Möglichkeiten gefunden, bei Beachtung der gesetzlichen Bestimmungen zum Gesundheitsschutz spezielle Medikamente im Leistungssport zu überprüfen und anzuwenden.»* Das steht allerdings im Widerspruch zu der schriftlichen Darstellung des langjährigen ZGA-Vorsitzenden Prof. Friedrich Jung, beim ZGA hätte nie ein entsprechender Antrag vorgelegen (Fußnote auf S. 103)

**Der Toxikologe und Pharmakologe Prof. Schmidt aus Dresden** war im SPT 14.25 wohl der geistige Motor des Einsatzes von Piracetam (Textdokument 1J), von dem er sich offenbar *«die Erzielung einer kontrollierten Aggressivität»* im Sport versprochen hatte, zusätzlich zu der bekannten Aggressivitätssteigerung durch androgene Steroide (z. B. S. 360–365).

**Der Arbeitskreis «Androgene Steroide»:** Während die Versuche mit Neuropeptiden, psychotropen und nootropen Substanzen für die Dopingpraxis des DDR-Spitzensports nur geringe Bedeutung hatten, war alles, was mit androgenen Steroiden zu tun hatte, von unmittelbarer, praktischer Bedeutung für den «Kampfauftrag» des sozialistischen Sports. Dazu gehörten in den 80er Jahren zunehmend auch Maßnahmen und chemische Verbindungen, die eine Entdeckung des systematischen DDR-Dopings mit Anabolika, Testosteronestern und die Testosteronbildung stimulierenden Medikamenten (hCG, Clomiphen) verhindern konnten. Die Experten gingen dabei nicht nur von einer anabolen Wirkung der Androgene aus (Erhöhung von Muskelkraft und Belastbarkeit), sondern auch von einer wichtigen Wirkung auf das zentrale Nervensystem und die Psyche, besonders die wettkämpferische Aggressivität (u. a. Schäker 1980; Schäker et al. 1983; Riedel 1986; Rademacher 1989; vgl. Oettel 1980, 1981). Es wurde also alles getan, um auch nach dem Absetzen der Anabolika vor «sportpolitischen Höhepunkten» noch eine möglichst hohe Körperkonzentration von Testosteron in der UWV zu erhalten, bis in den Wettkampf hinein (vgl. Kapitel 15).

Daher waren für den DDR-Sport die sich 1981 abzeichnenden Dopingkontrollen auf ein verändertes Testosteron:Epitestosteron-Verhältnis (vgl. S. 42), die 1982 eingeführt wurden, eine Bedrohung des gewohnten Erfolges und damit ein politisches Problem höchster Bedeutung. Hier war Phantasie zur Erfindung praktischer «Überbrückungsvarianten» vor großen Wettkämpfen gefordert, und viele Arbeiten befaßten sich in den 80er Jahren mit Überbrückungstricks *«zur Verhinderung eines ausgeprägten Leistungsabfalls nach Absetzen der u. M.»* (vgl. Titel von Nicklas 1984).[1] Dieses Problem des Anabolikadopings stand denn auch bei der SPT-14.25-Forschung der 80er Jahre im Vordergrund, und hier kam auch der größte Sachverstand über Steroidhormone hinzu, über den die DDR verfügte: Die Wissenschaftler des AdW-Instituts ZIMET, der Oral-Turinabol-Herstellerfirma VEB Jenapharm und des gesamten Pharmazeutischen Kombinats Germed.

**ZIMET und Jenapharm** haben zweifellos einen bedeutenden Beitrag zum DDR-eigenen Doping mit androgenen Hormonen geliefert. Die Abteilung Steroidbiochemie/Endokrinologie des ZIMET war auf dem Gebiet der Androgenforschung in der DDR führend und immer eng mit Jenapharm verbunden, dem Hersteller und Anbieter aller gebräuchlichen DDR-Doping-Androgene. Jenapharm hatte bereits Anfang der 60er Jahre

1 Ferner z. B. Lathan (1981, 1984); Lathan u. Nicklas (1983); Riedel u. Nicklas (1983); Nicklas (1983); Nicklas u. Lathan (1985); Nicklas u. Reumuth (1986); Nicklas et al. (1986); Riedel (1986); Rademacher (1989).

das Oral-Turinabol entwickelt. Aber wie im «Westen» bei der Entwicklung des Dianabol (Ciba-Geigy) folgte auch bei Oral-Turinabol der klinischen Einführung (Dörner 1965) schon bald der Arzneimittelmißbrauch. Bereits 1967 wurde OT systematisch z. B. von Leichtathleten (Diskuswerfer, Kugelstoßer) des DDR-Olympiakaders für Mexiko 1968 zum Doping eingesetzt (nach Aussage des damals beteiligten Potsdamer Diskuswerfers und späteren Erfurter Trainers Günter Schaumburg; für den Olympiazyklus 1968–1972 s. Kapitel 11). Seit den frühen 70er Jahren wurde es dann an Hunderte von Sportlern, Minderjährige eingeschlossen, verabreicht, wobei der Mißbrauch den klinischen Einsatz wohl bei weitem übertraf. Auch andere am ZIMET bzw. bei Jenapharm synthetisierte Anabolika wie Mestanolon (STS 646 = M2), STS 482, STS 648 und Substanz XII (U2) wurden bereits seit Ende der 70er Jahre zum Doping eingesetzt (STS 646) oder für eine Verwendung als Dopingmittel geprüft, obwohl keines dieser Präparate vom ZGA für die Verwendung beim Menschen freigegeben war.

Außerdem haben Wissenschaftler von ZIMET und Jenapharm das FKS bei der Verbesserung des Dopings mit Steroiden beraten und auch bestimmte Projekte des Staatsplanthemas 14.25 durchgeführt. Zwei besonders prominente Berater waren Prof. Dr. Kurt Schubert und Prof. Dr. Michael Oettel (DDR-Nationalpreisträger 1987). Schubert, «Nestor» der Steroidforschung am ZIMET, und Oettel, durch seine Karriere in Grundlagenforschung (am ZIMET 1975–1979 und dann wieder seit 1989) wie in Anwendung erfahren (Forschungs- und Entwicklungs-Direktor bei Jenapharm 1980–1981 und bei der Kombinat-Mutter Germed 1982–1989), hielten z. B. Hauptvorträge bei dem FKS-Kolloquium «Androgene und synthetische Steroide im Prozeß der sportlichen Leistungsentwicklung» am 24. 6. 1981 in Leipzig, auf dem Überbrückungsdoping vor «sportpolitischen Höhepunkten» ein besonders wichtiges Thema war. Außer acht Wissenschaftlern des FKS nahmen führende Repräsentanten von SMD, Jenapharm und Germed teil, auch der verantwortliche Pharmakologe Prof. H. Hüller aus Berlin. Auf dieser wichtigen «Brainstorming»-Veranstaltung (so von Prof. Oettel selbst klassifiziert) wurde vor allem die drohende internationale Einführung der von Prof. M. Donike (Köln) und Mitarbeitern entwickelten Kontrollmethode behandelt, bei der Doping mit Testosteronestern durch Bestimmung des Testosteron/Epitestosteron-Verhältnisses nachgewiesen wird. Nach Vorstellung des Problems im Eröffnungsvortrag von Dr. M. Höppner, dem Vertreter des SMD, sannen die anwesenden Experten auf hormonelle Alternativen, und eine fruchtbare Diskussion kam auf. Viele neue Vorschläge wurden präsentiert, darunter eine bestimmte Form des Dihydrotestosterons mit der Codebezeichnung STS 082 und der Testosteronvorläufer Androstendion (Textdokument 2A).

Oettel hatte in seinem Vortrag über «die Beeinflussung von zentralnervalen Funktionen durch Steroide» (seine Übersichtsartikel von 1980 und 1981 hierzu waren im FKS vielzitierte Grundlage der Androgenwirkungen auf ZNS und Psyche) auch die Möglichkeit der Steroidapplikation durch Nasenspray erwähnt, ein pharmakologisch gut erprobter Weg. Es wurde auch beschlossen, daß auf diesem Gebiet des Dopingwesens Wissenschaftler des ZIMET, von Jenapharm und des FKS weiter kooperieren sollten.

Vor allem die Idee, das Androstendion, den natürlichen Vorläufer des Testosteron, so zum Doping einzusetzen, daß aus ihm erst im Körper des Gedopten das Testosteron entstünde, fand man offenbar sehr elegant, noch mehr die nasale Applikation. Im Ergebnisprotokoll, «Empfehlungen und Festlegungen» genannt (Textdokument 2A), verzeichnete man daher freudig die Hoffnung, mittels Nasenspray sowohl Donike als auch der sportlichen Konkurrenz eine Nase drehen zu können: *«Damit könnte evtl. die Schwelle für den Dopingnachweis von Testosteron unterlaufen werden.»* Und dazu dann die Absprache: *«Die verschiedenen Varianten für eine exogene Anwendung von Androgenen sollen unter Verantwortung von Oettel, Schubert und Schäker weiter diskutiert und hinsichtlich ihrer praktischen Realisierbarkeit überprüft werden.»*

Androgene in die Nüstern zu blasen, gefiel den Staatplanthema-Forschern gleich in mehrfacher Hinsicht. Einmal konnte man so den zentralnervalen «Kick» besser und schneller erzielen und einen neuen Zugang für die Steigerung der Aggressivität und Leistungsbereitschaft im Sport eröffnen: Anabolika als Psychopharmaka.[1] Zum anderen stellte sich der nasale Aufnahmeweg auch bei den SPT-14.25-Arbeiten zum Überbrükkungsdoping mit Androstendion als der günstigste heraus, wie im Bericht ausführlich geschildert wird (Textdokument 1G, S. 354).

Dabei wurde auch ein weiterer Effekt verzeichnet, zwar nur mittelprächtig, aber die SPT-Dopingforschungsgemeinschaft freute sich auch über kleine Fortschritte beim Betrug: Es *«... tritt auch bei intranasaler Applikation eine Erhöhung des Quotienten Testosteron/Epitestosteron auf. Sie ist jedoch nicht so markant... und normalisiert sich schnell (schon am nächsten Tag nach Zufuhr), wobei der Testosteronspiegel im Blut noch angehoben bleibt.»*

Wie vielgestaltig und eng die ZIMET- und Jenapharm-Kooperation mit den Staatsplanthema-Partnern war, kann man nicht nur an den Danksagungen im Bericht sehen (Textdokumente 1A–N), sondern auch an eini-

1 Auch mit der möglichen Folge einer physischen Abhängigkeit (vgl. Literaturangaben der Fußnote auf S. 48), wie der frühere Chefarzt des NOK der USA, Dr. Robert O. Voy, feststellen mußte (Tennant et al. 1988), bevor er von seinem olympischen Posten zurücktrat (Breo 1989; Voy 1991).

gen ganz praktischen Erwähnungen wie z. B. im Textdokument 1G: *«Die Probleme, die sich durch die schlechte Löslichkeit der Substanz für die Herstellung des Sprays ergaben, konnten durch engagierte Mitarbeit des Kooperationspartners VEB Jenapharm gelöst werden. Es wurde ein verträglicher Spray kurzfristig entwickelt, der eine exakte Dosierung des zugeführten Androstendions gestattet.»* Das große Dopingkollektiv: Vorwärts auf dem Wege zur Erfüllung des Staatsplanthemas!

Offenbar haben die Kooperationspartner diesen Auftrag erfolgreich bis zum Ende ausgeführt. Im März 1988, dem Jahr des SPT-14.25-Berichts – so erinnert sich nach der Wende der ehemalige Spitzen-Schwimmer Raik Hannemann –, mußten in der brandenburgischen Sportschule Lindow einige Mitglieder des Olympia- und Nachwuchskaders (außer Hannemann z. B. noch Stefan Zesner und Sven Lodziewski) unter Aufsicht des berüchtigten Dr. Rademacher ein ekliges Nasensprayprāparat mit angeblich anaboler Wirkung ausprobieren: *«Was folgte, war eine Art Vulkanausbruch. Zuerst zerfetzte es mir die Schleimhäute, dann heulte ich Rotz und Wasser.»* Der Staatsplan hatte offenbar die Androgen-Rezeptoren im Hannemannschen ZNS durcheinandergebracht.

Wissenschaftler von FKS, ZIMET, Jenapharm und aus Kreischa sind auch als Koautoren einer Arbeit vereinigt (Schäker et al. 1981; Textdokument 2B), in der skrupellose Dopingeinsätze mit den nicht zur Verabreichung an Menschen zugelassenen Präparaten STS 482 und STS 646 (das virilisierende Mestanolon, sogar fast viermal stärker androgen als das natürliche männliche Keimdrüsenhormon; Tabelle 3) bei Sportlern und Sportlerinnen von insgesamt 10 Sportarten beschrieben werden, darunter die Olympiariege der häufig noch minderjährigen Turnerinnen ebenso wie die Volleyball- und Handball-Nationalmannschaften der Frauen (Vermerk Volleyball: *«Auswertung durch Verbandsarzt in Arbeit»*).

Für die Zukunft hatten die ZIMET- und Jenapharm-Forscher zusammen mit Kollegen der Friedrich-Schiller-Universität (FSU) Jena noch Größeres vor, wie das Ergebnisprotokoll einer geheimen «Beratung zum Steroidprogramm am 3.2.1988 im Rahmen der territorialen Konzeption Biotechnologie» beweist. An dieser Beratung nahmen für das ZIMET Frau Prof. Dr. Cläre Hörhold[1] zusammen mit Prof. Hoffmann und Prof. Bergter, für den VEB Jenapharm Dozent Dr. S. Schwarz mit den Drs. Hösel und Taubert teil, für die FSU Prof. Carol, Prof. Klemm und Frau Prof. Hoffmann sowie Prof. Fritsche und Prof. Reißmann. In dem von allen drei Institutionen förmlich unterzeichneten Ergebnisprotokoll wird auf die wichtigsten Ziele und Produktionsmöglichkeiten der DDR-Steroide hingewiesen:

1 Seit 1985 verantwortlich für die ZIMET-Arbeiten zum «Komplex 08» (SPT 14.25).

*«1. Steroide haben langfristig über das Jahr 2000 hinaus Bedeutung für*
*Humanmedizin*
*Veterinärmedizin*
*Landwirtschaft*
*Leistungssport*
*Landesverteidigung»*

«Leistungssport» (Doping) und «Landesverteidigung» (androgene militärische Aggressivität, «'roid rage») waren also schriftlich erklärte Einsatzgebiete der thüringischen Steroidforschung.

Die Kooperation und Arbeitsteilung zwischen der Doping-Bruderschaft des FKS und den Grundlagenforschern einiger AdW- und Industrie-Institute sei hier an einem Beispiel der Wechselwirkung ZIMET–FKS dargestellt. Zwischen dem FKS und Jena (ZIMET bzw. Jenapharm) war der Erfahrungsaustausch sehr rege: Man besuchte sich häufig auch zu Vorträgen und gemeinsamen Experimenten (s. Abb. 8 und Literaturverzeichnis I).

Beim Juni-Kolloquium des Jahres 1981 war u. a. auch schmerzlich aufgefallen, daß bestimmte Grundlagenkenntnisse zur Planung der Doping-Zukunft fehlten. So war vor allem ein besseres Verständnis der Verfügbarkeit und des Abbaus der bisher benutzten DDR-Anabolika im Körper des Athleten gefordert. Man beschloß daher, die Pharmakokinetik der bewährten Doping-Hausmarke Oral-Turinabol und der neueren Anabolika STS 646 und Substanz S XII gezielt auch am Menschen zu untersuchen. Die Tatsache, daß die letzten beiden Präparate für die Verabreichung an Menschen gar nicht zugelassen sind, war auch hier wieder für die politisch hochrangige Dopingforschung kein wirklich ethisches Problem. Man behauptete später: *«Seitens des Ministeriums für Gesundheitswesen liegt die Genehmigung zur klinischen Erprobung des STS 646 unter leistungssportlichen Aspekten am Menschen vor»* (Rademacher 1989).[1] FKS-Habilitand Rademacher stand bei seinen Doping-Experimenten an minderjährigen (15–18 Jahre) Schwimmern und Kanuten, denen er 10–40 mg täglich verabreichte, aber nur eine beschränkte Bestimmungsmethode, ein von Bernstein (1982) vorgestellter «Radioimmunoassay» (RIA), zur Verfügung, den er etwas modifizierte. Da traf es sich gut, daß ein anderes SPT-14.25-Unterprojekt bei ZIMET und Jenapharm durchgeführt wurde, bei dem überlegene Methoden (radioaktive Anabolika intravenös in «Versuchspersonen» injiziert und chemische Auftrennung der Abbauprodukte) eingesetzt wurden (Leiter: Dozent Dr. sc. nat. G. Hobe bzw. Dr. W. Schumann, ZIMET; vgl. Literaturliste I) und das großzügige Unter-

1 Wie in der Fußnote auf S. 103 ausgeführt, hat Prof. F. Jung das Gegenteil erklärt, und auch dem Landgericht Heidelberg konnte von Prof. W. Schäker keine solche Genehmigung nachgewiesen werden.

stützung aus dem Staatshaushalt der DDR erhielt (885000 Mark; *«Forschungsaufgabe Nr. 7119/Staatsplan Nr. ZF.14.25.20515; Auftraggeber: Der Präsident der AdW der DDR»*)[1] Wie wichtig die ZIMET-Doping-Auftragsforschung für das FKS und damit für die sportlichen Erfolge der DDR war, ist aber nicht nur an der großzügigen finanziellen Förderung des maroden Arbeiter- und Bauernstaates erkennbar, sondern auch an öffentlichen Ehrungen für ZIMET-Forscher: Für die Doping-Verdienste des ZIMET wurde zunächst Prof. K. Schubert ausgezeichnet, dann erhielten noch 1988 Dr. W. Schumann und sein ZIMET-Kollektiv den Orden «Banner der Arbeit, Stufe II».

Die enge Kooperation wird auch dadurch dokumentiert, daß sowohl das FKS – in der Person von Dr. Rademacher – als auch VEB Jenapharm (Dr. Barnikol-Oettler) als Gutachter («Opponenten» genannt) im ZIMET-Forschungsbericht genannt sind. Rademacher (1989) verweist umgekehrt zweimal ausdrücklich auf die ZIMET-Partner als Forscher im Auftrag des FKS: *«In diesem Kapitel werden deshalb wesentliche Aussagen von eigenen Untersuchungen zur Einmal- und zur Dauer-Applikation von OT und Dianabol mit einem... RIA den Ergebnissen unserer Kooperationspartner (Auftragsforschung) zur i. v. und oralen Gabe von $^3$H-markiertem O-T, Substanz 12 und STS 646 am Menschen... gegenübergestellt»* bzw. *«im Rahmen der Auftragsforschung durchgeführte Untersuchungen»*. Dankbare ZIMET- und Jenapharm-Erwähnungen findet man auch in anderen FKS-Arbeiten, von Bernstein (1982) bis A. Müller (1990). Das ZIMET war also Auftragnehmer der Dopingforschung des FKS, und so findet sich denn auch der einschlägige ZIMET-Bericht vom 18.5.1988 (Hobe et al. 1988) – wortwörtlich übernommen – in der «Zusammenfassenden Darstellung» des SPT 14.25 von Lehnert et al. (1988).

Nach Veröffentlichung des Vorwurfs der Dopingforschung hat das ZIMET eine interne Untersuchungskommission gebildet. Ihr Bericht (abgedruckt bei Berendonk 1991) bestätigt im wesentlichen meine Angaben.

**Das Zentrale Dopingkontrollabor des SMD in Kreischa**. Dr. Claus Clausnitzer und das Zentrale Dopingkontrollabor in Kreischa waren schon früh im SPT 14.25 dabei, denn man dachte zeitig an die Einbindung der Kontrolleure in die Betrugsabsichten: *«Vom FKS ist zu sichern (Schäker), daß die entsprechenden Präparate zur Prüfung an das Dopingkontrollabor des SMD gegeben werden»* (Textdokument 2A). Der Kontrolleur

1 Wie hoch die Förderung dieser Dopingforschung im SPT 14.25 bzw. im ZIMET war, kann man daraus ersehen, daß allein das ZIMET für sein Unterprojekt dazu jährlich bis zu 15 Personen dabei einsetzen und über eine halbe Million Mark verbrauchen konnte (vgl. den Bericht der internen Kommission des ZIMET auf den Seiten 457–461 bei Berendonk 1991).

weiß schließlich immer selbst am besten, wie man seine Kontrollen «unterlaufen» kann. Auch Clausnitzer ist Koautor der gemeinsamen Arbeit von Schäker et al. (1981), in der er – in Übereinstimmung mit dem RIA von Bernstein (1982) vom FKS – Erfreuliches über STS 646 vermelden konnte, nämlich *«... daß nach STS-Applikation die Dopingkontrolle ab 2.–5. Tag p. a.* [nach Einnahme]*... negativ verläuft»* (Textdokument 2B). So wurde denn auch im Bericht von Lehnert et al. (1988) die konstruktive Beteiligung des Kontrollabors in Kreischa bei der Forschung und Umsetzung von Methoden zum Unterlaufen der eigenen Kontrollen mit Dankbarkeit erwähnt (Textdokument 1N), und die wirkliche Rolle dieses Labors im Staatsplanthema wird in entwaffnender Klarheit so definiert: *«Dadurch konnte... durch vertiefte Untersuchungen... den verschärften Dopingkontrollen begegnet und ein Beitrag zum Verhindern positiver Nachweise geleistet werden.»*

## Gesetzwidrige SPT-14.25-Projekte an Minderjährigen und die Erfassung neuer Sportarten

Zwei SPT-Aktivitäten fallen besonders auf. Da ist einmal die Begeisterung für das Doping von Frauen und Mädchen mit männlichen Hormonen, weil man damit bekannterweise – der Sport der DDR profitierte in besonderer Weise davon – schnell und sicher Erfolge erzielen kann. Das hatten vor allem die DDR-Frauen gemerkt, und so nahmen DDR-Sportlerinnen in einigen Disziplinen mehr Androgene zu sich als die Männer, sowohl auf Kilogramm Körpergewicht bezogen als auch in absoluten Werten (vgl. Kapitel 12 und 14). Außerdem hatten weder die Verantwortlichen des Sports noch das MfGe und erst recht nicht die Sportmediziner und Wissenschaftler des SPT 14.25 irgendwelche Skrupel, die androgenen Hormone auch bei 13–18jährigen Mädchen einzusetzen, ohne medizinische Gründe, ohne Aufklärung und Genehmigung.

Nach der Wende sagten frühere SPT-14.25-Forscher in diesem Punkt die Unwahrheit. So hat FKS-Professor W. Schäker in einem Interview mit der *Leipziger Volkszeitung* vom 7.12.1990 behauptet: *«Wir als Wissenschaftler haben auch von vornherein vom Sportmedizinischen Dienst gefordert, daß Jugendliche keine Anabolika bekommen.»* Eine atemberaubende Lüge, denn Schäker selbst ist verantwortlicher Herausgeber der Berichte des Kolloquiums vom 24.6.1981, auf dem sein FKS-Kollege Dr. H.-H. Lathan den Anabolikaeinsatz bei jugendlichen Gewichthebern anpreist (Textdokument 2C): *«Weiterhin hat sich die Stützung des Trainings bei akzelerierten Junioren/Jugendlichen bewährt, die durch Einsatz von u. M. deutliche, in der Vergangenheit nicht gleichermaßen beobachtete Lei-*

*stungssprünge zeigten.»* Schäkers Kollege Rademacher hat OT und STS 646 an über hundert jugendliche Schwimmer und Kanuten verabreicht. Und ein weiterer Kollege Schäkers, Prof. A. Lehnert, war der verantwortliche Leiter des gesamten SPT-14.25-Programms, in dessen «Zusammenfassender Darstellung» von 1988 das staatlich organisierte Doping von Kindern offiziell eingestanden wird (Textdokument 1D): *«Das kalendarische Alter der Sportlerinnen lag zwischen 14 und 15 Jahren.... Drei Zyklen mit M1* [Oral-Turinabol] *kamen zum Einsatz. ... Im Jahr der Erstanwendung stellt M1 das Mittel der Wahl dar. ... Die Tagesdosierung beträgt 3 mg (nur in Ausnahmefällen... 5 mg). Die Gesamtjahressumme soll 250 mg M1 nicht überschreiten.»* (S. 349–351)

Damit verstießen die SPT-Doper, einschließlich Regierung, gegen die eigenen Gesetze und Richtlinien (vgl. Arzneimittelgesetz der DDR; Tanneberger 1988, 1989; Feller u. Terhaag 1976; Schönheit 1989; Hinderer 1989; S. 24 u. 25) und gegen die «Helsinki-Deklaration» des Weltärztebundes, die nach 1975 in ihrer überarbeiteten Form von Tokio auch in der DDR als gültige Grundlage für ethische Entscheidungen angesehen war (Deutsch 1991; vgl. Tanneberger 1989 und darin zitierte Literatur).

Die Experten empfahlen seit 1979 immer wieder und immer mehr Alternativen und Ergänzungen zum Oral-Turinabol. Dazu gehörten vor allem STS 648 und STS 482 sowie das besonders favorisierte, stark androgene STS 646 (Mestanolon, M2; Tabelle 3). Einmal schien es die körpereigene Testosteronsynthese weniger zu hemmen als OT (vgl. Schäker 1980; Riedel 1986; Nicklas u. Sattler 1987, 1989; Rademacher 1989), zum anderen schrieb man ihm noch stärkere und andersartige psychotrope und zentralnervale Wirkungen zu, und schließlich sollte es weniger Körpermasse bilden (Schäker 1980; Riedel 1986).

Zur Erhaltung eines geringeren Körpergewichtes schien daher das Mestanolon den FKS-Manipulatoren gegenüber OT vor allem dort Vorteile zu bieten, wo es auf ein relativ niedriges Körpergewicht ankam wie z. B. in einigen Sprungdisziplinen, im Turnen und Eiskunstlauf, in den Langstreckenläufen und in den unteren Gewichtsklassen von Kampfsportarten wie Boxen, Ringen, Judo. Außerdem schien diese testosteronfreundlichere Verbindung besonders gut für das Vor-Überbrückungstraining geeignet zu sein, d. h. im Übergang vom Grunddoping mit OT zu der Einstellung auf den Wettkampf und die Dopingkontrollen durch Injektionen von TP, TT und hCG (vgl. Kapitel 15; Riedel 1986). Daher wurde in den 80er Jahren zunehmend mehr M2 (STS 646) eingesetzt (vgl. S. 106), das entweder zusammen mit – oder zeitlich nach – dem altbewährten «Turi» gereicht wurde. Daß dieses Präparat klinisch nicht zugelassen, ja zunächst nicht einmal in seiner Reinheit geklärt war («Analyse der Identität, Reinheit und Stabilität» von STS 646 war ja erst Teil des Forschungsauftrags; Textdokument 2B), störte anscheinend weder den verantwortlichen Pharmakologen Prof. Hüller noch die ärztlich verantwortlichen Dr. Höppner (SMD) und Prof. Häcker (FKS).

Zum anderen läßt sich im STP-Bericht 1988 der ungebrochene Drang zur betrügerischen Erschließung neuer Medaillenmöglichkeiten durch die Verbreitung des Dopings in immer mehr Sportarten erkennen.

Die Sportwissenschaftler glaubten, sichere Beweise dafür zu haben, daß Anabolikadoping auch bestimmte Ausdauerleistungen verbessern kann: *«Die Medikation von OT und STS 646 hatte signifikante Anstiege der aeroben Kapazität um 10% und signifikante Erniedrigung der Herzfrequenz zur Folge»* (Schäker 1980; Riedel 1986). Also ging man daran, das bis dahin empirisch-individuelle und nicht systematische Anabolikadoping bei Mittel- und Langstreckenläufern und -läuferinnen in der praktischen Anwendung zu erforschen. Wie im Textdokument 1C berichtet, wertete man zunächst, d. h. ab 1979, die Ergebnisse des Dopings von *«19 Sportlern des Kaderkreises I über einen Zeitraum von fünf Jahren (1979–1984)»* aus, bevor gezielte Untersuchungsreihen an männlichen und weiblichen Mittel- und Langstrecklern begonnen wurden. 1988 konnten die SPT-Wissenschaftler dann stolz ihre Ergebnisse in einer allgemeinen Empfehlung für die DDR-Läufer zusammenfassen, und der Hauptforscher in diesem Projekt, ein FKS-Mitarbeiter mit Namen Ferkl[1], wurde mit einschlägigen Resultaten promoviert (Ferkl 1988a, b; vgl. auch Ferkl 1986). Die detaillierten Empfehlungen zum stufenweisen Einsatz zuerst von OT (M1), dann von M1-M2-Kombinationen und schließlich nur von M2 (STS 646), gegliedert nach Trainingszyklen und Hallen- wie Freiluftsaison, lassen den Beitrag des ausgeklügelten Hormondopings zum Erfolg der DDR auf den Mittel- und Langstrecken, besonders der Frauen, erkennen (Textdokument 1C, S. 346–348).

Verbesserte Ausdauer- und Kraftausdauerleistungen wurden unter Androgendoping auch in vielen anderen Sportarten festgestellt, wobei besonders das STS 646 gerühmt wurde. Die Untersuchungen von Rademacher (1989) bei Schwimmern und Kanuten werden noch zu besprechen sein (Kapitel 12 G), die Wirkung von STS 646 bei Straßenradrennfahrern ist eingehend von R. Müller (1986) beschrieben worden.

Viel Energie und Forschungseifer wendeten die SPT-14.25-Forscher aber auch für die Lösung der pädagogischen Fragen der «Erstanwendungsvarianten» auf. Zeitpunkt, Art und Weise und besonders die Dosierung der Erstanwendung schienen für die weitere Dopingkarriere eines Sportlers von großer Wichtigkeit. Dr. Lathan z. B. hatte schon 1981 auf *«die durch den Einsatz von u. M. deutlichen, in der Vergangenheit nicht gleichermaßen beobachteten Leistungssprünge»* (Textdokument 2C) bei den von ihm betreuten jugendlichen Gewichthebern hingewiesen. Die

1 Dr. Thomas Ferkl lebt nun unter dem Namen Prochnow in Berlin.

DVfL-Sportärzte wiesen auf schöne Entwicklungen früh und planmäßig gedopter Jugendlicher hin, ebenso Rademacher (1989) bei den Kanuten; Schwimmer wie Schwimmerinnen waren sowieso von klein auf an androgene Unterstützung gewöhnt (Kapitel 6).

So intensiv man sich um die Doping-Novizen kümmerte, so lapidar-brutal fielen die abschließenden Kommentare über «ausgemusterte» Sportler aus, die vorzeitig ausgeschieden waren. Ein Beispiel von Dr. Lathan mag hier genügen: *«Aus der hohen Quote von Ausdelegierungen während des Trainingsjahres wird deutlich, daß die Frage der Auswahl von Sportlern für Unterstützungsmaßnahmen besser zu klären ist als bisher»* (Textdokument 2C).

# Kapitel 11
# Die erste Goldene Pille 1968: Der Geheimbericht ihres Trainers Bauersfeld enttarnt Margitta Gummel als First Lady des DDR-Dopings

---

*«Das vorab: Ich bin strikt gegen Doping, und ich bin froh, in einer Zeit aktiv gewesen zu sein, als das noch in den Anfängen steckte. Das waren Jahre, als wir hörten, die Amerikaner hätten da so gewisse Mittelchen...*
(Dr. paed. DHfK Margitta Gummel, frühere Kugelstoßerin der DDR, Olympiasiegerin 1968 und Olympiazweite 1972, Europa-Vizemeisterin 1969 und 1971, langjährige Sportfunktionärin der DDR, u. a. im Präsidium des DDR-Leichtathletikverbandes DVfL und des DDR-Hochschulsportverbandes, seit Herbst 1990 Persönliches Mitglied des NOK der Bundesrepublik Deutschland und Pressesprecherin des Landessportbundes Brandenburg; *NOK-Report* 8/1991).

Ach, Margitta, also auch Du als Voll-Anabolikerin entlarvt! Die *«gewissen Mittelchen»* haben nicht die amerikanischen Frauen, nein, die hast Du als erste genommen: Codenummer 1/68 des DDR-Dopings gab Dir Dein Cheftrainer Dr. paed. DHfK Karl-Heinz Bauersfeld. Deine Leistungen waren Lüge, wie Deine Republik eine Lüge war. Und nun lügst Du Dich weiter durchs Leben und durchs NOK. Konntest Du noch bis vor kurzem hoffen, Dein Betrug würde unentdeckt bleiben und die Berichte darüber wären verschollen oder im Reißwolf vernichtet, so hat Dich jetzt – 20 Jahre später – doch noch die Wahrheit ereilt.

Kurz nach Erscheinen meines Buches «Doping-Dokumente» im September 1991, in dem ich das Fehlen der offenbar ersten Doping-Erfolgsstudie von Bauersfeld et al. (1973) bedauert hatte, wurde eines Abends vom Postboten ein eingeschriebener großformatiger Eilbrief aus der früheren DDR gebracht: Die historische Betrugsfibel mit dem Titel *«Analyse des Einsatzes unterstützender Mittel in den leichtathletischen Wurf- und Stoßdisziplinen und Versuch trainingsmethodischer Ableitungen und Verallgemeinerungen»*, die vom Anabolika-Doping im Olympiazyklus 1968–1972 berichtet, war wieder aufgetaucht.

Das Titelblatt der «Vertraulichen Dienstsache 7/40/73» (vorgestellt in Abb. 9) von insgesamt 41 Seiten weist außer dem Auftraggeber DVfL mit seinem WZ (Wissenschaftszentrum) des «Sektors Wurf/Stoß» insgesamt fünf bekannte Autorennamen aus:

- Dr. Karl-Heinz Bauersfeld (DHfK Leipzig), später auch Vorsitzender des Trainerrates der DDR und wegen seiner Betrugserfolge zum DHfK-Professor geweiht, auch Präsident des Klubs SC DHfK und nach der Wende heute Vizepräsident des Landessportbundes Sachsen;
- Bauersfelds fleißiger Mitarbeiter, der damals noch aktive 28jährige Zehnkämpfer Jürgen Olek (SC DHfK Leipzig);
- Heinz Meißner, Leiter des WZ des DVfL, später auch Mitglied des DVfL-Präsidiums;
- Dr. med. Dietrich Hannemann, später Obermedizinalrat und Leiter des gesamten Sportmedizinischen Dienstes (SMD) der DDR;
- Jochen Spenke, Kugelstoßtrainer des Stasi-Klubs SC Dynamo Berlin.

Auch unter den Empfängern der ersten geheimen Doping-Gebrauchsanweisung finden sich die Namen mehrerer hoher Sportfunktionäre wie der DTSB-Vizepräsident Prof. Dr. Horst Röder, FKS-Direktor Prof. Dr. Hans Schuster und der Stellvertretende SMD-Leiter Dr. Manfred Höppner, und bekannte Leichtathletik-Verbandstrainer wie Ernst Schmidt (der Vater des späteren Diskuswurf-Weltrekordlers Wolfgang), Lothar Hinze (später – 1985 – an der DHfK mit einer Anabolika-Dissertation zum Dr. paed. promoviert), Günter Lunau und Karl Hellmann (beide auch nach der Vereinigung der beiden deutschen Dopingsysteme im DLV als Trainer aktiv; Hellmann war damals Trainer der Doppel-Olympiasiegerin im Speerwurf, Ruth Fuchs, heute PDS-Abgeordnete im Deutschen Bundestag).

In dieser Arbeit wurde erstmals und ausführlich das Oral-Turinabol-Doping von 42 Spitzenklasse-Sportlern über einen ganzen «Olympiazyklus» (1968–1972) hin analysiert und die Ergebnisse in konkrete Empfehlungen umgemünzt. Die Namen der Sportler wurden in der Arbeit codiert, der Schlüssel war nur zwei Exemplaren beigefügt (dem des Erstautors und dem des WZ). Es ist jedoch nicht sehr schwierig, die Sportler an Hand der eingetragenen Wettkampfleistungen zu identifizieren[1]. Wegen seiner sporthistorischen Bedeutung, der sprachschöpferischen Nomenklatur und der darin aufgeführten ersten praktischen Dosierungsempfehlungen soll dieses Dokument hier mit einigen Zitaten vorgestellt werden. Es enthält vor allem

1 Für dieses Buch habe ich nur einige der Sportlernamen entschlüsselt. Leichtathletik-Experten, die sich eingehend mit diesem Bericht befassen und weitere Doping-Sportler entschlüsseln wollen, können die Arbeit über meine Adresse anfordern.

DVfL – WZ – Sektor Wurf/Stoß

Juni 1973

**Vertrauliche Dienstsache**

| Nachweis-Bereich | Lfd. Nr. | Jahr | Ausf.-Nr. | Blatt |
|---|---|---|---|---|
| 7 | 40 | 73 | 13 | 1–41 |

**Analyse des Einsatzes unterstützender Mittel in den leichtathletischen Wurf- und Stoßdisziplinen und Versuch trainingsmethodischer Ableitungen und Verallgemeinerungen.**

Bearbeiter: Dr. Bauersfeld
J. Olek

Mitarbeiter: H. Meißner
Dr. med. Hannemann
J. Spenke

**Verteiler:**

Nr. 1 – 3 WZ – Sektor Wurf/Stoß
Nr. 4 WZ – Dr. Gundlach
Nr. 5 DVfL – Gen. Rabe
Nr. 6 DVfL – Gen. Schmidt
Nr. 7 FKS – FG Wurf/Stoß
Nr. 8 Dr. Bauersfeld
Nr. 9 Dr. Hannemann
Nr. 10 Dr. Höppner
Nr. 11 J. Spenke
Nr. 12 L. Hinz
Nr. 13 H. Behr
Nr. 14 G. Lunau
Nr. 15 K. Hellmann
Nr. 16 Prof. Dr. Röder
Nr. 17 Prof. Dr. Schuster
Nr. 18 offene Exemplare
Nr. 19 bleiben im Besitz
Nr. 20 des WZ- Sektor Wurf

**Abb. 9.** Titelblatt des ersten offiziellen, aber geheimen («Vertrauliche Dienstsache») Doping-Erfolgsberichts des DDR-Sports aus dem Jahre 1973, der das Anabolikadoping von Leichtathleten im Olympiazyklus 1968–1972 beschreibt (Bericht von Bauersfeld et al. an den DVfL): *«Analyse des Einsatzes unterstützender Mittel in den leichtathletischen Wurf- und Stoßdisziplinen…»*

auch den ersten dokumentierten Beweis für Androgen-Doping bei Frauen überhaupt.

Nicht umsonst trägt Kugelstoßerin Margitta Gummel die Nummer 1. War sie doch Bauersfelds Meisterschülerin und liebstes Doping-Objekt. Wie stark-anabol sie selbst noch als voll ausgewachsene und austrainierte Athletin auf den Androgen-Dope reagierte, hat ihr Trainer darin mit drei graphischen Darstellungen für die Jahre 1968, 1969 und 1972 belegt, die hier als Fotografien (Abb. 10 a–c) wiedergegeben sind.

Margitta Gummel-Helmbold – mit 1,76 m nicht sehr groß, aber kräftig, bewegungsbegabt und trainingsfleißig – hat ihre Leistung im Laufe ihrer Karriere stetig verbessert. Bei den Olympischen Spielen 1964 in Tokio war sie mit 16,91 m Fünfte geworden und hatte sich eine knappe Olympiade später – als 26jährige ausgereifte Athletin – bis auf den Deutschen Rekord von 17,69 verbessert, aufgestellt am 27. Oktober 1967 in Havanna. So weit, so gut und ehrlich.

Auch im olympischen Jahr 1968 hielten sich ihre Leistungen zunächst im menschlichen Rahmen. Das im Olympiajahr verstärkte Training schlug sich in zentimeterweisen Rekordverbesserungen nieder: 17,72 m am 16. 6. in Cottbus, in der darauffolgenden Woche 17,82 in Jena und 17,86 in Berlin. Doch dann sackte ihre Leistung im Juli wieder etwas ab, und guter Rat war teuer. Die Spiele in Mexico City rückten näher – die DDR trat dort schließlich erstmals mit einer eigenen Mannschaft an –, und die DDR-Stoßer und -Werfer hatten gerade im Jahr zuvor starke Erfahrungen mit dem erst zwei Jahre zuvor als Arzneimittel eingeführten Androgen Oral-Turinabol gemacht. Da fielen bei Bauersfeld und Genossen die letzten humanen Hemmungen, und für Olympia wurden so erstmals nicht nur Männer, sondern auch Frauen hormonell gedopt.

Allen voran die Kugelstoßerinnen Margitta Gummel und Renate Boy-Garisch-Culmberger. Fast genau einen Monat nach ihrem 27. Geburtstag, am 28. Juli, wurde Margitta als erste deutsche Frau auf Stoff gesetzt und in die turinabole Umlaufbahn geschickt. Sie schluckte täglich zwei der 5-mg-Tabletten – drei Monate lang ohne Pause, auch sonntags – bis in die Vorwoche des Olympischen Wettkampfs. Der Erfolg, klassisches Beispiel für die Wirkung von Anabolika im Frauensport, ist in der Abbildung 1 a der Bauersfeld-Arbeit dargestellt (Abb. 10 a).

Der Körper der Kugelstoßerin Margitta (85 kg) sprach auf den androgenen Kraftstoff mit einer wahren Leistungsexplosion an. Bereits nach 6 Wochen Dauer-Dope war sie nicht mehr wiederzuerkennen, ihre Muskeln spannten wie aufgepumpt, und die 4-kg-Kugel flog auf ungeahnte Weiten, weiter als die Rekorde des sowjetischen Kraftzwitters Tamara Press. Bereits am 3. 9. erzielte Margitta in Leipzig mit 18,43 m einen neuen deutschen Rekord, und noch vor der Abreise der DDR-Mannschaft nach Mexiko verbesserte sie Tamaras Weltrekord auf 18,87 m –

am 22. September in Frankfurt (Oder), trotz Regen und herbstlicher Kühle.

In Mexiko ging dann die anabole Kur weiter, und die DDR-Sportjournalisten jubelten schon die Trainingsleistungen des androgenen Stoßer-Kollektivs heim ins Arbeiter- und Bauern-Reich: «*Unsere Frauen sind großartig in Form. Auch Marita Lange stößt nun über 18 m. Margitta Gummel heute im Training 19,19 m, und dann noch eine Weite, die ich mich nicht zu sagen traue.*» (Schafrik et al. 1976). Der Stoff war in den Damen und wirkte mächtig.

Margitta war dann auch im olympischen Hormondoping-Finale am 20. Oktober nicht mehr zu bremsen: Zunächst übertraf sie mit dem erneuten Weltrekord von 19,07 m als erste Frau die 19-m-Linie und näherte sich dann mit 19,61 m – wieder Weltrekord – sogar der 20-m-Grenze. Gummel gewann Gold, Lange Silber und Boy-Garisch errang den fünften Platz: Doktor Bauersfelds Hormonlektion saß, die DDR-Frauen hatten es ein für allemal gelernt: Hochgedopt ist halb gewonnen!

Die Abbildung 10b zeigt aber auch, wie drogenabhängig das anabole Leistungsniveau immer noch war: Ohne Stoff ging Genossin Gummel die Saison 1969 wieder bei etwa 17 Metern an, steigerte sich unter Dope aber sogleich wieder mächtig. In jenem Jahr probierte die Leipziger Dopinggruppe auch eine weitere leistungsfördernde Variante des Arzneimittel-Mißbrauchs, die Verteilung der Hormoneinnahme auf mehrere Zyklen. Drei waren es bei Margitta im Jahre 1969, und der letzte OT-Zyklus führte sie zu einem neuen Weltrekord von 20,10 m. Bei den unmittelbar folgenden Europameisterschaften in Athen mußte sie allerdings der inzwischen noch stärker aufgepumpten Sowjet-Genossin Nadeshda Tschishowa den Vortritt auf die oberste Stufe des Siegertreppchens lassen (Weltrekord mit 20,43 m). Das anabole Damen-Wettrennen im sozialistischen Lager war voll entbrannt, die Dosierungen stiegen, die Effekte waren deutlich.

Drei Jahre später, im Jahr der Olympischen Spiele in München, war die Leipzigerin schon bei einer Tages-Höchstdosis von 25 mg und einer Gesamt-Jahresdosis von 1450 mg angekommen, was ihr nicht nur die olympische Silbermedaille und eine persönliche Bestleistung von 20,22 m sicherte, sondern auch einen guten Platz in der ewigen Doping-Dosierungs-Bestenliste (vgl. Abb. 10c und Tabelle 13).

Die graphische Darstellung des 1972er Gummel-Dopings durch Bauersfeld et al. (1973) weist aber auch noch eine weitere Neuerung auf, die von da an zum Betrugsrepertoire der DDR-Leichtathleten gehörte: Die Einführung eines Winterzyklus, meist im Vorfeld bedeutender Hallenwettkämpfe (Abb. 10c). Außerdem beweist sie, daß nach mehreren Jahren intensiven Anabolika-Krafttrainings die Maximalkraft und die Wettkampfleistungen nun nicht mehr auf einen präanabolen Zustand absinken, sondern auf ein bereits angehobenes Niveau. Margitta konnte 1972 auch nach

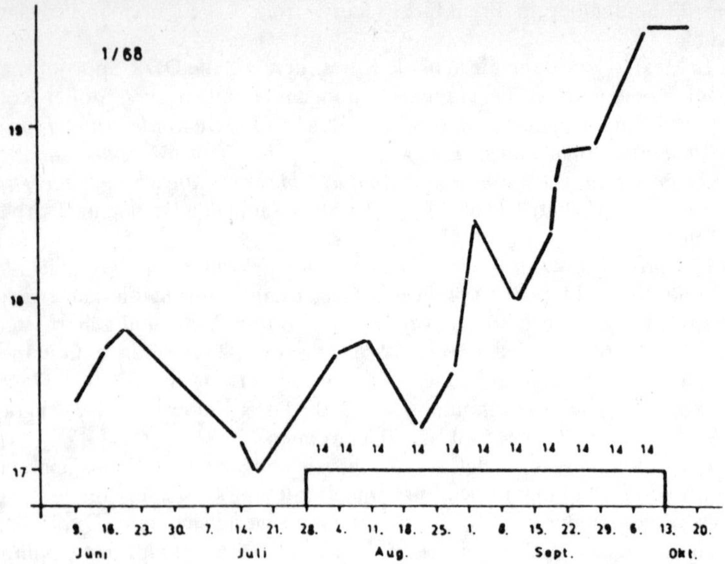
1/68
19
18
17
14 14 14 14 14 14 14 14 14 14 14
9. 16. 23. 30. 7. 14. 21. 28. 4. 11. 18. 25. 1. 8. 15. 22. 29. 6. 13. 20.
Juni
Juli
Aug.
Sept.
Okt.

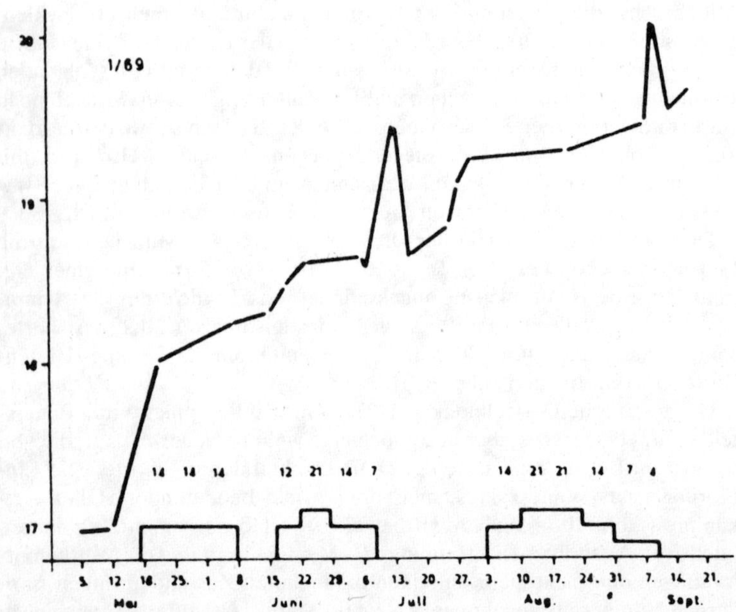
1/69
20
19
18
17
14 14 14 12 21 14 7 14 21 21 14 7 4
5. 12. 18. 25. 1. 8. 15. 22. 29. 6. 13. 20. 27. 3. 10. 17. 24. 31. 7. 14. 21.
Mai
Juni
Juli
Aug.
Sept.

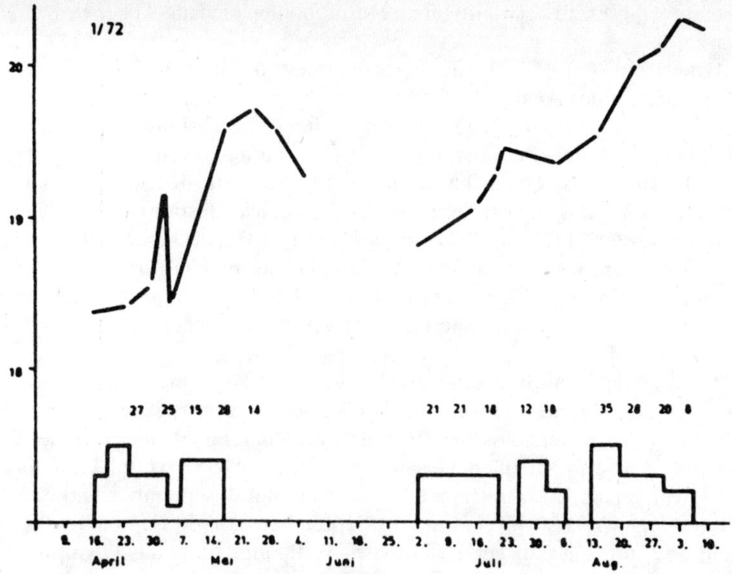


**Abb. 10a–c.** Graphische Darstellung der Bedeutung des Anabolikadopings (Oral-Turinabol) für eine Übung der Leichtathletik, hier das Kugelstoßen der Frauen am Beispiel der Karriere der DDR-Kugelstoßerin Margitta Gummel, späteres DVfL-Präsidiumsmitglied und heutiges NOK-Mitglied, in den Jahren 1968 (a, links oben), 1969 (b, links unten) und 1972 (c, oben). Links (Ordinate, y-Achse) ist die Kugelstoßweite (17 m–19 m bzw. 17 m–20 m bzw. 18 m–20 m) bestimmter Wettkämpfe aufgetragen, die Kalenderwochen sind unten (x-Achse) dargestellt, ebenso wie die entsprechenden Oral-Turinabol-Einnahmen (rechteckige Kästchen: die jeweilige Höhe bzw. die Zahl darüber gibt die Zahl der Tabletten pro Woche an). Man beachte die starke Anabolika-Abhängigkeit der Leistung in jedem Jahr (2–3 m), insbesondere beim Olympiasieg 1968 (a, links oben) und beim Gewinnen der Silbermedaillen bei den OS 1972 (c, oben) und den EM 1969 (b, links unten). Abbildungen fotografisch aus Bauersfeld et al. (1973).

längerem Absetzen der androgenen Hormonpillen die Kugel über 18 m stoßen.[1]

Bauersfeld et al. (1973) befassen sich außer mit Margitta Gummels Doping noch mit der Anabolika-Wirkung bei 41 weiteren Leichtathlet(inn)en der Jahre 1968–1972 im Kugelstoßen und allen Wurfdisziplinen der Frauen und Männer. Unter den gedopten Sportlern befindet sich fast alles, was damals Rang und Namen hatte, allen voran die Star-Kugelstoßer jener Jahre wie die Europarekordler Hartmut Briesenick (Bestleistung: 21,67 m; Europameister 1971 und Olympia-Dritter 1972), Dieter Hoffmann (20,60 m; Europameister 1969 und Olympia-Vierter 1968) und Hans-Joachim Rothenburg (21,32 m; EM-Zweiter 1969 und 1971), aber auch Diskuswerfer wie Detlef Thorith und Hammerwerfer wie Jochen Sachse (Olympiazweiter 1972).

Ich stieß auch auf die Dopingerfolgskurve von Diskuswerferinnen, meinen damaligen Konkurrentinnen: Peinlich und traurig zugleich. So findet sich unter den Bauersfeldschen Betrugskurven unter der Code-Nummer 7/72 eine Sportlerin mit einem Gesamtverbrauch von 875 mg Oral-Turinabol im Olympiajahr 1972, mit einer letzten Pille am 3. September und einer Eintragung von etwa 61,7 m am 10. September. Am 10. September 1972 fand aber nur ein einziger Diskuswurf-Wettkampf statt: das Olympische Finale in München, bei dem aus der DDR nur Gabriele Hinzmann teilnahm und mit 61,72 m den 6. Platz belegte.

Ich wußte schon damals, daß der Triumph der Ostblock-Werferinnen über Liesel Westermann, die mit 62,18 m Fünfte wurde (wie großartig ihre Leistung war, können die meisten wohl erst heute ermessen), einzig und allein auf Körpermasse- und Kraft-Steigerung durch Doping beruhte. Zum erstenmal fühlte ich mich damals in einem Stadion fremd, unter Menschen von einem anderen Planeten. Daß die nicht-androgenisierten Frauen des Westens (außer Liesel und mir hatte sich noch die Britin Rosemary Payne für den Endkampf der letzten Zwölf qualifiziert) gegen das anabolisierte sozialistische Lager keine faire Chance hatten, damals nicht und seitdem niemals wieder, war jedem Kenner klar. Wirkungen und Nebenwirkungen der Androgene waren zu auffällig, um noch übersehen werden zu können. Am schlimmsten trieben es damals und seitdem einige Bulgarinnen: Schmerbäuchig, schnurrbärtig und aggressiv spuckend stapften sie in den Ring.

1 Das heißt aber auch, daß völlig ungedopte, niemals androgenisierte Mädchen und Frauen gegen solche Rest-Anabolikerinnen in der Regel keine Wettkampf-Chance haben. Man sollte sie daher nicht gegeneinander antreten lassen, sondern getrennte Wettkämpfe durchführen. Das gilt erst recht für jene (Rest-)Anabolikerinnen, die – wie in der DDR üblich – bereits als Mädchen, d. h. in der Körperaufbauphase, «virilisierend» unterstützt wurden.

Die Arbeit von Bauersfeld et al. (1973) war tonangebend für das weitere Anabolika-Doping in der DDR. Hier findet man auch zum erstenmal die trockene Komik der Funktionärssprache und auch die spezielle – später allgemein gültige – Sprachregelung. Auf der ersten Textseite der Arbeit wird kurz und bündig vorgegeben:

*«1. Zielstellungen und Untersuchungsmethodik*

*Das Ziel der Untersuchungen bestand darin, durch statistische Analysen sportmethodische Ableitungen und verallgemeinerungsfähige Erfahrungen beim Einsatz unterstützender Mittel*[1] *zu gewinnen. Zur Auswertung kamen Unterlagen von 42 Sportlern aus dem Bereich der Disziplingruppe Wurf/Stoß des DVfL*[2]*.»*

Die Fußnote 1 bestimmte, wie die Dopingmittel von da an genannt werden mußten:

*«Unterstützende Mittel: im weiteren nur noch UM. Als UM werden in diesem Falle ausschließlich anabole Steroide Präparate angesehen.»*

Diese UM-Sprachregelung wurde bis zum Ende der DDR eisern durchgehalten, von vielen – wie dem früheren DTSB-Präsidenten Manfred Ewald, Mitglied des Zentralkomitees der SED – auch noch darüber hinaus. Ebenso eisern hielt man sich an die in Fußnote 2 erstmals eingeführte Codierung der Sportler und an die Geheimhaltung der Dopingmaßnahmen und -berichte als «Vertrauliche Dienstsachen», später als «Vertrauliche Verschlußsachen».

Von Anfang an wandte man sich nicht nur an die Sportmediziner, sondern legte besonderen Wert auf die Einbindung der Trainer. Denn als Ziel wurde schon damals erkannt:

*«In der Analyse wurde lediglich das Leistungsverhalten während und nach dem Einsatz von UM bearbeitet. Als notwendiger Schritt zur weiteren Durchdringung ist es unbedingt erforderlich, das absolvierte Training den erhaltenen Aussagen zuzuordnen.»*

Dementsprechend formulieren Bauersfeld und Genossen dann auf der nächsten Seite ihre Grundeinstellung zum Anabolika-Doping:

*«2. Positionen zum Einsatz von UM*

*2.1 Zu einigen trainingsmethodischen Positionen*

*Bei der Zuordnung von UM wird davon ausgegangen, daß... die eingesetzten Mittel die Wirkung der Trainingsbelastung unterstützen sollen.»*

Nachdem so einmal geklärt ist, daß unterstützende Mittel unterstützen sollen, leitet Dr. paed. Bauersfeld mit kartesianischer Gedankenschärfe das daraus folgende Problem ab:

*«Ausgehend von dem Begriff UNTERSTÜTZUNG entstand die Frage, welche Entwicklung besonders unterstützt werden sollte. Da die spezielle Leistung... besonders durch das spezielle Training bestimmt wird, kam es zu der prinzipiellen Festlegung, die UM nur im Bereich der Entwicklung der speziellen Fähigkeiten einzusetzen...»*

Daraus folgt:

*«Der gewählte trainingsmethodische Zeitabschnitt fällt deshalb prinzipiell mit einer hohen, betont speziellen, auf Entwicklung ausgerichteten Trainingsbelastung zusammen.»*

Mit anderen Worten: Spezielles, starkes Training erfordert spezielles, starkes Anabolika-Doping. So was muß einem ja erst mal gesagt werden.

Die praktische Umsetzung des Unterstützungsbetrugs hatte aber 1973 schon viele medaillenträchtige Grundsätze hervorgebracht, die Bauersfeld und Komplizen auf mehreren Seiten verkünden. Aus der Fülle der Doping-Ratschläge können hier nur einige wenige zitiert werden, angefangen mit einer Bauersfeld-Maxime, in der sich philosophische Tiefe mit Schwachsinn paart:

*«Da die Summe der eingesetzten UM im Jahr und die notwendige Steigerung von Jahr zu Jahr... nicht unendlich groß sein kann* [!], *ist es erforderlich, die mögliche Summe effektiv zum Einsatz zu bringen.»*

Die konkreten Leistungssteigerungen unter Oral-Turinabol wiesen in den einzelnen Disziplinen beträchtliche Unterschiede auf. Am meisten half das Kraftdoping im Kugelstoßen:

*«Die Abbildungen zeigen... einen deutlichen Leistungszuwachs im Abschnitt des Einsatzes der UM. ...Der Anstieg der Leistung erfolgt bis zur 8. Woche fast linear und nimmt dann ab. Von der 11. Woche an erfolgt keine wesentliche Leistungsverbesserung mehr.»* Der UM-bedingte Leistungszuwachs variierte bei den einzelnen Sportler(inne)n zwischen 1,3 m und 2,9 m.

Aber auch beim Diskuswerfen winken dem Doper gute Gewinne:

*«Eine direkte Abhängigkeit der Leistungsentwicklung von der Einnahme der UM wird... sichtbar. ...Nach 8 Wochen* [Doping] *beträgt der Leistungszuwachs rund 4 Meter. ...Die Leistungssteigerung gemessen am Weltrekord der Männer beträgt 5,9%. Das ist im Vergleich zum Kugelstoßen (8%) relativ wenig.»*

Wie man sieht, stellte der DDR-Sport schon damals hohe kriminelle Ansprüche an sich selbst. Auch im Hammerwerfen war man mit der Rendite des Jenapharm-Produktes noch recht zufrieden:

*«Im Einsatzzeitraum steigt die Leistung bis zur 8. Woche um durchschnittlich 4,50 m... Das sind 5,9% vom Weltrekord, eine wie im Diskuswerfen geringe Entwicklung im Vergleich zum Kugelstoßen (8%). Aber auch hier muß gesagt werden, daß die Gesamtdosis im Hammerwerfen um etwa die Hälfte unter der des Kugelstoßens liegt.»*

Nur im Speerwurf gab es noch viel zu verbessern:

*«Die* [mittlere] *Leistungsentwicklung beim Speerwurf ist mit 1,3 Meter Zuwachs nach 5 Wochen sehr gering (1,3% zum Weltrekord). ...Der Einsatz der UM erfolgt im Speerwerfen relativ weit vom Wettkampf entfernt. ...Auch sind die Einsatzdosierungen und -längen relativ niedrig und kurz.»*

Das Dopingentwicklungskollektiv um Dr. Bauersfeld konnte aber noch viele weitere grundlegende Erkenntnisse mitteilen wie z. B.:

*«Die Ergebnisse im Kugelstoßen und Diskuswerfen zeigen keine prinziellen Unterschiede zwischen Männer*[n] *und Frauen. ...*

- *Im Abschnitt nach dem Absetzen der UM sinkt die Leistung innerhalb von 6 Wochen, der gleichen Zeit in der sie aufgebaut wurde, wieder ab. ...*
- *Aus der Tabelle... wird ersichtlich, daß... in den Disziplinen Kugelstoßen (59%), Diskuswerfen (53%) und Hammerwerfen (67%) der größte Anteil der BL* [Bestleistungen] *bereits während der Einsatzzeit erreicht wurde. In der ersten Woche nach dem Absetzen fallen* [weitere große Anteile von BL so] *im Kugelstoßen (27,5%), im Diskuswerfen (25%) und im Hammerwerfen (32,2%). In diesen Disziplinen wurden ca. 80–90% aller BL während der Einsatzzeit oder in der ersten Woche nach dem Absetzen erreicht...*
- *Die Einsatzlänge erscheint als bestimmender Faktor für die Leistungsentwicklung bis zu einer Dauer von 8–12 Wochen. ...*
- *Die Zuwachsrate hängt von der durchschnittlichen Dosierung bis zu der durch die Berechnungsformel bestimmten Grenze ab. ...*
- *Die optimale* [Pillen-]*Pause im Einsatzzeitraum beträgt eine Woche, zwischen zwei Einsätzen die Hälfte der Einsatzdauer des vorangegangenen Einsatzes und zwischen den Einsatzjahren etwa 6 Monate. ...*
- *Die Wirkung des 1. Einsatzes ist höher als die der nachfolgenden Einsätze. Bei mehreren Einsätzen im Jahr entsteht auch ein Leistungsgefälle zu den folgenden Einsätzen.»*

Die erwähnte geheimnisvolle «Berechnungsformel» wird in der Arbeit übrigens schon gleich auf den Seiten 4 und 5 eingeführt. Dort heißt es im Kapitel *«2.2 Zu einigen medizinischen Positionen (Dr. Hannemann)»* u. a.:

- *«Es gibt keine direkte Zuordnungspflicht der Tablettengabe zum Tagestraining, weil die hormonell bedingte Wirkungsdauer 48 Stunden beträgt und während dieser Zeit von gleichbleibender Wirkung ist. Deshalb ist*
- *bei der Dosierung von 2–4 Tabletten* [zu je 5 mg] *pro Tag eine einmalige Einnahme ausreichend. Bei höheren Dosierungen sollte 2-mal täglich eingenommen werden.*
- *Die Anlaufzeit für die Wirkung beträgt 3–4 Tage.*
- *Der Beginn der Trainingswirkung liegt bei niedriger Anfangsdosis nach zwei Wochen, bei höherer Anfangsdosis nach einer Woche.*
- *Vorteile der Tablettengabe: Bessere Steuerungsmöglichkeiten im Training, Unterbrechung bei Krankheiten möglich; Nachteile: Schlechte Kontrolle der Einnahme.*
- *Vorteil der Depotspritzen: Gute Kontrolle der Verabreichung; Nachteile: Keine Steuerungsmöglichkeit.*
- *Das DDR-Präparat ist ein optimales Präparat, d. h. es hat bei guter Wirkung nur geringe Nebenwirkungen....*

– *Die optimal wirksame Dosis wird nach folgender Formel berechnet:*

$$\frac{\textit{Männer} \\ 0{,}2 \times \textit{kg (Körpergewicht)} \times \textit{Tage}}{\text{mg/Tablette}} = \text{Anzahl der Tabletten im Einsatzzeitraum}$$

[Bei Frauen wird statt des Faktors 0,2 der Faktor 0,15 genommen.]

– *Im Jahr sind 100 Tage der Einnahme von UM vertretbar. ...*
– *Es muß darauf hingewiesen werden, daß es keine Garantie für die Ausschaltung von Nebenwirkungen gibt. Deshalb liegt die Länge und Dosierung des Einsatzes der UM allein in der Verantwortung des Arztes.»*

Diese primitiv-empirische Dosierungsregel («Hannemann-Formel») besagt z. B., daß sich ein kräftiger Werfer von 100 kg Körpergewicht, der sich die DVfL-genehmigten 100 Kalendertage dopen will, bedenkenlos 400 OT-Tabletten einwerfen kann, d. h. eine Jahresdosis von 2000 mg. Eine Werferin von z. B. 80 kg darf sich immerhin bis zu 240 Pillen reinziehen, macht 1200 mg, eine kräftigere wie Margitta hatte in München 1972 – mit geschätzten 89 kg Körpergewicht – ihr Hannemann-Quantum von 1335 mg nur wenig überzogen. Spätere mit viel Aufwand und pseudowissenschaftlichem Geklingel durchgeführte «Forschungsarbeiten» wie die von Riedel (1986) und Rademacher (1989) haben im wesentlichen die gleiche Empfehlung gegeben wie die Hannemann-Formel (Kapitel 12 E u. 14, S. 401–407). Daß jedoch in der Praxis des Wettkampfs der Sportler, Trainer und Systeme wesentlich höher dosiert wurde, mehr und mehr vor allem in den Stoß- und Wurfdisziplinen, aber auch im Frauensprint und im Mehrkampf, wird in den folgenden Kapiteln noch bewiesen werden.

Schließlich haben Bauersfeld und Genossen am Ende ihrer Arbeit die Doping-Erfahrungen noch in einer allgemeinverbindlichen DVfL-Verbandskonzeption militärisch knapp und klar zusammengefaßt.

«***Folgerungen***

*Die dargelegten Unterlagen und gesammelten Erfahrungen lassen nachfolgende Ableitungen für eine Konzeption zu, die im Ergebnis dieser Analyse geschaffen werden sollten.*

*1. Beginnsituation*
– *gesunde Sportler*
– *systematischer Trainingsaufbau...*
– *planmäßiger (d. h. im voraus geplanter) Einsatz der UM*
– *von der Leistung sollte beim 1. Einsatz ein großer Leistungssprung für den jeweiligen Sportler festgelegt werden...*

*2. Einsatzzeitraum*
– *Trainingsmethodisch wird er prinzipiell jenen Trainingsabschnitten zugeordnet, in denen die physische Entwicklung als Schwerpunkt steht.*
– *Entsprechend den gesammelten Erfahrungen wird vorwiegend der Abschnitt der speziellen Entwicklung unterstützt.*

– *Daraus ergeben sich als Einsatzzeiträume beim Jahresaufbau:*
  *a) Ende der VP/III. Abschnitt und Beginn der WP* [später WS]
  *b) UWV*
  *Doppelperiodisierung:*
  *– 1. Aufbauperiode:*
  *a) Ende der VP/III. Abschnitt und Wettkampfabschnitt*
  *– 2. Aufbauperiode:*
  *a) Ende der VP/III. Abschnitt und Beginn der WP*
  *b) UWV*

*3. Einsatzdauer*
– *Mindesteinsatzzeitraum von 6 Wochen mit einer maximalen Unterbrechung von 8 Tagen*
– *Höchstzeitraum ca. 10–12 Wochen*
– *Im... Jahr höchstens 3, nach Möglichkeit nur 2 echte Einsatzzeiträume.*

*4. Einsatzdosis*
– *Notwendigkeit einer Perspektivvorstellung für den jeweiligen Sportler (4 Jahre) schaffen. Innerhalb dieser vier Jahre keine Unterbrechung*
– *Mögliche Jahresspitzensumme: 500 × 5 mg (Männer), 300 × 5 mg (Frauen)*
– *Mögliche Jahressumme* [Tabletten von je 5 mg]:

| | | |
|---|---|---|
| *1. Jahr* | *180 (Männer)* | *120 (Frauen)* |
| *2. Jahr* | *240* | *180* |
| *3. Jahr* | *360* | *240* |
| *4. Jahr* | *500* | *300* |

*Davon werden die möglichen Einsatztage und die gewählten Tagesdosierungen abgeleitet.*
– *Mindest-Tagesdosierung* [Tabletten]
  *Männer: 4* [20 mg] *Frauen: 2* [10 mg]
– *Höchst-Tagesdosierung*
  *Männer: 5–7* [25–35 mg] *Frauen: 4* [20 mg]

*5. Einsatzvarianten*
  *a) mittlere konstante Dosis über die gesamte Zeit*
  *b) wechselnde Dosis*
  – *bei einer mittleren Trainingsbelastung – Beginn mit einer Dosis und langsame Steigerung der Trainingsbelastung und entsprechende Abstufung der UM*
  – *bei einer hohen Trainingsbelastung – Beginn mit einer mittleren Dosis und langsame Steigerung unter Beachtung der Trainingsbelastung*

*6. Sicherung der notwendigen Ernährung (eiweißhaltig...)*
*7. Notwendige prophylaktische Maßnahmen vorher absichern.*
*8. Einige zu beachtende Probleme beim Einsatz von UM*
– *Es treten möglicherweise Verspannungen bis Verkrampfungen und Koordinationsschwierigkeiten auf... Dieses Problem läßt sich bei entsprechender trainingsmethodischer Gestaltung lösen. Besondere Maßnahmen:*

*Gegenmittel (Muskeltrancopal u. ä.)*
*Dosierungsregelung (deshalb möglichst keine Depotspritzen)*

– *Es besteht erhöhte Verletzungsgefahr besonders bei ungenügender allgemeiner und spezieller Vorbereitung (Muskelansätze besonders gefährdet).*
– *Schwerpunkte aller Verletzungen fallen mit Schnelligkeitsübungen... zusammen.*
– *Der Einsatz anderer Medikamente (Glukose, Vitamin E und B12, Aufbaukonzentrate) erwies sich als günstig...»*

Die Arbeit von Bauersfeld et al. (1973) dokumentiert so die Dopingpraxis des DVfL seit 1968. Von nun an wurde es in der ganzen DDR so gemacht, und in der Leichtathletik z. B. hat es seit jener Zeit in allen Übungen, mit Ausnahme – damals noch – der Langstrecken, keine ehrliche, d. h. ungedopte Leistung mehr gegeben. Natürlich wurden nach 1973 die Betrugs- und Vertuschungstechniken noch verfeinert, sportmedizinisch wie trainingswissenschaftlich. Doch nach einer Phase «unnötiger Überdosierung» Mitte der 70er Jahre hatte sich schließlich ein breitgefächertes, nach Disziplinen abgestuftes Dopingsystem herausgebildet, mit mehreren Drogen – alternativ oder kombiniert zu nehmen –, dessen Empfehlungen im Mai 1982 vom FKS erstmals sogar als umfassende, 56 Seiten starke, geheime Doping-Anleitungsbroschüre dem gesamten DDR-Sport zur Verfügung gestellt werden konnte:

*«Zur Anwendung von unterstützenden Mitteln im Trainingsprozeß sowie bei der Vorbereitung von Wettkämpfen: Materialien für die Weiterbildung von Ärzten und Trainern»* (Gedrat et al. 1982).

Im Frauensport war die Wirkung des Androgen-Dopings in keiner Übung so deutlich wie im Kugelstoßen, der Domäne des Ostblocks, wenn man von den westdeutschen Gehrmann-Geschöpfen wie Eva Wilms und Claudia Losch einmal absieht. In der DDR wurde das weltanschaulich erklärt und gefeiert, so 1982 in einer Eloge zum Kugeln von Klaus M. Fiedler (*Der Leichtathlet*, 39/82):

*«Margitta Gummel und Marita Lange folgten Marianne Adam, Margitta Droese und Ilona Slupianek-Schoknecht* [spätere Briesenick], *die weltbeste Kugelstoßerin unserer Tage. Längst sind die 22 m gefallen, weiter und weiter flog die Kugel. Seit 1948 war der Weltrekord in dieser traditionsreichen Disziplin immer in den Händen von sowjetischen oder DDR-Athletinnen. Und als sich dann Helena Fibingerova aus der CSSR an die Spitze setzte, wurde nur bestätigt, daß der Sport in den sozialistischen Ländern auch bei den Frauen viele Kräfte freilegt, viele neue Möglichkeiten schafft.»*

In Wahrheit, so weiß man heute, beruhten auch diese Leistungen des «Sozialismus» auf konsequentem, skrupellosem Doping: CRIME DOES PAY.

# Kapitel 12
# Das real existierende Anabolikadoping der DDR

---

«*Mit meinen Leistungen stärke ich die DDR. Das wollte ich damit* [mit der Mitgliedschaft in der SED] *auch dokumentieren*»
(Rosemarie Witschas-Ackermann, 1974–1977 Weltrekordlerin im Hochsprung und Sportlerin des Jahres der DDR 1977, in einem Fernsehinterview).

«*Analyse . . . : Ackermann 14. 4. – 13. 5. und 4. 6. – 30. 6. 470 mg* [Oral-Turinabol]»
(Doping-Eintragung auf Seite 95 im Arbeitsbuch des für Rosemarie Ackermann zuständigen Verbandsarztes Dr. H. Riedel).

«*Auf das Körpergewicht bezogen, werden von den Kugelstoßerinnen z. T. höhere Jahresdosierungswerte* [Anabolika] *erreicht als bei den Männern*»
(Hinz et al. 1986, in einer Geheim-Analyse für DVfL und DTSB der DDR).

«*Dabei ist neben der allgemeinen bedeutenden Erhöhung des OT-Einsatzes . . . eine Konzentration erhöhter Werte auf die Frauen-Disziplinen zu beachten. So liegen die Durchschnittswerte der Frauen . . . um nahezu 50 % höher als die der Männer*»
(Nicklas u. Reumuth 1986, VVS-Analyse der Sprint- und Hürdendisziplinen der DDR-Leichtathletik).

Anabolikadoping war die Basis des DDR-Sports und seiner «Erfolge». Dabei gingen alle Beteiligten von fünf Hauptwirkungen der Anabolika bzw. anderer Mittel zur Erhöhung der Konzentration androgener Steroide aus:

1. Vermehrtes Muskelwachstum findet statt, wenn gleichzeitig ein intensives Krafttraining absolviert wird.
2. Allgemein ist die Belastbarkeit im Training erhöht; der (die) Sportler(in) kann häufiger und mit höherer Intensität trainieren, die Erholungspausen können kürzer gehalten werden. Dadurch lassen sich oft auch technische Bewegungsabläufe besser erlernen und verfestigen.

3. Der (die) Sportler(in) fühlt sich ungewöhnlich leistungsfähig, stark und manchmal aggressiv («feeling of well-being»): eine psychische Leistungsbereitschaft, die in bestimmten Fällen bis zur Euphorie, aber auch bis zum zwanghaften Ausbruch von Tätlichkeiten, bis zur Raserei, dem «Steroid-Wahn», führen kann, dem «'roid rage» der amerikanischen Fachliteratur.[1]
4. Anabolikadoping ist auch für Dauerleistungen förderlich (S. 129, 174 u. 415), besonders bei Frauen.
5. Ein weiterer Anabolikaeffekt – zu peinlich, um viel darüber zu reden – ist die gezielte, leichte Virilisierung in der Schlußphase der Körperentwicklung. Behandelt man z. B. Mädchen von 12 bis 17 Jahren mit androgenen Hormonen, so kann man oft eine Veränderung zu einem etwas mehr männlichen Körperprofil erzielen, eine irreversible Androgenisierung, die, intensives Training vorausgesetzt, während der gesamten späteren Karriere anhält. Diese Art von Anabolikadoping als «body shaping» oder «body engineering» (AMA 1990), die bei Schwimmerinnen schon lange üblich ist (vgl. Kapitel 6), wurde an Kinder- und Jugendsportschulen (KJS) der DDR häufig durchgeführt.

Die meisten dieser Effekte erstrecken sich zunächst auf das Training, da die Anabolika wegen der Dopingkontrollen vor internationalen Wettkämpfen abgesetzt werden müssen. Der psychotrope, zentralnervale Einfluß jedoch wirkt sich natürlich auch leistungssteigernd im Wettkampf aus. Aus beidem wurde für die Praxis die Forderung abgeleitet, die eigentlichen Grundanabolika so lange wie möglich einzunehmen, d. h. bis nahe an den Wettkampf heran, und dann den Zeitraum bis zum Wettkampf durch Injektionen von Medikamenten zu überbrücken, welche die Testosteronkonzentration erhöhen bzw. noch halten (Dr. Riedels «Überbrückungstherapie»: vgl. S. 91 u. 100). Die Überbrückung und die Einstellung auf einen relativ hohen Testosteronwert ist deshalb so wichtig, weil die vorangegangene, vielwöchige Gabe von Anabolika die körpereigene Testosteronbildung stark herabsetzt (S. 220). Dieser ungünstige Nebenwirkungseffekt – stärker mit OT als mit STS 646 – hatte zu der schon im vorigen Kapitel erwähnten Forderung einiger Dopingforscher geführt, in der UWV frühzeitig von OT auf STS 646 zu wechseln (Kapitel 15).

Daher befaßten sich viele Arbeiten in der DDR damit, das Überbrückungsdoping zu verbessern und den Athleten bzw. die Athletin mit möglichst viel Testosteron in den Wettkampf zu entlassen, aber so, daß das Testosteron/Epitestosteron-Verhältnis gerade unter 6 : 1 liegt, dem Grenzwert der Dopingkontrollanalyse (S. 42).

1 Diese Nebenwirkung der Anabolika (Pope u. Katz 1990) ist in einigen Staaten der USA auch bereits als Schuldminderungsgrund bei Gewalttaten anerkannt, zuerst im Staate Maryland (Taylor 1987; Voy 1991).

Während über viele Jahre hin rein empirisch-praktisch nach dem Prinzip des optimierten Betruges gedopt wurde, haben im letzten Jahrzehnt Sportmediziner der DDR – wie auch anderswo – eine Art physiologische Begründung als Erklärung und Rechtfertigung nachgeliefert: Da der natürliche Testosteronspiegel bei fortgesetzter hoher körperlicher Aktivität und unter Stress absinken kann (z. B. Schäker 1980; Ackermann u. Heyme 1982; Häcker et al. 1982; Langer et al. 1982; Heyme 1986; Riedel 1986; Häcker u. Lehnert 1991; Nicklas u. Lehnert 1991; Sattler et al. 1991), sei das medikamentöse «Einstellen» und «Nachfüllen» zur Wiederherstellung des optimalen Leistungszustandes gerechtfertigt. Auch in der Bundesrepublik wurde von prominenten Sportmedizinern lange Zeit diese Forderung nach «Substitution» bis in die Tagespresse hinein diskutiert. Daß es gerade solche natürlichen biologischen Unterschiede sind, die den sportlichen Wettkampf und seine Faszination ausmachen, kann Manipulatoren wohl nicht vermittelt werden.

## A. Rhythmen und Drogen

Wie sah das Anabolikadoping in der Praxis aus? Am Beispiel einiger Dokumente aus der Leichtathletik, dem Gewichtheben, dem Schwimmen und dem Kanusport werde ich zeigen, daß diese Art von Doping systematisch, massenhaft und über lange Zeiten hinweg betrieben wurde. In einigen Disziplinen waren die Sportler den größten Teil des Jahres «auf Stoff», und zwar keineswegs nur Spitzenathleten. In der Leichtathletik wurden auch schon zweitklassige Nachwuchstalente wie 18jährige mit Bestzeiten von 11,0 Sekunden über 100 Meter und 50 Sekunden über 400 Meter in Anabolikaprogramme aufgenommen (vgl. z. B. Kapitel 13).

Dabei war in allen Disziplinen Oral-Turinabol (OT) die Norm, STS 646 und Testosteronester (TD, TP) wurden dabei ebenfalls häufig, andere Mittel wie Durabolin dagegen nur selten benutzt (vgl. Tabelle 2).

Das Jahr des DDR-Sportlers und der DDR-Sportlerin war eingeteilt in Dope-Wochen und Wochen bzw. Tage, an denen keine Dopingmittel zugeführt wurden («freie Intervalle»). Grundsätzlich wurde das Basisdoping und das Überbrückungsdoping unterschieden, das meist schon in der UWV begann. Dabei gab es im Basis- wie im Überbrückungsdoping neben sportartspezifischen auch individuelle Unterschiede, die aber wohl mehr das Dopingkonzept des jeweiligen Trainers widerspiegelten (vgl. Textdokumente 3 A–C Hinz et al. 1986; Nicklas et al. 1986; Nicklas u. Reumuth 1986; Nicklas u. Sattler 1987, 1989).

Die Abbildungen 11 und 12 zeigen graphische Darstellungen des Jahresdopings von insgesamt 25 Sprinter(inne)n und Hürdenläufer(inne)n bzw. 13 Springer(inne)n und Mehrkämpfer(inne)n der DDR-Spitzenklasse aus

Ergebnisberichten, bei denen der betreffende Verbandsarzt, in diesem Fall Dr. Dr. Volkmar Reumuth, als Koautor erscheint (Nicklas u. Reumuth 1986; Nicklas et al. 1986).[1] In Abbildung 11 erkennt man die nahezu synchronen Unterbrechungen des Dopings bei der gesamten DDR-Sprinterelite (Entschlüsselung der Namen in Tabelle 5) bzw. bestimmter Teilkollektive. Das erste durchgängige «freie Intervall» korreliert z. B. mit dem Wintersaisonhöhepunkt, den nationalen und internationalen Hallenmeisterschaften in der 5.–7. Woche des Jahres, für einige Spitzenathleten noch mit einer kurzen Fortsetzung in der 8. und 9. Woche. In der Sommersaison gab es für die meisten Athleten nur 3–4 Unterbrechungen des Basisdopings von je 1–2 Wochen, wobei die letzte Unterbrechung dem geplanten Jahreshöhepunkt vorausging.

Bei den Springern und Mehrkämpfern (Abb. 12, Namen in der Legende) sind schon mehr individuelle Unterschiede zu erkennen, wobei berücksichtigt werden muß, daß Mehrkämpfer in der Regel einen grundsätzlich anderen Jahreswettkampfplan haben als die Spezialisten. Auch hier wird deutlich, daß das Basisdoping aller Kandidaten für eine Teilnahme an den Weltmeisterschaften jenes Jahres (1983 in Helsinki) nach der 30. Jahreswoche abbrach, woran sich bei den meisten WM-Teilnehmern noch das «individualisierte» Überbrückungsdoping anschloß (Riedel 1986). Die Korrelation des Dopingmusters mit der Trainingsplanung (in der DDR eingeteilt in «Makrozyklen» und «Mesozyklen») sowie mit der Belastung und der Wettkampfbestleistung ist summarisch in Abb. 13 vorgestellt. Die Botschaft ist klar und nicht überraschend: Bei hohen Belastungen wird gedopt.

1 Leichtathletikverband (DVfL), DTSB und SMD waren über diese Dopingberichte stets informiert; DTSB (Vizepräsident Prof. Dr. H. Röder), DVfL (Führung, Verbandsärzte und die zuständigen Verbandstrainer) stehen ebenso auf dem offiziellen Verteilerplan der jeweiligen Titelseite wie der SMD (Dr. M. Höppner).

→

**Abb. 11.** Im Rhythmus des Betrugs durch das Sportjahr der DDR mit Oral-Turinabol: Gestaltung des Anabolikadopings der DDR-Sprinter und -Hürdenläufer durch OT-Einsatz im Training 1983/84 (Jahreswochen in unterster Zeile) und zur Vorbereitung auf wichtige nationale und internationale Meisterschaften (*gepunktete Blöcke* in der Zeile «Haupt-WK-Woche»); *KS* Kurzsprint; *LS* Langsprint; *KH* Kurzhürdler; *LH* 400-m-Hürdenläufer(innen); zur Entschlüsselung der links aufgeführten Codenummern für die Sportlernamen s. Tabelle 5. Die Breite der Rechtecke gibt die Zeitdauer des Dopings, die Höhe die Dosis an, die Strichmarke bedeutet die Wochendosis in 100-mg-Einheiten. Man beachte den Rhythmus des Dopings im Takt des Wettkampfkalenders: Die große Unterbrechung links (4.–8. Woche) kennzeichnet die Hallenmeisterschaften, im Sommer gab es für die meisten Athleten 2–3 Unterbrechungen jeweils vor großen Wettkämpfen. (Originaldokument aus Nicklas u. Reumuth 1986)

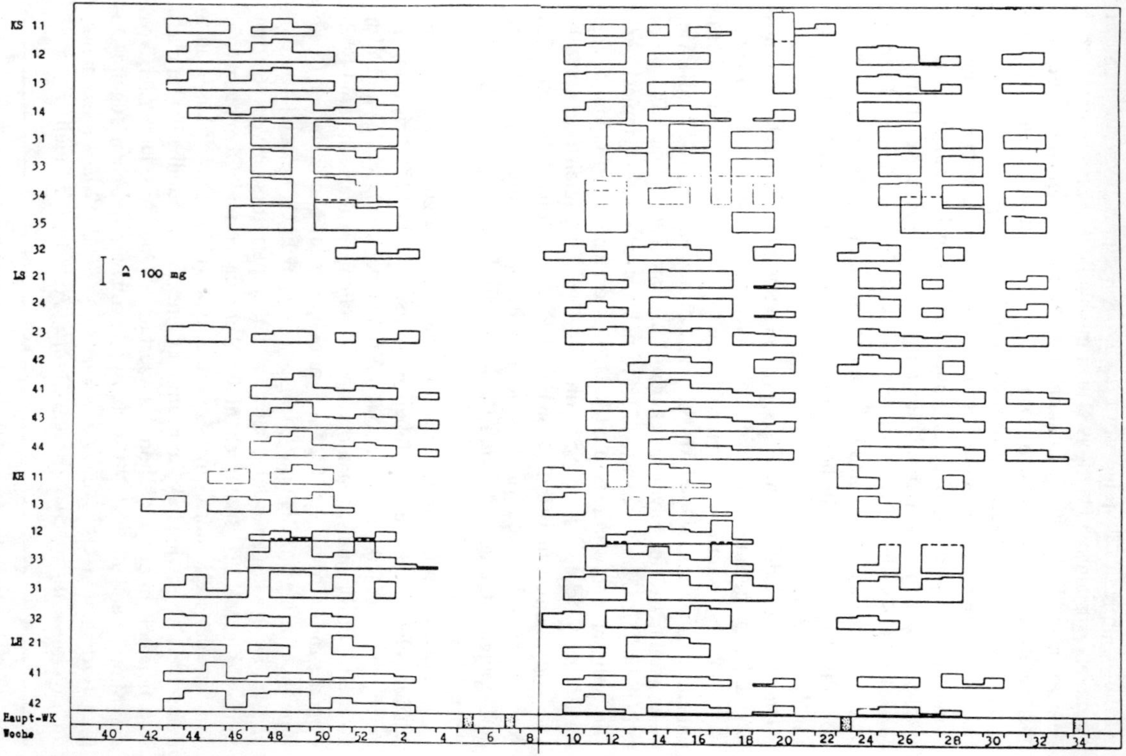

KS 11
12
13
14
31
33
34
35
32
LS 21
24
23
42
41
43
44
KH 11
13
12
33
31
32
LH 21
41
42
Haupt-WK
Woche
≙ 100 mg
40
42
44
46
48
50
52
2
4
6
8
10
12
14
16
18
20
22
24
26
28
30
32
34

Eine Analyse des Dopings etwa der DDR-Springer über einen ganzen Olympiazyklus hinweg (1980–1984) veranschaulicht zweierlei: einmal den gleichartigen Rhythmus der Dopingzeiten und der freien Intervalle auch über mehrere Jahre hinweg, der praktisch durch den internationalen Veranstaltungskalender bestimmt wurde (Abb. 13 und 14).

Zum anderen sind erstaunlich große Unterschiede zwischen einzelnen Athleten und Dopinggruppen und auch von einem Jahr zum nächsten zu erkennen. Manche Sportler nahmen nur OT, andere auch Kombinationen von OT und STS 646, wieder andere ließen sich gleichzeitig noch Testosteronester injizieren. Auch die Dosierungen unterschieden sich deutlich, sowohl die Tages- als auch die Wochen- und Jahresmengen (Abb. 11–16; Tabellen 5–8).

Die Unterschiede zwischen verschiedenen Sportlern waren dabei keineswegs auf dopingerfahrene Athlet(inn)en beschränkt wie etwa die Olympiasieger und Europameister Thomas Munkelt (110 m Hürden; Code: H 11 in Tabelle 5) und Lutz Dombrowski (Weitsprung; Code: W 22), die vielfache Weltmeisterin, Olympiasiegerin, Europameisterin und Weltrekordlerin über 400 m Marita Koch (S 42), die mehrfache Sprint-Olympiasiegerin und Weltmeisterin Marlies Göhr (S 33), die vierfache Sprint-Olympiasiegerin Bärbel Wöckel-Eckert (S 35) und die Doppelweltmeisterin von 1987 und Doppeleuropameisterin (1986 und 1990) Silke Möller-Gladisch (S 32). Auch Nachwuchsdoper wiesen schon beträchtliche Unterschiede sowohl im Dopingmuster als auch in der Dosierung auf (Abb. 15 und 16; Tabellen 5–8).

Dabei ist eigentlich kein physiologisches Konzept zu erkennen. So erscheint es fast unglaublich, daß beispielsweise im Jahr 1982 Weitspringerin und Sprinterin Heike Daute (Code: W 61) – spätere Drechsler und Weltmeisterin, Europameisterin und Silbermedaillengewinnerin in Seoul 1988 – trotz des zarten Alters von 17 Jahren mit einer ungewöhnlich hohen Dosierung (über 10 mg pro Tag und 935 mg pro Jahr) mehr OT bekam (Abb. 3, 15 und 16) als der fast zwei Jahre ältere Zehnkämpfer Torsten Voss (650 mg/Jahr; Code MK 12), später ebenfalls Weltmeister und Olympiazweiter, oder gar der Rekorddreispringer Volker Mai (Code D 34), dem man in demselben Alter wie Heike nur kümmerliche 150 mg zubilligte. (Im nächsten Jahr bekam er aber schon das Vierfache.) Alle drei, Drechsler, Voss und Mai, galten jedoch als Musterbeispiele von harmonischem Jugend-Doping (Originalton Ost: *«einer gelungenen, individualisierten Erstanwendungsvariante auf hohem Leistungsniveau»;* Abb. 16, 17; Tabelle 7).

**Tabelle 5.** Die schnellen Doper der DDR. Individueller Dopingeinsatz von OT (Oral-Turinabol) 1981–1984 bei Männern und Frauen in den Sprint-/Hürdendisziplinen der DDR-Leichtathletik. (Beispiele errechnet und zusammengestellt nach Nicklas u. Reumuth 1986; Nicklas u. Sattler 1987)

| Sportler | Jahres-Dope OT [mg][a] | | | | Wochen unter Dope[a] | | Durchschn. Tages-Dope [mg][b] | | Spez. Dosis [mg/kg KM[c]] | | Titel und Medaillen |
|---|---|---|---|---|---|---|---|---|---|---|---|
| | 1981 | 1982 | 1983 | 1984 | 1983 | 1984 | 1983[a] | 1984[a] | 1983[a] | 1984[a] | |
| 11 Steffen Bringmann | n.a.[c] | n.a. | 308 | 450 | 9 | 13 | 4,9 | 5,0 | n.a. | n.a. | EM 2 x S[c] |
| 12 Frank Emmelmann | 252 | 323 | 568 | 1345 | 16 | 23 | 5,1 | 8,4 | 0,07 | 0,11 | EM 2 x S, G, B[c] |
| 13 Olaf Prenzler | 601 | 323 | 403 | 1340 | 16 | 23 | 3,6 | 8,4 | 0,05 | 0,11 | EM 3 x S, G |
| 14 Thomas Schröder | 435 | 645 | 880 | 1045 | 17 | 19 | 7,4 | 7,9 | n.a. | n.a. | EM S |
| 31 Ingrid Auerswald | n.a. | n.a. | 910 | 1375 | 13 | 18 | 10,0 | 11,0 | 0,16 | 0,18 | EM G, OS[c] G, B |
| 33 Marlies Göhr | n.a. | n.a. | 910 | 1405 | 13 | 18 | 10,0 | 11,2 | 0,18 | 0,20 | EM 5 x G, S, B WM[c] 2 x G, S, B, OS 2 x G, 2 x S |
| 34 Ines Schmidt | n.a. | n.a. | 910 | 1291 | 13 | 17 | 10,0 | 10,8 | 0,16 | 0,18 | |
| 35 Bärbel Wöckel (Eckert) | n.a. | n.a. | 955[d] | 1670[d] | 9 | 17 | 15,1 | 14,0 | 0,23 | 0,22 | EM 2 x G, S, OS 4 x G |
| 32 Silke Möller (Gladisch) | 400 | 600 | 710 | 805 | 12 | 17 | 8,5 | 6,8 | 0,14 | 0,11 | EM 2 x G, S, WM 2 x G, S, OS S |
| 21 Jens Carlowitz | n.a. | n.a. | 490 | 660 | 10 | 13 | 7,0 | 7,3 | 0,10 | 0,12 | EM 2 x B |
| 24 Thomas Schönlebe | n.a. | n.a. | 490 | 660 | 10 | 13 | 7,0 | 7,3 | 0,10 | 0,10 | EM S, B, WM G |
| 42 Marita Koch | 970 | 1460 | 720 | 530 | 12 | 10 | 8,6 | 7,6 | 0,13 | 0,12 | EM 5 x G, WM 3 x G, S, OS G, S |
| 41 Sabine Busch | 675 | 1090 | 975 | 1230 | 19 | 25 | 7,3 | 7,0 | 0,12 | 0,11 | EM 2 x G, S, WM 3 x G, OS B |
| 43 Dagmar Rübsam | 760 | 1120 | 975 | 1230 | 19 | 25 | 7,3 | 7,0 | 0,12 | 0,11 | EM G, WM G |
| 44 Gesine Walther | 1135 | 1170 | 330 | 1290 | 7 | 25 | 6,7 | 7,4 | 0,11 | 0,11 | EM G |
| 11 H[c] Thomas Munkelt | 470 | 605 | 930 | 825 | 15 | 14 | 8,9 | 8,4 | n.a. | n.a. | EM G, S, OS G |
| 13 H Holger Pohlandt | 295 | 800 | 665 | 850 | 12 | 16 | 7,9 | 7,6 | n.a. | n.a. | Hallen-EM B |
| 12 H Andreas Oschkenat | 252 | 490 | 910 | 505 | 25 | 12 | 5,2 | 6,0 | 0,06 | 0,07 | Hallen-EM B |
| 33 H Cornelia Oschkenat (Riefstahl) | 379 | 930 | 943 | 1480 | 22 | 20 | 6,2 | 10,6 | 0,09 | 0,16 | EM S, WM B |
| 31 H Bettine Jahn (Gärtz) | 960 | 935 | 915 | 1560 | 19 | 23 | 6,9 | 9,7 | 0,12 | 0,17 | WM G |
| 32 H Kerstin Knabe | 640 | 930 | 885 | 825 | 16 | 17 | 7,9 | 6,9 | n.a. | n.a. | EM B, WM S |
| 21 H Manfred Konow | 440 | 390 | 421 | 645 | 12 | 14 | 5,0 | 6,6 | n.a. | n.a. | |
| 41 H Ellen Fiedler | n.a. | 670 | 445 | 825 | 12 | 26 | 5,3 | 4,6 | 0,08 | 0,07 | WM B, OS B |
| 42 H Petra Pfaff | 855 | 655 | 625 | 980 | 20 | 22 | 4,5 | 6,4 | n.a. | n.a. | EM S |

[a] Hier ist jeweils nur das Jahr der Wettkampfsaison angegeben, z. B. 1981 für das Trainingsjahr 1980/81.

[b] In den Doping-Wochen.

[c] *KM* Körpermasse; *H* Hürden; *n. a.* nicht angegeben; *EM* Europameisterschaft; *WM* Weltmeisterschaft; *OS* Olympische Spiele; *G* Gold; *S* Silber; *B* Bronze.

[d] Zusätzlich erhielt Bärbel Wöckel 1983 noch 350 mg und 1984 noch 75 mg Testosteronester (vgl. Abb. 18).

**Tabelle 6.** Doping und Leistung bei DDR-Springern und Mehrkämpfern; Zusammenhang zwischen Anstieg der Gesamtdosierung von OT und Leistungsanstieg bei jeweils 6 erfolgreichen männlichen und weiblichen Sportlern; Steigerung 1980 im Vergleich zum Vorjahr. (Mod. nach Riedel 1986)

| Sportler und Disziplinen[a] | | Gesamtdosis OT [mg] | | Dope-Zunahme | Leistung [m] | | Leistungsanstieg |
|---|---|---|---|---|---|---|---|
| | | 1979 | 1980 | [%] | 1979 | 1980 +[b] | [%] |
| Lutz Dombrowski | W | 435 | 805 | 85 | 8,12 | 8,54 (1) | + 5,2 |
| Siegrid Heimann | W | 105 | 745 | 609 | 6,56 | 6,71 (7) | + 2,3 |
| Frank Paschek | W | 1250 | 2145 | 72 | 8,02 | 8,21 (2) | + 2,4 |
| Jutta Kirst | HS | 0 | 377[c] | 377[c] | 1,89 | 1,94 (3) | + 2,6 |
| Gerd Wessig | HS | 570 | 1310 | 130 | 2,21 | 2,36 (1) | + 6,8 |
| Rosemarie Ackermann | HS | 210 | 520 | 148 | 1,95 | 1,91 (4) | − 2,1 |
| Henry Lauterbach | HS | 0 | 805[c] | 805[c] | 2,20 | 2,29 (4) | + 4,1 |
| Andrea Reichstein (Bienias) | HS | 0 | 600[c] | 600[c] | 1,89 | 1,91 (6) | + 1,1 |
| Jörg Freimuth | HS | 0 | 665[c] | 665[c] | 2,21 | 2,31 (3) | + 4,5 |
| Brigitte Wujak | W | 560 | 960 | 71 | 6,80 | 7,04 (2) | + 3,5 |
| Steffen Grummt | Z | 415 | 1105 | 166 | 7750 | 7892 (8) | + 1,8 |
| Ramona Neubert | F | 375 | 940 | 151 | 4503 | 4698 (4) | + 4,3 |

[a] Disziplinen: *W* Weitsprung; *HS* Hochsprung; *Z* Zehnkampf; *F* Fünfkampf.
[b] 1980 +: Ergebnis und Plazierung (1–8) bei Olympischen Spielen.
[c] Nur Absolutwerte (In seiner Habilitationsarbeit hat der Autor diese Werte fälschlicherweise als «Δ%» angegeben).

**Abb. 12.** Kleine individuelle Freiheiten beim Doping der Springer und Mehrkämpfer (*MK*) der DDR im Jahre 1983: Hauptwettkämpfe in der 33. und 34. Woche; Symbole s. Abb. 11. Das Dopingmittel Mestanolon (STS 646) ist durch *gepunktete Rechtecke* dargestellt, mit *AS* (androgen-anaboles Steroid) ist hier Oral-Turinabol gemeint. Die Namen der Betrüger sind nach Disziplinen (*H* Hoch-, *W* Weit-, *D* Dreisprung) und Codenummern geordnet: *H 11* Andreas Sam, nahm STS 646 in einem seltsamen Dopingmuster (vgl. Text); *H 51* und *H 52* sind die Hochspringerinnen Andrea Bienias-Reichstein und Susanne Beyer-Helm, *W 23* ist Matthias Koch, *W 24* Uwe Lange, *W 61* Heike Drechsler-Daute, *W 63* Helga Radtke, *D 33* Axel Gross, *MK 11* Uwe Freimuth, *MK 12* Torsten Voss (ebenfalls mit etwas STS 646), *MK 21* Ramona Neubert, *MK 22* Sabine John-Paetz-Möbius, *MK 24* Anke Behmer-Vater. (Abb. 17 der Arbeit von Nicklas et al. 1986)

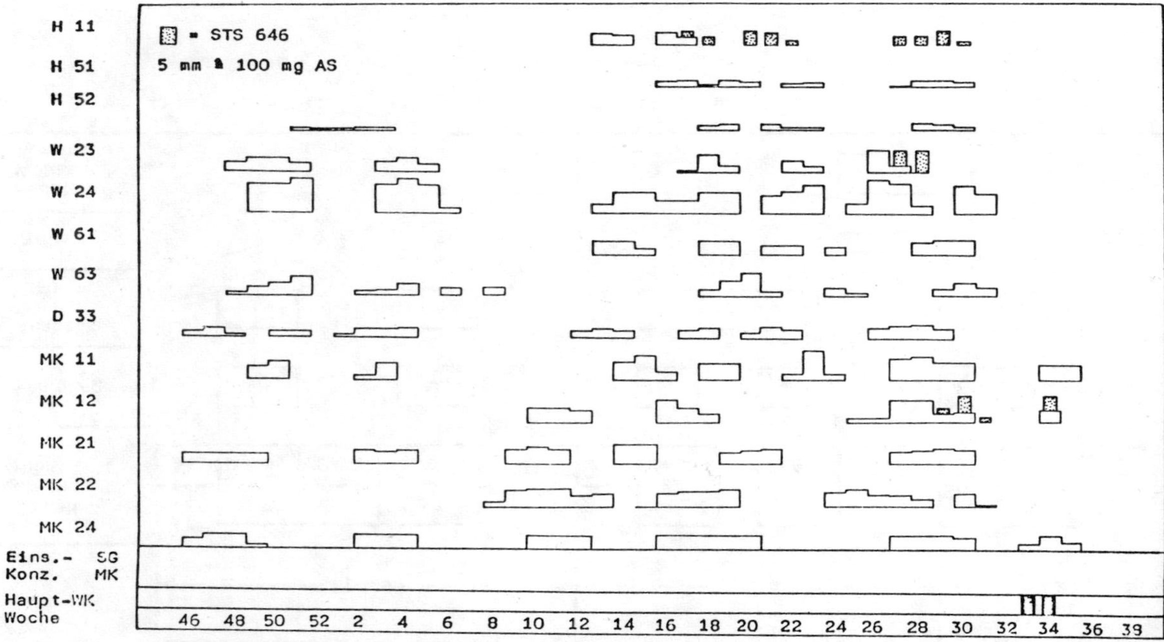


Abb. 12: Individuelle Gestaltung des Einsatzes der AS zur Vorbereitung auf die Weltmeisterschaften und weiterer Wettkampfhöhepunkte 1983 in den leichtathletischen Sprung- und MK-Disziplinen

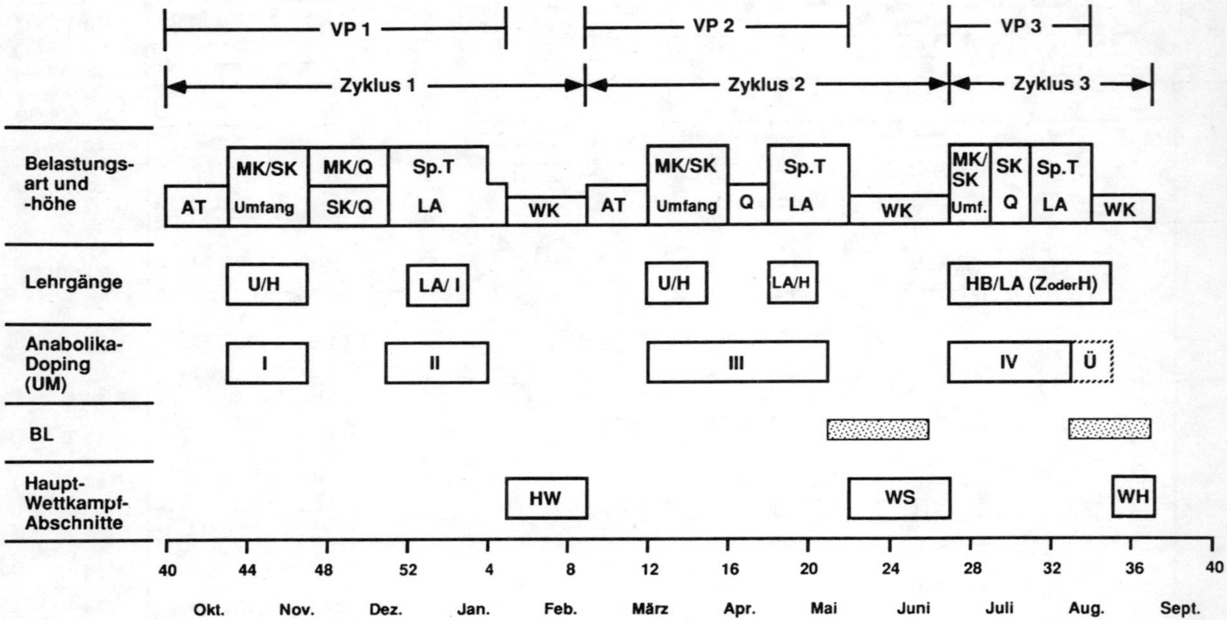

VP 1
VP 2
VP 3
Zyklus 1
Zyklus 2
Zyklus 3
Belastungs-art und -höhe
AT
MK/SK
Umfang
MK/Q
SK/Q
Sp.T
LA
WK
AT
MK/SK
Umfang
Q
Sp.T
LA
WK
MK/SK
Umf.
SK
Q
Sp.T
LA
WK
Lehrgänge
U/H
LA/ I
U/H
LA/H
HB/LA (Z oder H)
Anabolika-Doping (UM)
I
II
III
IV
Ü
BL
Haupt-Wettkampf-Abschnitte
HW
WS
WH
40
44
48
52
4
8
12
16
20
24
28
32
36
40
Okt.
Nov.
Dez.
Jan.
Feb.
März
Apr.
Mai
Juni
Juli
Aug.
Sept.

**Tabelle 7.** Komplexität und Individualität des Dopings von Springern und Mehrkämpfern. Einnahme von Oral-Turinabol [mg/Jahr][a] einiger Springer und Mehrkämpfer der DDR über einen ganzen «Olympiazyklus» hin (1980–1984), mit einigen sog. «Erstanwendern». (Nach Nicklas et al. 1986)

| Nr. | Sportler[b] | Trainingssaison | | | |
|---|---|---|---|---|---|
| | | 1980/81 | 1981/82 | 1982/83 | 1983/84 |
| W 21 | Ron Beer | – | – | 385 | 850 |
| W 24 | Uwe Lange | 1635/60<br>(6 x 10) | 1715/100<br>(10 x 10) | 2418/35<br>(1 x 10, 1 x 25) | 2180/40<br>(3 x 10) |
| W 61 | Heike Daute-Drechsler | – | 935 | 675 | 600/50<br>(2 x 25) |
| W 63 | Helga Radtke | – | 805 | 893/35<br>(1 x 25, 1 x 10) | 629<br>: |
| D 32 | Jörg Elbe | – | – | 250 | 640 |
| D 34 | Volker Mai | – | – | 150 | 625 |
| MK 11 | Uwe Freimuth | 270 | 319 | 1400/60<br>(6 x 10) | 829/40<br>(4 x 10) |
| MK 12 | Torsten Voss | – | 650/30<br>(3 x 10) | 820/30<br>(3 x 10) | 1540/320<br>(3 x 100, 2 x 10) |
| MK 21 | Ramona Neubert | 1340/40<br>(4 x 10) | 1340 | 1310 | 625/40<br>(4 x 10) |
| MK 22 | Sabine Möbius-Paetz-John | 800 | 1230/30<br>(3 x 10) | 1099/45<br>(1 x 25, 2 x 10) | 1195/40<br>(4 x 10) |
| MK 24 | Anke Vater-Behmer | 1150 | 1190/30<br>(3 x 10) | 1380/45<br>(2 x 10, 1 x 25) | 1045/30<br>(3 x 10) |

[a] Zusätzlich beim Überbrückungsdoping erhaltene Testosteronester-Injektionen (Summe in mg) sind neben einem Schrägstrich aufgeführt, in Klammern die Zahl der Injektionen und die jeweilige Einzeldosis.

[b] Hauptdisziplinen: *W* Weitsprung; *D* Dreisprung; *MK* Mehrkampf.

**Abb. 13.** Periodisierung («Dreifachperiodisierung») des Anabolikadopings, der Trainingsbelastung und der Wettkämpfe in der DDR-Leichtathletik im Ablauf eines Trainingsjahres (am unteren Rand sind die Kalenderwochen eingetragen): Zusammenfassende schematische Darstellung für die Sprung- und Sprintdisziplinen, nach Angaben des früheren Verbandstrainers Klaus Gehrke, des zuständigen Verbandsarztes Dr. Hartmut Riedel (1986) und der zuständigen Auswertungsgruppe am FKS (vgl. Nicklas et al. 1986). Die Abkürzungen bedeuten (Tabelle 4): VP Vorbereitungsperiode; HW bzw. HWS Hallenwettkampfserie; WS Wettkampfserie; WH Wettkampf-Höhepunkt; BL erzielte bzw. geplante Bestleistung; Ü Überbrückungsdoping; U Umfangbelastung; H Training in der Höhe; LA Leistungsausprägung; I Internationales Trainingslager; HB Höchstbelastung; Z Zentraler Lehrgang; WK Wettkämpfe; AT Allgemeines Training; MK Maximalkraft; SK Schnellkraft; Q Training hoher Qualität; Sp.T Spezielles Training. Perioden hoher und spezieller Trainingsbelastung korrelieren mit Anabolikadoping-Zyklen.

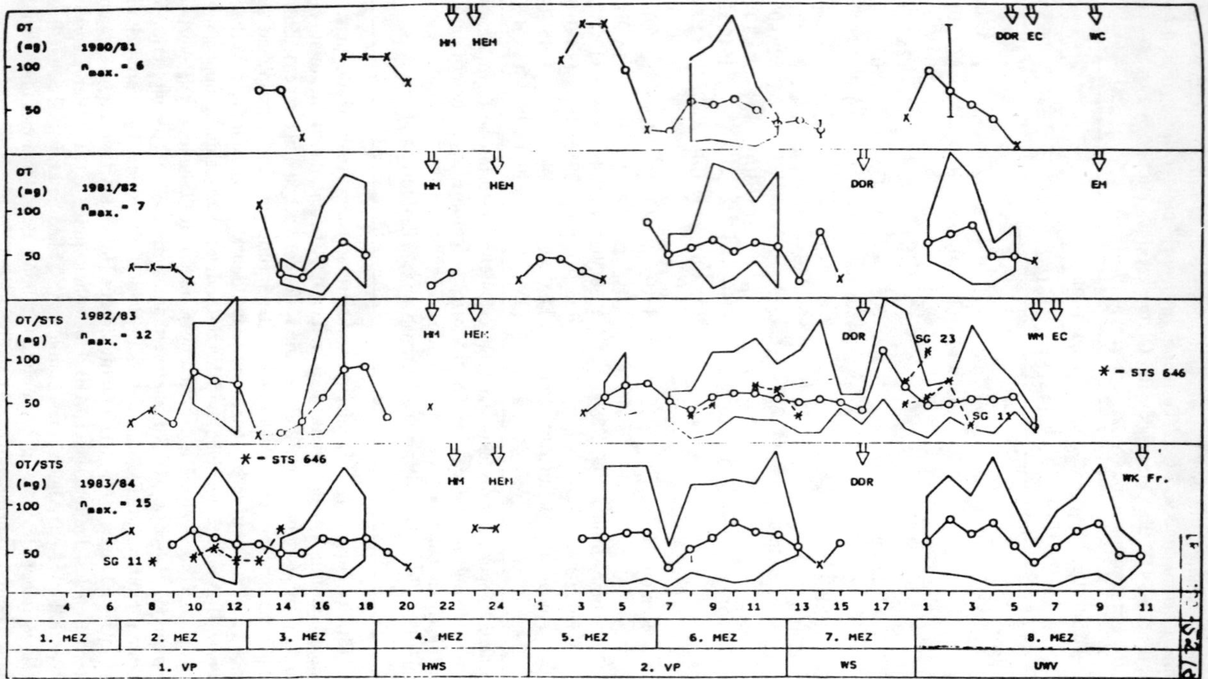

OT
(mg)
1980/81
n max. = 6
HM HEM
DOR EC
WC
OT
(mg)
1981/82
n max. = 7
HM HEM
DOR
EM
OT/STS
(mg)
1982/83
n max. = 12
HM HEM
DOR
SG 23
WM EC
* - STS 646
SG 11
OT/STS
(mg)
1983/84
n max. = 15
* - STS 646
HM HEM
DOR
WK Fr.
SG 11 *
100
50
4 6 8 10 12 14 16 18 20 22 24 1 3 5 7 9 11 13 15 17 1 3 5 7 9 11
1. MEZ
2. MEZ
3. MEZ
4. MEZ
5. MEZ
6. MEZ
7. MEZ
8. MEZ
1. VP
HWS
2. VP
WS
UWV

Das Problem des Andopens weiblicher und männlicher Jugendlicher bewegte die sportwissenschaftlichen Untersucher besonders stark. Über die erfolgreich anabolisierten Nachwuchsspringer freuten sich beispielsweise 1986 nicht nur Dr. D. Nicklas und Dr. Dr. V. Reumuth (Nicklas et al. 1986), sondern auch Habilitant Dr. H. Riedel in seiner, im selben Jahr abgelieferten Dissertation B: Die Autoren sind sich dabei erstaunlicherweise zwar nicht über die Details der Dosierung einig, wohl aber über das Ergebnis: Heike dopt am schönsten!

Dr. H. Riedel, DVfL-Verbandsarzt und in seiner Zeit beim SMD in Jena (1970–1982) Heike Dautes Arzt von Jugend an, nannte für ihr Doping folgende Jahressummen OT (1982: 650 mg; 1983: 705 mg; 1984: 835 mg), obwohl in seinem handschriftlichen Protokoll 705 mg für das Jahr 1982 und 675 mg für das Jahr 1983 angegeben sind (vgl. Abb. 3 und 15–17). FKS-Dozent Dr. Nicklas und DVfL-Verbandsarzt Dr. Dr. Reumuth aus Neubrandenburg, auch jahrelang als DVfL-Chefarzt zuständig, gaben dagegen eine viel höhere Einstiegsdosierung an (15–17). Wie man sieht, ist die Entwicklung der Dosierung in den Angaben der Ärzte entgegengesetzt. Riedels Angaben stützten Riedels Hypothese von der Notwendigkeit eines jährlichen Anstiegs im Anabolikakonsum von mindestens 15 Prozent, um einen Leistungsanstieg zu sichern. Nicklas und Genossen dagegen, die stets «Soft Doping» für Frauen propagierten, fanden empört, man habe Heike mit unnötig brutaler Dosierung die sportliche Unschuld genommen: *«Bei ihr führt eine ausnehmend hohe Jahresdosis beim Ersteinsatz auch zu keiner weiteren Leistungssteigerung (1981/1982). Diese trat ein mit der Verringerung der Jahresdosis und einer beträchtlichen Steigerung der Trainingsübungen zur Entwicklung der allgemeinen und speziellen Kraftfähigkeiten»* (Nicklas et al. 1986).

Für den Medaillenerfolg bei «sportpolitischen Höhepunkten» reichte aber das Basisdoping mit OT und eventuell auch noch mit STS 646 allein nicht aus; die Wirkung mußte anschließend mit Testosteron gestützt und überbrückt werden. Also wurden die Überbrückungsampullen der VEB Jenapharm und Arzneimittelwerke Dresden (Tabelle 2) in die Damen und Herren injiziert.

**Abb. 14.** DDR-Dopingmuster und -Variationen bei den Springern über einen ganzen Olympiazyklus (1980–1984) mit OT bzw. OT/STS 646 (STS auch durch *Sternchen* bezeichnet). Anwendung durch einen Sportler (x), durch 2 Sportler (o), durch 3 und mehr Sportler (o mit Variationsbreite-Balken); nach unten gerichtete *Pfeile* am oberen Rand bezeichnen die Hauptwettkämpfe; Erklärungen der Abkürzungen in Tabelle 4. Man beachte, daß 1983 einige Athleten sogar bei den DDR-Meisterschaften «durchgedopt» haben – offenbar mit Einverständnis des Verbandes. (Aus Nicklas et al. 1986)

**Tabelle 8.** Anabolikakonsum (Oral-Turinabol) einiger DDR-Leichtathleten (Wurf und Stoß) in den Jahren 1981–1984. (Zusammengestellt aus den Angaben in den Tabellen 4–25 des Anhangs zum offiziellen Ergebnisbericht von Hinz et al. 1986)

| Nr. | Name und Disziplin | | Jahresbestleistung / [m] | Jahresgesamtmenge / [mg] | Tagesdurchschnittswert bei Einnahme [mg][b] | |
|---|---|---|---|---|---|---|
| | | | 1981 | 1982 | 1983 | 1984 |
| 11 | Udo Beyer | K | n. a. | n. a. | 22,22/3955/14–27 | 22,04/3955/21–28 |
| 12 | Ulf Timmermann | K | 19,00/2235/12–18 | 20,22/2590/19 | 21,36/2450/15–24 | 21,75/3325/16–22 |
| 22 | Armin Lemme | DW | 66,70/2015/14–16 | 68,50/3030/12–18 | 62,34/ 935/ 8–14 | 65,76–2740/11–15 |
| 23 | Jürgen Schult | DW | 61,56/1675/12–14 | 63,18/2000/15 | 66,78/2380/13–21 | 68,82/2540/12–16 |
| 24 | Wolfgang Warnemünde | DW | 67,74/1700/12–16 | 66,60/2700/14–16 | 66,24/2715/12–19 | 66,64/2845/14 |
| 31 | Detlev Gerstenberg | HW | n. a. | 74,40/2275/14 | 76,70/1880/10–13 | 80,50/2720/11–13 |
| 34 | Günter Rodehau | HW | 74,42/1060/10–11 | 72,18/1500/15–17 | 78,14/1425/11–13 | 80,20/1290/ 9–11 |
| 35 | Roland Steuk | HK | 78,72/3240/22–23 | 76,72/3905/22–24 | 76,76/3555/14–17 | 79,90/3890/15–21 |
| 41 | Uwe Hohn | Sp | n. a. | 91,34/ 535/ 6–7 | verletzt | 104,80/1135/9 |
| 42 | Detlev Michel | Sp | 92,84/2060/13–14 | 94,52/1535/ 9–13 | 96,72/1575/12 | 93,68/1785/12 |
| 51 | Ilona Slupianek (Briesenick) | K | 21,61/1755/12–15 | 21,80/1795/10–13 | 22,40/1510/11–15 | 21,85/2615/14 |
| 53 | Helma Knorscheidt | K | 21,01/2370/12 | 21,12/2540/10–16 | 21,03/2900/14–18 | 21,19/2420/13–15 |
| 54 | Heidi Krieger | K | n. a. | 16,82/ 885/9 | 19,01/1820/10–14 | 20,24/2590/12–15 |
| 55 | Ines Müller (geb. Reichenbach) | K | 21,14/3680/13–14 | 20,86/2625/16 | 20,54/2860/14–15 | n. a. |
| 61 | Gisela Beyer | DW | 68,76/1310/ 9–11 | 69,76/1795/11–12 | 70,96/1780/10–13 | 73,10/2115/12 |
| 62 | Silvia Madetzky | DW | 59,04/1255/10–11 | 68,24/2120/11–15 | 62,46/1530/13–15 | 65,20/2390/12–16 |
| 63 | Irina Meszynski | DW | 67,38/2515/15–16 | 71,40/3190/16–18 | verletzt | 73,36/3185/15–18 |
| 64 | Martina Opitz (Hellmann) | DW | n. a. | 64,32/1120/ 6–9 | 70,26/1175/ 6–8 | 72,32/1255/ 6–7 |
| 71 | Petra Felke (Meier) | Sp | n. a. | n. a. | n. a. | 74,72/1185/10 |

[a] *DW* Diskuswerfen; *HW* Hammerwerfen; *K* Kugelstoßen; *Sp* Speerwerfen; *n. a.* nicht angegeben.
[b] Dezimalwerte wurden abgerundet.

*Anmerkung:* In den zitierten Ergebnisberichten von Hinz und Mitarbeitern liegen außerdem Doping-Dosisangaben vor über Ralf Haber (HW), Matthias Moder (HW), Gerald Weiß (Sp), Joachim Lange (Sp), Katrin Strobel (Sp), Rositha Potreck (Sp), Antje Kempe (Zöllkau) (Sp), Liane Schmuhl (K), Cordula Schulze (K), Simone Rüdrich (K), Simone Michel (K).

**Tabelle 9.** Potsdamer Doppeldoping mit Anabolika und Neuropeptiden bei Springer(inne)n und der Fünfkämpferin Burglinde Pollak. Versuch der weiteren Leistungssteigerung durch Gabe des Neuropeptids Oxytocin bei vorliegendem Anabolikadoping. Mengenangaben für die Anwendungszeit:
- Hormonapplikation: 1.12.–30.12.1975 Oral-Turinabol und 1.1.–16.2.1976 Oxytocin;
- Untersuchungstermine: 1.12. Ausgangsuntersuchung, 22.12. (hoher Steroidgehalt), 20.1. (3 Wochen nach Absetzen von Oral-Turinabol, unmittelbare Vorbereitung auf DDR-Hallenmeisterschaften und ein Internationales Sportfest), 5.2. (16.2.) – Situation nach den Wettkämpfen. (Nach Schäker 1980)

| Sportler | Disziplin[a] | HBL[b] 75 [m] | BL[c] 75 [m] | HBL 76 [m] | Oral-Turinabol [mg][d] | Oxytocin [IE][e] |
|---|---|---|---|---|---|---|
| Jörg Drehmel[f] | D | 16,48 | 16,98 | 16,67 | 150 | 80 |
| Lothar Gora | D | 16,27 | 16,74 | 16,47 | 175 | 360 |
| Peter Rieger | W | 7,68 | 8,00 | 7,81 | 165 | 580 |
| Rita Kirst | HS | 1,85 | 1,87 | 1,90 | 240 | 120 |
| Burglinde Pollak[g] | MK | – | 4783 | 4614 | 95 | 460 |
| Peter Wienick | SH | 5,10 | 5,25 | 5,20 | 330 | 680 |
| Burghard Neumann | SH | 5,00 | 5,10 | 5,00 | 330 | 1700 |
| Udo Pubanz | SH | – | 5,02 | 5,00 | 330 | 1000 |
| Detlef Kazmierzki | HS | – | 2,10 | 2,05 | 330 | 1500 |

[a] *SH* Stabhochsprung; übrige Abkürzungen s. Tabelle 6 und 7.
[b] *HBL* Hallenbestleistung.
[c] *BL* Bestleistung.
[d] Monatskonsum Dezember.
[e] *IE* Internationale Einheiten.
[f] Silbermedaille OS 1972, BL 17,31 m.
[g] Bronzemedaillen OS 1972 und 1976, Fünfkampf-WR 1970.

**Abb. 15.** Die Wirklichkeit des DDR-Sports: Über 200 handschriftliche Dopingmittel-Eintragungen (Oral-Turinabol) im Arbeitsbuch von Dr. H. Riedel. Hier ist ein Blatt der «Analyse 1981/82» für den Hochspringer Rolf Beilschmidt; die siebzehnjährige Heike Daute (-Drechsler; man beachte die exakte Aufschlüsselung der einzelnen Dopingwochen) und die junge Mehrkämpferin Heike Tischler (geb. 4.2.1964, damals also gerade 18 Jahre alt geworden), alle aus Jena, sowie eine Eintragung 1979 für Mehrkämpferin Anke Vater (-Behmer) vom SC Neubrandenburg, die ebenfalls schon als Minderjährige gedopt wurde (geb. 5.6.1961). Kurz nach dem letzten Dope wurde Heike EM-Vierte. Der Wert von 705 mg für Heike Daute ist übrigens von Riedel in seiner Arbeit fälschlicherweise für 1983 aufgeführt.

Anbau 81/82

| | | |
|---|---|---|
| Brokkoli | 220 mq | 10.1. - 1.2 |
| Dünger | 705 | 10. - 21.4. (15 mq |
| | | 22.4. - 25.4 (10 mq |
| | | 26.4 - 12.5 (10 |
| | | 14.5 - 16.5 (15) |
| | | 11.6 - 17.6. (10) |
| | | 18.6. - 20.6 (15) |
| | | 15.7. - 18.7. (15) |
| | | 19.7 - 27.7. (10) |
| | | 28.7. - 4.8. (5) |
| | | 5.8. - 14.8 (10) |
| | | 20.8 - 22.8. (10 |
| Tinkler | 24.0 | 12.4. - 19.4. (5) |
| | | 20.4. - 9.5. (10) |
| | | 24.5. - 2.6 (10). |

Wasser 7.5. - 5.6. 1-2 OT 45

9.7. - 29.7. 1-2 OT

100 lbs 15,3 → 14,40

MK 4114 → 4322 Pkt

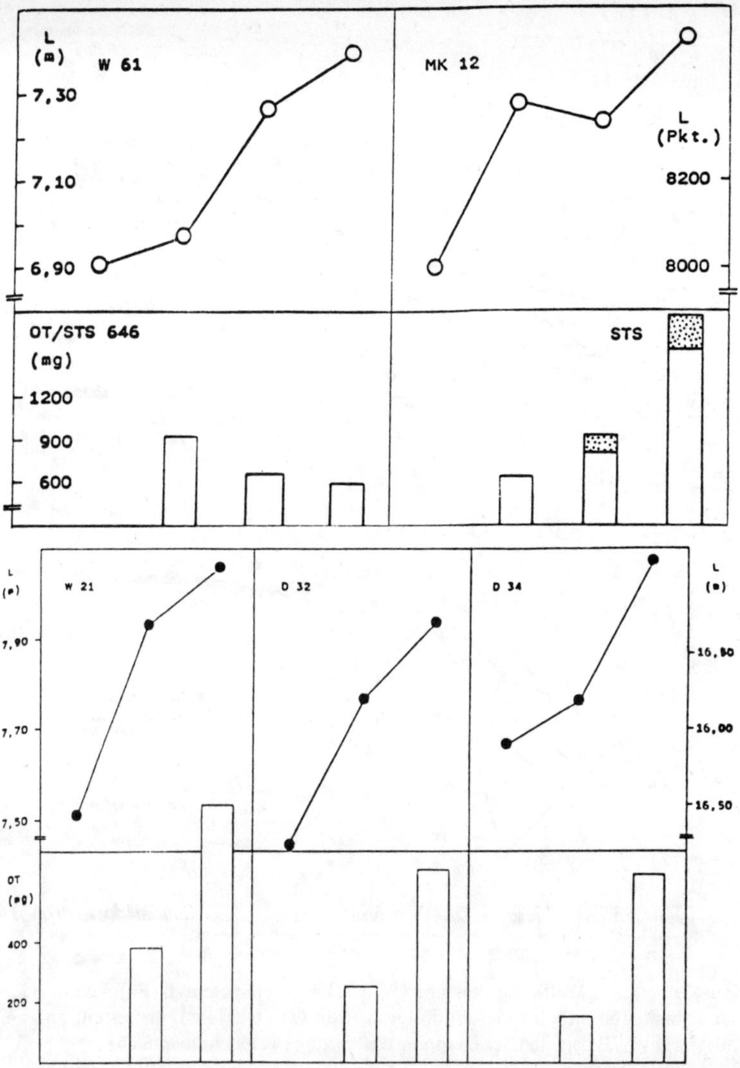


**Abb. 16.** Mustergültige Planerfüllung von Doping und Leistung bei Leichtathletik-Junioren der DDR: Heike Drechsler-Daute (*W61*), Torsten Voss (*MK12*), Weitspringer Ron Beer (*W21*, Bestleistung heute 8,23 m), Jörg Elbe (*D32*, Bestleistung heute 17,30 m) und Volker Mai (*D34*, Bestleistungen heute 17,50 m und 8,04 m). Oben sind jeweils die Wettkampf-Jahresbestleistungen eingetragen und als Kurve miteinander verbunden (für *W61* und *MK12* von 1981 bis 1984; für *W21, D32* und *D34* von 1982–1984; Ordinate in Metern), darunter in Form von Blockdiagrammen die dazugehörige Jahresgesamtdosis OT (im Fall von MK 12 auch STS 646, gepunktet). (Zusammenstellung aus Analysen von Nicklas et al. 1986)

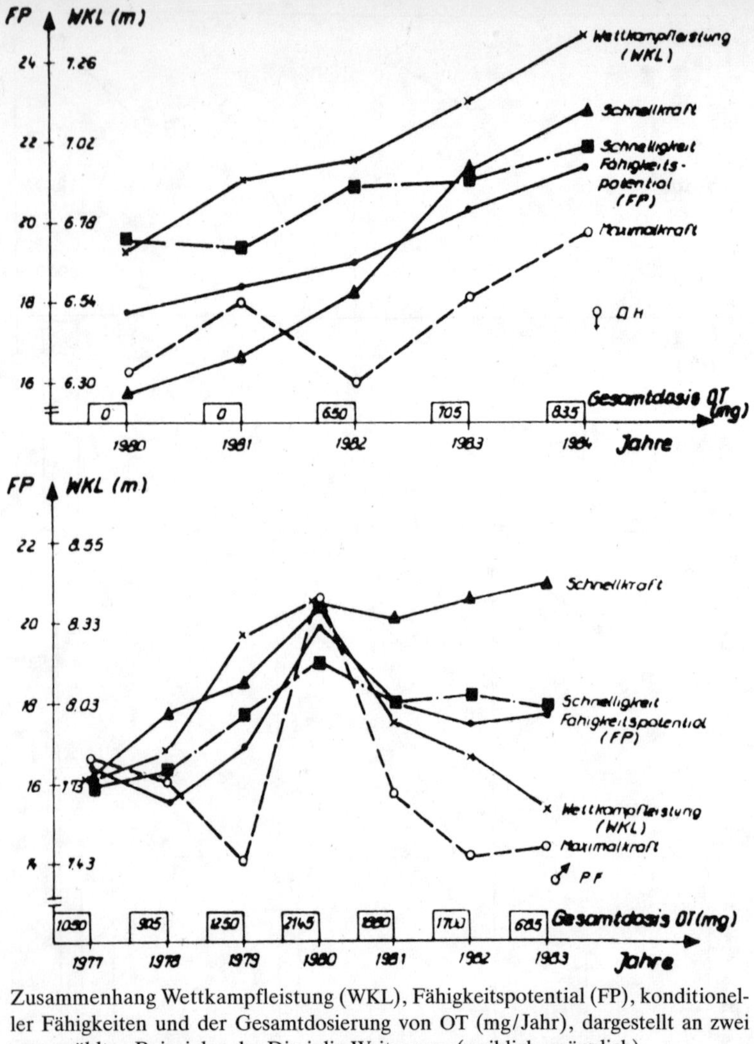


Zusammenhang Wettkampfleistung (WKL), Fähigkeitspotential (FP), konditioneller Fähigkeiten und der Gesamtdosierung von OT (mg/Jahr), dargestellt an zwei ausgewählten Beispielen der Disziplin Weitsprung (weiblich; männlich)

**Abb. 17.** Gute und schlechte Doper: als Fallbeispiele die Weitspringer Heike Drechsler-Daute (D. H.) und Frank Paschek (P. F.). Heike Dautes vorbildliche Doping- und Leistungsentwicklung (spätere Bestleistung 7,48 m): Weltmeisterin, Europameisterin, Olympiazweite (*oben*) – und der unerklärliche Abfall der Maximalkraft, des «Fähigkeitspotentials» und der Weitsprungleistung Frank Pascheks, Olympia-Zweiter von 1980, Bestleistung 8,36 m (*unten*). Oral-Turinabol-Jahresmengen sind in *Rechtecke* eingetragen; bei Paschek fällt die Dosis (Maximum 1980 bei 2145 mg) stark ab, verbunden mit einem Abfall der Wettkampfleistung. (Aus Riedel 1986)

Nehmen wir die Sprinterinnen und Hürdenläuferinnen (Abb. 18): Die einzelnen Läuferinnen erschienen zum Saisonhöhepunkt mit ihrem eigenen, maßgeschneiderten Dopingmuster. So lief im WM-Endlauf von Helsinki 1983 über 100 m Hürden Weltmeisterin Bettina Jahn (Code H 31) zwar mit dem gleichen Überbrückungs-Spritzenprogramm in der UWV (25 mg TP, 25 mg TP, 10 mg TP) wie Mit-Finalistin Cornelia Riefstahl, spätere Oschkenat (H 33), aber doch mit einer zeitlichen Versetzung der Injektionstermine: aparte kleine Unterschiede! Ebenso variierten die drei Medaillengewinnerinnen im Siebenkampf der WM, allesamt langjährig und hoch gedopte Athletinnen im Hammer-und-Zirkel-Trikot, ihr Überbrükkungsdoping für die Saisonhöhepunkte 1983 und 1984 (z. B. Abb. 19): Ramona Neubert (Gold, zeitweilig auch Weltrekordhalterin: vgl. auch Abb. 3), Sabine Möbius-Paetz-John (Silber, wie auch bei der EM 1982 und den OS in Seoul 1988; ebenso einmal Weltrekordlerin und heutige deutsche Rekordhalterin) und Bronzemedaillengewinnerin Anke Behmer (Vater), Europameisterin 1986 (vgl. Abb. 15). Auch der Überbrückungsstil von Heike Daute (Drechsler) bei ihrer Steigerung auf 7,40 Meter im Jahre 1984 zeigte mit 2 Spritzen zu je 25 mg TP in der 7. und 8. UWV-Woche schon, wie souverän die damals Neunzehnjährige das Hormondoping beherrschte (Abb. 20). Nur die weltmeisterlichen Schwestern der Erfurter (4 × 400 m-Staffel) Sabine Busch (Code S 41) und Dagmar Rübsam (S 43) kamen mit exakt gleichem Injektionsmuster: kein Wunder, sie hatten denselben Trainer, Eberhard König[1] (Abb. 18).

Daß die Herren beim Dopen auf ihre persönliche Note achteten, vor allem die Springer, von jeher als Individualisten bekannt – mit Olympiasieger Lutz Dombrowski (Deutscher Rekord mit 8,54 m) und den Über-8-Meter-Springern Uwe Lange (W 24; 8,22 m) und Mathias Koch (W 23; 8,08 m) –, wundert einen da schon weniger (Abb. 20).

Geradezu extravagant mutet aber der individuelle Dopingplan des 2,31-Meter-Hochspringers Andreas Sam (Code: H 11) an: Er bekam nur wenig OT, dafür aber reichlich von dem angeblich schlankhaltenden Mestanolon (STS 646) verabreicht – und hin und wieder auch Depot-Testosteron (TD; Abb. 12 und 19). Der Bericht von Nicklas et al. (1986) enthüllt nun, daß Herr Sam hier als Versuchskaninchen diente: *«Der Einsatz der Steroidsubstanz STS 646 erfolgt erstmalig 1982/83 bei einem Hochspringer (H 11)... und bei einem Weitspringer (W 23, Mathias Koch)... Bei beiden überschneidet sich dabei die letzte Woche der OT-Applikation mit der ersten Woche der STS-Applikation... Problematisch ist dabei die alleinige Anwendung von STS 646 von H 11 in der UWV 1982/83 über vier und in der 2. VP 1983/84 über sechs Wochen»* (Textdokument 3 C).

Ein ähnliches Experiment mit STS 646 gab es auch mit dem 16,34 m-

1 König ist seit Ende 1990 Disziplin- und Nachwuchstrainer des DLV.

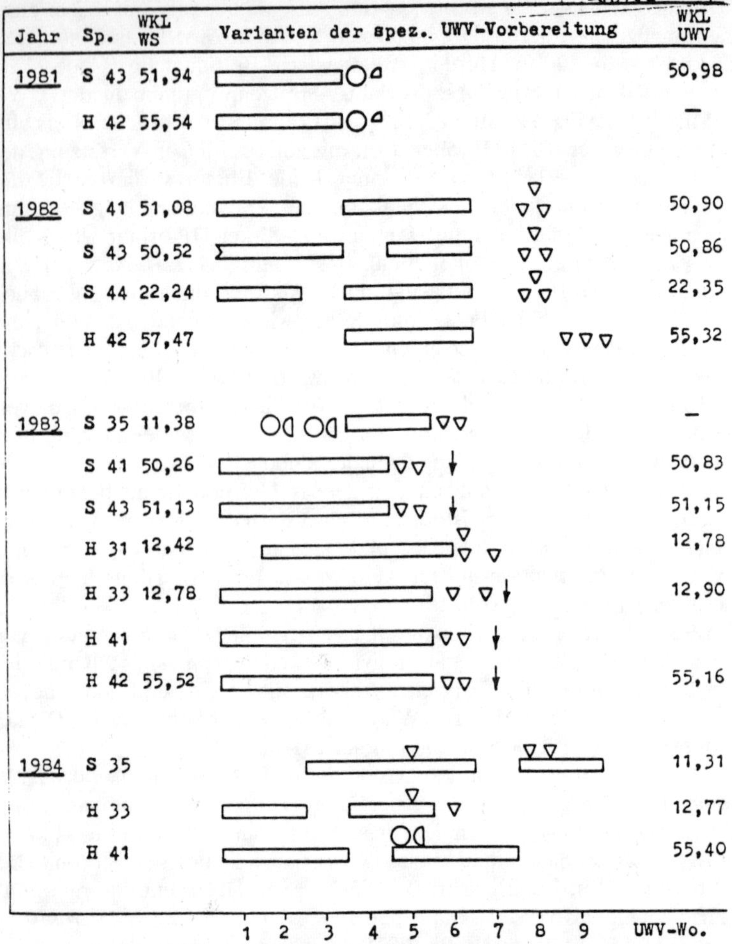


Abb. 3: Unterstützende Maßnahmen ausgewählter Sportler zur Vorbereitung auf die WK-Höhepunkte im Olympiazyklus 1980/84 in den Sprint-/Hürdendisziplinen

Legende: ▭ OT-Applikation ↓ 10 mg TP

○ 100 mg TD ▽ 25 mg TP

Dreispringer Matthias Schröder, der im gleichen Jahr – Dr. Riedels Arbeitsbuch weist die einzelnen Doping-Eintragungen aus – auf hohen Doppel-Steroid-Dope gesetzt war: 595 mg OT plus 680 mg STS 646, insgesamt 1275 mg.

Auch die Zehnkämpfer unterschieden sich bei durchschnittlicher Jahresdosierung (Abb. 12, Tabellen 6 und 7) und ähnlichem Dopingmuster sehr in ihrem «Überbrückungsstil»: Über-8700-Punkte-Star Uwe Freimuth (Code MK 11) beispielsweise ließ sich 1984 viermal hintereinander TP spritzen, während Torsten Voss (MK 12) nur zweimal TP, dafür aber zusätzlich zwischendurch 3 Ampullen TD erhielt (vgl. Abb. 19 und Textdokument 3 C).

Den Testosteronester TD (Tabelle 2) ließen sich auch einige der besonders resoluten DDR-Super-Damen injizieren, vor allem Sprinterin «S 35», die vierfache Olympiasiegerin Bärbel Wöckel-Eckert (Abb. 18). Sie stellte hochgedopt im Jahre 1984 mit 42,20 Sekunden nicht nur den heute noch gültigen deutschen Vereinsrekord über 4 × 100-m-Staffeln auf, zusammen mit ihren Klubkameradinnen des SC Motor Jena, sondern auch einen dokumentierten Doping-Weltrekord für Sprinterinnen mit einer Jahresdosierung von 1745 mg Steroid (1670 mg OT plus 75 mg TP), deutlich vor ihrer berühmten Staffelkameradin Marlies Göhr (1405 mg): Ein Rekord, unerreicht auch von den DDR-Sprinterinnen der neuen Generation wie Kerstin Behrendt (1679 mg; Kapitel 13), der Staffelkameradin von Katrin Krabbe. Bärbel Wöckels Hormonkonsum ist eine phantastische Leistung für den Damen-Sprint, liegt sie doch insgesamt sogar über der Jahresdosis von Ben Johnson (etwa 1500 mg Stromba; vgl. Angaben von Coach C. Francis im *Spiegel* 46/1990 und bei Dubin 1990). Die anabolen Exzesse von Gold-Bärbel und ihrem Trainer Horst-Dieter Hille (heute Stützpunkt-Trainer des DLV in Westfalen) erschienen selbst einigen DVfL-Ärzten und FKS-Forschern befremdlich: *«Auffällig sind die hohen Dosierungen von DT* [300 mg im Jahr 1983] *bei S 35* [Bärbel Wöckel] *und die Vorgehensweise 1984, wo während der OT-Applikation diese Präparate* [Testosteronester] *zusätzlich*

◄

**Abb. 18.** Varianten des Überbrückungsdopings von DDR-Sprinter(inne)n und Hürdenläufer(inne)n während und nach der unmittelbaren Wettkampfvorbereitung (*UWV*) vor dem «sportpolitischen Höhepunkt» des jeweiligen Jahres (1981–1984). Zu den verschiedenen Grund- und Überbrückungsdopingsubstanzen (*OT, TD, TP*; Tabelle 2) sind jeweils das Jahr, die Codenummer (Entschlüsselung der Namen in Tabelle 5), die jeweils beste Leistung (*WKL*) in der Wettkampfserie (*WS*) vor bzw. in oder kurz nach der *UWV* angegeben. Man beachte die phantasievolle Vielfalt des Überbrückungsdopings durch Testosteronester-Injektionen (TD, TP), besonders bizarr bei der vierfachen Olympiasiegerin Bärbel Wöckel-Eckert (S 35) und besonders synchron bei den Erfurter Läuferinnen Sabine Busch (S 41), Dagmar Rübsam (S 43) und Gesine Walther (S 44). (Nicklas u. Reumuth 1986)

Vertrauliche Verschlußsache 24
-52/86

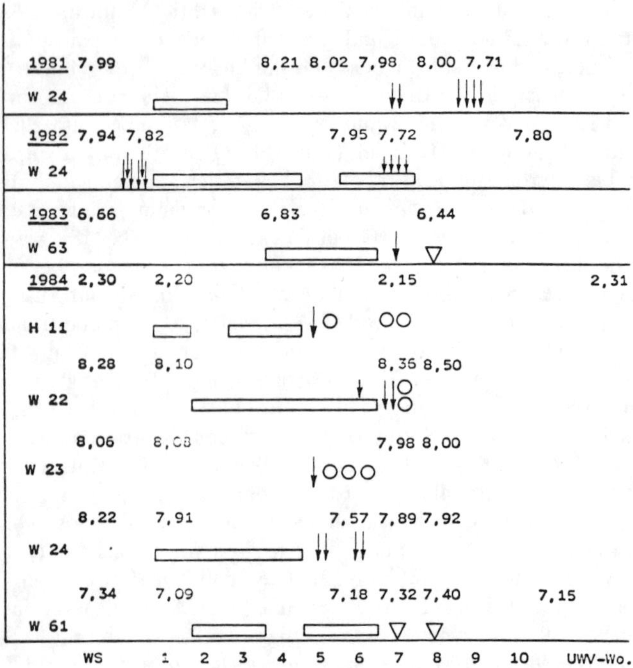


**Abb. 8:** Anabole und spezielle Vorbereitung auf den Jahres-Wettkampfhöhepunkt im Rahmen der UWV im Olympiazyklus 1980/84 am Beispiel ausgewählter Weitspringer (W) und eines Hochspringers (H) in Verbindung mit den in diesem Zeitraum erreichten Wettkampfleistungen

**Legende:** AS-Applikation
10 mg TP
25 mg TP
1500 IE HCG

**Abb. 19.** Vielfalt des Überbrückungsdopings der DDR-Mehrkämpfer(innen) vor dem jeweiligen sportpolitischen Jahreshöhepunkt im Olympiazyklus 1980/81 bis 1983/84. Bezeichnungen und Codeschlüssel in den Legenden der Abb. 12 und 16 sowie Tabelle 7; Wettkampfleistungen sind als Punktzahlen angegeben; *MK11* Uwe Freimuth; *MK12* Torsten Voss; *MK21* Ramona Neubert; *MK22* Sabine Möbius-Paetz-John; *MK24* Anke Vater-Behmer. Man beachte auch die schöne Formulierung in der Bildlegende: «Anabole und spezielle Vorbereitung». (Abb. 9 aus Nicklas et al. 1986)

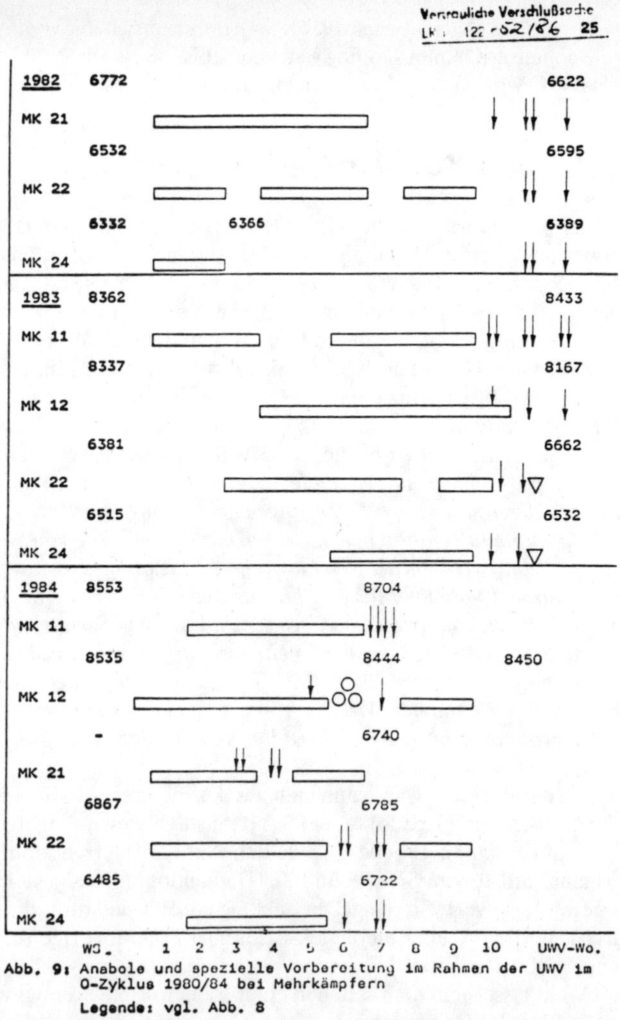


**Abb. 20.** Anabole Vorbereitung von DDR-Weitspringern und des Hochspringers Andreas Sam auf den Jahreswettkampfhöhepunkt durch gezieltes Doping während der UWV 1980–1984; Codeschlüssel und Symbole sind in den Abb. 12 und 16 erklärt; *H 11* Andreas Sam; *W 22* Lutz Dombrowski; *W 23* Mathias Koch; *W 24* Uwe Lange; *W 61* Heike Daute-Drechsler; *W 63* Helga Radtke. Man beachte die Vielzahl der Testosteronester-Injektionen, die Unterschiede in den Injektionsmustern und daß auch die junge Heike Daute (*W 61*) 1984 schon zwei 25 mg-Ampullen Testosteronpropionat gespritzt bekommen hat. (Abb. 8 aus Nicklas et al. 1986)

*verabreicht wurden»* (Nicklas et al. 1986). Sportmedizinisch mit verantwortlich für das Jenenser Damen-Doping war, zuerst bis 1982 beim SMD in Jena, später als DVfL-Verbandsarzt, Dr. Hartmut Riedel.

## B. Werfer und Kugelstoßer

Wie in anderen Ländern, vor allem in den USA, waren auch in der DDR die Kugelstoßer und Werfer die Pioniere des Dopings mit androgen-anabolen Steroiden (Kapitel 11). Seit 1967 gab es für die Werfer ein zentral gelenktes Dopingprogramm des DVfL und des SMD, das bereits in den 70er Jahren zur Selbstverständlichkeit geworden war. (Bauersfeld et al. 1973; Hinz 1981a, 1981b, 1985; Hinz et al. 1983, 1986; vgl. auch Schäker 1980).

So begann Dr. Lothar Hinz (1981) schon seinen Vortrag auf dem Leipziger Ergebniskolloquium am 10.2.1981, veranstaltet von der FKS-Forschungsgruppe «Zusätzliche Leistungsreserven», mit der Feststellung: *«In den Wurf-/Stoßdisziplinen sind anabole Steroide die wirksamsten unterstützenden Mittel, deren... aus den Erfahrungen der leistungssportlichen Praxis abgeleitete bewußte Integration in den Prozeß der Entwicklung von Weltspitzenleistungen eine wesentliche Reserve weiterer Leistungssteigerung darstellt. Die zentralen Vorgaben für den Einsatz anaboler Steroide (a. S.) tragen z. T. pauschalen Charakter und berücksichtigen nur ungenügend disziplin- und altersspezifische Besonderheiten sowie durch Trainingsbelastung und -gestaltung bedingte Einflüsse. Die Untersuchungen hatten das Ziel, ... zu Richtung und Grad der Wirkung von a. S. im ersten Jahr der Anwendung zur Vervollkommnung der Anwendungskonzeption (a. S.) im Juniorenbereich beizutragen.»*

Wie das in der Praxis aussah, kann man aus der späteren Arbeit von Hinz et al. (1986) erkennen (Textdokument 3 A). Aus den vielen Angaben dieser Arbeit sind einige in Tabelle 8 sowie den Abb. 21 (Herrendoping: Ulf Timmermann und Jürgen Schult) und 22 (Damendoping) vorgestellt. Die drei ausgewählten Werferinnen geben dabei je ein Beispiel für hohe (Irina Meszynski), mittlere (Ilona Slupianek-Briesenick) und niedrige (Martina Hellmann-Opitz) Turinabol-Dosierung.

So viel Weltklasse sieht man selten in einer Namensliste vereinigt wie bei Hinz et al. (1983, 1986), darunter.

- *Olympiasieger (Kugelstoßen: Udo Beyer, Slupianek, Timmermann; Diskuswerfen: Hellmann-Opitz, Schult; Speerwerfen: Felke)*
- *Weltmeister (Hellmann-Opitz 1983 und 1987, Schult; Speerwerfen: Michel)*
- *Weltrekordler (u. a. Hohn, Felke, Udo Beyer, Timmermann, Schult, Slupianek, Meszynski)*
- *Europameister (Beyer 1978 und 1982, Hohn, Slupianek, Krieger).*

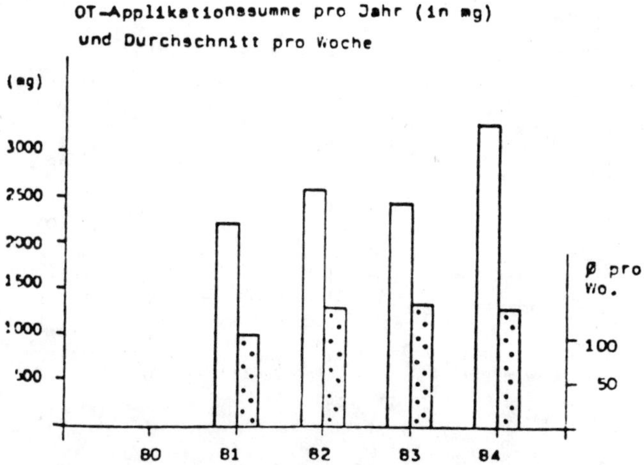


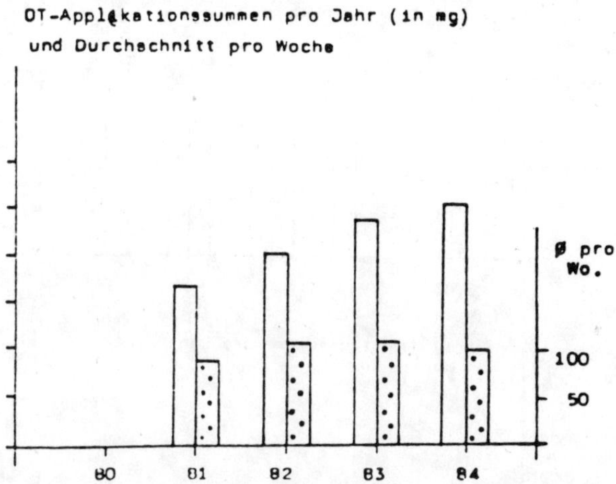


**Abb. 21.** Dopingmitteldosierung (Oral-Turinabol) bei zwei aufstrebenden Stars der Leichtathletik, beide später Olympiasieger in Seoul 1988: Kugelstoßer Ulf Timmermann (*oben*) und Diskuswerfer Jürgen Schult (*unten*). Der Konsum in den Jahren 1981 bis 1984 ist pro Jahr (*offene Rechtecke*, mg-Angaben links) und als Wochendurchschnitt (*gepunktete Rechtecke*, mg-Skala rechts) dargestellt; einzelne Angaben dazu in Tabelle 8. (Mod. nach Hinz et al. 1986)

OT-Applikationssummen pro Jahr (in mg)
und Durchschnitt pro Woche

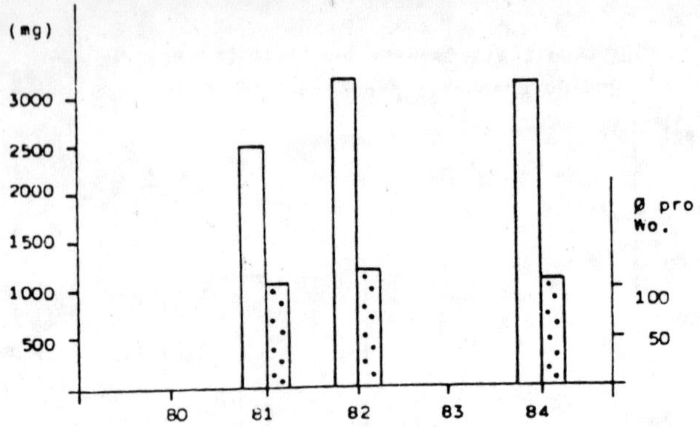


OT-Applikationssummen pro Jahr (in mg)
und Durchschnitt pro Woche

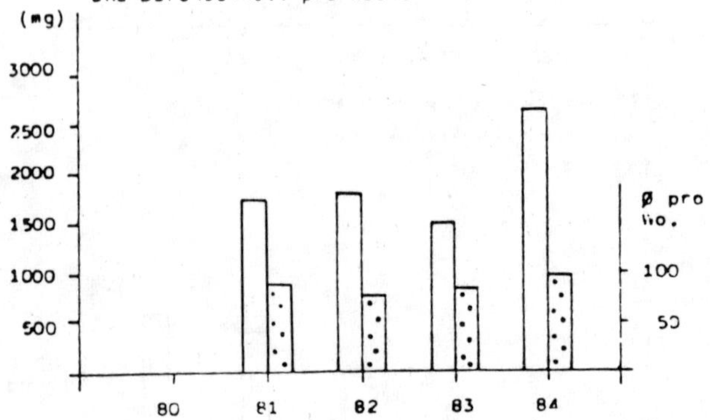


OT-Applikationssummen pro Jahr (in mg)
und Durchschnitt pro Woche

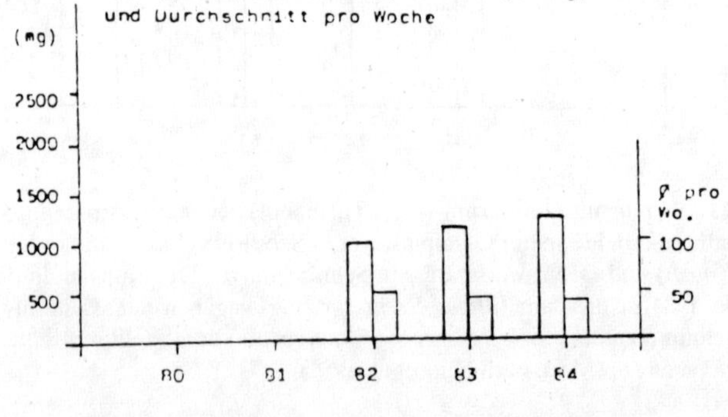

Ein bunter Kessel Anaboles: In den Berichten von Hinz und Kollegen wird solides Werfer-Doping in verschiedenen Klubvariationen geschildert. Nicht das Ob, nur mehr das Wie und Wann wurde diskutiert (Textdokument 3 A). Still und stetig dopten alle, und Hinz et al. (1986) konnten viele gute Noten für vorbildliche Schluckmanieren vergeben: Nicht zuviel, nicht zu früh in der Karriere und immer schön «freie Intervalle» einlegen, sonst tritt ein «Gewöhnungseffekt» ein, und der Stoßer/Werfer spricht auf die anabole Stimulation nicht mehr so gut an. Die Wissenschaftler des FKS beklagten immer wieder leise den Drogenpragmatismus der Praktiker (Athleten, Trainer, Funktionäre) vor großen Wettkämpfen – das Olympische Geheimnis der DDR: *«Die Tendenz einer deutlichen Erhöhung der OT-Menge im letzten Jahr des Olympiazyklus!»* Zu Ilona Slupianek-Briesenick: *«Die OT-Gesamtdosis lag im Olympiajahr am höchsten.»* Zu Diskuswerferin Irina Meszynski: *«Die deutliche Leistungssteigerung wird mit einem erheblichen Mehraufwand in der Dosierung... realisiert.»* Zu Diskuswerfer Warnemünde: *«Die OT-Gesamtdosis wird im Olympiajahr um 67%... gesteigert»* usw. usw. Ansonsten klare Verhältnisse: Kugelstoßer(innen) schluckten am meisten, gefolgt von Hammerwerfern und Diskuswerfer(inne)n, das Schlußlicht bildeten die Speerwerfer(innen).

Bei den Frauen wurde es aber den Dopingbuchhaltern manchmal doch etwas mulmig: Zwar *«läßt sich belegen, daß bei den Frauen durchschnittliche OT-Wochendosierungen um 50 mg eine effektive Unterstützung des Trainings bewirken und die Entwicklung von Weltspitzenleistungen ermöglichen»* (Hinz et al. 1986). Aber was zuviel ist, ist dann doch zuviel, nämlich wenn auf das Körpergewicht bezogen *«von den Kugelstoßerinnen z. T. höhere Jahresdosierungswerte erreicht werden als bei den Männern»*. In der Tat, die DDR-Stoßerinnen gaben kein Pardon, auch sich selbst nicht. Pro Kilo Körpergewicht und in manchen Jahren auch an absoluter Drogenmenge nahmen Ilona Slupianek, Helma Knorscheidt, Heidi Krieger, Ines Müller, aber auch die Diskuswerferinnen Irina Meszynski und Silvia Madetzky mehr Oral-Turinabol zu sich als beispielsweise der starke Ulf Tim-

**Abb. 22.** Drastische Dosierungsunterschiede beim Hormondoping der starken deutschen Damen: drei Anabolikakategorien. Oral-Turinabol-Dosierungen (Symbole wie in Abb. 21) mit je einem Beispiel im Bereich Hochdosis: 73,36 m-Diskuswurfweltrekordlerin 1984 Irina Meszynski (*oben*), Mitteldosis: Kugelstoß-Olympiasiegerin 1980, Ex-Weltrekordlerin und Deutsche Rekordhalterin (22,45 m) Ilona Slupianek-Briesenick (*Mitte*) und Niedrigdosis: Diskuswurf-Olympiasiegerin 1988 und zweifache Weltmeisterin 1983 und 1987 Martina Hellmann-Opitz (*unten*), die den Diskus am 6.9.1988 auf 78,14 m warf (wegen eines formalen Veranstalterfehlers nicht als Weltrekord anerkannt). Dosierungsangaben in Tabelle 8. (Mod. nach Hinz et al. 1986)

mermann (Tabelle 8). Die 21,45 m-Kugelstoßerin Ines Müller-Reichenbach vom SC Empor Rostock, EM-Silber 1986 und WM-Bronze 1987, liegt mit der Horror-Dosis von 3680 mg noch vor den meisten DDR-Männern (!), ausgenommen Udo Beyer (Kugel) und Roland Steuk (Hammerwurf).[1]

Auch bemängelten Hinz und Kollegen, daß bereits junge Mädchen mit mittelprächtigen Leistungen schon auf OT gesetzt wurden: *«Die vorzeitige Anwendung durch die Sportlerin 54* [die 16jährige Heidi Krieger] *erfolgte aus unserer Sicht unbegründet, da das Ausgangs-Leistungsniveau... von 14,08 Metern... deutlich unter dem empfohlenen Vorgabewert... liegt».*

Hinz hatte sich schon immer um die richtige «Erstanwendungsvariante» bemüht und bereits in seiner analytischen Arbeit von 1981 eine ganze Reihe von goldenen Dopingregeln für die DDR-Werfer aufgestellt wie z. B.:

- *«Die Erstanwendung ist mit hoher Sicherheit mit einer zum Teil deutlichen Leistungsentwicklung verbunden.*
- *Im Kugelstoßen der Frauen scheinen höhere Anabolika-Jahressummen gesicherter zu höheren Leistungsstufen zu führen.*
- *In den Frauendisziplinen scheinen Erstgaben bis zu 850 mg/Jahr im Kugelstoß und 650 mg/Jahr im Diskuswurf eine proportionale Entwicklung zu gewährleisten.*
- *Höhere Entwicklungsraten in der Maximalkraftfähigkeit wurden im Vergleich zu der Zeit vor der Anwendung anaboler Steroide (a. S.) nur bei Sportlern mit... sehr hohen Anabolika-Jahressummen festgestellt.*
- *In der Regel war die Erstgabe mit einer Belastungssteigerung verbunden.*
- *Es zeigt sich, daß es auch bei einer Umfangssenkung im Hanteltraining bei hohen a. S.-Summen zu hohen Entwicklungsraten in der Maximalkraftfähigkeit kommt (Michel, Schmuhl, Meszynski).*
- *Extrem hohe Raten der Leistungsentwicklung (15% und höher) werden dann erreicht, wenn durch ein sehr niedriges Ausgangsniveau eine hohe Umfangssteigerung realisiert werden kann (Felke, Rüdrich).*
- *Hohe a. S.-Jahressummen resultieren ausschließlich aus langen Einsatz-Zeiträumen. Als Tagesdosierung wurden von der Mehrzahl der Trainer 10–15 mg..., im Männerbereich in Ausnahmefällen 20–25 mg angegeben. Es wurden zwei Grundvarianten des Ersteinsatzes von a. S. ermittelt.*
- *1. Variante: Der Einsatzbeginn lag im Abschnitt des speziellen Trainings nach dem Wurfhöhepunkt. Es erfolgte eine gezielte Vorbereitung der Wettkampfserie und der... Nominierungswettkämpfe. Nach einem freien Intervall von 1–2 Wochen wurde das Training in der UWV... bis zum Absetztermin unterstützt. Die Gesamtdauer betrug 12–18 Wochen.*

1 Um wieviel mehr talentiert müssen die westdeutschen Stoßerinnen sein, die genauso weit (21,43 m Eva Wilms) oder noch weiter stoßen (22,19 m Claudia Losch) und beteuern, nie Anabolika genommen zu haben! Das ist ein Scherz der Verfasserin!

– 2. *Variante: Es erfolgte eine gezielte direkte Vorbereitung der JEM (Junioren-Europameisterschaften). Die Einsatzdauer betrug 3–5 Wochen im Speerwurf und 6–10 Wochen in den anderen Disziplinen. Diese Variante... kommt in den letzten Jahren nur (noch) selten zur Anwendung. Der härtere Kampf um die Nominierung drängt Trainer und Sportler zur Variante 1, d. h. zu langen Einsatz-Zeiträumen und hohen a. S.-Jahressummen.»*

Hinz erklärte daher schon 1981: *«Schwerpunkte der weiteren Forschungsarbeit werden gesehen in – 1. der Erprobung empfohlener a. S. Dosierungen im ersten Jahr der Anwendung, – 2. der Abklärung der Frage des Wirkungsverlustes von a. S. im Verlaufe ihrer langjährigen Anwendung, – und 3. Untersuchungen zur Objektivierung des anabolen Spiegels.»*

Ganz wichtig aber fanden auch Hinz et al. (1986) die Lösung des Überbrückungsproblems für die Stoßer und Werfer: *«Es muß nach neuen Möglichkeiten gesucht werden, den Leistungsabfall nach dem Absetzen vor sportpolitischen Höhepunkten mit Hilfe unterstützender... Maßnahmen zu minimieren.»* Nun, Dr. Hinz wußte natürlich: Dieses Problem war schon in Bearbeitung – im Staatsplanthema 14.25 wurde daran schon geforscht.

## C. Sprinter und Hürdenläufer

Anabolikadoping war bei den Sprintern (Kurzstrecklern wie 400-Meter-Läufern) und Hürdenläufern, bei den Männern wie bei den Frauen, seit Ende der 60er Jahre üblich, wie in den Sprungübungen auch (Riedel 1986). In gewisser Weise war aber das Sprinter- und Hürdler-Doping der DDR paradox: Während die Männer «in Maßen» dopten und 9 mg Tagesdosis in der Regel nicht überschritten, waren die berühmt schnellen DDR-Frauen geradezu ungehemmt beim Doping, mit überraschend hohen Dosierungen.

In den Tabellen 5 und 12 sowie den Abbildungen 11 und 18 sind typische Beispiele für das Doping der Sprinter veröffentlicht: Textdokument 3 B und Kapitel 13 geben weiteren Aufschluß über konkrete Probleme des Kurzstreckler-Dopings (Nicklas u. Reumuth 1986). Bärbel Wöckels Dopingrekord für Sprinterinnen wurde schon erwähnt; Bettine Jahn, Cornelia Oschkenat und Marlies Göhr folgten ihr in der Dosierung auf den Fersen. Dabei nahm Cornelia Oschkenat immer mehr als ihr Mann Andreas, im Jahr 1984 sogar fast das Dreifache: eine eigenartige intramaritale Androgenverteilung! Die Erfurter 400-Meter-Läuferinnen, auch Marita Koch in ihren Spitzenjahren, nahmen etwa doppelt so viel wie 400-m-Weltmeister Thomas Schönlebe! Außerdem lagen die DDR-Sprinterinnen in der Dosierung weit über ihren Konkurrentinnen aus den USA und Kanada (vgl. Kapitel 3; Biden 1990; Dubin 1990).

Dieses Doping der Sprinter und Sprinterinnen setzte sich bis in die jüngste Zeit fort. Bei den EM 1990 in Split waren mindestens zwei der drei Medaillengewinnerinnen über 100 Meter und der Europameister-Sprintstaffel Anabolika-Damen: Silke Möller-Gladisch (geb. 20.6.1964) und Kerstin Behrendt (Siegerin Katrin Krabbe vom Doping-Klub SC Neubrandenburg fand sich bisher noch nicht in den Unterlagen) waren schon als Minderjährige auf Dope gesetzt (Tabelle 5). Dabei ist Kerstin Behrendts Doping ein besonders trauriger Fall, der im Kapitel 13 vorgestellt wird. Auch der schnellste 110-Meter-Hürdenläufer der DDR von 1990, Idriss Gonschinska, ist in den Dopingbüchern geführt. Wie Tabelle 5 zeigt, wurden aber auch männliche Jugendliche bereits mit Oral-Turinabol gedopt – wie z. B. Thomas Schönlebe und Holger Pohlandt.

## D. Mittel- und Langstreckenläufer und Geher

Seit den frühen 70er Jahren wurden Anabolika auch im Mittel- und Langstreckenlauf des DVfL eingesetzt, vor allem zur Belastungssteigerung im Training, bei Frauen auch in der unmittelbaren Wettkampfvorbereitung.

Wie in anderen Übungen auch, profitierten hier die Frauen in besonders hohem Maße vom androgenen Doping. So ist es denn auch wenig erstaunlich, daß sich unter den bei Dopingkontrollen «Erwischten» (Tabelle 1) mehrere Mittelstrecklerinnen befanden, angefangen von den nahezu ständig gedopten rumänischen Läuferinnen Ende der 70er Jahre (Silai, Marasescu) über die Schweizerin Sandra Gasser bis zu den jüngsten Fällen, die zeigen, daß diese Art Doping auch in Ländern der «Dritten Welt» (z. B. die chinesische 800-Meter-Läuferin Su-Mei Sun, 1990) und im Marathonlauf (Sirje Eichelmann, UdSSR) verbreitet ist. Wenn es in diesen Disziplinen auch nicht so viel zur Leistung beiträgt wie bei den «Kurzleistern» der Leichtathletik, eine Steigerung der Leistung bei den Frauen ist offenbar.

Wie bereits bei der Besprechung der Forschung am «Staatsplanthema 14.25» erwähnt (Kapitel 11), galt das Anabolikadoping bei den Mittel- und Langstreckler(inne)n den Sportführern der DDR als noch erweiterungsfähig. Die Einzelheiten der Anwendung wurden in den Arbeiten des Dr. Th. Ferkl, einschließlich seiner Dissertation 1988, dargestellt und analysiert. Seit 1988 gab es hier dann auch allgemeine Empfehlungen (Textdokument 1 C; S. 346). Auch hier war Oral-Turinabol die Grundlage, in der Sommersaison jedoch mit vermehrtem Einsatz des Mestanolon (STS 646), um eine Gewichtszunahme zu vermeiden.

Sogar minderjährige Langstrecklerinnen wurden schließlich schon von ihren Trainern hormonell angedopt. Das bekannte Spitzenläuferin Uta Pippig im Sommer 1991, die den Stoff (OT) als 17jährige erhielt, ihn aber wegen starker Nebenwirkungen (Muskel-Hartspann) bald wieder absetzte.

Daß selbst die Geher schon seit den 70er Jahren regelmäßig ihre Trainingsbelastbarkeit durch Anabolikadoping erhöhten, mag überraschen, ist aber durch das schriftliche Bekenntnis des früheren Gehers Fred Sparmann (*Märkische Allgemeine,* 18.3.1991) bewiesen. Er beschuldigte den Cheftrainer der früheren DVfL und heutigen DLV – Geher, Joachim Pathus, ein aktiver Doper und Dopingplaner gewesen zu sein: *«Ich trainierte als Geher bei ihm von 1974 bis 1980. Ab 1977 bekam ich von ihm sogenannte ‹unterstützende Mittel› in Form von Tabletten der Marke Oral-Turinabol (Anabolika) verabreicht – vor allem in Vorbereitungsperioden, die durch einen hohen Trainingsumfang und große Intensität gekennzeichnet waren. Die Tabletteneinnahme (einmal bis zweimal täglich) wurde von Trainer Pathus berechnet und der ‹Nachschub› geplant.»*

## E. Die Springer, die Mehrkämpfer und Dr. Riedels Dopingempfehlungen

Das Anabolikadoping in den Sprungdisziplinen der DDR-Leichtathletik, die dort mit den Mehrkämpfen organisatorisch – auch in der medizinischen Betreuung – zusammengefaßt waren, ist zweifelsohne der am besten dokumentierte und untersuchte Betrug der Sportgeschichte. Außer umfangreichen Ergebnisberichten, von denen der von Nicklas et al. (1986) im Textdokument 3 C vorgestellt ist, befaßt sich eine ganze Habilitationsarbeit (Riedel 1986) ausschließlich mit Sportlern dieser Disziplinen, Männern wie Frauen (Textdokument 3 D bei Berendonk 1991). Auch die Habilitationsschrift von Dr. Winfried Schäker (1980) führt vor allem Beispiele von Springern und Mehrkämpfern des ASK Potsdam aus den Jahren 1975 und 1976 an – mit Fünfkämpferin Burglinde Pollak (Weltrekordlerin, Europameisterin und zweifache olympische Bronzemedaillengewinnerin 1972 und 1976) und Jörg Drehmel, dem Dreisprung-Silbermedaillengewinner 1972 und heutigen DLV-Stützpunkttrainer, als prominenteste Namen (Tabelle 9).

Das Dokumentenmaterial in diesen Arbeiten und im bereits erwähnten «Arbeitsbuch» des Dr. Riedel ist überwältigend: Allein in Riedels Arbeit wurde das Doping von über 200 Springern und Mehrkämpfern der DDR-Spitzenklasse über insgesamt 7 Jahre hin detailliert ausgewertet; dazu noch eine besondere, langfristige Versuchsreihe mit 95 «Sportlern der höchsten Leistungsklasse», bei der regelmäßig Blut- und Urinproben genommen, die Ernährung kontrolliert und vermessen und Leistungstests durchgeführt wurden.

Als Dopingforscher war Riedel in einer besonders günstigen Position: der Arzt beschrieb seine eigenen «Patienten». Der heutige Professor der

Universität Bayreuth war damals schließlich der zuständige Arzt, der zuerst (1970–1982) in Jena an der dortigen SMD-Hauptberatungsstelle viele von ihnen direkt betreute und später als Bereichsleiter für Forschung im SMD-Institut in Kreischa und – 1986 – als DVfL-Verbandsarzt praktisch Zugriff auf die Dopingdaten aller DDR-Leichtathleten hatte. So wurde Riedel zum historischen Hauptzeugen des flächendeckenden Dopings in der DDR und einer opportunistischen Sportmedizin, die sich den Betrug durch Doping zum Forschungsgegenstand gemacht hatte.

Das von Riedel (1986) vorgestellte zu «therapierende» Patientengut ist beeindruckend. Riedel beschreibt, wie er und seine Medizinergenossen 43 Hochspringer mit einer Bestleistung über 2,20 Meter therapierten oder 40 Weitspringer mit einer Bestleistung jenseits von 7,75 Metern zu noch weiteren Sprüngen heilten. Welch genialische Erweiterung des Therapie- und Krankheitsbegriffs, den zu therapierenden Zustand durch die Entfernung zum Weltrekord anzugeben und den Therapieerfolg als drogeninduzierten Leistungsanstieg im Vergleich zum Plansoll zu werten.

Und welch ein Erlöser des «schwächeren Geschlechts»: Riedel und seine Genossen befreiten die Frauen von ihrem unzureichenden hormonellen Dasein, indem sie ihnen androgene Steroide verabreichten und dadurch dem ersehnten männlichen Leistungszustand näher brachten (Dokumente bei Berendonk 1991).

Arzt oder Unarzt, das ist hier die Frage! Riedel (1986) traktierte serienweise junge Frauen – viele noch Teenager – illegal mit androgenen Hormonen – sogar mit dem starken Androgenpräparat STS 646, viermal stärker als Testosteron selbst und klinisch nicht zugelassen – und injizierte einigen von ihnen obendrein noch reines Androgen, Testosteronpropionat, sei es zu Betrugszwecken (vor Wettkämpfen mit Dopingkontrollen), sei es für ethisch wie wissenschaftlich wertlose «Dopingforschung». So wurde bei Riedel der «ärztliche Kunstfehler» (Prof. Krüskemper, Kapitel 3) zur Kunst erhoben und als besondere Kunst offenbar von DDR-Ärzteschaft und -Gesellschaft damals ebenso anerkannt wie heute von der Universität Bayreuth, die Riedel und seine unethischen Experimente für tragbar hält.

Schöpfung von Trainingsmehrwert durch Anabolika (Riedel: *«Nicht mehr trainieren, sondern effektiver mit Pharmaka»*; s. Abb. 4) galt zu Beginn von Riedels Untersuchung für Mehrkämpfer(innen) zwar schon allgemein als gesichert. In den Sprungübungen, besonders im Hochsprung, war aber die Notwendigkeit der medikamentösen Unterstützung noch umstritten: Vor allem gab es immer wieder einmal einen talentierten Springer – in westlichen Ländern natürlich, wo es allein noch gelegentlich ungedopte Leichtathleten gab –, der eine Weltklasseleistung nachweislich auch ohne Anabolikaeinnahme erreichte wie z. B. der bewegungsbegabte Westdeutsche Dietmar Mögenburg.

Daher hat Riedel viel Mühe darauf verwandt, durch große Fallzahlen von Doping-therapierten Sportlern, die, verglichen mit den Wurf- und Sprintübungen, relativ geringen, aber möglicherweise signifikanten Leistungsanstiege aufzuzeigen und zu beweisen. Außerdem untersuchte er den Einfluß des jeweiligen Trainingsprogramms, der Ernährung, der Dopingzeitdauer (Anfänger und «mehrjährige Anwender»), eventuelle Unterschiede zwischen den Präparaten OT und STS 646 sowie die Wirkung bestimmter Androgene oder des Choriongonadotropins (hCG) auf den Testosterongehalt bei der «Überbrückungstherapie» vor großen Wettkämpfen mit Dopingkontrollen.

Riedels Unterlagen und Zahlen beweisen auch noch einmal, daß Anabolikadoping keineswegs nur der «absoluten Spitze», den Kader-Athleten, vorbehalten war. Unter den Gedopten findet man Weitspringer(innen) mit Bestleitungen um die 7 (6) Meter, Dreispringer unter 15 Metern ebenso wie Stabhochspringer unter 4,90 Metern.

Im ersten Teil seiner Arbeit führt Riedel voller Stolz die großen Erfolge seiner Star-Doper auf erhöhte OT-Dosierung zurück, vor allem die Medaillen und Finalplätze bei den Olympischen Spielen 1980 in Moskau, die durchweg nach gewaltiger Erhöhung der Jahresdosis gegenüber dem Vorjahr erreicht wurden (Tabelle 6).

Eine ganz besondere Bedeutung für Riedels Doping-Botschaft haben natürlich die Ergebnisse seiner eigenen Patientin Heike Drechsler (-Daute), deren frappante Leistungsentwicklung er in enger Korrelation zu der von ihm verordneten und verzeichneten Oral-Turinabol-Einnahme sieht (Abb. 3, 15–17). So stellt er in seiner Habilitationsschrift ihren Fall ganz zentral und empfehlend vor (Riedel 1986):

*«Verdeutlicht wird der Zusammenhang zwischen der Entwicklung der konditionellen Fähigkeiten und der Gesamtdosierung am Beispiel einer Sportlerin... der Disziplin Weitsprung... Bei der Sportlerin* [Heike Drechsler-Daute]... *wird ein jährlicher Anstieg der Wettkampfleistung dokumentiert, der durch die parallele Erhöhung konditioneller Fähigkeiten, Fähigkeitspotential und Gesamtdosierung a. S.* [anaboler Steroide] *bedingt ist.»*

Für Riedel ist offenbar die Dopingkurve Heike Drechslers eine Art Werbung für das Damen-Doping mit androgenen Hormonen.

Herbe Kritik erntet aber, wer die Vertreter der reinen Dopinglehre durch unzureichende Leistungen enttäuschte: Die Entwicklung von Weitspringer Frank Paschek etwa (Bestleistung: 8,36 m), wurde von Riedel (1986) wegen unqualifizierten Dopings als Negativexemplum vorgeführt und mit einer mysteriösen Diagnose stigmatisiert: «[Er] *zeigt zunächst eine positive Leistungsentwicklung, allerdings verbunden mit einer sehr hohen Gesamtdosierung a. S./Jahr* [2,1 g]. *Durch die überhöhte Dosierung wird keine weitere Leistungssteigerung erreicht. Nach 1980 kommt es zu einem steilen Abfall der konditionellen Fähigkeiten, verbunden mit unkla-*

*ren Symptomen, die medizinisch abgeklärt wurden.»* Was hatte Frank Paschek denn, außer daß er weniger weit sprang?

Riedel hat in seiner Arbeit noch einmal alle Vorteile, auch die kleinsten, des Anabolikadopings herausgearbeitet und zusammengefaßt (Textdokument 3 D). Als langjähriger praktischer Doping-Doktor vom Dienst in Jena und Kreischa wußte er schließlich, worauf es ankam: Seine Habilitationsschrift war daher auch nach seinem Absetzen in den Westen unter den DDR-Trainern und -Medizinern bekannt, Dopingwerbung und Dopingbibel zugleich, Betrugsanleitung aus der Praxis für die Praxis.

Nach Riedel (1986) wirkte sich der Anabolikakonsum überall positiv aus, einzelne Leistungen und Fähigkeiten stiegen aber verschieden schnell nach Drogeneinnahme an: *«Die Mehrjahresanwendung bei einem langjährig trainierenden... Sportlerkollektiv hat jährlich positive Veränderungen der Wettkampfleistung (+ 4,6%) und der konditionellen Fähigkeiten (+ 5,5%) zur Folge. Im Untersuchungszeitraum konnte ein Anstieg der speziellen Leistungsfähigkeit von durchschnittlich 7,5% (Männer) und 8,2% (Frauen) im Vergleich Ausgangsleistung zur Bestleistung nach 6 Trainingsjahren nachgewiesen werden.»*

Die feinen Dosierungsunterschiede und -effekte in den einzelnen Sprungübungen arbeitete Riedel ebenso heraus wie die Wirkungen von OT und STS 646 auf die verschiedenen meßbaren Fähigkeiten:

- *«Überwiegendes Krafttraining bewirkt sowohl bei niedriger (5 mg/Tag) als auch bei hoher (15 mg/Tag) Dosierung eine deutliche mittlere Zunahme der Kraft (Maximal-/Schnellkraft-Fähigkeit), während andere... Fähigkeiten geringe Veränderungen zeigen... Beim untersuchten Sportlerkollektiv nehmen die relativen Entwicklungsraten in der Reihenfolge: Schnelligkeit (+ 3,5%), Schnellkraft (+ 3,7%), spezielle Leistung (+ 3,9%) und Maximalkraft (+ 5,3%) zu.»*

Während – so Riedel – die Maximalkraft noch unter Stoff ansteigt *«und nach 3 bis 5 Wochen das Maximum»* erreicht, entwickeln sich die anderen Fähigkeiten erst in der 1.–3. Woche nach dem Absetzen. Woran man sieht, daß eigentlich nur die Kugelstoßer und Werfer mit den üblichen Absetzterminen Probleme hatten, bei den anderen Disziplinen paßte es ganz gut in die Wettkampfvorbereitung, wenn man einmal von der nachlassenden psychotropen Wirkung absah.

Im Schlußteil der Riedel-Arbeit, die den Segen der Anabolika bis auf die Dezimalen und Wirkungstage beziffert, fanden natürlich die Schlüsse und «Festlegungen» des Autors die besondere Aufmerksamkeit der Praktiker an der Dopingfront. In Dr. Riedels gesammelten Dopingempfehlungen findet man eine Antwort auf jede Dopingfrage. Zur Frage, wann und wie man am besten mit dem Dopen anfängt, meint Riedel: *«Die Erstanwendung anaboler Steroide erfolgt frühestens mit 17 bis 18 Jahren... Die Erstanwendung mit geringen Dosierungen (5 bis 10mg OT/Tag) über 14 Tage und einer maximalen Gesamtdosierung von 150mg pro Zyklus bzw. 450mg im Jahr hat sehr deutliche anabole Wirkungen zur Verbesserung der speziellen Leistung um 5 bis 10% zur Folge.»*

Riedel betont übrigens mehrfach, daß eine deutliche Dosissteigerung von Jahr zu Jahr eine wichtige Voraussetzung für eine Leistungssteigerung ist und daß man diese Drogenentwicklung in einer *Olympiade* (d. h. Vierjahresplan) exakt planen muß, wobei es sowohl auf die OT-Zunahme in dem jeweiligen Jahr (Riedel schlägt 5 Dopingzyklen pro Jahr vor) als auch auf eine Erhöhung der Dosis von Jahr zu Jahr ankommt. Dabei gilt die Gesetzmäßigkeit (die sog. «Riedel-Regel»), daß man von einem Jahr zum nächsten die Dosierung um jeweils etwa 15 Prozent (10–20 Prozent) steigern muß, um die Wettkampfleistung zu verbessern:

*«Die Mehrjahresanwendung muß... für mindestens einen 4-Jahres-Zeitraum in einer ansteigenden Dosierung im Verlaufe eines Jahres mit ca. 5 Anwendungszyklen pro Jahr und einer ansteigenden Dosierung im... Mehrjahresverlauf geplant werden. Etwa 10% jährliche Erhöhung der Gesamtdosis des OT... haben im allgemeinen ansteigende Wettkampfleistungen zur Folge.»*

Dieses eiserne Gesetz der jährlichen Dosissteigerung hämmert «Mister 15 Prozent» in seiner Habilitationsschrift dem Leser immer wieder ein, wenn auch mit kleinen Variationen:

*«Nur bei einer deutlichen Erhöhung der Gesamtdosis über 15% der applizierten Steroide ist eine Verbesserung der mittleren Wettkampfleistung zu verzeichnen.»*

Oder an anderer Stelle: *«Jährliche Anstiege von Gesamtdosierung (um 10 bis 20%) und Trainingsbelastung sind die Voraussetzung für eine bessere Wettkampfleistung.»*

Was die eigentliche anabole Wirkung betrifft, konnte Riedel – zumindest bei den Sprungübungen – keine deutlichen Unterschiede zwischen OT und Mestanolon (STS 646) erkennen. Wie andere (z. B. Schäker 1980; Rademacher 1989; Rademacher et al. 1983, 1987, 1988) weist aber auch er darauf hin, daß nach Training unter Mestanolon-Doping die Körpermasse kaum zunimmt und der Gehalt an Testosteron im Blut weniger stark absinkt als nach OT.

Auch den Mädchen und Frauen mutet der Doping-Doktor einiges Androgene zu. Seine «gynäkologischen» Hormon-Korrekturen möchte er aber als Fortschritt, als humane Erleichterung bewertet wissen:

*«Wie die ermittelten anabolen Wirkungen des OT... zeigen, wird bei Frauen mit 50–70% der Männerdosis eine vergleichbare Wirkung erreicht... Für OT wurden... tägliche Dosierungen von 10 bis 20mg (Männer) und 5 bis 15mg (Frauen) ermittelt* [also ziemlich genau das, was Bauers-

feld et al. 1973 schon vorgeschlagen hatten; vgl. Kapitel 11]... *Als wirksame... Dosierungen wurden 0,17 mg OT pro Tag und Kilogramm LBM* [Tabelle 4] *bei männlichen und 0,15 mg OT bei den weiblichen Sportlern ermittelt...»*

Und dann seine allgemeine und praktische Empfehlung für die Springer und Springerinnen:

*«Abgeleitet vom Wettkampfhöhepunkt im jeweiligen Trainingsjahr sind wiederholte Medikationsintervalle jeweils in 14-Tage-Rhythmen bis zu einer maximalen jährlichen Gesamtdosierung von 1500 mg OT (Männer) und 1000 mg (Frauen) möglich...* [Es] *kann von folgendem prinzipiellen Schema ausgegangen werden: Vorbereitungsphase I – zwei 14-Tage-Zyklen... Vorbereitungsphase II – drei bis vier 14-Tage-Zyklen. – Wettkampfhöhepunkt: zwei bis drei 14-Tage-Zyklen.»*

Auch vor der Verabreichung von noch härteren Sachen, reinem Testosteron, an Mädchen und Frauen schreckt der Habilitand nicht zurück. Er findet, die Frauen sollen nicht so zimperlich sein:

*«Bei Frauen ist bei Anwendung von Testosteronpropionat die Applikation auf 10 mg in der Einzeldosis und 3–4malige Wiederholung in zweitägigen Intervallen zu begrenzen.»* Alles klar für Andrea und Doria!

Auffällig ist, wie sehr Riedel die Tageszeit der Dopingmittel-Einnahme betont. Er ist geradezu besessen von dem Konzept des Dopings als «zirkadiane Therapie» um 10.00 Uhr und empfiehlt einen DDR-straffen Tagesplan:

*«Die zirkadiane Therapie von OT (10.00 Uhr), die konkrete Beziehung zwischen Trainingszeiten (10.00 bis 12.00/15.30 bis 18.00 Uhr) und Mahlzeiten (7.30, 12.00, 14.30 und 18.15 Uhr) sowie die strikte Einhaltung der Nachtruhe (22.00 bis 6.30) hat durch die Betonung der anabolen Stoffwechselsituation... eine gesteigerte Proteinsynthese zur Folge... Die Wirkung anaboler Steroide auf das... Hungerzentrum und eine Effizienzsteigerung der Verwertung der Energieträger... zwingen während der Medikation zu einem ‹bewußten Essen›.»* Das ist eben das echte Doping auf deutsch: diszipliniert und effizient, Nachtruhe ab 22.00 Uhr und bewußtes Kauen während der Anabolika-Medikation. Man hält den Krampf im Kopf kaum aus!

Die Liste der DDR-Sportler, die in wissenschaftlichen Arbeiten als «gedopt» geführt sind, wird wöchentlich länger. Was die Leichtathletik angeht, so gibt die Tabelle 10 einen Zwischenstand der Aktenauswertung. Wie man sieht, ist die Liste der nun als Dopingsünder überführten 220 DDR-Leichtathleten schon viel länger als die aller bisher bekanntgewordenen Doping-Athleten anderer Länder zusammengenommen (Tabelle 10). Daß so überproportional viele Springer und Mehrkämpfer in der großen DDR-Dopingtabelle aufgeführt sind, verdanken sie dem Fleiß des Dr. Riedel, der alles aufgeschrieben hat, selbst die Anrede bei seinem Habilitationsvortrag in Bad Saarow 1986: *«Genosse Generalleutnant, werte Genossen der Prüfungskommission, werte Anwesende!»* (Aus seinem VVS-Arbeitsbuch).

**Tabelle 10.** Der große Dope der DDR-Leichtathletik: Namen der Sportler(innen), die in den bisher bekanntgewordenen Dopingberichten der DDR als mit Anabolika bzw. mit Neuropeptiden gedopt aufgeführt sind, meist mit Dosierungen (Verschlußsachen des FKS Leipzig, des Sportmedizinischen Dienstes und der Militärmedizinischen Akademie der Nationalen Volksarmee in Bad Saarow). (Namen von Mittel- und Langstreckler(inne)n sind nicht enthalten, da die Arbeiten von Dr. Th. Ferkl noch nicht ausgewertet sind.)

| Name | Disziplin | Name | Disziplin |
|---|---|---|---|
| Ackermann, Rosemarie | HS[a] | Drechsler (Daute), Heike | W, S |
| Ader, Margit | MK | Drehmel, Jörg | D[b] |
| Auerswald, Ingrid | S | Dreßler, Christian | HS |
| Austel, Jens-Uwe | HS | Düring, Ute | HS |
| Bauer, Ulrich | MK | Duwe, Heike | W |
| Beckmann, Simone | HS | Eckert (Wöckel), Bärbel | S |
| Beer, Ron | W | Eckhardt, Dirk | SH |
| Behmer (Vater), Anke | MK | Ehlert, Gaby | W |
| Behmer, Bodo | D | Ehmcke, Petra | W |
| Behrend, Ulf | MK | Elbe, Jörg | D |
| Behrendt, Kerstin | S | Emmelmann, Frank | S |
| Beilschmidt, Rolf | HS | Ernst, Petra | W |
| Berg (Heyne), Almut | HS | Faltin, Elisabeth | HS |
| Bergner, Thomas | SH | Felke (Meier), Petra | Sp |
| Beyer, Axel | W, D | Fermumm, Heiko | D |
| Beyer, Gisela | DW, K | Fiedler, Ellen | 400 m, |
| Beyer, Monika | W | | 400 m H |
| Beyer, Ralf | SH | Förster, Peter | HS |
| Beyer (Helm), Susanne | HS | Frank, Matthias | D, W |
| Beyer, Udo | K | Franke, Lutz | W |
| Bienias (Reichstein), | HS | Freimuth, Jörg | HS |
| Andrea | | Freimuth, Uwe | MK |
| Bienias, Gert | HS | Fuchs, Sylvia | W |
| Bohla, Michael | D | Gamlin, Dirk | D |
| Boy-Garisch, Renate | K | Geipel, Ines | W |
| Brandt (Dedner), Kerstin | HS | Geißler, Heidrun | MK |
| Briesenick, Hartmut | K | Gerstenberg, Detlef | HW |
| Briesenick (Slupianek), | K | Giebe, Steffen | SH |
| Ilona | | Gladisch (Möller), Silke | S |
| Bringmann, Steffen | S | Göhr, Marlies | S |
| Busch, Sabine | 400 m, | Göhring, Romano | D |
| | 400 m H | Gonschinska, Idriss | 110 m H |
| Carlowitz, Jens | 400 m | Gora, Lothar | D |
| Daute (Drechsler), Heike | W, S | Grabe, Heike | HS |
| Dedner (Brand), Kerstin | HS | Graf, Jens-P. | HS |
| Delonge, Andrea | HS | Grebenstein, Matthias | HS |
| Dittrich, Reiner | D | Groß, Axel | D |
| Dombrowski, Lutz | W | Großhennig, Birgit | W, HS |

**Tabelle 10.** (Fortsetzung)

| Name | Disziplin |
|---|---|
| Großhennig, Ines | W |
| Großmann, Klaus | HS |
| Grummt, Steffen | MK[c] |
| Gründler, Andreas | SH |
| Günther, Olaf | S |
| Günz (Niebling), Gabriele | HS |
| Gummel, Margitta | K |
| Haber, Ralf | HW |
| Haberland, H.-Dieter | HS |
| Hartung, Egbert | MK |
| Heidemann, Frank | MK |
| Heiland, Bernd | W |
| Heimann, Sigrid | W |
| Hellmann (Opitz), Martina | DW |
| Helm (Beyer), Susanne | HS |
| Heydrich, Angelika | W |
| Heyne (Berg), Almut | HS |
| Hirschberg, Jens | HS |
| Hirschke, Sylvia | HS |
| Höhne, Mario | D |
| Hölzel, Stefan | HS |
| Hoffmann, Dieter | K |
| Hohn, Uwe | Sp |
| Holfert, Kerstin | W, HS |
| Hufnagel, Klaus | D |
| Hummel, Peter | MK |
| Huth, Bodo | HS |
| Hyckel, Uwe | HS |
| Jäckel, Frank | HS |
| Jahn, Bettine | S, 100 m H |
| Jentsch, Dietmar | MK |
| Jessat, Michael | HS |
| John (Möbius, Paetz), Sabine | MK |
| Kanitz, Holger | 400 m |
| Kasten, Olaf | SH |
| Kazmierski, Detlef | HS |
| Kempe (Zöllkau), Antje | Sp |
| Kertz, Sabine | MK |
| Kirst, Edgar | HS |
| Kirst, Jutta | HS |
| Kirst (Schmidt), Rita | HS |
| Klein, Winfried | HS |
| Knabe, Kerstin | S, 100 m H |

| Name | Disziplin |
|---|---|
| Knorscheidt, Helma | K |
| Koch, Marita | S, 400 m |
| Koch, Mathias | W |
| Kottke, Torsten | W |
| Köhn, Christian | HS |
| Konow, Manfred | 400 m H |
| Kramß, Andreas | SH |
| Krieger, Heidi | K, DW |
| Krüger, Dieter | MK |
| Krumpolt, Joachim | SH |
| Kühn, Ute | HS |
| Kühne, Wolfgang | MK |
| Külske, Frank-Peter | W |
| Kurrat, Klaus-Dieter | S[b] |
| Lange, Joachim | Sp |
| Lange, Uwe | W |
| Langhammer, Uwe | SH |
| Laser, Christine | MK, W |
| Lauterbach, Henry | HS, W |
| Lawrenz, Andre | MK |
| Lehmann, Marion | W |
| Lemme, Armin | DW |
| Liegau, Ulrich | D |
| Liek, Frank | W |
| Lindner, Wolfgang | MK |
| Löbe, Wolfgang | S[b] |
| Löffler, Eitel | MK |
| Lukowsky, Joachim | D, MK |
| Madetzky, Sylvia | K, DW |
| Mai, Volker | D, W |
| Mangelow, Cornelia | MK |
| Maske, Frank | W |
| Matzen, Doris | HS |
| Meszynski, Irina | DW |
| Meuche, Günter | W |
| Michel, Detlef | Sp |
| Michel, Simone | K |
| Moder, Mathias | HS |
| Möbius (John, Paetz), Sabine | S, MK |
| Möller (Gladisch), Silke | S |
| Müller (Reichenbach) Ines | K, DW |
| Müller, Ralph | SH |
| Munkelt, Thomas | 110 m H |

**Tabelle 10.** (Fortsetzung)

| Name | Disziplin |
|---|---|
| Naggatz, Ralf | S |
| Natzmer, Holk | D |
| Neubert, Ramona | MK |
| Neufeld, Renate | S |
| Neumann, Burghard | SH |
| Niebling (Günz), Gabriele | HS |
| Nitzsche, Kristine | HS, MK |
| Nowak, Frank | W |
| Opitz (Hellmann), Martina | DW |
| Oschkenat, Andreas | 110 m H |
| Oschkenat (Riefstahl), Cornelia | 100 m H |
| Paetz (John, Möbius), Sabine | MK |
| Pahling, Frank | D |
| Pappler, Petra | W |
| Paschek, Frank | W |
| Petersson, Jens | MK |
| Pfaff, Petra | 400 m H |
| Pilz, Detlef | SH |
| Plöger, Erwin | W |
| Pohlandt, Holger | 110 m H |
| Pollak, Burglinde | MK |
| Potreck, Rositha | Sp |
| Pottel, Rainer | MK |
| Prenzler, Olaf | S |
| Prystaw, Harald | MK |
| Pubanz, Udo | SH |
| Radtke, Helga | W |
| Reichelt, Andre | W |
| Reichelt (Weser), Marion | MK |
| Reichenbach (Müller), Ines | K |
| Reichstein (Bienias), Andrea | HS |
| Reinhardt, Wolfgang | SH |
| Rentz, Michael | W |
| Rex, Thomas | D |
| Rieger, Peter | W |
| Riecke, Hans-Ullrich | MK |
| Riefstahl (Oschkenat), Cornelia | 100 mH |
| Rodehau, Günter | HW |
| Rosenkranz, Ulf | HS |
| Rothenburg, Hans-Joachim | K |
| Rübsam, Dagmar | 400 m |
| Rüdiger, Uwe | HS |
| Rüdrich, Simone | DW, K |
| Sachse, Jochen | H |
| Sam, Andreas | HS |
| Sandmann, Michael | HS |
| Schäperkötter, Jörg-Peter | MK |
| Schauerhammer, Dietmar | MK[c] |
| Schenk, Christian | MK |
| Schernikau, Bärbel | W |
| Schima, Christina | W |
| Schläger, Hans-Peter | HS |
| Schmidt, Ines | S |
| Schmidt (Kirst), Rita | HS |
| Schmuhl, Liane | K |
| Schönlebe, Thomas | 400 m |
| Schröder, Manuela | HS |
| Schröder, Matthias | D |
| Schröder, Thomas | S |
| Schult, Jürgen | DW |
| Schulze, Cordula | K |
| Schwabe, Henry | SH |
| Schwalbe, Marianne | W |
| Seifert, Ulrich | MK |
| Siebert, Carsten | HS |
| Siegl, Siegrun | MK, W |
| Slupianek (Briesenick), Ilona | K |
| Sobotka, Jana | MK |
| Sommer, Marina | W |
| Stark, Siegfried | MK |
| Stein, Ronald | D |
| Steuk, Roland | HW |
| Strobel, Katrin | Sp |
| Sturzebecher, Udo | D |
| Sziegand, Dieter | MK |
| Techel, Toralf | SH |
| Thiele, Sybille | MK, HS |
| Thorith, Detlev | D |
| Timmermann, Ulf | K |
| Tischler, Heike | MK |
| Trampota, Wolfgang | HS |
| Tröger, Anke | HS, MK |
| Ulbricht, Sigrid | W |

**Tabelle 10.** (Fortsetzung)

| Name | Disziplin | Name | Disziplin |
|---|---|---|---|
| Vater (Behmer), Anke | MK | Wiese, Ronald | MK |
| Voigt, Angela | W | Wild, Carola | W, MK |
| Voss, Torsten | MK | Wodars, Frank | W |
| Walther, Gesine | S | Wöckel (Eckert), Bärbel | S |
| Warnemünde, Wolfgang | DW | Wolfram, Carsten | D |
| Wartenberg, Frank | W | Wujak, Brigitte | W |
| Weber, Axel | SH | Wycisk, Heidemarie | W |
| Weigt, Britta | HS | Zachert, Falk | MK |
| Weiß, Gerald | Sp | Zech, Petra | HS |
| Wendland, Eberhard | MK | Zenk, Hans-Joachim | S[b] |
| Weser (Reichelt), Marion | MK | Zöllkau (Kempe), Antje | Sp |
| Wessig, Gerd | HS | Zwanzig, Andreas | W |
| Wienick, Peter | SH | | |

[a] Abkürzungen für die Hauptdisziplinen: *S* Sprint; *400 m* 400-Meter-Lauf; *H* Hürden; *W* Weitsprung; *HS* Hochsprung; *D* Dreisprung; *SH* Stabhochsprung; *K* Kugelstoßen; *DW* Diskuswerfen; *Sp* Speerwerfen; *HW* Hammerwerfen; *MK* Mehrkampf.

[b] Fälle, für die nur Doping mit Oxytocin belegt ist.

[c] Auch als Bobfahrer erfolgreich.

# F. Gewichtheber

Die Gewichtheber sind, gemeinsam mit den Werfern und Kugelstoßern der Leichtathleten, die «klassischen» Anaboliker. Sie dopen schon lange und kräftig und stellen auch den Rekordanteil der bei offiziellen Dopingkontrollen ertappten Anabolika-Positiven. Aber wenn auch ihr Doping gewöhnlich nur im kleinen Kreis der Anhänger dieser Randsportart registriert wird und selbst bei erwischten Medaillengewinnern die Öffentlichkeit kaum Notiz nimmt (z. B. in Seoul 1988 ganz im Gegensatz zum Fall Ben Johnson), hat der in dieser Sportart übliche Medikamentenmißbrauch doch nachweislich eine besonders weite Ausstrahlung auf andere Sportarten und auf bestimmte «Hobbies» wie das Bodybuilding. Die Gewichtheber und ihre noch stärker Anabolika-abhängigen Verwandten, die «Power-Lifter», haben zusammen mit den Bodybuildern eine Subkultur entwickelt, in der Anabolika eine zentrale Rolle spielen und Beschaffungskriminalität entgegen den Arzneimittelgesetzen und Einfuhrbestimmungen weit verbreitet ist, wie Gerichtsurteile in mehreren Ländern zeigen.

Das nach der Wende in die Hände der Aufklärer gefallene, geheime

Schrifttum zum Doping der DDR-Gewichtheber mit Anabolika und mit Medikamenten, die den Testosterongehalt heben, ist ebenso reichhaltig wie medizinisch bizarr. Die meisten der Dopingstudien tragen den Namen des DDR-Gewichtheberverbandsarztes, Dr. Hans-Henning Lathan – allein oder zusammen mit anderen wie Dr. Ulrich Kämpfe, dessen Frau Elke die Gewichtheber-Dopingstudien ihres Gatten an der Ratte begleitete, natürlich sportlich: *«Durch Anbringen von Zusatzgewichten am Schwanz steigerten wir die Belastungsintensität im Trainingsexperiment von Woche zu Woche»* (Kämpfe 1989).[1]

Einen kleinen, aber repräsentativen Einblick in das Multidrogen-Doping und die Dosierungen der DDR-Gewichtheber gibt Tabelle 11, die nur der Anfang einer Namensliste von insgesamt 75 gedopten Gewichthebern in der Arbeit von Lathan (1981) ist. Noch umfangreichere Listen finden sich im Ergebnisbericht von Nicklas und Lathan (1985).

Gegen die Mengen und die Vielfalt der Mittel, mit denen die Schützlinge Lathans ihr Basis- wie ihr Überbrückungsdoping unterstützten, nimmt sich das Doping der Leichtathleten, selbst das der Kugelstoßer, geradezu simpel aus. Mit dem Europameister, Silber- (1976) und Bronzemedaillengewinner (1972) Gerd Bonk an der Spitze der Deutschen Rekorddoper[2] – aber nur knapp vor den anderen Schwergewichtlern Käks und Jürgen Heuser (11085 mg, nicht in dieser Liste erfaßt) –, dopte die erfolgreiche DDR-Riege durchweg auf hohem Niveau, darunter u. a. Joachim Kunz, Olympiasieg 1988 und Silber 1980, die Bronzemedaillengewinner Frank Mantek[3] und Peter Wenzel und weitere olympische Endkampfteilnehmer.

Dabei stellten Lathan und seine Mannen regelrechte Hormonmenüs zusammen, mit allem, was das VEB-Arzneimittelkombinat Germed überhaupt zu bieten hatte (vgl. Tabelle 2). Außer dem Grundnahrungsmittel Oral-Turinabol wurden Testosteronester (TP und TD) und Choriongonadotropin (hCG), getrennt oder als Testo-Tropin gespritzt, zuweilen noch zusätzlich das «Anti-Östrogen» Clomiphen (Tabelle 2) gereicht – zur Ankurbelung der, nach so exzessiver Turinabolisierung erschlafften, körper-

1 Auch für die FKS-Ratten war das Hochleistungstraining der DDR kein Zuckerschlecken. Frau Diplom-Biologin Kämpfe (1989), SED-Parteigenossin seit ihrem 22. Lebensjahr, nahm sie streng ran: *«An 5 Tagen pro Woche trainierten die Tiere im Zeitraum von 8.00 bis 11.00 Uhr 2 × 20 Minuten. ... Die Tiere, die die Wasseroberfläche nicht mehr selbständig erreichten, wurden aus dem Training genommen.»*

2 Bonk nahm 1979 insgesamt 12775 mg Steroide zu sich, im Olympiajahr 1980 weniger OT, aber doppelt soviel TD, insgesamt 10740 mg. Damals war bei ihm schon Diabetes diagnostiziert, seine Dopingmittel-Behandlung also ein Verbrechen.

3 Mantek ist heute Sportdirektor des Deutschen Gewichtheberverbandes.

eigenen Testosteronsynthese[1]. Selbst der kleine 56-Kilogramm-Bantamgewichtler Andreas Letz (Olympia-Vierter 1980 in Moskau) verbrauchte im Olympiajahr ganze 4000 mg OT, dazu noch 1500 mg Clomiphen und noch drei Ladungen hCG, 3 Ampullen TD und 10 Zehner-Ampullen TP.

Die pervertierte Medizin hinter diesen Dopingexzessen ist im Textdokument 2 C (S. 377) leicht zu erkennen, ebenso die Energie und Phantasie des Verbandsarztes Lathan, der seine Sportler auch noch durch ein raffiniertes System von Urin- und anderen Kontrollen auf ihre «Doping-Compliance» überprüfte und den anscheinend nichts so befriedigte wie das Gefühl, die Kontrollen des eigenen internationalen Sportverbandes zu unterlaufen: *«Als positiv ist weiter einzuschätzen, daß mehrere ausreichend überprüfte Überbrückungsvarianten zur Verfügung stehen, die bisher erfolgreich bei allen Leistungshöhepunkten... zur Anwendung kamen»* (Lathan 1981).

Lathan und auch sein Mit-Doper U. Kämpfe glühten in ihrem anabolen Geistesfieber, wenn es um die Nachwuchsheber, selbst minderjährige Knaben, ging: *«Die stürmische Leistungsentwicklung im Gewichtheben... war in hohem Maße geprägt davon, daß Weltspitzenleistungen in zunehmender Häufigkeit von Sportlern im Jugend- und Juniorenalter erreicht wurden. Diese Tendenz zeigte sich besonders bei bulgarischen und sowjetischen Gewichthebern»* (Lathan u. Kämpfe 1981). Schließlich hatte Lathan schon im Juni 1981 vor der versammelten Doping-Gemeinschaft berichtet, wie befriedigend es als Sportarzt sein kann, die Jugend der Welt zu dopen: *«Die Anwendung... der Anabolika ist im Gewichtheben seit langem zum Erfordernis geworden, um internationale Spitzenleistungen zu erreichen. Die im Olympiajahr diesbezüglich unternommenen Anstrengungen haben sich insofern bewährt, da es gelang, ... eine progressive Leistungssteigerung bei jüngeren Kadern zu erzielen... und dabei bisher nicht erlebte Leistungssprünge zu erzielen.»*

Andererseits bedauerten Lathan und Kämpfe, daß man in der DDR hinter der Dopingentwicklung der sozialistischen Brüder hinterherhinke: *«Demzufolge mangelt es im Spitzenbereich in einigen Gewichtsklassen* [gemeint sind hier offensichtlich die unteren] *an Kadern, die 1984 um Medaillen kämpfen können.»* Also ging man an die manipulative Arbeit und dopte

1 Clomiphen wurde auch in anderen Sportarten angewendet – in der Regel als Citrat –, vor allem bei den Ruderern (vgl. Langer u. Gürtler 1981 b). So wurden im Rahmen der Vorbereitungen auf die OS in Moskau 1980 die folgenden Ruderer im Winter bzw. Frühjahr sowohl durch Injektionen mit Testosteronpropionat als auch mit Clomiphengaben gedopt: Jürgen Mager, Andreas Decker, Stefan Semmler, Siegfried Brietzke (später mit Jürgen Thiele Olympiasieger im Vierer ohne Steuermann) sowie Hans-Peter Koppe und Jens Doberschütz (Goldmedaille im Achter).

**Tabelle 11.** Anabolikadoping von DDR-Gewichthebern. Ausgewählte Beispiele von A-Kader-Athleten aus einer um ein Vielfaches längeren Liste von mit Anabolika gedopten Sportlern, nach Angaben des Verbandsarztes Dr. H. H. Lathan (Lathan 1981).

| Name | Klub | Gew.-Kl. [kg] | Jahresmenge OT [mg] 1978–79/ 1979–80 | hCG oder TT | Ampullen TD | Ampullen TP[a] |
|---|---|---|---|---|---|---|
| Bonk | SCK | >110 | 11550/8390 | 9H/10H | 4/8 | –/100 |
| Mantek[b] | SCK | 100 | 7600/6405 | 2H/ 6H | 2/4 | –/100 |
| Ambraß[c] | SCK | 67,5 | 6150/4100 | 5H/ 2H | 4/3 | –/100 |
| Kunz | SCK | 67,5 | 6000/3650 | 5H/ 2H | 4/2 | –/100 |
| Letz[c] | SCK | 56 | 2850/4000 | 3H/ 3H | 3/3 | –/100 |
| Hennig | SCD | 100 | 9575/6114 | 9H/ 7H | 6/8 | –/100 |
| Wyßuwa | SCD | 100 | 4600/8010 | 2H/14TT | 2/– | –/350 (im TT) |
| Wenzel | SCD | 75 | 7200/4785 | 5H/ 3H | 4/3 | –/– |
| Mavius[c] | SCD | 56 | 2705/4330 | 7H/ 3H, 6TT | 10/2 | –/150 (im TT) |
| Käks | ASK | 110 | 11225/4445 | 4H/– | –/– | –/– |
| Funke[b] | ASK | 100 | 10290/5805 | 7H/ 7H | 6/6 | –/100 |
| Blasche[b] | ASK | 82,5 | 4225/5605 | –/ 5H | –/5 | –/100 |
| Körner[b] | ASK | 82,5 | 6265/3895 | 2H/– | 2/– | –/– |
| Hübner[c] | ASK | 75 | 9301/8500 | 7H/– | 3/– | –/– |
| Schliwka[c] | ASK | 75 | 8495/5305 | –/ 7H | 4/4 | –/100 |
| Kubenka[c] | ASK | 67,5 | 4270/6235 | 1H/n. offen[d] | 1/– | –/n. offen |

[a] *OT* Oral-Turinabol; *H* hCG Choriongonadotropin; *TD* Depot-Testosteron; *TP* Testosteronpropionat; *TT* Testo-Tropin (vgl. dazu auch Tabelle 2).
[b] Clomiphen: insgesamt 3,0 g.
[c] Clomiphen: insgesamt 1,5 g.
[d] «Leistungshöhepunkt steht noch bevor, Überbrückung mit TT läuft».

die Knaben getrennt nach «retardierten» (im Wachstum zurückgebliebenen) und «akzelerierten» (am Ende des pubertären Streckungswachstums). Lathan und Kämpfe (1981) folgerten, «*... daß in diesem Altersbereich eine besonders günstige Phase für die Maximalkraftentwicklung besteht. Sie soll... zukünftig durch Vorverlagerung des lastorientierten Trainings bei Akzelerierten besser genutzt werden.*» Und schon ging es los: «*In die Untersuchungen einbezogen wurden 40 Gewichtheber der KJS* [Kinder- und Jugendsportschulen] *Berlin, Frankfurt/Oder, Dresden und Karl-Marx-Stadt. Die Sportler waren zum Zeitpunkt der Untersuchungen durchschnitt-*

*lich 15 Jahre alt*[1]*...* [sie] *wurden in Zeiträumen von zweimal 6 Wochen mit Oral-Turinabol (Tabletten von 5 mg) behandelt bei einer applikationsfreien Pause von 3 Wochen zwischen dem 1. und 2. Zyklus. Sportler mit einer Körpermasse bis zu 75 kg erhielten pro Tag 1 Tablette (5 mg), Sportler über 75 kg 2 Tabletten (10 mg).»*

Das Ergebnis des illegalen Dopings von Minderjährigen entzückte Lathan und Kämpfe (1981) ebenso wie den Gewichtheberverband der DDR: *«Danach entwickelten sich die Sportler der Versuchsgruppen besser, wobei der Zuwachs in der Kniebeugeleistung statistisch zu sichern ist. Außerdem ist zu erkennen, daß die Steigerungsraten bei den akzelerierten Sportlern größer sind als bei den retardierten.»* Auch fand man, daß *«... hinsichtlich der Masseparameter die Sportler der Versuchsgruppen einen durchgängig höheren Zuwachs aufweisen.»* Man freute sich auch, daß bei diesen Dosierungen die körpereigene Testosteronbildung noch nicht zu sehr unterdrückt wird, und daß die Transaminasewerte zwar ansteigen (z. T. bis auf das Doppelte), aber noch nicht bedenklich. Ansonsten fanden die Doktoren nur Nebenwirkungen, die Knaben, die einmal später die J. R.-Becher-Hymne auf dem Siegertreppchen hören wollten, offenbar zuzumuten sind: *«Hautveränderungen (Follikulitis*[2] *im Gesichtsbereich u. a.), Muskeltonus-Steigerungen und muskuläre Verspannungen waren die häufigsten Nebenwirkungen, die unter OT-Gabe klinisch erfaßbar waren.»* Insgesamt zeigten die OT-Knaben zwar bei den Blutfettwerten beachtliche Erniedrigungen ihres HDL-Gehaltes und Erhöhungen des LDL, aber das wurde in einem Eiertanz der Interpretationen von den beiden Sportmedizinern kaschiert.

In ihrem Bericht wiesen Lathan und Kämpfe (1981) zwar darauf hin, daß während der Experimentzeitdauer keine signifikante Bremsung des Körperwachstums zu beobachten war. Auf Grund ihrer Ausgangsargumentation (nicht genug Spitzenkader in den unteren Gewichtsklassen) drängt sich aber der Verdacht auf, daß hier auch am Körperwachstum manipuliert werden sollte: Androgene sind bekannt dafür, daß sie bei Knaben dieser Altersgruppe deutliche Wirkungen auf das Körperwachstum haben können, sei es als Bremse, sei es als Beschleunigung, wie das auch für Oral-Turina-

1 Durchschnittswerte der Versuchsgruppe 1: Körpergröße 157,7 cm; finale Körpergröße 168,4 cm; Körpermasse 49,4 kg; kalendarisches Alter 181,6 Monate; biologisches Alter 13,9 Jahre. Die Namen der Opfer einer solchen unethischen Menschenversuchsreihe sind bekannt geworden: Bartel und Juzza (Dresden) sowie Fiedler, Mischkewitz, Einenkel und Hackel (Chemnitz). Diese Verabreichungen an Minderjährige verstießen gegen DDR-Recht (S. 24 u. 25). Im Oktober 1991 wurden einige von ihnen in der Fernsehsendung «Spiegel-TV» gefragt: Weder sie noch ihre Eltern wußten, was ihnen Dr. Lathan seinerzeit verabreicht hatte.

2 Wahrscheinlich handelt es sich hier um eine Steroidakne.

bol bekannt war und in der DDR bei besonderen Indikationsfällen klinisch genutzt wurde.

Die Ergebnisse der Dopingexperimente an Minderjährigen von Lathan und Kämpfe (1981) wurden vom menschenverachtenden Staat DDR, seinen Sportmedizinern und seinem Gewichtheberverband anschließend auf breiter Front genutzt. Kinder der Sportschulen (KJS), die für Kraftsportarten begabt erschienen und selektioniert waren, wurden systematisch mit Anabolika behandelt – ohne Aufklärung, ohne Hinweise auf mögliche schädliche Nebenwirkungen, ohne korrekt ausgestellte Rezepte, ohne Einverständniserklärung der Eltern. Im Gegenteil, die Minderjährigen wurden unter Drohungen auf Stillschweigen verpflichtet. Erst ein Jahr nach der Wende kamen erste Informationen über dieses Kinderdoping an die Öffentlichkeit (vgl. Berendonk 1991).

*«Wer 15 Jahre alt und körperlich reif war, mußte schlucken... Ja, ich bekam von unserem Arzt genau abgezählte Tabletten* [Oral-Turinabol] *für jeden Jugendlichen. Sie mußten die Pillen vor meinen Augen einnehmen... Die Jungs waren zum Schweigen verpflichtet. Einigen Eltern habe ich es im Vertrauen gesagt. Doch keiner nahm seinen Sohn deswegen von der Schule... Die Bulgaren gaben sogar schon Elfjährigen den Stoff... Wir haben damals nur an den Erfolg gedacht... Schließlich erhielt ich Medaillen-Prämien von 3500 Mark und Gehaltserhöhungen... Meine Tochter Christina sollte als 15jährige Leichtathletin in ein Internat. Das habe ich nicht zugelassen»* (Walter Scholz, Gewichtheber-Jugendtrainer, 1976–1989 als Lehrer an der Kinder- und Jugendsportschule in Frankfurt/Oder).

Mastkälber werden vom deutschen Gesetz und vom Deutschen Geist offensichtlich besser geschützt als Kinder und Jugendliche in den Sportschulen und Sportvereinen. Noch ist kein Staatsanwalt und kein Sportverband dem unethischen und gesetzwidrigen Minderjährigendoping entschieden nachgegangen.

Das Schlußwort in diesem widerlichen bis traurigen Kapitel der Sportgeschichte muß natürlich für den Hauptverantwortlichen, den Doping-Chefarzt des Gewichtheberverbandes der früheren DDR, Dr. Hans-Henning Lathan, reserviert bleiben, der es sich inzwischen in einer Privatpraxis gutgehen läßt. Er bestätigte im Herbst 1991 in der NDR-Fernsehsendung «Fünf für Deutschland»:

*«Es gab politische Ursachen, ... den Leistungssport* [in der DDR] *zu nutzen, um innere Schwächen zu vertuschen. Und auch in den anderen sozialistischen Ländern war das so. ... Ja, Sie können es Großversuche* [nennen], *ja, von der Anlage her und was die Probandenzahl betrifft, kann man's sicher so sehen. ...* [Auf die Frage, ob es niemals Bedenken wegen schädlicher Nebenwirkungen gegeben habe]... *Natürlich! Und man ist mit hoher Wahrscheinlichkeit auch bestrebt gewesen, diese Nebenwirkungen zu redu-*

*zieren. ... Ja, rückblickend kann man nur sagen, daß Leistungsmanipulierung im Sport, ... vor allen Dingen, wenn Medikamente eingesetzt werden, nicht nur gegen die Regeln der sportlichen Fairness verstößt, und daß man sich doch weitgehend davon distanzieren muß.* [Sprecher: Das heißt, Sie würden sich heute von den Praktiken Ihres FKS distanzieren wollen?] *Ja, mit Sicherheit!»*

## G. Kanusport

Der Kanurennsport, in den meisten Ländern eher eine Sportart für eine kleine Liebhabergemeinde, erfreute sich in der DDR hoher Wertschätzung – bei der Sportführung wie bei den Sportwissenschaftlern, wohl nicht zuletzt auch deshalb, weil er als medaillenreiche und international noch nicht so hochkompetente Sportart galt, in der schon mit relativ niedrigem Aufwand sportliche Erfolge zu erringen waren.

Auch im Kanusport war in der DDR schon in den 70er Jahren Anabolikadoping üblich. Es ist daher unverfroren, wenn der langjährige Präsident des DDR-Kanuverbandes, Professor Dr. Joachim Weiskopf, nach der Wende Vizepräsident des NOK für Deutschland geworden, öffentlich erklärt, er bzw. das Verbandspräsidium des DKSV der DDR hätten von Doping nichts gewußt (Dr. Helmut Zänsler, zeitweilig Vizepräsident des DKSV der DDR, steht auch in der Verantwortung). In den VVS-Berichten steht das Gegenteil. Betrugsorganisation im Klartext, mit dem DKSV als Adressaten und Komplizen und dem lapidar-wahren Anfang: *«Im DKSV der DDR werden gegenwärtig zwei anabole Steroide (Oral-Turinabol, OT, und STS 646) angewendet, wobei sie auf Grund größtenteils empirisch gewonnener Erfahrungen differenziert zur Lösung unterschiedlicher methodischer Aufgaben zum Einsatz gelangen: OT in der Vorbereitungsperiode zur Schaffung grundlegender Fähigkeiten und STS 646 in der Wettkampfperiode zur Herausbildung einer hohen wettkampfspezifischen Leistungsfähigkeit»* (Textdokument 3E; Rademacher et al. 1981). In diesem VVS-Bericht wie in anderen (z. B. Textdokument 3F; Gedrat 1981) findet man eindeutige Belege dafür, daß ein umfassendes Anabolikadoping-System *«Gesamtzielset-*

**Abb. 23** Massenhaftes Doping von Jugendlichen durch Dr. Rademacher an 16- bis 18jährigen Kanusportlern; eine Seite aus der Dissertation B (236 Seiten; Gesamtprobandenzahl $n = 221$). Verabreichung von Oral-Turinabol (OT) und dem klinisch nicht zugelassenen Präparat STS 646 (bis zu 20 mg pro Tag) an minderjährige Knaben des SC DHfK Leipzig und des ASK Potsdam, mit Muskelbiopsie und Leistungstest. (Tabelle 8 aus Rademacher 1989)

Tab. 8: Zielstellung, sportmedizinisch-biowissenschaftliche und trainingsmethodische Aufgaben sowie untersuchungsmethodisches Vorgehen in den Experimenten Kanu-Rennsport 1 - 3

| | KANU-RENNSPORT 1 | KANU-RENNSPORT 2 | KANU-RENNSPORT 3 |
|---|---|---|---|
| Zielstellung | 1. Untersuchung der Wirkung von OT und STS 646 auf die Leistungsentwicklung, leistungsbestimmende Fähigkeiten und biologische Funktionssysteme des menschlichen Organismus am Beispiel der Ausdauersportart Kanu-Rennsport<br>2. Ermittlung von biologischen und trainingsmethodischen Parametern, die unter den Bedingungen des täglichen Trainingsprozesses den Einfluß von anabolen Steroiden auf die Leistungsentwicklung zu diagnostizieren gestatten | | |
| SM/BW-Aufgaben | 1. Prüfung, ob OT und STS 646 die gleichen oder verschiedene Regulationsvorgänge im menschlichen Organismus unter trainingsanalogen Belastungsbedingungen im Doppelblindversuch a) gegen Plazebo und b) im direkten Vergleich beeinflussen<br>2. Prüfung, ob das Ausmaß der beeinflußten adaptiven Prozesse gleich oder verschieden groß ist | | |
| TM-Aufgaben | 1. Erfassung zusätzlicher Effekte in der Fähigkeits- und Leistungsentwicklung durch die Applikation von OT bzw. STS 646 im Vergleich zum absolvierten Training<br>2. Prüfung des Stellenwertes von allgemeinen (in der Trainingspraxis übliche) und spezifischen (Standardverfahren) Testmethoden zur Diagnostik von Anabolikawirkungen auf die Fähigkeits- und Leistungsentwicklung | | |
| Probanden | n = 10, männlich, Alter 16 - 18 Jahre, Körpermasse 69 - 80 kg, Anschlußtraining, Canadier, SC DHfK | n = 12, männlich, Alter 16 - 18 Jahre, Körpermasse 67 - 85 kg, Anschlußtraining, Kajak und Canadier, ASK "Vorwärts" Potsdam | n = 14, männlich, Alter 16 - 18 Jahre, Körpermasse 65 - 85 kg, Anschlußtraining, Kajak und Canadier, SC DHfK |
| Training | 1. Jeweils gleicher Abschnitt im Trainingsjahr (11. - 16. Trainingswoche = 6 Wochen) mit einem hohen Anteil des Krafttrainings beim Wasser- und Landtraining. Das Training fand von Montag bis Sonnabend statt.<br>2. Kennziffern der Verbandskonzeption, mit klubspezifischer Umsetzung aufgrund unterschiedlicher Wassertrainingsbedingungen. Kennziffern der Experimente Kanu-Rennsport 1 und 3 sind nahezu identisch | | |
| Tests | 1. *Kanu-Ergometrie:* vor und nach dem Experiment mit 3 Stufen = 2 submaximale, 1 Ausbelastungsstufe | *Paddelbecken-Ergometrie:* vor, während und nach dem Experiment mit 2 Stufen = 2 submaximale (Ausbelastungsstufe aus technischen Gründen unmöglich) | *Kanu-Ergometrie:* wie Experiment Kanu-Rennsport 1 |
| | 2. *Krafttests mit der Scheibenhantel:* liegend Drücken (LD) und liegend Anreißen (LA) vor, während und nach dem Experiment; *Kraftausdauer* = Wiederholungszahl über 2 min bei konstanter Last im LD und LA; *Maximalkraft* = maximal bewältigte Last in LD und LA | | |
| Medikation | n = 5, 10 mg OT pro Trainingstag<br>n= 5, Plazebo | n = 6, 10 mg STS 646 pro Trainingstag<br>n = 6, Plazebo | n = 7, 20 mg OT pro Trainingstag<br>n = 7, 20 mg STS 646 pro Trainingstag |
| SM/BW-Parameter | 1. *Muskelbiopsie:* Gesamtprotein; energiereiche Phosphate = ATP, KrP; Enzymaktivitäten = ZS, MDH, PGK, PK, LDH, KK, Myosin-ATPase vor und nach dem Experiment<br>2. *Testosteron:* Ruhekonzentration; Tageskinetik an ausgewählten und miteinander vergleichbaren Trainingstagen | | |
| | 3. *Harnstoff:* Ruhekonzentrationen 2 x pro Woche | | entfällt |
| | 4. *Pharmakokinetik:* von OT (s. Tab. 3) | | |
| TM-Parameter | 1. *Kraftausdauer:* Krafttests mit der Scheibenhantel in LD und LA (Kriterien s. o.) | | |
| | Kanu-Ergometrie: Geschwindigkeit, Schlagfrequenz, Fahrzeit auf der Ausbelastungsstufe | Paddelbecken-Ergometrie: s. o. | Kanu-Ergometrie: wie Experiment Kanu-Rennsport 1 |
| | 2. *Maximalkraft:* Krafttests mit der Scheibenhantel in LD und LA (Kriterien s. o.) | | |
| | Kanu-Ergometrie: Paddeldurchzugkraft auf der Ausbelastungsstufe | Paddelbecken-Ergometrie: s. o. | Kanu-Ergometrie: wie Experiment Kanu-Rennsport 1 |

*zung der langfristig mit dem DKSV der DDR geplanten Untersuchungen» war.*

Dabei gingen die Kajakfahrer und Canadier unter der fachlichen Anleitung der FKS-Sportwissenschaftler Dr. H.-J. Gedrat und Dr. G. Rademacher besonders keck vor und planten für jeden internationalen Start am Reißbrett ein Dopingmuster mit Absetzzeiten – an Hand einer *«Verbandskonzeption des DKSV»* für das Doping – und eine *«optimale Form der Unterstützung»* mit den beiden bewährten Hauptanabolika. Wie ein solcher DKSV-Betrugsplan im einzelnen aussah, ist aus dem Textdokument 3F zu ersehen. So hatten die DDR-Kanuten damals bei den Olympischen Spielen in Moskau 1980 von den 11 Wettbewerben 4 gewonnen und in 4 weiteren eine Silber- und drei Bronzemedaillen erhalten: achtmal Präsident Prof. Weiskopf und die Republik zufrieden.

Daß aber der Weiskopf-Verband als besonders schlimmer Dopingverband in die Sportgeschichte eingehen wird, beruht auf der Tatsache, daß in diesem Verband der FKS-Manipulationsmediziner Rademacher eine Reihe von Anabolika-Versuchsreihen an Minderjährigen durchführte, die gegen die Gesetze der DDR und allgemeine ethische Prinzipien verstießen (S. 23–25). Dabei bot sich die große Kanusportabteilung des SC DHfK Leipzig offenbar als leistungsstarke wie verschwiegene Versuchsgruppe ebenso an wie der ASK «Vorwärts» Potsdam.

Rademacher, ein früherer 3000-m-Hindernisläufer der DDR-Nationalmannschaft, anabolisierte ganze Scharen von Minderjährigen mit dem Ziel, das Doping in bestimmten Ausdauersportarten wie Schwimmen und Kanufahren zu verbessern. Auch minderjährige Schwimmerinnen verschonte er nicht (u. a. Rademacher u. Baumgart 1986). Der hagere, superlinientreue SEDler, Leipziger von Geburt, geprägt in der Leipziger KJS und FDJ-Gruppenleiter, trat 1972, gleich nach seinem Studium, ins FKS ein und erhielt u. a. für seinen Fleiß beim Dopen der Kanuten und anderer Objekte bereits 1981 die Auszeichnung «Aktivist der sozialistischen Arbeit» sowie 1988 im Doperkollektiv den Orden «Banner der Arbeit». Wie viele Minderjährige und andere Nachwuchssportler er (bereits 1978 aktiver Doper bei den Leichtathleten; Rademacher u. Hinz 1979) zu einer seiner Erstanwendungsvarianten mit OT, STS 646 oder anderen nichtzugelassenen Steroidpräparaten verführte, wird wohl ungezählt bleiben. Eine Vorstellung von der Maßlosigkeit und der Betrugsmentalität des stellvertretenden Leiters der FKS-Abteilung Endokrinologie, der – von «ethischen Fragen nicht belastet» – bei den Jünglingen auch mal mit der «Nadel nach Bergström» herumging und die Dopingwirkung auch an Muskelbiopsien kontrollierte, gibt seine Dissertation B vom Dezember 1989. Als ein Beispiel für die Art der Rademacherschen Dopingforschung ist hier eine Tabelle dieser Arbeit vorgestellt (Abb. 23; vgl. auch Textdokument 3G).

Rademacher vermeldet auf Seite 196 seiner Arbeit übrigens auch den

Vollzug des großen Betruges: *«Der anhand der ermittelten Wirkprofile von OT und STS 646 für die Ausdauersportarten abgeleitete differenzierte Einsatz hat in Vorbereitung auf die Olympischen Spiele 1988 seinen erfolgreichen praktischen Abschluß erbracht.»*

So sieht also der Sportmediziner die Olympischen Spiele in Wirklichkeit: als krönenden Abschluß seiner jahrelangen Dopingforschung!

# Kapitel 13
# Die Leber einer Sprinterin: Eine Leipziger Fallstudie

*«Ich muß sagen, das waren sehr junge Mädchen, das ist sehr richtig. Aber ich wollte eben gerade mit dieser Arbeit nachweisen, welche Schäden bei jungen Mädchen entstehen können.»*
(Prof. Dr. Hartmut Riedel, Universität Bayreuth, in der ZDF-Sendung «Aktuelles Sportstudio» vom 21.9.1991, als Begründung auf meinen Vorwurf, daß er in seiner Habilitationsarbeit – Riedel 1986 – ganze Serien junger Mädchen mit androgenen Hormonen gedopt hatte, darunter so starke wie reines Testosteron und Mestanolon.)

*«Auch Dosierungshöhe und Einsatzzeiträume richteten sich nach den Erfahrungswerten des Trainers* [hier: Rudolf Damm, Leipzig] *bzw. nach der Verbandskonzeption* [des DVfL]. ... *Bezogen auf KB* [Kerstin Behrendt] *wurden durch die kombinierte Anwendung vom M1* [Oral-Turinabol] *und M2* [Mestanolon, STS 646] *zwar die Transaminasen-Erhöhungen vermieden, der SHBG-Wert sank jedoch... in einen für Frauen sehr niedrigen Bereich; damit muß unter diesen Bedingungen mit Androgenisierungserscheinungen gerechnet werden.»*
(Aus den wissenschaftlichen Arbeiten von D. Nicklas und R. Sattler 1987 und 1989 über das Doping der Leipziger Sprinter und Sprinterinnen.)

Als ein Beispiel für die Wirklichkeit des Dopings in der DDR soll hier das Training der Leipziger Sprinterin Kerstin Behrendt vom SC DHfK vorgestellt werden (Bestleistung über 100 m: 11,05 Sekunden; mit der 4 × 100-m-Staffel der DDR Olympische Silbermedaillengewinnerin 1988 in Seoul und bei den WM 1987 in Rom, ferner Staffel-Europameisterin 1990 in Split, dort über 100 m auch Bronze mit 11,17 Sekunden; dreifache Junioren-EM-Siegerin 1985). Ihr Fall wurde aus Ergebnisberichten des FKS (Nicklas u. Sattler 1987, 1989) rekonstruiert: *«Zur Bestimmung der Wirkung von Training und wiederholter Applikation von unterstützenden Mitteln auf die Leistungsentwicklung sowie Veränderung ausgewählter biologischer Parameter im Venenblut am Beispiel leichtathletischer Sprint-/Hürdendisziplinen».*

**Tabelle 12.** Leipziger Sprinter und Drogen. (Mod. nach Nicklas u. Sattler 1987, 1989)

| Sportler(in) | Geburts-datum | Doping-Saison | Jahresdosis [mg M1/M2] [a] | Bestleistung [s] |
|---|---|---|---|---|
| RN | 7.7.1968 | 1986/87 | 154 | 11,08 (100 m) |
| (Ralf Naggatz) | | 1987/88 | 308/385 | 10,93/21,95 (100 m/200 m) |
| HK | 15.6.1969 | 1986/87 | 260/45 | 50,20 (400 m) |
| (Holger Kanitz) | | 1987/88 | 444/145 | 49,89 (400 m) |
| IG | 16.12.1968 | 1986/87 | 282 | 14,26 (110 m H) |
| (Idriss Gonschinska) [b] | | 1987/88 | 92/340 | 14,15 (110 m H) |
| OG | 16.6.1967 | 1984/85 | 509 | |
| (Olaf Günther) | | 1985/86 | 1182 | 52,82 (400 m H) |
| | | 1986/87 | 926/240 | 52,24 (400 m H) |
| | | 1987/88 | 753/320 | 10,81/22,06 [c] |
| KB | 2.9.1967 | 1984/85 [d] | 525 | 11,21/23,20 |
| (Kerstin Behrendt) | | 1985/86 | 403 | 11,62/23,89 [e] |
| | | 1986/87 | 754/325 | 11,08/22,76 |
| | | 1987/88 | 1474/205 | 11,05/22,36 |

[a] *M1* = Oral-Turinabol (OT); *M2* = Mestanolon (STS 646).
[b] 1990 bester 110-m-Hürdenläufer der DDR mit 13,83 Sekunden.
[c] Wechsel der Spezialdisziplin von 400 m Hürden auf 100- und 200-m-Lauf.
[d] Als Minderjährige gedopt, 1985 dreifache Junioren-Europameisterin.
[e] Teilweise verletzt.

Die Leber der Kerstin Behrendt, die schon als Minderjährige 1984/85 Anabolika bekam (vgl. Tabelle 12), reagierte sehr empfindlich auf die Gabe von androgenen Hormonen, besonders von Oral-Turinabol (M1). Ihre Transaminasewerte im Serum stiegen jeweils nach Einnahme zu bedenklicher Höhe an, während das hauptsächlich in den Parenchymzellen der Leber produzierte Protein «Sex-Steroid-Hormone Binding Globulin» (SHBG) stark absank, besonders nach Gabe von M2 (STS 646). Somit nahm der Gehalt an freiem Testosteron im Körper zu – und damit die Gefahr einer Virilisierung. In einem solchen Fall die Anabolika nicht abzusetzen, sondern die Medikamentenreaktion erbarmungslos und immer wieder zu provozieren, ist eine kalkulierte, in Kauf genommene Körperverletzung, ein Verstoß gegen alle ärztliche Ethik und das Gesetz der DDR (s. S. 23–25).

Kurze Auszüge aus den Berichten (Längere Auszüge bei Berendonk 1991)

«*1. Problem- und Zielstellung* [1987]

*Ausgehend von den in den beiden vorangegangenen Ergebnisberichten dargelegten Problemlagen bestanden Aufgabe und Ziel für den Untersuchungszeitraum 1986/87 darin, die Wechselwirkungen von Training, u. M. und Leistungsentwicklung im dritten Jahr der AS-Anwendung* [bei der Sprinterin Kerstin Behrendt, KB] *weiter zu verfolgen. Darüber hinaus sollten mit einer Gruppe von männlichen Anschlußkadern die Reaktionen bei der Erstanwendung von M1 untersucht werden, um die vorangegangenen Ergebnisse auf ihre Reduzierbarkeit und damit auch Verallgemeinerungsfähigkeit zu überprüfen.*

*2. Untersuchungsmethodisches Vorgehen und kritische Wertung*

*Die Untersuchungen zum dritten Jahr des u. M.-Einsatzes konnten nur mit drei Sportlern (KB, OZ, OG) vorgenommen werden. Von den 1984/85 zum Problem des Ersteinsatzes von u. M. in die Untersuchungen einbezogenen Sportlerinnen und Sportlern schieden also bereits fünf für eine weitere leistungssportliche Laufbahn aus... Die 1986/87 neu in die Untersuchungen zum Ersteinsatz von u. M. einbezogenen männlichen Anschlußkader kommen aus dem Kurzsprint (RN), Langsprint (HK) und Hürdenkurzsprint (IG). Letzterer wurde auf der Grundlage der Verbandskonzeption zur Vorbereitung auf die JEM in die Untersuchungen einbezogen, d. h. hier war der u. M.-Einsatz erst für die 2. VP*[1] *vorgesehen. Auch Dosierungshöhe und Einsatzzeiträume richteten sich nach den Erfahrungswerten des Trainers bzw. nach der Verbandskonzeption. Für die drei anderen Kader wurde, wie 1984/85, als Grundprinzip des u. M.-Einsatzes bei der Erstanwendung eine niedrige Dosierung im Bereich bis maximal 5 mg/die*[2] *festgelegt....*

*3.1 Eingesetzte unterstützende Mittel (M1/M2)*

*Die Gestaltung des u. M.-Einsatzes erfolgte in der 1. VP... nur mit M1. Trotz der gewählten niedrigen Dosierungen führten die Nebenwirkungen in Form extremer Muskelverspannungen bei OZ dazu, daß die Applikation am Ende der zweiten Einsatzserie abgebrochen werden mußte. Desgleichen traten bei KB die bei ihr bekannten Nebenwirkungen in Form hoher*

1 VP, Vorbereitungsperiode (vgl. Tabelle 4).
2 «.../die» oder .../d: pro Tag.

*Transaminasewerte (ALAT[1] 6968 nmol/l[2] und ASAT[3] 2460 nmol/l in der 4. Woche) auf.*

*Von dieser Sachlage ausgehend wurde entschieden, für die 2. VP und UWV bei den Sportlern KB, OZ, HK und später auch OG in Abhängigkeit von der geplanten Trainingsaufgabe den kombinierten Einsatz von M1 und M2 vorzunehmen. Dieser Entscheidung lagen vor allem die von Rademacher (FKS) ermittelten Ergebnisse im Kanurenn- und Schwimmsport zum kombinierten Einsatz von M1 und M2 zugrunde, die auswiesen, daß sich dabei die beim alleinigen Einsatz von M1 beobachteten Nebenwirkungen kompensierten…*

*Die in der Folge der drei Makrozyklen ständig steigenden Trainingsanforderungen und im Zusammenhang damit erfolgenden erhöhten Belastungswirkungen werden durch einen in bestimmtem Maße erhöhten u. M.-Aufwand berücksichtigt…*

*Die Trainingsrealisierung von IG weist aus, daß wegen der gehäuft auftretenden Muskelverspannungen die gewählte maximale Dosierung von 8 mg M1/die die individuell optimale Grenze bereits überschritten hat…*

*4. Darlegung und Diskussion der Ergebnisse aus biowissenschaftlicher Sicht*

*Im Unterschied zur 1. VP kam in der 2. VP teilweise die kombinierte Anwendung von M1 und M2 zum Einsatz…*

*4.4. Verhalten der Transaminasen ALAT und ASAT*

*Bei der Probandin KB traten in der 1. VP wieder erhöhte ALAT-Werte auf. Sie erreichte sogar mit 6000 nmol/s·l (4. Woche 87) die höchsten bisher bei ihr gemessenen ALAT-Mengen im Blut. Diese traten in der ersten Woche nach M1-Applikation auf (5–6 mg/d). Die Probandin erreichte erst 4 Wochen nach der letzten Applikation ALAT- und ASAT-Werte, die im Normbereich lagen. Die starke Reaktion der Probandin KB auf M1 hinsichtlich Transaminasen-Erhöhung ist aus früheren Untersuchungen bekannt. Bisher erreichte sie immer wieder Normalwerte* [< 350 bzw. < 450 nmol/s·l].

Bemerkenswert ist, daß bei der kombinierten Anwendung von M1 und M2, die für KB in der 2. VP vorgenommen wurde, keine Transaminase-Erhöhungen auftraten. Von der M2 ist zwar bekannt, daß… die Verträglichkeit bezüglich der Leber bedeutend besser ist als bei M1. Warum bei der kom-

1 ALAT, Alaninaminotransferase.
2 nmol/s·l (korrigiert von Verf.).
3 ASAT, Aspartataminotransferase.

*binierten Anwendung trotz eines M1-Anteils von 5–8 mg/d die bisher eingetretenen ALAT-Erhöhungen ausblieben, kann zum gegenwärtigen Zeitpunkt nicht eindeutig geklärt werden...*

### *4.6. Regulationsverhalten von Gesamttestosteron ($T_g$)[1], freiem Testosteron ($T_f$) und SHBG*

*Die starke Reaktion der Probandin KB auf M1-Gabe... ist aus früheren Untersuchungen schon bekannt. Bei einer Applikation von 10 mg M1/d wurden sehr niedrige SHBG-Werte gefunden. Da der Testosteronspiegel im Mittel wenig verändert ist, kommt es wiederum zu einem Anstieg des Anteils an freiem Testosteron. Die Probandin erreichte ihren Ausgangswert erst drei Wochen nach der letzten M1-Applikation wieder.*

*Die starke Erniedrigung des SHBG und die hohen ALAT-Werte der Probandin in der 1. VP zeigen 1. ihre sensible biologische Reaktion auf M1-Gaben und 2. daß eine Tagesdosis von 10 mg M1 für KB als sehr hoch einzuschätzen ist. Leistungsdaten zu diesem Zeitpunkt belegen, daß auch die erwartete physische Leistung nicht gebracht werden konnte (Problem der «Umsetzung»). Außerdem muß damit gerechnet werden, daß bei einer Menge von 10 mg M1/d drei (SHBG, $T_f$) bis vier (ASAT, ALAT) Wochen nach der letzten Applikation benötigt werden, um die ausgelenkten Blutparameter zu normalisieren.*

*Auch in der 2. VP, in der M1 und M2 kombiniert angewendet wurden, kam es bei KB zur starken Erniedrigung des SHBG...*

*Verglichen mit dem günstigen Verlauf der Transaminasen-Werte durch die kombinierte Anwendung von M1 und M2 sind solche niedrigen SHBG-Konzentrationen für den weiblichen Organismus ungewöhnlich...*

### *4.7. Zusammenfassung der biochemischen Ergebnisse*

- *Die in der 1. VP bei KB angewendeten 10 mg M1/d stellten für sie, zumindest was die biologische, biochemische Seite anlangt, eine Überforderung dar. Darauf deuten die stark erhöhten ALAT- bzw. stark erniedrigten SHBG-Werte in Verbindung mit den zu diesem Zeitpunkt (1. VP) nicht erbrachten physischen Leistungen hin. Sie erlangte bei der M1-Anwendung erst nach 3–4 Wochen ihre physiologischen Normalwerte bei ALAT, ASAT, SHBG und $T_f$ wieder.*
- *Durch die kombinierte Anwendung von M1 und M2 wurden bei KB die Transaminasen-Erhöhungen zwar vermieden, der SHBG-Wert sank aber unter dieser Applikationsform in einen für Frauen sehr niedrigen Bereich*

1 $T_g$: gebundenes Testosteron; $T_f$: freies Testosteron; SHBG: Sex-Steroid-Hormone Binding Globulin.

*(< 20 nmol/l). Es muß unter diesen Bedingugnen mit Androgenisierungs-Erscheinungen gerechnet werden.*

- *Bei der sensiblen Reaktion von KB auf M1 (und M2) ist auch in künftigen Jahren eine Überprüfung einzelner Blutparameter (z. B. ALAT, ASAT, SHBG, $T_f$) anzuraten…*
- *Die Realisierung von ansteigenden intensiven Trainingsreizen innerhalb einer Trainingseinheit bzw. in dichter Folge von Trainingseinheiten führt offensichtlich unter den Bedingungen der Wirkungen und Nebenwirkungen des AS in diesen Trainingsabschnitten und bei dem aus der Wechselbeziehung von Trainingsreizen und erstmaligem AS-Einsatz geprägten hohen Leistungs- und Belastungsniveau zu Problemen in der kurzfristigen Belastungsverarbeitung. Die Ursache für diesen Effekt liegt im ersten Fall vor allem in der psychotropen Wirkung der u. M., die zumindest zeitweilig zu Widersprüchen zwischen den realen Möglichkeiten und dem subjektiven Wollen führen kann. Die logischen Folgen sind dann oftmals auftretende Belastungsschäden/Verletzungen, die zu Abweichungen im geplanten Trainingsaufbau führen. Im zweiten Fall ist zu berücksichtigen, daß mit dem Absetzen der u. M. zeitweilig eine ungünstige physiologische Situation zu verzeichnen ist, indem durch die Wegnahme der u. M. der Organismus des Sportlers gezwungen wird, das entstandene Ungleichgewicht zwischen externer Zufuhr und endogener Produktion des anabolen Hormons auszugleichen…*

*5. Die biologischen Wirkungen einer Erstanwendung von M1 sind bei einer untersuchten Sportlerin bei einer Erhöhung der Tagesdosis von 3 auf 5 mg auch für die Folgejahre reproduzierbar…*

*Deutlich wird aber auch, daß bei Überschreiten individuell optimaler Dosierungshöhen und Applikationszeiträume biologische Reaktionen/Nebenwirkungen auftreten, die anerkannte Normbereiche verlassen und bei Langzeitwirkung eine eventuelle irreversible Schädigung (Leber, Virilisierung, Stimmlage bei Frauen) hervorrufen könnten.* … [Es] *traten vor allem Transaminasenerhöhungen (ASAT) auf, die durch die u. M.-Gabe mitbestimmt wurden.*

*Bei den Männern war die Reproduzierbarkeit der biologischen Reaktionen jedoch erst bei höheren Dosierungen im Bereich von 8–10 mg/die (in einem Ausnahmefall sogar darüber…) individuell unterschiedlich gewährleistet. Unter diesen Bedingungen setzte jedoch eine bestimmte Depression des endogenen Testosteronspiegels ein…*

- *Grundsätzlich sind bei der Anwendung von AS die Transaminasen zu kontrollieren. Bei festgestellten hohen Transaminasenwerten (ALAT!) vor allem bei den Frauen sind ergänzende Untersuchungen… vorzunehmen, um… pathologische Veränderungen rechtzeitig zu erkennen.*

*9. Die wegen überhöhter Nebenwirkungen (muskulöse Verspannungen, Transaminasen, besonders ALAT bei KB) in der ersten Vorbereitungsperiode bei diesem untersuchten Sportlerkreis erstmalig vorgenommene Kombination von M1 und M2 führte bei den Sportlern zu einer trainings- und leistungsunterstützenden Wirkung...*

*Als auffallendstes Ergebnis ist zu werten, daß bei KB die in der 4. Woche gemessenen durchschnittlichen Maximalwerte von rund 5720 nmol/s·l. ALAT unter der kombinierten Applikation auf den Normalwertbereich (um 600 bzw. 400...) absanken. Die kombinierte Anwendung von M1 und M2 führte jedoch zu teilweise starken SHBG-Erniedrigungen, wobei die Depression des endogenen Testosteronspiegels vergleichbar gering bzw. nicht vorhanden war, so daß daraus teilweise stark erhöhte $T_f$-Werte resultieren.*

*Bezogen auf KB wurden durch die kombinierte Anwendung von M1 und M2 zwar die Transaminasen-Erhöhungen vermieden, der SHBG-Wert sank jedoch unter dieser Applikationsform in einen für Frauen sehr niedrigen Bereich; damit muß unter diesen Bedingungen mit Androgenisierungs-Erscheinungen gerechnet werden.*

*1. Problem- und Zielstellung* [1989]

*1986/87 wurden die Untersuchungen zum Einfluß von a. S. auf das Training und die Leistungsentwicklung am Beispiel von vier Kurz- und Langsprintern des SC DHfK nach dem untersuchungsmethodischen Vorgehen von 1984/85 wiederholt...*

*3.1 Eingesetzte unterstützende Mittel (M1/M2)*

*Die Varianten des a. S.-Einsatzes in der 1. VP wurden vor allem durch die Ergebnisse und Erfahrungen des kombinierten Einsatzes von M1/M2 1987 beeinflußt. Eine insgesamt geringere Testosteron-Depression, Absinken der extremen ALAT-Anstiege bei KB sowie allgemein eine subjektiv empfundene Verringerung der Nebenwirkungen (Muskelverspannungen, Koordinationsstörungen, Verletzungsanfälligkeit) waren die entscheidenden Einflußfaktoren...*

*Trotz der genannten positiven Faktoren waren im Verfolg der Trainingsrealisierung nahezu bei allen Sportlern Probleme aufgetreten...*

*Die nicht erfüllten Leistungszielstellungen waren für den Trainer*[1] *von HK, OG und KB auch der Grund, im weiteren Trainingsablauf nur noch die M1 einzusetzen. Bei KB konnte dem Vorgehen vor allem deshalb nicht wi-*

1 Rudolf Damm, seit der Wiedervereinigung im DLV als Stützpunkttrainer Leipzig für den Frauensprint zuständig.

*dersprochen werden, da es um eine Qualifizierung für die Teilnahme an den Olympischen Spielen ging. Es ist auch die hohe Applikationsmenge der a. S., die in Anlehung an die Erfahrungen der Disziplingruppe gewählt und als entscheidende Voraussetzung für eine erfolgreiche Leistungsentwicklung angesehen wurde, einzuordnen…*

*KB kann ihre Leistungsentwicklung im vierten Jahr der a. S.-Applikation fortsetzen. Dabei täuscht der Leistungszuwachs in der Spezialdisziplin (100 m) über den wahren Leistungszuwachs hinweg, wie er in der Rückenwindleistung*[1] *bzw. im 200-m-Lauf zum Ausdruck kommt. Im Endlauf bei der 4 × 100-m-Staffel zu den Olympischen Spielen in Seoul wurde gleichfalls ein hohes Leistungsvermögen nachgewiesen, so daß auch die spezielle Vorbereitung auf den Wettkampfhöhepunkt erfolgreich gelöst werden konnte. Die Ursachen für diese positive Entwicklung sollten nach Ansicht der Verfasser aber nicht primär oder gar ausschließlich auf die bedeutend erhöhten Aufwendungen bei der a. S.-Applikation zurückgeführt werden…*

*4.8. Einschätzung der Sportlerin KB…*

*Am Beispiel dieser Probandin kann die Wirkung des M1 bzw. von M1/M2 auf einige Blutparameter eindrucksvoll nachgewiesen werden. Hauptproblem bei dieser Probandin war schon im 1. Anwendungsjahr die teilweise starke Erhöhung der ALAT-Werte und erniedrigten SHBG-Spiegel im Blut unter M1 (M2), besonders in der 1. Woche nach der Applikation. Auch in diesem, dem 4. Anwendungsjahr, ist diese Regulation wiederum deutlich zu erkennen. …Besonders eindrucksvoll war wiederum die Erhöhung der ALAT. In der 1. VP wurden eine Woche nach Absetzen der a. S.… für ALAT 3372 nmol/s·l gefunden. In der 2. VP wurde nur M1 gegeben (im Maximum 7 × 12 mg); der ALAT-Wert erreichte in der 19. Woche ein Maximum von 6477 nmol/s·l. Damit lagen die unter bzw. kurz nach der Applikation von M1/M2 bzw. M1 gefundenen ALAT-Werte wiederum weit über den Grenzwerten. Die Ursachen für den extrem hohen Wert in der 19. Woche müßten noch näher geklärt werden, da allein die Gabe von M1 wohl kaum dafür verantwortlich zu machen ist…*

*Übereinstimmend mit den in den vergangenen Jahren gefundenen Ergebnissen wurde der SHBG-Spiegel durch die AS-Gaben erniedrigt. Dabei war die Wirkung der gleichzeitigen Gabe von M1 und M2 in der 1. VP (auch bei M1 = 12 mg/d und M2 = 5 mg/d) nicht so gravierend wie die alleinige Gabe von M1 (12 mg/d) in der 2. VP.*

*Der stark erhöhte ALAT-Wert von 6477 nmol/s·l (19. W.) fiel mit dem niedrigsten SHBG-Wert (8,2 nmol/l) zusammen. Es war eine 3wöchige*

1 10,86 Sekunden.

*Applikation von 12 mg M1/d vorausgegangen. Noch vier Wochen später wurden stark erniedrigte SHBG-Gehalte im Serum (10,7 nmol/l) gefunden, wobei die ALAT ebenfalls noch erhöht war (> 3000 nmol/s·l) ...*

*Die niedrigen SHBG-Werte in Verbindung mit wenig veränderten $T_g$-Gehalten führten zu erhöhten $T_f$-Werten, besonders in der 2. VP. Mit 4,1 % (19. W.) und 3,9 % (23. W.) lagen sie beträchtlich über dem Normwert für Frauen (< 3 %).*

*Zusammenfassend kann gesagt werden, daß es bei der Probandin KB erneut zu einer Reproduktion der in vorhergehenden Jahren gefundenen Ergebnisse kam:*

- *Die Kombination M1/M2 wirkte dabei im Vergleich zur alleinigen M1-Gabe schwächer auf die Erniedrigung des SHBG bzw. Erhöhung der ALAT ...*
  *Die stark erniedrigten SHBG-Konzentrationen waren mit erhöhten $T_f$-Anteilen verbunden, die für die Realisierung der sportlichen Leistung von Vorteil gewesen sein können, aber gleichzeitig eine Belastung der Leber darstellten, wie die erhöhte ALAT zeigt.»*

Schlußkommentar: Diese Protokollauszüge zum Doping beim SC DHfK Leipzig, vor allem von Kerstin Behrendt, sind ein Beleg für die inhumane Dopingmentalität der DDR-Sportwissenschaftler: Trotz erkannter schädlicher Nebenwirkungen wurde weitergedopt, auch trotz der damals in der medizinischen Fachliteratur bereits experimentell bekannten schädlichen Wirkung (Senkung) auf die SHBG-Konzentration durch Einnahme anabol-androgener Steroide: Zum Beispiel war die einschlägige wissenschaftliche Arbeit einer finnischen Gruppe (Ruokonen et al. 1985), in der es heißt, daß *«die Anwendung von ... anabolen Steroiden zu einer ... Erniedrigung der SHBG-Konzentrationen»* führt, die sogar bis zu 16 Wochen nach Absetzen anhalten kann, den DDR-Sportmedizinern bekannt (z. B. bei Riedel 1986). In jedem Fall spricht hier die gleichzeitige drastische Erhöhung von Transaminasen im Serum, die nur durch Zellschädigung freigesetzt werden können, und die Erniedrigung der Konzentration von SHBG, das weit überwiegend in den Leberparenchymzellen gebildet wird, für eine direkte Schädigung der Leber. Jeder verantwortungsbewußte Arzt hätte in einem solchen Fall die Dopingmittel abgesetzt bzw. auf Absetzen bestanden.

Sprinterin KB, ihr Doping-Trainer Rudi Damm und viele der für die hier geschilderte «Verbandskonzeption» des DVfL verantwortlichen Funktionäre sind heute im DLV, dessen Sportwart, Professor Dr. Manfred Steinbach, gleichzeitig Ministerialdirektor des Bundesgesundheitsministeriums ist.

# Kapitel 14
# Das Märchen vom ärztlich kontrollierten Anabolikadoping

*«Wer 15 Jahre alt und körperlich reif war, mußte schlucken... Ja, ich bekam von unserem Arzt genau abgezählte Tabletten für jeden Jugendlichen. Sie mußten die Pillen vor meinen Augen einnehmen. ... Die Jungs waren zum Schweigen verpflichtet...»*
(Walter Scholz, Gewichtheber-Jugendtrainer und Lehrer an der KJS Frankfurt/Oder; s. S. 189).

*«Das kalendarische Alter der Sportlerinnen lag zwischen 14 und 15 Jahren. ... Drei Zyklen mit M1* [Oral-Turinabol] *kamen zum Einsatz: Verbandskonzeption – Zyklus 1... 28 Tage/max. 10 mg...»*
(Staatsplanthema 14.25 der DDR, Ergebnisbericht von Lehnert et al. 1988; vgl. Textdokument 1 D zum Doping der Schwimmerinnen).

*«Die Zahl der Nebenwirkungen ist hoch und verlangt dringlich nach exakter Abklärung* [von] *deren Genese und Wertigkeit...; insbesondere bei langjährig Trainierenden sind diesbezügliche Untersuchungen... erforderlich. Dies ist u. a. auch deshalb erforderlich, weil die von diesem Personenkreis eingenommene Gesamtmenge an u. M. beträchtliche Ausmaße angenommen hat»*
(Gewichtheber-Arzt H.-H. Lathan, 1981; vgl. Textdokument 2 C).

*«... auch bei einer Sportlerin, deren Anabolika-Konsum sich aufs Intimleben auswirkte. Die stellte als Nebenwirkung fest, daß sie von den Pillen sexuell übermäßig stimuliert wurde. Wir haben dann mit ihr gemeinsam entschieden, daß sie an diesem Anabolika-Programm nicht teilnimmt»*
(Dr. Manfred Höppner, ehemals Stellvertretender Leiter des SMD, in einem Interview mit dem *Stern* [49/1990]).

Solange androgene Steroide von Betrügern zum Doping eingesetzt worden sind, hat es auch dopingfreundliche Ärzte gegeben, die diese Substanzen den Sportlern gegeben, gespritzt, rezeptiert, besorgt und nur zu oft angeraten haben. Dabei traten im Westen manche Sportmediziner als forsche Verkündiger eines «Freien Dopings für freie Bürger in einem freien Land» auf, andere – im Westen wie im Osten – schienen geradezu Lust und Befriedigung beim Manipulieren sportlicher Erfolge zu empfinden. So wie in der DDR der Sportmediziner Prof. Dr. S. Israel vom «Erfolgserlebnis des Arztes beim Aufbau einer Spitzenleistung» durch Anabolikadoping sprach (S. 107), bekannte im Westen der Paderborner Sportmediziner Prof. Dr. H. Liesen, er freue sich gerade dann, wenn ein weniger talentierter, von ihm betreuter Sportler auf dem Siegertreppchen stehe, denn das sei der Beweis für seine sportmedizinische Kunst (Sehling et al. 1989).

Besonders beliebt waren human klingende Argumente wie Doping aus Fürsorge, sei es durch «Testosteronsubstitution» (vgl. Kapitel 12) oder als Hilfe bei der «Trainingsbelastungsbewältigung»[1] (diese Wortschöpfung stammt von Nicklas u. Sattler 1987). Mitleidsvolle Gemüter wie FKS-Professor Hermann Buhl fühlten sich damit offenbar wohler, denn die DDR hätte ja *«nicht nur wegen der Leistungssteigerung»* gedopt, *«sondern auch in Sorge um den Zustand des Sportlers, dessen Organismus wir durch die hohe Trainingsbelastung... tüchtig runtergewirtschaftet haben»* (*Sports* 2/1990).

Das Argument ist so rührend wie verlogen und so unlogisch wie unphysiologisch: ausreichende Regeneration und das Anerkennen von Belastungsgrenzen hätten es auch getan.

Wieder andere Sportmediziner erklärten verständnisheischend, sie gäben die Sportdrogen zwar ohne ärztliche Indikation, doch – nolens, volens – nur zur «Schadensbegrenzung». Entschuldigungen, die man auch von Ärzten anderer Arten von Drogenabhängigen kennt.

Diese Begründung, in der Bundesrepublik vor allem von Freiburger Sportmedizinern, aber auch von dem Essener DLV-Arzt Karlheinz Graff vertreten (vgl. Sehling et al. 1989), hat sich jedoch in der Drogenpraxis des Sports als genauso falsch herausgestellt wie bei anderen Drogen auch. Auch die frühen Vertreter des Anabolikadopings haben das inzwischen eingesehen. Dr. John B. Ziegler (USA) – in den 50er Jahren der «Vater» des Dianabol – merkte schon ein Jahrzehnt später, daß dopende Trainer und Athleten eben nicht nur ihre Kontrahenten, sondern auch ihre Ärzte betrügen. Er wandte sich ebenso reuig vom Anabolika-Sport ab wie der berüchtigte Dr. Robert Kerr (vgl. Kapitel 1).

Kerr, der viel Sport- und Filmprominenz zu seiner Drogenklientel

1 Eine «Übertrainingsphase» des Athleten nannte auch der Schweizer Olympiaarzt Dr. Bernhard Segesser als Begründung dafür, daß er den Kugelstoß-Weltmeister, -Europameister und Olympiadritten 1988 Werner Günthör mehrfach mit Anabolika dopte (S. 33). Diese angenehm subjektive «Indikation» könnte natürlich jeder Athlet für sich in Anspruch nehmen.

zählte, sagte trotz einer Morddrohung vor der kanadischen Dubin-Kommission unter Eid aus, 20 Medaillengewinner der Olympischen Spiele 1984 von Los Angeles hätten von ihm Anabolika bekommen (Dubin 1990). Er hatte aber auch erkannt, daß die Athleten fast immer versuchen, sich noch zusätzlichen «Stoff» zu verschaffen – nach dem Motto «mehr hilft mehr» – und ihren Arzt über die wirkliche Dosis belügen (Breo 1990; vgl. auch Strauss et al. 1989; Voy 1991). Heute ist er ganz gegen Anabolikagaben an Sportler eingestellt.

Auch der Freiburger Sportmediziner Prof. Dr. Armin Klümper (s. S. 278) hatte schon 1977 erkannt, daß er bestimmte «Starkdoper», in seinem Fall den damaligen Hammerwurf-Weltrekordler Walter Schmidt, nicht wirklich in ihrem Doping lenken konnte: *«Ich bin völlig sicher, daß es mir auch in Zukunft nicht gelingen wird, Walter Schmidt... davon zu überzeugen, daß eine bestimmte sozusagen physiologische Dosis von Anabolika sinnvoller ist als seine unkontrollierte Einnahme.»*

Der Wunsch nach mehr Stoff war auch im DDR-Sport ein kräftiger Kanon von Trainern, Funktionären und Sportlern. Eindrucksvolle Beispiele finden sich in den Berichten vom Doping der Gewichtheber (z. B. Textdokument 2C; Nicklas u. Lathan 1985) ebenso wie bei den Leichtathleten (u. a. Hinz et al. 1986; Nicklas u. Reumuth 1986; Nicklas et al. 1986). Lathan (1981) beschreibt die ständige Jagd nach einer höheren OT-Zuteilung und nach neuem und besserem Wirkstoff: *«Dies kommt in... bereits genannten Tendenzen (Forderung nach Dosiserhöhung, nach Verkürzung von Anwendungspausen, ... dem Kampf der Trainer, nach Möglichkeit jeden Förder-Kader in die* [Anabolika-]*Konzeption einzubeziehen) zum Ausdruck.»*

Vollends falsch ist die Begründung, die sich viele DDR-Dopingmediziner einfallen ließen, als im letzten Jahr ihr langjähriges Tun entdeckt wurde. Sie inszenierten sich einfach als verantwortlich denkende Kontrolleure des Anabolikadopings: sanft, solidarisch und sozialistisch beim Betrug beratende, niedrig dosierende sportmedizinische Hausärzte. Eine solche Darstellung, vom SMD-Chefarzt Dr. M. Höppner ebenso wie vom Doping-Professor H. Riedel verbreitet, steht im Widerspruch zur Dopingwirklichkeit der DDR und zur Einschätzung des Anabolikadopings in der medizinischen Welt. Hätten die Interviewer des *Stern* die ihnen vorliegenden Dopingberichte nur etwas gründlicher gelesen, hätten sie die Lebenslüge dieser ärztlichen Betrugshelfer erkennen müssen.

Das Märchen vom verantwortlichen ärztlichen Begleiter des Drogenmißbrauchs klang übrigens schon in den Sommermonaten vor der Wende 1989 in der Einlassung Alois Maders vor dem Kölner Landgericht durch, jenes Professors der Sporthochschule Köln, der früher als SMD-Oberarzt des Bezirkes Halle bei dem dort üblichen Anabolikadoping (*«die Verord-*

*nung geschah damals von anderer Stelle»)*[1] *«den Verlauf der Anwendung ärztlich zu überwachen»* hatte.

## A. Die ärztlich kalkulierte Körperverletzung

Daß bei der Anwendung von androgenen Steroiden schädliche Nebenwirkungen auftreten können, ist im internationalen Schrifttum der Medizin und Pharmakologie durch Hunderte von Veröffentlichungen gesichert (vgl. auch Kapitel 2 und 3), einschließlich schwerer Folgen und tödlicher Entwicklungen (Herzinfarkte als Folge der Störungen im Blutfettmuster, Lebertumore, schwere Psychosen etc.). Dies wird inzwischen sogar von früheren Befürwortern des Anabolika-Abusus anerkannt (vgl. Kapitel 2) und schließt eine – gesetzwidrige – «Freigabe» dieser Medikamente aus.

Die kategorische Behauptung von DDR-Sportmedizinern, unter ihrer Betreuung hätte es keine schädlichen Nebenwirkungen beim Anabolikadoping gegeben, ist falsch. Sie sind sogar in den geheimen Berichten registriert worden, natürlich nur die «leichteren» Formen, die beobachtet wurden, solange der Patient noch zum Leistungskader gehörte.

Eine ganze Serie von Nebenwirkungen findet der Leser vor allem in den Berichten über die Gewichtheber, d. h. in den Arbeiten mit Dr. H.-H. Lathan als Autor oder Koautor (*«Die Zahl der Nebenwirkungen ist hoch»* im Textdokument 2 C, S. 379–381). Vor allem war man über die mit dem Muskelwachstum selbst zusammenhängenden Nebenwirkungen und Verletzungen besorgt, so daß Nicklas und Lathan schon 1985 das Endliche alles irdischen Tuns, auch beim Doping, erkannten: *«... doch zwingen verstärkt auftretende Nebenwirkungen (Muskelverspannungen, Koordinationsstörungen) zu weit höheren Aktivitäten in der... Steuerung des Trainingsprozesses. Aus der Gesamtbetrachtung der Leistungsdynamik und des Leistungsniveaus... in Zusammenhang mit den hohen Dosen der applizierten u. M. ist jedoch das Problem von Grenzen der biologischen Wirksamkeit... aufzuwerfen»*[2].

1 Nach dem Ende der DDR findet man merkwürdigerweise fast nur solche, die behaupten, immer nur ausgeführt und überwacht zu haben, was von anderen angeordnet war.

2 Fast resignierend berichteten Nicklas und Lathan (1985) auch vom Ende der Hormondosierungsspirale beim Brutaldoping der DDR, nämlich von ihrer Erfahrung der *«1982/83 vorgenommenen Prüfung einer sehr hohen OT-Dosierung in der Phase einer akzentuierten Maximalkraftentwicklung»*, die zur Erkenntnis führte, *«daß der OT-Einsatz nicht mehr der Logik* [!] *steigender Trainingsanforderungen folgt bzw. folgen kann, da vorangegangene Dosierungen kaum noch Steigerungsmöglichkeiten offen lassen»*. Der Ergebnisbericht (unter den Adressaten: DTSB-Vize-

**Tabelle 13.** Medizinische Nebenwirkungen bei der Anwendung von OT in unterschiedlichen Dosierungen und Zeiträumen (Männer: $n$=85; Frauen: $n$=60); Zitat aus Riedel 1986

| Nebenwirkung | % | Dosierung[a] |
|---|---|---|
| Tonuserhöhung der Skelettmuskulatur | 65 | 1, 4, 5 |
| Gewichtszunahme | 23 | 1, 4, 5, 6 |
| Muskelkrämpfe | 15 | 1,3 |
| Regeltempostörungen[b] | 15 | 1, 6, 7 |
| Probleme mit Begleitmedikation | 10 | 5, 1 |
| Akne/Hirsutismus | 10 | 7, 8 |
| Veränderungen Libido/Potenz/Fertilität | 8 | 1, 5, 7, 8 |
| Ödemneigung | 2 | 1 |
| Durchfälle, Obstipation | 2 | 1, 6 |
| Funktionelle oder morphologische Leberstörungen | 0–1 | 7, 8, 5 |

[a] *1* Dosierung> 15 mg/Tag; *2* Dosierung < 5 mg/Tag; *3* kurzes Behandlungsintervall ≤ 14 Tage; *4* langes Behandlungsintervall ≥ 28 Tage; *5* gleichzeitige Medikation hormoneller Kontrazeptiva; *6* erste Medikation; *7* hohe Dosierung pro Jahr (> 1000 mg); *8* lange Anwendungszeit (≥ 5 Jahre).
[b] der Menstruation bis zum totalen Ausfall (Amenorrhoe)

Auch der Chef-Doper der Leichtathleten, DVfL-Verbandsarzt Dr. H. Riedel, konnte nicht umhin, in seiner Habilitationsschrift (1986) eine Tabelle (hier Tabelle 13) aufzunehmen, die allerdings nur jene Nebenwirkungen aufweist, die überwiegend bei noch aktiven Sportlern beobachtet wurden, d. h. solche von vermeintlich geringerem, dem Patienten «zumutbarem» Schweregrad. Insgesamt 145 Springer und Mehrkämpfer hatten Angaben über schädliche Nebenwirkungen gemacht, obwohl es als unpopulär, ja gefährlich galt, überhaupt irgendwelche Kritik an dem als Regierungsgeheimnis eingestuften Anabolikaeinsatz oder gar dem SMD zu äußern (vgl. hierzu auch Renate Neufelds Bericht in Kapitel 4).

Wie man sieht, traten auch bei der relativ niedrigen Dosierung von Springern und Mehrkämpfern einige Nebenwirkungen sehr häufig auf: vor allem erhöhte Muskelspannungen mit Krämpfen und Verletzungen und gynäkologische Probleme, besonders der Menstruation, der Haut, der Behaarung und im Sexualbereich, eigentlich ungefähr all das, was auch Diane Williams vor dem US-Senatskomitee ausgesagt hatte (vgl. Kapitel 3) und was auch ein Medizinerteam von der Ohio State University von den mit Anabolika

präsident H. Röder und der Deutsche Gewichtheberverband der DDR): «*Diese Fakten sind im DGV der DDR grundsätzlich zu diskutieren, und es sind... Konsequenzen zu bestimmen.*»

gedopten Spitzenleichtathletinnen der USA berichtet hatte (Strauss et al. 1985). Vor allem die mit 10 Prozent (Tabelle 13) recht häufig auftretende starke Steroidakne ist keineswegs nur ein «kosmetisches Problem», sondern kann zu schweren Folgeschäden mit hartnäckigen Narbenwucherungen, sog. Keloiden, führen, die u. U. noch jahrzehntelang dermatologisch behandelt werden müssen – von den klinisch schweren Folgen der durch Anabolika induzierten Acne fulminans oder Acne conglobata einmal abgesehen (z. B. Heydenreich 1989; Mayerhausen u. Riebel 1989; Merkle et al. 1990; Scott u. Scott 1989; Voy 1991). Riedel (1986) spielt all diese Schäden herunter, wie alle seine DDR-Kollegen.

Auch die häufigen schädlichen, z. T. irreversiblen Veränderungen im endokrinologischen und sexuellen Bereich nahmen die SMD-Doktoren offenbar als eine Art notwendiges Übel in Kauf (Lathan 1981; Riedel 1986). SMD-Medizinalrat Dr. Höppner schildert den Fall der in ihrer Libido gestörten Athletin in seinem zu Beginn dieses Kapitels erwähnten *Stern*-Interview mehr wie eine putzige Anekdote. Wer nicht schlucken wollte oder Nebenwirkungen zeigte, wurde als Anabolika-empfindlich «ausdelegiert» (Fachausdruck: vgl. auch Textdokument 2 C).

In jedem Fall stellt die Verabreichung eines hochpotenten Androgens wie des – nicht zugelassenen – Mestanolons (STS 646; vgl. Tabellen 2 und 3) an Frauen, ja sogar an junge Mädchen, eine unethische Manipulation dar, die in der DDR strafrechtlich verboten war (S. 24 u. 25; vgl. Textdokumente 1 D, 2 B und D).

Dabei überrascht am meisten der innere konzeptuelle Widerspruch der DDR-Sportmediziner. Eben weil sie davon ausgingen, daß bestimmte Nervenzellen Androgenrezeptoren aufweisen und das Verhalten von Mensch und Tier – vor allem das geschlechtsspezifische und die Aggressivität – durch Sexual-Steroide beeinflußt wird, daß z. B. Testosteron und seine chemischen Abkömmlinge auf Wettkampfverhalten und Motivation wirken (z. B. Oettel 1980, 1981; Schäker 1980; Riedel 1986; Rademacher 1989), hätten sie solche zentralnerval und psychotrop wirkenden Mittel ohne Not und Indikation nie anwenden dürfen. Denn so haben sie nach ihrem eigenen Verständnis die Persönlichkeit und das Verhalten gerade ihrer jugendlichen Opfer, besonders der Mädchen, verändert.

Die psychotrope Wirkung der Androgene, so erkannten einige der Doping-Sportmediziner schließlich selbst, war auch vielfach Ursache von Sportverletzungen (Nicklas u. Sattler 1987): *«Die Realisierung von ansteigenden intensiven Trainingsreizen... führt offensichtlich unter den Bedingungen der Wirkungen und Nebenwirkungen der AS zu Problemen in der kurzfristigen Belastungsverarbeitung. Die Ursache für diesen Effekt liegt... vor allem in der psychotropen Wirkung der u. M., die... zeitweilig zu Widersprüchen zwischen den realen Möglichkeiten und dem subjektiven Wollen führen kann. Die logischen Folgen sind dann oftmals auftretende Belastungsschäden/Verletzungen.»*

Dabei bestand die ärztliche Schuld der meisten DDR-Sportmediziner überwiegend im Mitmachen und im opportunistischen Ducken. In vielen Fällen hatten nämlich die Mediziner in Wirklichkeit nur eine beratende Funktion: Während ihre Empfehlungen für den Dopingzeitraum manchmal, die für die UWV-Absetztermine so gut wie immer ernst genommen wurden – schon aus Angst vor den Kontrollen –, wurden ihre Kombinationsvorschläge und Dosisempfehlungen, besonders wenn sie leistungsriskante Vorsicht bedeuteten, von den Trainern häufig geringgeschätzt und durch das höherrangige Gut der Absicherung des internationalen Erfolges und den «sportlichen Kampfauftrag» übertrumpft.

Denn die Dosis war in der DDR mit dem Erfolg gekoppelt, und dafür war in erster Linie der Trainer verantwortlich. Und so kam es denn auch häufig, trotz aller zentralen Empfehlungen des FKS und anderer Sportmediziner und der offiziellen Doping-«Verbandskonzeptionen» (vgl. Textdokument 1 D und 2 A, C–E), zu Auseinandersetzungen über die Zahl und das Zeitmuster der Dopingwochen des Jahres, die Dosis und den «richtigen Stoff». Im vorigen Kapitel hat der Leser bereits am Beispiel der Entscheidung des vorolympischen Streits um das Doping von Kerstin Behrendt erfahren, wie ein Trainer sich durchgesetzt hat. Unterschiedliche Vorstellungen der Trainer vom richtigen Doping erklären auch die z. T. gewaltigen Dosierungsunterschiede bei Athleten derselben Disziplin in den verschiedenen Sportvereinen der DDR. Denn oft lagen die wirklich verabreichten Anabolikamengen weit über den empfohlenen, vor allem in den Maximalkraft-abhängigen Übungen und ganz generell bei den Frauen und Mädchen.

So verkündete Sportmediziner Dr. Riedel (1986) zwar allgemeine Obergrenzen der Tagesdosis OT von 20 mg für Männer und 15 mg für Frauen und bei den Jahresgesamtmengen von 1500 mg (Männer) bzw. 1000 mg (Frauen). Die Wirklichkeit sah aber anders aus: Von seinen Weitspringern lagen gerade einige der besten wie Uwe Lange (2453 mg) und Frank Paschek (2145 mg) ebenso deutlich über dieser Grenze wie auch alle von ihm betreuten Mehrkämpferinnen der Weltklasse (Anke Behmer-Vater, Sabine Möbius-John-Paetz, Ramona Neubert; vgl. Abb. 11; Tabelle 6 und 7).

In seiner Dissertation B verhedderte sich Riedel dann noch tiefer im Widerspruch von Wunsch und Wirklichkeit: *«In der langjährigen Anwendung anaboler Steroide sind deutliche Dosissteigerungen von mehr als 15 % pro Jahr und zunehmende Trainingsbelastungen notwendig, um jährliche Leistungserhöhungen zu gewährleisten. Am Beispiel von 12 erfolgreichen Teilnehmern der Olympischen Spiele wird verdeutlicht, daß besonders im Jahr des sportlichen Höhepunktes diese Dosiserhöhung realisiert wird»* (vgl. Tabelle 6). Dabei hätte ihm schon eine einfache Rechnung klarmachen müssen, daß sich bei seiner Faustformel zum Erfolg von 15 bis 20 Prozent jährlicher Dosissteigerung in wenigen Jahren zwangsläufig eine Dosisverdoppelung ergibt[1] und was demnach seine frühere Leistungs-Patientin Heike Drechsler-Daute heute schlucken müßte, die bereits 1982, noch siebzehnjährig, zum Drogeneinstieg schon 935 mg Stoff erhielt (Nicklas et al. 1986).

Für die Stoßer und Werfer, für die der starkmachende Dope nun wirklich international überlebenswichtig war, trafen Riedels die Wirklichkeit schönenden Empfehlungen sowieso nicht zu. Nach Dr. L. Hinz, dem Wurf- und Kraftexperten des FKS, ist wirkliches Gesetz des Dopens: *«Der härtere Kämpfer um die Nominierung drängt Trainer und Sportler zu Variante 1, d. h. zu langen Einsatz-Zeiträumen und hohen a. S. Jahres-Summen»* (Hinz 1981 a). Realist Hinz wunderte sich denn auch nur mäßig (Hinz et al. 1986; vgl. Textdokument 3 A), als schon wenige Jahre später ein Teil der Werfer-Spitzenklasse seine ursprünglichen Dosisempfehlungen mißachtete. Er kannte das wirkliche Olympische Gesetz: immer mehr Dope, immer mehr Belastung, immer mehr Nebenwirkungsrisiko. Das galt besonders für die DDR-Damen, entgegen der von den FKS-Kommentatoren immer wieder beschworenen Tatsache, daß Frauen ja von Natur aus weniger Androgene haben und daher auch weniger Dope zur Leistungssteigerung benötigen (Textdokument 3 A). Für die DDR-Werferinnen galt Riedels 1-Gramm-Limit nämlich überhaupt nicht (Tabelle 8).

So waren die androgenisierten DDR-Werferinnen schon 1984 bei gewaltigen Dosierungen angekommen. In der ewigen Anabolika-Rangliste des DLV führen sie souverän vor ihren Mannschaftskameradinnen von den Sprint- und Mehrkampf-Fakultäten (Tabelle 14). Der Wahn, auf dem der international so bewunderte Erfolg der DDR-Werferinnen gegründet war, wurde 1986 selbst Hinz, Kuppardt und Reumuth bewußt, als sie die Dosierungen dann in eine übliche pharmakologische Beziehung setzten: *«Auf das Körpergewicht bezogen, werden von den Kugelstoßerinnen* [und auch einigen Diskuswerferinnen] *z. T. höhere Jahresdosierungswerte erreicht als bei den Männern»* (Hinz et al. 1986).

Die Dosierungen der DDR-Werferinnen verschlagen einem den Atem, auch was die Absolutmengen angeht (Tabellen 8 und 14). Viele von ihnen nahmen pro Jahr sogar mehr OT zu sich als ihre männlichen Kollegen, manche z. B. mehr als das Doppelte (!) der Anabolika-Jahresdosis des kanadischen Dopingsprinters Ben Johnson: An der Spitze liegt die Rostockerin

1 Riedel hat jedoch angesichts der Unerbittlichkeit seiner Forderung nach Dosissteigerung auch Trost bereit. *«Ein Dosierungsanstieg wird auch dadurch erreicht, daß in... 7 Jahren ca. 70% der Sportler verletzungsbedingte Trainingsausfälle haben und damit Training und Medikation unterbrochen werden.»* So gelang ihm bewundernswerterweise die positive Integration der Sportverletzung in das Leistungskonzept des Dopings.

**Tabelle 14.** Gesamtdeutsche Doping-Bestenliste der Frauen des Deutschen Leichtathletikverbandes; nur reguläre und ordentlich protokollierte orale Milligramm-Leistungen (zusätzliche Injektionen sind nicht berücksichtigt)

Wie die Leistungs-Rekorde des früheren DDR-Verbandes DVfL gelten im wiedervereinigten hormonischen Verband DLV auch alle regulär nachgewiesenen Anabolika-Rekorde gesamtdeutsch weiter. Leider konnten in dieser «ewigen Jahreskonsumliste» bisher nur Leistungen von Athletinnen des früheren DVfL berücksichtigt werden, da exakte Jahreskonsum-Leistungen von früheren DLV-Athletinnen (West) noch nicht vorgelegt wurden. Es steht aber zu erwarten, daß einige der früheren oder heutigen Top-Athletinnen des DLV hier durchaus vordere Plätze erringen können, vor allem im Stoß- und Wurfbereich, wo die vom DLV-Trainer und Anabolika-Experten Christian Gehrmann betreuten Frauen in ihren Leistungen auch DDR-Niveau erreichen: So liegt die Kugelstoßbestleistung von Claudia Losch (22,19 m) nur wenig unter dem deutschen Rekord von Hormonstar Ilona Slupianek-Briesenick (22,45 m).

| | | | |
|---|---|---|---|
| 1. | 3680 mg | Ines Müller-Reichenbach (Empor Rostock) | Bronze im Kugelstoßen bei den WM 1987, Silber bei der EM 1986 |
| 2. | 3190 mg | Irina Meszynski (TSC Berlin) | Ex-Weltrekordlerin im Diskuswerfen (1984: 73,36 m) |
| 3. | 2900 mg | Helma Knorscheid (Chemie Halle) | Silber im Kugelstoßen bei den WM 1983 |
| 4. | 2615 mg | Ilona Slupianek-Briesenick[a] (SC Dynamo Berlin) | Kugelstoß-Olympiasiegerin, Ex-Weltrekordlerin, Europameisterin 1978 und 1982 |
| 5. | 2590 mg | Heidi Krieger (SC Dynamo Berlin) | Kugelstoß-Europameisterin 1986 |
| 6. | 2390 mg | Silvia Madetzky (Halle) | Diskus-Fünfte EM 1982 |
| 7. | 2115 mg | Gisela Beyer (ASK Potsdam) | Diskus-Olympiavierte 1980, Vierte EM 1982, Fünfte WM 1983 |
| 8. | 1670 mg | Bärbel Wöckel-Eckert[a] (SC Motor Jena) | Vierfache Olympiasiegerin (200 m und Sprintstaffel) |
| 9. | 1560 mg | Bettine Jahn[a] (Karl-Marx-Stadt, Chemnitz) | 100-m-Hürden-Weltmeisterin |
| 10. | 1480 mg | Cornelia Oschkenat-Riefstahl[a] (SC Dynamo Berlin) | 100-m-Hürden-EM-Zweite 1986, WM-Dritte 1987, 50-m-Hürden-Hallen-WR |
| 11. | 1474 mg | Kerstin Behrendt (SC DHfK Leipzig) | Sprintstaffel-Silbermedaille bei OS 1988 und WM 1987, EM-Gold-Staffel 1990, 100-m-EM-Bronze 1990 |
| 12. | 1460 mg | Marita Koch[a] (SC Empor Rostock) | 400-m-Weltrekordlerin, Olympiasiegerin, Dreifache Weltmeisterin |

**Tabelle 14.** (Fortsetzung)

| | | | |
|---|---|---|---|
| 13. | 1450 mg | Margitta Gummel (SC DHfK Leipzig) | Kugelstoß-Olympiasiegerin 1968 und Silber 1972 sowie bei der EM 1969 |
| 14. | 1405 mg | Marlies Göhr[a] (SC Motor Jena) | Sprint-Doppelolympiasiegerin, Doppel-Weltmeisterin, Staffel-weltrekordlerin |
| 15. | 1380 mg | Anke Behmer-Vater (SC Neubrandenburg) | Siebenkampf-Europameisterin 1986, Bronze OS 1988 |
| 16. | 1375 mg | Ingrid Auerswald[a] (SC Motor Jena) | Sprintstaffel-Olympiasiegerin, 100-m-OS-Bronze, Sprint-staffel-WR |
| 17. | 1340 mg | Ramona Neubert (SC Dresden) | Siebenkampf-Weltmeisterin 1983, Ex-Weltrekordlerin, Europameisterin 1982 |
| 18. | 1291 mg | Ines Schmidt[a] (SC Motor Jena) | Sprinterin |
| 19. | 1290 mg | Gesine Walther[a] (SC Turbine Erfurt) | Sprintstaffel-Europameisterin |
| 20. | 1255 mg | Martina Hellmann-Opitz (SC DHfK Leipzig) | Diskuswurf-Olympiasiegerin, Doppelweltmeisterin |
| 21. | 1230 mg | Sabine John-Paetz-Möbius[a] (SC DHfK Leipzig) | Siebenkampf-Silbermedaille in Seoul 1988, WM 1983, EM 1982 |
| | | Dagmar Rübsam[a] (SC Turbine Erfurt) | 400-m-Staffel-Weltmeisterin |
| | | Sabine Busch[a] (SC Turbine Erfurt) | 400-m-Staffel-Weltmeisterin, 400-m-Hürden-Weltmeisterin 1987 |

[a] Inhaberin eines derzeitigen deutschen Rekordes

Ines Müller-Reichenbach mit sagenhaften 3680 mg (Trainer: Joachim Müller), gefolgt von der Berliner Ex-Weltrekordlerin im Diskuswerfen Irina Meszynski, die vom Doping-Trainer Werner Goldmann gemästet wurde (Trainer auch von Kugelstoßer Ulf Timmermann), der heute als DLV-Trainer fungiert. Aber auch in Sachsen-Anhalt kannte man keine Skrupel, wenn es galt, die Damen für den Sieg des Sozialismus aufzurüsten: Der Hallenser Wurf- und Stoßcoach Gerhard Böttcher hat mit Kugelstoßerin Helma Knorscheidt und Diskuswerferin Silvia Madetzky gleich zwei Spitzen-Anabolikerinnen in der Drogenbestenliste. Auch er ist heute DLV-Trainer und zuständig für die gesamtdeutschen Werferinnen, besonders den neuen Diskuswurfstar Ilke Wyludda.

In den Jahresdosislisten des Damendopings – wie übrigens auch bei den

Herren – verblüffen aber auch die Unterschiede zwischen den verschiedenen DDR-Vereinen. Keine Spur von zentraler ärztlicher Lenkung! So paßten Trainingswissenschaftler Lothar Hinz wie Verbandsarzt Volkmar Reumuth auch prompt ihre neuen Vierjahresplan-Empfehlungen den real existierenden Dosierungen an (Hinz et al. 1986; Textdokument 3 A). Sie redeten nun gar vom *«Einsatz geringer bis mittlerer Jahressummen»*, wenn sie den Frauen bis zu 2500 mg und den Männern bis 3000 mg zubilligten. Nur milde rügten sie die Höchstdoper in bestimmten Klubs. *«Nach wie vor liegen die Sportler des TSC Berlin... in der OT-Dosierung... weit über dem disziplinspezifischen Durchschnitt.»* Was wiederum zeigt, es ist der jeweilige Trainer, der bestimmt.

In der Tat, der TSC Berlin war – und ist (?) – der Steroid-Spitzenreiter-Klub der Republik. Außer der hormonell verstärkten Irina (Tabelle 14), der man die OT-Dosis schon von weitem ansah, gab es auch hier stark turinabole Männer wie Kugelstoßer Ulf Timmermann (Olympiasieger 1988 und DDR-Mannschaftssprecher), im TSC nur übertroffen von Hammerwerfer Roland Steuk, der 1984 mit 3890 mg seinen persönlichen Dopingrekord von 3905 mg aus dem Jahre 1982 nur knapp verfehlte (Tabelle 8).

Riedels «Grenzwerte» sind also nur akademisch geschönte Wunschträume. Und die «Hormonbomber» der DDR-Schwerathleten (Gewichtheber) lagen sowieso um ein Vielfaches höher und wollten immer noch mehr (Tabelle 11; Lathan 1981; Nicklas u. Lathan 1985).

Ärztliche Kontrolle war übrigens auch im zentral gesteuerten Sozialismus nicht ganz einfach. Lathans Ringen mit den Trainern und Aktiven (z. B. Textdokument 2 C) läßt die Probleme und einige Lösungen erkennen. Er traute seinen Hebern und ihren Trainern nicht und wollte ihrer unkontrollierten Einnahme durch eigene raffinierte Kontrollen Einhalt gebieten: «[Es] *muß weiter auf die Notwendigkeit von Kontrollen (Ausreisekontrollen, Kontrollen in Form nicht angekündigter Stichproben) verwiesen werden.»* Ähnliche Überlegungen hatte interessanterweise etwa zur selben Zeit in der Bundesrepublik der Freiburger Sportmedizin-Professor Klümper angestellt (s. S. 422).

## B. Ärzte als Verbrecher: Kinder und Jugendliche als Dopingobjekte

Ein besonders trauriges Kapitel in der Geschichte des Sportes und der Medizin ist die skrupellose, systematische Hormonbehandlung Jugendlicher im DDR-Sportsystem, vor allem der Mädchen. Dabei war die Gabe der ersten OT-Pille («Erstanwendung») eine Art «Jugendweihe». Der Zeitpunkt war dabei allerdings nicht ganz einheitlich: Riedel (1986) empfahl, die Mädchen frühestens im Alter von 17 Jahren und die Jungen mit 18 auf Anabolika zu setzen, und in der Tat war 17 ein häufiges Alter für das Doping minderjähriger Mädchen. Das ist durch viele Drogeneintragungen gerichtsfest belegt: von der Weitspringerin Heike Daute (-Drechsler) bis zu den Mehrkämpferinnen Anke Vater (-Behmer) und Sybille Thiele und der Sprinterin Kerstin Behrendt, deren drogenbelastete Leber dann das OT nicht mehr ertrug und zornig Transaminasen ausstieß (Kapitel 13). Mit 17 wurden aber auch viele männliche Jugendliche angedopt, vom 400-m-Weltmeister Thomas Schönlebe bis zu Rekord-Dreispringer Volker Mai und Weitspringer Ron Beer (vgl. Tabellen 5 und 7).

Einige von Riedels Genossen dagegen begannen bereits bei jüngeren Mädchen mit dem Doping. In der DDR herrschte da der blanke Pragmatismus; was dem Medaillenspiegel diente, wurde auch gemacht. Bereits mit 16 Jahren wurde z. B. die Rostocker Sprinterin Silke Möller-Gladisch auf Dope gesetzt, ob von Trainer Wolfgang Meier oder von ihrer Sportärztin, bleibt aufzuklären (Tabelle 5).

So mußte auch die recht begabte, aber keineswegs überragende jugendliche Berliner Kugelstoßerin Heidi Krieger – wie ihre Vorgängerin Ilona Slupianek bei dem für sein brutales Frauendoping bekannten Stasi-Klub SC Dynamo – bereits wenige Monate nach ihrem 16. Geburtstag und schon bei einer persönlichen Bestleistung von 14,08 Metern mit dem Pillenschlucken beginnen, und zwar gleich in der hohen Dosis von 885 mg (Tabelle 8; Textdokument 3 A). Mit 17 war die dynamische Heidi (Hobby-Karikaturzeichnerin) schon auf der mehr als doppelten Androgendosis von 1820 mg und wurde 1983 Doppeleuropameisterin bei den Juniorinnen (Diskus und Kugel). Die Dosis wurde im nächsten Jahr gleich noch einmal kräftig erhöht auf nunmehr 2590 mg, und mit gerade 19 Jahren stieß Hormon-Heidi erstmals über 20 Meter (1984: 20,24 m). Dann wurde kräftig weitergesteigert, und wieder zwei Jahre später waren Staatsplan und Kampfauftrag erfüllt. Die Anabolikerin wurde 1986 in Stuttgart Europameisterin mit 21,10 Metern im Alter von erst 21 Jahren.

In Sportarten, in denen Kindertraining vorherrscht, wurde natürlich schon viel früher zu den «u. M.» des VEB Jenapharm gegriffen, wie Gewichthebertrainer und KJS-Pädagoge Walter Scholz das für die 15- und 16jährigen schildert (S. 189) und Schwimmtrainer Michael Regner von den noch jüngeren Schwimm-Mädchen berichtet hat (Kapitel 6).

Auch Riedels Parteigenosse und Kollege Günter Rademacher (1989) hat in seiner Habilitationsschrift – einen Monat nach der Wende am 8. 12. 1989 – das Dokument eines umfassenden Dopings von Teenagern hinterlassen (vgl. Berendonk 1991). Die Anabolikapräparate OT und STS 646 wurden 14- bis 16jährigen Schwimmerinnen ebenso wie 15- bis 18jährigen Schwimmern und 16- bis 18jährigen Kanuten verabreicht, um Wirkung und Umsatz unter hoher Trainingsbelastung messen zu können – zur Verbesserung des

Dopings der Zukunft (vgl. Kapitel 12, Abb. 23 u. Textdokument 3 G; Rademacher u. Baumgart 1986).

Auch der Potsdamer Dr. Jochen Neubauer hatte bekanntlich keine Hemmungen, die Androgene schon an 13- und 14jährige Schwimmerinnen verabreichen zu lassen (Kapitel 6). Und FKS-Professor Dr. A. Lehnert feierte solche Virilisierungsprojekte in seinem offiziellen SPT-14.25-Bericht als forscherische und organisatorische Leistung (Lehnert et al. 1988), wobei er sogar auf eine noch höhere Dopingkonzentration des Schwimmverbands DSSV von 10 mg Anabolikum für 14jährige verwies (Textdokument 1 D). Die Funktionäre und Trainer des Schwimmverbands der DDR praktizierten also ganz offiziell und jahrelang «body engineering» durch ein Androgen-Dopingprogramm für Minderjährige.

## C. Die Selektion drogenresistenter Talente

Um in bestimmten Sportarten Spitzenleistungen zu erzielen, war also die Gabe solcher Mittel an Minderjährige für den «Kampfauftrag» unerläßlich. Es gab aber immer noch das leidige Problem der unerwünschten Nebenwirkungen oder, unverblümt gesagt, die Tatsache, daß Jahr für Jahr ein bestimmter Prozentsatz von Talenten dem Spitzensport verlorenging, weil sie infolge einer genetisch bedingten Empfindlichkeit die anabolen Drogen nur schlecht vertrugen. Da fand Riedel (1986) eine Lösung, wies den Weg in die Zukunft, so grandios und so deutsch, daß er von einem Staat wie der Kader-Diktatur DDR sicherlich beschritten worden wäre.

Körpereigene wie fremde Steroidverbindungen werden – wie andere Medikamente – vorwiegend in der Leber abgebaut bzw. umgewandelt, wobei ein besonderes Enzym, die Cytochrom-P-450-abhängige Monoxygenase, entscheidend beteiligt ist. Dabei ist wichtig zu wissen, ob eine bestimmte Substanz die Menge bzw. die Aktivität des Enzyms in der Leber, und damit ihren eigenen Umbau oder Abbau, erhöht. Das gilt auch für anabole Steroide, wie FKS und Jenapharm bei Versuchen an Ratten bestimmt hatten (u. a. Müller 1987, 1989; Müller et al. 1991).

Nun weisen aber Menschen in ihrer Enzymausstattung genetische Unterschiede auf. Manche bauen ein Anabolikum schneller ab als andere, manche vertragen es relativ gut, andere leiden an den Folgen des schlechten Abbaus, den schädlichen Nebenwirkungen. Wie kann man nun die für das Anabolikadoping Geeigneten, die drogenresistenten Talente, frühzeitig erkennen? Der SMD wollte ja beispielsweise einem «Leberschwächling» unter den Jugendlichen nicht nur Nebenwirkungen, sondern auch Enttäuschungen ersparen.

Hier half Riedels Habilitationsschrift: *«Die Bestimmung des Hydroxylierer-Phänotypes ist eine Methode, mit der der individuelle ‹Hydroxylierer-*

*Phänotyp› relativ leicht ermittelt werden kann... Anhand der bimodalen Verteilung können schnelle und langsame Metabolisierer klar differenziert und danach mit einer unterschiedlichen Dosierungsgestaltung therapiert werden. Der Nachweis einer unterschiedlichen Metabolisierung ist auch für a. S. denkbar.»*

Nun, was denkbar ist, ist auch nutzbar. Auf Seite 188 seiner Arbeit diskutiert Riedel (1986) eine Reihe von Möglichkeiten, solche *«genetischen Polymorphismen»* des Medikamentenstoffwechsels sportmedizinisch zu nutzen, und schon ist er beim OT: *«Mit der Einführung eines hepatischen Funktionstestes, dem Nachweis des Hydroxylierer-Phänotypes und der Metaboliten im Sammelurin werden Möglichkeiten aufgezeigt, eine optimale Dosierung für OT für die Mehrzahl der Sportler zu finden.»*

Riedel wäre kein Mann der Praxis, wenn er nicht in seinen «Schlußfolgerungen» auch gleich auf den praktischen Nutzen für den «sportlichen Kampfauftrag» zu sprechen gekommen wäre: Er schlug ein Verfahren zur Selektion der Drogentüchtigen vor: *«Zur Erweiterung der Diagnostik wird ein hepatischer Funktionstest in Form des $^{14}$C-Aminophenazon-Atemtests zum Nachweis der Induktion durch die a. S. und/oder Arzneimittel-Interaktionen im Prozeß der Biotransformation vorgeschlagen. Mit dem Nachweis genetischer Polymorphismen und der Differenzierung der Sportler-Population in ‹langsame› und ‹schnelle› Metabolisierer durch Testung mit einer durch Cytochrom P-450 umgewandelten Substanz... könnten vor Applikation a. S. hinreichend genaue Dosierungsempfehlungen gegeben werden.»*

Nun weiß aber der Leser aus den Schriften von Riedel, Hinz und Schäker, daß jährliche Mehrleistung eben 15 Prozent mehr OT erfordert (S. 179), und kommt ohne weiteres zu dem Merkschluß: Wer Turi schlecht metabolisiert, wird aus dem Kader selektiert. Und den Nebenwirkler und schwächlichen Metabolisierer beschleicht die sorgenvolle Erkenntnis, seine Leber könnte seine sportliche Achillesferse sein.

Glücklich aber die Anabolika-festen, die leberstarken Sporttalente! In den KJS hätten landesweit die Kindersportler zur Jugendweihe wacker den Aminophenazon-Metabolisier-Test gemacht, und die ihn bestanden hätten, hätten im Kreise ihrer festtäglich gewandeten Eltern und der vertrauten Jungen-Pionier-Gruppe mit einem kleinen Schlückchen Rotkäppchen-Sekt auf die gesicherte sportliche Perspektive angestoßen. «Schöne neue Welt» der Zukunft des DDR-Sports, die nun unter einem anderen Staatsnamen stattfinden wird.

# Kapitel 15
# Die Überbrückungstherapie

*«Unter den gegenwärtigen Bedingungen der zunehmend härteren Klassen-Auseinandersetzungen auch im Leistungssport sind die Sportler aller Gesellschaftsformationen und Länder bestmöglich auf bedeutende Wettkämpfe vorbereitet. Wettkampfergebnisse werden immer weniger von äußeren Bedingungen, sondern immer mehr durch die... Stabilität und Mobilisationsfähigkeit des einzelnen Athleten im Wettkampf bestimmt. Das heißt, in diesen Bereichen der trainingsmethodischen, sportmedizinischen und biowissenschaftlichen Vorbereitung und Unterstützung liegen... entscheidende Leistungsreserven»*
(Prof. Dr. Winfried Schäker 1980 in seiner Habilitationsschrift, Dissertation B).

*«Der Einsatz der anabolen Steroide (a. S.) im Leistungssport dient der Ausnutzung biologischer Gesetzmäßigkeiten zum Erreichen eines gesellschaftlichen und persönlichen Ziels... Die Zielstellung zur Anwendung unterstützender biologischer Möglichkeiten der Leistungssteigerung ist individuell wie gesellschaftlich determiniert. Somit ist auch der Einsatz der anabolen Steroide legitimiert und human»*
(Dr. Hartmut Riedel in seiner Habilitationsschrift, Dissertation B 1986; heute Professor an der Universität Bayreuth).

*«Die Olympischen Spiele von Calgary und Seoul zeigten, daß die Grenzen der körperlichen Leistungsfähigkeit noch nicht erreicht sind. Andererseits ist es eine Tatsache, daß die Realisierung des für eine sportliche Höchstleistung notwendigen täglichen Trainings an zeitliche Grenzen stößt. Außerdem steigen... die erforderlichen Wiederherstellungsprozesse in ihrem Zeitbedarf. Aus diesem Grunde halten wir den ärztlich kontrollierten Einsatz von sogenannten ‹unterstützenden Mitteln›... für gerechtfertigt... Die überwiegende Mehrzahl derartiger Literaturbeispiele beschreibt den männlichen und weiblichen Bereich der Körperkulturistik in kapitalistischen Ländern. Das ausgewiesene Vorgehen entspricht in keiner Weise unserer Position zum Einsatz anaboler Steroide im Leistungssport und ist damit auch nicht mit der Anwendung im DDR-Leistungssport vergleichbar»*
(Dozent Dr. Günter Rademacher 1989 in seiner Habilitationsschrift, Dissertation B).

Wie man aus diesen beispielhaften Zitaten aus Habilitationsschriften von DDR-Forschern sieht, hatten die Sportwissenschaftler der DDR überhaupt keine Probleme dabei, von einer gesicherten Basis im Marxismus-Leninismus aus ihren Dauerbetrug und ihre unethischen Menschenversuche klassen- und systemkämpferisch zu begründen. Sie wußten, daß sie für den Sieg des Sozialismus dopten.

## A. Hormonbrücken und Hormonkrücken

Wer die Berichte und Dissertationen der DDR-Sportmediziner aufmerksam liest, merkt bald, daß ein großer Teil ihres Tuns gar kein ärztliches Ziel hatte, auch nicht bei der weitestmöglichen Begriffserweiterung, sondern einem organisierten Verbrechen diente, dem perfektionierten Betrug. Was diese «Forscher» in den 80er Jahren aber zusätzlich antrieb, war der «Wettkampf» mit den Doping-Kontrollen, die Lust am Katz-und-Maus-Spiel mit den internationalen Regeln. Besonders sannen sie dabei auf immer neue Möglichkeiten, den unerlaubten Vorteil der Anabolika-Einnahme bis möglichst nah an den Wettkampftermin heran zu nutzen und ihren BRD-Hauptgegner, den Kölner Kontrolleur Prof. M. Donike, und seine Methoden zu überlisten.

Zunächst, bis 1981, war die Dopingwelt noch in Ordnung und das Doper-Leben leicht: «Überbrückung» hieß die seit 1976 praktizierte Lösung. Man setzte gegen Ende der UWV die meist leicht nachweisbaren synthetischen Fremdsteroide wie OT und Mestanolon (STS 646) früh genug ab: 2 Wochen reichten aus. Die Zeitspanne bis zum «sportpolitischen Höhepunkt», in der die mühsam anabolisierte Leistungsfähigkeit wegen der geschwächten körpereigenen Testosteronproduktion gefährdet war, überbrückte man dann durch Injektionen von Testosteronestern (TD, TP), bei Männern oft auch noch mit Zusatzinjektionen von hCG und Gaben von Clomiphen (vgl. Tabelle 2 u. S. 187). Da das aus den Estern freigesetzte Testosteron ja identisch mit dem körpereigenen ist, konnte diese Art Überbrückungsdoping bei qualitativen Kontrollen auf Fremdverbindungen nicht erkannt werden. Lathan (1981) beschreibt anschaulich und mit Zufriedenheit das Arsenal der Betrugsmöglichkeiten in der «Überbrückung» (z. B. Textdokument 2 C).

Das ging so glatt bis zum Ende der Olympischen Spiele in Moskau 1980, den großen «Testosteron-Überbrückungs-Spielen», wie u. a. bei Nachuntersuchungen der Moskauer B-Urinproben in Köln herauskam (Zimmermann 1986). Dann aber drohte dieser gut eingespielten Betrugstherapie Gefahr. Der Kölner Professor Manfred Donike und sein Doktorand Johann Zimmermann hatten gefunden, daß eingebrachtes Testosteron nicht so schnell umgewandelt wird wie das körpereigene, so daß das Verhältnis des Testosterons zu einem Testosteron-ähnlichen Produkt, dem Epitestosteron, stark ansteigt (T/E-Quotient). Die Kölner schlugen auf Grund ausgedehnter Messungen bei vielen Versuchspersonen und in Urinproben von Sportlern vieler Länder und Disziplinen einen oberen Normgrenzwert von 6:1 (T:E) vor, der von den internationalen Kommissionen angenommen wurde und seit 1982 bei Dopingkontrollen gilt (vgl. S. 42). Im großen und ganzen hat sich dieses Verfahren («indirekter Testosteronzufuhr-Nachweis») in der Kontrollpraxis auch bewährt, wenn man einmal von einigen wenigen merkwürdigen Fällen absieht, die aber jeweils leicht geklärt werden können.[1]

In der DDR aber gab es schon im Vorfeld dieser neuartigen Kontrollen mehrere Krisenmanagement-Sitzungen (S. 122 und Textdokument 2 A). Neue intensive Betrugsforschung tat not, besonders eine verfeinerte «Überbrückung» zum «Unterlaufen» der Kontrollen. Neben Dr. Lathan, für dessen Gewichtheber die Lösung dieses Problems ja «hebenswichtig» war, hat auch hier Dr. H. Riedel eifrig geforscht: Insgesamt 27 Seiten seiner Habilitationsschrift sind der Verbesserung von Grundlage und Praxis der von ihm so genannten «Überbrückungstherapie» gewidmet.

Wieso Riedel (1986) diese Reiheninjektionen von TD, TP und hCG durchaus als «Therapie» erscheinen konnten, wird aus den Ergebnissen seiner Messungen des Abfalls der Testosteronkonzentration im Körper bei Doping mit OT (Abb. 24), weniger jedoch mit Mestanolon (STS 646), deutlich (Dokumente abgedruckt bei Berendonk 1991). Ähnliches hatte vor Riedel schon Schäker (1980) gefunden und nach ihm Rademacher (1989) dann noch einmal bestätigt. Ein hoher Testosteronspiegel aber, so das Credo der DDR-Sportmediziner, ist unbedingte Voraussetzung für Spitzenleistungen.

Da sich nach dem Absetzen der Anabolika vor großen internationalen Wettkämpfen die körpereigene Testosteron-Synthese nur sehr langsam erholt und die normale Körperkonzentration von Testosteron erst nach 2–3 Wochen wiederhergestellt ist, verabreichten die DDR-Mediziner bald nach dem Absetzen eine intramuskuläre Testosteronester-Injektion, meist mehrere in jeweils zweitägigen Abständen, oder Kombinationen von Testosteronpropionat (TP) und hCG. Der Testosterongehalt im Körper stieg daraufhin gewaltig an (Abb. 24), und man konnte mit hoher androgeneranaboler Ladung in den Wettkampf gehen.

Das Problem des DDR-Sports nach 1981 aber war der T/E-Quotient. Denn mit dem injizierten Testosteron war auch das T/-E-Verhältnis, das

1 Einige Sportler, die bei Dopingkontrollen mit einem T/E-Wert über 6 aufgefallen waren, konnten endokrinologische Atteste vorlegen, die behaupteten, daß bei ihnen ein solch ungewöhnlicher Wert normal sei bzw. unter besonderen physiologischen Bedingungen reproduzierbar auftrete. Es muß im Einzelfall offen gelassen werden, was wahr und was Gefälligkeitsbescheinigung ist (vgl. Donike 1992).

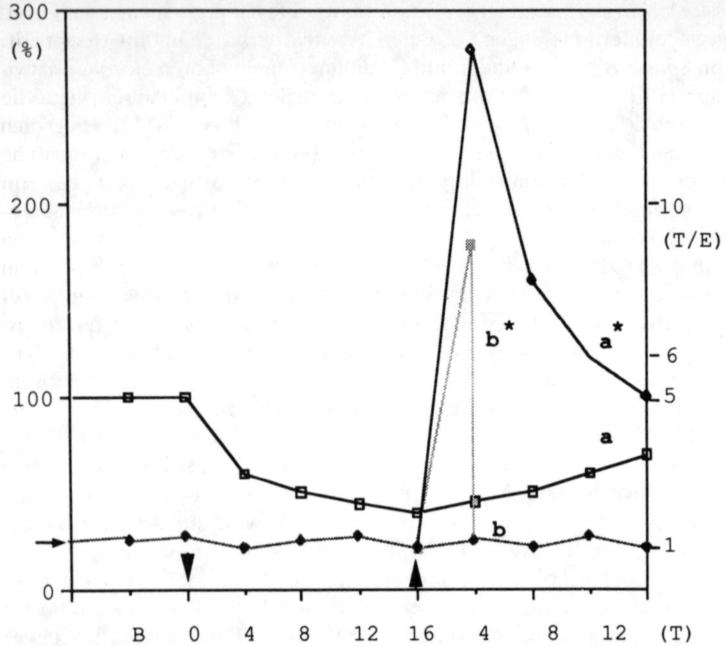


**Abb. 24.** Schematische zusammenfassende Darstellung des Verlaufs der Testosteron-Werte bei unterschiedlichem Doping (männlicher Sportler). Links (Ordinate, y-Achse) sind die Testosteron-Konzentrationen im Blut als Prozent des Basiswertes (B = 100%) aufgetragen, rechts der Testosteron/Epitestosteron (T/E)-Quotient im Urin. Auf der Abszisse (x-Achse) sind Tage aufgetragen (T). Bei Gabe von Oral-Turinabol (OT) zum Zeitpunkt 0 (abwärts gerichteter Pfeil) sinkt das Testosteron im Körper stark ab (obere Kurve, offene Quadrate), während der T/E-Quotient im Normalbereich (1,0–1,2) bleibt (gefüllte Rhomben, untere Kurve). Wenn nach 16 Tagen das OT abgesetzt wird (nach oben gerichteter Pfeil), erholt sich der Testosterongehalt im Blut nur langsam in den folgenden 16 Tagen (offene Quadrate, Kurve a), der T/E-Wert bleibt dabei weiter im Normbereich (Kurve b, untere Rhomben-Kurve). Injiziert man aber beim Absetzen Testosteronpropionat (Aufwärtspfeil), so steigt sowohl der Testosterongehalt im Blut (obere Kurve a*, Rhomben) steil an (auf über 250 Prozent) als auch der T/E-Wert im Urin (punktierte Kurve, punktiertes Quadrat bezeichnet Meßwert von ca. 8). Nach dieser einen Injektion sinkt der T/E-Wert schnell (normal am Tag 4 nach Injektion), die Testosteronkonzentration im Blut langsamer ab (obere Kurve a*). Man beachte, daß hier der T/E-Wert nur höchstens 3 Tage nach der Injektion über 6 liegt, dem Grenzwert für einen positiven Dopingbefund.

normalerweise zwischen 0,4 und 1,8 liegt (Abb. 24; vgl. Clausnitzer et al. 1982; Zimmermann 1986; Chan 1991; Donike 1991) nach oben geschnellt, nach den üblichen 25-mg-TP-Injektionen bei Männern meist auf Werte zwischen 4 und 10 (Abb. 24), bei Frauen bis auf Werte um 20 herum (vgl. die Kurven aus Riedels Arbeit von 1986 bei Berendonk 1991). Bereits nach 1–3 Tagen jedoch, individuell sehr unterschiedlich, ist dieser verräterische TP-Wert wieder unter die Ausschlußgrenze von 6 gesunken, oft sogar bis in den Normalbereich hinein (Abb. 24). Bereits 1982 hatte deshalb das Doping-Trio Clausnitzer, Höppner und Häcker eine Studie an Hunderten von männlichen wie weiblichen[1] Sportlern und Nichtsportlern durchgeführt, in der sie einerseits Donike und Mitarbeiter bestätigten (*«Ohne pharmakologische Beeinflussung wurde auch unter den Bedingungen des Leistungssports kein Wert über 6 erreicht.»*), andererseits aber ihre Ganoven-Genossen in FKS, SMD und DTSB auch weitgehend wieder beruhigen konnten. Denn Clausnitzer et al. (1982) hatten gefunden, *«daß bei niedriger Dosierung von Testosteron und individueller Urinkontrolle der obere Grenzwert* [d. h. 6] *nicht überschritten werden muß»* und daß bei einer *«niedrigen* [25 mg] *Dosis von Testosteronpropionat der Grenzwert nur in den ersten drei Tagen überschritten wird*. Darauf aufbauend wurden neue sog. *«Überbrükkungsvarianten»* erarbeitet und praktiziert.

Die schon seit 1976 nachweisbaren, in der DDR üblichen Überbrükkungstherapie-Maßnahmen sind von Riedel (1986) noch einmal überprüft worden. In der Zusammenfassung seiner Schrift konnte er dem DDR-Sport ganz allgemein die folgenden Überbrückungstricks empfehlen: *«Wegen der Beziehung zwischen physischer Leistungsfähigkeit und Höhe der Gesamt-Testosteron(T)-Konzentration hatte die parenterale Applikation* [Injektion] *von Testosteronpropionat (TP) nicht nur eine schnelle Erhöhung der T-Konzentration nach der vorherigen OT-Medikation, sondern auch eine weitere*

1 Wie der Bayreuther Professor Riedel hatten auch der Leipziger Medizin-Professor und Ärztliche FKS-Direktor Häcker und der SMD-Chefarzt Obermedizinalrat Höppner (Clausnitzer ist Chemiker) keine Skrupel, Testosteronester-Präparate (darunter sogar 50-mg-Ampullen von Testosteronenantat-Depot!) in junge Frauen zu spritzen. Hier liegt allerdings ein grundlegender Unterschied zwischen ethisch verantwortungsvoller und krimineller Forschung, zwischen der Bundesrepublik und der DDR: Zur gleichen Zeit wurden damals ähnliche Untersuchungen zum Testosteron-Stoffwechsel nach Testosteron-Verabreichung an der Deutschen Sporthochschule in Köln durchgeführt. Bei diesen Versuchen im Rahmen der Dissertation von J. Zimmermann im Donike-Laboratorium, wurde eine Verabreichung von Testosteronestern an Frauen kategorisch ausgeschlossen: *«Diese Ausscheidungsversuche wurden aus ethischen Gründen nicht mit weiblichen, sondern nur mit… männlichen Probanden durchgeführt»* (S. 92 von Zimmermann 1986). Verschiedene Werte-Welten!

*Erhöhung der sportlichen Leistung zur Folge. Mit Einzelinjektionen von 25 mg (Männer) und 10 mg (Frauen) im Abstand von 2 Tagen können die nach Medikationsende von OT beobachteten Nebenwirkungen begrenzt und zum Wettkampf mit hoher Wahrscheinlichkeit eine erhöhte physisch/psychische Leistungsbereitschaft erreicht werden. Bei Männern stellt die Medikation von hCG (3000 IE in Intervallen von 4 Tagen) eine Alternative dar, indem damit auf physiologischem Weg erhöhte T-Konzentrationen bei deutlich niedrigeren Erhöhungen des Quotienten T/E erreichbar sind»* (s. auch Fußnote h zu Tabelle 1, S. 33). Diese Überbrückungs-Empfehlungen in der Habilitationsarbeit Riedels von 1986 für die Sprungdisziplinen der Leichtathletik waren aber – wie schon seine Dosierungsvorschläge (S. 209) – mild geschönt im Vergleich mit der Wirklichkeit. Selbst die Springerinnen, Sprinterinnen und Mehrkämpferinnen bekamen weit mehr «Ü-Testo» injiziert (s. z. B. Abb. 18–20 auf S. 164–167): Schon jungen Frauen spritzte man vor bedeutenden Wettkämpfen zwei- bis dreimal je 25 mg Testosteronpropionat (TP), und bei den Werferinnen war die *«Variante 2 nach Hinz»* die Regel: 3 × 25 mg TP jeden zweiten Tag, zuletzt 4 Tage vor dem Wettkampf. Die Männer erhielten die doppelte Menge (3 × 50 mg) TP, allein oder als Testo-Tropin(TT)-Gemisch mit hCG. Auch von diesem Steuerungshormon hCG, das die körpereigene Testosteronsynthese steigern sollte, genehmigte man sich in der Praxis oft mehr als die 3000 internationalen Einheiten (IE) der Riedel-Empfehlung. So schlägt Riedel selbst an anderer Stelle Injektionen von bis zu 4500 IE jeden 5. Tag vor (s. S. 33), und allen Betrugsprotokollen gemein war die Injektion einer letzten hCG-Menge von 3000 IE am Tag vor dem Wettkampf (Leichtathleten) oder sogar noch am Wettkampftag selbst (so hielt es Dr. Lathan mit den DDR-Gewichthebern). Denn man hatte herausgefunden (Clausnitzer et al. 1982; Riedel 1986), daß bei dieser Art der Testosteron-Erhöhung durch hCG der kritische T/E-Quotient kaum verändert wird und man vor Entdeckung bei Wettkampfkontrollen sicher war.

Außerdem benutzte man in den 80er Jahren Clomiphen (Tabelle 2), ein Arzneimittel, das die Bildung eines körpereigenen Steuerungshormons, des Gonadotropins – und als Folge davon des Testosterons – erhöht und z. B. als sog. «Anti-Östrogen» und zur Auslösung des Eisprungs bei der Frau gegeben wird («Ovulationsauslöser»). Mit Clomiphen (meist dem ungarischen Präparat Clostilbegyt) stimulierten sich vor allem die Ruderer (verantwortlich Prof. Dr. Herbert Gürtler) und die Gewichtheber (Dr. Lathan; S. 187) und das schon seit den späten 70er Jahren. Zunehmend wurde Clomiphen dann auch in anderen Sportarten angewendet, die Leichtathletik eingeschlossen, und Riedel vermerkte damals froh und handschriftlich in seinem Arbeitsbuch: *«Nicht zu den Anabolika zählende Substanz: prinzipiell nachweisbar, zählt aber nicht als Dopingsubstanz.»* Die Dosierungen waren dabei horrend: Ich fand Eintragungen bis zu

15 × 100 mg täglich und den Bericht, daß die positive Wirkung bis zu 20 Tage nach der letzten Tablette anhält. Wobei auch hier schon seit 1982 gesichert war, daß die nach Clomiphen-Doping erhöhte Testosteronbildung nicht zu einer verräterischen Veränderung des T/E-Quotienten bei den Dopingkontrollen führt.

Das komplette Riedel-Schema sah übrigens nach einem Absetzen des OT zunächst einen Dope-Mix aus OT und STS 646 vor, der das Testosteron nicht gar so stark absinken ließ, dann etwa eine Woche reines STS 646, dann eine TP-Injektion – und zwei Tage später eine weitere für die Damen –, während den Herren Cocktails aus hCG/TP in Form des Testo-Tropin (TT) gespritzt wurden.

Aus den Untersuchungen Riedels geht aber auch hervor, wie hilfreich es beim Dopingbetrug sein kann, die spezielle Urin-Abklingkurve des Athleten zu kennen.[1] Mit solchen «individualisierten Therapien» (Riedel 1986) konnten die DDR-Sportstars dann vor den «sportpolitischen Höhepunkten» durch kurze TP-Stöße ihren mit OT aufgebauten anabolen Zustand praktisch bis in die Vorentscheidungen hin aufrechterhalten. Durch diese Überbrückungstests und den Androstendion-Spray (S. 123 u. 124) glaubten sie, auch in Zukunft keine besondere Angst vor Trainingskontrollen haben zu müssen, solange sie nicht gerade auf Oral-Dope waren.

## B. DDR-Doping mit eingestelltem Testo, Testo- und Epitesto-Gemisch, Androstendion, hCG und Clomiphen

Mit dem seit 1982 erweiterten Arsenal von Überbrückungsmaßnahmen fühlte sich die DDR-Sportmedizin wieder zunehmend mehr für den sportlichen Kampfauftrag gerüstet. Man verzeichnete befriedigt eine ganze Reihe verschiedener «anaboler Varianten», die aber nicht nur zum Überbrückungsdoping vor den «sportlichen Höhepunkten», sondern auch zum Basisdoping während bestimmter Trainingsabschnitte eingesetzt werden konnten. Das wurde in der zweiten Hälfte der 80er Jahre plötzlich sehr wichtig, als man – zumindest zu bestimmten Zeiten – kurzfristig angesetzte Trainingskontrollen durch internationale Kommissionen befürchten mußte. Der betrügerische DDR-Sportler und sein Trainer- und Arztkollektiv konnten jedoch damals schon nach Absetzen der leichter entdeckbaren synthetischen Anabolika (OT, STS 646) die Testosteronkonzentration im

1 Ein Damen-Wert von 17 kurz nach dem TP-Stoß ist typisch für diese Phase der Wettkampfvorbereitung (Riedel 1986). Ein solcher wurde auch für Schwimmstar Kristin Otto (Leipzig) im *Stern* (49/1990) veröffentlicht und dann auch vom Kontrolleur Dr. C. Clausnitzer öffentlich bestätigt.

Körper durch eines – oder eine Kombination – der folgenden Mittel in einer Weise erhöhen, die nicht als Doping bestraft werden konnte:

- Clausnitzer, Höppner und Häcker hatten schon früh (1982) darauf hingewiesen, daß der T/E-Wert von 6 so hoch festgelegt war, daß man mit geschickt eingestellten Injektionen oder anderen Anwendungsformen geeigneter Testosteronester (z. B. TP) zwar über dem Normalbereich, aber immer noch unter 6 lag (S. 221). Damit konnten bestimmte ausgewählte Sportler und Sportlerinnen in kritischen Trainingsphasen «entdeckungssicher» eingestellt werden.
- Ebenfalls schon sehr früh verfügten die DDR-Sportmediziner über reines Epitestosteron, das sie als eingestelltes *«Anti-Donike-Gemisch»* mit einem T/E-Wert unter 6 täglich oder jeden zweiten Tag verabreichen konnten. So findet man in Riedels VVS-Arbeitsbuch bereits am 7.12.1983 die Eintragung: *«VEB Jenapharm stellte Epi-Testosteronpropionat... zur exogenen Beeinflussung des Quotienten T/Epi-T her»*, vor allem auch im Hinblick auf eine *«mögliche TP-Gabe unmittelbar vor dem Wettkampf»*. Man mixte also die Testosteron- gleich mit den Epitestosteron-Verbindungen so, daß der T/E-Quotient im Urin weit unter 6 lag (vgl. auch Donike 1992).
- Der Betrug mit Testosteron-Vorläufern (Präkursoren) wie Androstendion ist schon auf S. 123 u. 124 beschrieben worden, insbesondere als Nasenspray. Auch hierbei kann die Zufuhr so eingestellt werden, daß der T/E-Quotient im Urin deutlich unter 6 liegt (vgl. S. 354–357).
- Die Möglichkeiten zur Erhöhung der Testosteronkonzentration ohne deutliche Veränderung des T/E-Verhältnisses durch hCG und Clomiphen sind im vorigen Abschnitt erklärt worden.

Eine Fülle von probaten Betrugsmöglichkeiten stand so – zusammen mit den mechanischen Tricks zum Betrug durch Fremdurin wie Blasenkatheter, verborgene Schläuchlein, Kondome und Vaginalsäckchen – den kundigen Verantwortlichen damals in der DDR genauso zur Verfügung wie heute dem gesamtdeutschen Sport. Das gilt natürlich besonders seit Januar 1992, nachdem die meisten deutschen Sportverbände unauffällig die Aussetzung von Sanktionen bei erhöhten T/E-Werten beschlossen haben (s. Kapitel 20 und 21).

## C. Doping-Doktoren unter sich: Eine nachweihnachtliche Kienbaum-Konferenz

Winter 1986/87: Weihnachten war kaum vergangen, da trafen sich in der Sportschule des brandenburgischen Örtchens Kienbaum an der Löcknitz – etwa in der Mitte zwischen dem östlichen Stadtrand Berlins und dem Galgenberg (Höhe 88) gelegen –, einige vertraulich-verschlossen wirkende

Herren mit einer drahtigen hellblonden Dame zu einer geheimen Beratung in Kader-Klausur. Dem aufmerksamen Beobachter wäre sonst vielleicht noch aufgefallen, daß sie alle einen Doktortitel und gediegene bürgerliche Kleidung trugen. Ein Akademiker-Treffen der biederen Art.

Die promovierten Herrschaften hatten dabei alle denselben gesellschaftlichen Kampfauftrag für das neue Jahr 1987: Für den Leichtathletikverband DVfL der DDR ein schlagkräftiges Konzept für eine fortschrittliche Ernährung und den Einsatz *«unterstützender Mittel»* zu entwickeln. Ihr Tun war hochpolitisch und konspirativ. Schließlich galt es, nach der erfolgreichen Dopingsaison 1986 (mit den Europameisterschaften in Stuttgart) 1987 weitere betrügerische Fortschritte zu erzielen, um beim «sportpolitischen Höhepunkt» der Weltmeisterschaften in Rom die Überlegenheit des sozialistischen Systems noch deutlicher demonstrieren zu können.

Einer der Teilnehmer hat – getreu und penibel wie ein Buchhalter – die Namen der Anwesenden ebenso handschriftlich festgehalten wie ihre Ansichten und Absichten: Das Arbeitsbuch-Protokoll des damals frischernannten DVfL-Chefarztes Dr. Hartmut Riedel gibt auf insgesamt 4 Seiten erstmals Einblick in eine konkrete Dopingberatungs- und -planungsmaßnahme der DDR-Leichtathletik auf Führungsebene (Ausschnitte in Abb. 25 a u. b).

Fast alles, was Rang und Namen hatte unter den Doping-Doktoren der DDR-Leichtathletik, ist da vom Chronisten verzeichnet, der – äußerst gewissenhaft – übrigens sogar seinen eigenen Namen unter den Anwesenden notiert hat:

- Obermedizinalrat Dr. Manfred Höppner, Stellvertretender Leiter des SMD und Präsidiumsmitglied des DVfL;
- Dr. Heinz Kadow, Generalsekretär des DVfL, furchterregend durch seine SEDische Machtfülle wie durch seinen Schnurrbart;
- Medizinalrat Dr. Bodo Krocker (Cottbus), später kurzfristig auch DVfL-Chefarzt;
- Dr. Hans-Joachim Wendler, leitender Sportmediziner des Stasi-Klubs SC Dynamo Berlin;
- Dr. Regina Schwanitz, leitende Sportmedizinerin aus Rostock, später – seit 1989 – ebenfalls DVfL-Chefärztin;
- Dr. Edwin Tepper, DVfL-Verbandstrainer der Sprinter; und
- Dr. Bernd Schubert (Karl-Marx-Stadt), DVfL-Verbandstrainer für die Sprung- und Mehrkampfdisziplinen.

Nach einer allgemeinen Übersicht über u. M. und dem Übersichtsvortrag des Dr. Hommel als Gastredner (Schubert erinnerte sich am 22. 11. 1991 vor dem Heidelberger Landgericht: *«Der kam so mehr von der Diabetiker-Strecke.»*) und einer Diskussion über die Wichtigkeit sportgerechter Ernährung, beschloß man noch einige «Maßnahmen» und traf einige «Festle-

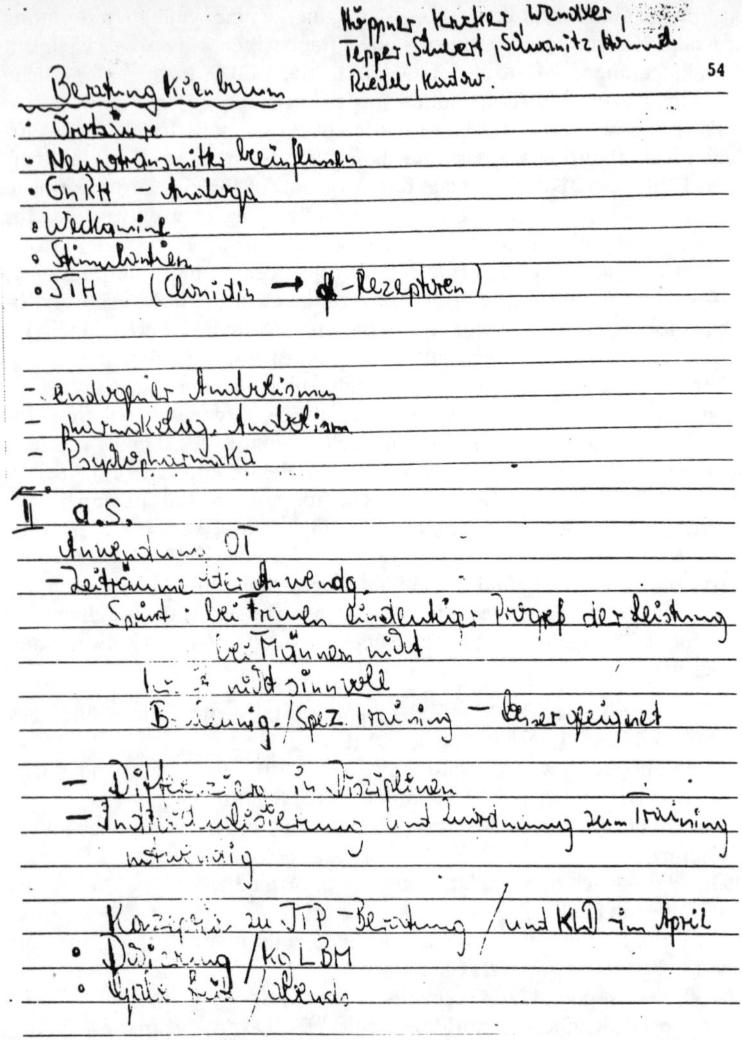
Höppner, Kracker, Wendler, Tepper, Stubert, Schwanitz, Hermann, Riedel, Kostow.

54

Beratung Kienbaum

• Vorträge
• Neurotransmitter beeinflussen
• GnRH – Analoga
• Weckamine
• Stimulantien
• STH (Clonidin → α-Rezeptoren)

– endogener Anabolismus
– pharmakolog. Anabolismus
– Psychopharmaka

II a.S.
Anwendung OT
– Zeiträume der Anwendg.
Sprint: bei Frauen eindeutiger Progreß der Leistung
bei Männern nicht
[illegible] nicht sinnvoll
B[illegible]ung./Spez. Training – besser geeignet

– Differenzieren in Disziplinen
– Individualisierung und Zuordnung zum Training notwendig

Konzeption zu JTP-Beratung / und KLD im April
• Dosierung / KoLBM
• [illegible] / Wende

gungen» wie weiterbildende Ernährungsvorträge eines Dr. Zerbes, die für *«aktive KM während KLD und zu Beginn der UWV verbindlich»* sein sollten (Abkürzungen in Tabelle 4). Dann kam man zur Hauptsache und redete Tacheles. Riedel verzeichnet denn auch das Folgende nur unter dem kurzen, aber entscheidenden Stichwort *«II. a. S.»* (anabole-androgene Steroide).

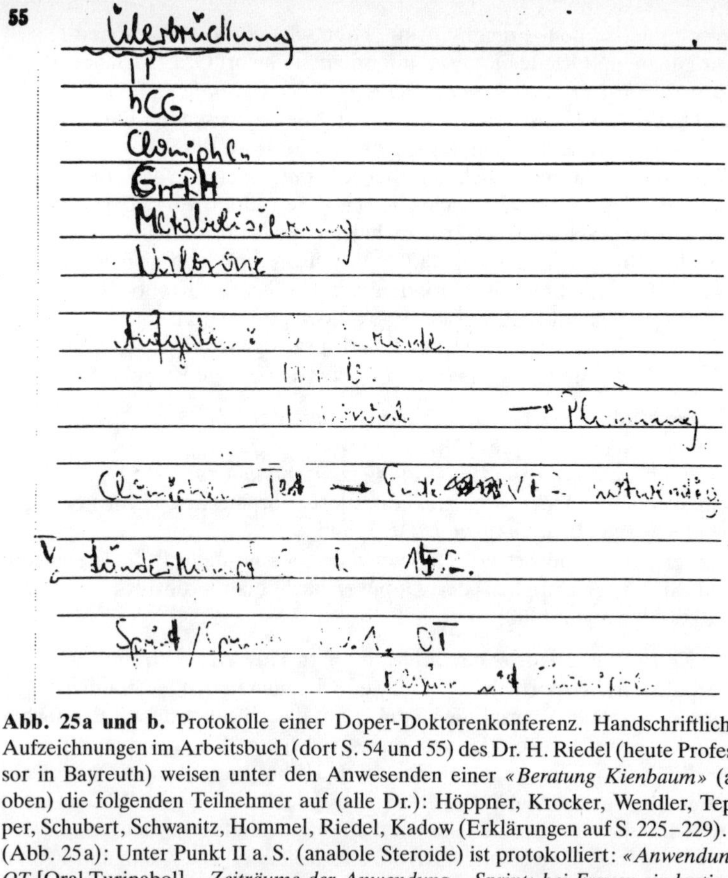
55
Überbrückung
TP
hCG
Clomiphen
GnRH
Metabolisierung
Naloxone
OT

**Abb. 25a und b.** Protokolle einer Doper-Doktorenkonferenz. Handschriftliche Aufzeichnungen im Arbeitsbuch (dort S. 54 und 55) des Dr. H. Riedel (heute Professor in Bayreuth) weisen unter den Anwesenden einer *«Beratung Kienbaum»* (a, oben) die folgenden Teilnehmer auf (alle Dr.): Höppner, Krocker, Wendler, Tepper, Schubert, Schwanitz, Hommel, Riedel, Kadow (Erklärungen auf S. 225–229).
(Abb. 25a): Unter Punkt II a. S. (anabole Steroide) ist protokolliert: *«Anwendung OT* [Oral-Turinabol] – *Zeiträume der Anwendung – Sprint: bei Frauen eindeutiger Progreß der Leistung.»* Weitere Erklärungen im Text auf S. 228.
(Abb. 25b): Zum Problem des Überbrückungsdopings steht notiert: *«Überbrükkung – TP, hCG, Clomiphen, GnRH, Metabolisierung, Naloxone.»* Unter dem Wort *«Planung»* (rechts) steht dann, daß ein *«Clomiphen-Test Ende VP2 notwendig»* ist, der beim Hallen-*«Länderkampf CSSR am 14. 2.»* stattfinden soll, wobei im *«Sprint/ Sprung* [am] *20. 1. OT* [abgesetzt werden soll; dann] *Beginn mit Clomiphen.»*

Zunächst notierte Riedel eine Beratung über den neuesten Stand der *«Anwendung von OT»*, der Hausmarke unter den bewährten Hormondopingmitteln, insbesondere die Zeiträume der Anwendung, d. h. die Zyklen der Einnahme und die Absetztermine. Besonders entzückt war man über die großartige Wirkung der männlichen Keimdrüsenhormon-Derivate bei den DDR-Frauen, vor allem in der traditionellen Erfolgsdomäne der DDR-

Leichtathletik, dem Frauen-Sprint. Hier schlugen die Androgen-Kuren sehr gut an, und Riedel notierte unter dem Stichwort Oral-Turinabol: *«Sprint: bei Frauen eindeutiger Progreß der Leistung.»* Dafür waren ja auch besonders kompetente Zeugen unter den anwesenden Experten wie Dr. Tepper und Dr. Schwanitz, letztere zuständig für die Sprinterinnen aus Mecklenburg, darunter auch der hochgedopte Superstar Marita Koch und Jungstar Silke Möller-Gladisch, die schon seit ihrem 16. Lebensjahr OT-gedopt war (Tabelle 5). (Übrigens hatte damals noch eine weitere junge Mecklenburgerin in der abgelaufenen Saison 1986 von sich Reden gemacht: Die 17jährige Neubrandenburgerin Katrin Krabbe hatte ihre 100-m-Bestzeit von 12,27 auf 11,49 Sekunden gesteigert.)

Man war in Kienbaum unter sich und sprach ganz offen. Als besondere Schwerpunkte für den Hormondoping-Einsatz notierte Riedel z. B.:

- *«Beschleunigung/spezielles Training – besser geeignet»*,
- *«Differenzierung in* [den] *Disziplinen»*,
- *«Individualisierung und Zuordnung zum Training notwendig»*,
- man solle die Dosierung auf die fettlose Körpermasse (LBM) bezogen berechnen (*«Dosierung/kg LBM»*), und
- unter dem Stichwort *«Gabe früh/abends»* kam dann Riedels Steckenpferd, die Wichtigkeit des Dopings nach dem Frühstück um exakt 10.00 Uhr (vgl. S. 180).

Die Kompetenz Riedels, habilitiert mit dem Titel «Zur Wirkung anaboler Steroide auf die sportliche Leistungsentwicklung in den leichtathletischen Sprungdisziplinen» harmonierte dabei auf das glücklichste mit den fachlichen Interessen des gerade ein Jahr im Amt befindlichen Verbandstrainers für die Sprungdisziplinen, Dr. Schubert. Es lag auf der Hand, daß so mit vereintem Fachwissen DVfL-Chefarzt Riedel und Trainer Schubert den DDR-Blauhemden noch besser auf die Sprünge helfen würden.

Besonders großen Raum in Riedels Notizen über jene Kienbaum-Konferenz nehmen aber die Beratungen zum besseren Doping-Betrug bei der «Überbrückung» vor wichtigen Wettkämpfen ein, um so den internationalen Kontrollen zu entgehen. Die diversen kriminellen Möglichkeiten dazu sind im einzelnen nochmals aufgeführt, so u. a.

- *«TP»*, d. h. Injektionen des reinen Androgens Testosteronpropionat, das die DDR-Sportmediziner auch an Frauen verabreichten,
- *«hCG»*, das Schwangerschaftshormon, das Riedel zur Injektion für Männer empfahl, da so ihre Testosteronproduktion in einer Weise angeregt würde, die bei den Dopingkontrollen nicht entdeckt werden könnte,
- *«Clomiphen»*, ein sog. Anti-Östrogen, das bei Frauen mit Fruchtbarkeitsstörungen zur Auslösung der Ovulation («Eisprung») verabreicht wird, von den DDR-Sportmedizinern aber Männern zur Hebung der Testosteronkonzentration verabreicht wurde.

Bei der Gabe von Clomiphenzitrat-Tabletten zum Überbrückungsdoping, bewährt bei den Gewichthebern und Ruderern der DDR, hatte der DVfL damals noch Nachholbedarf an praktischer Erprobung. Deshalb verzeichnete Riedel kurz und bündig den Plan: *«Clomiphen-Test Ende VP 2 notwendig.»* Auch die nächstmögliche Gelegenheit trug er ein, nämlich den Hallen-*«Länderkampf* [gegen die] *CSSR am 14.2.»* 1987 in Jablonec, ebenso die medizinische Empfehlung für den Anfang der Überbrückung: *«Sprint/Sprung 20.1. OT, Beginn mit Clomiphen.»*

Sprinttrainer Tepper und Sprungtrainer Schubert waren ja in Kienbaum dabei.

Der Länderkampf verlief übrigens ganz erfolgreich, die DDR gewann mit 77,5:64,5 bei den Männern und mit 74:47 bei den Frauen. Besonders Sprinter Bringmann und Schuberts Springertruppe wußten dabei zu gefallen. Von einem Eisprung-Wunder ist allerdings nichts bekannt geworden.

Die Tagung in Kienbaum klang dann – nach Riedels Notizen – mit Erörterungen der jüngsten Fortschritte der Leistungssteigerungen durch Gaben von Psychopharmaka und Neuropeptiden aus. Mit guten Wünschen für ein erfolgreiches Neues Leichtathletik-Jahr und sozialistischem Gruß verabschiedeten sich die Doping-Doktoren und gingen an die Arbeit: Es gab viel zu dopen!

Das akademische Doperkollektiv war denn auch 1987 und 1988 höchst erfolgreich und erhielt nach den Olympischen Spielen in Seoul die verdienten Orden: Kadow den *«Vaterländischen Verdienstorden in Silber»*, Höppner, Krocker, Schubert, Schwanitz, Tepper und Wendler den Orden *«Banner der Arbeit – Klasse I»*. Leider versäumte man, Dr. Riedel den verdienten Orden an seine neue Bayreuther Adresse nachzusenden.

Alle waren zufrieden, nur DLV-Cheftrainer Schubert nicht: Er beschwerte sich im November 1991 allen Ernstes und zur Verblüffung der 3. Zivilkammer des Landgerichts Heidelberg, diese Ordensklasse sei seinen wahren Verdiensten nicht angemessen gewesen, er hätte damals mindestens den Vaterländischen Verdienstorden verdient, und diese öffentliche Herabwürdigung auf das Ordens-Niveau der anderen Teilnehmer der Kienbaum-Konferenz sei gewissermaßen als Anerkennung seines inneren, aber vom ZK bemerkten Widerstandes gegen das Honecker-Regime zu werten. Bei soviel apologetischem Schwachsinn brach im Gerichtssaal Gelächter aus.

# Kapitel 16
# Pfefferminze und Krokant, Kaugummi und Nasenspray – Dr. Schäkers Doppeldope mit Neuropeptiden

*«Die hohen Anforderungen an die koordinative und konzentrative Leistungsfähigkeit und die normalerweise immer zu beobachtenden koordinativen Störungen durch anabole Steroide waren Veranlassung für den kombinierten Einsatz mit Oxytocin»* (Schäker 1980; als Begründung für seine Doppeldopingversuche mit Neuropeptiden im Jahre 1975 bei den Anabolika-gesättigten Leichtathleten des ASK Potsdam, darunter Rita Kirst, Burglinde Pollak, Udo Beyer und Jörg Drehmel).

Der Eifer, den sportlichen Auftrag der Partei zu erfüllen, gepaart mit dem deutschen Hang zum Perfektionismus – und zuweilen auch zum lächerlichen Detail –, hat die Dopingforscherriege der DDR einerseits zu teutonisch flächendeckender Dopingorganisation, andererseits aber auch zu wahren Spitzenleistungen wissenschaftlich getarnter Albernheit getrieben: Daniel Düsentriebe des totalen Dopings, stets auf der Suche nach dem Heiligen Gral des sportlichen Betrugs, nach *«dem Anabolikum»* (Rademacher 1989), dem Universalstoff an sich, der Idealsubstanz, der *«anabolen Bestlösung»* (Hinz et al. 1986), nach unbekannten Wirkstoffen, die *«weder auf der Dopingliste stehen, noch negative Nebeneffekte aufweisen»* (Landgraf 1981a, b), grübelnde Alchimisten des Betrugs.

Ein besonders emsiger Dopingforscher war der Zoologe Dr. Winfried Schäker – seit einiger Zeit FKS-Professor. Ihm reichte das simple Anabolikadoping schon Anfang der 70er Jahre nicht mehr. Deshalb experimentierte er mit Kombinationen aus den bewährten Anabolika und leistungsfördernden Neuropeptiden, vor allem mit den von ihm so geschätzten «Hypophysenhinterlappenhormonen», von denen ihm seit seiner Zeit als Doktorand an der Karl-Marx-Universität (KMU) Leipzig sowohl die Vasopressine als auch das verwandte Oxytocin (in der DDR-Geheimliteratur auch als «B 17» bezeichnet; Tab. 2) besonders vertraut waren.

Vasopressin (VP; als LVP oder als AVP) und Oxytocin, beide Nonapeptide, werden von der Hirnanhangdrüse gebildet; sie sind sich sowohl chemisch als auch in einigen ihrer Wirkungen ähnlich. So beeinflussen beide, besonders das VP, die Wasserrückhaltung im Körper. Oxytocin ist vor allem bekannt als das Hormon, das bei der Frau wehenauslösend wirkt und die Kontraktionen der sogenannten Myoepithelzellen der Brustdrüse beim Ausstoßen der Muttermilch auslöst. Was diese Verbindungen aber sonst noch bewirken, vor allem das Oxytocin beim Mann, ist immer noch weitgehend unklar, abgesehen von einigen Effekten auf die Spermienbildung und das Sexualverhalten beider Geschlechter. Viele Forscher sind außerdem der Ansicht, daß diese Verbindungen – wahrscheinlich durch Zerfallsprodukte – auch auf das ZNS wirken, und einige von ihnen haben positive Auswirkungen auf Leistungsbereitschaft, Konzentrationsfähigkeit, Lernen, Erinnern und die allgemeine psychische Stimmung postuliert, lauter wünschenswerte Eigenschaften. Daher haben diese Neuropeptide, zusammen mit anderen (Substanz P, ACTH, Endorphine) und mit bestimmten Neuropharmaka, die Sportmediziner und Funktionäre der DDR schon seit zwei Jahrzehnten sehr interessiert (s. S. 115–120 und Textdokumente 1 H–N).

An der KMU wie am FKS in Leipzig untersuchte man seit langem, zunächst an der Ratte, mögliche Wirkungen solcher Peptide auf Verhalten und Leistung, Gedächtnis und Psyche – von Schäker et al. (1966) bis zu Landgraf (1978) und Tendis et al. (1987). Ein Einsatz dieser Verbindungen am gesunden Menschen ohne medizinische Begründung – etwa zur Leistungssteigerung im Sport – verbietet sich unter verantwortungsvoll denkenden Wissenschaftlern eigentlich schon deshalb, weil viele Funktionen dieser Stoffe noch gar nicht bekannt und die bekannten so komplex und vielseitig gerichtet («pleiotrop») sind. Für und Wider des Einsatzes von Neuropeptiden zum Doping sind übrigens bereits am 27.11.1981 vom FKS-Forscher Dr. R. Landgraf bei einem geheimen Kolloquium der FKS-Forschungsgruppe «Zusätzliche Leistungsreserven» mit ihren Kooperationspartnern in Dresden vorgetragen worden.

Aber vorsichtige Zurückhaltung war den Dopingforschern der DDR fremd, wenn es galt, durch noch mehr Medaillen die Welt vom bevorstehenden Sieg des Sozialismus zu überzeugen. Schäker, der noch nach der Wende westlichen Forscherkollegen ins Gesicht log, er habe solche Neuropeptide nicht an Menschen und schon gar nicht bei Leistungssportlern eingesetzt, hat in Wirklichkeit ganze Serien von Menschenversuchen und Dopingaktionen – dem Text nach anscheinend allesamt ohne Zustimmung des ZGA[1] und einer Ethischen Kommission – sowie seine Habilitations-

1 Auf Seite 135 seiner Dissertation B erwähnt Schäker ausdrücklich, daß der ZGA nur «Mitarbeiter-Experimente» für STS 646, STS 648 und STS 482 freigegeben hatte, also keine Einsätze bei Sportlern.

schrift (Schäker 1980) seiner großen Aufgabe gewidmet, dem Doppeldoping mit Oxytocin und Anabolika (vgl. Literaturliste I).

Schäker (1980) hat sich am FKS sicherlich Verdienste um die Entwicklung der Dopingforschung erworben, auch mit Anabolika. Die besondere fachliche Liebe des Neurophysiologen aber galt den Neuropeptiden, vor allem dem Oxytocin, über das er an der KMU promoviert und von dem er auch in seiner ersten Veröffentlichung berichtet hatte (Schäker et al. 1966). Schließlich gab es dringenden Bedarf für den Einsatz von zentralnervaler Unterstützung: Viele Genossinnen und Genossen hatten zu kräftig turinabolisiert, die OT-Muskeln der Leistungskader waren zum Bersten prall geworden: Muskelverspannungen, Sportverletzungen, anabole Fehlentwicklungen.

Schäker erkannte schon früh, daß man hier etwas tun mußte (s. Anfang des Kapitels) und erfand den Doppeldope OT plus OX, Anabolikum plus Oxytocin. Schon in den frühen 70er Jahren führte er, häufig zusammen mit seinem Kollegen Dr. Nicklas, im Training wie in nationalen und internationalen Wettkämpfen ausgedehnte Untersuchungen an Spitzensportlern verschiedener Disziplinen durch: 35 Kanuten, 30 Turner, 16 Schützen, 14 Fechter, 13 Leichtathleten, je 8 Mitglieder der Volleyball-Nationalmannschaften der Frauen und der Männer, 7 Ringer und 5 Judoka. Seit 1975 gab es fast regelmäßige Ergebnisberichte über die Fortschritte beim doppelten Hormonbetrug (Nicklas u. Schäker 1975, 1976; Lehnert et al. 1988, vgl. Textdokumente 1 A–N).

In einer 9 Seiten langen Vertraulichen Dienstsache haben Schäker und Landgraf dann im Oktober 1978 die Dopingmöglichkeiten mit Neuropeptiden programmatisch zusammengefaßt. Einige Kernsätze: *«Wir verfolgen das Ziel, weitere Peptidhormone in die Trainings- und Wettkampfpraxis einzuführen, um damit noch 1979 und 1980 neue Leistungsreserven erschließen zu können... Ergebnisse der Grundlagenforschung und ihre Umsetzung am Menschen weisen in jüngster Zeit darauf hin, Trainings- und Wettkampfleistungen zu verbessern bzw. zu stabilisieren... Der weitere Einsatz von Peptidhormonen im Leistungssport stellt eine notwendige Ergänzung zur Anabolika-Anwendung bei definierten Aufgaben dar. Peptidhormone stehen nicht auf den Dopinglisten und werden auch in absehbarer Zeit in der Dopingkontrolle nicht nachweisbar sein... Neben der unmittelbaren Unterstützung der Olympiavorbereitung 1980 kann der Einsatz langfristig zu einer wirksamen... Leistungsreserve ausgebaut werden.»*

Am Schluß dieser Arbeit findet man eine Reihe von einzelnen Planungsmaßnahmen, die wiederum die Einbeziehung der AdW und bestimmter Regierungsstellen beweisen, u. a.:

*«1. Die Konzeption wird vor der AG beim stellvertr. Direktor des SMD verteidigt. ...2. Die präzisierte Konzeption wird in dem Expertengespräch beim Staatssekretär zur Bestätigung vorgelegt. Es ist zu entscheiden, ob und*

*durch wen eine klinische bzw. präklinische Erprobung beim ZGA beantragt wird.*[1] *3. Über den Staatssekretär und das Ministerium für Wissenschaft und Technik erfolgt durch das Ministerium für Gesundheitswesen (Dr. Schneidewind) die Importbestellung und Importrealisierung. 4. Über das Ministerium für Wissenschaft und Technik wird die Erteilung einer staatlichen Planaufgabe für die Präparation von ACTH (4–10) geprüft (z. B. Prof. Oehme). 5. Möglichkeiten einer kurzfristigen Substanzbeschaffung können durch die... Nutzerkooperation für Peptidhormone (Prof. Niedrich, Institut für Wirkstofforschung, Berlin) erschlossen werden... Da der Importpreis für diese Substanzmengen in der Größenordnung von 100000–200000 DM liegt, ist die Klärung der Synthesemöglichkeiten innerhalb der DDR und durch das sozialistische Ausland dringend erforderlich... In Abhängigkeit von den Festlegungen... erarbeitet das Labor Endokrinologie gemeinsam mit den Forschungsgruppen eine Einsatzkonzeption, die mit Prof. Dr. Hüller... zu beraten ist.»*

Präparate zur Anwendung von Oxytocin in Training und Wettkampf wurden entwickelt – ihre pharmakopoetische Raffinesse wird noch zu würdigen sein – und so erfolgreich eingesetzt, daß Schäker (1980) geradezu ins Schwärmen geriet, vor allem über die Leichtathleten des ASK Potsdam, mit denen er seine grundlegenden Versuche zum Doppeldope durchführte (vgl. Tabelle 9). Die positiven Ergebnisse von 1975/76, als Schäker mit einem «Radioimmunoassay» auch mehrfach den Urin der Potsdamer darauf untersuchte, ob das OT auch eingenommen wurde, führten dazu, daß das Doping mit Neuropeptiden bis zum Ende der Republik weiter beforscht wurde (vgl. Textdokumente 1 H–K, N). Einige Zitate aus Schäkers Habilitationsschrift (1980) sollten hier ausreichen, um dem Leser die Freude des Dopingforschers an seinem Beruf zu vermitteln:

- *«Drehmel, Gora, Kirst und Pollak erreichten die Bestleistung zum geplanten Zeitpunkt der Hallenmeisterschaft, Wienick und Pubanz eine Woche nach den Wettkämpfen.»*
- [Für die Stabhochspringer in Tabelle 9:] *«Die Sprintleistung verbesserte sich bei allen Sportlern bis eine Woche nach dem Absetzen von OT, und parallel dazu gab es Fortschritte in der technischen Fertigkeit. Bei höheren Anlaufgeschwindigkeiten konnten härtere Stäbe gebogen werden... Größere Probleme traten bereits nach 2 Wochen in Form erheblicher Koordinationsstörungen auf, die z. T. sogar Trainingsunterbrechungen notwendig machten. Die gewählte Steroiddosierung (Verbandskonzeption*[2]*) erwies sich als zu hoch...»*

1 Anscheinend hielt man Verstöße gegen die DDR-Gesetze für durchaus erwägenswert, hier z. B. eine Benutzung auch ohne ZGA-Bewilligung.

2 Es gab also bereits 1975 eine offizielle Verbandskonzeption des DVfL (Prof. Dr. Georg Wieczisk) zur Anabolikadosierung, die selbst Dr. Schäker zu hoch war.

- *«Es bestanden gravierende individuelle Unterschiede in der ‹bedarfsgerechten› Dosis für Oral-Turinabol... Ursachen könnten im individuell unterschiedlichen ‹Substitutionsbedarf› (Ausgangsspiegel der Androgene sind uns nicht bekannt)... liegen.»*
- *«Es ist eindeutig nachweisbar, daß Oral-Turinabol in einem definierten Dosisbereich* [5–10 mg/Tag] *den zentralnervalen und neuromuskulären Funktionszustand aktiviert und damit auch für diese Systeme günstige Leistungsvoraussetzungen schafft. Die Wirkung von OT bzw. Oxytocin kann im ZNS und neuromuskulären System verschieden sein. Die im Trainingsprozeß nach hohen AS-Gaben signalisierten koordinativen Störungen werden fast immer im neuromuskulären System manifest.»*
- *«Koordinative Störungen nach Applikation von Oral-Turinabol können durch Oxytocin bis zu einem gewissen Grade kompensiert werden.»*
- *«In den leichtathletischen Sprungdisziplinen ist zu empfehlen, bei der Unterstützung mit Oxytocin die Leistungsabforderung etwa 35–55 Minuten nach der Applikation zu legen und im Abstand von 30–40 Minuten je eine Tablette*[1] *zu applizieren.»*
- *«Das zentralnervale funktionelle Niveau war... bei Jörg Drehmel, Peter Rieger, Rita Kirst, Burglinde Pollak und Lothar Gora nach der Androgen-Gabe erhöht. Dafür sprechen die stärkere Synchronisation (Frequenzabnahme) und die Zunahme des Alpha-Anteiles im EEG.»*

  *«Der Einfluß von Oxytocin auf das funktionelle Niveau im zentralnervalen und neuromuskulären Bereich konnte zweifelsfrei nachgewiesen werden... Die Wirkung... betraf... nicht alle untersuchten Leistungsparameter in gleicher Weise. So traten z. B. bei Drehmel und Kirst zum Zeitpunkt der höchsten Anabolika-Konzentration nach der Oxytocin-Applikation positive Veränderungen im EEG auf.»*
- *«Die Spitzenathleten Wolfgang Löbe, Klaus-Dieter Kurrat, ‹Ba›* [wohl Uwe Barucha] *und Hans-Joachim Zenk haben bei einem zwei- bis dreimaligen Einsatz von Oxytocin pro Woche gute Trainingsleistungen erzielt. Die Qualität des speziellen Trainings konnte... verbessert werden... Bei diesen Sportlern gab es im Anwendungszeitraum im Training und im Wettkampf nicht einen einzigen Versager.»*

Heute sind die Betrüger von damals Ehrenpräsident (Wieczisk) oder Trainer (Drehmel) des DLV.

1 Später wurden dann aufgrund neuerer Arbeiten (Landgraf 1981 a, b, 1988) wesentlich kürzere Abstände zwischen Nasenspray und Wettkampf empfohlen.

Einer der Potsdamer Sprinter aber verdankt dem Leipziger Wissenschaftler besonders viel: «*Klaus-Dieter Kurrat gelang mit dieser Hormonunterstützung die Nominierung in die Nationalmannschaft. Er konnte zu den Olympischen Spielen 1976 seine Leistungserwartungen weit übertreffen, kam im 100-m-Lauf bis ins Finale und gehörte zu den Stützen in der Staffel* [Silbermedaille].»

Der Hormon-Meister fand auch gleich heraus, wo das Oxytocin Kurrat besonders gut tat: «*Aus biomechanischen Messungen von Reaktionszeiten der Beine und Hände sowie der Geschwindigkeiten von Teilstrecken (30 m)... ergaben sich bei Oxytocin-Einsatz... Resultate, die für eine Steigerung der Effektivität des speziellen Starttrainings sprechen... Die Tabelle zeigt, daß an den hormongestützten Trainingstagen das spezielle Fähigkeitsniveau höher lag.*»

Nach Schäkers (1980) Angaben verdankt die Leichtathletikwelt seiner Hormonunterstützung sogar einige der besten Leistungen überhaupt: Olympiasiege, Weltrekorde. Was wäre z. B. aus dem Kugelstoßer Udo Beyer geworden, wenn Schäker ihn nicht zur rechten Zeit hormonell unterstützt hätte: «*Der Trainer F. K.* [Friedrich Kühl] *führte 1975/76 den Kugelstoßer Udo Beyer zu Weltspitzenleistungen... In diese hohe Qualität der Belastung konnte die Oxytocin-Applikation ab 1976 als ein weiteres unterstützendes Mittel sinnvoll eingeordnet werden... Oxytocin-Applikationen unterstützen die Leistungsentwicklung eines Kugelstoßers. Die Kugelstoßweiten konnten erhöht und die Differenz der fünf besten Stöße pro Trainingseinheit (Maß der Qualität des Trainings) wesentlich gesenkt werden... Von theoretischer und praktischer Bedeutung ist die* [an U. B. demonstrierte] *Möglichkeit, durch einen... Einbau der Oxytocin-Unterstützung in das Trainingsregime die Anabolika-Applikation entscheidend zu senken (1975: 9 Wochen OT; 1976: 3 Wochen). Damit bleiben auch für die weitere Leistungsentwicklung... noch Steigerungsraten für die Anabolika-Dosierung.*» Wie schön!

Bei seiner intensiven Arbeit an Udo Beyer mußte der Leipziger Sportbiologe aber auch die Grenzen allen Manipulationsbemühens, selbst des Neuro-Dopes, erfahren: «*Die Weiterführung des Experiments ist außerordentlich wertvoll, weil erstmalig ein neues Problem entstand: Langzeitanwendung und hohe Dosierung von nahezu 14 000 IE (= etwa 2000 mg Hormon) ging 1977 mit einem Wirkungsverlust einher. Um die gleichen Wirkungen wie 1976 zu erzielen, mußten die Dosen erhöht werden... Der Oxytocin-Einsatz wurde deshalb drastisch gesenkt, um diese Leistungsreserve für Trainingsaufgaben im hohen Intensitätsbereich und für die UWV zur Verfügung zu haben. 1978 wurde Oxytocin wieder erfolgreich eingesetzt* [Udo Beyer wurde Europameister].»

– Die Folgerung «*... ist, Oxytocin nicht als Langzeitmedikation einzusetzen. Offenbar tritt auch bei diesem Hormon... ein Wirkungsverlust bei Langzeitanwendung ein. Oxytocin sollte deshalb als u. M. und biologi-*

*sche Leistungsreserve in solchen Trainingsphasen eingesetzt werden, in denen eine hohe sportartspezifische Belastungsintensität abgefordert wird...»*

Natürlich waren nicht allein die Leichtathleten schon damals mit Anabolika gedopt und bedurften der koordinationsverbessernden ZNS-Unterstützung; auch Schwimmer und Schwimmerinnen verlangten nach Schäkers Oxytocin. Dabei machte Schäker jedoch wieder die häufige Erfahrung des DDR-Sports: Die Damen ließen sich besser dopen als die Herren. *«Die Schwimmer konnten sich unter Oxytocin nicht steigern.»* Aber: *«Die größte Leistungssteigerung erzielten die Freistilschwimmerinnen... Auch bei der Anwendung von synthetischen Steroiden (OT)* [konnte] *durch Oxytocin noch eine aktuelle Leistungssteigerung erzielt werden.»*

Mit besonderer Zuwendung kümmerte sich Schäker auch um die Bewegungskoordination der Kanuten, denen er so bis in die Weltmeisterschaften hinein technisch und taktisch helfen konnte *(«Im Urteil der Trainer und Aktiven war der Oxytocin-Einsatz erfolgreich»).*

Aber ein Systematiker wie Schäker beschränkte sich nicht nur auf das schlichte Verabreichen der Dopingsubstanzen und auf die Beobachtung der Wirkungen. Er hatte sich dem totalen Doping gewidmet und arbeitete höchstpersönlich an der Verbesserung der Darreichungsform und der Akzeptanz bei den Sportlern. Bevorzugten sie etwa einen Nasenspray oder doch lieber Tabletten in der Backentasche («bukkales Doping»), sollten es dicke oder flache Tabletten sein, und mit welcher Geschmacksrichtung?

Schäker ließ wirklich nichts unversucht, den Sportlern das Oxytocin schmackhaft zu machen, experimentierte verbissen mit Minze und Menthol, mit Eukalyptus und Krokant. Die Abbildungen 26a und b aus seiner Dissertation B (1980) lassen seinen stillen, zähen Kampf ums geschmackvolle Detail erkennen. Welche Kraft der Neuerungen, welch kühnes Design! War die Löslichkeit der Tablette zu gering und die Qualität des Pfefferminzaromakonzentrats zu schlecht, ging er zur Hartverpressung und zur kleineren Tablette (Abb. 26a) über: *«Als Geschmackskomponenten werden Tabletten mit Pfefferminz oder Menthol/Eukalyptus mit oder ohne Zitronensäurezusatz sowie Krokant-Aroma wahlweise zur Verfügung gestellt.»*

Schäker wird auch sicher in die Geschichte der Pharmakologie als der Erfinder des Oxytocinkaugummis eingehen (Abb. 26b). Sogar in der Zusammenfassung erwähnt er stolz den Umfang seiner Bemühungen um ein geschmackvolles Doping: *«Der Einsatz von Oxytocin erfolgte zur Verbesserung der Effektivität des Trainingsprozesses und zur Stabilisierung und Mobilisierung von Wettkampfleistungen sehr differenziert... Im Zeitraum von September 1971 bis November 1979 wurden 185000 Bukkal-Tabletten (20 IE/Tablette) eingesetzt. 1979 erfolgte die Anwendung von 3500 Oxytocin-Kaugummi (30 IE).»*

| | |
|---|---|
| Präparat I: | Durch Hartverpressung und den hohen Heweten- und Saccharosegehalt wurde eine geringere Diffusion und damit verlängerte Bioverfügbarkeit erreicht. Im Prinzip entspricht diese Rezeptur den Erwartungen mit Ausnahme der Tablettengröße (150 mg statt 250 mg). |
| Präparat II: | Die Kurzzeittablette befriedigte in der Resorbierbarkeit des Hormons noch nicht. Eine weitere Erhöhung der Löslichkeit ist notwendig ( - Ergebnis ist Charge 05178). |

<u>Chargen-Nr. 05178</u>

| | |
|---|---|
| Oxytozin | 3,20 mg |
| Saccharose | 120,00 " |
| Mg-Stearat | 1,00 " |
| Heweten 40 | 110,46 " |
| Pfefferminzaromakonzentr. | 0,50 " |
| Menthol | 1,00 " |
| Talk | 4,00 " |
| Polyäthylenglykol | 3,02 " |
| | 250,00 mg/Tabl. = 20,2 IE |

Die Veränderungen in der Resorbtionsgeschwindigkeit gegenüber der Charge 31177 (II) reichen nicht aus; die Tablette löst sich in der Wangentasche zu langsam auf.
Konzeption: Kleinere Tablette (150 mg) im Prinzip mit den gleichen Bestandteilen (siehe Charge 13978).

<u>Chargen-Nr. 13978</u>

| | |
|---|---|
| Oxytozin-Konzentrat 22 IE | 3,14 mg |
| Saccharose | 72,00 " |
| Heweten 40 | 52,84 " |
| Heweten aus Menthol-verreibung | 4,76 " |
| Heweten aus Aroma-verreibung | 4,76 " |
| Polyäthylenglykol KM 50 | 3,14 " |
| Pfefferminzaroma "Z" 52897 | 0,50 " |
| Menthol | 1,00 " |

| | |
|---|---|
| Mg-Stearat | 0,60 mg |
| Talk | 2,40 " |
| Aerosil | 3,22 " |
| Aerosil aus Menthol-verreibung | 1,14 " |
| Aerosil aus Aroma-verreibung | 0,50 " |
| | 150,00 mg/Tabl. = 19,7 IE |

Die Zusammensetzung der Charge Nr. 13978 wurde in den Laboruntersuchungen und in der Leistungssportpraxis mit Erfolg getestet. Wir entschlossen uns trotzdem zu weiteren drei Varianten, um folgende Zielstellungen zu erreichen:

- Senkung des Saccharoseanteiles auf 40 mg/Tablette (Resorptionsverbesserung)
- Einführen von unterschiedlichen Geschmacksrichtungen
- Erprobung einer Tablette zum "Lutschen" mit 40 IE Oxytozin (Rp. 2.4.)

Zusammensetzung pro Tablette:

| | Rp. 1.4. | Rp. 2.2. | Rp. 2.4. |
|---|---|---|---|
| Oxytozin | 20 IE | 20 IE | 40 IE |
| Saccharose | 40,00 mg | 40,00 mg | 82,01 mg |
| mikrokristalline Zellulose | 95,05 " | 88,78 " | 40,00 " |
| Polyäthylenglykol 5000 | 3,10 " | 3,11 " | 6,57 " |
| Saccharin-Natrium | 0,15 " | 0,15 " | - |
| Eukalyptus-Aroma | 2,50 " | - | - |
| Krokant-Aroma | - | 6,00 " | 6,00 " |
| Zitronensäure | 0,75 " | - | - |
| hochdisperses Siliziumdioxid | 2,50 " | 6,00 " | 6,00 " |
| Magnesiumstearat | 0,60 " | 0,60 " | 0,60 " |
| Talk | 2,25 " | 2,25 " | 2,25 " |
| | 150,00 mg | 150,00 mg | 150,00 mg |

Die konzipierten Veränderungen sollen den vorläufigen Abschluß des Präparates 03/07 als Tablette bilden:

- die 150-mg-Tablette hat sich bewährt, die neue Mustertablettierung soll jedoch noch flacher erfolgen;

- die Resorptionsverbesserung soll durch weiteres Senken des Zuckeranteils (bildet eine Diffusionsbarriere in der Wangenschleimhaut) erreicht werden;
- als Geschmackskomponenten werden Tabletten mit Pfefferminz oder Menthol/Eukalyptus mit oder ohne Zitronensäurezusatz sowie Krokant-Aroma wahlweise zur Verfügung gestellt.

Die Tabletten der Rp. 2.4. wurden im praktischen Versuch nur mit Zurückhaltung aufgenommen. Es ist anzunehmen, daß sich die bukkale Applikation schon routinemäßig durchgesetzt hat, da gegen die "Lutsch-Tablette" keine ernsthaften Einwände erhoben wurden.

5.4.2. Rezeptur Kaugummi-Präparat 03/07

Charge Nr. 04778

| | |
|---|---|
| Puderzucker-Oxytozin-Verreibung (4400 IE) | 200,00 g |
| Kaubase | 280,00 " |
| $CaCO_3$ | 50,00 " |
| Puderzucker | 130,00 " |
| Zucker-Stärkesirup-Lösung | 170,00 " |
| Zitronensäure | 6,00 " |
| Orangen-Aroma | 7,00 ml |
| | 5 g/Würfel = 19,3 IE |

Mit diesem Musterpräparat konnte die Oxytozinwirkung reproduzierbar nachgewiesen werden. Das heißt, das Hauptproblem der Herstellung des Oxytozin-Kaugummis war damit erfolgreich abgeschlossen worden (das Hormon läßt sich in dem Substanzgemisch trotz Erhitzen auf 75 °C einbringen. Außerdem kann das Oxytozin aus dem Kaugummi herausgelöst werden, das geschieht schneller als bei der Tablette.
Nach 10 min ist nur noch 1/10 des Wirkstoffes im Substanzgemisch. Die Wirkstoffbestimmung erfolgte nach Verreiben des unterkühlten Würfels. Da wir mit einem größeren Wirkstoffverlust durch Abschlucken rechnen, ist für den Hauptversuch die Erhöhung des Oxytozingehaltes auf 30 IE/Würfel erfolgt (28,5 IE nach RIA in unserem Labor).

**Abb. 26a und b.** Pfefferminze und Krokant, der optimale Neuro-Dope: Oxytocin – gemixt, verpreßt und abgeschmeckt, zum Lutschen und als Kaugummi – je nach Geschmack; die stufenweise Entwicklung des Bukkal-Dopes und des Oxytocin-Kaugummis der DDR, dargestellt auf 2 von vielen aufeinanderfolgenden Seiten der Habilitationsschrift von Dr. W. Schäker (1980).

Dann der Höhepunkt der Entwicklungsarbeit: *«In Verbindung mit der pharmazeutischen Industrie gelang die Entwicklung geeigneter Hormonpräparate (Bukkal-Tablette und Kaugummi nach speziellen Rezepturen).»* Es ist heute vielleicht müßig, darüber zu spekulieren, welchen Erfolg die DDR-Pharmaindustrie sich dadurch entgehen ließ, daß sie Dr. Schäkers Oxytocinkaugummi nicht weltweit anbot. Die Wirkung hätte sicher breiten Anklang gefunden, keineswegs nur bei Sportlern, sondern bei nahezu der ganzen Bevölkerung: *«Erstmalig konnte am Menschen nachgewiesen werden, daß die Applikation von Oxytocin zu kurzzeitigen und reproduzierbaren funktionellen Veränderungen in zentralnervalen und neuromuskulären Teilsystemen führt. Auf dieser Grundlage gelang es, den Ausprägungsgrad der Koordinationsfähigkeit, des Konzentrationsvermögens, der Reaktionsschnelligkeit und Mobilisationsfähigkeit zu fördern und feinmotorische Leistungen zu verbessern»* (Schäker 1980).

Vielleicht hätte ja die DDR als Staat überleben können, hätten die FKS-Genossen diese Mittel auch den greisen Herrschaften des Zentralkomitees zur Verfügung gestellt, gleich ob mit Pfefferminze oder Krokant. Da haben sie nun so viele Leistungssportler gedopt, aber das ZK ihrer eigenen Partei haben sie vergessen!

Aber, ach, der schöne Traum von Chewing- und Bukkal-Dope mit wahlweise Krokant, Minze und Eukalyptus platzte schon ein Jahr später. Schäkers Kollege Landgraf (1981 b) hatte einmal nachgemessen, was denn überhaupt vom Oxytocin-Angebot wirklich in den Sportlerkörper gelangt, und war zu dem Ergebnis gekommen, daß bei Meister Schäkers Erfolgen wohl Faktor Psi oder Homöopathie im Spiel gewesen sein muß: *«Neuropeptide zwecks Wirkungsüberprüfung zu applizieren, ohne sicher zu sein, ob und wie der Wirkstoff resorbiert wird, ist wissenschaftlich nicht zu vertreten.»*

Dann wird der Landgraf hart: *«Synthetisches Oxytocin wurde unterschiedlich appliziert: intramuskulär, nasal sowie buccal und per Kaugummi. Die wesentlichsten Ergebnisse: Buccal und mittels Kaugummi appliziert wird Oxytocin nicht resorbiert... Dieser Befund ist insofern bemerkenswert, als sowohl Buccal- als auch Kaugummi-Gabe in dieser Dosierung bisher praktiziert wurden. Die Applikation mittels Nasenspray erscheint optimal: gute Resorption, gute Dosierbarkeit, außerordentlich praktikabel.»*

Aber Landgraf kannte kein Erbarmen mit dem verdienten Genossen Schäker und drehte das Messer in der wunden Hypothese mit Lust noch einmal um: *«Buccal-Oxytocin ist uneffektiv. Um dieses Ergebnis abzusichern, wurden B 17-Tabletten 8 Kanusportlern in einer bislang praktizierten Dosierung verabreicht. Unter Ruhebedingungen wird wiederum nichts im Plasma nachgewiesen, Belastung und B 17 erbringt das gleiche Resultat wie nur Belastung, d. h., auch bei sportlicher Belastung wird B 17 nicht ausreichend resorbiert.»* Und Landgraf et al. (1981) erklärten klipp und klar, daß nur die i. m.-Injektion und der Nasenspray etwas bringen, denn: *«Applika-*

*tion per Kaugummi ist völlig uneffektiv... Buccal-Oxytocin ist also auch unter Belastungsbedingungen uneffektiv.»*

Landgraf schrieb als Fazit sogar allen seinen u. M.-Forscherkollegen Grundsätzliches ins Stammbuch, höfliche Umschreibung des Vorwurfes der Scharlatanerie: *«Um Erfolgsaussichten... zu haben, darf sich u. M.-Forschung nicht darauf beschränken, die Wirkung oder Pseudowirkung synthetischer Präparate zu erfassen.»* Schäkers Hypothese also von den eigenen Kollegen als Schäkerei entlarvt? Von den Neuropeptid-Tabletten und -Kaugummis hat man dann nie wieder etwas gehört, im FKS-Staatsplanthema-Bericht von 1988 werden nur mehr Nasensprays erwähnt (Lehnert et al. 1988).

Wie man bei Lehnert et al. (1988) nachlesen kann, wurde auch in den letzten Jahren der DDR immer noch am ZNS-Doping mit Peptiden und anderen Neuropharmaka geforscht (Textdokumente 1 H–N). Besonders hoffte man, hierdurch die Schützen, Turner und Fechter zu stabilen Wettkampfleistungen führen zu können. Die Doper hatten ihre Projekte durchaus nicht auf den Sport beschränkt gesehen, sondern immer den größeren Zusammenhang des sozialistischen Kampfauftrags im Auge: *«Das Ergebnis der Untersuchungen könnte über den Leistungssport hinaus auch für weitere leistungsphysiologisch relevante gesellschaftliche Bereiche (Landesverteidigung, Arbeitsmedizin) von Interesse sein»* (Schäker 1980). Diese militärische Begründung für das ZNS-Doping zieht sich in der Tat wie ein roter Faden durch die Arbeiten mit Neuropeptiden und Psychopharmaka und rechtfertigt auch ihre Abwicklung an der MMA in Bad Saarow.

Oberleutnant Dipl. Med. Carsten Holzschuh (1989) hat es in seiner Doktorarbeit wohl auf den klarsten und einfachsten Nenner gebracht, als er für seine – von Schäker initiierten – psychophysiologischen Versuche mit Neuropeptiden an 37 Hochleistungssportlern (Schützen, Turnern, Fechtern) mit dem Neuropeptid LVP (Tab. 2) feststellte: *«Die Erhaltung und Steigerung der Leistungsfähigkeit des Menschen ist auch heute noch ein Grundanliegen der Medizin und insbesondere auch der Militär-... und Sportmedizin... Es existieren zwar erhebliche Unterschiede im Anforderungs- und Tätigkeitsprofil zwischen Flugzeugführern und Hochleistungssportlern, doch es gibt auch in deren Tätigkeiten Gemeinsamkeiten, die vor allem das Ziel verfolgen, den Sieg über den Gegner zu erringen.»*

Schon das ZIMET und der VEB Jenapharm hatten in ähnlicher Weise den Androgenen einen alten Sinn zurückgegeben (s. S. 125). Denn in vielen Übersichtsartikeln heißt es, daß sich schon im Zweiten Weltkrieg Sturmtruppen der Deutschen Wehrmacht mit Testosteron psychotrop gedopt hatten, nur wenige Jahre nach der ersten chemischen Identifizierung, Synthese und Strukturaufklärung dieser Stoffklasse.

# Kapitel 17
# Anabolikadoping im Westen: Fair geht vor, doch Money geht vor fair

*«Ich habe Kraftpillen genommen... Jeden 10. Tag habe ich eine Spritze bekommen, die 50 mg enthielt, d. h. eine Depotspritze... Die Spritze hat mir Dr. Klümper aus Freiburg gegeben... Aber ich hab's mir zum Teil auch selbst gespritzt. Das kann man selbst spritzen. Es wird meistens intramuskulär gespritzt, d. h. in das Gesäß oder in den Oberschenkel. Es ist also keine Schwierigkeit, an das Zeug heranzukommen»*
(Hammerwerfer Walter Schmidt, zeitweilig Weltrekordhalter, über sein Anabolika-Doping, in einem Interview in dem Dokumentar-Fernsehfilm «Hormonathleten» von Helmut Fritz, Südwestfunk, Herbst 1976).

*«Wir haben immer individuell entschieden und individuell im Rahmen der persönlichen Freiheit Anabolika gegeben. Das zweifelsohne»*
(Prof. Dr. Armin Klümper, Medizinische Klinik, Universität Freiburg i. Br., in einem Interview in demselben Film).

Systematisches Doping mit androgenen Hormonen ist in den 50er Jahren zuerst in der UdSSR mit Testosteron und dann mit einem speziellen Anabolikum (Dianabol der Firma Ciba-Geigy) in den USA betrieben worden. Der Betrugsvorsprung der USA mit dieser neuen Substanzklasse hielt fast ein Jahrzehnt, ungefähr bis 1967. Seit Mitte der 60er Jahre wurden Dianabol und dann auch andere Präparate in der Bundesrepublik Deutschland zum Doping benutzt: Ich selbst habe erstmals 1966/67 erfahren, daß einige der führenden Kugelstoßer und Diskuswerfer der BRD solche Mittel einnahmen, also etwa zur selben Zeit, als in der DDR das Oral-Turinabol zu Dopingzwecken eingesetzt wurde.

Das Anabolikadoping wurde in den Ländern des «Ostblocks» besonders systematisch und skrupellos betrieben. Aber auch in vielen westlichen Ländern war der Anabolikamißbrauch stets weit verbreitet, vor allem in den USA und in der Bundesrepublik. Es hat auch schon früh und ständig Forschung zum Anabolikadoping in der BRD gegeben, angefangen bei Steinbach (1968) und fortgesetzt besonders an der Universität Freiburg i. Br. (u. a. Keul et al. 1976; Jakob et al. 1988) und der Deutschen Sporthochschule in Köln (u. a. Mader 1977; Müller u. Hollmann 1986), wobei auch aktive Leistungssportler erfaßt wurden.

Ich habe auf die Verbreitung und Gefahr des Dopings in Ländern des Westens seit 1969 mehrfach hingewiesen (vgl. Kapitel 2) und werde in den folgenden Kapiteln vom deutschen Doping, Ausgabe West, berichten, das man allerdings nicht verstehen kann, wenn man bestimmte äußere Einflüsse auf den Sport nicht kennt.

Wie in den Ostblock-Ländern gab es auch bei den Regierungen vieler westlicher und neutraler Länder eine spürbare Sympathie für das Doping. Oft haben Regierungen oder den Ministerien nachgeordnete Institutionen Doping versteckt gefördert und bei seiner Vertuschung aktiv mitgeholfen: Mindestens galt es als notwendiges Übel im nationalen Interesse. Vor allem wurden die Schlüsselfiguren des Dopings unter den Sportfunktionären, Sportmedizinern und Trainern von den Regierungen vorbehaltlos unterstützt. Es konnten noch so viele positive Fälle und Selbstbezichtigungen bekannt werden, deswegen mußte nie jemand zurücktreten und deswegen wurden auch nie die finanziellen Zuwendungen gekürzt oder gesperrt.

Während aber in den Ländern des «sozialistischen Lagers» die Dopingversorgung und -geheimhaltung einfach und effektiv letztlich durch die Regierungen selbst geregelt wurde, ist das Dopingförderungs- und -vertuschungssystem in den westlichen Ländern wesentlich komplexer. Zwei Hauptakteure sind dabei für den Leser neu und sollen daher hier kurz vorgestellt werden:

- die Industrie-Sponsoren und
- die nationalen Sportverbände und Parteien.

In seinem 1991 erschienenen Buch «Drugs, Sport, and Politics» (Drogen, Sport und Politik) beschreibt der aus Empörung über die Dopingmachenschaften der Sportfunktionäre 1989 zurückgetretene frühere Chefarzt des Olympischen Komitees der USA, Dr. Robert Voy, einige Fälle von Korruption, so z. B. bei den Olympischen Spielen 1988 einen positiven Fall von erhöhtem Testosteron/Epitestosteron-Verhältnis bei einem Mitglied der US-Mannschaft einer in den USA besonders populären Sportart. Die drohende Disqualifikation des US-Teams hätte wohl kommerziell (Fernseh- und Werberechte waren in den Händen einer amerikanischen Gesellschaft) eine zu große finanzielle Einbuße bedeutet. So wurde der Fall still beseitigt:

*«So kam er denn frei – nicht weil seine Unschuld bewiesen war oder das IOC nicht seine Schuld zweifelsfrei hätte beweisen können, sondern aus zwei anderen sehr wichtigen Gründen: Er war US-Amerikaner, und die Offiziellen wünschten einfach nicht, daß diese Mannschaft disqualifiziert würde. Sehen Sie, häufig kommt es nicht so sehr darauf an, ob jemand schuldig ist*

*oder nicht, als vielmehr darauf, wie prominent jemand ist und aus welchem Land er/sie kommt. Ich würde annehmen, daß dieser Athlet – wäre er ein Pole oder Japaner gewesen – mit seinem Team disqualifiziert worden wäre. Aber weil diese Mannschaft eine bedeutende ‹olympische Kraft› darstellte, kam er da raus»* (Voy 1991).

Wie fein verknüpft solche Vertuschungsverbindungen im Dopingsystem des Westens sind, möchte ich hier an zwei Aussagen im Originalwortlaut vorstellen. Daß beide Beispiele aus den USA stammen, hat vor allem damit zu tun, daß es in diesem Land neben viel Doping und Vertuschung auch hin und wieder unerschrockene Bekenner gibt. Im ersten Fall wandte sich eine Athletin in Sorge um einen positiven Befund vertrauensvoll an den Vertreter einer großen und einflußreichen Sportartikelfirma (Puma), und der sagte: Fürchte dich nicht – und alles geht gut, d. h. negativ, aus.

*«Am 7. Juli während der Olympia-Ausscheidungswettkämpfe für Los Angeles (1984)... Eine Woche später erhielt Chuck DeBus einen Anruf von Dr. Clarke vom Olympischen Komitee der USA (USOC)... Ich sprach dann mit Dr. Clarke, der mir mitteilte, daß meine A-Probe* [Urinprobe] *für die verbotene Substanz Nr. 19 ein positives Ergebnis erbracht hätte... Ich müßte daher als Zeuge anwesend sein, wenn die Urin-B-Probe untersucht würde... Ich sprach deswegen mit Cubie Seegobin, der damals Werbe-Vertreter von ‹Puma USA›* [Sportartikelfirma] *war, und ich machte ihm klar, worum es ging, um meine positive A-Probe. Und er sagte, ich solle mir nur keine Sorgen machen, er würde mit einem Anwalt reden, der meinen Fall vertreten würde... Und irgendwie fühlte ich mich innerlich beruhigt... Ich erinnere mich, wie ich dann eine Woche später, am 17. Juli, einen Brief von Dr. F. Don Miller bekam, dem Geschäftsführenden Direktor vom USOC, und darin stand: ‹Liebe Miss Williams, ich freue mich, Ihnen versichern zu können, daß die Analyse Ihrer B-Probe negativ war, und wir haben TAC* [den Leichtathletik-Verband der USA] *darüber informiert, daß Ihre Dopingkontrolle bei den Ausscheidungswettkämpfen negativ war»* (Aussage von Weltklasse-Sprinterin Diane Williams vor der Kommission des Justiz-Senats der USA; Biden 1990; s. Kapitel 3).

Im zweiten Fall zeigt sich am Beispiel einer typischen Funktionärsaktion, wie mit einem Formalitätentrick ein positiver Dopingfall weggezaubert wird.

*«1987 konnte ich die Dopingkontrollen bei den Leichtathletik-Meisterschaften der USA in San Jose, Kalifornien, durchführen... Tatsächlich, bei einem der Athleten gab es einen positiven Befund, und zwar für das anabolandrogene Steroid Nandrolon. Es war John Powell, 1987 der US-Meister im Diskuswerfen... Die B-Probe stellte sich auch als positiv heraus, was zeigte, daß Powell tatsächlich eines Dopingvergehens schuldig war. Cassell und andere TAC-Offizielle bekamen ihn durch ein Einspruchsverfahren jedoch frei mit der Begründung, Dr. Brown habe bei der Kodierung der*

*B-Probe einen ‹technischen› Fehler gemacht... Er hatte versehentlich die ‹0› auf dem Etikett der zweiten Urinflasche weggelassen... Wegen dieses kleinen technischen Formfehlers kam Powell ungeschoren davon, trotz der Tatsache, daß er persönlich durch Unterschrift den ordnungsgemäßen Zustand der Probe XY5B* [Beschriftung der B-Probe statt XY05B] *bestätigt hatte... Es ist nicht anders möglich, als daß der Urin in Flasche A oder Flasche B von Powell stammte. Er hat mitangesehen, wie der Urin aus seinem Körper in die Sammelflasche floß. Er war als Zeuge anwesend, als der Flascheninhalt auf zwei Proben aufgeteilt und versiegelt wurde. Er bestätigte durch seine Unterschrift, daß nach seiner Überzeugung das ganze Verfahren korrekt durchgeführt worden war. Dennoch nahmen TAC und USOC die Tatsache, daß eine Zahl vergessen war, als ausreichende Begründung für einen Freispruch. Warum? Weil er ein guter, ein sehr guter Athlet war. – Was aber noch schlimmer ist: Während der ganzen Kontrolle schien Powell kein bißchen beunruhigt, besorgt, aufgeregt oder von schlechtem Gewissen geplagt... ‹Es ist mir egal, was ihr da findet. Wenn ihr was findet, na und dann?› Er muß gewußt haben, daß er starke Verbündete hatte, einflußreiche Kräfte, die ihn beschützen und freisprechen würden»* (Dr. Robert Voy 1991, der frühere Chefarzt des Olympischen Komitees der USA).

Wer kann nach diesen Schilderungen von beteiligten Sportlern und Ärzten irgendwelchen Meldungen von Sportverbänden über ihre eigenen negativen Ergebnisse von Dopingkontrollen noch glauben? Und wer konnte danach ernsthaft annehmen, die deutschen Weltklasse-Sprinterinnen Katrin Krabbe, Grit Breuer (Sponsor: Sportartikelfirma Nike) und Silke Möller (Adidas) würden trotz nachgewiesener Urinmanipulation (s. Kapitel 21) nicht freigesprochen?

# Kapitel 18
# Doping in der Bundesrepublik: Possen, Farcen, Gaunerstückchen – und ein Trauerspiel

---

*«Aufgrund meiner Erfahrungen... während meiner Trainertätigkeit beim DLV... steht für mich eindeutig fest, daß diese Entwicklung* [im Kugelstoßen der Frauen des Ostblocks] *ohne Anabolika... undenkbar ist! ... Meine persönliche Stellungnahme zu diesem Problem steht fest; ich habe sie auch in der Öffentlichkeit vertreten (‹Leichtathletik› 42/1970, p. 1483): Ich lehne den Gebrauch von Anabolika, insbesondere bei Frauen, kategorisch ab. In dieser Haltung habe ich meine Arbeit beim DLV aufgenommen und sie bis heute durchgeführt... Aus Ihrer Entscheidung muß ich entnehmen, daß der ‹olympische› Leistungsstand im Kugelstoßen der Frauen auch vom NOK für Deutschland gebilligt und gutgeheißen wird. Sie liquidieren damit eine Disziplin der Frauen-Leichtathletik in unserem Land, die sich aus guten Gründen gegen den sich seit Jahren immer mehr verbreitenden Anabolika-Mißbrauch gestemmt hat! Sie werden es sich gefallen lassen müssen, daß dieser, Ihr Beschluß als eine de-facto-Zustimmung zur Verwendung von Anabolika auch im Frauensport gedeutet wird, und Sie werden die Verantwortung dafür zu tragen haben, wenn der von Sportärzten mehrfach beklagte Anabolika-Mißbrauch in der Jugend-Leichtathletik im DLV-Bereich von nun an auch auf die Mädchen übergreifen wird! ... Ich finde die Haltung des NOK zu diesem Problem ausgesprochen zynisch. Sie bestrafen Athletinnen, die sich an Ihre Gesetze halten... Müssen unsere Athletinnen verbotenerweise Anabolika zu sich nehmen, so wie es anderwärts und wohl auch bei uns geschieht, um die Leistungen zu erreichen, an denen Sie sie messen? ... Vielleicht findet sich in der Öffentlichkeit Verständnis für Ihre Entscheidung. Ich vermag dazu kein Verständnis aufzubringen»*
(Auszug aus dem Memorandum des DLV-Trainers Hansjörg Kofink zur Entwicklung im Kugelstoßen der Frauen, gesandt im August 1972 an das NOK, den DLV und die Presseagenturen sid und dpa; dann Rücktritt vom Traineramt; Kofink ist derzeit Präsident des Deutschen Sportlehrerverbandes).

Reaktion des DLV und NOK auf diesen Brief des Bundestrainers zum Anabolikamißbrauch: inhaltlich keine. Deren Entscheidung für die Duldung und Förderung des Anabolikadopings war damit praktisch schon vor den Olympischen Spielen in München gefallen.

Der Leser erinnert sich: die Geschichte des Dopings in der Bundesrepublik Deutschland hatten wir am Ende des Zweiten Kapitels und am Ende des Jahres 1977 verlassen. Damals, nach heftigen Diskussionen in der Öffentlichkeit, war es den herrschenden Kräften des BRD-Sports wie NOK, DSB, dem Deutschem Sportärztebund, den Sportverbänden, dem zuständigen Bundesministerium des Inneren und den Fernsehanstalten gelungen, die Fragen zum Thema Doping wieder einzudämmen. Mit viel Mediengetöse war der Eindruck erweckt worden, bei uns sei der Sport geläutert worden, Doping sei verschwunden oder doch wenigstens «im Griff» der allein dafür Zuständigen, nämlich der Funktionäre des angeblich unabhängigen deutschen Sports. Die allerdings so unabhängig auch wieder nicht sind, halten sie doch Jahr für Jahr die Hand nach Steuergeldern und Sporthilfe-Schecks auf, auch wenn die Spender wissen, daß Lug, Betrug und Medikamentenmißbrauch im Spiel sind.

Man freute sich so zum Beispiel 1984 ganz ungemein über die olympischen Goldmedaillen der starken Leichtathleten Claudia Losch und Rolf Danneberg oder der Gewichtheber Karl-Heinz Radschinsky und Rolf Milser. Zwar hatten prominente Sportmediziner öffentlich erklärt, solche Leistungen seien nur mit Anabolikadoping möglich, und viele der internationalen Konkurrenten dieser deutschen Sportler wurden auch des Dopings überführt, Erfolg «Made in Germany» aber war wohl etwas anderes.

Es wurde auch immer wieder in Festreden und Zeitungsartikeln betont, wie gut und praktisch unfehlbar nun die Dopingkontrollen, besonders in der BRD, seien. Und wenn bei einer Veranstaltung wieder einmal alle Proben negativ waren, wurde das stets unverzüglich und stolz der Öffentlichkeit bekanntgegeben.

In Wirklichkeit wurde weitergedopt, soviel die Athletenleber aushielt. Sportärzte haben – trotz der Erklärung des Sportärztebundes – weiterhin rezeptiert, Trainer haben weiter gegeben, Sportler weiter genommen und Funktionäre souveräner denn je vertuscht. Die Störenfriede waren ausgeschaltet, es gab auch keine neuen Selbstbezichtiger und Bekenner mehr. Die Sportjournalisten bzw. die Fernsehanstalten waren ebenfalls wieder im Griff der Sportgewaltigen, sei es durch «kooperatives Verhalten», kleine lukrative Aufträge, Provisionen oder aber durch «Andeutungen» von Konsequenzen (Briefe des DLV z. B. an das zeitweilig etwas ungebärdig kritische ZDF und an den Sportinformationsdienst hatten offenbar Wirkung gezeigt). Das Gleichgewicht der großen Lügen und kleinen Korruptionen im Lande war wiederhergestellt.

Auch die diversen DLV-Sportgerichtsverfahren der Jahre 1977 und 1978 gingen aus wie das «Hornberger Schießen». Einige Athleten, die zuvor sich selbst und z. T. auch andere Athleten und Trainer beschuldigt hatten, wurden angeklagt, andere nicht.

In Wirklichkeit war bereits 1977 ein neues, besser getarntes Dopingnetzwerk entstanden, das dem bewährten System der Rauschgifthändler entsprach und nach dem Prinzip der minimalen Mitwisserkette organisiert war: Gedopt wurde in kleinen Gruppen, meist um einen Trainer oder Dealer herum oder auf einen dopingfreundlichen Sportmediziner hin ausgerichtet. Die einzelnen Gruppen waren voneinander abgeschottet, jeder kannte in der Regel nur seinen unmittelbaren Drogenversorger oder -berater, die offiziellen Verbandsärzte und Funktionäre wußten offiziell nichts (dazu die Regel: je höher ein Funktionär, desto weniger darf er wissen).

Auch die Dopingkontrollen schienen unter Kontrolle. Seit den Fällen der Leichtathleten Neu und Krug im Mai 1978 (s. S. 45) hatte es im DLV keinen Dopingbefund bei einem Spitzenathleten mehr gegeben – nur zwei Sportler der Mittelklasse, sog. «Bauernopfer», wurden erwischt (Tabelle 1) –, obwohl die Athletinnen und Athleten mehr schluckten als je zuvor. Auch in anderen Sportarten fielen BRD-Sportler nur selten mit einer positiven Kontrolle auf, wie Biathlon-Olympiasieger Peter Angerer. Der aber brauchte keine lange Strafe zu fürchten, da hier der Arzt «geopfert» wurde und zurücktrat. So kann man das Jahrzehnt von 1978 bis 1988 in beiden deutschen Staaten als die Goldene Dekade des ungestörten, weil technisch wie politisch abgesicherten Dopings bezeichnen.

Natürlich hatte das Anabolikadoping in der Bundesrepublik zu keiner Zeit solche gigantischen Ausmaße wie in der DDR. Das ging auch schon allein wegen der Gefahr durch mögliche Mitwisser, Selbstbezichtiger und eventuell noch existierende kritisch recherchierende Journalisten nicht.

In der sportlich längst nicht so erfolgreichen BRD war in der Tat die Gesamtzahl der gedopten Sportler viel geringer, der einzelne Doper genehmigte sich weniger Dopingkuren («Zyklen») und setzte die Mittel in der Regel, aus meist sogar übertriebener Angst vor Entdeckung, viel früher vor den dopingkontrollierten Wettkämpfen ab. Schließlich gab es auch, von wenigen Ausnahmen abgesehen, keine systematische sportmedizinische Wettkampf-Begleitung der Athleten durch das in der DDR übliche Überbrückungsdoping. Und, mit Ausnahme des nachgewiesenen Anabolikadopings der beiden Schwimmkinder Nicole Hasse (15 Jahre alt, aus Essen) und Jutta Kalweit (14 Jahre alt, aus Bonn) im Jahre 1980, das vom Deutschen Schwimmverband übrigens auch nur mit einer sechsmonatigen Sperre für die Opfer geahndet wurde (die Täter, d. h. Drogenspender, wurden nie ermittelt), ist mir kein Fall von Anabolika-Verabreichungen an Minderjährige in der BRD zu Ohren gekommen.

Andererseits aber scheint gerade diese umständlich-vorsichtige, konspirative Organisationsweise in kleinen abgeschotteten Dopinggruppen einen besseren Schutz vor Entdeckung zu bieten: In der BRD gibt es weder eine zentrale Dopingbuchführung noch ein sportwissenschaftliches Analysen- und Berichtswesen, Rezepte und andere Belege konnten eigentlich kaum in falsche Hände geraten. So ist das Bild vom Doping in der Bundesrepublik auch heute noch sehr unvollständig und unscharf, die Beweislage schwierig. Aber es gibt inzwischen doch eine ganz ansehnliche Zahl von Fundstükken: Einzelne Steinchen, die sich zu einem Mosaik des BRD-Dopings zusammensetzen lassen. Dazu gehören auch einige Belegstücke, die sich in ihrer Aussagekraft durchaus mit den VVS-Dokumenten des DDR-Sports vergleichen lassen. Daß fast alle Beispiele aus der Leichtathletik stammen, hat damit zu tun, daß das meine Sportart war; in vielen anderen Sportarten dürfte ähnlich gedopt worden sein.

## A. Die Anlage der Heidelberger Doping-Studie

Forscher und solche, die es werden wollen, analysieren zunächst die gegebenen Fakten. Sind diese dann aber dem Staat, einer regierenden Religion oder einem regierenden Industriekonzern unbequem oder gar gefährlich, oder soll das Volk dadurch nicht verunsichert werden, so versteckt man sie tunlichst als vertrauliche Verschlußsache (VVS). Wie für die DDR gilt das im Prinzip auch in der BRD und wohl erst recht in dem neuen Fusionsstaat aus beiden Deutschlands.

Ein solches VVS-Schriftstück zum Anabolikadoping in der Bundesrepublik und der Schweiz ist die Magisterarbeit des Sportwissenschaftlers Norbert Wolf an der Universität Heidelberg aus dem Jahre 1989, der – vornehmlich 1988 – Kraft und Leistung im Training von Spitzenkugelstoßern des DLV analysierte, vor allem beim Deutschen Meister von 1983 Claus-Dieter Föhrenbach (USC Heidelberg: Bestleistung 19,84 m) und dem späteren Deutschen Meister von 1990 Kalman Konya (Salamander Kornwestheim; 20,37 m), im Vergleich mit dem Schweizer Weltmeister, Europameister und Olympiadritten von 1988 Werner Günthör (Bestleistung: 22,75 m).

Als ich mit der Tatsache konfrontiert wurde, daß es zu dieser Magisterarbeit der Fakultät für Sozial- und Verhaltenswissenschaften Anlagen gäbe, von denen eine Doping im Klartext beschreibe, konnte ich es zuerst gar nicht glauben, daß an der eigenen Alma Mater und im eigenen Sportklub so unverfroren gedopt und darüber sogar noch berichtet würde. Ich bemühte mich daher um Einsicht in die Arbeit, die mir der betreuende Hochschullehrer, Prof. Hermann Rieder, schließlich auch gewährte. Ende Januar 1990 hielt ich also diese Arbeit kurze Zeit in Händen: Die Anlage 3 beschrieb, inhaltlich korrekt, das ausgedehnte Anabolikadoping der Kugelstoßer und Werfer des DLV.[1] Dabei enthält diese Studie (Auszüge im Text-

1 Anlage 1: «Trainingsplan des Schweizer Kugelstoß-Kaders» (hauptsächlich mit Angaben über Günthör; ein Teil der Untersuchung fand im Schweizer Trainingszentrum Magglingen statt), Anlage 2: «Konditionstest für Schnellkraftsportarten».

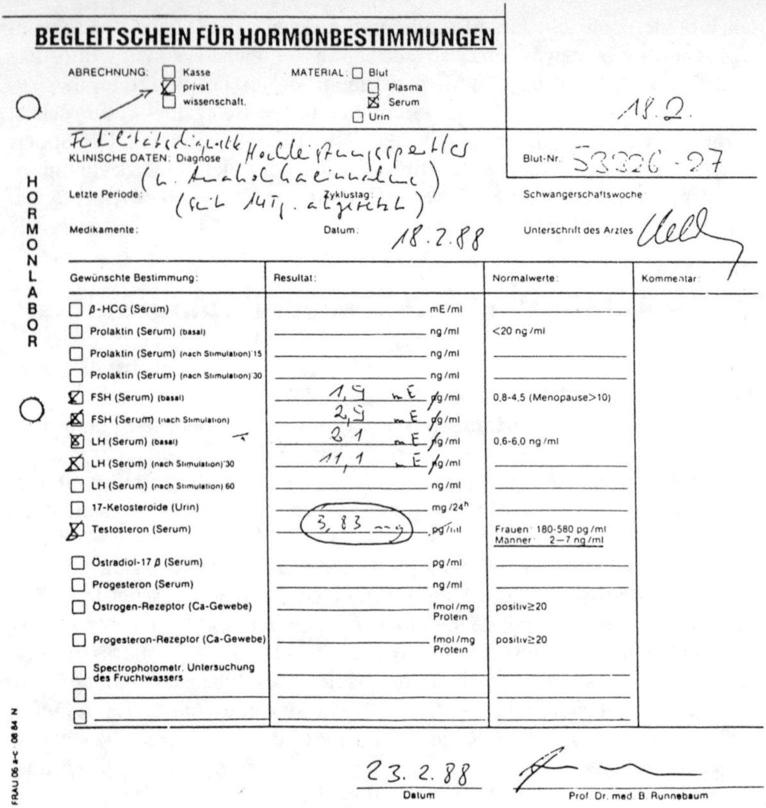

BEGLEITSCHEIN FÜR HORMONBESTIMMUNGEN

HORMONLABOR

ABRECHNUNG: ☐ Kasse ☒ privat ☐ wissenschaft. MATERIAL: ☐ Blut ☐ Plasma ☒ Serum ☐ Urin 18.2.

KLINISCHE DATEN: Diagnose Fertilitätsdiagnostik Hochleistungssportler (n. Anabolikaeinnahme) (seit 14 Tg. abgesetzt)

Blut-Nr.: 53326 - 27

Letzte Periode: Zyklustag: Schwangerschaftswoche:

Medikamente: Datum: 18.2.88 Unterschrift des Arztes:

| Gewünschte Bestimmung: | Resultat: | | Normalwerte: | Kommentar: |
|---|---|---|---|---|
| ☐ β-HCG (Serum) | | mE/ml | | |
| ☐ Prolaktin (Serum) (basal) | | ng/ml | <20 ng/ml | |
| ☐ Prolaktin (Serum) (nach Stimulation) 15 | | ng/ml | | |
| ☐ Prolaktin (Serum) (nach Stimulation) 30 | | ng/ml | | |
| ☒ FSH (Serum) (basal) | 1,9 mE | ng/ml | 0,8-4,5 (Menopause>10) | |
| ☒ FSH (Serum) (nach Stimulation) | 2,9 mE | ng/ml | | |
| ☒ LH (Serum) (basal) | 3,1 mE | ng/ml | 0,6-6,0 ng/ml | |
| ☒ LH (Serum) (nach Stimulation) 30 | 11,1 mE | ng/ml | | |
| ☐ LH (Serum) (nach Stimulation) 60 | | ng/ml | | |
| ☐ 17-Ketosteroide (Urin) | | mg/24h | | |
| ☒ Testosteron (Serum) | 3,83 ng | pg/ml | Frauen: 180-580 pg/ml Männer: 2–7 ng/ml | |
| ☐ Östradiol-17 β (Serum) | | pg/ml | | |
| ☐ Progesteron (Serum) | | ng/ml | | |
| ☐ Östrogen-Rezeptor (Ca-Gewebe) | | fmol/mg Protein | positiv≥20 | |
| ☐ Progesteron-Rezeptor (Ca-Gewebe) | | fmol/mg Protein | positiv≥20 | |
| ☐ Spectrophotometr. Untersuchung des Fruchtwassers | | | | |
| ☐ | | | | |
| ☐ | | | | |

FRAU 06 a-c 08.84 N

23.2.88 Datum Prof. Dr. med. B. Runnebaum

**Abb. 27.** Geheimes Anabolikadoping auch in der Bundesrepublik Deutschland: allgegenwärtig, selbstverständlich und klinisch kontrolliert. Hormon-Bestimmungsblatt 1988 eines früheren deutschen Kugelstoßmeisters (Claus-Dieter Föhrenbach, USC Heidelberg) mit der ärztlichen Eintragung: *«Fertilitätsdiagnostik – Hochleistungssportler (nach Anabolikaeinnahme) (seit 14 Tg. abgesetzt)»*; Doping als Krankheit anerkannt oder wer hat denn da bezahlt? (Aus Anlage 3 von Wolf 1989)

dokument 4 A) auch noch Trainings- und Dopingpläne sowie klinische Meßwerte, für Föhrenbach auf zwei Klinik-Begleitscheinen (einer ist z. T. in Abb. 27 vorgestellt), im Fall Konya sind die klinischen Werte von ärztlicher Hand in den Trainingsplan eingetragen (Abb. 28).

Die Dokumente und Meßwerte sind entlarvend, beweisen sie doch, wie selbstverständlich auch in der BRD das Anabolikadoping klinisch «überwacht» wird, und daß die dabei anfallenden Diagnosekosten von Krankenversicherungen bezahlt werden. Die ärztlichen Angaben zur Begründung auf dem *«Begleitschein für Hormonbestimmungen»* des Familienvaters Föhrenbach (18.2.1988; Unterschrift von Prof. B. Runnebaum vom 23.2.1988; Abb. 27) sind ein Dokument des Hohnes auf Ethik und Krankenversicherung: *«Fertilitätsdiagnostik – Hochleistungssportler (nach Anabolikaeinnahme) (seit 14 Tg. abgesetzt)».*

Unverfroren sind auch die klinischen Dopingkontrollangaben für Konya (Abb. 28), dessen drastisch erniedrigter HDL-Cholesterolwert von 4 am 27.1.1988 eine starke Störung der Bildung wichtiger Blutfett-Eiweiße in der Leber anzeigt (vgl. mit einem «Fast-Normalwert» von 46 am 8.3., d. h. einen Monat nach Absetzen der Dopingdroge). Interessant ist auch die Tatsache, daß er bei den Süddeutschen Meisterschaften am 31.1. «durchgedopt» hatte (Eintragung im Trainingsplan der Abb. 28): *«Anabolikum: Stromba»*, d. h. Stanozolol, der Stoff Ben Johnsons.

Vor allem wegen der HDL-Erniedrigung war seinerzeit Konyas Urin auch im Kölner Dopingkontrollabor analysiert worden, das das Stanozolol-Doping offiziell bestätigte: *«Richtig ist, daß ich von der Universität Heidelberg mit Schreiben vom 02.02.1988 eine Urinprobe mit der Bitte zugesandt erhielt, den Stanozolol-Gehalt festzustellen. Hinsichtlich der Person, für die die Analyse erfolgen sollte, wurde lediglich angegeben, daß es sich hierbei um einen Kugelstoßer handele. ... Ich erhielt die Auskunft, daß es sich hierbei um einen behandlungsbedürftigen Athleten handele, der einen HDL-Wert um 0 aufweise. Die Probe wurde noch am 05.02.1988 wegen der Eilbedürftigkeit untersucht... Die fernmündliche Durchgabe des* [positiven] *Ergebnisses wurde auf dem Eingangsschreiben der Universitätsklinik Heidelberg vermerkt...»* (Aus dem Entwurf einer Gegendarstellung von Prof. M. Donike gegenüber dem *Spiegel*, April 1990).

Wie die DDR-Ergebnisberichte ist auch der Bericht von Wolf (1989) im Grunde ein VVS-Bericht, der den weitverbreiteten Dopingbetrug im Sport absichern und vor dem Finanzier des Leistungssports und der Universität, d. h. dem Steuerzahler, verheimlichen sollte. Dabei wurde die Öffentlichkeit nicht nur von den Kugelstoßern, sondern auch von den beteiligten Wissenschaftlern der Universität Heidelberg betrogen: Autor Wolf, die Betreuer und Gutachter der Studie und ihrer Anlagen ebenso wie der Dekan der betreffenden Fakultät, der an diesem Versteckspiel laut Stellungnahme vom 6.3.1991 nichts Bedenkliches fand, da das Anabolikadoping für die Untersuchungen mit dem Titel «Relevanz und Entwicklung ausgewählter Kraftparameter bei Kugelstoßern der nationalen Klasse» eigentlich *«nicht wesentlich»* sei. Autor Wolf selbst beweist das Gegenteil (S. 417).

Wolf jedenfalls begründet die Verheimlichung der Tatsache, daß die von ihm untersuchten Kugelstoßer nur durch ihr Anabolikadoping die von ihm

Trainingsplan + Blutparameter [illegible]

| Termin | Trainingsart | Intensität | Ammoniak | Lactat | CK | Harnstoff | Myoglobin | Cholesterin | HDL-Chol. | Sexualhormone |
|---|---|---|---|---|---|---|---|---|---|---|
| 26.1.<br>27.1 | Sprungtraining<br>Antrittstraining<br>Techniktraining | stark | 139,4 | 2,21 | 290 | 45 | 82 | 260 | 4 | |
| 27.1<br>28.1 | Krafttraining<br>Techniktraining<br>Gymnastik | zurückhaltend | 94,7 | 2,63 | 237 | 47 | | | | |
| 31.1.<br>1.2 | [illegible] Leichtathletik (18,79) | [illegible] | 60,7 | 0,49 | 229 | 49 | 63 | | | |
| 4.2.<br>5.2. | Krafttraining (Bankdrücken, Kniebeugen) | maximal | | | 353 | 52 | | | | LH 1,1 Norm. 11,8<br>FSH 1,3 Norm. 2,7<br>βHCG ø |
| 7.2.<br>8.2. | Techniktraining | leicht | 32,1 | 0,50 | 188 | 51 | | 255 | 13 | |
| 14.2.<br>15.2. | Ruhetag (Sonntag) | | 28,6 | 1,09 | 120 | 49 | | | | |
| 7.3.<br>8.3. | | | 114 | 0,63 | 304 | | | 224 | 46 | LH 7,5 Norm. 11,2<br>FSH 2,5 Norm. 3,4<br>Testosteron 4,0 |
| 11.3. | | | | | | | | | | |
| 15.3 | Schnellkrafttraining vor.<br>nach | extensiv (Querschnittverletzung) | 40<br>nach 3 min 56 (44) | 1.24<br>4,14 | 325<br>360 | 41<br>45 | | | | |

Anabolikum: Stromba

beschriebenen Spitzenkraftwerte und -leistungen erreichen können, ganz schlicht: *«In der vorangegangenen Studie war bzw. ist es nicht möglich, diese Thematik anzusprechen oder konkret zu behandeln, da beide Athleten auf national hohem Niveau starten und ein offizielles Bekanntwerden* [von] *deren Anabolika-Applikation weitgehende Konsequenzen für die sportliche Laufbahn hätte.»*

Was das praktische Doping der BRD-Leichtathleten, besonders der Stoßer und Werfer, angeht, so sind die Aussagen Wolfs auch in ihrer Direktheit durchaus mit den Angaben in der DDR-Dopingliteratur vergleichbar, etwa mit den Schriften des Leipziger Trainingswissenschaftlers Dr. Lothar Hinz. Wolf stellt für die BRD fest (Textdokument 4 A): *«Die Praxis in der Leichtathletik zeigt einen nicht so hohen Konsum (Dosierungen) wie z. B. im Bodybuilding. Dosierungen, hier auf den Wurfbereich bezogen, liegen etwa zwischen 10–70 mg höchster Tagesdosis, Spitzen darüber, etwa bis 100 mg und darüber, dürften Seltenheitswert besitzen. Konkret liegen die Dosierungen bei*

- *Claus-Dieter Föhrenbach bei einer Tageshöchstdosis von 25 mg (Stromba, oral), durchschnittliche Dosierung (Durchschnitt aller Tage, an welchen Anabolika eingenommen wurden) bei etwa 15–16 mg.*
- *Bei Kalman Konya lag die Tageshöchstdosis bei etwa 25–30 mg (Stromba, oral, und andere Präparate), die durchschnittliche Dosierung bei etwa 15–18 mg.*
- *Werner Günthör wies 1988 eine durchschnittliche Dosierung von etwa 12–15 mg auf und dürfte damit eine Tageshöchstdosierung von etwa 20–25 mg aufweisen.*
- *Der Zeitraum der Applikation liegt 2–3 × jährlich bei etwa 6–10 Wochen, wobei etwa zwischen 500–700 mg Anabolika pro ‹Kur› verbraucht werden, also jährlich zwischen 1500 mg und 2100 mg.»*

Die Richtigkeit der Studie Wolfs, um die es nach Zitaten im *Spiegel* (13/1990) in der deutschen und Schweizer Öffentlichkeit zunächst einigen Wirbel gab, ist nie ernsthaft bestritten worden. Selbst die Schweizer Presse, die in Verteidigung der sportlichen Ehre ihres Nationalhelden «Werni» Günthör zunächst eine Serie von Dementis und Beschimpfungen gegen den

**Abb. 28.** Doping-West wie Doping-Ost: Trainingsplan (Winter 1988) des Kugelstoßers Kalman Konya (DLV-Meister 1990) mit klinischen Werten, darunter ein HDL-Cholesterol-Wert von 4, d. h. 10fach unter normal. Man beachte die Eintragungen *«Südd. Meisterschaften (18,79 m)»* und *«Anabolikum Stromba»*, d. h. Stanozolol wie bei Ben Johnson. (Dokument aus Wolf 1989)

*Spiegel* in die sportlich interessierte Öffentlichkeit blies (*«Günthör: Dopingvorwürfe entkräftet»*, *Basler Zeitung*, 20.4.1990; *«Günthör: unhaltbares Geschwafel! ... Das Ganze ist eine Schweinerei»*; dpa, 26.3.1990) und rechtliche Schritte Günthörs und des Schweizer Leichtathletikverbandes ankündigte (u.a. *Sport* und *Tagesanzeiger*, beide Zürich, vom 26. und 27.3.1990), wurde bald darauf – seit dem 4. Mai – ganz still, als Dr. Bernhard Segesser, der Schweizer Olympia-Chefarzt und Günthörs persönlicher Sportmediziner, der *Berner Zeitung* gegenüber in einem Interview bekennen mußte, Günthör schon seit 1985 mehrmals mit «Stromba, oral» gedopt zu haben, exakt dem von Wolf (1989) in seiner Arbeit genannten Präparat[1].

Wenn auch die verschiedenen Anabolikapräparate nicht direkt miteinander verglichen werden können, so ist doch Stanozolol («Stromba, oral») so sehr beliebt eigentlich nur deshalb, weil es lange Zeit unter Athleten und Funktionären als relativ schwer nachzuweisen galt (vgl. Donike u. Schänzer 1991; Schänzer et al. 1990). Anscheinend ist es ähnlich wirksam wie Oral-Turinabol. Ein Vergleich mit den Anabolikadosierungen und -mustern der DDR-Kugelstoßer und -Werfer (Tabelle 8) zeigt, daß die Tagesdosierungen der westlichen Stoßer durchaus mit denen von Udo Beyer und Ulf Timmermann vergleichbar sind, daß aber die DDR-Athleten wesentlich länger und häufiger «unter Stoff» standen – offenbar als Folge der sportpolitischen Abschirmung (keine Kontrollen bei den normalen Sportveranstaltungen im Ostblock) –, so daß ihr Jahreskonsum schließlich doch ungefähr doppelt so hoch wie der ihrer westlichen Wett- und Klassenkampfgegner war.

Wolf (1989) schildert auch, was die Sportwelt zu erwarten hätte, falls man wirklich zu einer anabolikafreien Leichtathletik zurückkehren würde: Die Leistungen würden auf den Stand von etwa vor 1964 zurückgehen, um etwa 2 bis 3 Meter im Kugelstoßen. Hauptgrund dafür ist die Tatsache, daß ohne diese Medikamente nicht annähernd die überhöhten Maximalkraftleistungen beim Hanteltraining erreicht werden: *«Für den Kenner... dürfte es außer Zweifel stehen, daß ein solches Pensum an Trainingsumfang und -intensität im Wurfbereich... von keinem Athleten ohne Einnahme von... leistungssteigernden Mitteln... durchgestanden werden kann, ohne physisch zu zerbrechen. Ein weiteres Indiz der Einnahme... sind die für gut trainierte Athleten ‹utopisch› anmutenden Kraftwerte im Bankdrücken und in der Kniebeuge... Mit Sicherheit dürfte zu sagen sein, daß... bei keiner Einnahme von Dopingmitteln... die Kraftwerte rapide absinken würden und*

1 Bei einer wirklich therapeutisch gemeinten Indikation (die medizinisch keineswegs als wirksam bei Sportverletzungen belegt und anerkannt ist und daher ebenfalls als Doping gilt) hätte Dr. Segesser ja wohl andere und weniger hepatotoxische Mittel verabreicht (etwa injizierbares Deca-Durabolin) als ausgerechnet Stanozolol.

*bei derzeitigem Stand des technischen Könnens beider Athleten* [d.h. Föhrenbach und Konya] *die Kugelstoßleistungen sich in einem Bereich von 16–17,5 Meter bewegen würden.»*

Dem DLV liegt die Wolfsche Anlage 3 seit Frühjahr 1990 vor, auch die klinischen Eintragungen zum Stromba-Doping, das im Fall von Konya sogar im offiziellen Kontrollabor bestätigt war. Aber auch Jahre danach gibt es keine öffentliche Reaktion, selbst der Rechtswart schweigt in beharrlicher Vertuschung. Und der Sportwart Prof. Dr. med. M. Steinbach, Beamter des Bundesgesundheitsministeriums, schweigt verbissen mit, obwohl er die Dokumente kennt. Man gibt öffentlich das bewiesene Anabolikadoping der Deutschen Meister einfach nicht zu.

Die einzige Reaktion des Präsidiums zum dokumentierten Dopingfall Konya – Athleten haben es mir erschrocken berichtet – erfolgte bei der Mannschaftsfeier anläßlich der EM in Split 1990: Präsident Helmut Meyer umarmte Konya demonstrativ und versicherte ihm vor allen Athleten, daß er und der DLV immer (sollte heißen: bei seinem Doping) hinter ihm stehen.

## B. Doping bis in den Tod

Ein weiteres Dokument des Anabolikadopings in der BRD-Leichtathletik ist das rechtsmedizinische Gutachten zum plötzlichen und unerklärten Tod der Mehrkämpferin Birgit Dressel, Vierte im Siebenkampf der EM 1986 in Stuttgart mit 6478 Punkten (dabei 1,92 m im Hochsprung als herausragendes Einzelergebnis), die wenige Monate später, am 10.4.1987 um 22.25 Uhr, nach zwei Tagen rasender Schmerzen starb. Da der Verdacht bestand und bestehen bleibt, daß ihr verabreichte unbekannte Stoffe sowohl ihre starken Beschwerden beim Kugelstoßtraining am 8.4. als auch den sich dann – unter Behandlung mit immer mehr Medikamenten – entwickelnden tödlichen Schockzustand hervorgerufen haben, wurden die über 100 (!) verschiedenen Medikamente fest- und sichergestellt, die sie zu sich genommen hatte bzw. die sich in der von ihr und ihrem Freund, Trainer und Doping-Mitwisser Thomas Kohlbacher gemeinsam genutzten Wohnung befanden.

Wie im rechtsmedizinischen Gutachten für die Staatsanwaltschaft Mainz zu ihrem Fall (Auszug in Textdokument 4 B) festgehalten ist, hat Birgit Dressel in den Wochen vor ihrem Tod das Anabolikum «Megagrisevit» (Tagesdosis: 15 mg) eingenommen, zuvor seit mindestens Anfang 1986 auch das Anabolikum «Stromba» (zuletzt mit einer Tagesdosis von 5 mg), beide bekannte Dopingmittel im DLV (vgl. auch Textdokumente 4 A und C). Beide Präparate sind auch von Birgit Dressels Sportarzt Prof. A. Klümper (Freiburg i. Br.) bzw. dessen Mitarbeitern anderen DLV-Athleten verschrieben worden, während im Fall von Birgit Dressel Prof. Klümper eine Verordnung abgestritten hat.

Es besteht kein Grund anzunehmen, Birgit Dressel habe sich mehr gedopt als andere DLV-Athletinnen; es ist vielmehr wahrscheinlich, daß sich viele DLV-Athletinnen ähnlich wie sie gedopt haben. Die Dokumentation ihres Dauerdopings mit Anabolika ist die Folge einer bedauerlichen «Zufallskontrolle» durch den Tod, insofern eine repräsentative unangemeldete Stichprobe.

Bemerkenswert sind die der Staatsanwaltschaft gemachten Angaben über die Art und Weise der Versorgung von Birgit Dressel mit Dopingmitteln: Megagrisevit habe sie *«von anderen Sportlern bekommen»* und *«es sei ihr... ohne Absenderangabe zugesandt worden»*. Anscheinend hat ihr engster Vertrauter, Kohlbacher, hier keine näheren Angaben gemacht, obwohl es völlig unglaubhaft ist, daß er als Lebensgefährte und Trainer die Doping-Versorgungsquelle nicht gekannt haben sollte. Möglicherweise wurde Birgit Dressel über ein ähnliches Postversandsystem versorgt wie ihre Mainzer Kommilitonin Petra Leidinger (S. 275). Auf eine weitere illegale Handlung deutet die Aussage, sie hätte zur Beschaffung von Stromba Rezepte ohne Patientennamen, aber mit Unterschrift eines Arztes, sog. Blankorezepte, bekommen. Kohlbacher hat wohl auch hier Unwissenheit behauptet, und Staatsanwaltschaft wie DLV haben ihm das abgenommen. Als Trainer muß er aber gewußt haben, daß und womit «seine» Athletin sich dopte und woher der Stoff kam, da Trainingsbelastung und Wettkampfplanung mit der Dopingmittelgabe abgestimmt werden müssen.

Die Staatsanwaltschaft Mainz hat offenbar die Herkunft der «geheimnisvollen» Anabolikapräparate und Rezepte, besonders der Blankorezepte, nicht feststellen können. Trotz Suche fand sie keinen Hinweis auf Blankorezepte aus der Klinik Prof. Klümpers: *«Die bei der zuständigen Krankenkasse sichergestellten Krankenscheine und Rezepte für den Zeitraum von Januar 1985 bis April 1987 sind ausnahmslos mit den Personalien und dem Geburtsdatum der Verstorbenen versehen. Auch bei Durchsicht sämtlicher von Prof. Dr. Klümper in Mainz eingereichter Rezepte ist kein Blankokopfteil gefunden worden»* (aus einem Schreiben der Staatsanwaltschaft vom 18.10.1989). Diese Feststellung verblüfft durch ihre Weltfremdheit, war doch kaum anzunehmen, nach 1985 würde eine Athletin immer noch in schriftlich dokumentierter, beweisbarer Form, d. h. auf hinterlegtem Rezept bzw. auf Krankenschein, dopen. Dopingrezepte werden schon seit geraumer Zeit in anderer Form an die Athletin oder den Athleten gebracht. Dabei finden sich sowohl von Klümper unterzeichnete Blankorezepte als auch ausgefüllte Rezepte mit Unterschriften von Klümper-Mitarbeitern (Abb. 29 a und b; Textdokument 4 C). Immerhin konnte durch die Staatsanwaltschaft Mainz noch *«festgestellt werden, daß ‹unter dem Tisch› zwischen den Sportlern ein Austausch von Anabolika stattge-*

*funden hat»* (Schreiben vom 18.1.1991). Aber auch für diese Dopingmittelbörse der Athleten, klare Verstöße gegen das Arzneimittelgesetz, wurden «konkrete Personen» nicht ermittelt.

Birgit Dressel starb laut rechtsmedizinischem Gutachten an einem durch Medikamente ausgelösten toxisch-allergischen Schock (Textdokument 4 B). Die wirkliche Ursache für ihren Tod konnte jedoch nicht festgestellt werden, auch die für die allergische Schockreaktion verantwortliche Substanz nicht.

Irgendwelche Fremdsubstanzen müssen jedenfalls zu dem tödlichen Schock Birgit Dressels Anlaß gegeben haben. Zwar ist eine entscheidende Beteiligung der von Birgit Dressel routinemäßig eingenommenen Anabolika an der schnell voranschreitenden Schockentwicklung am Nachmittag des 10. April (Krankenhaus-Einlieferung mit großen Schmerzen um 9.00 Uhr, erster Schockverdacht um 17.45 Uhr, Tod um 22.25 Uhr) sehr unwahrscheinlich, kann aber nicht ausgeschlossen werden. Laut Gutachten erscheint hier die mehrfache Gabe von hochdosiertem Metamizol als Buscopan viel verdächtiger. Dieses Mittel ist jedoch erstmals am Morgen des 10.4. verabreicht worden, kann also folglich für die zu diesem Zeitpunkt schon verstärkten Schmerzen und fiebrigen Erscheinungen nicht verantwortlich gemacht werden.

Höchstwahrscheinlich aber – und das ist offenbar weder von den Gutachtern der Staatsanwaltschaft noch von Birgit Dressels Ärzten bedacht und erwähnt worden – war ihr häufiger Anabolikakonsum, vor allem die gerade in den Wochen vor ihrem Tode *«während eines Trainingslagers in Portugal»* eingenommenen Megagrisevit-Tabletten, auf die sie offenbar auch heftig mit einer Art Körperstamm-Steroidakne reagierte (Textdokument 4 B), an der Entstehung der starken, schmerzhaften Primärbeschwerden am 8.4.1987 beteiligt, die der tödlichen Entwicklung vorangingen. Hierzu vermerkt das rechtsmedizinische Gutachten: An diesem Tag *«traten bei Frau Dressel im Rahmen des Kugelstoßtrainings plötzlich heftige Schmerzen auf. Solche Schmerzen habe Frau Dressel bereits zweimal im Jahre 1987 gehabt* [d.h. in nur 3 Monaten], *auch früher sei öfters ein Hartspann aufgetreten, der... behandelt und zum Stillstand gebracht worden sei»*. Auch die protokollierte erste ärztliche Untersuchung von Birgit Dressel am selben Tag (8.4.) vermerkt *«Schmerzen in der linken Lendenwirbelregion..., Verspannung der linken Rückenstrecker*[-Muskeln], *Druckschmerz über den Lendenwirbelsegmenten 4 und 5...»*. Noch am ganzen nächsten Tag, dem 9.4., standen diese sich verstärkenden und ausbreitenden Schmerzen im Vordergrund (*«Paravertebrale Muskulatur linksseitig völlig verhärtet und druckschmerzhaft»*), erst am Abend (18.00 Uhr) kam leichtes Fieber dazu, was auf weitere Schäden hindeutete. Wann die ebenfalls histologisch festgestellte vielfache Nervenentzündung (Spinalganglien) aufgetreten ist und wodurch sie ausgelöst wurde, blieb ungeklärt.

Nun weiß der Leser aus den vorangegangenen Kapiteln über das Anabolikadoping der DDR, daß genau solche Beschwerden (schmerzhafte Muskeltonuserhöhungen, Muskelverspannungen, Hartspann, z.T. mit schmerzhaften Krämpfen) zu den allerhäufigsten schädlichen Nebenwirkungen des Anabolikadopings gehören (z.B. Kapitel 12–14; Tabelle 13, Textdokumente 2 C, 3 A–D). Diese Muskelverhärtungen und -verspannungen unter Anabolikadoping waren im DDR-Sport so häufig, daß die Doping-Doktoren Nicklas und Lathan (1985) hierin sogar die grundsätzliche Limitation des Anabolikadopings sahen: *«... doch zwingen verstärkt auftretende Nebenwirkungen (Muskelverspannungen, Koordinationsstörungen) zu höherer Steuerung...»!* Anscheinend war aber keiner der Ärzte Birgit Dressels am 8. und 9. April mit solchen typischen Anabolika-Nebenwirkungen vertraut, sonst wäre wohl ein anderer Behandlungsweg eingeschlagen worden, der nicht zum Tode geführt hätte. Am Anfang des Endes von Birgit Dressel standen also typische Anabolikaschäden, schon zum drittenmal in kurzer Zeit.

Die deutschen Leichtathleten und der DLV haben Birgit Dressels Tod und das dabei amtlich dokumentierte und bekanntgewordene Anabolikadoping erstaunlich schnell verdrängt, gewissermaßen als persönlich-peinlichen Einzeldopingfall zu den Akten gelegt. Die zunächst erschrocken klingenden Kommentare der Mannschaftssprecherinnen Ingrid Thyssen (Speerwerferin) und Gaby Bußmann (400-m- und 800-m-Läuferin) muten aber im nachhinein eher scheinheilig an: *«Ähnlich Verhängnisvolles kann sich tagtäglich wiederholen. Stellen Sie sicher, daß die Verantwortlichen zur Verantwortung gezogen werden!»*

So ausgerechnet Gaby Bußmann und ausgerechnet an den DLV: Wenige Jahre später flog der Medikamentenmißbrauchzirkel und Dopingring des «Hammer Modells» auf, der sich um Gaby Bußmann und Lebensgefährten Jochen Spilker gebildet hatte (Spilker: *«Meinst du denn, Gaby läuft mit Wasser?»*; vgl. S. 268).

Es glaubte natürlich niemand im Ernst, daß Gaby Bußmann mit Wasser lief, auch Birgit Dressel lief mit über 100 Medikamenten, darunter zwei Anabolika, wovon sie eines, Stromba-oral, laut rechtsmedizinischen Gutachten regelmäßig zu Dopingzwecken nahm – *«unter Ausklammerung der Wettkampfzeiten (Dopingkontrolle)»* (Textdokument 4 B).

## C. Der hilfreiche Oberstudienrat bei der Urinkontrolle: Polizeihauptkommissar Wagner und die Harnfälscherbande

Solange sich ein Athlet, Trainer oder Mediziner beim Doping kooperativ verhält, sei es, daß er mitmacht, die Manipulation ignoriert oder auch einfach nur schweigt, herrscht sportliche Harmonie. Ein Problem entsteht aber, wenn ein unberechenbarer Individualist aus dem inneren Kreis der «Bruderschaft von Pille und Spritze» (Dubin 1990) ausbricht und auszupacken droht. Dann tut Krisenmanagement not, wobei es eine ganze Reihe von Möglichkeiten gibt:

- Überreden, weiter mitzumachen, sei es unentgeltlich (aus Loyalität, Patriotismus oder Idealismus) oder nach Bestechung mit Honorar oder Anstellung;
- Einschüchterung und Erinnerung daran, daß es Verrätern und Nestbeschmutzern schlecht ergeht, sei es durch Ausschluß, Ächtung oder durch die Andeutung finanzieller oder beruflicher Nachteile;
- Sportgerichtliche Verfahren mit Strafen bis zum Verbandsausschluß. Auch konkrete Morddrohungen gegenüber Verrätern von Dopinggeheimnissen sind dokumentiert (z. B. Breo 1990; Dubin 1990).

Es gibt aber immer wieder auch einzelne Eingeweihte, die sich dem System entziehen und die Wahrheit sagen. In der BRD hat es ebenfalls einige Dopinggeheimnisverräter gegeben, vor allem in der Leichtathletik. Unter ihnen ist auch ein ganz Entschlossener, der mit der Wahrheit um sich schlägt, und im Zivilberuf ist er ausgerechnet Polizeihauptkommissar: Alwin Wagner aus Melsungen, seit Frühjahr 1991 auch Vizepräsident des Hessischen Leichtathletikverbandes.

Alwin Wagner war fast 15 Jahre lang Mitglied der deutschen Spitzenklasse im Diskuswurf: fünffacher Deutscher Meister, mit einer Bestleistung von 67,80 m, Sechster der Olympischen Spiele von Los Angeles 1984 und der Europameisterschaften von 1978 in Prag. Im Jahr 1990, zwei Jahre nach Beendigung seiner Sportkarriere, war der Kommissar – nun 40 Jahre alt – das Lügen leid und packte aus (er galt schon vorher in DLV-Kreisen als «unsicherer Dopingkandidat»).

Zu Wagners Sportkarriere gehörte von 1977 an auch ein ganzes Jahrzehnt Anabolikadoping, wie selbstverständlich von DLV-Ärzten, DLV-Trainern und DLV-Funktionären unterstützt. Er fing bezeichnenderweise mit dem Doping gerade an, als der DSB, das NOK, der Sportärztebund und der DLV feierlich in ihren Grundsatzerklärungen das Gegenteil geschworen und versichert hatten.

Sein Wissen hat der unerschrockene hessische Polizeibeamte inzwischen in Zeitungsartikeln und Interviews mitgeteilt, hat es als eidesstattliche Erklärung der Staatsanwaltschaft Darmstadt geschickt und bei polizeilichen Ermittlungen zu Protokoll gegeben. Er hat die unbeliebten Wahrheiten sogar in einem fünfseitigen Brief dem Rechtswart des DLV unterbreitet. Was er ausgesagt hat, läßt einen der größten deutschen Sportverbände, den DLV, seine Ärzte und Trainer wie die Zweitbesetzung in einer Gaunerposse erscheinen (z. B. Textdokument 4 C).

Dabei hat Alwin Wagner auch schon in früheren Jahren immer wieder auf die Diskrepanz zwischen drogenfreiem Schein und Anabolikawirklichkeit im Deutschen Sport hingewiesen. So klagte er bereits 1982 öffentlich die «Sporthilfe» und den DLV an: *«Indirekt werden wir von denen aufgefordert, verbotene Kraftpillen zu nehmen»*. Nahm Alwin Anabolika und warf weit, war er würdig für den A-Kader. Nahm er eine Zeitlang keine «u. M.» und warf weniger weit, wurde er prompt in den B-Kader, d. h. auf die Hälfte der monatlichen Zuwendung, zurückgestuft. Daraus konnten er und andere Werfer nur folgern: *«Das ist jetzt die Strafe dafür, daß ich keine Kraftpillen genommen habe. Wer also weiter zum A-Kader gehören will, muß Anabolika schlucken.»*

Alwin nahm sich also die bekannte, aber erneut erteilte Lektion zu Herzen und zur Leber und erniedrigte wieder seine HDL-Werte durch Anabolikapillen. Er bekam auch wieder den vollen Dopingservice für DLV-Spitzenathleten, z. B. Rezepte aus Klümpers Klinik, einschließlich der Stromba-Wegzehrung für die letzte olympische Vorbereitung 1984 zum edlen Wettstreit der Jugend der Welt (Abb. 29a; Rezept vom 10. 7. 1984, ausgestellt von Dr. Walter Hubmann, DLV-Arzt bei Prof. Klümper). Brav und regelmäßig schluckte er, nahm im kalifornischen Trainingslager kurz vor den Spielen 1984 noch die empfohlenen leistungsstabilisierenden Testosteron-Zäpfchen zum Überbrückungsdoping und erreichte im olympischen Finale einen sehr guten 6. Platz.

Wagner hat außerdem geschildert, wie er selbst erstmals zu den Dopingpillen kam, und auch, wie ein wurfbegabter Jugendlicher, ein Verwandter von ihm, vom «Athleten-Frühstück» der Dopingpillen – und dem Kommentar des DLV-Trainers Steinmetz dazu – so abgestoßen wurde, *«daß er von da ab keinen Diskus mehr werfen wollte»* (vgl. Textdokument 4 C).

Als ordnungsliebender Polizeibeamter hat der Diskuswerfer Wagner in seiner Hobby-Asservatenkammer neben Siegerurkunden und Pokalen auch viele Doping-Dokumente aufgehoben, heute eine sporthistorische Fundgrube bei der Aufklärung der Versorgung der Athleten mit Dope durch eine «Untergrund-Medizin». Kommissar Wagner kann z. B. Rezepte für unterschiedliche Anabolikapräparate vorweisen, wobei sich die Hauptquelle im Klinikum der Albert-Ludwigs-Universität Freiburg befindet (Abb. 29a und b). Dabei liegen die Daten auf den Rezepten oft nur wenige Tage auseinander, z. B.:

- Megagrisevit (2 OP à 60 Dragees) vom 23. 1. 1978;
- Fortabol (2 OP à 50 Tabl.) vom 25. 1. 1978; beide Rezepte unterzeichnet von Prof. Dr. A. Klümper und ausgestellt auf die Krankenversicherung «Freie Heilfürsorge der Polizei des Landes Hessen»;
- Dianabol (1 OP, Bl. 5 mg, N. 100) als Halbblankorezept mit Unterschrift zum Brief vom 18. 7. 1980;
- Dianabol (Rezept erwähnt im Brief vom 25. 11. 1981);
- Stromba (1 OP à 50) vom 10. 7. 1984; unterschrieben von Dr. Hubmann, DLV-Arzt und Klümpers Assistent in der Mooswald-Klinik;
- Testoviron (1 OP, 50 mg) vom 27. 4. 1987.

Für andere Athleten gab es aber auch die bewährten illegalen Blankorezepte, z. B. mit Klümpers Unterschrift, aber ohne Angabe des Patienten (vgl. Abb. 29a).

Diese Versorgung mit Rezepten funktionierte, anscheinend augenzwinkernd, auf allen Seiten, nur zweimal gab es dokumentierte Schwierigkeiten. Ein kleines Problem entstand z. B., als das Dopinggespann Klümper/Wagner an die Falsche geriet, eine couragierte hessische Polizeiärztin. Sie verweigerte glatt die Ausfertigung von zwei Blankorezepten für Anabolika mit Klümpers Unterschrift und teilte dies dem Freiburger Rezepteur am 13. 7. 1983 auch mit, exakt einen Monat vor dem Diskuswettkampf bei den Weltmeisterschaften in Helsinki, in einem kurzen und ironischen Verweigerungsbrief (Fußnote 2 im Textdokument 4 C, S. 422).

Der zweite Vorfall im Dopingverhältnis Klümper–Wagner ist durch einen Brief aus dem Jahr 1981 dokumentiert, den der Freiburger Sportarzt und Professor über seinen Patienten Wagner an den DLV-Diskuswurftrainer, Karlheinz Steinmetz, im Zivilberuf Oberstudienrat, schrieb und den dieser später an die Presse weitergab. Darin (Fußnote 1 Textdokument 4 C, S. 422) machte Klümper verschiedene Angaben über seinen Patienten, die eigentlich einen Bruch der ärztlichen Schweigepflicht darstellen und vom Patienten Wagner unter Hinweis auf den einschlägigen Paragraphen des Strafgesetzbuches auch so empfunden wurden.

Hier spricht Klümper im Klartext, was auch beweist, daß Trainer Steinmetz in das Doping des Athleten eingeweiht war: *«Ich habe ihn vor intramuskulären Injektionen gewarnt; rezeptiert haben wir... Megagrisevit...»* Klümper warnt dann auch Steinmetz noch einmal vor Wagner als unsicheren Dopingkandidaten und gibt Lebenshilfe in der Dopingbetreuung: *«Bei der Unzuverlässigkeit von Alwin möchte ich ganz dringend davor warnen, zu intramuskulären Injektionen zu raten oder in irgendeiner Form davon Kenntnis zu nehmen.»*

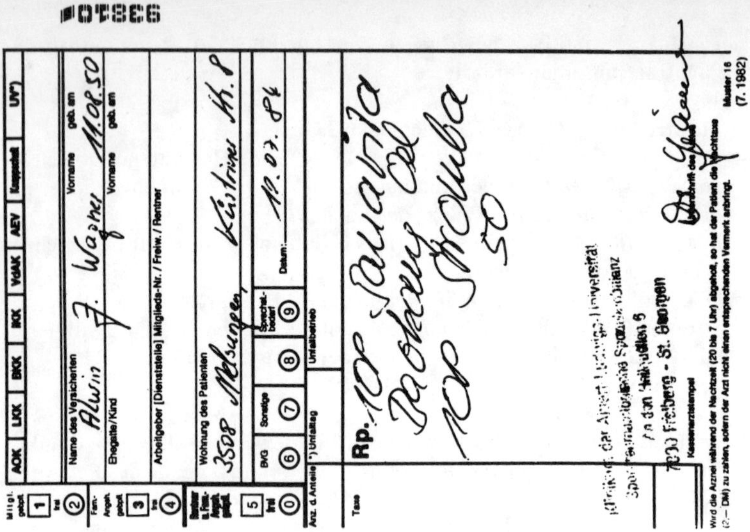



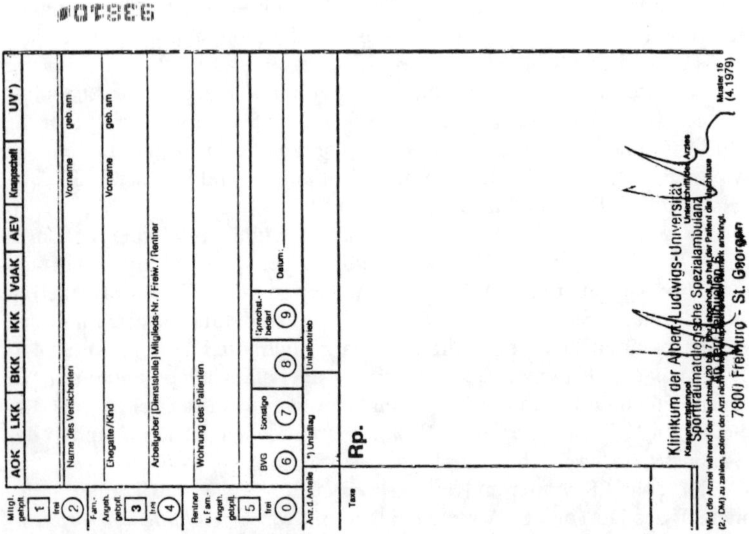



**Abb. 29a und b.** Vier Hauptwege der Versorgung mit Dopingstoff in der Bundesrepublik Deutschland, vorgestellt am Beispiel von Sportmediziner-Rezepten des Klinikums der Albert-Ludwigs-Universität Freiburg im Breisgau: Der Athlet oder die Athletin erhält entweder ein unterschriebenes Blankorezept, hier mit der Unterschrift von Prof. Dr. Armin Klümper (Abb. 29a, links; vgl. *Spiegel* 50/1990) oder ein unterschriebenes, ausgefülltes Rezept, in dem der Athlet den Kopf ausfüllt (Abb.

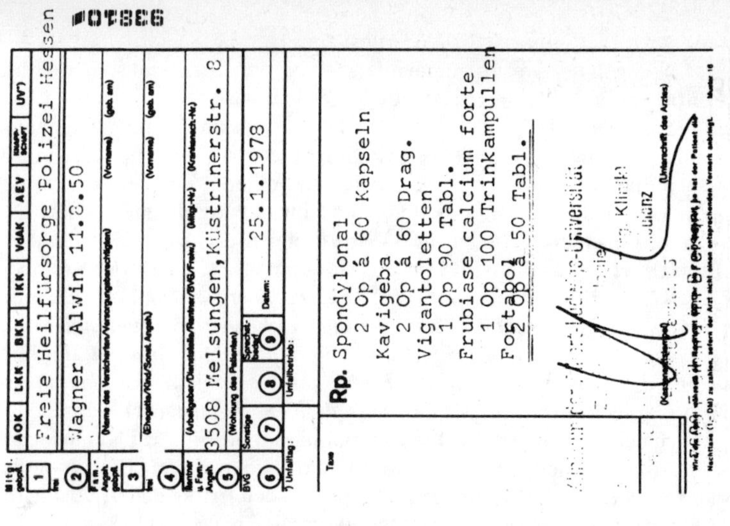

Freie Heilfürsorge Polizei Hessen

Wagner Alwin 11.8.50

3508 Melsungen, Küstrinerstr. 8

Datum: 25.1.1978

Rp. Spondylonal
2 Op á 60 Kapseln
Kavigeba
2 Op á 60 Drag.
Vigantoletten
1 Op 90 Tabl.
Frubiase calcium forte
1 Op 100 Trinkampullen
Fortabol
2 Op á 50 Tabl.

Rp.

Klinikum der Albert-Ludwigs-Universität

Freiburg im Breisgau

29a, rechts). Es handelt sich um ein Rezept für Alwin Wagner auf u. a. eine Packung Stromba, ausgestellt von Prof. Klümpers Assistenzarzt Dr. Walter Hubmann am 10.7.1984, d.h. kurz vor den Olympischen Spielen in Los Angeles, bei denen der «Patient» im Endkampf den 6. Platz belegte. Ein ähnliches «Halbblanko»-Rezept, ausgestellt auf Dianabol, ist in Abb. 29b (links) abgebildet, daneben ein voll ausgefülltes Fortabol-Rezept, alle für Alwin Wagner.

Wegen seiner grundsätzlichen Unlust zum Doping, seiner Angst vor Nebenwirkungen der oral zu nehmenden Steroidpräparate und seiner daraus resultierenden «Unzuverlässigkeit» war Wagner also schon damals – 1981 – ein Sicherheitsrisiko für den DLV, die DLV-Ärzte und Trainer Steinmetz. Um ihn aber unter Kontrolle zu bekommen, entwarf Klümper einen raffinierten Plan, den Diskuswerfer heimlich unter einem Vorwand zu überwachen und ihn ohne sein Wissen und seine Einwilligung zu untersuchen. Das Vorhaben erinnert stark an die Überprüfungen der DDR-Gewichtheber durch Dr. H.-H. Lathan, FKS (vgl. Textdokument 2 C). Hier der Klümper-Plan: *«Ich persönlich habe mit Prof. Keul*[1] *darüber beraten, daß man sogar bei Alwin Wagner möglicherweise vor entsprechenden internationalen Einsätzen eine Kontrolluntersuchung durchführt unter dem Vorwand, die Knochentumoren am Schädel*[2] *kontrollieren zu müssen; in Wirklichkeit ihn jedoch dahingehend zu überprüfen, ob Anabolika bei ihm nachzuweisen sind.»*

Auch beim Doping in der Bundesrepublik war oft Einsatz bis zum letzten vom Athleten wie vom Trainer und Funktionär verlangt. Ein besonders selbstloses Engagement für das Ansehen und den Erfolg des DLV ist leider erst jetzt durch die Aussagen des Hauptkommissars Wagner bekannt geworden: DLV-Wurftrainer und Oberstudienrat Steinmetz hat sich um das Vaterland verdient gemacht, durch zupackendes, schnelles Handeln. Er hat neuartige Qualitätskriterien für den Trainerberuf demonstriert und ein bisher in diesem Tätigkeitsfeld nicht besonders beachtetes Körperorgan eingesetzt: die Blase. Laut Wagner hat Steinmetzens Blase mindestens einmal den DLV und die Sportnation aus einer prekären Lage gerettet. Wie im Textdokument 4 C berichtet, mußte er einmal als Sieger nach einem Länderkampf zur Dopingkontrolle – unerwartet und daher «voll im Stoff». Die Krise war da. Da nahm der Trainer die Sache in die Hand:

*«Steinmetz nahm eine von den 15 bis 20 leeren Urinflaschen, ging auf die Toilette und füllte die Flasche. Er gab mir anschließend seine halbvolle Urinflasche und so ist statt meines höchstvermutlich Anabolika-positiven Urins Anabolika-freier Fremd-Urin abgegeben worden, der vom DLV-Trainer Steinmetz stammte. Nachdem diese Aktion klappte, haben wir – Steinmetz, Neu und ich – fürchterlich darüber gelacht, denn Steinmetz hatte vor Aufregung die Urinflasche ... nicht richtig in der Hosentasche ... verstaut. Auf dem Weg zum Doping-Zimmer muß sie umgekippt sein, denn die Innenseite seiner DLV-Trainingshose verfärbte sich, und es sah so aus, als ob er in die Hose ‹gepinkelt› hatte.»*

Betrügerische Urinspenden sind im internationalen Spitzensport keines-

1 Keul bestreitet das. Hier steht also die Aussage eines Freiburger Professors gegen die eines anderen.

2 Bei Wagner war seit einiger Zeit ein gutartiger Tumor im Stirnhöhlenbereich bekannt, der später (1987) entfernt wurde.

wegs selten. Sowohl der kanadische Regierungsbericht des Richters Dubin (1990) als auch der des australischen Senators Black (1989, 1990) enthalten Schilderungen unter Eid von Athleten verschiedener Sportarten, wie sie bei Dopingkontrollen durch Einschmuggeln von Fremdurin betrogen haben. Solche Spielchen treiben Männer wie Frauen, sei es durch direkte Abgabe des fremden Harnes in einer vorher gefüllten Flasche[1] oder durch vorheriges Einfüllen in die eigene entleerte Blase mit einem Katheter, wonach dieser zwischenzeitlich gespeicherte Fremdurin dann bei der Kontrolle auf natürlichem Weg abgelassen wird. Oder man versteckt den «sauberen» Urin in einem Plastikschlauch, einem Kondom oder einem «Vaginalsäckchen». Wie man das Einschmuggeln von Fremdurin bei Dopingkontrollen sogar in großem Stil organisieren kann, ist schon am Beispiel der sowjetischen Eishockeymannschaft beschrieben worden (S. 62).

Ein weiteres Gangsterstück, das Hauptkommissar Wagner in einem Stadion erlebte, vereint gleich mehrere Mitglieder der ehrenwerten Gesellschaft des DLV-Präsidiums, der Verbandstrainer und natürlich die gedopten Athleten (Textdokument 4C).

Ort des Coups: Turin; Zeit: Sommer 1983; Ereignis: Dreiländerkampf der Leichtathletik-Nationalmannschaften von Deutschland (BRD), Italien und Polen. Exposition der Komödie: Entgegen vorherigen Absprachen wollten die Veranstalter (*«ausgerechnet die Italiener»*) doch Dopingkontrollen durchführen (Bundestrainer Karl-Heinz Leverköhne: *«Die haben uns reingelegt!»*). Nachdem zwischen den drei Mannschaften beschlossen war, jeweils nur den ersten und sechsten eines Wettkampfes zur Dopingkontrolle zu bitten, mußten die DLV-Betrugsstrategen eine Meisterleistung vollbringen.

Die Diskuswerfer Alwin Wagner und Werner Hartmann konnten ihre Betrugsaufgabe relativ leicht lösen: nicht zu weit werfen, also nicht siegen, aber weit genug werfen, um nicht letzter zu werden. Das klappte auch. Schwieriger war es schon für die deutschen Hammerwerfer, die sich nur mit äußerster Anstrengung um den Sieg drücken konnten: Klaus Ploghaus meldete sich im letzten Moment verletzt, und Karl-Hans Riehm mußte sich wohl mächtig zurückhalten, damit ein Pole ihn schlagen konnte.

1 Menschlich besonders rührend und irgendwie tragisch zugleich ist dabei der Fall der australischen Mehrkämpferin Jane Flemming (7. Platz bei den OS in Seoul 1988), die 1986 von einem Funktionär gebeten wurde, anstelle ihrer gefährdeten Teamkameradin Susan Howland, einer Weltklasse-Speerwerferin, eine Doping-Urinprobe abzugeben. Jane und Sue konnten sich zwar sonst überhaupt nicht leiden, aber hier stand auch für Jane offenbar die Ehre der Mannschaft auf dem Spiel. So überwand sie ihre Antipathie und tat, wie ihr geheißen («I went and weed in a bottle»; Black 1989, 1990). Späte Tragik: Im Jahr darauf wurde Sue Howland bei einer anderen Dopingkontrolle dann doch erwischt und gesperrt und konnte so nicht an den Olympischen Spielen in Seoul teilnehmen (Tabelle 1).

Das größte Problem aber war der zweite Kugelstoßer: Weil nur ein Spezialist in Turin war, hätte normalerweise ein Diskuswerfer einen Pflichtstoß gemacht, aber damit wäre er wohl nur Sechster geworden und hätte seine Entdeckung als Anaboliker riskiert. Da bewiesen die ganz ausgeschlafenen Präsidiumsmitglieder Otto Klappert (Sportwart) und Professor Dr. August Kirsch (damals Präsident, heute Ehrenpräsident des DLV[1]), welche besondere Qualifikationen einen Spitzenfunktionär auszeichnen. Sie überredeten den schlanken Hochsprungstar Dietmar Mögenburg (Olympiasieger 1984) zum Kugelstoßen, und der gutmütige Mögenburg, unter Athleten wie Funktionären als stets anabolikafrei bekannt, machte – ahnungslos und spaßeshalber – mit. Er wurde natürlich letzter, mußte zur Dopingkontrolle, war «negativ», und Deutschland war gerettet.

Hauptkommissar Wagner ist dem DLV sehr unangenehm, weil er seine Spitzenfunktionäre gleich reihenweise und öffentlich der Doping-Mitwisserschaft und -Förderung bezichtigt hat: «*... Am Ende des Jahres, als wir mit Prämien vom DLV ausgezeichnet wurden* [1979, die gut gedopten Werfer des DLV hatten damals besonders aufsehenerregende Erfolge, z. B. beim Europa-Cup, erzielt], *hieß es intern, wir könnten ruhig weiter unsere Mittelchen nehmen... In den Jahren 1980 und 1981 kamen viele Athleten zu mir und haben sich regelrecht ausgeweint. Ich war ja damals Kapitän der Nationalmannschaft. Die sagten dann: Wir müssen immer mehr nehmen, die Normen gehen höher und höher, was sollen wir denn bloß machen? ... Als ich das Thema bei einer Sitzung in Frankfurt vortrug – alle Top-Athleten waren dabei –, sagte mir der Präsident Kirsch: Das ist hier tabu! ... Kirsch wußte es, Blattgerste* [Leistungssportdirektor des DLV] *wußte es, Klappert wußte es, auch Frau Bechthold, die heute noch Vizepräsidentin des DLV ist.*»

Der Rechtswart des DLV drohte daraufhin Wagner mit einem Verbandsverfahren. Seit er aber von Wagner einen umfangreichen Brief mit Belastungsmaterial erhalten hat, ist es um diese Drohung wieder still geworden. Alwin jedoch wurde Anfang 1991 zum Vizepräsidenten des Hessischen Leichtathletikverbandes gewählt.

## D. Verwässerte Wahrheit: Eine ganz normale Kontrolle eines ganz normalen Athleten

Ein besonders aufschlußreicher Fall, der gewissermaßen als kodierte Positivkontrolle die Schludrigkeit der deutschen Dopingkontrollen aufdeckte, war die Urinanalyse eines ganz normalen Athleten der zweiten Reihe, des

1 Was immer das Wort «Ehre» bei diesem Verband noch bedeutet.

Weit- und Hochspringers, auch Hürdenläufers Sven Martin von der LG Frankfurt. Der Athlet hatte beim Bundesliga-Endkampf der Vereine am 8.6.1991 in Wetzlar durch einen guten Weitsprung (7,37 m) nahe an seiner Bestleistung und einen passablen 110-m-Hürdenlauf wertvolle Punkte für seine Mannschaft eingebracht, bevor etwas in mehrfacher Weise Seltsames passierte. Der Anfang der Posse sei mit dem Originalzitat aus dem Brief (10.6.1991) des Präsidenten der LG Frankfurt, Hans Peter Schenten, an den DLV-Wettkampfwart Manfred Gein geschildert:

*«Beim Bundesliga-Endkampf ... wurden vier von zwölf Athleten der LG Frankfurt für Dopingproben bestimmt. Ich selbst habe unmittelbar vor dem 110-m-Hürdenlauf Sven Martin davon unterrichtet, daß auch er sich einer Dopingprobe zu unterziehen habe. Etwas später hat mich Günter Eisinger, Trainer der LG Frankfurt, über folgenden Vorfall unterrichtet: Sven Martin habe ihm unmittelbar nach dem 110-m-Hürdenlauf gesagt, daß er für eine Dopingprobe vorgesehen sei. Auf die Frage von Eisinger, wo denn das Problem liege, habe Martin gesagt, daß er ein verbotenes Präparat eingenommen habe. Dies habe er auch durch die Vorlage eines Rezepts, ausgestellt am 3. Mai 1991 auf das Medikament Megagrisevit durch Dr. med. Thomas Bechtloff, Groß Ostheim, bestätigt. Martin habe weiter gesagt, die letzte Einnahme sei am 4. Juni 1991 erfolgt.»*

Man vereinbarte, zunächst das Ergebnis der Dopingprobe abzuwarten, bei einem so klaren Fall mit dem Geständnis des Athleten eigentlich nicht einsichtig. Trainer Eisinger, als ein auf Dopinghygiene besonders bedachter Trainer bekannt, war persönlich sehr betroffen und schockiert darüber, daß so etwas in seinem Verein vorkommt, und suchte telefonisch Rat – auch bei mir, bei meinem Mann, und z. B. auch bei dem Juristen und DLV-Jugendwart Rüdiger Nickel. Interessant wurde dieser Fall aber, als die Wochenzeitschrift *Der Spiegel*, die wir gebeten hatten, den Vorgang im Auge zu behalten, Wochen später bei zwei Telefonanrufen (24./25.6.) von Wettkampfwart Gein erfuhr, daß alle Proben von Wetzlar als glatt negativ erklärt waren.

Der clevere Sven hatte nämlich seinen Urin im Verhältnis 3 : 1 mit kaltem Wasser aus der Toilettenspülung verdünnt. Das war auch ganz leicht, denn der kontrollierende Arzt (Dr. Dietrich Bormuth) war gnädigerweise und entgegen den internationalen Vorschriften nicht bei der Probenentnahme dabei. War die helle Tönung des Martinschen Urin-Wasser-Cocktails auch recht auffällig (Bormuth: *«Hast wohl viel getrunken!»*) und wäre auch die Panscherei schon beim Anfassen der Probenflasche durch die erniedrigte Temperatur fühlbar gewesen, der plumpe Trick gelang genauso wie die im vorigen Abschnitt beschriebenen Fremdurinspenden. Noch seltsamer aber war, daß bei den Bestimmungen in Prof. Donikes Kontrollabor die starke Verdünnung nicht beanstandet wurde und die Probe als «negativ» durchging. Korrekterweise hätte sie nämlich als nicht auswertbar, weil zu verdünnt, klassifiziert werden müssen, verbunden mit der Aufforderung zu einer erneuten Probennahme.

Um zu erfahren, wie eine verdünnte Dopingprobe wirklich korrekt und effektiv behandelt wird, muß man wohl außerhalb Deutschlands suchen. Ein gutes Beispiel findet sich etwa im Bericht der kanadischen Untersuchungskommission von Richter Dubin (1990): Dort wird auf Seite 141 beschrieben, wie das Kontrollabor in Montreal den kanadischen Sportmedizinerausschuß darüber informierte, daß die Urinproben von vier Mitgliedern der Gewichtheber-Nationalmannschaft unbefriedigend, weil zu verdünnt, seien *(«... the samples from... were unsatisfactory because the urine was too diluted to be tested.»)*, und sofort neue Proben dieser Athleten anforderte *(«The laboratory requested that further urine samples be obtained from these four athletes on an no-notice basis.»)*. Die Folge war, daß drei der vier Heber (Bolduc, Demers und Gill), die inzwischen natürlich schon wieder «auf Stoff» waren, trotz einer verzweifelten Fremdurin-Einfüllung mittels Katheter erwischt und für die OS in Seoul 1988 gesperrt wurden.

Bei allen Verdiensten von Prof. Donike um die Entwicklung der Dopingkontrollmethoden, viele der negativen Kontrollen von Proben deutscher Athleten in seinem Labor sind vom Zweifel umnebelt. Vor allem fehlen anscheinend kodierte Positivproben mit verschiedenen Stoffen in verschiedenen Konzentrationen – als Kontrolle der Kontrolleure, ihrer Nachweismöglichkeiten und der Erfassungsgrenzen. Jedenfalls hat es seit Mitte der 70er Jahre immer wieder eingeschmuggelte hochpositive Urinproben gegeben – von Anabolika bis zu Aufputschmitteln, die letzten waren von einem empörten Mitglied der Leichtathletik-Nationalmannschaft im Jahre 1988 und einem Funktionär des Rollschuhlaufverbandes im Juli 1991: Alle Ergebnisse waren negativ!

Natürlich ist Sven Martins Doping nur aufgeflogen, weil hier Trainer und Präsident des Vereins nicht das taten, was wohl «normal» gewesen wäre: Zum Wohle aller die Wahrheit vertuschen.

## E. Das «Hammer Modell» der DLV-Sprinterinnen von Bundestrainer Spilker

Das westfälische Städtchen Hamm war bestenfalls als Eisenbahnknotenpunkt oder als Sitz eines Oberlandesgerichtes bekannt. Das änderte sich schlagartig, als Rechtsanwalt und Leichtathletiktrainer Jochen Spilker Anfang der 80er Jahre das «Hammer Modell» schuf: In Hamm hatte Spilker laufbegabte Mädchen aus verschiedenen Regionen der BRD zu einer auffällig erfolgreichen Trainings- und Wettkampfgruppe zusammengeschmiedet, finanziert durch ein geschickt angelegtes Sponsorensystem, wobei den Mädchen günstige Bedingungen sowohl für den Leistungssport als auch für ihre Ausbildung geboten werden sollten.

Die Hammer Mädchen erliefen serienweise deutsche Meistertitel und auch internationale Erfolge: Gaby Bußmann (bis 1990 DLV-Rekordlerin über 400 m mit 49,75 Sekunden; Weltmeisterschaftsvierte 1983), Helga Arendt (u. a. 400-m-Hallenweltmeisterin 1989), Gisela Kinzel, Silke Knoll, Mechthild Kluth und andere dominierten besonders die langen Sprintstrekken (200 m und 400 m) im DLV. Sie trugen auch wesentlich zu den Staffel-Medaillen der DLV-Frauen bei den Europameisterschaften 1986 und 1990 bei. So wurde Hamm ein Zentrum der DLV-Sprinterinnen und Spilker schließlich DLV-Bundestrainer.

Was sonst noch zum Modell-Erfolg der Hammer Damen beitrug, sollte Betriebsgeheimnis bleiben und wäre es auch geblieben, hätte Cheftrainer Spilker nicht eines der ehernen Gesetze betrügerischer Geheimbünde mißachtet, nämlich Mitwisser entweder abhängig und zufrieden zu halten oder mundtot zu machen. Spilker jedoch bekam Streit mit seinem langjährigen Assistenztrainer Jörg Kinzel, der vor allem das praktische Training der Sprinterinnen betreut hatte, und dieser verlor schließlich seinen Job als Trainer. Da holte Kinzel den Hammer und zertrümmerte das Hammer Modell mit einem einzigen Schlag in den *Spiegel* (49/1990): Spilkers Truppe lief auf Anabolika.

Kinzel gab die Namen der wichtigsten Hammer Betriebsmittel mit «Stromba» und «Anavar» an, mitsamt Dosierungsmustern und Absetzprogramm vor Wettkämpfen mit Dopingkontrollen, und legte für Sprinterin Silke Knoll beispielsweise auch einen detaillierten Trainings-, Medikamenten- und Therapieplan vor. Dem *Spiegel*, aber auch mir und der Staatsanwaltschaft Dortmund hat Kinzel außerdem die Beschaffungsweise für die Dopingdrogen genau beschrieben, gab auch den beteiligten Arzt und den Apotheker an. Dabei ist besonders der Einsatz des in Deutschland niemals zugelassenen Präparates Anavar bemerkenswert. Anavar war viele Jahre lang besonders bei den Sprinterinnen der USA und Kanadas beliebt, auch bei dem inzwischen wegen Dauerdopings vom US-Verband TAC gesperrten Trainer Chuck DeBus, Trainer z. B. auch von Merlene Ottey und Diane Williams (Biden 1990, s. Kapitel 3; vgl. auch die Angaben zum Doping der kanadischen Weltklassesprinterin Angella Issajenko bei Dubin 1990; Francis u. Coplon 1991). So hat Kinzel angegeben, über tausend Dopingtabletten von Spilker erhalten zu haben, was einen klaren Verstoß gegen das Arzneimittelgesetz bedeuten würde. Die Firma Searle hat übrigens Anavar schon 1988 wegen des Mißbrauchs zum Doping im Sport vom Markt genommen.

Einige Mitglieder der ehemaligen Hammer Sprintertruppe beteuerten zwar in der Öffentlichkeit ihre Unschuld und hatten schon im Dezember

1990 «rechtliche Schritte» angekündigt, aber – wie stets in solchen Fällen – nichts davon wahrgemacht, weder Kinzel noch dem *Spiegel* noch mir gegenüber. Bundestrainer Jochen Spilker dagegen trat nach Bekanntwerden der anabolen Grundlage seines Hammer Modells sofort von seinem DLV-Bundestraineramt zurück.[1]

Die Hammer Frauen sind nicht die einzigen gedopten Sprinterinnen des DLV gewesen. Schon 1977 hatte Annegret Kroninger, Mitglied der Silbermedaillen-Sprintstaffel der OS von Montreal 1976, bei ihrem Rücktritt vom aktiven Sport ihr Anabolikadoping offen bekannt und dieses auch vor der Staatsanwaltschaft Bochum wiederholt. Dabei ist ihre Ehrlichkeit sicher ungewöhnlich. Jedenfalls hat mir und anderen gegenüber Prof. Keul, Olympia-Arzt von Montreal, ebenfalls 1977 berichtet, er sei Gerüchten des Anabolikadopings zweier anderer Sprinterinnen dieser Staffel nachgegangen und entsetzt gewesen, als er erfuhr, daß dies tatsächlich der Fall war.

Ganz besonders steht der Wattenscheider Sprint- und Mehrkampftrainer Heinz Hüsselmann im Dopinggeruch. Er ist öffentlich von 400-m-Spitzenläuferin Ute Thimm (Staffelsilber bei den EM 1986 und -bronze bei den OS 1984) des Anabolikaangebots und – vor der Polizei – von Hürdensprinterin Brigitte Gerstenmaier sogar des Androgendopings ohne ihr Wissen und ihre Zustimmung beschuldigt worden (die Analyse ergab Methandienon, d. h. Dianabol, in Pillen eines von Hüsselmann übergebenen «Drogen-Dosierspenders»; vgl. *Spiegel* 50/1990).

## F. Hormon-Trainer Gehrmann, der Anabolika-Versand und die Lanzarote-Connection

Wie der Leser aus den Oral-Turinabol-Berichten der DDR-Experten weiß, ist Doping mit Anabolika im Frauensport und dort in den Wurfübungen und im Kugelstoßen besonders wirksam (Kapitel 11 und 12). Als Anfang der 70er Jahre die Kraftwerte der Ostblock-Damen so drastisch stiegen, die Wurfgeräte immer weiter flogen und bei einigen die Stimmen immer tiefer klangen, schien die Lage des Westens mit seinem dekadenten Zögern beim Androgenisieren der Mädchen und Frauen hoffnungslos. Da erschien Christian Gehrmann dem DLV wie ein Retter: endlich einmal ein Mann der Tat, ein Trainer, der nicht so zimperlich war und das Training der Frauen im Kugelstoßen wie im Mehrkampf und im Diskuswerfen mit allen international erforderlichen Konsequenzen über-

1 Er ist aber nun ausgerechnet Rechtswart des Thüringischen Landessportbundes.

nahm. Ab 1977 waren Gehrmanns Frauen immerhin «the best in the west».

In den Jahren zuvor hatte der Tübinger Sportpädagoge und DLV-Trainer Hansjörg Kofink (S. 246) einen verzweifelten Überlebenskampf für die Wurf- und Stoßübungen der Frauenleichtathletik ausgefochten. Kofink hatte die Entwicklung des Kugelstoßens im sozialistischen Lager seit 1967 genau analysiert und beispielsweise die abrupten Leistungssprünge in der DDR (u. a. Gummel, Adam, Lange, Friedel und Friedrich) und anderen Ostblock-Ländern sowie die jeweils auffällige Körpermassezunahme der Athletinnen eindeutig mit dem Einsatz von Anabolika korreliert (völlig richtig, wie wir heute wissen; Kapitel 11). Als dann der DLV auch noch keine seiner «ehrlichen» Kugelstoßerinnen (trotz Qualifikationsleistung) für die OS in München 1972 vorschlug, faßte Fachtrainer Kofink seine Analysen in einem Memorandum zusammen, das er im August 1972 an den DLV, das NOK und die Sportpresseagenturen sandte, und trat zurück.

NOK und DLV waren über den Rücktritt des «Moralisten» Kofink wahrscheinlich genauso glücklich wie über das Erscheinen eines neuen Trainertypus, besonders in Sportarten, wo man «nicht mit Wasser läuft» (Spilker-Wort; S. 258). Ethisch begründete Hemmungen waren im harten Leistungsgeschäft nicht gefragt. Da war Gehrmann anders; er machte sich schon in wenigen Jahren einen Namen als praxisnaher «Hormonexperte», den sogar bekennende Anaboliker wie der schwedische Diskuswerfer Ricky Bruch (Dianabol-Bronzemedaille in München 1972) als kompetent akzeptierten.

Gehrmann führte zunächst Eva Wilms zu Rekorden im Kugelstoßen und im Mehrkampf und brachte dann eine Reihe weiterer kräftiger Athletinnen zum Erfolg, darunter Beatrix Philipp, Ingra Manecke, Iris Plotzitzka und Claudia Losch, Kugelstoß-Olympiasiegerin 1984 und DLV-Rekordlerin bis Ende 1990 mit 22,19 m (jetzt abgelöst durch den früheren DDR-Rekord von 22,45 m von Ilona «Turinabola» Slupianek-Briesenick). Die Konkreta seiner hormonellen Künste – er empfahl z. B. auch, die geringen androgenen Komponenten in bestimmten Kontrazeptiva zur Leistungssteigerung zu nutzen – blieben aber bis vor kurzem das Betriebsgeheimnis der verschworenen Gruppe Gehrmann.

Prof. Klümper, der Sportarzt der Gehrmann-Athletinnen, hatte meine öffentlichen Vorwürfe des anabolen Dopings (*Süddeutsche Zeitung*, 26. 2. 1977), ausdrücklich und schriftlich bestätigt (18. 3. 1977): *«Ein ganz anderes Kapitel ist selbstverständlich die Anabolikagabe an weibliche Athleten. Der Schilderung ihrer Fälle habe ich nichts hinzuzufügen, auch nicht hinsichtlich der Erwähnung von Eva Wilms, Beatrix Philipp oder dem zuständigen Trainer Gehrmann. Herr Gehrmann ist sicher das typische Beispiel des Trainers bzw. Verantwortlichen, der um jeden Preis Erfolg haben will.»* – «Um jeden Preis», mag sein, aber was haben die DLV-Ärzte getan, um das zu verhindern?!

Ich habe viele Klagen über Gehrmanns Methoden angehört, auch von der Mutter einer Athletin. Alle berichteten außerdem von seltsamen Reaktionen der Offiziellen. Da man Gehrmann nichts nachweisen könne, müsse man ihn stützen, war eine häufige Antwort. Und Gehrmann hatte Erfolg: immer wieder neue starke Damen. Der Mann war schließlich im wahrsten Sinne des Wortes Gold wert für DLV und NOK.

Gehrmanns hormonelles Know-how wurde gebraucht, sogar im Deutschen Bundestag. Dessen Sportausschuß mit dem Vorsitzenden Dr. H. Evers (CDU) und Dr. W. Schäuble (CDU), später der für den Leistungssport zuständige Minister, lud Gehrmann am 28.9.1977 zu einer Anhörung zum Thema Doping. Man lauschte seinen Ausführungen über die Förderung der sexuellen Potenz (Gehrmann: «Liebesfähigkeit») durch Anabolika, und ließ sich auch durch seine Drohung beeindrucken: *«Was geschieht, wenn wir wirklich keine Endkampfchancen mehr haben?»* Schäubles Überlegungen als Antwort darauf sind bekannt (S. 45).

Im Gefühl, vom Vaterland gebraucht zu werden, trieb Gehrmann es um so toller. Er konnte z. B. 1982 offen damit prahlen, mit einem Wagen voller West-Anabolika zum Dealen in den Osten zu fahren, um als Gegenleistung in die sozialistischen Erfahrungen bei der Dopinganwendung eingeweiht zu werden (*Spiegel* 50/1990). Auch als veröffentlicht wurde, ein süddeutscher Kugelstoßer habe gestanden, Gehrmann habe ihm und anderen Athleten Anabolika verkauft, störte das anscheinend niemanden. Außerdem war Gehrmann inzwischen entrückt: Er residiert auf der fernen kanarischen Insel Lanzarote, und die Athleten kommen zu ihm, um in die richtige Form gebracht zu werden.

Wie bei der Untersuchung des kanadischen Dopingwesens durch Richter Dubin (1990) deutlich wurde, ist die typische Organisationszelle des westlichen Dopings die kleine verschworene, nach außen abgekapselte Trainingsgruppe – mit dem Trainer und allenfalls noch einem Dopingdoktor im Team. Die Mitglieder eines solchen Geheimbundes passen dabei gegenseitig aufeinander auf, und der Trainer schottet sie nach außen ab. Sie sind aufs Leugnen eingeschworen (S. 285). Dieses Gesetz der konspirativen Drogengruppe galt in besonderem Maß für den Hormon-Harem des bärtigen Werfer-Coach Gehrmann. Seine Damen schweigen eisern, des vermeintlichen Ansehens in der Sportwelt wegen, aber wohl auch aus tiefsitzender Hörigkeit und Angst.

Doch jeder geheime Drogenbund zeigt irgendwann eine Schwachstelle, schätzt ein Mitglied falsch ein, macht einen Fehler. Das Geheimhaltungsrisiko der Gehrmann-Gruppe erschien erstmals am 2. Oktober 1991 in einer «Brennpunkt»-Fernsehsendung der ARD, die sich u. a. auch mit einem

Fall von Androgen-Manipulation bei einer ehemaligen Leichtathletin befaßte. Eine junge Frau, früher Kugelstoßerin der deutschen Spitzenklasse, ging mit dem Kamerateam über einen Sportplatz in der Pfalz und erzählte, wie sie in den Dopingdrogen-Sumpf des DLV geriet, aber auch wie sie sich ruckartig daraus wieder befreite, aus eigener Kraft und früh genug die Pillen verweigerte und so erschrocken wie resigniert ihren Sport aufgab. Es war offenkundig, daß die schwache Stelle des Gehrmann-Bundes in der Stärke und dem Mut dieser Frau bestand und auch in ihrer Kompetenz, denn sie hatte Pharmazie studiert und war als Apothekerin approbiert. Wenn jemand sich mit Pillen und dem Arzneimittelgesetz auskannte, dann sie.

Petra Leidinger beschrieb dem Publikum sogar mutig einige der von ihr selbst erfahrenen Anabolika-Nebenwirkungen. Die Namen ihrer Drogenbeschaffer nannte sie aber weder in dieser Sendung noch in einem folgenden Interview-Artikel der regionalen Zeitung *Rheinpfalz* vom 21.11.1991. Zu dem Gehrmann-Kapitel in meinem Buch «Doping-Dokumente» erklärte sie aber auch: *«Was den Fall Gehrmann betrifft, so kann ich Ihre Aussagen nur bestätigen.»* So ließ sich aus all diesen und weiteren Angaben die widerliche Wirklichkeit des jahrelangen Mädchendopings durch den DLV-Trainer Gehrmann an einem Beispiel rekonstruieren. Das Ergebnis ist ein schlimmer Alptraum: Illegale Drogen werden von Bundestrainern auf illegale Weise verteilt und verkauft, verbunden mit der systematischen sportlichen, finanziellen und in vielen Fällen auch sexuellen Ausbeutung Abhängiger. Und offenbar hatte der Kraftpillen-Rasputin des DLV über dieses eine Mädchen Petra noch keine Macht gewonnen. Das ist ihre Geschichte, von ihr vor Zeugen und dem Staatsanwalt erzählt:

Petra Leidinger aus einem kleinen Ort in der Pfalz war schon als Jugendliche zur Vereinigten Turnerschaft (VT) Zweibrücken gekommen, einem großen Traditionsverein (gegründet 1861). Das recht hochgewachsene (1,78 m), schnellkräftige und trainingsfleißige Mädchen (geb. 5.2.1966) zeigte besonderes Talent für das Kugelstoßen.

Schon als 16jährige stieß sie mit 14,32 m weiter als die fast gleichaltrige spätere DDR-Europameisterin Heidi Krieger im selben Alter (vgl. S. 172, 214 u. 390), wurde 1983 erstmals Deutsche Jugendmeisterin und steigerte sich ein Jahr später – als 18jährige Jugendliche – auf 16,81 m. Bis dahin war sie «sauber», d.h. Anabolika-frei gewesen. Nun aber kamen sie und ihr Heimtrainer Franz-Josef Simon, von Beruf Lehrer, unausweichlich in den Einflußstrudel des Bundestrainers Gehrmann. Petra wurde schon bald zum Anabolikadoping verführt, natürlich ohne Aufklärung über schädliche Nebenwirkungen.

Die 18- bis 19jährige schluckte die androgenen Pillen wie ihr aufgetragen, und ihr Körper sprach auf den Stoff ähnlich rasant an wie bereits am

Beispiel der ersten deutschen Anabolikerin, DDR-Kugelstoßerin Margitta Gummel, geschildert (Kapitel 11, Abb. 10a und b). Sie konnte viel mehr trainieren, viel höher belasten und verdoppelte (!) in einem Jahr ihre Leistung im Bankdrücken der Scheibenhantel auf 115 kg[1], verbunden mit einer Zunahme ihres Körpergewichts um 16 kg auf 86 kg insgesamt. 1985 wurde sie Deutsche Juniorenmeisterin mit einer Steigerung auf 18,32 m. DLV-Anabolikadealer Gehrmann kündigte sogar schon weitere hormonelle Entwicklungen an: «*Da kommt bestimmt noch mehr!*» (*Leichtathletik* 48/1985).

Daß es verbotenes Doping war, was sie trieb – und die Verantwortlichen mit ihr trieben –, war völlig klar, denn es war ihr eingeschärft, wann die Pillen vor einem Wettkampf mit Dopingkontrollen abzusetzen seien. Auch sonst ging es recht geheimniskrämerisch zu; selbst auf den DLV-Lehrgängen mit Gehrmanns Kerntruppe in München und auf Lanzarote wurde meist nur in Andeutungen gesprochen. Das Drogen-Dasein der Kampfgruppe Gehrmann war hervorragend organisiert.

Und die anabole Kraft- und Leistungsentwicklung der talentierten Petra hielt weiter an. Kurz nach ihrem 20. Geburtstag gewann sie die Deutsche Hallenmeisterschaft mit der neuen persönlichen Bestleistung von 18,87 m, wenig später belegte sie bei den Hallen-Europameisterschaften mit 18,26 m bereits den 5. Platz. Eine steile Erfolgskarriere wurde der erst 20jährigen vorausgesagt.

Da geschah das Unfaßbare: Die junge Sportlerin hörte – wenige Tage nach ihrem großen Erfolg bei der Hallen-EM – urplötzlich auf. Sie schrieb einen Brief an Bundestrainer Gehrmann, in dem sie als Hauptgrund für ihren Schritt das in dieser Disziplin obligatorisch gewordene Anabolikadoping angab. Ihr Rücktritt in so jungen Jahren war eine Sensation; viele versuchten, sie davon abzubringen.

Aber Petras Entscheidung war wohlüberlegt und beruhte auf tiefer Abscheu vor den androgenen Pillen und Spritzen des Leichtathletikbetriebes. Sie war einfach zu intelligent, um sich zum Ruhme der Bundesrepublik Deutschland zu einer hormonellen Aufblaspuppe deformieren zu lassen. Vor allem hatte sie inzwischen ihr Pharmaziestudium an der Universität Mainz aufgenommen und konnte nun Lehrbuch-Theorie und ihre eigene praktische Erfahrung zu den Anabolika-Nebenwirkungen in Übereinstimmung bringen. Seit sie Gehrmanns Pillen schluckte, hatte sie argwöhnisch unübersehbare Nebenwirkungen an sich selbst festgestellt: «*Ich hatte verstärkten Haarwuchs, wurde aggressiver und hatte einen immensen Kraft-*

1 Ein solcher Kraftzuwachs in kurzer Zeit ist nur (!) mit Anabolika möglich. Das konnten in der DDR allerdings sogar Mehrkämpferinnen (vgl. Abb. 3). Die Spitzen-Stoßerinnen Gehrmanns wie der DDR schafften sogar 140–150 kg im Bankdrükken.

*und Gewichtszuwachs.»* Auch hatte ein Gespräch mit der bereits voll auf dem Anabolika-Trip befindlichen Mainzer Studienkollegin Birgit Dressel (vgl. S. 255–258) einen deprimierenden Eindruck bei Petra hinterlassen (*«Sie hat mir zum Durchziehen geraten – mit allen Konsequenzen»*, d. h. mit Anabolika-Doping); sie konnte natürlich nicht ahnen, daß die unter Stromba stehende Birgit damals noch wenig mehr als nur ein Jahr zu leben hatte.

Wie aber kam die Sportlerin an den rezeptpflichtigen Anabol-Stoff? Nach den Angaben der Beteiligten lief der Deal per Post ab, aber immer konspirativ: Gehrmann schickte seine diversen Pillen an einen Mittelsmann im persönlichen Umfeld der Sportlerin – natürlich Heimtrainer Simon, wer denn sonst? –, und dieser wiederum händigte sie der jungen Sportlerin aus. Aber nicht umsonst. Man nahm dem Mädchen für eine Zyklus-Menge von 30 bis 40 Pillen stolze 300 bis 400 DM ab: eine Gewinnspanne von über 2000 Prozent[1]. Petra, die nur ihre Sporthilfe und eine kleine Zuwendung der Firma Adidas zum Leben hatte, mußte also für den Stoff an die Dealer schwer berappen.

Der wißbegierige Lehrer Simon interessierte sich übrigens sehr für die Drogen-Geheimnisse von Meister Gehrmann und ließ die Haupt-Tabletten heimlich analysieren. Das Ergebnis, er teilte es Petra erst später mit, war so trivial wie kriminell: Methandienon, bis 1982 unter dem Markennamen Dianabol von der Firma Ciba-Geigy vertrieben (Tabelle 2), aber schon 1982 wegen schädlicher Nebenwirkungen vom Markt genommen, war folglich in der BRD gar nicht zugelassen. Aber die Arzneimittelgesetze wurden ja vom deutschen Sport noch nie besonders ernst genommen. Ob das Methandienon in Gehrmanns Postsendungen aus der bekannten mexikanisch-kalifornischen Quelle stammte oder von der Firma Rugby Laboratories (vgl. Perry et al. 1990) oder aus der illegalen Produktion des Gewichtheber-Olympiasiegers Radschinsky zusammen mit einem bayerischen Apotheker (S. 282), blieb das Geheimnis Gehrmanns.

Außer den Methandienon-Tabletten erhielt Petra von Cheftrainer Gehrmann noch andere, geheimnisvolle Kapseln, Tabletten und Pillen, die der angehenden Apothekerin aber so merkwürdig vorkamen, daß sie einige davon aufhob: Sie waren offenbar nicht kommerziell gerfertigt, sondern in einem Hinterhoflabor selbst gepreßt und zwar recht amateurhaft. Einige dieser groben Hausmacherpreßlinge unklaren Inhalts (man hatte Petra nichts über die Wirkstoffe, sondern nur Einnahmeregeln mitgeteilt) sind sichergestellt: bordeauxrot, ockerfarben oder dunkelbraun erscheinende Riesenkapseln und -tabletten (ca. 2,4 cm lang und 0,7 cm

1 Der damalige Einkaufspreis für 100 Tabletten Methandienon war z. B. in Kalifornien 14–17 US $ bei legalem, 25 $ bei illegalem Handel (Perry et al. 1990).

breit, zwischen 1,308 und 1,65 g schwer). Hinter Gehrmanns illegalem Dopingdrogen-Postversand stand also irgendwo auch ein illegales Geheimlabor.

Nach Petras Rücktrittsbrief antwortete Bundestrainer Gehrmann ihr übrigens nicht direkt, sondern wandte sich – als gewiefter Dealer – an Zwischenträger Simon und mahnte fortgesetzte Verschwiegenheit an. Sie hielt mehr als fünf Jahre lang, die gesetzliche Verjährungsfrist.

Petra hatte nur gelegentlich mit Gehrmann zu tun, gehörte nicht zum harten Kern seiner Truppe. So blieb ihr weiteres Androgendoping, aber auch das Schicksal anderer Gehrmann-Schützlinge erspart. Denn in Doping-Deutschland Ost wie West gab es viele Trainer, die bei ihren androgen-aufgeputschten Mädchen nicht nur die betrügerischen Wirkungen ernteten, sondern auch persönlich den Mehrwert einiger Nebenwirkungen auf den Sexualtrieb mitabschöpften (vgl. z.B. Angaben von Sprinterin Williams, Dr. H. Aschenbach, Dr. H. Riedel und Dr. M. Höppner auf S. 49, 50, 60, 203, 207).

Gehrmanns «Rundum-Betreuung» (*Spiegel* 13/1990) wurde vom DLV stillschweigend akzeptiert. Gelegentliche Gewissensbisse wurden durch Gold aufgewogen. So hatte sich 1984 beim Trainingslager der deutschen Olympiamannschaft im kalifornischen Irvine DLV-Vizepräsidentin Ilse Bechthold besorgt an einen Fachjournalisten gewandt: *«Was machen wir denn nur mit Gehrmann?»* Knappe Antwort: *«Rausschmeißen!»* Aber dann wurde Claudia Losch Kugelstoß-Olympiasiegerin, und Gehrmann war tabu. Man fand eine DLV-typische Scheinheiligen-Lösung: Formale Anstellung beim Bayerischen Landesverband.

Natürlich haben die Funktionäre und Sportmediziner gewußt, was Gehrmanns Frauen so stark machte! Ihr Schweigen war Zustimmung. Von der Vorbildfunktion des Sports zur Hormondealerszene. Wie können heute verantwortungsvolle Eltern ihre Töchter in diesen Hormonsumpf des deutschen Sports schicken, Lehrer die Talente in die Vereine führen, wenn sie wissen, daß sie bei einem der Gehrmänner enden, und zwar um so eher, je talentierter sie sind. Was bleibt, ist Ekel.

Und Verachtung für unsere Rechtsorgane, die aus offensichtlich politisch-opportunistischen Erwägungen nicht gewillt sind, wirksam gegen Doping und seine Begleitkriminalität vorzugehen, selbst wenn das Strafrecht es erfordert (vgl. Turner 1991). Ich habe so z.B. bereits am 20.9.1977 bei der Staatsanwaltschaft München Anzeige wegen Verstoßes gegen Arzneimittelgesetze und wegen Körperverletzung gestellt und dabei den Namen Gehrmann genannt. Beide Anzeigen haben aber zu nichts geführt, wobei erstaunlicherweise eine Verfolgung im öffentlichen Interesse abgelehnt wurde, *«da grundsätzlich das Strafrecht kein geeignetes Mittel ist, sportliche oder sportpolitische Entscheidungen herbeizuführen»* (und das bei der illegalen Gabe rezeptpflichtiger androgener Hormone an

Frauen!). Unterzeichner des gewundenen Ablehnungsschreibens war – ausgerechnet – Oberstaatsanwalt Dr. Dieter Hummel, nebenbei langjähriger Rechtswart eben jenes Bayerischen Leichtathletikverbandes, zu dem Startrainer Gehrmann gehört, und zeitweilig auch Mitglied der Anti-Doping-Kommission des DLV. So schließt sich der Kreis.

Alle Anerkennung aber gebührt der wackeren Petra Leidinger, die den Zwang des Schweigens und Vertuschens durchbrach und so erstmals zu einem Kronzeugen für das DLV-Bundestrainer-Dopingsystem wurde. Nun kennt man die Wahrheit.

## G. Professor Keul und der Anabolika-Turkey des Hammerwerfers

Wissenschaftliche Entdeckungen, sagt man, liegen gewissermaßen auf der Straße, werden aber lange übersehen, weil man theoretisch nicht vorbereitet ist oder die Wahrheit nicht wahrhaben will. Wie bereits erwähnt, sind im letzten Jahrzehnt mehrere Veröffentlichungen erschienen, die schwere psychische Störungen und physische Abhängigkeitserscheinungen als Nebenwirkungen des Anabolikamißbrauchs beschreiben – auch bei Sportlern (S. 48; Voy 1991). Solche Störungen und Entzugserscheinungen («Turkeys») einer Substanz beobachtet man gewöhnlich zuerst bei bestimmten, besonders empfindlichen Personen. Was die Nebenwirkungen von Anabolika betrifft, ließ sich der Sportmedizin-Professor J. Keul von der Universität Freiburg i. Br. die Erstbeschreibung einer Medikamentennebenwirkung entgehen, denn einer seiner Patienten entwickelte einen Bilderbuch-Turkey: Hammerwerfer Uwe Beyer (Bronzemedaille bei den OS 1964, Europameister 1971, zeitweilig Weltrekordler mit 74,90 m).

Uwe Beyer hat im Frühjahr 1977 sein Hormondoping öffentlich gestanden und als Beweis Harry Valerien, dem Moderator des «Aktuellen Sportstudios» im ZDF, ein Rezept Keuls gezeigt, ausgestellt auf das Nandrolon-Präparat Deca-Durabolin, ein Dopingmittel zum Injizieren.

Uwe hatte vor Montreal 1976 sein Anabolikadoping mit Pillen (Fortabol) begonnen, zunächst nur 6 mg täglich, dann – nach zwei Wochen – aber schon 12 bzw. 18 mg. Seine Nebenwirkungserfahrungen beschrieb er dem Fachjournalisten Robert Hartmann: *«Ich bin im vergangenen Jahr von der Überlegung ausgegangen, daß ich mich ohne Anabolika nicht für die Olympischen Spiele* [in Montreal] *qualifizieren könne.»* Der Dope wirkte prompt: *«Ich habe sofort gemerkt, daß ich Anabolika nahm. Die Eßgewohnheiten änderten sich, ich hatte einen riesengroßen Appetit. Plötzlich wog ich über 120 Kilogramm. Mein Normalgewicht liegt bei 107 bis 108. Ich erlebte einen sprunghaften Anstieg der Kraftleistungen. Beim Training wurde ich einfach nicht mehr müde. Immer hätte ich Bäume ausreißen können. Das ist etwas, was ich als sehr angenehm empfunden habe in diesem Taumel.»*

Schon nach der ersten «Pillenpause» am 21.5.1976 erlebte der Hammerwerfer jedoch starke Entzugserscheinungen: *«Nach drei Tagen war alles weg. Ich wurde lustlos, depressiv, ja es ging hin bis zur Hoffnungslosigkeit und Resignation. Ich litt regelrecht unter Entzugserscheinungen wie ein Drogenabhängiger. Und dabei hatte ich nur geringe Dosen genommen. Andere nehmen bis zu 40* [Milligramm]. *Wenn ich allein im Zimmer war, hatte ich das Gefühl, im Gefängnis zu sitzen und nicht ausbrechen zu können.»*

Unter diesem Turkey litt natürlich auch die Hammerwurfleistung. Beim wichtigen Länderkampf gegen die UdSSR am 29.5. hatte er dann auch prompt *«einen wahnsinnigen Einbruch»* und wurde nur letzter. Als sich Uwe daraufhin wieder an seinen Anabolikaberater Prof. Keul wandte, riet ihm dieser: *«Dann setz das Zeug wieder an!»* (so Beyer laut Hartmann), rezeptierte ihm aber «fürsorglich» das nebenwirkungsärmere Deca-Durabolin.

Keul hat mir öffentlich zunächst heftig bestritten, daß es nach Anabolikakonsum so etwas wie Abhängigkeit und Entzugserscheinungen überhaupt gibt, trotz der umfangreichen Fachliteratur (z.B. S.48). Um so überraschender war seine neue Argumentation und sein nachträgliches Eingeständnis, gerade die Anabolika-Abhängigkeit und das Problem der Anabolika-Entwöhnung hätten ihn veranlaßt, damals Uwe Beyer Deca-Durabolin zu rezeptieren, da in einem solchen Falle *«die Entwöhnung schwierig ist»* und *«in Abhängigkeit geratene Athleten es nicht immer schaffen, Anabolika abrupt abzusetzen, sondern nur davon loskommen, wenn man ihnen einen Übergang verschafft»* (Anwaltsschreiben im Auftrag von Prof. Keul vom 14. 2. 1992). Ein Übergangsdrogen-Argument also! Das sollte man aber auch der Öffentlichkeit nicht vorenthalten.

Uwe Beyer wünschte sich 1977 auch, seine werfenden Kameraden und Konkurrenten würden sich ebenfalls öffentlich zu ihrer Dopingvergangenheit bekennen und von ihren Erfahrungen und Nebenwirkungen beim Anabolikadoping berichten. Einige wie Walter Schmidt («Manche rufen mich nur noch Hormi!») gaben öffentlich und TV-anschaulich (S. 242) ihren Hormonkonsum zu, die meisten aber schwiegen weiter.

## H. Freiburg – Schwarzwaldquellen der Kraft: Professor Klümper

Prof. Dr. Armin Klümper hat sehr viele Sportler behandelt, viele geheilt und eine Reihe von ihnen gedopt. Seinem ungewöhnlich intensiven ärztlichen Einsatz für jeden einzelnen Athleten gebührt Anerkennung, seine Verdienste in vielen Fällen sind unbestritten. Auch ich war als aktive Sportlerin bei ihm in Behandlung, und ich habe ihn anderen Sportlern und dem DLV weiterempfohlen. Er hat sich stets über das gesundheitliche Wohl und Wehe hinaus auch um die menschliche Entwicklung seiner Patienten-Sportler gekümmert: bis hin zur Unterstützung in der Berufsausbildung, auf der Oberschule und bei der Vermittlung eines Studienplatzes.

Und fast immer hat er sich – über die Heilerfolge – auch mit der sportlichen Leistung seiner Patienten identifiziert. Aber gerade dieser Verlust der professionellen Distanz des Arztes zum Patienten scheint Ursache seiner zunehmend aktiven Rolle auch beim Anabolikadoping vieler Athleten zu sein. Dabei ist seine Haltung keineswegs durchgängig anabolikapositiv: Ich weiß, daß er manchen ebenso klar von der Anabolika-Einnahme abgeraten hat, wie er anderen die Mittel verschrieben hat. Die Rezepte Alwin Wagners (Abb. 29a und b) mögen hier als Beispiel genügen.

So ist Klümper ein in Handeln und Denken gespaltener Arzt. Die Motive für seine Doping-Hilfen sind nicht ganz klar: Schadensbegrenzung durch kontrollierende Verschreibung von Drogen? Wohl kaum, nach seiner Erfahrung Anfang der 70er Jahre, als er den Anabolikakonsum des damaligen Hammerwurf-Weltrekordlers Walter Schmidt nicht unter Kontrolle bringen konnte (vgl. S. 205). Klümpers Schilderung des Ringens um den drogenabhängigen Athleten Schmidt ist ein Dokument der Unmöglichkeit, den androgenen Teufel wieder zurück in die Flasche zu zwingen:

*«Für Walter Schmidt gilt: ... nach einer ausgiebigen Information durch amerikanische Athleten war er in seiner geistigen Primitivität davon überzeugt, daß er in Zukunft nur noch Leistung mit Hilfe der Anabolika bringen könne. Ich habe ungefähr versucht, herauszubekommen, welche Mengen an Anabolika Walter Schmidt z. B. eingenommen hat und sich im wesentlichen selbst gespritzt hat; nach meinen Recherchen bin ich zu dem Ergebnis gekommen, daß zumindest zeitweilig und das über Wochen oder vielleicht Monate er sich selbst Anabolika in einer Menge von täglich nicht unter 50 mg verabreicht hat.»*

Bereits 1971 also war die Leichtathletik zumindest in einzelnen Disziplinen so dopingverseucht, daß der Arzt nur noch resignieren konnte: «... *Ich hatte mich in der Möglichkeit meiner Beeinflussung... gründlich getäuscht. In dieser Zeit zwischen seinem Weltrekord und der Olympiade 1972 in München dürfte wohl auch im wesentlichen die persönliche Erfahrungssammlung* [mit Anabolika] *von Walter Schmidt liegen, die dann zu der bekannten Verunstaltung seiner körperlichen Statur mit einem riesigen Hängebauch und erheblicher Anfälligkeit für Verletzungen führte. Trotz ungewöhnlicher persönlicher Anstrengungen... ist es mir nicht gelungen, ihn davon zu überzeugen, daß er mit einer vernünftigen Trainingsplanung und Trainingsarbeit sein Ziel auch erreichen werde; bei der gleichzeitigen völligen Fixierung auf das Schlagwort Anabolika – solche Dinge muß man als Arzt auch berücksichtigen – habe ich versucht, die Dinge in einigermaßen normale Bahnen zu lenken; ich muß gestehen, daß mir das auch nicht gelungen ist. – Ich bin völlig sicher, daß es mir auch in Zukunft nicht gelingen wird, Walter Schmidt sozusagen als Erstmaßnahme davon zu überzeugen, daß eine bestimmte... Dosis von Anabolika sinnvoller ist als seine unkontrollierte Einnahme. Die unkontrollierbaren Dinge gerade bei ihm gehen eben so weit, daß er von Arzt zu Arzt geht, versucht, über Rezepte sich ausreichend Anabolika zu verschaffen – auf welchem Wege er sich sonst noch Anabolika verschafft, weiß ich nicht.»*

Dabei hat Klümper aus seiner Bereitwilligkeit zur Dopinghilfestellung nie ein Hehl gemacht. Bereits 1977, als DSB und NOK ihre Grundsatzerklärung gegen das Anabolikadoping veröffentlichten und auch der Deutsche Sportärzteverband die Einhaltung der Dopingbestimmungen gelobte (S. 44), hielt allein Klümper trotzig die Anabolikaschachteln und -ampullen hoch und erklärte öffentlich: *«Auch bei einem Anabolika-Verbot fühle ich mich weiter verpflichtet, den Sportlern zu helfen und anabole Steroide zu verabreichen, wenn der Athlet es unbedingt will.»* Mir selbst hatte Klümper seine Grundeinstellung und Doping-Philosophie schon vorher dargelegt: *«Da wir in einer Demokratie leben, werde ich es einem mündigen Athleten nach wie vor überlassen, ob er Anabolika nehmen möchte oder nicht»* (vgl. auch S. 44). Damals fand man nichts dabei, daß ein Dopingpraktiker wie Klümper sich öffentlich konträr zu allen öffentlichen Erklärungen des Sportes und der Sportmedizin verhielt: Im deutschen wie im internationalen Sport waren Doppelzüngigkeit und Schizophrenie die Norm.

Klümpers Funktion als flächendeckender Doping-Rezepteur wurde übrigens auch schon im Jahr 1977 dokumentiert. Ein bekannter, pharmaerfahrener Gegner des Hormondopings, der wußte, daß Rezepte in speziellen Räumen der Krankenversicherungen gesammelt werden, gelangte damals mit einer Odysseus-List in die Speicher von München und Kirchheim/Teck und kopierte dort stapelweise Rezepte: jede Menge Namen von Leichtathleten mit Krankenkassen-Doping – am Rande der Legalität sichergestellt.

Enttäuscht mußte der Retter rezeptierter Dopingwahrheiten dann aber feststellen, daß die Krankenkassen sich an der Anabolika-Korruption wenig störten – wahrscheinlich im nationalen Interesse. Nur eine andere Nebenwirkung schien sie bei den Klümper-Rezepten zu empören, weil sie mit Geld zu tun hatte: Rezeptbetrug zum Nachteil vor allem der Freiburger Universität. Nach Jahren, im März 1989, wurde Klümper deswegen empfindlich bestraft. Hormondoping dagegen ist in der Bundesrepublik – anders als in vielen anderen Ländern – nur bei Kälbern strafbar.

## I. Anabolikabeschaffungskriminalität: Schmuggel und Kraftstudios

Die Anabolika-Versorgung der BRD-Sportler durch «ärztliche» Rezepte oder gelegentliche Reisemitbringsel reichte auf die Dauer nicht aus. Laut Klümper waren schon 1971 und 1972 Athleten wie Walter Schmidt auf der ständigen Suche nach Stoff, mehr Stoff. Anders als in den Ostblock-Diktaturen, wo die Versorgung mit Dopingdrogen zentral geregelt war (wie in der DDR) oder wo wenigstens ein Schwarzmarkt für Anabolika geduldet wurde (wie z. B. in Ungarn), hat sich in den Ländern der sozialliberalen und kapitalistischen Welt schon recht früh, um 1970 herum, eine ausgedehnte Subkultur des Dealens mit Anabolika gebildet, deren Hauptumschlagplätze die Bodybuilding-Studios und Fitnesszentren wurden. Bei diesem weitverzweigten Drogenhandel und -transport waren vielfach auch die Anabolika-Endabnehmer und -Abhängigen selbst beteiligt, wie das ja auch für das Dealen mit konventionellen Rauschdrogen, von Kokain bis Heroin, bekannt ist. Eine olympische Geschäftsidee!

Vor allem Gewichtheber und Bodybuilder, aber auch Aktive anderer Anabolika-Sportarten, wurden mehrfach bei Zollkontrollen als Hormonschmuggler in flagranti erwischt (vgl. Black 1989, 1990; Biden 1990; Dubin 1990) und z. T. auch bestraft. Ihren sportlichen Karrieren hat es in der Regel keinen Abbruch getan: Anabolikaschmuggel wie Anabolikadoping ein Kavaliersdelikt! Denn die Sportfunktionäre spielten auch bei der Beschaffung von Dopingmitteln die «drei Affen»: nichts sehen, nichts hören, nichts sagen. Bis in die jüngste Zeit wurden die z. T. bekannten, drogenschmuggelnden Athleten dabei weder vom Staat noch von der Sportführung wirksam behindert.

In den USA wurde das erst Mitte der 80er Jahre anders, als FBI und FDA spezielle Polizeikommandos zusammenstellten, dazu auch «Undercover-Agenten» (z. B. Scheinkäufer, Schein-Anabolika-Athleten) einsetzten und elektronische wie telefonische Überwachungen durchführten: Seit 1985 wurden Dutzende von Anabolikahändlern gefaßt und abgeurteilt (z. B. Taylor 1987), darunter Sportmediziner und Sportler, auch frühere Sportstars. Am bekanntesten ist wohl der Fall des früheren britischen 400-m-Läufers David Jenkins (u. a. Europameister, olympische Silbermedaille in der 4 × 400-m-Staffel in München 1972), der einen Anabolikaschmuggler- und -händlerring in Südkalifornien leitete und zu insgesamt 7 Jahren Gefängnis verurteilt wurde.

Ähnlich wie in den USA ist der Anabolika-Nachschub auch in der BRD organisiert: Es gibt hier recht sorglos operierende Dealer-Gruppen, die bestimmte «Studios» als Verteilerstationen beliefern. Die Kleinhändler und Endverbraucher (Athleten) bekommen dort ihren Stoff. Auch in der BRD mischten und mischen dabei Trainer wie aktive und ehemalige Sportler kräftig mit. Den Gehrmannschen Drogenversand hat der Leser ja schon kennengelernt (S. 274). Die Größe des Anabolika-Schwarzmarkts ist unschwer aus einer Reihe von Gerichtsverfahren zu erkennen, von denen hier zwei Beispiele vorgestellt seien.

Besonderes Aufsehen erregte der Fall des Gewichthebers Karl-Heinz Radschinsky aus der bayrischen Oberpfalz, Olympiasieger in Los Angeles 1984, der schon bald danach, am 8. 3. 1985, wegen illegalen Anabolika-Handels verhaftet wurde. In der Klageschrift wurde ein Umsatz von insgesamt 220000 Tabletten und Hunderten von Injektionsampullen in nur 2 Jahren festgestellt. Am 11. 12. 1986 wurde der Athlet zu einer Haftstrafe von 18 Monaten verurteilt, die zur Bewährung ausgesetzt wurde. Zu seiner Entschuldigung hatte Radschinsky den total Anabolika-abhängigen Zustand des Leistungssports, vor allem im Gewichtheben, angeführt: *«Ohne Anabolika geht für Wettkampfteilnehmer nichts mehr, deshalb will auch jeder was haben.»*

Aber nicht nur Sportler machen beim Anabolika-Handel Kasse, auch manche Funktionäre mischen bei dem Geschäft mit. In Heidelberg wurden im November 1987 der Präsident und der Vizepräsident eines Sportverbandes als Drogenhändler vor Gericht gestellt und am 29. 6. 1988 verurteilt. Die nüchterne Mitteilung der Staatsanwaltschaft Heidelberg zu diesem Fall veranschaulicht die Wege und das Ausmaß der Anabolika-Versorgung im deutschen Sport: Verurteilt wurden *«Egbert Johannes Douma zu einer Freiheitsstrafe von 1 Jahr und 9 Monaten, Hendrik Slotegraaf zu einer Freiheitsstrafe von 1 Jahr und 6 Monaten... Bei den beiden Verurteilten handelte es sich um niederländische Staatsangehörige. Egbert Douma war Präsident und Hendrik Slotegraaf Vizepräsident des niederländischen Bodybuilder-Verbandes (NABBA). In dieser Eigenschaft befanden sie sich bis 1986 mehrfach bei Bodybuilding-Wettkämpfen im Ruhrgebiet. Dabei erkannten sie, daß in der Bundesrepublik Deutschland eine starke Nachfrage nach Anabolika bestand. Sie beschlossen daher, mit solchen in der Bundesrepublik Deutschland Handel zu treiben. Sie brachten dann in der Folgezeit die Waren teils direkt gegen Barzahlung zu den Kunden. Teils stellten sie die Sendungen in der Wohnung der Freundin des Slotegraaf in Herne zusammen, verpackten sie und versandten sie per Nachnahme mit der Post. Auf diese Weise vekauften sie Anabolika in zahlreichen Fällen an Abnehmer im gesamten Bundesgebiet, vor allen an Fitness-Center und Bodybuilding-Studios, wodurch sie die Präparate auch zum Weiterverkauf an Dritte zugänglich machten.»*

Wieviel Dopingstoff ingesamt in der Bundesrepublik geschluckt und gespritzt wird, kann man aus den Akten der Staatsanwaltschaft ebenfalls abschätzen: Allein dieses eine Dealer-Duo setzte pro Jahr für über eine halbe Million DM Steroide um, denn: *«Insgesamt erzielten sie einen Gewinn von mindestens 150000,– DM... Insgesamt wurden in der Hauptverhandlung 51 Abnehmer festgestellt. Daß das Verfahren bei der Staatsanwaltschaft Heidelberg geführt wurde, ist darauf zurückzuführen, daß die beiden Verurteilten im November 1987 Anabolika im Wert von ca. 40000,– DM an zwei Scheinaufkäufer der Kriminalpolizei in Heidelberg verkauften und anschließend festgenommen wurden.»*

Dokumente der Dopingkriminalität, die sich in Fitnesszentren tummelt. Manche der Studiobosse fühlen sich dabei so sicher, daß sie noch ein weiteres kleines Apothekensortiment führen: Sie bieten gleich therapeutische Mittel zur Behandlung häufiger Anabolika-Nebenwirkungen mit an, etwa Mittel zur Aknebekämpfung (sog. «Akne-Toilette») wie z. B. Benzoylperoxid.

Daß Schmuggel-Importe von Anabolika zumindest in bestimmte Länder schwieriger geworden sind, mußten im Februar 1991 zwei deutsche Gewichtheber aus Kiel bei der Einreise nach Australien erleben. Die beiden Sportler, an die laxen deutschen Anabolika-Sitten gewöhnt, staunten nicht schlecht, als ihre Koffer vom australischen Zoll unerwartet kundig durchsucht wurden. Die Zöllner förderten 1500 Ampullen injizierbarer Steroide zutage. Anabolikaschmuggel im großen Maßstab wird inzwischen in Australien mit hohen Strafen bedroht. Die beiden Kieler kannten eben die Empfehlungen an die australische Bundesregierung im Abschlußbericht der Doping-Untersuchungskommission des Senators Black (1990) nicht. Die Kommission hatte außer strengen und häufigen Dopingkontrollen für Spitzensportler und Nachtklub-Rausschmeißer auch besonders scharfe Zollkontrollen bei allen einreisenden Personen gefordert, die nach Gewichthebern, «Powerliftern» oder Bodybuildern aussehen, da hier stets eine hohe Wahrscheinlichkeit für Drogenschmuggel gegeben sei: Überlappung von Sport und Kriminalität.

So wie Daume und das NOK 1988 versuchten durchzusetzen, daß der des Dopings überführte Biathlon-Olympiasieger Peter Angerer bei den Olympischen Winterspielen in Calgary als Fahnenträger der deutschen Mannschaft voranschreiten sollte, hat es große Anstrengungen gegeben, um auch Radschinsky die Olympiateilnahme in Seoul zu ermöglichen. Leider stießen diese Vorschläge auf Proteste einiger unverbesserlicher «Moralisten». Dabei hatte der Daume-Einfall doch so große Symbolkraft: Zwei ausgewiesene Doper tragen die deutsche Fahne zum Fest der Drogen und der Dollars.

# Kapitel 19
# Schwierigkeiten mit der Dopingwahrheit

*«Ich möchte einen Dank abstatten, und zwar an die Staatssicherheit der DDR... Wenn man mich nicht festgenommen hätte, dann wäre ich heute nicht reif für die zehn Jahre, die der Herr Generalstaatsanwalt beantragt hat, sondern für den Galgen, und deshalb sage ich... der Staatssicherheit dafür, für deren Wachsamkeit, meinen Dank»*
(Professor Wolfgang Harichs Schlußrede im «Harich-Janka-Prozeß» 1957 wegen staatsfeindlicher Tätigkeit gegen die DDR – als Beispiel für die äußerste Selbstdegradierung des Menschen durch die Lüge, aber auch für die sozialistische Kultur der Lüge als Mittel zur Beherrschung einer schwierigen Situation; aus «Schwierigkeiten mit der Wahrheit» von Walter Janka, 1990).

*«Ich bezeuge hiermit, daß ich niemals dieses Zeug geschluckt habe»*
(Die frühere DDR-Volkskammerabgeordnete und Weitsprung-Weltrekordlerin Heike Drechsler-Daute auf die Frage, ob sie Anabolika genommen habe).

*«In ihrer Zeugenaussage sprach sie* [Angella Issajenko, kanadische Weltklassesprinterin, frühere Hallenweltrekordlerin] *ganz offen über ihre eigene Anabolika-Einnahme und die anderer Athleten, die von Herrn Francis trainert wurden. Sie bildeten eine verschwiegene, eng verflochtene Gruppe, in der jeder Hilfe vom anderen zu suchen schien. Die meisten der Gruppe vertrauten sich Frau Issajenko an. Sie beschrieb die Verschwörung des Schweigens, zu der sie sich alle verpflichtet hatten und die jede Andeutung, sie wären Betrüger, energisch abstritt. ‹Abstreiten, abstreiten, abstreiten›, so lautete ihr Kodex der Verschwiegenheit»*
(Dubin 1990).

Der Trainer und Doper des kanadischen Anabolika-Sprintteams um Ben Johnson (Mitglieder u. a. Angella Issajenko, Desai Williams, Mark McKoy, Tony Sharpe), der «Hobby-Hormonchemiker» Charlie Francis, hat einmal scherzhaft bemerkt, die Hauptnebenwirkung des Anabolikadopings sei der Gedächtnisschwund, da keiner, der diese Mittel genommen habe, sich daran erinnern könne (*Spiegel* 46/1990). Eher ist aber die Lüge die unvermeidliche Nebenwirkung des Dopings. Die Anabolikaabhängigen Sportler streiten die Einnahme beharrlich ab – ebenso ihre Trainer, Ärzte, Funktionäre, Politiker und die Vertuschungs-Journalisten.

Die Lüge ergibt sich nicht nur aus dem schon 20jährigen Verbot der Anabolika (s. auch Kapitel 1), sondern sie ist in erster Linie eine zwangsläufige Folge des Betrugs selbst, der Doping immer war und bleiben wird. Der Doper (die Doperin) hofft ja, daß gerade dieses Mittel ihm oder ihr einen Vorteil gegenüber den Konkurrenten einbringt. Deshalb hat auch früher schon, in den 50er und 60er Jahren, bevor die Anabolika «offiziell» verboten waren, kein aktiver Sportler ihre Einnahme je offen zugegeben. Nur nach Ende der Sportkarriere hat der eine oder andere, der mit seiner sportlichen Lebenslüge nicht mehr leben mochte, sein Gewissen erleichtert und öffentlich sein Doping bekannt (US-Athleten wie Parry O'Brien, der stilbildende Kugelstoßer, Hammerwerfer Hal Conolly und Diskuswerfer Rink Babka waren die ersten). Der Athlet weiß – oder ahnt es zumindest –, daß der Nimbus und die Achtung seiner sportlichen Leistung in der Öffentlichkeit auf der Annahme des natürlichen Zustandekommens beruht. Wüßte das Publikum, daß eine bestimmte Leistung mit «chemischem Rückenwind» erzielt wurde und überhaupt nur mit solch unnatürlicher Unterstützung durch Medikamente möglich ist, wären Achtung und Bewunderung wie weggeblasen, und nur Spott bliebe übrig.

Wie Angella Issajenko vor Richter Dubin bekannte, bildet jede Doping-Gemeinschaft einen Geheimbund, in dem alle Mitglieder einander zu lebenslangem Schweigen verpflichtet sind. Wer mitspielt, wer dichthält, wird gewöhnlich belohnt, vom Sportverband oder vom Staat. Viele Anstellungen als Verbandstrainer, bestimmte Sportärzteposten, aber auch Professuren, Ehrentitel und Verdienstkreuze erklären sich am einfachsten als Dank der Dopingfamilie oder der Nation an ein verschwiegenes, loyales Mitglied. Wer aber den Verschwiegenheitskodex nicht akzeptiert oder das geschworene Schweigen bricht, muß mit Nachteilen rechnen. So floriert die Dopinglüge im Sport, in der Regierung und in den Medien.

Die Liste der Erklärungen von Sportfunktionären und Politikern, es gäbe in ihrem Land oder Verband kein Doping, wenigstens kein systematisches, ist lang. Besonders unaufrichtig waren die DDR-Politiker und -Sportfunktionäre. Da viele dieser Damen und Herren nun ehrenvolle Posten im zusammengewachsenen deutschen Sport innehaben, ist von ihnen – im Stasi-Staat DDR zum Lügen erzogen und auf diese Fähigkeit hin für Kaderkarrieren selektioniert – in der gemeinsamen Zukunft wohl noch manch gelungene Unwahrheit zu erwarten.

Eine neue Qualität der Unwahrheit erreichten die früheren DDR-Funktionäre im Herbst 1990 nach dem Erscheinen der ersten Bekenntnisse und Beweise des DDR-Dopings. Das wendige Auftreten von NOK-Mitgliedern, wie Prof. Joachim Weiskopf und Volker Kluge (S. 67 u. 190), war wohl Vorbild für viele Erklärungen größter DDR-Funktionärsunschuld, wie zum Beispiel die der Führungskräfte des früheren DVfL: *«Werner Trelenberg, der frühere Cheftrainer der einstigen DDR-Leichtathletik und heute Sportdirektor für Leichtathletik in Österreich, sagte nur, über den Verband* [DVfL] *sei nichts gelaufen. Sonst hätte er etwas wissen müssen»* (*Leichtathletik* 49/1990). Auch der langjährige DVfL-Präsident und Ehrenpräsident des DLV, Prof. Dr. Georg Wieczisk – wie Trelenberg Träger des «Vaterländischen Verdienstordens in Gold» der DDR –, hat angeblich ebensowenig vom obligatorischen OT-Doping seines Verbandes gewußt wie der neue DLV-Cheftrainer und frühere DVfL-Cheftrainer für den Sprung- und Mehrkampfbereich, der Chemnitzer Dr. Bernd Schubert. Es scheint, als habe im DVfL überhaupt niemand was davon gewußt.

Der Leser erinnert sich, daß schon der allererste DDR-Doping-Ergebnisbericht von Bauersfeld et al. (1973) im Auftrag des DVfL durchgeführt und an den DVfL adressiert worden war (Abb. 9, S. 133). Jeder der vielen Dopingberichte über Leichtathleten trägt den Namen des DTSB und den des DVfL auf dem offiziellen Verteiler, und Chefverbandstrainer Trelenberg ist immer dabei. Die DVfL-Verbandsärzte selbst, allen voran Reumuth und Riedel, sind Autoren bzw. Koautoren großer Dopingstudien, -berichte und -empfehlungen. Leiter und Forscher der Wissenschaftlichen Zentren (WZ) des DVfL an verschiedenen Universitäten sind als Mitarbeiter auf den Titelblättern der Doping-Erfolgsberichte genannt (z. B. Abb. 9); Gerhard Jeitner, Mitautor des großen Dopingberichts von Nicklas et al. (1986), war wissenschaftlicher Mitarbeiter des DVfL. Und es gab spätestens seit 1975 eine offizielle DVfL-«Verbandskonzeption» der Dosierung von Oral-Turinabol – und später auch noch zusätzlich für Mestanolon (Schäker 1980; S. 234).

Klaus Gehrke, Verbandstrainer für Sprünge und Mehrkampf bis 1985, hat denn auch öffentlich sein Mitwissen um das allgemeine DVfL-Doping bekannt und damit sogar zur Aufklärung beigetragen (*Spiegel* 35/1990). Sein Nachfolger Dr. Schubert dagegen streitet immer noch ab. Dabei war der Verbandstrainer einer der Adressaten auf dem Verteilerplan der «VVS LRI-122-52/86», des umfassenden Erfolgsberichts über das Doping der DVfL-Springer und -Mehrkämpfer (Nicklas et al. 1986; Textdokument 3C), wie er auch Teilnehmer der erwähnten Kienbaum-Konferenz war (Abb. 25a, S. 226). Wettkampf- und Trainingsplanung, Meisterschaften und Kader-Trainingslager, das ganze Leben des DVfL folgte dem Dopingrhythmus von Zyklen und freien Intervallen. Wie eng die Dopingpraxis mit der Spitze des DVfL gekoppelt war, kann der Leser aus dem typischen Absatz am Schluß eines Ergebnisberichts sehen: *«Die vorgelegten Ergebnisse... sollten umgehend den verantwortlichen Trainern und Ärzten (Verbandstrainer, Verbandsärzte, verantwortliche Disziplintrainer, Sektorenleiter WZ) zur Kenntnis gebracht werden, um noch mit Beginn des neuen Trainingsjahres... Beschlüsse zur Präzisierung der Einsatzkonzeptionen... zu fassen»* (Nicklas u. Reumuth 1986; Textdokument 3 B).

Ähnlich wie die Mitwisserschaft, Mitplanung und Mitsteuerung der DVfL-Spitze durch viele Dokumente beweisbar ist, kann man auch für andere Verbände diesen Beweis führen. Eine direkte Beteiligung der Verbandsleitung und -trainer am Doping ist z. B. auch beim Schwimmverband, dem Gewichtheberverband und dem Kanuverband[1] an Hand von konkreten Beispielen bereits in früheren Kapiteln beschrieben worden; bei diesen Verbänden gab es eine schriftlich fixierte «Verbandskonzeption» der Dopingmittel-Dosierung (z. B. Textdokumente 1 D, 2 B, C, 3 E–G). Der deutschen Aufschreibgründlichkeit und der Überlastung der Reißwölfe in den Tagen der Wende ist es zu verdanken, daß man nun die Behauptungen der Funktionärskader, sie hätten nichts davon gewußt, als Lügen entlarven kann.

Ganz gelassen nahm zunächst Manfred Ewald, Ex-Präsident von DTSB und NOK, die Dopingvorwürfe: *«Die werden schon über Jahre hinweg des öfteren erhoben. Darüber informiere ich mich nicht mehr.»* Und dann bekräftigte er noch einmal, nun als olympischer Rentner, die zur eigenen Religion gewordene Lebenslüge: *«Doping hat es im DDR-Sport nicht gegeben, jedenfalls haben wir derartiges niemals angeordnet und es nicht zugelassen»* (Jugendradio DT 64, 1990). Treuer Betrüger, schweigend bis zum Ende, kämpfte Ewald im Grunde noch immer den alten Kampf gegen die Verräter am Sozialismus weiter, die Überläufer, die dem glorreichen DDR-Sport «ohne Beweise» Doping vorwarfen, wobei er offenbar die Selbstbezichtigungen früherer Schwimmer(innen) Christiane Sommer-Knacke, Kathleen Nord, Raik Hannemann, besonders schlimm fand: *«Unverantwortlich und charakterlos»* sei das, wenn nun *«einzelne Leute aus persönlichen Gründen, aus Gründen der Bereicherung Dinge in die Welt setzen.»* Noch Mitte 1991 schwor er im SED/PDS-Organ *Neues Deutschland*: *«Es ist nicht wahr, daß es flächendeckendes Doping in der DDR gegeben hat.»*

Doch auch bundesdeutsche Politiker nahmen es mit der Dopingwahrheit

1 Im DDR-Kanuverband (langjähriger Präsident Prof. Dr. Joachim Weiskopf) wurden auch Minderjährige – Knaben wie Mädchen – mit Androgenen gedopt. Der gesamtdeutsche NOK-Vizepräsident Weiskopf dagegen: *«Ich kann... schwören, daß ich mit Doping nichts zu tun hatte.»* Der Ex-Präsident schwört also, er habe die eigene «Verbandskonzeption» für Anabolika nicht gekannt, die es seit Ende der siebziger Jahre gab (Quellenangaben der Pressezitate dieses Kapitels bei Berendonk 1991).

nicht so genau. Im zuständigen Bundesministerium des Inneren, aber auch im Sportausschuß des Bundestages, wußte man spätestens seit 1977, daß in der BRD landauf, landab gedopt wird: das Protokoll der Anhörung am 28.9.1977 weist es aus. Außerdem gab es entsprechende Aussagen mehrerer Sportmediziner, offizielle Dokumente wie das Gutachten zu Birgit Dressels Tod und öffentliche Selbstbezichtungen ehemaliger Sportler. Aber wie in der DDR dementierte man auch in Bonn heftig und offiziell jeden Dopingvorwurf. Dabei tat sich in der Bekämpfung der Dopingwahrheit besonders der langjährige Parlamentarische Staatssekretär im Bundesministerium, Carl-Dieter Spranger (CSU), hervor. Er schloß Doping in der BRD kategorisch aus, behauptete vollmundig, daß die bundesdeutschen Athleten *«auch ohne Manipulationen eine Endkampfchance»* hätten, und putzte die Anabolika-Bekenner wie Ex-Kugelstoßer Ralph Reichenbach öffentlich herunter. Solche Bekenntnisse seien nur *«peinlich, peinlich. Der deutsche Sport hat diese Aussagen für nicht allgemeingültig erklärt»*.

Am traurigsten ist es aber, daß junge Menschen, Sportler, früher immer als Leitfiguren für Ehrlichkeit und Fairness angesehen, Dauerschwindler geworden sind. Einige prominente Beispiele – Pressezitate, vor allem aus dem Bereich der Leichtathletik – sollen hier genügen, um die Widersprüche zwischen den beweisbaren Tatsachen und dem erbärmlichen Reigen der Lüge zu verdeutlichen.

Mit dem, was in der Leichtathletik wohl am meisten vertuscht worden ist, will z. B. Uwe Hohn nie konfrontiert gewesen sein. Nie habe er verbotene Mittel genommen... *«Wenn ich auch noch Anabolika genommen hätte, hätte ich vielleicht 120 Meter weit geworfen»* (Uwe Hohn, Speerwerfer, ASK Potsdam, Europameister 1982 und früherer Weltrekordler – 104,80 m – mit dem «alten» Speertyp).

Falsch: Nach Hinz et al. (1986) hat Uwe Hohn regelmäßig Anabolika genommen. Seine Dosis von Oral-Turinabol für 1982 und 1984 ist in Tabelle 8 angegeben: 1135 mg (vgl. auch Textdokument 3 A).

*«Ich kann nur für mich sprechen, und da sage ich, es entspricht alles nicht der Wahrheit»* (Ulf Timmermann, Kugelstoßer, TSC Berlin, Olympiasieger, Europameister, Europarekordhalter und zeitweilig Weltrekordler mit 23,06 m – bis der US-Anaboliker Randy Barnes 6 cm weiter stieß –, zum Vorwurf, Anabolika eingenommen zu haben).

Falsch: Ulf Timmermanns mehrjähriges Dopingprogramm ist von Hinz et al. (1986) in Einzelheiten festgehalten und analysiert worden (vgl. Tabelle 8 und Abb. 21 sowie Textdokument 3 A).

*«In ähnlichem Sinne* [wie Timmermann] *äußerte sich der Diskus-Weltrekordler Jürgen Schult.»* Auch er wies die Beschuldigung, Anabolika genommen zu haben, zurück (Jürgen Schult, Schwerin, Olympiasieger 1988, Weltmeister 1987, Weltrekord mit 74,08 m).

Falsch: Das Anabolikadoping von Jürgen Schult ist u. a. durch die Arbeiten von Hinz et al. (1986) belegt (Tabelle 8 und Abb. 21; Textdokument 3 A).

*«Ich kann das nicht auf mir sitzen lassen, das ist eine Sauerei und eine absolute Lüge.»* Er bestritt die Einnahme von Anabolika energisch. *«Ich kann mir nicht erklären, wie so etwas geschrieben werden kann»* (Torsten Voss, Zehnkämpfer, Schwerin, Weltmeister 1987, Olympiazweiter 1988).

Falsch: Das Anabolikadoping von Torsten Voss ist detailliert durch ärztliche Protokolle und wissenschaftliche Berichte von Dr. H. Riedel (1986) und Nicklas et al. (1986) belegt (vgl. Tabelle 7 und Abb. 3, 12, 16 und 19; Textdokument 3 C).

*«Während Schenk erst auf Nachfrage versicherte, niemals verbotene Mittel eingenommen zu haben, ging Voss wortreich in die Offensive»* (Christian Schenk, Zehnkämpfer, Rostock, Olympiasieger 1988).

Falsch: Schenks Anabolikagaben sind von Dr. H. Riedel genau registriert worden.

*«Doping ist für mich kein Thema. Ich mußte seit 1977 zu vielen Tests und kann sagen, ich habe ein reines Gewissen»* (Petra Felke-Meier, Speerwerferin, Jena, Olympiasiegerin 1988, Weltrekordlerin mit 80,00 m).

Falsch: Petra Felkes Doping ist von Hinz (1981 a) sowie Hinz et al. (1986) festgehalten worden (s. Tabelle 8 und Textdokument 3 A).

*«Ich bezeuge hiermit, daß ich niemals dieses Zeug geschluckt habe. ... Dieser Dr. Höppner will mich nur verleumden. Auf diese miese Art versucht er, sich eine goldene Nase zu verdienen... Ich werde mich mit Kristin Otto und den anderen Beschuldigten zusammenschließen und dann bestimmt den ‹Stern› wegen Verleumdung verklagen... Ich werde dagegen angehen. Ich nehme mir einen Anwalt und werde mit anderen gegen den ‹Stern› zu Felde ziehen»* (Heike Drechsler-Daute, Weitsprung-Weltmeisterin 1983 und WM-Dritte 1987, Europameisterin 1986 und 1990, Olympia-Silbermedaille 1988; 200-m-Europameisterin 1986 und EM-Zweite 1990, Olympia-Bronze 1988; 100-m-Zweite der Weltmeisterschaft 1987; Ex-Weitsprung-Welt-

rekordhalterin, Deutsche Rekorde im Weitsprung mit 7,48 m und über 200 m mit 21,71 s).

Falsch: Das Anabolikadoping, einschließlich der Testosteronpropionat-Injektionen in der UWV, von Heike Drechsler-Daute ist ausführlich durch die Habilitationsschrift von Dr. H. Riedel (1986) und dessen Arbeitsbuch sowie den Ergebnisbericht von Nicklas et al. (1986) belegt (u. a. Tabelle 7 und Abb. 3, 12, 16, 17 und 20; sowie Textdokument 3 C). Apropos, weder gegen den *Stern* noch sonst jemand ist Heike Drechsler-Daute bisher «zu Felde gezogen» oder hat auf Verleumdung geklagt.

*«Heike Drechsler ist eine Patientin von mir. Ich kann Ihnen versichern, daß sie nie Anabolika genommen hat»* (Frau Dr. Almut Heyne, DLV-Ärztin am Sportmedizinischen Institut, Sportforum Jena, bei einer Podiumsdiskussion am 6. 10. 1990 in Ingolstadt).

Aber, aber, Frau Doktor: Nicht nur Heike Drechsler, sondern auch Frau Dr. Almut Heyne-Berg ist laut Dr. Riedels Eintragungen in ihrer Zeit als Hochspringerin bis zum Jahre 1979 selbst gedopt worden, und zwar mit Oral-Turinabol und mit Durabolin (s. Abb. 3 aus dem Arbeitsbuch ihres damaligen SMD-Arztes; dort gibt es insgesamt drei Drogeneintragungen für «Berg»).

*«Niemand konnte kontrollieren, ob ich meine Dopingmittel genommen hatte... Ich habe sie ins Klo gespült»* (Marlies Göhr, Sprinterin, Jena, zweifache Sprintstaffel-Olympiasiegerin 1976 und 1980, Silbermedaille 1980 über 100 m und 1988 in der Staffel, Weltmeisterin 1983 Einzel und Staffel, 1987 WM-Zweite in der Staffel, fünffache Europameisterin Einzel und Staffel 1978–1986, Deutscher Rekord und Europarekord über 100 m mit 10,81 s vom 8. 6. 1983 und Weltrekord in der 4 × 100-m-Staffel mit 41,37 s am 6. 10. 1985.
*«Im Prinzip ist es ja auch eine ungeheuerliche Beschuldigung gegenüber meiner Person»* (Marlies Göhr in der Sendung «Spiegel-TV», September 1991).

Falsch: Was immer Marlies Göhr ins Klo gespült hat, sie hatte nach Angaben der Sportmediziner noch genug Anabolika im Körper. Das Anabolikadoping für KS 33 (ihre Codenummer) ist im Bericht (1986) von Doz. Dr. D. Nicklas und Dr. Dr. V. Reumuth, dem Chefarzt des DVfL, in 7 Tabellen und Abbildungen festgehalten. Auch die Dosierungs- und Nebenwirkungsangaben der Athletinnen sind dort ausgewertet (vgl. Textdokument 3 B). Arzt Dr. Dr. V. Reumuth und der federführende Autor Dr. D. Nicklas geben die exakten Dosierungen in den Jahren ihrer größten Leistungsfähigkeit 1983 und 1984 an (vgl. Abb. 11, Tabelle 5 und Berendonk 1991).

*«Nun haben einige einen Riesenrochus auf mich. Da wundert es mich nicht, daß man mir obendrein noch irgendwelchen Doping-Schmutz anzuhängen versucht»* (Wolfgang Meier, Trainer, Doper und Ehemann von 400-m-Weltrekordlerin, Olympiasiegerin und Weltmeisterin Marita Koch, auch Trainer und Doper der dreifachen Sprintweltmeisterin Silke Möller-Gladisch).

Das Doping der von Meier trainierten Rostocker Sprinterinnen ist allerdings in Tabelle 5 ebenso wie in Abb. 11 und im Bericht von Nicklas u. Reumuth (1986) festgehalten (vgl. auch S. 392–395).

Weiteres aus Rostock:
Sprecher: *«Also Sie bleiben dabei, Sie haben niemals anabole Steroide eingenommen?»* Marita Koch: *«Ja»* (Aus «Spiegel-TV», September 1991).
Marita Koch und Wolfgang Meier: *«Das ist alles erstunken und erlogen... Diese Lügen werden wir uns nicht gefallen lassen und rechtliche Schritte... einleiten. ...Wie diese Verleumdungen beweisen, schreckt man vor nichts zurück, wenn es um die Diffamierung von Sportlern geht. Aus diesem Grund werden wir uns mit einigen betroffenen Aktiven wie Silke Möller, Helga Radtke, Bärbel Wöckel und Heike Drechsler beraten und rechtliche Schritte... einleiten. ...Ich freue mich schon auf die... Beweisführung* [vor Gericht].»
*«Olympiasiegerin Marita Koch will den* Spiegel *auf 1,5 Millionen Mark Schadensersatz verklagen»* (*Hamburger Abendblatt*).

Nun, der Leser weiß, wer hier gestunken und gelogen hat, denn er kennt die Beweise für das systematische Doping von Marita Koch und den anderen. Leider haben sie sich nie um eine gerichtliche Klärung bemüht.

Die sechsfache Olympiasiegerin Kristin Otto (Leipzig), seit Herbst 1990 auch ZDF-Sportkommentatorin, hat jedes Anabolikadoping bestritten: *«Sportler wurden wiederholt auf diese Art und Weise angegriffen. Das ist zwar nichts Neues, aber um so bedauerlicher.»*

Falsch, sagt selbst der Dopingkontrolleur von Kreischa: Dr. Claus Clausnitzer stellte die Schwimmerin in der Presse öffentlich bloß: *«Die veröffentlichten Listen sind einwandfrei echt. Ich kannte die Code-Nummer von Kristin Otto. Diese war unter den positiven Analysen.»*

*«Das ist eine Frechheit. Ich habe nie etwas genommen* [gemeint sind Anabolika], *erklärte der deutsche Hallen-Vizemeister Kalman Konya... gegenüber der Deutschen Presse-Agentur.»*

Falsch: Die Doping-Dosierungen und Lebernebenwirkungen des DLV-Kugelstoßmeisters von 1990 sind im Textdokument 4 A und in Abb. 28 festgehalten, auch durch klinische Meßwerte und den Stromba-Nachweis im Labor von Prof. M. Donike bestätigt (S. 249 u. 416; Wolf 1989).

*«Es ist allerdings unhaltbar, wenn behauptet wird, ich hätte mich jahrelang gedopt»,* ärgerte sich Föhrenbach. In demselben Artikel sagt der Deutsche (DLV) Kugelstoßmeister von 1983, Claus-Dieter Föhrenbach, er habe die Anabolika nur *«im Rahmen einer sportwissenschaftlich-medizinischen Untersuchung der Universität Heidelberg als Proband»* genommen.

Der Leser weiß es besser: Textdokument 4 A und Abb. 27 zeigen, daß Föhrenbach gedopt war.

*«Ralph Reichenbach...: Aber als er zwei Jahre später mit 20,80 m* [zum erstenmal] *deutschen Rekord stieß, da habe er Anabolika längst wieder abgesetzt... Der aus der DDR gekommene Sportmediziner Dr. Alois Mader hat öffentlich alle Kugelstoß-Resultate über 19 Meter als ‹Anabolika-Leistungen› abqualifiziert. Reichenbach qualifiziert deshalb Mader ab: ‹Blödsinn›, sagt er, ‹Verzicht auf Anabolika muß nicht Leistungsverzicht heißen.› Ralph Reichenbach sagt: ‹Im Herbst wiege ich immer 10 Kilo weniger als in der Wettkampf-Saison. Diese 10 Kilo Gewicht muß ich mir anfuttern, um den gleichen Kraftzuwachs zu bekommen, wie ich ihn bei der Unterstützung durch Anabolika hätte.› Der Hüne trinkt darum zur Wettkampfzeit täglich fünf Liter Milch und nimmt 500 Gramm reines Eiweiß-Konzentrat zu sich»* (Meldung der Agentur dpa zur Erklärung von Kugelstoßer Ralph Reichenbach, Berlin, Alt-DLV-Rekordhalter mit 21,51 m am 8. 8. 1980, daß er seit 1972 keine Anabolika mehr eingenommen habe).

*«Der deutsche Kugelstoß-Rekordhalter Ralph Reichenbach hat seine Funktionärskritik im Zusammenhang mit dem Doping-Problem im Hochleistungssport verschärft und die sofortige Anabolika-Freigabe gefordert. Im Aktuellen Sportstudio des... ZDF... nannte der 38 Jahre alte Berliner die Sportfunktionäre ‹heuchlerisch und verlogen›... ‹Ich bereue nichts, weder den Hochleistungssport noch die Anabolika... In der Leichtathletik nehmen die Werfer die Dinger, solange es sie gibt›»* (Meldung der Agentur sid, 1989).

*«Ich muß mich bei den Zuschauern entschuldigen, daß ich das Publikum so viele Jahre lang belogen habe!»* (Ralph Reichenbach, in derselben ZDF-Sendung, sinngemäß zitiert). Ob also gerade er, der langjährige Doper und Lügner, irgend jemand anders verlogen nennen darf, muß bezweifelt werden.

*«Fragen Sie mich das mal, wenn ich meine Karriere beendet habe!»* (Zehnkämpfer Guido Kretschmer zu ZDF-Moderator Dieter Kürten auf die Frage, ob er Dopingmittel nehme). Die Frage wurde öffentlich nie beantwortet.

*«Wenn ich nein sage, lachen meine Kollegen; wenn ich ja sage, verliere ich meinen Job»* (Christian Gehrmann, DLV-Trainer der Kugelstoßerinnen und Diskuswerferinnen, 1989 im ZDF auf die Frage, ob das Anabolikadoping wirklich so weit verbreitet sei). Diese Bemerkung ist eine verheerende Beurteilung der DLV-Verantwortlichen: Lüge zur Verbandspflicht gemacht.

Aber nicht nur die Sportler, Trainer und Funktionäre, auch die Sportmediziner drehen sich im Karussell der Unwahrheiten. Mal erklären sie dies, mal das Gegenteil; heute für Substitution, morgen wieder gegen Doping: Hauptsache, der Athlet kommt irgendwie an den Stoff und die Nation zu ihrem Existenzminimum sportlicher Erfolge! Die moralischen Wendehälse der Sportmedizin, von Saulus zu Paulus – und wenn es sein muß, auch wieder zurück –, waren schon im Jahre 1977 zu bewundern gewesen. Dabei gilt für Sportmediziner letztlich dasselbe Gesetz wie für ihre Dopingobjekte, die Sportler: Man darf alles, aber sich nicht erwischen lassen.

*«Ich weiß in der Leichtathletik sehr gut Bescheid, und wenn dort etwas passiert sein sollte, so waren das in der Bundesrepublik doch immer nur Einzelfälle.»* (Prof. Dr. Joseph Keul, Universität Freiburg i. Br., Leitender Arzt der Olympiamannschaft der Bundesrepublik Deutschland, in einem Interview mit der Zeitschrift *Sports*, 2/1992).

Eine gewissermaßen offizielle Unwahrheit, eine von jenen politischen Aussagen, die einen wohl zum Olympia-Chefarzt erst qualifizieren (vgl. Voy 1991). Keul als gut informierter Arzt und erfahrener Sportmediziner mußte schon von Berufs wegen wissen, daß seine Mannschaft in vielen Disziplinen ausschließlich aus Anabolikern bestand, bei den Männern wie bei den Frauen. Die Aussagen von ehemaligen Athleten und Patienten (von Ommer bis Beyer, von Reichenbach bis Wagner, von Schmidt bis Steines, von Kroninger bis Leidinger) beweisen es ebenso wie die dokumentierten Fälle Dressel, Neu und Konya und viele erhaltene Rezepte aus dem Klinikum seiner eigenen Universität (z. B. Abb. 29a und b sowie S. 261). Soviel wie Keuls Kölner Kollege, Prof. Dr. Alois Mader, der öffentlich erklärt hatte, daß z. B. Kugelstoßleistungen über 19 Meter nur mit Anabolika-Doping möglich seien (vgl. S. 292), wußten die Freiburger Sportmediziner schon lange.

Geradezu verblüffend aber war die Erklärung Prof. Klümpers, er habe, abgesehen von einer einzigen Ausnahme (Verschreibung von «Primobolan» bei dem verletzten Radrennfahrer Strittmatter im Jahre 1984), nie Anabolika verabreicht oder verschrieben: *«Ich schließe sie* [die Anabolika-Abgabe] *bei allen* [Athleten] *aus, bis auf den Fall Strittmatter. ... Es gibt auch keine Blanko-Rezepte von mir»* (*Stuttgarter Zeitung*, 14.3.1991). Diese Erklärung des Freiburger Traumatologen, der auch bemängelt, von manchen «Doping-Arzt» genannt zu werden, «ohne daß der geringste Beweis vorliegt», erstaunt angesichts der zahlreichen Doping-Dokumente. Rezepte aus Klümpers Praxis zum Doping Wagners findet der Leser in Abb. 29a und b (vgl. auch Textdokument 4C).

In der Sportmedizin der DDR waren und sind die Spitzenlügner des FKS Leipzig führend, gleich ob es sich dabei um medizinhistorische Tatsachen oder um die eigene Dopervergangenheit handelte. So verblüfften FKS-Sportmediziner mit seltsamen Behauptungen zur Geschichte des Dopings – etwa, als Prof. Hermann Buhl die Leistungen des eigenen Hauses verleugnete: *«Den Begriff Substitution haben wir dabei nie so herausgestellt; der kam von Ihrer Seite* [gemeint: BRD-Sportmedizin], *weil man dort plötzlich in Konflikte kam und überlegte, wie begründen wir den Einsatz solcher Mittel. Da verfiel man auf den Gedanken, es als therapeutische Maßnahme zu deklarieren.»* Leiden die alten Genossen an postrevolutionärer Amnesie? Muß Buhl an die Dissertation B seines engen FKS-Kollegen Prof. W. Schäker erinnert werden, in der schon 1980 *«Substitutionsbedarf»* festgestellt wurde, der sogar *«individuell unterschiedlich»* sei, so daß es für jeden Sportler eine *«bedarfsgerechte Dosis»* Oral-Turinabol gebe, oder an den Aufsatz von Langer und Gürtler (FKS, 1981), der die *«häufig praktizierte Hormonsubstitution»* bei DDR-Sportlern erwähnt?

Prof. Schäker und sein KMU-Kollege Prof. F. Klingberg hatten am 9.3.1990 noch *«Nein, nie»* auf die Frage geantwortet, ob sie Oxytocin oder Vasopressin an Menschen, speziell zur Leistungssteigerung bei Sportlern, eingesetzt hätten. Der Leser weiß inzwischen, daß schon im Titel der Dissertation B Schäkers das Gegenteil steht. Er kennt auch zahlreiche Beispiele, in denen FKS-Sportwissenschaftler androgene Steroide an Jugendliche verabreicht bzw. solche Dopingaktionen empfohlen haben, und kann sich daher über die Keckheit der Schäkerschen Unwahrheit in der Leipziger Volkszeitung vom 7.12.1990 nur wundern: *«Wir... haben auch von vornherein vom Sportmedizinischen Dienst gefordert, daß Jugendliche keine Anabolika bekommen.»*

Schäkers Kollege und Knabendoper Dr. Günter Rademacher hat auch große Schwierigkeiten mit der Wahrheit: *«Wir haben zu Problemen des Dopings geforscht, nicht die Sportler gedopt.»* Rademacher, der vor allem gezielt zur Verbesserung der Dopingpraxis des Kanu- und des Schwimmverbandes geforscht hat, erklärtermaßen für Seoul 1988 (S. 193 und Textdokumente 3E, G), probierte 1988 den vorolympischen Nasenspray für

Spitzenschwimmer wie Raik Hannemann, Sven Lodziewski und Stefan Zesner aus (u. a. Androstendion; S. 123 u. 124): *«Der Nasenspray sollte die neue Wunderwaffe gegen die Blitzkontrollen werden»* (Raik Hannemann). Außerdem sind viele FKS-Kollegen Rademachers (u. a. Hinz, Nicklas, Schäker, Gedrat, Lathan) Autoren von VVS-Arbeiten, bei denen aktive Nationalkadersportler gedopt wurden (vgl. Textdokumente 2 B, C, 3 A–C, F).

Auch bei ihren jüngsten Versuchen, sich durch kurze Veröffentlichungen einiger kleiner Versuchsreihen den Anschein rein experimentell tätiger Dopingforscher bescheidenen Ausmaßes zu geben, haben die FKS-Mediziner noch immer erhebliche Schwierigkeiten mit der Wahrheit: Sie «schönen» – vor allem durch das Weglassen kompromittierender Zahlen und Einzelheiten. So verharmlosen z. B. Rademacher et al. (1991) ihre Versuche durch Zahlenspiele: *«Die Untersuchungen wurden mit 10 Sportlern (18 Jahre, Körpermasse 69–80 kg) als Doppelblindversuch durchgeführt, jeweils 5 Sportler gehörten zur Verum- bzw. Plazebogruppe.»*

Die Wahrheit war aber ganz anders: Aus einem Vergleich mit den ursprünglichen Angaben (Abb. 23, S. 191) geht eindeutig hervor, daß diese Versuche mit Minderjährigen viel umfangreicher waren, auch jüngere Kanuten einschlossen, mit z. T. doppelt so hoher Dosierung und auch mit einem nichtzugelassenen Präparat (STS 646) durchgeführt worden sind. Es waren in Wirklichkeit insgesamt 36 Jugendliche, deren Alter nicht 18, sondern 16–18 Jahre war, und von denen nur 11 Plazeboempfänger waren. Von den anderen 25 bekamen in der Tat 5 die bei Rademacher et al. (1991) angegebene Tagesdosis von 10 mg OT. Aber daß 6 weitere Minderjährige dieser Reihe 10 mg STS 646 und 14 weitere je 20 mg OT bzw. STS 646 bekamen, ist von den FKS-Autoren gezielt weggelassen worden. Diese tendenziös verkürzte und damit verfälschende «Veröffentlichung» einer Auswahl nur der ethisch weniger bedenklich erscheinenden Drogengaben macht deutlich, daß die FKS-«Wissenschaftler» auch lange nach der Wende immer noch manipulieren und eine wahrheitsgemäße Darstellung scheuen. Diese «Schönung» der FKS-Menschenversuche ist außerdem ein klarer Verstoß gegen Artikel 8 der Bestimmungen des Weltärztebundes (S. 23 u. 24).

In der Anthologie von Häcker und De Marées (1991) sind noch viele solcher falscher Blüten zu finden, Verschleierungen und Verkleinerungen. Am bedenklichsten aber ist, daß ein West-Sportmediziner, Prof. Horst De Marées, der neue Direktor des Bundesinstituts für Sportwissenschaften (BiSp), diese Verfälschungen mit herausgegeben hat.

Höhepunkt des Leipziger Allerlei der Unwahrheiten ist aber die offizielle, von der früheren DDR-Presseagentur ADN verbreitete Erklärung des FKS, in der die «Errungenschaften» des DDR-Dopings noch einmal mit einer Salve von falschen Behauptungen gerechtfertigt werden: *«Die ermittelten Obergrenzen und Tagesdosierungen liegen weit unter den Dosen, die im internationalen Leistungssport empirisch angewandt wurden.»* Der Leser weiß, daß das nicht stimmt, erinnert sich z. B. an die Tabellen 5, 8, 11 und 14 und denkt an jene Leistungssportler des Westens, die nie ein Anabolikum genommen haben. Ein weiteres Ergebnis (des FKS) sei das *«strikte Verbot des Einsatzes im Nachwuchsleistungssport»* gewesen. Der Leser kennt diese Lüge schon als Zitat Professor Schäkers und erinnert sich daran,

- daß der Staatsplanthema-14.25-Bericht 1988 mit der Unterschrift des FKS-Professors Dr. A. Lehnert z. B. Empfehlungen zur Anwendung von androgenen Hormonen bei 14jährigen Schwimmerinnen ausspricht (Textdokument 1 D),
- daß die FKS-Wissenschaftler Dr. Lathan und Dr. Kämpfe die Anwendungskriterien für den Anabolikaeinsatz bei 15jährigen Gewichthebern erarbeitet haben (Lathan u. Kämpfe 1981; S. 186–190),
- daß FKS-Doktor Rademacher (1989) Dopingmittel an Jugendliche von 14 bis 18 Jahren verabreicht hat,
- daß FKS-Leichtathletikexperten wie Dr. Hinz, Dr. Nicklas, Dr. Sattler und Dr. Riedel (seine Dissertation B trägt ausdrücklich auch das FKS auf dem Titelblatt) «Erstanwendungsvarianten» für den Anabolikaeinsatz bei Teenagern beschrieben und empfohlen haben.

Schließlich vermeldet das FKS auch im neuen Deutschland noch die alte Schutzbehauptung vom amtlich lizensierten und ethisch akzeptierten Doping: *«Alle Aufgaben... wurden unter strenger Einhaltung der auch in der damaligen DDR geltenden ethischen und gesetzlichen Bestimmungen konzipiert, durchgeführt und ausgewertet.»* Der Leser weiß jedoch schon, daß die Verabreichung von androgenen Hormonen zur Leistungssteigerung, erst recht bei Minderjährigen, weder von einer Ethischen Kommission noch vom ZGA offiziell genehmigt worden war, nach ausdrücklicher Auskunft des früheren ZGA-Vorsitzenden Prof. Jung (z. B. S. 103, 104, 125).

Bei den vielen Personengruppen, die Schwierigkeiten mit der Wahrheit haben, dürfen aber auch die nicht vergessen werden, die ihre berufliche Informationspflicht oft genug mißachtet haben: die Sportjournalisten.

Schon früh hatte ich bemerkt, daß die meisten von ihnen durchaus die Dopingwahrheit kannten, auch die Hauptakteure und die Tricks, Kontrollen zu überlisten. Natürlich schrieben einige hin und wieder eine kritische Kolumne, wenn wieder einmal, meist ja im Ausland, «positive» Fälle bekannt geworden waren. Aber man blieb doch immer verbindlich, wenn es um deutsche Sportler und das nationale Interesse ging. Manche Journalisten, die mit bestimmten Sportlern bzw. Trainern ein besonderes Vertrauensverhältnis verbindet, prahlten in kleiner Runde zwar gelegentlich mit ihren «Insider-Informationen», gaben ihr Wissen aber so gut wie nie an ihre Leser und Zuschauer weiter. Und faßte sich jemand mal ein Herz und stellte öffentlich die vermeintliche Gretchenfrage («Nehmen Sie Anabolika?»), dann blieb die obligatorische Antwort «nein» – mit der kleinen peinlichen Unglaubwürdigkeitspause danach – einfach stehen: Hanns Joachim Friedrichs bei Eva Wilms, Dieter Kürten bei Guido Kretschmer, Doris Papperitz bei Uwe Dassler usw.

Fernsehreportagen wurden Eiertänze der Formulierungen, das unkeusche Thema vermeidend. Man konnte das schlechte journalistische Gewissen nur manchmal zwischen den Sätzen spüren, etwa bei Berichten über deutsche Erfolge in Anabolika-intensiven Disziplinen wie dem Gewichtheben, dem Kugelstoßen und den Wurfübungen, bei der Schilderung peinlicher Szenen wie den Siegen chinesischer oder sowjetischer Kugelstoßerinnen oder bei der Taxierung der anabolen Reste von Ben Johnson und seinen kanadischen Stanozolol-Kameraden. Bei der TV-Übertragung der Leichtathletik-Europameisterschaften 1990 in Split z. B. taten mir die Reporter Dieter Adler und Gerd Rubenbauer fast leid, als plötzlich die Regie ein Bild vom Speerwerfen der Frauen mit der Griechin Anna Verouli ausgewählt hatte, das sie spontan kommentieren sollten: Beim Anblick von Anna Verouli, 1982 Europameisterin, nicht über Ana-Bolika zu sprechen, fällt schwer, denn sie erscheint wie eine personifizierte Sammlung von Nebenwirkungen. Die beiden Kommentatoren huschten aber mit der vagen Andeutung, «es hätte um sie auch einmal Dopinggerüchte gegeben», über die Situation hinweg. Die korrekte Information, daß diese Athletin schon einmal, 1984, bei einer Kontrolle erwischt und deshalb gesperrt worden war (Tabelle 1), ging offenbar nicht über ihre Lippen.

Ich habe mich vor Jahren dafür interessiert, weshalb diese Sportjournalisten nicht konkret werden, sondern die häßliche Wahrheit beschönigen. Einige gaben als Grund an, sie müßten ja mit den Sportstars und den Verbandsfunktionären schließlich noch leben. Wenn sie zu scharf fragten, bekämen sie doch niemand mehr zum Interview, und der Verband hielte ihnen wichtige Informationen vor. Andere betonten unverhohlen ihre nationale Journalistenpflicht: Die andern mogeln doch auch, was soll ich unsere deutschen Sportler mies machen!

In den Fernsehanstalten wie in manchen Verlagshäusern gibt es dazu noch einen Dschungel von Interessenverknüpfungen zwischen Sportjournalisten, Verbänden, Sponsoren und bestimmten Sportlern, der den Weg zur Dopingwahrheit erschwert. Die moralische Abwägung, was wichtiger für die beiderseitigen Geschäftsbeziehungen ist, der Verband oder die Wahrheit und der Journalismus, überfordert hier offenbar viele Journalisten wie die Dopingversuchung viele Sportler. Außerdem sind Sportjournalisten, die Aufträge und Honorare von einem Verband bekommen oder sogar in Verbandskommissionen mitwirken, wohl kaum diesem Verband gegenüber unvoreingenommen oder kritisch eingestellt und sicher nicht zu besonders bohrenden Recherchen aufgelegt.

Die große Dopingkorruption des Sports lebte so auch von der kleinen Wahrheitskorruption des Sportjournalismus – im Osten wie im Westen.

Dabei haben nicht nur die deutschen Sportjournalisten Schwierigkeiten mit der Doping-Wahrheit. Lüge durch Auslassung ist auch in der Berichterstattung anderer Länder normal. Dabei fällt die Scheinheiligkeit der Schweizer Medien besonders auf. Wann immer ein Eidgenosse mit Stoff erwischt wird, wird erst mit lautem Getöse – national beleidigt – abgestritten, dann angestrengt verschwiegen oder mit Argumenten verteidigt, die an Albernheit nicht mehr zu überbieten sind: so im Fall der Sandra Gasser wie beim Radfahrer Urs Freuler oder den Eishockeyspielern Roger Sigg und Edi Rauch. Als diese beiden übrigens beim Nandrolon-Doping erwischt wurden, wollte ihr Arzt Dr. Bernhard Sorg wohl den Blödsinn auf die Spitze treiben, als er allen Ernstes verkündete, er gebe dieses Hormon besonders gern bei Heuschnupfen (offenbar ein altes Schweizer Hausarztrezept).

Doch der Quatsch wurde in der Öffentlichkeit begierig aufgenommen, auch vom Verband, der die beiden Patienten nur zu einer Minisperre von 6 Spielen *«verurteilte»*. Schließlich hatte schon der Schweizer Super-Star, Kugelstoß-Doppelweltmeister Werner Günthör, sich mit ähnlich windigen Therapie-Indikationen (*«Übertraining»*) unter Stromba (Stanozolol) setzen lassen (vgl. S. 33 u. 253).

Doch das ist alles nichts gegen das bizarre Drogenvorleben des neuen Vorbilds der Schweizer Frauen-Leichtathletik, der erfolgreichsten Schweizerin bei den Weltmeisterschaften 1991 in Tokio, Hürdensprinterin Julie Baumann-Rocheleau (5. über 100 m Hürden in 12,88 s), das man tunlichst nicht erwähnt. Dabei ist sie nicht nur des Dopings voll überführt und gesperrt worden (Tabelle 1), sondern sie wird auch im offiziellen Regierungsbericht der kanadischen Untersuchungskommission des Richters Dubin (1990) ausführlich als total verdopte und betrügerische Athletin geschildert. Sie war so sehr hinter Anabolika und Wachstumshormon her, daß sie sich unter falschem Namen an Bodybuilder-Drogendealer ihres Heimatstaates Quebec heranmachte, so u. a. anderen an Monsieur Lévesque:

*«Er traf sie zum erstenmal 1988. Sie rief ihn an, aber wieder unter falschem Namen. Sie bat ihn, ihr Wachstumshormon* [HGH] *zu besorgen, sagte, daß es für Jacques Demers sei* [einen Gewichtheber, später ebenfalls Anabolika-positiv erwischt, auch als Urinaustauscher mit Blasenkatheter berühmt geworden]. *Mr. Lévesque stimmte schließlich zu, ihr für 2000 Dollar 2 Ampullen HGH zu je 10 ml zu besorgen... Er traf sie zwei Wochen später wieder..., und bei der Gelegenheit kaufte sie von ihm eine ganze Flasche mit ‹Winstrol›-Tabletten* [Stanozolol, das Anabolikum, das auch Ben Johnson und Werner Günthör benutzten]. *Sie sagte ihm, daß sie auch ‹Winstrol-V›* [ein Präparat für den Veterinärgebrauch, z. B. für Pferde] *und ‹Primobolan›* [Metenolon, ein androgenes Hormonpräparat der Berliner Firma

Schering] *benutzte und daß sie davon schon viel stärker geworden sei. Diesmal gab sie ihren richtigen Namen an... Im August rief sie noch mal an und wollte noch mehr Wachstumshormon...»* Und so geht der Bericht weiter, auf 3 Seiten die Drogenbeschaffungskriminalität einer hormonell abartigen Frau.

Im Frühling 1989 wurde sie dann – bei einer der kanadischen Trainingskontrollen (die es damals schon gab und die, wie man am Ergebnis sieht, auch wirksam waren) – erwischt, mit Stanozolol – wie Ben Johnson (bekanntlich auch erwischt) und Günthör (bekanntlich nie erwischt). Nach ihrer Sperre läuft sie nun für die Schweiz und ist fast schon wieder so stark wie früher (Bestzeit 12,78 s) unter Dreifach-Dope.

Wollen die Schweizer Eltern wirklich, daß ihre laufbegabten Töchter einem solchen Beispiel nacheifern?

Nun, an den Schweizer Fachjournalisten haben sie wohl wenig Hilfe im Kampf um einen drogenfreien Sport. Carl Schönenberger vom Züricher *Sport* z. B., der eine besondere Beziehung zum Hürdensprint hat, richtet seine Feder am liebsten gen Norden und beschimpft die deutschen Bemühungen um Wahrheit und gegen Doping als *«meuchelmörderische Aktionen»* und *«Hetze»* von *«Meister Propern»* oder *«Saubermännern»*.

Die Haltung der französischen Journalisten ist da interessanter, weil nicht voraussagbar: Manchmal decouvrieren sie einen Skandal, manchmal verschweigen sie ihn. Zwar sind die gallischen Urinkontrollen durchaus effizient (u. a. Tabelle 1), aber was an die Öffentlichkeit kommt, ist irgendwie nach einem Opportunitätsprinzip gefiltert. So wird z. B. ein besonders schlimmer Fall von Androgen-Doping an einem minderjährigen Mädchen ohne ihr Wissen und gegen ihren Willen, in Frankreich übrigens ein strafbares Delikt, bis heute verheimlicht.

Die 16jährige Elodie Teyssier aus dem südfranzösischen Fumel, Mitglied der französischen Ruder-Nationalmannschaft der Juniorinnen und französische Meisterin, wurde am 7. Juli 1991 bei den Meisterschaften in Vichy kontrolliert und positiv für das Anabolikum Nandrolon gefunden. Vorher und nachher war sie in Trainingslagern gewesen – mit Trainern und Ärzten des Verbandes. Man gab aber das Ergebnis nicht sogleich weiter, so daß sie noch bei den Weltmeisterschaften (1.–3. August) in Banyolas teilnehmen konnte. Erst mit Brief vom 30. August teilt der Verband dem Mädchen und den Eltern das Ergebnis mit; am 19. Oktober wird Elodie gesperrt. Das Mädchen weiß nicht, wie der Stoff in ihren Körper gekommen ist, ihre Mutter ist außer sich. Als sie Nachforschungen anstellen will, wer ihrer Tochter das Nandrolon verabreicht hat, wird ihr «von hoher Stelle» der Rat gegeben, das sein zu lassen. Sie kann aber nicht ertragen, was mit ihrer Tochter angestellt wurde, und erstattet am 15. Januar 1992 Anzeige beim Staatsanwalt des zuständigen Gerichts.

Die französische Presse schweigt beharrlich. Die Mutter aber ist außer sich und wendet sich schließlich über einen Verbindungsmann an mich.

Inzwischen war auch aufgefallen, daß seit 1991 der französische Ruderverband einen neuen Mannschaftsleiter aus der DDR hat: Eberhard Mund, der frühere Europameister (1967) und langjährige Cheftrainer in Halle und beim SC Stasi Dynamo Berlin.

# Kapitel 20
# Doping in Gegenwart und Zukunft

*«Damals schon* [1969–1972] *haben Sport- und Staatsfunktionäre jene Verhaltensstrategie entwickelt und erprobt, die sie auch in der Anabolika-Diskussion des Jahres 1977 so erfolgreich praktizierten: Abstreiten..., Eliminierung der ‹Verräter› und Querulanten, die mit dieser Art von staatlich geförderter Manipulation nicht einverstanden sind; Kopf einziehen und abwarten, bis die Öffentlichkeit des Themas überdrüssig ist, gleichzeitige Vernebelungsstrategie bestehend aus Verkündung moralischer Standpunkte, Antidoping-Charten, Grundsatzerklärungen... und anderem Unverbindlichen. ... Nach den Erfahrungen früherer Jahre dürfte Anabolika-Doping* [auch im folgenden Jahr] *... kein Thema mehr sein: Das Kartell des Schweigens hat sich wieder regeneriert und hat die Dinge im Griff. Auch die Sportjournalisten werden unmutig: Sie möchten lieber über Siege und Rekorde als über Disqualifikationen und Urinproben berichten. Schließlich will das Sportvolk belogen sein. Nicht das Doping ist der Skandal, sondern seine Verdrängung»*
(Aus «Der Athlet lernt zu schweigen», Brigitte Berendonk, *Süddeutsche Zeitung*, Silvester 1977).

*«In Wirklichkeit, so wurde mir bald klar, wußten die Stars unter den Athleten verdammt genau, an welchen Veranstaltungen sie besser nicht teilnehmen solten. Irgend jemand – ich vermute eine Person in der Verbandsleitung des TAC* [US-Leichtathletikorganisation] *muß wohl immer den Athleten einen Wink gegeben haben. Wer? Das werden wir wohl nie erfahren. Auch seit 1990 der TAC seinen Plan zur Durchführung von kurzfristig anberaumten Dopingkontrollen während der Trainingsphase und nach dem Zufallsprinzip angekündigt hat, sagen mir die Athleten, sie hätten trotzdem keine Sorge, die Kontrollen nicht austricksen zu können. Die meisten von ihnen sagen mir auch, sie könnten sich auf eine Informationsquelle innerhalb der Verbandsleitung verlassen, die ihnen schon mitteile, wo, wann und wie kontrolliert würde»*
(Dr. Robert Voy 1991, früherer Chefarzt des Olympischen Komitees der USA).

Natürlich wird weitergedopt, in deutschen Landen wie anderswo, aber im vereinigten Deutschland mit seinem fusionierten Betrugs-Know-how nun sicherlich besonders effektiv. Und man möchte ja schließlich nicht weniger Medaillen als früher die DDR allein holen. Deshalb wurde gesamtdeutsch Erhaltenswertes zu einem neuen Staatsplanthema vertraulich verschlossen vereinigt, unterstützende Maßnahmen der neuen Art als Gebot der historischen Stunde! Denn die sportliche Zielvorstellung lautet, hinter vorgehaltener Hand, wie die ersten Zeilen des Liedes der Deutschen. Bei den Winterspielen 1992 in Albertville hat man den neuen Auftrag schon mit Befriedigung als ausgeführt gemeldet.

Natürlich wird weitergedopt, nur noch eine Stufe diskreter und auf einem höheren konspirativen Niveau, wohl auch auf einen kleineren Kreis ausgesuchter Objekte beschränkt. Ansonsten gilt alles, was ich nach den Doping-Protesten des Jahres 1977 festgestellt und vorausgesagt habe (Zitat im Vorspann dieses Kapitels), auch diesmal wieder: Staats- und Sportführung fluten das Land mit vertrauensbildenden Antidoping-Gelübden, preisen wieder einmal die besseren und umfassenden Kontrollmaßnahmen des nach seiner Selbsteinschätzung so gründlichen Deutschen Edelmenschen, im Gegensatz zu all den schlampigen Nichtkontrolleuren im Rest der Welt.[1] Man vertraut dabei auch diesmal wieder auf die Naivität und den tiefen Wunsch des Sportvolks, an sauberen deutschen Sport zu glauben, wenn nötig, mit geschlossenen Augen und abgeschaltetem Verstand (s. Kapitel 21).

Die neue Beruhigungskampagne der 90er Jahre ist aber noch gekonnter und perfider als die heimliche Doping-Restauration im Jahre 1977: Es wird nämlich seit 1991 zusätzlich ein Pseudokontrolltheater mit Tausenden von negativen Testergebnissen vorgeführt. Gleichzeitig werden augenzwinkernd Lücken gelassen oder geschaffen, und die meisten der bekannten

1 Deutsche Sportler, Funktionäre und Sportjournalisten feiern und bedauern sich gern und häufig als internationale Vorreiter scharfer Dopingkontrollen. Zur vorbeugenden Erklärung von eventuellen Niederlagen deutscher Sportler(innen) wird gern auf den angeblichen Anabolikaentzug bzw. das erschwerte Doping deutscher Sportler hingewiesen, im Gegensatz zur angeblich dopenden Konkurrenz anderer Länder. Selbstbejammerung der *«fehlenden Chancengleichheit»* erklingt als Kanon, Gerechtigkeit beim Betrügen fordert man an. Diese Jeremiaden sind jedoch verlogen. Einmal ist Deutschland gerade in bekannt Anabolika-intensiven Disziplinen (Eisschnelllaufen, Gewichtheben, Kanusport) besonders erfolgreich. In der Leichtathletik gibt es z. B. im Kugelstoßen und in den Wurfübungen, besonders der Frauen, viel häufiger deutsche Erfolge als etwa in den Langstreckenläufen, in denen man auch ohne Anabolikadoping Spitzenleistungen erzielen kann. Außerdem sind in vielen Ländern Dopingkontrollen während der Trainingsphase viel früher eingeführt worden als in Deutschland, z. T. schon seit 1985 und 1986, von Schweden bis Australien; in Großbritannien nahm man schon 1988 insgesamt 4000 unangemeldete Proben. Und schließlich sind in anderen Ländern die Kontrollen offensichtlich effektiver, da dort bei weniger Kontrollen mehr Sünder erwischt werden (Tabelle 1).

Doper bleiben unbehelligt in ihren Ämtern, als Trainer, als Ärzte, als Funktionäre – in den alten wie den neuen Bundesländern. Durch die Vereinigung von ost- und westdeutschen Tricks verfügt der deutsche Sport nun über ein einzigartiges Arsenal an Betrugsmöglichkeiten und -erfahrungen.

Die größte und neueste Lücke, so unfair wie perfide im internationalen Sport, ist sicherlich die praktische Freigabe des Testosteronester-Dopings für deutsche Sportler und Sportlerinnen, beschlossen im August 1991. Diese in der deutschen Öffentlichkeit kaum beachtete Freigabe des *«Testo-Dope»*, für die sich nach Aussage des DLV-Präsidenten Prof. Dr. Eberhard Munzert vor Jahren auch schon sein Vorgänger im Amt, der Direktor des Bundesinstituts für Sportwissenschaften, Prof. Dr. August Kirsch (zuvor schon als *«Trickser von Turin»* vorgestellt; S. 265), eingesetzt hatte, war vor allem von Prof. Keul – da schau her – und der sogenannten *«Unabhängigen Doping-Kommission»* unter Vorsitz von Prof. Dr. Heinrich Reiter (*«Reiter-Kommission»*) vorbereitet worden.

In dem sonst recht allgemein gehaltenen Reiter-Bericht, am 19. 6. 1991 feierlich der Politik und den Sportführern übergeben, steht an einer Stelle erstaunlich Konkretes, nämlich die Aufforderung, eine international gültige und akzeptierte Nachweismethode, die Bestimmung des Testosteron/Epitestosteron (T/E)-Quotienten, sollte für deutsche Staatsbürger *«ausgesetzt werden, bis ihre Zuverlässigkeit... dargestellt worden ist»*. Eine ausführliche Begründung für diesen deutschen Alleingang war dann schon wenige Wochen später (am 5. und 13. 7. 1991) in der *Frankfurter Allgemeinen* zu lesen: Autoren der beiden Artikel waren Prof. Keul und Prof. Hans Kuno Kley, Mitglied eben jener Reiter-Kommission.

In den Artikeln wird mit hanebüchenen Fehlvergleichen eine zu erwartende Quote von 0,15 % falsch-positiver Werte behauptet. Daher sei das Verfahren zu unsicher und schleunigst auszusetzen. Nun ist zwar schon seit langem bekannt, daß es – sehr selten – einzelne Personen mit einer Stoffwechselanomalie, einem erhöhten T/E-Verhältnis, gibt (Werte über 6; S. 42 u. Kapitel 15). Wie selten jedoch solche Fälle sind, mag man daraus erkennen, daß weder in der einschlägigen Kölner Doktorarbeit (Zimmermann 1986) noch bei den entsprechenden geheimen Untersuchungen der DDR (Clausnitzer et al. 1982) auch nur ein solcher Fall beobachtet wurde. (Nach Auskunft von Prof. Donike vom Kölner Dopingkontroll-Labor ist ihm nur ein einziger deutscher Athlet mit dieser Anomalie bekannt, ein Offenbacher Schwimmer.)

Solche Einzelfälle sind aber – wie auch bisher geschehen – leicht als natürliche Ausnahmen festzustellen, und der betreffende Sportler muß keinen Nachteil dadurch erleiden. So hat Donike (1992) erst kürzlich in einer Veröffentlichung erneut festgestellt: *«Hier bietet es sich an, im Rahmen einer Nachkontrolle... Steroidprofilmessungen durchzuführen, um ‹natürliche› T/E-Quotienten zu verifizieren»* (vgl. Chan 1991).

Wer aber wegen dieser eindeutig feststellbaren Rarität eines der wichtigsten Kontrollverfahren ausschalten will, weiß natürlich, daß er damit dem Testosteron-Doping wieder die Tür öffnet, sei es mit Estern, mit hCG, mit Clomiphen oder anderen Pharmaka (s. Kapitel 15). Der Vorstoß von Keul & Kley hatte jedenfalls vollen Erfolg. Bereits am 5.8.1991 beschlossen die Spitzenverbände des deutschen Sports auf einer außerordentlichen Vollversammlung unter der Lenkung des Bundesausschusses Leistungssport (BA-L), damit des Bundesinnenministeriums, *«daß indirekte Nachweisverfahren, wie Testosteron/Epitestosteron-Quotient..., vorläufig ausgesetzt werden.»* Und so bestimmt seit Neujahr 1992 Prof. Donike zwar noch T/E-Werte, die Verbände können sie jedoch guten Gewissens ignorieren. Nur der Gewichtheberverband hat betont, daß er erhöhte T/E-Werte weiterhin als Folge eines Dopingvergehens ansieht.

Der Erfolg des Keul & Kley-Vorschlags ist für den Sport schlimm, für den Frauensport ist er geradezu verheerend. Bedeutet es doch, daß Frauen, die zum Doping bereit sind, sich nun ungestraft und ungeniert mit Testosteronestern vollknallen können, d.h. mit schierem Androgen. Der deutsche Sport ist also wieder dort, wo die DDR in den 80er Jahren war, d.h. Überbrückungsdoping mit Testosteronestern als Regel, auch für Frauen (s. Kapitel 12 u. 15). So hat z.B. die erschreckend große Zahl von Frauen mit erhöhten T/E-Werten in den Nachbestimmungen der Dopingkontrollen der Olympischen Spiele von 1980 (B-Proben; vgl. Zimmermann 1986) gezeigt, wie weit verbreitet das Frauendoping mit Testosteron damals war, wenn man das nicht den androgenisierten Gestalten jener Jahre sowieso angesehen hätte. Und bis in die jüngste Zeit hinein wurden immer wieder auch Frauen bei Doping-Kontrollen des *«Testo-Dopings»* überführt, auch in Ausdauersportarten, wie z.B. 1989 die chinesische Mittelstrecklerin Su-Mei Sun (Tabelle 1).

Auch von den 15 positiven Dopingkontrollen des deutschen Sports im Jahre 1991 beruhten allein 6 auf Testosteron-Doping (für den Wolfsburger B-Kader-Gewichtheber Thomas Reinhardt, WM-Teilnehmer 1989, wurde ein rekordverdächtiger T/E-Wert von 48 mitgeteilt), darunter ebenfalls eine Frau. (Das deutsche Vertuschungssystem gegenüber der Öffentlichkeit klappt hervorragend: Von den 15 erwischten Sündern wurde nur ein einziger – eben Reinhardt – bekanntgegeben.)

Mit diesem Aussetz-Beschluß vom 5.8.1991 war Testo-Dope aber auch zum Basis-Doping für die deutschen Sportler(innen) freigegeben, gerade rechtzeitig für die olympische Saison 1992. Die einzelnen Varianten der unterstützenden Maßnahmen zur Erhöhung des Testosteron-Spiegels im Körper sind bereits ausführlich im Zusammenhang mit den DDR-Praktiken der 80er Jahre geschildert worden (Kapitel 15): Diverse Testosteronester, hCG, Clomiphen und ähnlich wirkende Pharmaka, Einstellung mit einem T/E-Gemisch.

Dabei war Testo-Doping in den letzten Jahren wohl als Folge der verstärkten Kontrollen sowieso schon die häufigste Form von Anabolikadoping geworden. Wies die Statistik der Befunde aller weltweit IOC-akkreditierten Kontroll-Labors im Jahr 1988 die Testosteronester-Dopingfälle schon als zweithäufigste Gruppe aus (insgesamt 188 Fälle), so mußte Donike – angesichts der Verteilung der positiven Dopingproben im Jahr 1990 – feststellen: *«Testosteron ist ohne Zweifel das am häufigsten angewendete anabole Steroid, zumindest in der unmittelbaren Wettkampfvorbereitung»* (Donike 1992).

Was Keul, die Reiter-Kommission, der BA-L und die Verbände also durch Nicht-Kontrolle praktisch freigegeben haben, war ausgerechnet die zu diesem Zeitpunkt sowieso schon häufigste Dopingart. Wie praktisch! Vor allem auch für die Frauen aus der früheren DDR und ihre Trainer(innen), die den harten Stoff und seine Wirkungen ja schon kennen und vor solchen Anwendungen auch keine Skrupel haben. So gab eine jetzt in Köln tätige Ex-DDR-Trainerin von Mittelstrecklerinnen ihrem Doping-unwilligen Wessie-Kollegen Paul Wellmann den Ratschlag, er könne ruhig, aber: *«Mußte reines Testosteron nehmen!»*

Dabei werden Testosteronester inzwischen in einer bemerkenswerten Vielfalt von Applikationsformen angeboten, außer Ampullen zur Injektion gibt es auch Pillen, Spezialpflaster und -filme zur transdermalen Anwendung (*«T-patches»*), Implantate (auch als *«Pellets»*) und Zäpfchen (vgl. S. 260, 421, 423; Testo-Zäpfchen zu kennen, so meinte Diskuswurf-Bundestrainer Steinmetz vor dem Landgericht Heidelberg, gehöre schon zur Allgemeinbildung). Und sie werden von Sportlern ganz verschiedener Disziplinen angewendet, auch in Ausdauersportarten (im Gegensatz zur Ansicht von Keul; vgl. Jakob et al. 1988, *Sports* 2/1992). So schilderte mir kürzlich ein bekannter Sportmediziner sein und einiger Mittelstreckler Leid, die – mit Wissen des Trainers – Ampullen zur Selbstinjektion zugeschickt bekamen, was aber manchmal zu Spritzenabszessen führte.

Testo-Doping ist auch deshalb so bedeutend geworden, weil man dabei ganz unauffällig bleiben kann, wenn man von einem kundigen Sportmediziner auf einen T/E-Wert zwischen 3 und 6 eingestellt wird, und weil man selbst von Werten über 10 durch Absetzen schnell unter den Sechser-Wert kommen kann, bei Testosteronpropionat z. B. innerhalb von 24–48 Stunden (vgl. Abb. 24; Kapitel 15; Clausnitzer et al. 1982; Riedel 1986). Mit kriminellem ärztlichen Beistand, an dem in der Sportmedizin nachweislich kein Mangel ist, kann man sogar noch mehr Sicherheit für den Betrüger schaffen, wie vor kurzem Donike (1992) erstmals öffentlich bekanntgab: *«Hohe Testosteron-Blutspiegel bei schneller Elimination kann man durch intravenöse Injektionen bzw. Infusionen erreichen, eine Technik des Dopens, die schon Realität zu sein scheint.»*

Kombiniert man außerdem Testo-Doping mit der Blasenkatheter-Installation von bereitgestelltem Austauschurin, der auf einen hohen Epitestosteron-Anteil eingestellt ist, ist die hormonelle Unterstützung durch den Quotienten gar nicht mehr nachweisbar. Hier könnte kurzfristig wohl nur die Berücksichtigung der absoluten Testosteronkonzentration, von mir schon 1969 vorgeschlagen, als zweite unabhängige Meßgröße die Betrüger identifizieren helfen (vgl. Chan 1991).

Die an längere Anabolika-Zyklen und stärker muskelbildend wirkenden Stoff gewöhnten Werfer und Stoßer klagen natürlich am meisten über die häufiger gewordenen Trainingskontrollen, die ja auch schon zu einer allgemeinen Absenkung der Leistung um etwa 1,5–2,5 Meter[1] und zur Sperre einer ganzen Reihe von überführten Anabolikern geführt haben. Besonders die US-Amerikaner haben dabei mit Weltrekordmann Barnes, Jim Doehring und Mike Stulce ihre Kugelstoßelite fast abgeräumt; dabei wurden übrigens bezeichnenderweise sowohl Doehring als auch Stulce durch erhöhte T/E-Quotienten überführt, ebenso wie 1989 beim Europacup-Finale der Leichtathleten der beste sowjetische Kugelstoßer Alexander Bagatsch. Doch ein nicht zu hoch eingestelltes Testo-Doping erlaubt noch immer einen soliden Betrug: *«Na ja, etwas Testo geht noch!»* seufzte im Herbst 1991 ein bekannter Kugelstoßtrainer.

Die in der letzten Zeit vielzitierten «Trainingskontrollen» dagegen (seit Anfang 1992 mit der Firma «German Control») sind für die eingespielten und ausgefuchsten Stardoper in der Regel kein großes Problem. Einerseits schaden sie kaum, machen andererseits aber bei Sponsoren und in der Öffentlichkeit einen guten Eindruck. In Wirklichkeit erfüllen sie längst einen ähnlichen Zweck wie die Wettkampfkontrollen: Sie liefern viele schöne Meldungen mit schönen negativen Ergebnissen, nur über die Doping-Wirklichkeit verraten sie wenig. Es sei denn, man läßt sich durch die «Doping-Hetze» der Medien aus der Ruhe bringen und bittet uneingeweihte, unkontrollierte Dritte wie z. B. südafrikanische Ärzte, eine wirklich überraschende Kontrolle durchzuführen. Da reichen u. U. Bauernopfer nicht mehr aus, dann kann schon mal ein Damenopfer drohen.

Zwar sind die von mir bereits 1969 geforderten Anabolika-Kontrollen außerhalb der Wettkämpfe 1990, d. h. über zwei Jahrzehnte später, eingeführt worden – nach erbittertem Widerstand der Sportverbände und der dominierenden Doper-Staaten. Aber sie wurden sogleich wieder von korrupten Mitarbeitern des Doping-Systems unwirksam gemacht. In der deutschen Leichtathletik z. B. wurden sie zunächst sehr zögerlich und sehr spär-

1 Das liegt aber immer noch 1–2 Meter über der nackten, anabolikafreien Wahrheit. Für die besten deutschen Kugelstoßerinnen wurde z. B. kürzlich die Qualifikationsleistung, die noch bei den Europameisterschaften 1990 in Split 20,50 m betrug, für die Olympischen Spiele in Barcelona 1992 auf 17,40 m (!) abgesenkt, ohne weitere Erklärung des DLV, die wohl zu peinlich gewesen wäre.

lich durchgeführt, auf bestimmte Disziplinen beschränkt (Anabolika-intensive waren auffällig ausgenommen), mit ausreichenden Vorankündigungen und ohne Sanktionen bei «Zeitschinden».

Zwei Mittel helfen den vom Doping abhängigen Athlet(inn)en dabei am meisten: die «Vorwarner» und die Reisemittel. Lang geplante wie plötzlich angekündigte Reisen in ferne Trainingslager – oft mit kurzfristig geändertem Reiseziel – haben bekanntlich stark zugenommen.

Das erste und wichtigste Mittel zum Austricksen von Kontrollen ist eine möglichst frühzeitige Warnung, gleich ob sie zu einer plötzlichen Reise, einer *«auf einem Kommunikationsmißverständnis beruhenden Unauffindbarkeit»* des Sportlers oder zum Absetzen des Medikaments genutzt wird. Wie geschildert (Kapitel 15) reichen hier bei bestimmten Hormonpräparaten schon 2 Tage zum Ausspülen, und ein Tag kann oft schon genügen, wenn der Prozeß durch Medikamente oder Urintransfer mit Blasenkatheter unterstützt wird (Athletenjargon: *«Schnellwaschgang»*). Die wertvolle Information kommt dabei aus dem Kontrollzentrum selbst, sei es ein Sportverband, der Organisator einer bestimmten Sportveranstaltung oder jemand aus dem Kreis der Kontrolleure, z. B. ein Arzt oder einer der Proben-Einsammler.

Am einfachsten ist es für den dopenden Spitzenathleten, wenn er weiß, welche Veranstaltungen er meiden muß, wann er oder seine Disziplin für eine Kontrolle ausgelost oder bestimmt wurden, oder wo sich die einzig möglichen Kontrolleure gerade aufhalten bzw. wann und wohin sie reisen. Die letztgenannte Möglichkeit ist bei kleinen Kontrollgruppen oder -firmen auch von außen leicht auszubaldowern. Wenn eine Sportlerin z. B. im südkalifornischen San Diego erfährt, daß – durch Telefonanruf festgestellt – die beiden lizenzierten Kontrolleurinnen der Firma «German Control» daheim in Berlin sind und auch in den nächsten Tagen dort sein werden, kann sie ruhig weiterdopen: keine Kontrollgefahr.

Kontrollen bei Wettkämpfen sind besonders leicht zu umgehen, wenn man weiß, ob kontrolliert wird. Manche Athleten verlangen diese Information vor Zusage ihrer Teilnahme vom Veranstalter oder vom Verband. Dabei ist der Brauch, daß Veranstalter und Verbandsfunktionäre die Kontrollen ihres eigenen Verbandes entwerten, schon viele Jahre alt. In den USA war z. B. die Tatsache, daß TAC-Verbandsfunktionäre durch geheime Warnungen die Kontrollen des eigenen Verbandes vermeiden helfen, erstmals 1989 zur Sprache gekommen. Vor dem Ausschuß des Justiz-Senats der USA zur Untersuchung des Arzneimittelmißbrauchs im Sport hatte die Leichtathletik-Trainerin Pat Conolly auf diese verbandsinterne Korruption aufmerksam gemacht (Biden 1990):

Frau Conolly: *«... Ich nannte sie Kontrollkommission zum Schutz vor Doping, ... die bei allen Veranstaltungen Zufallskontrollen durchführen sollte.»*

Vorsitzender: *«Das ganze Jahr hindurch?»*

Frau Conolly: *«Das ganze Jahr über. Und niemand sollte Bescheid wissen. Niemand sollte vorher wissen, wann welche Veranstaltung kontrolliert würde. Aber sobald die großen Veranstaltungen näherrückten, wußten die Athleten nicht nur, bei welcher Veranstaltung Kontrollen erfolgen würden, sondern auch in welchen Disziplinen, so daß sie diese Veranstaltungen meiden konnten. Und es gab nur zwei oder drei Personen, die davon vorher Bescheid wissen konnten, und das waren unsere Spitzenfunktionäre.»*

Vorsitzender: *«... Warum, glauben Sie denn, sind die entscheidenden Verbandsfunktionäre unseres Landes nicht bereit, Ihrer Meinung zu folgen...? Glauben sie, sie könnten bei der internationalen Konkurrenz dann nicht mehr mithalten?»*

Frau Conolly: *«Nein. Es ist nur wegen des Geldes.»* (It is strictly a matter of dollars.)

So haben auch in Deutschland «überraschende» Kontrollen, die nicht überraschen, natürlich ihre Wirkung verloren. Wenn die geheimnisvolle Stimme anruft, weiß jede(r), dem die Stunde schlägt, was er (sie) zu tun hat. Der (die) so vorgewarnte Sportler(in) hat zwei Möglichkeiten. Ist er (sie) in einem freien Intervall, einer kleinen Überbrückung oder in der «After-Dope»-Abklingphase, so gibt es kein Problem: Er (sie) stellt sich unmittelbar der Kontrolle oder – bei einem Restrisiko – schindet zuvor noch ein paar Tage heraus, damit der Urin schön sauber wird. Wenn nötig, findet sich ein Freund oder ein freundlicher Mediziner, der beim medizinischen Schnellwaschen und Durchspülen hilft.

Blasen-Katheterisieren zur Fremdurin-Einfüllung in kritischen Situationen ist dabei keineswegs etwas Ungewöhnliches. Es ist aus anatomischen Gründen bei Frauen besonders leicht und daher häufig; wie mir eine bekannte Ostblock-Athletin versicherte, war es bei den sozialistischen Damen eine bekannte Übung. Aber in der Not beißen auch kontrollbedrohte Männer auf die Zähne und lassen sich das Katheter-Schläuchlein durch die Harnröhre pfriemeln, wie im Bericht des Richters Dubin (1990) – sarkastisch ins Detail gehend – am Beispiel der kanadischen Gewichthebermannschaft 1988 geschildert worden ist.

Ein Problem ergibt sich natürlich, wenn der freundliche Warnanruf den (die) Athlet(in) wirklich überraschend *«voll im Stoff»* erwischt. Dann ist guter Rat und ein gutes Reisebüro teuer. Auch da gibt es verschiedene Umgehungsvarianten.

Am einfachsten ist immer noch die Flucht. Bevor den Athleten bzw. die Athletin die offizielle Mitteilung von der geplanten Kontrolle erreicht, ist er (sie) schon weit weg, ein paar Tage eben einfach nicht auffindbar, Mitteilung an den Verband, Begründung folgt später. Bis Kontrolleur und zu Kontrollierende(r) sich finden – Telegramm hin, Antwort her, Telefonnummer antwortet nicht, anderes Hotel, andere Sportschule, andere Insel,

Athlet(in) gerade wieder abgereist –, gehen Tage dahin, und der Urin ist wieder «clean». Im letzten Akt der «Escape Travel Comedy» trifft dann der Athlet endlich seinen Kontrolleur, der Urin plätschert sauber und wie vorgeschrieben in einer *«Menge von mindestens 75–100 ml in den ausgewählten Becher»*, und das negative Ergebnis wird dem Volke mitgeteilt.

Kontrollvermeidungsreisen laufen meist aber anders ab, sind sie doch in der Regel gerade mit einer geplanten Dopingkur verbunden: Es ist für den Doper zwar nützlich zu wissen, wann kontrolliert wird, noch viel wichtiger ist es aber zu wissen, wann man nicht kontrolliert wird. Aus den Anabolika-Wirkungsanalysen der DDR-Sportwissenschaftler (z. B. Kapitel 12, besonders Abb. 11–14) geht hervor, daß für eine erfolgreiche Saison mindestens drei gründliche Anabolika-Kuren erforderlich sind, jede von etwa drei Wochen Dauer, wobei die Termine durch den Veranstaltungskalender weitgehend festliegen. Entscheidend ist also herauszufinden, wie und wann man diese Kuren – bei Hochbelastungstraining in einem *«internationalen Trainingslager»* – geschickt organisieren kann, wie das schon die DDR-Trainingspläne vorsahen (z. B. Abb. 13).

Diese Möglichkeit des Kurens in sicherer Entfernung kostet natürlich etwas. Daher ist sie in erster Linie den privilegierten A-Kader-Athleten, Sportlern mit besonderen Sponsoren oder Doping-Klubs mit besonderen Reisemitteln vorbehalten. Das verbittert natürlich die Nachwuchs- und B-Kader, wie Wolf (1989), Magister der Sportwissenschaften und Freund des deutschen (DLV) Kugelstoßmeisters Kalman Konya (vgl. Text-Dokument 4 A), berichtet: *«Mit der Einführung von regelmäßigen, unangekündigten Dopingkontrollen für Kaderathleten dürfte der Dopingentwicklung ein wenig Einhalt gegeben sein, jedoch besteht nach wie vor für besser und hoch bezahlte Athleten (DLV-Höchstförderstufe, z. B. Diskus-Kader) die Möglichkeit, ihre Trainingsaktivitäten in das Ausland zu verlegen und somit einer wirksamen Kontrolle zu entgehen.»*

Für diese Art von Dopingtourismus bieten sich viele sonnige und mit illegalen Drogen gut versorgte Plätzchen an. Sehr beliebt sind nach wie vor Winter- und Frühjahrsreisen in die USA, besonders nach Südkalifornien mit seinen vielen Kraftstudios und Sportanlagen, garantiert sonnigem Wetter und immer noch guter Anabolika-Schwarzmarktlage.[1]

1 Experte Dr. Robert Kerr: *«Ich hab dem FBI und der FDA schon dreimal gesagt, wenn sie nur mal an einer bestimmten Sporthalle in Pasadena an einem bestimmten Abend in der Woche parken, dann würden sie schon den schwarzen Cadillac sehen, der die Anabolika anliefert. Aber sie haben noch nichts getan.»* (Breo, 1990). Es hat aber doch jemand reagiert: Das organisierte Anabolika-Verbrechen, das offenbar sogar FBI und FDA unterwandert hat. Kurz danach erhielt Kerr nämlich einen anonymen Brief mit der Warnung: *«Ihre Anstrengungen,* [uns] *Schwarzmarkt-Händler in den Knast zu bringen, sind nicht unbemerkt geblieben!»*

Auch Florida oder Louisiana sind für einen ordentlichen «Stacking Cycle», eine Mehrfach-Drogen-Kraftkur, empfehlenswert. Man kann aber auch fast zum gleichen Preis in die Karibik reisen, wo es viele gepflegte Inseln mit passablen Sportanlagen gibt, die kein Kontrolleur je betreten hat, oder ganz weit weg entfliehen, mehr als 15000 DM weit, z. B. auf den Fünften Kontinent (schon Birgit Dressel dopte winters auf Neuseeland) oder nach Südafrika.

Populärer, weil genauso sonnig, aber näher gelegen und durch gute Flugverbindungen erreichbar, sind die iberischen Kurorte. Sie haben inzwischen ganzjährig Saison. Außer für die Kraftgrundlagenkur im Winter bieten sie sich auch zur Frühjahrskur für Spezial- und Schnellkraft und für Sommerfrische-Kurztrips in der UWV an. Der (die) Athlet(in) fliegt dann nur noch in der letzten UWV-Woche zum Abliefern des Kontroll-Urins und der Wettkampfleistung an den Wettkampfort. An der Spitze rangiert hier die kanarische Insel Lanzarote mit ihren guten Sportanlagen, die bei vielen deutschen Athlet(inn)en so beliebt ist, daß der einschlägig bekannte Wurf- und Stoß-Trainer Christian Gehrmann (der mit dem *«Auto voll Anabolika»*, *Spiegel* 50/1990) sich gleich auf Lanzarote angesiedelt hat. Ähnlich beliebt sind auch schon seit vielen Jahren andere Inseln wie Teneriffa, Mallorca, Menorca, aber auch Orte auf dem spanischen Festland und in Portugal. Auch das Höhentraining – ob im schweizerischen St. Moritz, im mexikanischen Toluca oder in Flagstaff (Arizona) – läßt sich mit einer Hormonkur verbinden.

Trifft aber doch einmal die ungünstigste Konstellation ein, daheim oder im fernen Trainingslager, und der (die) Kontrolleur(in) trifft auf eine(n) Sportler(in) voll im Stoff, besteht für die erfahrene Betrugsgruppe immer noch kein Grund zu Panik oder Fatalismus. Denn einmal abgesehen von der Möglichkeit, unerwünschte und staatsschädigende Analysen-Ergebnisse bei prominenten Sportlern zu unterschlagen oder mit formellen Vorwänden wegzuinterpretieren (vgl. Kapitel 17), sind viele Kontrollen auffällig schlampig und die Kontrolleure mit bestimmten Tricks zu überlisten. Das geht bei manchen Kontrolleuren besser als bei anderen – aus noch nicht geklärten Gründen.

Bestimmte Kontrolleure wie der langjährige Vorsitzende der Antidopingkommission des DLV, Dr. Dieter Baron, sind besonders beliebt. Die deutschen Spitzendoper kennen natürlich ihre Pappenheimer längst. Nur manche ausländischen Gäste wundern sich über die unvorschriftsmäßigen Kontrollen der Deutschen, ganz im Gegensatz zur verbreiteten deutschen Selbsteinschätzung. Eine australische Sportlerin, in ihrer Heimat seit 1988 an scharfe Kontrollen gewöhnt, mußte bei einer Wettkampfkontrolle auf deutschem Boden vor Lachen laut herausprusten über die laxe Durchführung (*«Is this a joke?»*). Und noch im Herbst 1991 beim Sportfest des ASV Köln konnte es die brasilianische Hochspringerin Lima dos Santos gar nicht fassen, daß der liebe Kontrolldoktor Baron sie allein auf die Toilette ließ (Barons süß-trotteliger Kommentar auf die erstaunte Reklamation: *«Aber dem Mädchen sieht man doch an, daß sie sauber ist!»*).

Um beispielsweise das häufige Verdünnen des frischgelassenen Harns mit Wasser aus der Toilettenspülung (vgl. z. B. den Fall Sven Martin 1991 auf S. 267) oder Fruchtsaft (Donike 1992) oder das ebenso häufige Einschmuggeln vorbereiteter «falscher» Urinproben zu verhindern (in Fläschchen, weichen Kathetern oder in Plastikbeutelchen am oder im Körper verborgen, meist intravaginal), ist in den Dopingkontroll-Bestimmungen ausdrücklich vorgeschrieben, daß die Urinprobe *«unter Aufsicht und genauer Sichtkontrolle des Kontrolleurs»* abzugeben ist. Das erfordert natürlich, daß ein Kontrolleur desselben Geschlechts wie die zu kontrollierende Person anwesend ist, entweder als Arzt/Ärztin oder als zur Kontrolle berechtigte Begleitperson («chaperone»). Das ist aber bei vielen Kontrollen gar nicht der Fall, die Kontrollergebnisse sind also von vornherein wertlos.

Deutsche Sportler und Sportlerinnen sind bei der Urinpanscherei zur Entwertung von Trainingskontrollen besonders aktiv. So hat Kontrolleur Prof. Donike (1992) bei den etwa 2000 Dopingkontrollen des Jahres 1991 ein seltsames Phänomen beobachtet: Während die Wettkampfproben eine normale Verteilung der «Urindichte» aufwiesen, die dem Gehalt an gelösten Stoffen entspricht, traten bei den während der Trainingsphase abgeholten Urinproben starke Abweichungen auf. Etwa 140 Proben (7%) waren deutlich verdünnt, was auf Manipulation hindeutet. Außerdem beobachtete Donike schon 1991 Fälle einer Identität angeblich verschiedener Urinproben, was nur durch Manipulation – in diesem Fall durch untergeschobenen Fremdurin – erklärt werden kann. Dazu gehörten die berühmten «Zinnowitz-Proben» der vom früheren DDR-Trainer Thomas Springstein betreuten Sprinterinnen Katrin Krabbe und Grit Breuer vom 20. 7. und 1. 8. 1991, exakt in der UWV vor der Weltmeisterschaft in Tokio (vgl. Abb. 11 u. 13 und Kapitel 21).

Wie unverfroren übrigens sogar bei der Aufsicht von Dopingkontrollen betrogen wird, ist erstmals und amtlich von der Untersuchungskommission des australischen Senators John Black (1989, 1990) festgehalten worden, die bei kritischer Prüfung von Kontrollprotokollen auf unglaublich viele Inkorrektheiten, Unwahrheiten und Betrügereien stieß. Dabei hat mich die Geschichte der mogelnden Nonne am meisten beeindruckt: «Sister Sue Beasley», die wohl aus christlicher Barmherzigkeit den Chaperone-Dienst versah, schien Mitleid mit beiden zu haben, den Kontrolleuren und den Athleten, und unterschrieb auch tapfer Protokolle für männliche Athleten, deren Uriniervorgang sie natürlich nie *«unter genauer Sichtkontrolle»* miterlebt hatte. Senator Black fand, daß überhaupt nur 10% der Formulare gültig ausgefüllt und unterschrieben waren. Speerwerferin Sue Howland beschuldigte außerdem Schwester Beasley, ein befürchtetes positives Kontrollergebnis vertuscht zu haben – durch das, was man in Australien den «sink test» nannte und was häufig auch von Veranstaltern internationaler Sportfeste praktiziert wird. Die Urinflasche wird «versehentlich» vom Kontrolleur oder der Begleitperson in den Ausguß entleert (*«it got tipped down the sink or whatever»*; Black 1989). Vollends überwältigt von der Korruption bei den Kontrollen waren Senator Black und seine Kommission aber, als sie Athletennamen fanden, deren Analysendatum vor dem Zeitpunkt der Auslosung lag. Da beschlossen sie, daß es an der Politik war zu handeln, und räumten im australischen Sport auf.

Derartige amtliche Enthüllungen können natürlich im deutschen Dopingwesen nicht vorkommen, schon weil es hier keinen Willen zur konkreten Wahrheitsfindung und keine Kommission gibt, bei der die Wahrheit gesagt werden muß, wenn nötig unter Eid. Hierzulande kontrolliert keiner die Kontrolleure, und man weiß einfach effektiver mit dem Dopingproblem umzugehen. Denn wie in der Wirtschaft hängt auch bei der Leistungsunterstützung im Sport alles von qualifizierten Mitarbeitern ab. Und da ist das vereinigte Deutschland bestens gerüstet.

So wird in Deutschland z. B. die Sportgeräte-Entwicklung als Gebiet von so großer staatlicher Bedeutung angesehen, daß im deutschen Einigungsvertrag ausdrücklich bestimmt wurde (S. 68 u. 69), die FES (Forschungs- und Entwicklungsstelle für Sportgerätebau) der früheren DDR sei unbedingt zu erhalten. Inzwischen wird dieses Institut denn auch von Staat und NOK voll gefördert und bedient die nationale Überlegenheitssehnsucht. (Die sonst so geforderte Chancengleichheit ist nicht mehr gefragt, wenn es um die eigenen Siege geht; Gott sei Dank brauchen die Kenianer nur Sportschuhe zum Laufen, und oft noch nicht einmal die.)

Die vielen sportmedizinischen Maßnahmen, Überbrückungstherapien, Anabolika-Blankorezepte, der Dopingmittel-Postversand, die Kontrollen und Anti-Kontrollmaßnahmen, das alles erfordert qualifizierte Fachkräfte, kompetente Koordination, geschickte politische Abschirmung und Öffentlichkeitsarbeit. Und da muß man feststellen: So gut wie zur Zeit war der deutsche Sport mit Dopingexperten noch nie besetzt.

Mag es auch für die Öffentlichkeit so aussehen, als dominierten Personen aus den alten Bundesländern in der Führungsetage des Sports, auf der Arbeitsebene herrscht der Dialekt und der Kommandoton der DDR. Da haben die Ost-Kader der Trainer, Sportwissenschaftler und Funktionäre in großer Zahl das System durchsetzt und bestimmen schon die neuen alten Pläne. Das einzige, was ihnen fehlt, sie mahnen es fordernd an, ist Geld, aber auch das wird dem neuen Moloch Staatssport in beträchtlicher Menge geopfert (Originalton Trainer Ost: *«Ein so reiches Land wie die Bundesrepublik muß sich den besten Sport einfach leisten können! Alles andere machen wir schon.»*)

Zwar sind Scharen besonders belasteter Spitzenfunktionäre des DDR-Sports inzwischen in die gutdotierte DM-Pension gegangen, vorübergehend in anderen Bereichen untergetaucht (das gilt besonders für einige der Dopingmediziner) oder haben sich ins Ausland abgesetzt, wo man keine peinlichen Fragen stellt oder Menschenmanipulation nach DDR-Muster sogar zu schätzen scheint wie etwa in China, Südkorea oder Österreich. Aber die zweite Reihe der – oft genauso belasteten – Funktionäre des DDR-Sports hat sich im deutschen Sportsystem festgesetzt.

Das FKS heißt jetzt IAT (Institut für angewandte Trainingswissenschaften), doch ist der alte Geist durch die Bestallung alter Kader und Doper gesichert (u. a. die Professoren Gudrun Fröhner, Jürgen Krug – vgl. S. 83 –, Georg Neumann, Manfred Reiß, Gottfried Stark). Für die Mitglieder des Instituts gibt es auch längst schon wieder einen dienstlichen Maulkorberlaß und das Gebot zur nationalen Geheimforschung; ein Fernseh-Aufnahmeteam, das für die britische BBC Interviews haben wollte, hat es kürzlich mit Erstaunen festgestellt.

Im NOK Deutschland drängeln sich die Doping-Verantwortlichen West wie Ost. Dort sitzt z. B. inzwischen Wolfgang Gitter an wichtiger Stelle (Leiter des NOK-Büros Berlin), früher Generalsekretär des NOK der DDR und als langjähriges Präsidiumsmitglied des DVfL für dessen Dopingprogramme mitverantwortlich. Der frühere Präsident des dopingbelasteten Kanusportverbandes (Kapitel 9–12) der DDR, Prof. Dr. Joachim Weiskopf, ist sogar gesamtdeutscher NOK-Vizepräsident geworden. Der zentrale Ausreisekontroll-Betrüger von Kreischa, Dr. Claus Clausnitzer (s. S. 126 und 127), ist längst ebenso Persönliches Mitglied des NOK wie Dr. paed. DHfK Margitta Gummel, die erste amtliche deutsche Anabolikerin (Kapitel 11), der FDJ-Chefideologe und lautstarke DDR-Dopingabstreiter Volker Kluge (auch NOK-Pressechef) und der Dopingtrickser von Turin, Prof. August Kirsch (S. 265).

Margitta Gummel ist außerdem Pressesprecherin des Landessportbundes (LSB) Brandenburg, ihr langjähriger Doper-Trainer Prof. Dr. Karl-Heinz Bauersfeld Vizepräsident des LSB Sachsen. Ein weiteres Präsidiumsmitglied des Dopingverbandes DVfL, Günter Möbius, ist nun im Präsidium des DLV und außerdem Präsident des Landesverbandes Brandenburg. Sie alle können sich übrigens kompetent über «unterstützende Maßnahmen» mit dem neuen Rechtswart des LSB Thüringen unterhalten, dem wegen seiner Dopingaffäre als DLV-Bundestrainer zurückgetretenen Jochen Spilker.

Unter den deutschen Sportverbänden ragt natürlich wieder der DLV heraus, der seine bewiesene Doping-Vergangenheit offenbar in eine nicht beweisbare unterstützte Zukunft überleiten will. Dies symbolisieren seine Ehrenpräsidenten Prof. Kirsch (DLV-Doping) und Prof. Dr. Georg Wieczisk, jahrzehntelang für Politik und Dopingprogramme des DVfL mitverantwortlich. Wichtiger für die aktive Arbeit ist aber wohl, daß einer wie Joachim Krebs, früher viele Jahre als Stellvertretender Generalsekretär des DVfL an mitentscheidender Stelle tätig, heute im Referat Wettkampfwesen des DLV wirkt, auch als Organisator großer Sportveranstaltungen.

Aber das ist natürlich alles noch nichts gegen die Scharen von Dopingpraktikern unter den DLV-Trainern. Die Trainer an der Basis schließen nicht nur die bekannten Namen des DLV wie z. B. Gehrmann, Steinmetz und Hüsselmann[1] und Gehrmanns Schülerin Eva Rapp (Wilms) ein, sondern nun auch eine ganze Brigade von früheren DVfL-Trainern, die einige der höchstgedopten Athleten und Athletinnen der Sportgeschichte betreut haben.

Von den Trainern des DLV (DLV-Jahrbuch 1990/91) sind die folgenden durch Angaben in Dokumenten als aktive Teilnehmer am Anabolikadoping in der DDR belastet: Rainer Aust, Klaus Baarck, Klaus Beer, Gerhard Böttcher, Dr. Hermann Brandt, Rudolf Damm, Peter Dost, Erich Drechsler, Jörg Drehmel, Siegfried Elle, Frank Fermumm, Werner Goldmann, Jörg Graf, Karl Hellmann, Horst-Dieter Hille, Lothar Hillebrand, Bernd Jahn, Winfried Jacoby, Lutz Jannek, Eberhard König, Lutz Kühl, Klaus Lohse, Jürgen Ludewig, Günter Lunau, Wolfgang Meier, Klaus-Dieter Mirow, Hans-Joachim Pathus, Rainer Pottel, Bernhard Riedel, Frank Rüdiger, Dr. Klaus-Gerhardt Schlottke, Klaus Schneider, Dr. Bernd Schubert, Heinz Schütze, Wolfgang Skiba, Dr. Edwin Tepper, Bernhard Thomas, Hartmut Wolter, Günter Zels.

Darunter gibt es auch mehrere, die bereits über Doping-Eigenerfahrung verfügen wie Jörg Drehmel, Frank Fermumm und Rainer Pottel, und viele, die nachweislich auch Minderjährige mit androgenen Hormonen gedopt haben, wie z. B. Rudolf Damm (Kapitel 13), Wolfgang Meier, Klaus Baarck, Peter Dost, Heinz Schütze und Lutz Kühl (die jung und verbrecherisch hoch gedopte Heidi Krieger 1982: *«Ilona* [Slupianek] *trainiert bei Willi Kühl, ich bei Lutz Kühl, ... der eine Menge von seinem Vater lernte...»*; später trainierte Heidi dann auch bei Vater Willi).

Während in anderen Ländern Trainer und Ärzte, die der Beteiligung beim Doping überführt sind, ausgeschlossen werden (in Kanada wurde Ben Johnsons Trainer Charles Francis ebenso lebenslänglich gesperrt wie in den USA der berüchtigte Doping-Trainer Chuck DeBus; vgl. Kapitel 3; auch in Australien sind mehrere Sperren ausgesprochen worden), tat der deutsche Sport – vor allem der DLV – alles, um die dopingerfahrenen «Erfolgstrai-

1 Steinmetz trat allerdings als Folge des Urteils zu seiner abgewiesenen Klage gegen das Buch «Doping-Dokumente» im Dezember 1991 von seinem Amt als Bundestrainer zurück. Trainer und Manager Heinz Hüsselmann (TV Wattenscheid) ist von 400 m-Spitzenläuferin Ute Thimm des Anabolika-Angebots und von Hürdensprinterin Brigitte Gerstenmaier sogar des Hormondopings ohne ihr Wissen beschuldigt worden (mit Methandienon, d. h. Dianabol, in Pillen eines von Hüsselmann übergebenen «Drogen-Dosierspenders»; *Spiegel* 50/1990).

ner» der DDR für die anstehenden Großereignisse, besonders die Olympischen Spiele 1992, zu behalten.

Dazu ließ man sich eine besonders heuchlerische Juristenposse einfallen: Eine «Unabhängige Juristenkommission» mit sogenannten Rechtskundigen aus der ehemaligen DDR und zwei naheliegenden Darmstädter Kollegen (Darmstadt ist der Sitzort des DLV), dem Vorsitzenden Richter am LG Darmstadt, Burkhard Sinnecker, und dem Direktor des Arbeitsgerichts Darmstadt, Frieder Ewald, der den Vorsitz hatte, sollte Wahrheit und Recht finden. Dieses Gremium war nun ausgesprochen rechtsschöpferisch, es sagte nichts über gefundene Dopingwahrheiten (die kennt der Leser dieses Buches inzwischen besser), sondern erfand – speziell für deutsche Doper, die zur Mehrung des nationalen Ruhms benötigt werden – den alles überragenden Aspekt der «günstigen Sozialprognose» für die Zukunft: ohne öffentliches Geständnis, ohne tätige Reue, ja anscheinend auch ohne Unrechtsbewußtsein, wurden die Täter «entlastet».

Und weil man gerade so schön juristischen Unfug trieb, erfand man beim DLV auch gleich noch ein neuartiges Beweismittel: *«Von allen Trainern und Ärzten des DLV wurde eine sog. ‹Eidesstattliche Erklärung› abverlangt, in der sie folgendes versichern ...»* (Text des DLV, der sowohl die ironischen Anführungszeichen als auch das «sog.» selbst hinzufügte). Die dann folgende Erklärung wäre selbst als Bierulk für Jura-Anfangssemester zu dünn: Es fehlt jede verbindliche Form und Konsequenz, und erklärt wird alles mögliche (z. B. man sei nicht Mitglied einer Institution gewesen, die im Doping eine wegweisende Rolle gespielt habe, und habe nicht aktiv an Beschlüssen, Planungen und Anordnungen zum Doping mitgewirkt), nur nicht das Wesentliche, nämlich daß man nie Dopingmittel verabreicht habe. Diese Erklärungen erfüllten denn auch sofort ihren Zweck: Die Verträge aller nachweislichen Doper wurden blitzschnell verlängert.

Darunter war auch der von Chefverbandstrainer Dr. Bernd Schubert, dem kurz zuvor in einem ordentlichen Urteil des Landgerichts Heidelberg (4.12.1991) bestätigt worden war, daß man ihn *«ausgewiesenen Fach-Doper und aktiven Teilnehmer am Anabolika-Doping der DDR»* nennen darf. (Aus der Urteilsbegründung: *«Die Richtigkeit dieser Behauptungen hat die Verfügungsbeklagte aber nicht nur glaubhaft gemacht, sondern nach Überzeugung der Kammer sogar bewiesen.»*)

Als diese Diskrepanz in der Öffentlichkeit dann aber allzu peinlich wurde, nahm der DLV Schubert als Cheftrainer formell zurück und definierte seine Cheftrainer-Koordinationsaufgaben etwas anders. Er ist aber weiterhin in einem DLV-Amt. Das DLV-Verhalten im Fall Schubert kommentierte Manfred von Richthofen, Vizepräsident des DSB und Vorsitzender der «Kommission zur Beratung in Doping-Fragen» des DSB, denn auch entsprechend: *«Da schwanke ich zwischen Wut, Ekel und Resignation. Ein Mann wie Schubert ist nicht mehr tragbar»* (*Welt am Sonntag*, 15.12.1991).

Was für Dr. Schubert zutrifft, gilt aber erst recht und noch mehr für den dopingbefleckten Sprint-Verbandstrainer des DLV, Dr. Edwin Tepper, der in derselben Funktion erhebliche Mitverantwortung für das brutale Anabolikadoping des DVfL der 80er Jahre trug, besonders auch für das Minderjährigen-Doping und das hochdosierte Frauendoping (Tabellen 5 und 12, Abb. 11 und 18), und ausdrücklich auf dem Verteiler des Dopingerfolgsberichtes von Nicklas und Reumuth (1986) genannt ist. Schon der kanadische Sprinter(innen)-Trainer Charlie Francis suchte kompetenten Rat bei seinem DDR-Kollegen (S. 66), der übrigens schon 1984 für die durch Doping erzielten internationalen Erfolge seiner Sprinter(innen) jenen Orden erhalten hatte, den Dr. Schubert 1988 so schmerzlich enttäuscht vermißte: den «Vaterländischen Verdienstorden», den Tepper – wie damals auch Trainer Wolfgang Meier – in Silber, der direkt am Doping beteiligte Sprint-Trainer Horst Dieter Hille und sein Manipulationsobjekt Bärbel Wöckel (Kapitel 12) aber sogar in Gold erhielten.

Hille ist heute Sprint-Trainer im westfälischen Bünde, wo er kürzlich von vier anderen Trainern beschuldigt wurde, jungen Aktiven *«aus einer braunen Tüte»* blaue Dopingmittel, nämlich das gute alte OT, angeboten zu haben. Bärbel Wöckel ist Sachbearbeiterin in der DLV-Zentrale in Darmstadt. Die Doper sind eben überall.

Neben den an der Praxis orientierten Trainern machen sich im DLV in verschiedener Weise auch die Dopingtheoretiker der früheren DDR nützlich. So schreibt der frühere DVfL-Verbandstrainer und Dopingexperte Klaus Gehrke in der Verbandsbeilage *Die Lehre der Leichtathletik* und arbeitet auch an den Rahmentrainingsplänen des DLV mit. Auch Doz. Dr. Lothar Hinz (1981; Hinz et al. 1986), der mit einer berüchtigten Hochdosisdoping-Doktorarbeit (Dissertation B, 1985) promovierte, die bis heute von der Universität Leipzig und allen Betroffenen so gründlich versteckt wird, daß selbst der zuständige Ministerpräsident Prof. Dr. Kurt Biedenkopf und seine Beamten sie trotz heftiger Suche nicht beibringen konnten (S. 16), ist DLV-salonfähig und arbeitet fleißig bei der *Lehre der Leichtathletik* mit. Schließlich ist auch Sprungexperte und Dopingbericht-Mitautor Gerhard Jeitner (z. B. Nicklas et al. 1986), früher wissenschaftlicher Mitarbeiter im WZ des DVfL, aufgetaucht und hält Vorträge vor den DLV-Trainern und gibt ihnen Empfehlungen.

Auch die Ärzteschaft des deutschen Sports, besonders des DLV, hat gewaltig an Doping-Substanz gewonnen. Allein die Tatsache, daß dieser Verband sich die Mitarbeit des – bis dahin – DVfL-Chefarztes, Prof. Dr. Hartmut Riedel, gesichert hat, als Meister-Doper von Kreischa und Jena ebenso weltbekannt wie durch die seltsamen Umstände seiner Berufung an die Universität Bayreuth, hatte Leistungserwartungen geweckt. Auch eine Nachfolgerin Riedels im DVfL-Chefarzt- und Chefdoper-Amt, Dr. Regina Schwanitz, Ärztin auch von Katrin Krabbe und anderen Mecklenburger

Sprinterinnen, ist wieder mit von der Partie – als Sportärztin im Umfeld des Olympiastützpunktes Rostock. Mit ihr und Riedels früherem Doperkollegen vom berüchtigten Stasi-Klub SC Dynamo Berlin, Dr. Hans Wendler, inzwischen Sportarzt am Olympiastützpunkt Berlin, sind so allein drei der Ärzte der Konferenz von Kienbaum 1986/87 unter der Fahne des deutschen Sports wiedervereinigt (vgl. Abb. 25a).

Hier ist den bisher prominentesten DLV-Anabolika-Rezepteuren wie z. B. den Freiburger Universitätsmedizinern mit Prof. Klümper an der Spitze echte Kompetenz-Konkurrenz erwachsen. Besonders erfreulich für die Athletinnen ist außerdem die Verstärkung durch erfahrene Nachwuchsärztinnen wie den früheren Gehrmann-Schützling Frau Dr. Ingra Manecke und dem Riedel-Schützling Dr. Almut Heyne-Berg, deren Doping als Hochspringerin – mit OT und Durabolin, auch schon als Minderjährige – von ihrem damaligen Doktor ausdrücklich verzeichnet worden ist (Abb. 3).

Im Gegensatz zu ihrem kanadischen Kollegen Dr. Astaphan, dem wegen des Dopings von Ben Johnson und einem knappen Dutzend weiterer Athleten seine Arztlizenz entzogen wurde, ist keiner der vielen deutschen Dopingmittelbeschaffungs-Doktoren je von einer Ärztekammer zur Rechenschaft gezogen worden.

Aber auch in anderen Sportverbänden findet man viele ausgewiesene Fachdoper. Vor allem im Schwimmverband DSV trifft man überall auf üble Jungmädchendoper, seien es Dopingärzte wie jener Potsdamer Dr. Jochen Neubauer, der 13- bis 14jährige mit Androgenen dopen ließ (vgl. Kapitel 6), oder führende Trainer, die für die Verbandskonzeption des Dopings junger Mädchen im Schwimmverband der DDR mitverantwortlich waren, wie Cheftrainer Jürgen Tanneberg (heute beim DSC Düsseldorf) und Trainingswissenschaftler Dr. Günter Baumgart (Rademacher u. Baumgart 1986; Textdokument 1D), der heute im Württembergischen Schwimmverband und beim SV Cannstatt wirkt, oder etwa den Leipziger Starttrainer Stefan Hetzer, heute im bayrischen Burghausen.

Daß Trainer der früheren Bundesrepublik, die niemals selbst durch Doping betrogen und eine grundsätzlich andere Auffassung von der Verantwortung für die ihnen anvertrauten jungen Menschen haben, nach all dem nicht schweigend oder grinsend zur Tagesordnung übergehen wollen und Klärung fordern, stört nur die reinen Erfolgsinteressen der Verbandsoberen. So gab es denn im DSV Auseinandersetzungen zwischen denen, die Skrupel, und jenen, die keine haben, und bereits die ersten Rücktritte von idealistisch gesinnten Trainern, die nichts mit dieser Art Schwimmsport zu tun haben wollen. Zum Interessenvertreter der Dopingtrainer aus der DDR machte sich dabei ausgerechnet der DSV-Funktionär Harm Beyer (s. Kapitel 23), der sich öffentlich für Gesetzesverstöße, nämlich für eine Anabolika-Freigabe, aussprach – und das in einer Sportart, in der die Spitzenleistungen in der Regel im Teenager-Alter beginnen! Beyer fand es mutig, daß 25 Trainer des früheren DDR-Schwimmverbandes eine wachsweiche, anonyme Erklärung bei ihm persönlich hinterlegt haben, und kanzelte die auf Doping-Aufklärung bestehenden BRD-Trainer öffentlich als «egoistische Ziele verfolgend» ab. Es ist offenkundig, daß hier verschiedene Auffassungen vom Menschen und vom Sport aufeinanderprallen.

An konkreter Wahrheit und Konsequenzen daraus sind die deutschen Sportverbände durchweg nicht interessiert. Harm Beyer stellt dagegen das *«erfolgreiche Abschneiden der Nationalmannschaft in Barcelona»* als offenbar höherrangiges ethisches Gut vor. Und so wird es denn nur kurze Zeit dauern, bis alle – auch die allerschlimmsten – Dopingverbrecher wieder in den deutschen Sport integriert sind. Und wie bei der «Bewältigung» des nationalsozialistischen Systems (vgl. Müller-Hill 1988) wird keiner der Doper Schwierigkeiten in seiner Karriere haben, es regnet bereits «Persilscheine».

Und die Fehler der Vergangenheit werden in der Zukunft selbstverständlich ausgeschlossen. Vor allem den Fehler des Aufschreibens wird man im deutschen Doping-Sport wohl nie wieder machen. Kein Doping-Schnüffler wird in Zukunft noch jemals VVS-Akten, Rezepte oder andere belastende Dokumente finden. Der Doping-Datenschutz ist von nun an wirklich gesichert, damit ein Buch wie dieses niemals mehr geschrieben werden kann.

# Kapitel 21
# Eine Manipulation wird wegmanipuliert: die Deutsche Einheit im Urin der schnellen Lügnerin

---

*«Katrin Krabbe hat alles das mitgemacht, was im Leistungssportsystem der DDR üblich war... Unterstützende Mittel waren für die Sportler nämlich kein Gegenstand im Sportleralltag, über den gesprochen wurde.»*
(Prof. Dr. Paul Kunath, früher Professor für Sportpsychologie an der DHfK Leipzig, führender Sportpsychologe der DDR und Präsident der Vereinigung europäischer Sportpsychologen; aus *Psychologie heute* 2/1992)

*«Sehr geehrter Herr Emig, Ihrer Ladung zu der Verhandlung* [des Rechtsausschusses] *... als Zeuge kann ich leider aus terminlichen Gründen nicht folgen. ... Im übrigen habe ich grundsätzliche Zweifel an der Ehrlichkeit und Wahrheitsfindung von sportgerichtlichen Verhandlungen, wie gerade die... DLV-Verhandlungen zum Doping-Komplex beweisen. Das Urteil steht ja wohl schon fest.»*
*«Ich habe in der Tat den Eindruck, daß bei Sportgerichtsverfahren opportunistische Gesichtspunkte häufig triumphieren.»*
(Aus Briefen vom 6.2. und 14.2.1979 [!] an den damaligen Vorsitzenden des Rechtsausschusses des Leichtathletikverbandes Rheinhessen, Herrn Günter Emig, Mainz, der als Vorsitzender des «DLV-Rechtsausschusses» einer Formfehler-Findungskommission im Urinmanipulationsfall Breuer, Krabbe und Möller vorsaß und am 4.4.1992 die Schuld an der nachgewiesenen Manipulation dem Großen Unbekannten Manipulator zuwies. Wie man sieht: Nichts Neues im Westen.)

Die Sprinterinnen der DDR waren – durch viele gerichtsfähige Dokumente beweisbar (vgl. Abb. 11 und 18, Tabellen 5 und 12; Nicklas u. Reumuth 1986; Nicklas u. Sattler 1987, 1989) – regelmäßig mit androgenen Hormonpräparaten gedopt, überwiegend mit Oral-Turinabol, zu bestimmten Zeiten aber auch mit Testosteronestern (Kapitel 12 und 13). Dieses hormonelle Dopingprogramm begann in der Regel, wenn die Mädchen noch minderjährig waren, im 16. oder 17. Lebensjahr («body engineering»), und die Doping-Zeiträume waren durch den Trainings- und Wettkampfplan vorgegeben (s. Abb. 13). Typischerweise erfolgte jeweils mindestens eine Hormonkur in den Vorbereitungsperioden VP1 und VP2 und in der UWV, daran schloß sich ein Überbrückungsdoping an. Zu den von Jugend auf Hochgedopten gehört z. B. auch Silke Möller-Gladisch, die Rostocker Doppelweltmeisterin von 1987 über 100 m und 200 m (S. 151).

Während man in der deutschen Öffentlichkeit und den Medien durchaus sagen und schreiben darf, daß in der DDR ganz allgemein «flächendeckend gedopt» wurde, muß man sich doch stets sofort und laut zum Dogma des Werdens der Neubrandenburger Sprinterinnen bekennen: Die ganze DDR lief auf OT, nur Katrin Krabbe nicht. Erst im März 1992 erfuhr man hierzu Relevantes von Doper-Ärzten des früheren SMD, die es besser wissen: Nach Aussagen (gegenüber der Ost-Zeitung *Super*) des Greifswalder Dr. Ulrich Wurster und der jetzt im Westen tätigen Ärzte Dr. Armin Stemmle und Dipl. Mediziner Tschieschang meldete sich schließlich der alte Dopingchef Obermedizinalrat Dr. Manfred Höppner selbst zu Wort und erklärte öffentlich (unter dem einfallsreichen Pseudonym «Dr. X»), daß

- es auch beim SC Neubrandenburg bis 1989 ein offizielles Klub-Depot für Dopingmittel gab,
- die Neubrandenburger Aufzeichnungen und Ausgabeprotokolle für das klubeigene Doping vom Chefdoper persönlich vernichtet wurden (Dr. Höppner: *«Ich habe alle Bücher eingesammelt und persönlich in den Reißwolf gesteckt.»*),
- die Neubrandenburger Athlet(inn)en ihren Stoff auf Antrag der Trainer streng hierarchisch vom SMD zugeteilt bekamen (SMD-Zentrale – Verbandsarzt – Bezirksarzt – Sektionsarzt im Klub),
- nach seiner fachkundigen Einschätzung die Springstein-Gruppe auch im Januar 1992 Stoff genommen hat (Dr. Höppner: *«Ich glaube, daß da was gelaufen ist.»*).

In einer Fernseh-Talk-Show des Mitteldeutschen Rundfunks am 3. 1. 1992 in Dresden habe ich kurz die DDR-typischen Dopingmuster geschildert und auf Anzeichen hingewiesen, die eine Fortsetzung solcher Praktiken im gesamtdeutschen Sport vermuten ließen, besonders auf die bekannten Möglichkeiten, durch Trainingsaufenthalte in der Ferne und schnelle Adressenänderungen Dopingkontrollen und -kontrolleure ins Leere laufen zu lassen. Danach um Erläuterung gebeten, habe ich u. a. auf den damals frischen Fall des früheren DDR-Frauensprinttrainers und Hochdopers Horst-Dieter Hille (früher Jena, heute Bünde/Westfalen) verwiesen, der von vier westfälischen Trainern beschuldigt worden war, Sportler(inne)n Anabolika angeraten bzw. angeboten zu haben. Auch auf die regelmäßig um diese Jahreszeit eintreffenden Pressemeldungen und Verwirrungen um die Adressenänderungen bei den VP1-Trainingslagern von Hilles Kollegen Thomas Springstein (Trainer von Katrin Krabbe, Grit

Breuer und neuerdings auch Silke Möller-Gladisch) habe ich hingewiesen: 1991 reiste die Gruppe auf verschiedene Karibikinseln, 1992 wähnte sie der kontrollierende DSB im kalifornischen San Diego, als sie schon in Stellenbosch (Südafrika) war.

Springstein machte aus der Grundlage für die Erfolge seiner schnellen Frauen gar kein Geheimnis und erklärte ganz öffentlich, daß er die frühere DDR-Trainingsmethodik uneingeschränkt fortführe, so z. B. nach den WM 1991 in Tokio: *«Wir haben das, was damals bei uns üblich war, durchgezogen. Und das ist für meine Mädels gut.»* Nun, was damals üblich war, hat der Leser in den Kapiteln 12 und 13 erfahren: vor allem OT satt und Testo als UWV-Dessert.

Ich glaube Springstein, was er sagt, kenne ich doch das starre Festhalten von DDR-Kadertrainern an den als erfolgreich angesehenen «Festlegungen zu unterstützenden Maßnahmen». Auch hatte ich von höchst merkwürdigen Ergebnissen bei Dopingkontrollen der Springstein-Sprinterinnen in der UWV-Phase vor den Weltmeisterschaften 1991 erfahren, medizinische Wunder geradezu: Die Urinproben von Krabbe und Breuer, die im Trainingslager von Zinnowitz am 20.7. und 1.8.1991 genommen wurden, zeigten eine seltsame Übereinstimmung verschiedener physikalischer und chemischer Eigenschaften und enthielten nicht die sonst immer von diesen Athletinnen angegebenen Kontrazeptiva, sondern ein anderes (Gravistat). Die Auffälligkeit war so groß, daß Analysator Prof. Manfred Donike den Antidoping-Beauftragten Theo Rous über die Manipulations-verdächtigen Seltsamkeiten informierte und warnte: *«Sagen Sie das dem Springstein!»* Auch die folgenden Proben, die wenige Wochen später beim UWV-Trainingslager der deutschen WM-Mannschaft in Seoul gesammelt waren, waren unbrauchbar, weil vergammelt, d.h. alkalisch (pH 8,5). Selbst die nächste Trainingskontrolle (Urin am 18.12.1991 in Neubrandenburg entnommen, traf erst am 27.12.1991 im Kölner Labor ein!) war vergammelt. Da war man in Köln und beim DSB schließlich unruhig geworden: *«Es stinkt gewaltig in Neubrandenburg.»*

Doch mit meinem Hinweis auf die winterlichen Versteckspiel-Jagden um den Erdball, besonders auf das 15000 DM Flugkosten entfernte Südafrika (kein Mitglied des Internationalen Leichtathletikverbandes, daher als besonders kontrollsicher geltend), hatte ich – nicht ganz unerwartet – heftige Reaktionen ausgelöst. Viele Journalisten empfanden diesen – übrigens nicht einmal neuen – Hinweis (andere hatten schon im Laufe des Jahres 1991 mehrmals auffällige Ungereimtheiten im Muster der Kontrollen von Krabbe und Co. aufgezeigt) als Angriff auf ein Nationalheiligtum. Besonders die Zeitungen des Axel Springer-Verlags, allen voran die *Bild*-Zeitung, bei der Katrin Krabbe Kolumnistin ist, gingen mich wütend an, versprachen amüsanterweise mal wieder «rechtliche Schritte», die nicht getan wurden, und DLV-Präsident Helmut Meyer versicherte dem Krabbe-Hofschreiber Walter M. Straten: *«Wir wollen beweisen, daß Katrin unschuldig ist. Und wir wollen die Unverschämtheiten von Frau Berendonk aus der Welt schaffen.»*

Der DLV ließ sich trotz der fortgeschrittenen Zeit (nach dem klassischen DDR-Dopingmuster hätte man eine Beendigung des Dopingzyklus etwa Mitte Januar erwartet) nicht nehmen, ein Kontrollteam des südafrikanischen Verbandes zur Probennahme nach Stellenbosch zu bitten. Die Südafrikaner, höflich und korrekt, halfen nach internationalem Protokoll. Das hätten sie besser nicht getan. Doch sie wußten damals noch nicht: Dem deutschen Sport ist in Dopingfragen nicht zu helfen.

Am 24.1.1992 wurden dort die Proben eingesammelt und versiegelt, die per Luftfracht in Donikes Kölner Labor gelangten und dort unverzüglich analysiert wurden: Drei von vier waren wieder identisch, nämlich die von Breuer, Krabbe und Möller, alle enthielten das Malariamittel Chloroquin, und die Urine der ersten beiden enthielten wieder ein anderes als das von ihnen sonst genommene Kontrazeptivum. (Die vierte Urinprobe der 800-m-Olympiasiegerin Sigrun Grau-Wodars war – eine ideale Kontrolle – normal und nicht manipuliert.) Wenn die absolute Gleichheit des Urins der drei Sprinterinnen kein Wunder war, mußte es die Folge einer Manipulation sein. Die Siegel waren unversehrt gewesen, die Manipulation mußte also im Körper der Athletinnen stattgefunden haben. Das war so neuartig nicht, denn – wie der Leser weiß – Urinmanipulationen gehören schon seit vielen Jahren zum Spitzensport, sei es mit versteckten Flaschen (S. 62), aus der Wasserspülung (S. 267), mittels Blasenkatheter (S. 268 und 308) oder durch intravaginal versteckte und mit Fremdurin gefüllte Kondome oder Vaginalsäckchen («vaginal bags»), die durch verdecktes Anschlitzen (Fingernagel) oder durch Muskeldruck (Clipverschluß) entleert werden können (ein amerikanischer Sportmediziner bei den Olympischen Spielen 1992 in Albertville dazu: *«But you have to practice it!»*); beide Techniken wurden seit Mitte der 80er Jahre auch in der DDR und noch mindestens zwei weiteren Ostblockländern angewandt.

Donike meldete den Verdacht dem DLV, dieser teilte das Ergebnis am 31.1. der Springstein-Gruppe mit – nach dem ersten Hallenstart der Sprinterinnen in Karlsruhe – und suspendierte sie vorläufig. Springstein und seine Läuferinnen, die eigentlich am nächsten Tag beim Hallensportfest in Stuttgart starten sollten, enteilten fluchtartig nach Berlin und Neubrandenburg.

Den Tausenden von wartenden Zuschauern und der deutschen Presse wurde eine Mitleid-heischende offizielle Lüge aufgetischt: Katrin habe sich beim Einkaufsbummel in Karlsruhe den Knöchel verstaucht. Der DLV, der die Wahrheit wußte, log durch sein öffentliches Schweigen mit.

Die Sportfans litten, und *Bild* gab in der folgenden Woche ein Bulletin des Heilungsfortschritts heraus[1].

Da war aber in der *Bild*-Redaktion – auch anderswo – schon das Kölner Manipulationsergebnis bekannt: nach internen Richtungskämpfen beschloß man, die Analyse und die Suspendierung zu veröffentlichen, bevor es andere tun würden. Am folgenden Wochenende wurde die B-Probe eröffnet und analysiert – mit identischem Ergebnis: identischer Urin. Startsperre.

Wie so oft, wenn es im Sport stinkt, trat nun der Dortmunder Sportrechtsanwalt Dr. Rauball auf und tönte in den Medien. *Bild* befragte sein Volk. Nicht überraschend forderten 72,1 % der Leser des Krabbe-Blattes einen Freispruch, ganz gleich von was! Und wie beim Ben Johnson-Fall wurden nun entlastende Schnurren in der Presse zum besten gegeben, so u. a. die Geschichten

- vom Adidas-Vertreter, der in Südafrika aufgetaucht sei und den Athletinnen der Firma Nike was untergeschoben haben könnte,
- von der Kontrollärztin Dr. Analena Bindeman, nun zurück in Kanada, die *Bild* angeblich etwas Entlastendes erzählt habe, anderen Journalisten aber eher Belastendes erzählt hat,
- eines von bösartigen Wessies untergeschobenen Pseudo-Ossie-Chloroquin-Urins,
- vom sowieso bösen Analysen-Professor Donike (kann man im Fall Ben Johnson schon bei Francis und Coplon 1991 nachlesen).

Dabei war all die Aufgeregtheit um die sportliche Zukunft des deutschen Frauensprint-Stars und Werbeträgers unnötig. Der Leser dieses Buches weiß bereits, wie man in korrupten Doping-Ländern aus solchen Bredouillen herauskommt: Sponsorfirmen einschalten und fleißig Formfehler suchen oder konstruieren. Nicht nur die USA (z. B. S. 244, 245), auch die BRD verfügt über große Doping-Vertuschungserfahrung und eine autonome Sportgerichtsbarkeit, die sich für unordentliche Verfahren eignet.

Am 3. April entschied das «*Bild*-Sportgericht» (u. a. mit Fernsehunterhalter Rudi Carrell, Tennisprofi Boris Becker und dem bekannten und beliebten Dopingmittel-Rezepteur Prof. Klümper, der im Januar übrigens auch die Sprinterinnen in Stellenbosch besucht hatte, was wie ein Staatsgeheimnis gehütet wurde) auf Freispruch. Zwei Tage später schloß sich der DLV-Rechtsausschuß unter dem Vorsitz von Günter Emig dem *Bild*-Sportgericht an – der Wille zur Wahrheitsfindung und das juristische Niveau waren in beiden Kammern durchaus vergleichbar. Beide Gerichte haben entschieden, daß die Urinmanipulationen mit den DDR-Ingredienzien mit an Sicherheit grenzender Wahrscheinlichkeit von einem Yeti in Professor Do-

1 Diese öffentliche Lüge der Sprinterin wie des DLV-Kollektivs, später wie eine Selbstverständlichkeit zugegeben, ist wohl der größte Skandal bei der «Urinaffäre».

nikes Labor stammt, der sich dort als studentische Hilfskraft eingeschlichen hatte.

Von den seltsamen Emigschen Urteilsgründen blieb schon wenige Tage später fast keiner mehr bestehen. Vor allem wurde klargestellt, daß die südafrikanischen Kontrolldoktoren sehr wohl deutschen Urin einsammeln durften. Und die von Dr. Rauball, dem Erfinder des großen Unbekannten, mit großer Geste vorgewiesenen Siegel mit denselben Nummern wie die von Krabbe und Kolleginnen bewiesen keineswegs, daß es leicht ist, an solche Verschlüsse zu gelangen, sondern das Gegenteil: Sie waren vom holländischen Doping-Kontrollabor – also einer dafür autorisierten Stelle – beim Hersteller bestellt und nach Auftrag geliefert worden. Eine schwindelerregende Argumentation, oder nach Prof. Donike: «Ein Schmierenstück.»

Doch da hatte das Urteil seine Wirkung schon getan: Die Bewohner der fünf neuen Bundesländer waren wieder beruhigt, eine Re-Sezsionsbewegung – zur Wiederherstellung der DDR – war gerade noch verhindert worden. Glaubten doch über 70 Prozent der Bewohner dieser Länder, daß man ihren Sprinterinnen durch einen westlich-kapitalistischen Trick schaden wollte. Und das hatten sie ja schon immer gehört, wenn es um das nichtexistente DDR-Doping ging: Alles westliche Erfindungen und Manipulationen! Ein später Triumph der DDR-Sportpropaganda auf altem Staatsgebiet.

Mit dem Emig-Spruch sollte nun aber Schluß der Diskussion über Urin, Katheter und Vaginalsäckchen sein, der sowieso schon manipulierte Urin sollte ruhen, nicht immer wieder aufgerührt werden. Es ist wichtig, daß die Deutschen das Grübeln über diesen Urin und seine Geheimnisse sein lassen und nun alle zusammenstehen und nach vorne schauen. Denn die rätselhaften Erscheinungen von Zinnowitz und Stellenbosch, eine in der Nord-, die andere in der südlichen Hemisphäre, eine mit, die andere ohne Chloroquin, wird man nie ganz erklären können, sie entziehen sich sowieso der schnöden Ratio, und man kann sich ihnen – wenn überhaupt – nur mit gebundener Sprache nähern. Daher habe ich mich entschlossen, an dieser Stelle die Stimmung des deutschen Sportvolks im Frühjahr 1992 durch den spontanen Versuch eines anonymen Mystikers wiederzugeben, den dieser mir dankenswerterweise überlassen hat.

## Die urinöse Einheit Deutschlands

Das Wunder von Stellenbosch
wirkt in uns fort
und schaudernd
erfahr'n wir:
Dreieinigkeit
Mecklenburger Urins
entspringt aus verschiedenen Blasen
am Ende Afrikas, Kap guter Hoffnung.

Der Damen Wunderharn,
total egal,
heilt seitdem
verletzte Knöchel
stehenden Fußes,
ohne rot zu werden.

Die Mysterien
entzieh'n sich
der Analyse
des Kölner Apparate-Professors.
Doch das Volk namens TED
glaubt
an die unbefleckte Empfängnis
der Olympio-NIKEN
in EMIG-keit,
Amen.

Denn der Harn,
der jenseits von Afrika
über uns kam,
ist nicht der Rest
Sozialistischen Einheitsurins,
sondern bereits
der erste Ausfluß
der neuen deutschen Einheit
und Innerlichkeit.

(Nachbarin, Euer Vaginalsäckchen!)

# Kapitel 22
# Das Recht auf dopingfreien Leistungssport gegen das Staatsinteresse am verdeckten Doping: Getrennte Verbände für Doper und Nichtdoper

---

*«Die Kommission geht davon aus, daß die Verantwortlichen im deutschen Sport spätestens seit 1976 Vermutungen und auch Kenntnisse vom Anabolika-Mißbrauch im deutschen Leistungssport hatten. Forderungen nach einem energischen Vorgehen wurden nur halbherzig erfüllt; insbesondere das Problem der Kontrollen in der Trainingsphase wurde zunächst nicht angegangen. Man beschränkte sich auf den Erlaß einer Vielzahl von Resolutionen und Erklärungen sowie auf andere Maßnahmen, die im nachhinein als Alibi-Vorgehen zu bezeichnen sind.»*
(Aus dem Bericht der «Unabhängigen Doping-Kommission» des NOK, DSB und des Bundesinnenministers Dr. Wolfgang Schäuble, unter dem Vorsitz von Prof. Dr. Heinrich Reiter, Präsident des Bundessozialgerichts; 19. Juni 1991)

*«Es gibt keine Lösung mit diesen Personen!»*
(Harald Schmid, Europarekordler und fünffacher Europameister über 400 m Hürden und in der 4 × 400 m Staffel, zweifacher olympischer Bronzemedaillengewinner; am 14. 12. 1990)

Nach Jahrzehnten koordinierter Lügen von Sportlern, Funktionären, Politikern und Journalisten steht nun fest, gerichtlich durch Dokumente und Zeugenaussagen bewiesen und in mehreren Ländern (selbst in der BRD) sogar durch Berichte offizieller Kommissionen von Regierungen und Sportverbänden bestätigt,
- daß viele Sportarten seit mehr als zwei Jahrzehnten durch heimliches Doping mit androgenen Steroiden bestimmt werden,
- daß dieser Drogenmißbrauch immer weitere Kreise gezogen, Frauen und Minderjährige erfaßt hat, selbst in Schulen eingedrungen ist,
- daß die Verantwortlichen für den Leistungssport (Sportler, Trainer, Sportmediziner, Sportverbände, Olympische Komitees, Regierungen) diese Entwicklung geduldet, oft sogar gefördert und eingeleitet haben,

– daß Spitzensport national wie international in den Händen von Betrugssyndikaten ist, bieder erscheinende Sportverbände kriminelle Vereinigungen darstellen,
– und daß niemand entschlossen ist, diesem Arzneimittelmißbrauch wirklich Einhalt zu gebieten, auch nicht der Staat, es sei denn die Sportlerinnen und Sportler, die sich diesem Diktat nicht unterwerfen wollen, ihre Eltern und Freunde ergreifen selbst die Initiative.

Doping-Kontrollen auf Anabolika, seit Mitte der 70er Jahre zögernd und eigentlich nur als Alibi und zur Beschwichtigung der Öffentlichkeit durchgeführt, sind bisher noch nie als effektives Mittel zur Verhinderung dieser Art Doping konzipiert und organisiert worden. Im Gegenteil, die nationalen und internationalen Sportverbände, die Sponsoren und die Veranstalter der Sportgroßveranstaltungen, sie alle waren vornehmlich daran interessiert, daß solche Kontrollen eben nicht zu wirksam sind und so die Athleten und ihre Erfolge in der Öffentlichkeit nicht als Anabolika-abhängig entlarvt werden.

Da die Sportfunktionäre selbst am meisten von der Anabolika-Leistung «ihrer» Sportler abhängen, haben sich im Laufe der Jahre in den Leitungsgremien der Sportorganisationen doppelzüngige Personen durchgesetzt, die sich gegenseitig auf ihre Fähigkeit zur versteckten Förderung des Dopings ausgewählt haben, gesucht und gefunden. Ähnliches gilt auch für die Sportmedizin: Nur wer als Dopingförderer, zumindest aber als stiller Dopingdulder bekannt ist, konnte und kann den Sportverbänden, Regierungen und Sponsorfirmen Garant für die nötigen Erfolgserlebnisse sein, Sporterfolge als nationale Bedürfnisbefriedigung: Panem et circenses. Durch diese Selektionsprozesse haben dann auch die komplexen Seilschaften der im Innersten dopingfreundlichen Funktionäre und Sponsoren im Weltsport eine Position erringen können, die einem Monopol gleichkommt: Es gibt bisher einfach keine organisatorische Alternative zum Anabolika-Wettkampfsport.

Denn weil es in einer bestimmten Sportart nur einen – vom Staat geförderten und vom jeweiligen Weltverband anerkannten – nationalen Sportverband gibt, folgt aus der heimlichen Duldung des Dopings durch Staat und Verbände notwendigerweise der Zwang zum Doping für den Sportler (vgl. das Zitat bei Liesel Westermann auf S. 36): Wer nicht mitdopt, ist in vielen Disziplinen so benachteiligt, daß er (sie) nicht einmal mit der regionalen, geschweige denn nationalen Spitze mithalten kann. Wie am Beispiel der Auswirkung der Anabolika etwa auf das Kugelstoßen der Frauen bewiesen (z. B. Kapitel 11 und 12), hat es für Nicht-Anabolikerinnen in dieser Disziplin seit den frühen 70er Jahren nicht den Hauch einer Wettkampfchance gegeben (s. Zitat von Jörg Kofink auf S. 246). Woher aber nehmen Staat und Sportfunktionäre das Recht, obendrein auch noch Steuermittel zur Förderung dieses Doping-Zwangsystems und dieses kriminellen Treibens einzusetzen und alle jene, die Leistungssport ohne Dopingmittel betreiben wollen, praktisch von jeder Art Leistungssport auszuschließen? Die in einem augenzwinkernden Geheimbund von Staat und Sportverbänden durchgeführten Kontrollen jedenfalls waren bis in die jüngste Zeit hinein halbherzig und so gezielt wirkungslos, daß dies selbst die eigene Untersuchungskommission («Reiter-Kommission») dem deutschen Sport öffentlich vorhalten mußte (S. 326).

Frühere Versuche, das Anabolika-Doping durch wirksame Kontrollen einzudämmen, mußten scheitern, beruhten sie doch auf der Annahme, im Sportsystem gäbe es noch «genügend Gerechte», die ernsthaft einen dopingfreien Sport wollen. Wie falsch und naiv das ist, hat selbst die «Reiter-Kommission» erkannt. Es ist einfach weltfremd, von langgedienten Managern und Duldern des Doping auch nur zu erwarten, sie würden nun plötzlich korrekte und wirksame Kontrollen durchführen, sich also letztlich selbst kontrollieren, womöglich ihre eigenen Medaillenkandidaten und Werbeträger eliminieren. Nur unter starkem äußerem Zwang, dem Druck der Öffentlichkeit und der Sponsoren, oder in besonders schlecht vertuschten Fällen haben die Funktionäre gelegentlich das ein oder andere Bauernopfer gebracht oder Kontrollen scheinbar verschärft.

Grundsätzlich gehe ich davon aus, daß es in unserer Gesellschaft ein Recht auf einen dopingfreien Leistungssport geben muß. Es geht ja wohl nicht an, daß ein sportbegabtes Mädchen sich z. B. entscheiden muß, entweder androgene Hormone einzunehmen und mitzubetrügen, auch gesundheitliche Schäden in Kauf zu nehmen – wobei das alles vom Staat und von Sponsoren unterstützt würde –, oder auf die Verwirklichung seines Talents im nationalen und internationalen Wettkampfsport zu verzichten. Daß der Staat wie bisher das Leistungssportmonopol und den systematischen Betrug der Anabolika-abhängigen Sportverbände durch Steuermittel und einen rechtlichen Sonderstatus («Autonomie des Sports») fördert, macht ihn selbst zum Komplizen des Betrugs.

Wenn man eine Struktur für einen Leistungssport ohne Dopingzwang schaffen will, muß man von zwei wichtigen Voraussetzungen ausgehen:

1. Es ist der Sport der aktiven Sportler, um den es geht, es ist ihre Jugend, ihr Leben. Es ist primär nicht der Sport und das Leben der Funktionäre, Sponsoren und Politiker. Denen ist es relativ egal, ob eine drogenfreie schwedische Kugelstoßerin gegen eine Übermacht hormongedopter Chinesinnen antreten muß, wenn es nur keine politischen Verwicklungen gibt, die Hotelsuite vom Sponsor gezahlt ist und der tolerierte fremde Dopingverband sich bei der nächsten Abstimmung im Sinne der eigenen «höheren» Interessen verhält. Menschenrechte gelten in dieser Sportpolitik so wenig wie in der Politik.

   Was aber hat ein(e) ungedopte(r) Sportler(in) davon, sich mit Menschen von einem anderen Stern, mit androiden «Hormis» der Galaxis Anabolika zu messen, mit von Jugend auf anabol manipulierten Gestalten? Warum sollte sie (er) in einen Wettkampf mit hormonellem Handicap ziehen? So selbstverleugnend oder bescheuert kann ja heute kaum noch jemand sein!

Daß ihr Sport dopingfrei ist, ist das wirkliche Interesse der aktiven Sportler, denn nur so sind sie selber frei: Jede Art von Doping einzelner führt zum Dopingzwang für alle und in der Regel auch zur Dosiserhöhung, eine Risikospirale ohne Ende. Daher sollten, ja müssen die aktiven Sportler die Regeln mitbestimmen und auf ihre Durchsetzung achten. Sie haben auch die Macht dazu, nämlich die Möglichkeit des Verweigerns, des Streikes, und – wenn nötig – des Zusammenschlusses in einem «alternativen» Verband.

2. Wie in anderen Bereichen des Lebens kann auch im Sport eine wirksame Kontrollfunktion nur von unabhängigen, weder direkt noch indirekt von sportlichen Erfolgen profitierenden Persönlichkeiten und Institutionen übernommen werden, professionell geschulten und lizensierten. Dopingkontrollen durch denselben Verband, durch dieselbe Institution desselben Ministeriums, das ein erklärtes Interesse an den sportlichen Erfolgen hat, sind unglaubwürdig. Auch die seit Anfang des Jahres 1992 im DSB vorgenommene Übertragung einer Teilaufgabe (Einsammeln der Urinproben) auf ein Spezialunternehmen («German Control») ändert da wenig, da sowohl Analyse und Endbewertung noch der direkten Kontrolle der betroffenen Sportverbände unterliegen.

Die Tatsache, daß z. B. von den 15 positiven deutschen Kontrollproben des Jahres 1991 nur ein einziger Fall (ein Gewichtheber, S. 304) von dem betroffenen Verband bekanntgegeben worden ist, beweist, daß die Verbände noch immer schalten, walten, vertuschen und die Öffentlichkeit betrügen können, wie sie wollen. Selbst bei bekannt gewordenen Fällen von Doping oder Urinmanipulation finden ein korrupter Verband und seine juristischen Possenspieler im selbstgeschaffenen Verbandsgericht noch immer eine Möglichkeit, das Unerwünschte durch konstruierte Formfehlerchen oder nachgeschobene Erklärungen wegzuzaubern, wie das z. B. für die USA Dr. Voy (1991) am Fall John Powell und Sprinterin Diane Williams an der Vertuschung ihres eigenen Falles ausführlich geschildert haben (Kapitel 17) und wie es der DLV und die ihm übergeordneten Kräfte bei vielen Aktiven (z. B. Konya, Föhrenbach, Knoll, Behrendt, Krabbe, Breuer, Möller-Gladisch) und Trainern (Beispiele in Kapitel 18 u. 20) vorgeführt haben.

Außerdem muß man nach der nicht abreißenden Serie von Dopingfällen (Tabelle 1), nach der Entdeckung des Staatsdopings in der DDR und der anschließenden Generalamnes(t)ie und Nichtaufklärung im wiedervereinigten Deutschland und nach den Berichten der offiziellen Regierungskommissionen Australiens (Black 1989, 1990), der USA (Biden 1990) und Kanadas (Dubin 1990) feststellen: Die Sportverbände und Olympischen Komitees sind zu einer wirklichen Umkehr, zu einer ehrlichen Änderung nicht mehr in der Lage, die Amtsträger sind längst selbst Teil des Betrugssystems, das Umgehen ihrer eigenen Regeln ist ihnen zur zweiten Natur geworden. Die Diagnose ist eindeutig: Das System Sport ist umgekippt, verfügt nicht mehr über genügend Selbstreinigungskraft.

Wenn es je wieder einen dopingfreien Wettkampfsport geben soll, dann bleibt nur eine grundsätzliche Neubestimmung und eine neue Bestimmtheit jener Sportler und Sportlerinnen, die sich und dem Publikum ihren «sauberen» Zustand beweisen wollen. Gefordert ist das entschiedene, wenn nötig sogar militante Eintreten von Eltern, Lehrern und anderen Bürgern für das Grundrecht der Kinder und Jugendlichen, die sich nicht dem Anabolikazwang unterwerfen wollen, auf einen humanen Leistungssport. Und jene vielberufenen mündigen Sportler, die nicht «Testo» spritzen und mit Fremdurin manipulieren wollen, müssen den Mund aufmachen, ihre wirklichen Interessen erkennen und als erstes die Pharma-Manipulatoren aus dem Tempel der Leibesübungen jagen. Die Sportler selbst müssen dafür sorgen, daß für sie ein radikal geändertes oder alternatives Wettkampfsystem geschaffen wird, in dem die Nichtbenutzung von Dopingmitteln die Regel und in ordentlich-rechtlich unanfechtbarer Form gesichert ist.

Dabei nehme ich an, daß es noch immer – oder dann vielleicht wieder – ehrenamtliche Helfer, Ärzte, Funktionäre, Politiker und auch Sponsoren gibt («saubere Athleten werben für saubere Produkte»), die solch ein alternatives Sportsystem unterstützen würden. Die organisatorischen Grundzüge dieses neuen Leistungssport-Systems müßten vom Prinzip der Selbstbestimmung des Sportlers abgeleitet sein, auch dem Recht, daß man weder zum Einnehmen von Dopingmitteln und anderer Drogen gezwungen werden kann noch zum Wettkampf gegen gedopte Gegner.

1. Sportler, die ihren Freunden und Gegnern förmlich geloben – möglichst jährlich neu –, nie Anabolika zu nehmen, schließen sich mit ihren Helfern in Vereinen zusammen, die diese Verpflichtung in ihre Satzungen aufnehmen. Verstoß bedeutet lebenslangen Ausschluß und Ächtung. Diese «sauberen» Vereine können vorerst Mitglieder der jeweiligen Sportverbände bleiben. Darüber hinaus gründen solche Vereine einen eigenen Interessenverband, der einen alternativen, dopingfreien Sportbetrieb organisiert und kompetitiv mit den «alten» Verbänden um Fördermittel und Sponsoren wirbt.
2. Ein Verein oder – aus organisatorischen und ökonomischen Gründen – mehrere Vereine zusammen beauftragen eine unabhängige, gegen Honorar arbeitende notarielle Prüfungsgruppe (z. B. ein Notar, ein Arzt und eine von den Sportlern gewählte Vertrauensperson), die Sportlern

der nationalen Spitzenklasse eine freiwillige, engmaschige und effektive Dopingkontrolle anbieten, besonders in dopingverdächtigen Zeiten (z. B. in der VP1, VP2 und UWV der alten DDR-Jahreseinteilung). Überlegte Probennahme und Kontrollqualität sind dabei wichtiger als Kontrollhäufigkeit. Die Prüfungsgruppe prüft durch miteingesandte, kodierte – positive und negative – Kontrollproben auch die Zuverlässigkeit des Analysenlabors. Für Auslandsaufenthalte werden überzeugende Modifikationen – je nach Land – angeboten. Natürlich beteiligen sich diese Sportler auch an allen anderen Kontrollen des Verbandes.

3. Ablauf und Analysenergebnis werden in einen «Kontrollpaß» des Sportlers eingetragen und beglaubigt. Anteile aller Proben (C-Proben) werden von der Prüfungsgruppe ein Jahr lang aufbewahrt. Der Auftrag an die Prüfungsgruppe ist zeitlich begrenzt (etwa 3 Jahre), turnusmäßiger Wechsel der Zusammensetzung sollte die Regel sein.
4. Die Vereine dieses alternativen Sportsystems richten für ihre Sportler besondere Sportfeste und Meisterschaften aus und führen auch eigene Rekord- und Bestenlisten. Darüber hinaus können ihre Sportler am üblichen «offenen» (d. h. unzureichend kontrollierten) Wettkampfsport der Verbände teilnehmen, wenn sie wollen.
5. Dieses Kontrollsystem böte für den Athleten (die Athletin) einen weiteren wichtigen Vorteil: Sie könnten selbst – rechtlich überzeugend – ihren dopingfreien Zustand beweisen. Mysteriöse Befunde bei anderen Kontrollen, die als falsch-positive Ergebnisse eine(n) Athleten(in) in Verzweiflung stürzen können, hätten alleinige Beweiskraft und damit ihren Schrecken verloren.
6. Die Kosten für diese Kontrollen werden durch die Vereine getragen, die dafür auch Spenden von Personen, Firmen oder Organisationen, denen an einem dopingfreien Sport gelegen ist, einwerben. Sollten eines Tages der Staat und die Medien ein Bedürfnis verspüren, ebenfalls dieses saubere System zu fördern, um so besser.
7. International wählen die Besten einer Disziplin oder Disziplingruppe (z. B. Sprinter, Springer etc.), die sich einem solchen Kontrollprogramm unterwerfen wollen, für eine bestimmte Zeit jeweils einen kleinen Rat von Athlet(inn)en und Vertrauenspersonen aus verschiedenen Ländern, die für eine faire internationale Gleichbehandlung (Kontrollhäufigkeit und -qualität) sorgen, Ungleichbehandlungen bekanntgeben und Verbesserungsvorschläge machen (z. B. Organisation der Kontrollen von Athleten eines finanzschwachen Verbandes in einem Verbund).

So wäre bald der Athlet wieder frei vom Zwang, mitschlucken zu müssen, und der Leistungssport hätte die Glaubwürdigkeit wieder gefunden. Sicher würden – zumindest in einigen Disziplinen – die Leistungen bei den «sauberen Veranstaltungen» unter denen der «offenen» Kategorie liegen. Ich bin aber davon überzeugt, daß nach kurzer Zeit die sauberen Veranstaltungen und Sportler größere Attraktivität ausstrahlen würden als die vom ständigen Zweifel des Dopings durchsetzten Veranstaltungen des heutigen Systems. Und in welchen Sportverein schicken Sie Ihre Kinder?

Schon 1977 habe ich festgestellt, daß der Leistungssport einen falschen Weg ohne Rückkehrmöglichkeit eingeschlagen hatte («Der Sport geht über den Rubikon», *Südd. Zeitung*, 26.2.1977). Heute wäre jedenfalls eine Regeneration des Sports nur mit äußerster Anstrengung und radikalen Maßnahmen möglich. Wenn der Sport aber im Dopingsumpf stecken bleibt, gebietet es die Vernunft, ihn ruhig in sein Grab sinken zu lassen, die hohen Verantwortlichen vorneweg, und als Grabinschrift den zornigen Ausspruch des Karlsruher Professors der Philosophie Hans Lenk, Olympiasieger im Rudern (Achter), zu zitieren: *«Schafft den Athletenzirkus ab, wenn ihr ihn nicht mehr humanisieren könnt!»* Humanisieren heißt hier aber ganz einfach kontrollieren: Regeln sind Grundlage jeden Spiels.

Doch die Doping-Bruderschaft ist immer noch mächtig, auch einem Teil der Fernseh- und Stammtischsportler und Journalisten ist es schnurz, was die Sportler schlucken und spritzen, Hauptsache «wir sind vorne». Bezeichnend für die tiefe Gefangenheit vieler früherer und heutiger Sportler, Funktionäre, Politiker und – traurig, aber wahr – selbst Sportmediziner in der Dopingmentalität ist jedoch der hierzulande immer wieder zu hörende Ruf nach Freigabe von Dopingmitteln, vor allem der Anabolika, oft noch mit dem Zusatz «unter ärztlicher Kontrolle» angepriesen. Zu den prominenten Propagandisten der Drogen-Freigabe gehören u. a.

- der frühere Schwimmverbandspräsident (1977–1987) Harm Beyer, auch Mitglied der DSB-Kommission zur Beratung in Doping-Fragen und ironischerweise von Beruf Richter in Hamburg,
- der Freiburger Anabolika-Rezepteur und Sportmediziner Prof. A. Klümper,
- und frühere Anaboliker wie Ex-Sprinter Manfred Ommer und Ex-Kugelstoßer Ralph Reichenbach.

In dieser deutschen Evergreen-Diskussion werden sowohl die medizinischen und rechtlichen Tatsachen als auch die Regeln im Rest der Welt ignoriert. Das Unwissen ist groß, die Arroganz des Scheinwissens noch größer. Einmal abgesehen davon, daß hier den Ärzten von den Sportfunktionären und Dopingwilligen wie selbstverständlich die Rolle des Arzneimittelmißbrauch-Optimierers und Erfüllungsgehilfen von Sportfunktionären zugeschrieben wird, ist die Freigabe der androgenen-anabolen Hormone zum Doping nicht nur keine «Lösung», sondern verbietet sich aus mehreren Gründen.

1. Viele schädliche Nebenwirkungen treten auch bei den üblichen Dopingdosierungen auf, einige häufig, andere nur bei genetisch disponierten

Personen, darunter auch einige möglicherweise zum Tode führende Krankheitsbilder. Die umfangreiche Literatur dazu wird leider von deutschen Sportmedizinern beharrlich ignoriert bzw. heruntergespielt (z. B. Kapitel 2, 3 und 14).

2. Schädliche Nebenwirkungen sind bei Frauen und Mädchen besonders häufig und häufig irreversibel.
3. Verhaltensänderungen, psychische Störungen bis hin zu schweren Psychosen können bei bestimmten Personen ebenso auftreten wie physische Abhängigkeit (Kapitel 3, 14 u. 18).
4. Der Einsatz solcher rezeptpflichtiger Mittel zu einem nicht-ärztlichen Ziel verstößt gegen ärztliche Ethik und Gesetze, die rechtlichen Folgen der Haftung sind unabsehbar.
5. Es gibt keine überzeugende kontrollierte Studie, die überhaupt irgendeine ärztliche Indikation für synthetische anabole Steroide belegt. Entsprechend hat bereits 1977 der Deutsche Sportärzte-Bund festgestellt: *«Für die Anwendung von anabolen Hormonen bei Sportlern besteht keine Indikation»* (S. 22). 1984 hat Prof. Joseph Keul (Freiburg) als Ergebnis einer umfassenden Befragung deutscher Kliniken 1984 mitgeteilt: *«Eine ärztliche Indikation für den Einsatz von anabolen Steroiden ist weder bei Knochenbrüchen und Verletzungen noch bei Osteoporose zu rechtfertigen.»* Prof. Hans-Kuno Kley, auch Mitglied der «Reiter-Kommission», wies 1989 auf die grundsätzliche Entbehrlichkeit der synthetischen Anabolika hin, *«die entsprechend ... mehrfachen Empfehlungen an das Bundesgesundheitsamt fast keine Indikation haben und als Pharmaka für den Menschen zurückgezogen werden sollten.»*[1] Daher sind mehrere Anabolikapräparate von den Herstellerfirmen vom Markt genommen worden: Dianabol (Ciba-Geigy 1982), Anavar (Searle 1988), und auch Stromba (Winthrop) ist seit 1991 nicht mehr in der «Roten Liste» der deutschen Arzneimittel zu finden.
6. Eine Beschränkung der Dosierung durch den Arzt ist bei Sportlern praktisch nicht möglich. Das gelang schon in der DDR nicht (dort bestimmten letztlich die Trainer; vgl. Kapitel 14), erst recht nicht in einer freien Gesellschaft mit einem Schwarzen Markt für Drogen, wie bereits die frühen Anabolika-Gurus der USA erkennen mußten (S. 204; Dr. Kerr: *«Ich mußte aber erkennen, daß man diesen Sportlern nicht trauen kann.»* Voy 1991). Sportler wie Trainer werden immer versuchen, sich mehr von dem vermeintlich guten Stoff zu verschaffen (s. Prof. Klümper, S. 205 u. 279). Selbst in der DDR war das so (S. 205).

1 Als Stimme der internationalen Sportmedizin aus demselben Jahr sei Prof. Dr. B. Zarins (Harvard University und Massachusetts General Hospital in Boston, USA, auch Mannschaftsarzt einer Eishockey-Profimannschaft) zitiert: *«Ich habe niemals vor der Notwendigkeit gestanden, Anabolika für irgendeinen Zweck zu verschreiben.»*

7. Ebenso ist eine Beschränkung auf eine bestimmte Altersgruppe, auf das männliche Geschlecht oder auf eine bestimmte Athleten-Güteklasse praktisch nicht durchführbar und auch rechtlich gar nicht möglich. Die notwendige Folge ist also die weitere Ausbreitung des Hormondopings.
8. Menschen, die Anabolikadoping ablehnen, wären damit in vielen Sportarten vom Leistungssport ausgeschlossen.
9. Ein Einsatz von anabolen Steroiden ist in vielen Ländern ausdrücklich durch Arzneimittel- und Strafgesetze verboten, am schärfsten seit Dezember 1990 in den USA, wo ihre Benutzung auch durch Ärzte rechtlich dem Einsatz gefährlicher Betäubungsmittel gleichgestellt ist («Controlled Substance Act, Class 3»).

Daß diese Freigabe-Bewegung ausgerechnet 1991/92, nach all den Enthüllungen des Dopings und der illegalen Anwendungs- und Beschaffungspraktiken in Ost- und Westdeutschland und angesichts der in der Fachliteratur mehrhundertfach dokumentierten schädlichen Nebenwirkungen bis hin zu Todesfällen (s. S. 35), wiedererweckt wurde, verwundert besonders nach den klaren Feststellungen der «Reiter-Kommission»: *«Die Kommission spricht sich dafür aus, daß die vollkommene Freigabe von Doping wegen der Vorbildfunktion des Sports und wegen möglicher Auswirkungen auf Kinder und Jugendliche in keiner Weise toleriert werden kann… So wird von allen Verantwortung tragenden Gremien, Institutionen, von Politik und Öffentlichkeit das absolute Dopingverbot zurecht bevorzugt. Die Kommission schließt sich dieser Ansicht an und verweist auf die … medizinischen, rechtlichen und ethischen Gründe, die Doping entschieden ablehnen lassen. Außerdem wäre für jede Form der Freigabe ein Konsens auf internationaler Ebene erforderlich, der derzeit nicht erreichbar ist.»*

Aber der Wunsch, sich durch «ärztlich kontrollierten» Betrug Vorteile zu verschaffen, ist weit verbreitet und offenbar stärker als solche Kommissionen und die sportliche wie ärztliche Ethik. International jedoch – besonders angesichts der Gesetzeslage in den angelsächsischen und skandinavischen Ländern – kann man davon ausgehen, daß hier die Welt am deutschen Wesen nicht genesen wird.

Vollends unverständlich ist aber, warum die Freunde der Freigabe ihre Vorstellungen und Empfehlungen nicht in die Tat umsetzen und einen eigenen Verband gründen. Weshalb wollen sie sich denn mit den ungedopten Sportlern mischen oder andere zum Doping zwingen? Dabei liegt die Lösung des Dopingschwindels doch auf der Hand: Der Weltsport trennt sich in zwei Sportwelten, die hormonell gedopten und die normalen Sportler, die «Hormis» und die «Normis», mit getrennten Veranstaltungen und Rekorden.

Einmal vorausgesetzt, die Hormi-Vertreter und -Funktionäre finden Wege, die Straf- und Arzneimittelgesetze zu umgehen und den Stoff an und in die Athleten zu bringen, könnte es doch für einen Teil des deutschen und internationalen Fernsehpublikums ganz reizvoll sein, festzustellen, mit welcher Art von Doping man welche Spitzenleistungen erzielen kann – in einer Gala-Freak-Show, deren Rechte bei der Verwertungsgesellschaft «Dope Unlimited» lägen. Sehen wir also mit Spannung der Gründung des VDA (Verband Deutscher Anaboliker) im DSB entgegen: als Präsident mit Erfahrung bietet sich hier Harm Beyer ebenso an wie Prof. Klümper als Chefarzt und Manfred Ommer als Vizepräsident, der für Marketing und Finanzen zuständig ist.

Außerdem bieten sich für die Hormis auch sportmedizinisch besonders interessante Applikationslösungen an: Man könnte ihnen kleine Spenderdepots implantieren, die gleichmäßig bestimmte Anabolika wie Deca-Durabolin und (oder) Testosteron freisetzen, auf Wunsch auch auf ein bestimmtes Verhältnis zu Epitestosteron eingestellt. Bei diesem in der Bullenmast der USA seit langem bewährten Verfahren werden den Jungbullen geeignete Anabolikapräparate («Pellets», auch Miniaturformen, gibt es bei der Firma «Innovative Research of America»; geeignete Keramik-Implantate sind an der Universität von Michigan entwickelt worden) gern ins Ohr präpariert. Es ist aber streng vorgeschrieben, das behandelte Ohr bei der Schlachtung abzuschneiden und zu vernichten, da diese Muskelmastwirkstoffe nicht einmal durch Verzehr in den menschlichen Körper gelangen sollen.

Doch so ehrlich wie bei der Anabolika-Bullenmast ist man in der Sportmedizin leider noch nicht. Da es aber z. Z. weder ein glaubhaft und objektiv kontrolliertes Sportsystem noch die Trennung des normalen Leistungssports vom Anabolikersport gibt, siegt der Betrug noch immer: In einigen Verbänden wird zwar auf Doping kontrolliert, aber mit diskreten Lücken und Manipulationsmöglichkeiten für die Stars, was man an deren Lächeln und Grinsen erkennt, wenn der Kontrolleur kommt.

Für alle, die diese Art Nebenwirkungsroulette und Drogen-Wettkampfsport nicht mitmachen wollen, sich keinen Testo-Dope drücken und keine Hormonpillen einwerfen wollen, auch nicht standardisierten Fremdurin mit Kathetern, Vaginalsäckchen und Kondomen in ihre Urogenitalöffnungen einbringen wollen, gibt es zur Zeit leider nur eine Lösung: Haltet Euch, haltet Eure Kinder von diesem verbrecherischen System von Manipulations- und Betrugsverbänden fern, macht irgend etwas anderes, das Euch Spaß macht.

# Kapitel 23
# Unübertroffenes Potential zur Nr. 1: Das neue deutsche Staatsplanthema 2000

*«This time, things were different. Germany had changed.»* [Diesmal war alles anders. Deutschland hatte sich verändert.]
(Schlüsselsatz des Kapitels «The Dark Messiah» im Roman «You can't go home again» von Thomas Wolfe, in dem der US-amerikanische Autor die vielen kleinen, unheimlichen Veränderungen beschreibt, die er im Olympiajahr 1936 in Deutschland und an Deutschen beobachtete.)

*«Wir wollen diese Mittel... einsetzen..., weil es offenbar Disziplinen gibt, in denen heute ohne den Einsatz dieser Mittel der leistungssportliche Wettbewerb in der Weltkonkurrenz nicht mehr mitgehalten werden kann.»*
(Ausführliches Zitat auf S. 45; Dr. Wolfgang Schäuble, am 28.9.1977 im Bundestagssportausschuß, später als langjähriger Innenminister für den Leistungssport zuständig.)

*«Deutschland soll die Sportnation Nr. 1 in der Welt werden.»*
(Dr. Peter Burens, Generalsekretär der Deutschen Sporthilfe, am 15.8.1990 in der *Bild*-Zeitung.)

*«Wenn alle im deutschen Sport tätigen... zu einer ‹Organisation Spitzensport› zusammengeführt werden, entsteht ein Potential, das in seinem Ausmaß unübertroffen sein dürfte. ... Setzt man zum Beispiel die Olympischen Spiele 2000 als Ziel, müssen jetzt etwa 5000 Sportler ausgewählt werden, die für einen Einsatz dort in Betracht kommen. Diese werden nur noch in der Organisation des Spitzensports gefördert. Hier wird ihre sportliche wie berufliche Laufbahn geplant und organisiert.»*
(Harm Beyer, 1977–1987 Präsident des Deutschen Schwimmverbandes, Mitglied der «Kommission zur Beratung in Dopingfragen» des DSB, Kandidat für den NOK-Vorsitz und Verfechter der Freigabe von Doping für deutsche Staatsspitzensportler, am 26.3.1992 in der *Stuttgarter Zeitung*.)

*«Und für diese Truppe gelten andere Regeln und Gesetze. Und die Gesetze schließen auch den Einsatz leistungsfördernder Mittel ein. Anabolika gehören dazu.»*

(Harm Beyer, führender deutscher Sportfunktionär und im Zivilberuf ausgerechnet Richter, über die Aussetzung bestehender Gesetze des deutschen Straf- und Arzneimittelrechts und der ärztlichen Ethik zum höheren Zweck der Mehrung sportlichen Ruhms für die deutsche Nation; Sportinformationsdienst, 28. 8. 1991.)

Angesichts der Geschichte zwar schwer verständlich, halten sich die Deutschen offenkundig in ihrer Mehrheit – an den Stammtischen wie in den Festreden und unabhängig von der jeweiligen weltanschaulichen und politischen Ausrichtung – für ein moralisch besonders hochstehendes Volk. Selbst gelegentliche historische «Einbrüche» wie das Dritte Reich können dieses tiefwurzelnde Selbstverständnis der eigenen innerlichen Überlegenheit kaum stören und die ungeniert – laut und im Chor – wiederholte Selbsteinschätzung (anständig, ehrlich, ordentlich, korrekt, sauber, pünktlich, fair) ein wenig dämpfen. Das nationale Streben, Klassenbester zu sein oder doch wenigstens dafür zu gelten, ist auch im Sport und dort ganz besonders in der Einstellung zum Doping erkennbar. Siegt Deutschland – oder jemand «für» Deutschland –, ist die Welt in Ordnung. Siegen aber andere, und das zu häufig, ertönt ein großes Lamento. Die üblichen Schuldzuweisungen treffen dabei nicht nur die «Dolchstöße» und hinderlichen «Moralapostel» im eigenen Lande, sondern vor allem auch die unfairen Techniken und Beschlüsse der undeutschen Welt da draußen, früher auch gern als «welsche Falschheit» und «perfides Albion» dargestellt.

So glaubt das deutsche Sportvolk fest daran, daß hierzulande die fairsten Sportler und die korrektesten Funktionäre der Welt zu finden sind und daß nur hier wirklich ordentliche Dopingkontrollen durchgeführt werden. Dieser Glaube an die eigene moralische Überlegenheit wird noch durch gebetsmühlenartige Wiederholungen unwahrer Behauptungen der nationaldenkenden Sportjournalisten gestärkt. Wenn andere siegen, dann, weil sie mehr dopen dürfen. Siegen Deutsche, so gilt aber keineswegs der Umkehrschluß: Sie gewinnen eben – den Engeln gleich – auch ohne unerlaubte Manipulationen. Selbst Sportler, die es besser wissen, beteiligen sich an diesem Jammergesang: *«Wir führen einen ungleichen Kampf»*, beklagte beispielsweise der Aktivensprecher der deutschen Leichtathleten, Hammerwerfer Heinz Weis, vor den Weltmeisterschaften 1991 die angeblich in anderen Ländern nicht stattfindenden Dopingkontrollen: *«Die anderen Nationen lachen doch über uns.»*

Nun, nach den WM 1991 hat man diese Klage dann einige Wochen etwas weniger gehört, denn die Deutschen hatten ihre Medaillen vor allem in bekannten Anabolika-Disziplinen gewonnen: Heinz Weis selbst Bronze im Hammerwerfen, Lars Riedel Gold im Diskuswerfen (dort waren noch zwei weitere Deutsche unter den ersten Sechs), Ilke Wyludda Silber im Diskuswerfen (mit Martina Hellmann-Opitz als Vierte), Petra Meier-Felke Silber und Silke Renk Bronze im Speerwerfen, Katrin Krabbe Doppelgold im

Frauensprint und Grit Breuer Silber über 400 m, dazu beide auch Bronze in der 4 × 400-m-Staffel der Frauen; außerdem erreichten drei Deutsche den Endkampf der acht Kugelstoßerinnen, seit Gummels Zeiten (s. Kapitel 11) Paradedisziplin der Anabolikerinnen.

Doch schon bald danach waren die Klagen über die fehlenden oder schlampigen Kontrollen der Konkurrenz in den deutschen Medien wieder zu vernehmen, und nicht einmal die Tatsache, daß Neu-Großdeutschland die bei weitem erfolgreichste Nation bei den Olympischen Winterspielen 1992 wurde, ließ sie verstummen. Auch nicht die Statistiken der internationalen Verbände, die offenlegten, daß in Deutschland zwar der Zahl nach viele Kontrollen durchgeführt werden, die aber offenbar so unintelligent und ineffektiv sind, daß kaum Deutsche erwischt und erst recht keine Erwischten bekanntgegeben werden (unter den 42 Dopingfällen des Internationalen Leichtathletikverbandes IAAF im Jahre 1991 war z. B. kein deutscher Name; vgl. S. 34). Daß andersherum manche ausländischen Sportler häufig über schlampige deutsche Dopingkontrollen lachen, wird natürlich verschwiegen.

Offenkundig dient dieser Lamentierkanon über die nichtehrlichen Nichtdeutschen aber nur als Hintergrundchorus für die Rufe nach deutscher Dopingdrogen-Freigabe, und was das Testosterondoping angeht, ist die innerdeutsche Freigabe durch die «Aussetzung» der Meßwerte faktisch ja auch schon erreicht (S. 304). Den Freunden des freien Anabolikadopings an den Gesetzen vorbei wie dem Anlageberater und früheren Spitzensprinter Manfred Ommer, dem Bodybuilding-Studiobesitzer und früheren Kugelstoßmeister Ralph Reichenbach – im Verbund mit schillernden Medizinern von Dr. Dieter Baron bis Prof. A. Klümper und dem rechtsprechenden Funktionär Harm Beyer – wird in der deutschen Presse und im Fernsehen (vor allem den Organen des Axel Springer-Verlages und den Sendern ZDF und SAT 1) gern und viel Raum zur Propagierung unterstützender Maßnahmen für die angeblich notwendige Wiederherstellung deutscher Chancengleichheit gegeben.

Denn wie schon der Politiker Dr. Wolfgang Schäuble in seinen Gedanken verriet (Zitat auf S. 45), siegt hierorts die Furcht vor der *«Weltkonkurrenz»* noch stets über moralische Prinzipien. Mit derselben Argumentation sind schließlich auch Exporte von Giftgasfabriken, Raketenteilen, Panzern und Unterseeboot-Bauplänen erfolgreich begründet worden.

Die Demonstration sportlicher Größe und Großereignisse ist aber zu bestimmten Zeiten in Deutschland ein ganz besonders wichtiges Ziel zur *«nationalen Selbstfindung»* (eine wichtige Funktion des Leistungssports, so die «Reiter-Kommission» 1991). Da verwundert es gar nicht, daß fast alle Doper als wichtigstes Argument zum Doping den nationalen Erfolg ansehen und daß die Trommler für die deutsche Doping-Freigabe gerade unter den Architekten des neudeutschen Größenwahns im Sport zu finden sind: Olympia 2000 heißt so ein neues Staatsplanthema, das bereits gewaltige propagandistische und finanzielle Unterstützung erfährt.

Harm Beyer, Mitglied der «Ad hoc-Kommission zur Beratung in Doping-Fragen» des DSB, hat sich an die Spitze der Doping-Freigabe-Bewegung gestellt: der Hamburger Richter und hohe Sportfunktionär, langjähriger Präsident des Deutschen Schwimmverbandes (1977–1987, also damals, als laut «Reiter-Kommission» die *«Verantwortlichen... Kenntnisse vom Doping»* hatten). Beyer, der auch dazu beitrug, scharenweise skrupellose Doping-Trainer in den gesamtdeutschen Schwimmsport zu integrieren (S. 317), will einen und nur einen Spitzensport, in dem Dopingmittel freigegeben sind und somit jeder und jede zur Einnahme solcher Mittel gezwungen ist, will er (sie) in der Konkurrenz mithalten. Wer nicht dopen will, hat eben im nationalen und erst recht im internationalen Spitzensport nichts zu suchen.

Der Hamburger Richter animiert zum Verstoß gegen die gültigen Gesetze des Staates, des Sports und der ärztlichen Ethik, ruft zum totalen Hormonkrieg auf, verlangt optimierten Anabolikersport im nationalen Interesse. Da erscheint es auch ganz konsequent, daß er vom deutschen Steuerzahler fordert, ein Milliarden-Staatssportnetz von olympischen Kaderschulen zu finanzieren, neoteutonische Apotheose eines zentral gelenkten, vollverplanten Athleten. In einem sich selbst enthüllenden Deutsch strebt Beyer die Synthese der Organisationselemente beider deutscher Großsportreiche an, des tausendjährigen und des vierzigjährigen, zackig bürokratisch geordnet, Hitler-Speer-Architektur in der Sporterziehung wiedererstanden, *«Organisation Spitzensport»* wie einst *«Organisation Todt»*. Der Originalton von Beyers Traum in einem Aufsatz vom 26.3. 1992 (*Stuttgarter Zeitung*) läßt vor der zentral geführten Wucht des deutschen Potentials erzittern: Der Anschluß von Olympia 2000 an Olympia 1936 ist sprachlich wie konzeptuell gelungen.

*«Für die Athleten kann der Sport in diesem Bereich nicht mehr Freizeitbeschäftigung sein. Ihr Einsatz muß auf der Grundlage klarer vertraglicher Regelungen mit Rechten und Pflichten, aber auch ausreichenden Sicherungen für die Zukunft erfolgen. Ihre Betreuung und Förderung, das mit ihnen durchzuführende Training, ihre medizinische Versorgung und die Planung ihrer sportlichen wie beruflichen Laufbahn muß von hochqualifizierten Vollprofis übernommen werden.*

*Nur die Konzentration in einer Organisation, in der ausschließlich diese Art des Sports betrieben wird, wird zu den* [offenbar von Beyers Volk] *angestrebten Fortschritten führen. ...Die bereits eingerichteten ...Olympia-Stützpunkte*[1] *bieten eine gute Ausgangslage für eine solche... Neuordnung*

1 So bekommt auch das Wort Stützpunkt eine tiefere Bedeutung und erscheint besonders gut gewählt.

*des Spitzensports... Die in den Fachverbänden vorhandenen weiteren Ressourcen können ebenfalls den Olympia-Stützpunkten zugeordnet werden.*

*Wenn alle im deutschen Sport tätigen Bundestrainer, alle für den Spitzensport... tätigen Sportdirektoren, wenn alle vorhandenen sachlichen Möglichkeiten der Verbände... in einer ‹Organisation Spitzensport› zusammengeführt werden, entsteht ein Potential, das in seinem Ausmaß unübertroffen sein dürfte.*

*Des weiteren sind das Bundesinstitut für Sportwissenschaften (BiSp), das Institut für angewandte Trainingswissenschaften (IAT* [früher FKS]*) und die Forschungs- und Entwicklungsstelle für Sportgeräte (FES) mit allen dort tätigen... Kräften ebenso in diese Organisation einzubringen wie die sportmedizinischen Forschungs- und Beratungsstellen. Die Direktoren und Koordinatoren des DSB-Bundesausschusses für den Leistungssport (BA-L) können die Leitung und den Einsatz der vorhandenen Kräfte für den Spitzensport in dieser Organisation koordinieren und lenken... Die Konzentration aller Kräfte zur Förderung des Spitzensports in Deutschland bietet Möglichkeiten der Kommerzialisierung, wie sie bisher nie bestanden* [haben]...

*Setzt man zum Beispiel die Olympischen Spiele 2000 als Ziel, müssen jetzt etwa 5000 Sportler ausgewählt werden, die für einen Einsatz dort in Betracht kommen. Diese werden nur noch in der Organisation des Spitzensports gefördert. Hier wird ihre sportliche wie persönliche Laufbahn geplant und organisiert... Dabei gelten ausschließlich die Erfordernisse des Spitzensports mit allen Konsequenzen. Kompromisse mit anderen Bereichen des Sports müssen nicht länger geschlossen werden.»*

Anscheinend hat Beyer, der an anderer Stelle schon seine ärztlich kontrollierten Hormondoping-Kuren für den Spitzensport geschildert hatte, keine Zweifel, daß der deutsche Staat die für diesen Super-OrgSSGröWaZ (Organisierter Spitzensport-Größenwahn aller Zeiten) eingeplanten 5000 Menschenmaterial-Einheiten (Güteklasse Ia) und Sportpimpfe für das achtjährige Trainingslager auch rekrutieren und mit Olympia 2000 im Fadenkreuz auch finanzieren kann. Für spätere Zeiten, so Beyer weiter, würde die eingeschaltete *«Abteilung Marketing»* (*«eine Einbindung der Marketing-Gesellschaft von NOK und Sporthilfe ist... vorstellbar»)* schon für eine weitgehende finanzielle Autarkie des schwarz-rot-goldenen Spitzensportzirkus sorgen.

Beyers Rede verrät dabei eine erstaunliche geistige Verwandtschaft zum Zentralkomitee und zum Staatssekretariat für Körperkultur und Sport (SKS) der DDR. Und man versteht nun auch seine offenkundige Vorliebe für DDR-Dopingkader-Trainer viel besser, auch seine Abneigung gegen die dekadenten westdeutschen Sporterzieher und Trainer, die *«den Fehler... immer noch machen, ... den Spitzensport... unter Beachtung idealistischer Prinzipien wie Ethik, Moral, Fairneß, ... Sauberkeit, Ehrlichkeit etc. führen zu wollen.»* Offenbar sind Beyer und seine Olympia-2000-Kader längst entschlossen, den Spitzensport ohne diese hinderlichen Prinzipien zu führen, d. h. erklärtermaßen wenn nötig auch mit unethischen, unmoralischen, unfairen, unsauberen und unehrlichen Mitteln. Sportinteressierte wie andere täten gut daran, das Manifest dieses deutschen Spitzensport-Führers sorgfältig zu lesen, damit sie nicht allzusehr überrascht sind, wenn sein nationales Konzentrationsprogramm das unübertroffene Potential der deutschen Jugend zu neuen alten Zielen führt.

Es ist klar, daß nach dieser programmatischen Erklärung des Schwimmpräsidenten a. D. und Kandidaten für den deutschen NOK-Vorsitz jeder verantwortlich denkende Sportlehrer nur noch eins tun kann: Den talentierten Mädchen und Jungen die Augen für diese Art totalitären Sport öffnen und sie vom wildgewordenen Potential-Sport 2000 fernhalten, damit sie nicht unter den 5000 Reichsauserwählten in die Stützpunkt-Kasernen und Ordensburgen abgeordnet werden – *«mit allen Konsequenzen»*. Und wer nicht will, daß seine Töchter und Söhne und Schüler unter ärztlicher Kontrolle[1] der staatlich zumutbaren Nebenwirkungen (skrupellose Ärzte, die gegen Gesetze und ärztliche Ethik verstoßen, haben sich in Deutschland noch immer gefunden, wenn der Staat sie brauchte) nach Riedel-Schema um 10.00 Uhr ihre Dopingpillen nehmen (vgl. S. 180) und ihre Testo-Spritze verpaßt kriegen und um 18.00 Uhr nach dem zweiten Training vor dem zentral gelenkten gemeinsamen Abendessen noch an einem Schnellkurs in Urinmanipulationskunde teilnehmen, der verweigere sich und seine Anvertrauten dem BA-L-Wahn 2000.

1 Beyer hat zwar öffentlich erklärt: *«Ich gebe die Spritze* [mit anabol-androgenen Steroiden] *weder im Kindes- noch Jugendalter frei.»* Es ist zunächst einmal interessant, daß hier Sportfunktionäre *«die Spritze frei»*geben wollen, und zwar für rezeptpflichtige Präparate. Beyer weiß aber natürlich auch, daß in seinem Sportverband, dem Schwimmsport, Spitzensport und Weltklasse schon mit 14 Jahren anfangen und Spitzensportkarrieren schon mit 20 Jahren beendet sein können, d. h. daß hier trainingsmethodisch und medaillenlogisch die Dopingspritze eben nur bei Minderjährigen sinnvoll und erfolgsträchtig ist. Auch die als Minderjährige im Schwimmverband 1981, also zur Zeit des Präsidenten Harm Beyer, gedopten Jutta Kalweit und Nicole Hasse beweisen diese Zwangsläufigkeit.

# *Textdokumente*

## Textdokumente 1A–N

**Auszüge aus: «Zusammenfassende Darstellung der Ergebnisse der Forschungsarbeit zum Staatsplanthema 14.25 im Olympiazyklus 1984–1988» (Lehnert et al. 1988)**[1]

### Textdokument 1A

Themengruppe September, 1988
Bereich D

**Zusammenfassende Darstellung der Ergebnisse der Forschungsarbeit zum Staatsplanthema 14.25 im Olympiazyklus 1984–1988**

<u>Inhaltsverzeichnis</u>

Seite[2]



1 Hier sind nur sehr gekürzte Auszüge wiedergegeben. Eine nahezu komplette Darstellung ist bei Berendonk (1991) zu finden.
2 Seitenzahlen des Originals sind hier vom Verf. weggelassen.

**Aufgabenstellung 1984–88**

Grundlage der Forschung und wissenschaftlichen Tätigkeit der Themengruppe im Olympiazyklus 1984–88 waren die Forschungskonzeption zum Staatsplanthema sowie die wissenschaftlichen und operativen Aufgaben, die sich aus dem Leistungsvertrag sowie den Arbeitsplänen der AG u. M. ergaben. Ausgehend vom allgemeinen Trend der Entwicklung und Nutzung der u. M. im Leistungssport, den bisherigen Forschungsergebnissen und Erfahrungen bei der Anwendung der u. M. und den Bedürfnissen und Anforderungen der Leistungssportpraxis wurden folgende Aufgaben für den Zeitraum 1984–88 fixiert:

1. Weiterführung der Untersuchungen zur Nutzung anaboler Substanzen mit folgender Zielstellung und Ergebniserwartung:

- Erhöhung der Wirksamkeit der ASOT, STS 646 und Testosteron durch einen differenzierten Einsatz entsprechend der trainingsmethodischen Aufgabenstellung, der Geschlechtsspezifik sowie der bisherigen Anwendungsdauer;
- Vervollkommnung der Einsatzkonzeptionen für die UWV, insbesondere während des AS-freien Zeitraumes unmittelbar vor und während der Wettkämpfe;
- Überprüfung der Wirksamkeit neuer Substanzen sowie möglicher Vorstufen der AS zur Lösung spezieller Aufgaben im Training und Wettkampf (Vorlaufarbeiten).

Bei der Realisierung dieser Aufgaben waren die unerwünschten Nebenwirkungen auf die Gesundheit und die Qualität der Lösung der Trainingsaufgaben weiter zu verfolgen und durch geeignete Maßnahmen zu reduzieren.

2. Verbesserung der sportlichen Bewegungsausführung im Training und Wettkampf durch pharmakologische Beeinflussung der zentralnervalen und neuromuskulären Bewegungssteuerung sowie der psychischen Stabilität.

Als erste Arbeitsergebnisse wurden erwartet:

- Die Überprüfung der Wirkung einiger in Vorversuchen abgeklärter Substanzen auf die zentralnervale und periphere Bewegungssteuerung sportlicher Handlungen;
- die Entwicklung von Untersuchungsmethoden – Nachweisverfahren für die Wirkungskette Pharmakon – ZNS – peripheres NS – Muskel – Handlung.

3. Wissenschaftlich-operative und trainingsbegleitende Untersuchungen zur wirkungsvollen Übertragung gewonnener Erkenntnisse in die Trainings- und Wettkampfpraxis entsprechend der Spezifik der einzelnen Sport-

arten und Disziplinen sowie Arbeiten zur weiteren Vervollkommnung der Planung, Organisation und Auswertung dieses Prozesses.

Die Ergebnisse der Forschung und wissenschaftlichen Tätigkeit wurden dokumentiert in Form von Forschungsberichten zu experimentellen Untersuchungen, von Studien und Forschungskonzeptionen zur weiteren Tätigkeit (vgl. Anhang). Im Rahmen der wissenschaftlichen und operativen Tätigkeit wurden trainingsbegleitende Untersuchungen in einigen Sportarten und eine Vielzahl von Konsultationen mit Verbandsleitungen und Verbandsärzten durchgeführt (vgl. Anhang). Vorliegender Bericht stellt eine komprimierte Zusammenfassung der Forschungsergebnisse der Themengruppe im Olympiazyklus 1984–88 dar und gibt im Anhang einen Überblick über die geleisteten Aktivitäten. Es ist damit eine Form der Abrechnung der Realisierung der Forschungskonzeption durch die Themengruppe des Staatsplanthemas.

## Textdokument 1B

### 1. Arbeitsrichtung I: Weiterführung der Untersuchungen zur effektiven Nutzung anaboler Steroide

Die Forschung wurde mit unterschiedlicher Aufgabenstellung in Form von Experimenten am Tier und Mitarbeitern sowie in trainingsexperimentellen und -begleitenden Untersuchungen an Sportlern durchgeführt. Die Darstellung der gewonnenen Ergebnisse wird nach dem Prinzip von grundlegenden zu angewandten sportartspezifischen Erkenntnissen vorgenommen.

### 1.1. Labor- und experimentelle Untersuchungen am Tiermodell bzw. am Menschen zum unterschiedlichen Wirkprofil von M1, M2 und U2[1] und davon abzuleitende Empfehlungen zum differenzierten Einsatz im Trainings- und Wettkampfprozeß

[Ergebnisse von 1.1 bis 1.1.3 wurden von d. Verf. weggelassen; s. Berendonk 1991]

## Textdokument 1C

### 1.1.4. Untersuchungen zum Einsatz von M1 und M2 im Mittel- und Langstreckenlauf sowie im Marathon der Leichtathletik

<u>Aufgabenstellung:</u>

Analyse des Soll-Ist-Vergleiches beim u. M.-Einsatz im Zeitraum 1980–84. Überprüfung der abgeleiteten Empfehlungen im männlichen und weiblichen Mittel- und Langstreckenbereich.

1 M1 = Oral-Turinabol; M2 = Steroidsubstanz STS 646; U2 = Steroidsubstanz XII.

Hypothese:
Geringere Dosierungen sowie der vom Wirkprofil abgeleitete differenzierte Einsatz von M1 und M2 entsprechend den trainingsmethodischen Aufgabenstellungen in den verschiedenen Trainingsetappen sichert eine stabilere Fähigkeitsentwicklung bei Vermeidung bzw. Verringerung unerwünschter Nebenwirkungen. Differenzierungen durch:
- unterschiedliche u. M. in ausgewählten Trainingsphasen,
- disziplinspezifisch unterschiedliche u. M.-Gestaltung und
- differenzierter Einsatz von u. M. bei Frauen und Männern.

Methodik:
Die Untersuchungen umfaßten den Zeitraum von 1979 bis 1987 und trugen interdisziplinären Charakter. Auf der Grundlage der Trainingsdokumentation von 19 Sportlern des Kaderkreises I über einen Zeitraum von fünf Jahren (1979–1984) wurde eine Analyse zum Stand und zur Realisierung der u. M.-Einsatzkonzeptionen im leichtathletischen Lauf einschließlich einer Trainerbefragung zur Erfassung individueller Probleme beim u. M.-Einsatz angefertigt.

Zur Überprüfung ausgewählter gewonnener Erkenntnisse zum Einsatz u. M. dienten ein Jahresexperiment mit 13 leistungsorientiert trainierenden Mittelstreckenläufern (sieben Männer/sechs Frauen) und ein 7-Wochen-Experiment mit elf leistungsfähigen Langstreckenläufern (fünf Versuchsgruppe/sechs Kontrollgruppe mit Placebotabletten). Zur weiteren Abklärung des trainingskonzeptionellen Vorgehens hinsichtlich der Wirksamkeit der eingesetzten Trainingsmittel und -methoden wurden zusätzlich fünf Experimente über den Zeitraum von zwei bis sechs Wochen realisiert.

Ergebnisse:
Der im leichtathletischen Lauf erstmalig vorgenommene differenzierte und kombinierte Einsatz von M1 und M2 wirkte sich positiv auf die Belastungsverarbeitung und die spezielle Leistungsentwicklung aus. Besonders bewährt hat sich der alleinige Einsatz von M1 in Trainingsphasen mit erhöhten Grundlagenausdauer-Kraftausdaueranforderungen und der kombinierte Einsatz von M1 und M2 in wettkampfspezifischen Phasen.

Entsprechend dem unterschiedlichen Wirkprofil der u. M. wird zur Lösung ausgewählter trainingsmethodischer Aufgaben ein differenzierter u. M.-Einsatz vorgeschlagen:
- alleiniger Einsatz von M1 in Trainingsphasen mit $GA_2$/KA(SA)-Charakter mit einer Dosishöhe von 5 mg/Tag;
- kombinierter Einsatz von M1 und M2 in Trainingsphasen mit zunehmend wettkampfspezifischem Charakter ($GA_2$, SA, WSA) mit einer Dosishöhe von 2 mg M1 und 5 mg M2 pro Tag bzw.
- kombinierter Einsatz von M1 und M2 sowie einer anschließenden Woche mit ausschließlich M2 in Trainingsphasen mit leistungsausprägendem Charakter (SA/SA) mit einer Dosishöhe von 2 mg M1 und 5 mg M2 sowie abschließend 10 mg M2 pro Tag.

Der Einsatz von u. M. innerhalb eines Trainingsjahres sollte zwei bis vier Unterstützungszyklen über zwei bis drei Wochen nicht überschreiten. In Abhängigkeit vom aktuellen Ausbildungsstand werden folgende u. M.-Zyklen empfohlen:

| | | |
|---|---|---|
| 1) $VP_1$ $GA_2$-/KA-Zyklus | (eventuell auch Vorbereitung der Hallensaison) | M1 |
| 2) $VP_2$ $GA_2$-/KA-Zyklus | M1 | |
| 3) $VP_2$ SA-/SA-Zyklus | M1-/M2-Kombination | |
| 4) UWV SA-/SA-Zyklus | M1-/M2 + eine Woche M2 | |

Sprunghafte Erhöhung der Jahresdosierung u. M. sind bei der Zweit- bzw. Mehrjahresanwendung nicht notwendig. Auf der Basis eines wirkungsvollen langfristigen Leistungsaufbaus sind bereits Jahresdosierungen von maximal 600 mg u. M. / Jahr leistungswirksam geworden.

Eine geschlechtsspezifische Differenzierung des u. M.-Einsatzes nach Ziel und Einsatzkriterien der Maßnahmen ist nur bedingt notwendig. Wesentlichste Ursache dafür sind die in den Experimenten verwendeten geringen Tagesdosierungen von 2–10 mg u. M. Unterschiede zwischen Männern und Frauen bestehen

- in der zeitlich differenzierten Anwendung der u. M. im Jahresverlauf (unterschiedliche Wettkampfhöhepunkte),
- in der hormonellen Ausgangssituation, wobei auffällig war, daß nach der Umstellung der Frauengruppe auf Minisiston® keinerlei Probleme auftraten, und
- im Verhalten der gemessenen Ruheharnstoffkonzentrationen, wobei die Frauen mit und ohne u. M.-Einfluß eine günstigere Belastungsverarbeitung aufweisen.

Zur detaillierten Abklärung des geschlechtsspezifisch differenzierten u. M.-Einsatzes bedarf es jedoch noch weiterführender interdisziplinärer Untersuchungen.

### 1.1.5. Zur Bestimmung der Wirkung von Training, erstmaliger und wiederholter Applikation von unterstützenden Mitteln auf die Leistungsentwicklung sowie die Veränderung ausgewählter biologischer Parameter im Venenblut am Beispiel leichtathletischer Sprint-/Hürdendisziplinen

Aufgabenstellung:

Durch die komplexe Erfassung von Trainings- und Leistungsdaten sowie die Bestimmung von ausgewählten biologischen Parametern im Venenblut sollten am Beispiel leichtathletischer Sprint-/Hürdendisziplinen die Erkenntnisse zur Wirkung von AS zu trainingsspezifischen Zeitabschnitten vertieft und erweitert werden.

Hypothese:
Durch eine niedrige Applikation von 3 bis 5 mg M 1/Tag werden bei der erstmaligen Applikation von AS bereits biologische Wirkungen erzielt, die ausreichend sind, um eine effektive Unterstützung des Trainings und der Leistungsentwicklung zu gewährleisten. Die dabei geringeren Nebenwirkungen belasten den Sportler nicht oder kaum und sind Voraussetzung für eine bessere Steuerung des Trainings. Die Kenntnis der biologischen und auf die Leistungsentwicklung sowie die Trainingsrealisierung bezogenen Wirkung bei einer Wiederholung der Applikation der AS im Folgejahr gestattet Folgerungen für eine optimale und effektive Anwendung im langfristigen Trainings- und Leistungsentwicklungsprozeß.

Untersuchungsmethodisches Vorgehen:
Die Untersuchungen wurden im Zeitraum 1983 bis 1988 mit insgesamt 15 Sportlern des SC DHfK durchgeführt. Erfaßt wurden relevante Trainings- und Leistungsdaten sowie die Blutparameter Testosteron, freies Testosteron, SHBG, CK, ASAT, ALAT, Harnstoff und Kortisol [s. Kapitel 13].
[Ergebnisse hier weggelassen; vgl. Berendonk 1991.]

## Textdokument 1D

### 1.1.6. Effektivere Gestaltung des Trainingsprozesses im Anschlußtraining weiblich des Schwimmens durch einen der körperlichen Entwicklung angepaßten Belastungsaufbau und der Erprobung einer Erstanwendungsvariante von u. M.

Aufgabenstellung:
Das kalendarische Alter der Sportlerinnen lag zwischen 14 und 15 Jahren. In diesem Bereich sind Differenzen zum biologischen Alter nicht ungewöhnlich. Auf die Quantität und Qualität der Regulationsprozesse unter Belastung und Wiederherstellung in Abhängigkeit vom vorgegebenen und absolvierten Trainingsprogramm nimmt jedoch insbesondere das biologische Alter einen wesentlichen Einfluß. Eine neugestaltete Trainingskonzeption (klare inhaltliche Zuordnung von Haupttrainingsmittelkomplexen, Organisation eines optimalen Belastungs- und Entlastungsverhältnisses) sowie eine veränderte Erstanwendungsvariante von u. M. (niedrigere Dosierung, z. T. andere Anwendungszyklen) sollten deshalb in ihrer Wirkung auf die Fähigkeits- und Leistungsentwicklung und ausgewählte leistungsbestimmende Funktionssysteme im Jahresverlauf geprüft werden.

Hypothese:
Die Gestaltung der Belastung und der u. M.-Applikation im Jahr der Erstanwendung, die wesentliche Aspekte der biologischen Entwicklung berücksichtigt, ermöglicht den angestrebten Leistungszuwachs in diesem Kaderkreis effektiver (mindestens vergleichbare Zuwachsraten, geringere oder keine Nebenwirkungen) zu erreichen.

Methoden:
An den Untersuchungen beteiligten sich fünf Sportlerinnen des ANT. Drei Zyklen mit M1 kamen zum Einsatz:

| | Verbandskonzeption | experimentelle Konzeption |
|---|---|---|
| Zyklus 1 | 09–10/28 Tage/max. 10 mg | 01–02/24 Tage/3 mg |
| Zyklus 2 | 01–02/29 Tage/max. 7,5 mg | 02–04/12 Tage/3 mg<br>6 Tage/3 mg |
| Zyklus 3 | 05–06/23 Tage/max. 7,5 mg | 05–06/18 Tage/3 mg |

An Parametern wurden erfaßt:
- Trainingsmethodik
  - Leistungsentwicklung: Leistungszielstrecke, $GA_1$, SA
  - Kraftentwicklung: Treibhöhe, Maximalkraft, Zugzahl am Schwimmkrafttrainingsgerät (SKTG)
- Sportmedizin/Biowissenschaften
  - Herz-Kreislauf-System: aerobe Leistungsfähigkeit im Stufentest (Schwimmkanal)
  - Belastungsverarbeitung: Ruhe- und Nachbelastungskonzentration von Kortisol und Harnstoff
  - Testosteronstoffwechsel: Konzentrationen von Gesamttestosteron, Sexualhormon bindendem Globulin (SHBG), % Anteil freies Testosteron
  - Enzymaktivitäten der Leber: Transaminasen ALAT und ASAT

Ergebnisse:
- Die trainingsmethodische Konzeption ermöglichte durch eine deutliche Zyklisierung hinsichtlich Belastungsschwerpunkten und Phasen verminderter Belastung sowie eines klaren akzentuierten Einsatzes der verschiedenen Trainingsmittel eine optimale Integration der u. M.-Konzeption.
- Beide Konzeptionen führten zu einer Leistungsentwicklung auf der Leistungszielstrecke, die sowohl für das Gesamtkollektiv als auch insbesondere für die erreichten Spitzenleistungen der beiden JEM-Kader überdurchschnittlich ist.
- Der ANT-Bereich weiblich weist, bedingt durch sein jüngeres Alter und die andererseits höheren Belastungsanforderungen, einige Besonderheiten im Regulationsverhalten des Testosteronstoffwechsels im Vergleich zum ANT-Bereich anderer Sportarten auf. Eine Erniedrigung der SHBG-Konzentra-

tion und die Erhöhung des prozentualen Anteils an freiem Testosteron gegenüber dem Normbereich deuten auf eine belastungsbedingte «Androgenisierung» hin. Eine Anpassungsreaktion, die bei einer u. M.-Konzeption im ANT-Bereich weiblich unbedingt berücksichtigt werden muß, insbesondere was die Dosierung und die Applikationszeiträume anbelangt.

- Im Jahr der Erstanwendung (JEM-Jahr) sind vier Anwendungszyklen (inklusive UWV) mit einer Zeitdauer von je 1–4 Wochen ausreichend.
- Eine effektivere Integration von trainingsmethodischer und u. M.-Konzeption ist dadurch zu erreichen, daß bei der Wahl der Einsatzzeiträume die Übereinstimmung von Trainingsinhalt und Wirkung der u. M. eine noch stärkere Beachtung findet. Der Zeitraum bis zu den DDR-Hallenmeisterschaften sollte jedoch frei von einer Unterstützung bleiben.
- Im Jahr der Erstanwendung stellt M1 das Mittel der Wahl dar.
- Die Tagesdosierung beträgt 3 mg (nur in Ausnahmefällen über einen begrenzten Zeitraum – maximal 2 Wochen im Jahr – 5 mg). Die Gesamtjahressumme soll 250 mg M1 nicht überschreiten. [...]

## Textdokument 1 E

### 1.1.7. Analyse der Wechselbeziehungen von Training, unterstützenden Mitteln und Leistungsentwicklung im Gewichtheben sowie in den Disziplingruppen der Leichtathletik im Olympiazyklus 1980/84

Aufgabenstellung:
Durch die Erfassung, Verdichtung, Darstellung und Interpretation der Haupttrainingsbereiche, Leistungskennziffern und u. M.-Daten waren von ausgewählten Sportlern im Gewichtheben und in der Leichtathletik die Gestaltung des Prozesses von Training, u. M. und Leistungsentwicklung im Olympiazyklus 1980/84 zu ermitteln.

Hypothese:
Durch die vertiefte Kenntnis der Wechselbeziehungen von Trainings- und unterstützenden Maßnahmen sowie der dabei festgestellten Problemlagen können neue Ansätze und Reserven für die weitere Qualifizierung der u. M.-Konzeptionen in der integrativen Übereinstimmung mit den Trainingskonzeptionen aufgezeigt werden.

Untersuchungsmethodisches Vorgehen:

Die analytischen Untersuchungen wurden bei 100 Sportlern durchgeführt: Sprint-/Hürdenlauf 25, Sprung/Mehrkampf 21, Wurf/Stoß 24, Mittel-Langstrecken-/Marathonlauf 19, Gewichtheben 11. Als Grundlage für die Analyse wurden die als Führungsgrößen wichtigsten Haupttrainingsmittelkomplexe, die Wettkampfleistung und leistungsbestimmende Testkennziffern sowie die u. M.-Daten auf Wochenbasis erhoben. [...]

Ergebnisse und Folgerungen:

Die Anwendung der Haupttrainingsmittelkomplexe weist in allen Disziplinen im Verlaufe des Olympiazyklus beträchtliche Veränderungen auf, die ganz allgemein die Frage nach den Grundgesetzmäßigkeiten der Trainingskonzeptionsentwicklung über mehrere Jahre aufwirft. Als genereller Trend zeigt sich eine Verschiebung der Haupttrainingsmittelkomplexe zuungunsten der speziellen, leistungsrelevanten Trainingsmittel.

- Der Einsatz der u. M., besonders M1, wird im Verlauf des Olympiazyklus in allen Disziplinen im Durchschnitt ständig erhöht. Bei 1980/81 100% gesetzten M1-Jahresmengen beträgt die durchschnittliche Steigerung 1983/84 z. B. im Sprint-/Hürdenlauf 219, Sprung 137,4, Mehrkampf 236,4, Gewichtheben (1982/83) 137,8 (bei hohem Ausgangsniveau). Einzelne Sportler verringern aber auch ihre Jahresdosis und weisen dabei hinsichtlich ihrer Leistungsentwicklung überwiegend positive Ergebnisse auf.
- Im Jahresverlauf werden u. M. in allen drei MAZ eingesetzt. Es zeigt sich, daß besonders in der 1. VP die Zahl der Sportler, die u. M. anwenden, die Anwendungszeiträume (Vorverlagerung des Einsatzzeitpunktes!) und die Dosierungshöhen zunehmen. Letzteres trifft dann auch generell für die 2. VP und UWV zu. Der sich ständig erhöhende u. M.-Aufwand schlägt sich nicht gleichermaßen generell in einer Erhöhung des durchschnittlichen Leistungsniveaus nieder. Hier muß man offensichtlich Diskrepanzen zwischen Trainings- und u. M.-Konzeption annehmen, die einer progressiven Leistungsentwicklung abträglich waren. Bezüglich einer individuellen Betrachtung ist die relative Vielfalt der Varianten des u. M.-Einsatzes auffallend.
- Die systematische Steigerung der Leistungen in der Folge der drei MAZ ist vielfach nicht gewährleistet. Vor allem gelingt es nur wenigen, durch die UWV nochmals das Leistungsniveau zu erhöhen. Damit ist die Gestaltung des Trainings in der Folge mehrerer MAZ, und zwar immer aufbauend auf das vorangegangene Training und das erreichte Wettkampfleistungsniveau, in der Einheit und Wechselbeziehung von Training und u. M.-Einsatz als entscheidende Reserve bei der Vorbereitung auf die nationalen und internationalen Wettkampfhöhepunkte zu charakterisieren.
- Bei vergleichbaren Männer- und Frauendisziplinen zeigt sich, daß vielfach in der Höhe und Dauer des u. M.-Einsatzes keine Unterschiede gemacht werden. Damit wird der hormonelle Status der Frau (nur rund 10% männliche Geschlechtshormone im Vergleich zum Mann) nicht berücksichtigt, so daß diese Verfahrensweise nicht gerechtfertigt erscheint.

Zu einigen leitungspolitischen Folgerungen:

- Die Ergebnisse der durchgeführten Analysen zur Integration der u. M. in den Trainingsprozessen haben die Notwendigkeit solch einer Aufgabenstellung bestätigt. Der dabei zu bearbeitende Informationsumfang, die Ergebnisaktualität und weitere Aspekte drängen zu einem «permanenten Analyseprozeß». Der vorgesehene Analysezeitraum sollte ein Jahr nicht überschreiten. Aus der Summe und Verallgemeinerung der Einzeljahre ist dann die Einschätzung der Wirksamkeit eines Olympiazyklus vorzunehmen.
  In den ermittelten Analyseergebnissen wurde auf eine Reihe inhaltlicher Probleme aufmerksam gemacht. Das betrifft u. a. die leistungsrelevante aufgabenbezogene Integration der u. M. in den Trainingsprozeß, spezielle Vorbereitungsvarianten auf die Wettkampfhöhepunkte, wissenschaftlich begründete Differenzierung im Einsatz der u. M. zwischen Männern und Frauen u. a. m.
- Ausgehend von der Notwendigkeit, unsere talentiertesten Nachwuchskader für eine mehrmalige Olympia-Teilnahme vorzubereiten, erscheint es erforderlich, bereits einen ausgewählten Juniorenkaderkreis in Analysen und trainingsbegleitende Untersuchungen einzubeziehen. Als zwei Hauptprobleme sind der erstmalige optimale u. M.-Einsatz bei maximalem Leistungszuwachs und Sicherung der weiteren langfristigen Leistungsentwicklung sowie das Beziehungsgefüge zwischen erforderlichen Trainingsreizänderungen in Einheit mit der u. M.-Applikation bei den wiederholten Unterstützungsmaßnahmen in den Mittelpunkt zu stellen.

## Textdokument 1F

### 1.1.8. Trainingsbegleitende Untersuchungen zu ausgewählten Aspekten des u. M.-Einsatzes

Aufgabenstellung:
Abklärung offener Probleme der Anwendungskonzentrationen unter sportart- bzw. disziplinspezifischen Bedingungen.

Abklärung neuer Aspekte, die sich aufgrund von Festlegungen der Medizinischen Kommission des IOC ergeben.

Boxen:
- Untersuchung zum Einfluß von M1 und M2 auf die Körpermasseregulierung
- Untersuchung zum Einsatz von M4 87
- Untersuchung zum Einsatz von M5 88

Gewichtheben:
- Untersuchung zum Einsatz von M5 86 + 87
- Untersuchung zum Einfluß von M1 auf das periphere Blutbild
- Untersuchungen zur Beeinflussung der Ausscheidung von M1

Radsport:
- Untersuchung zum Einfluß von M2 auf die Entwicklung der Kraftfähigkeiten, die Belastungsverarbeitung und die psychotrope Wirkung

Ringen:
- Untersuchungen zum Einfluß von M1 und M2 auf die Körpermasseregulierung sowie auf das Verhalten der endogenen Testosteronproduktion

Ergebnisse:
Zu genannten Untersuchungen liegen einzelne Ergebnisberichte vor.

**Textdokument 1G**

**1.2. Untersuchungen zu Einsatzmöglichkeiten von Präkursoren im männlichen Bereich**

Aufgabenstellung:
Suche nach einem Weg der physiologischen Beeinflussung des Testosteronspiegels im Blut, der dem Einsatz von Testosteronpropionat in seiner unterstützenden Wirkung zumindest gleichwertig ist, den T/E-Quotienten jedoch weniger stark auslenkt. Prüfung der geeigneten Applikationsform, um mit möglichst niedriger Dosis eine optimale Wirkung sowie keine bzw. nur geringe Nebenwirkungen zu bewirken.

Arbeitshypothese:
Der Einsatz eines Vorläufers (Präkursor) des Testosterons, der erst im Organismus in die wirksame Substanz umgewandelt wird, zieht eine komplexere Reaktion des Steroidstoffwechsels nach sich. Eine Erhöhung einzelner Metabolite im Urin ist dadurch vermeidbar.

Methoden:
- Tiermodell:
  An Meerschweinchen wurde ein Tiermodell aufgebaut und in mehreren Versuchen mit radioaktiv markiertem Androstendion die prinzipielle Anwendungsmöglichkeit, das Ausmaß und der Zeitverlauf der Umwandlung geprüft.
- Mitarbeiterexperimente:
  An Mitarbeitern wurden ohne zusätzliche physische Belastung folgende 5 Experimente durchgeführt:

Exp. 1: einmalige orale Applikation von 50 bzw. 100 mg Androstendion
Exp. 2: mehrfache orale Androstendion-Applikation mit veränderter Galenik bei gleichbleibender Dosierung und analoge Vergleichsuntersuchungen zur Wirkung von DHEA- und Testosteronverabreichungen
Exp. 3: einmalige pernasale Applikation von 3,5 mg und 14 mg Androstendion sowie dreimalige Applikation von 7 mg an einem Tag
Exp. 4: mehrmalige Applikation von 7 mg Androstendion (2 × pro Tag über 4 Tage) und Untersuchung der Wirkung bis zu 12 Tagen

In allen Experimenten wurde die Pharmakokinetik und das Ausscheidungsmuster im Urin untersucht.

- Experimente an Sportlern des Hochleistungsbereiches:
  Exp. 5: zweimalige intranasale Applikation von je 5 mg AD bei zwei Mitarbeitern und zwei Sportlern an einem Tag; die Sportler realisierten ihr normales Training ohne vorherige M1-Applikation
  Exp. 6: zweimal täglich intranasale Applikation von je 5 mg AD bei acht Sportlern an drei aufeinanderfolgenden Tagen, vorher lag ein M1-Anwendungszyklus (5–10 mg/Tag)
  Exp. 7: intranasale Applikation des Präkursors nach ein- bis zweimaliger Gabe von je 10 mg M3 an vier Mitarbeitern [...]

Ergebnisse:

- Die Tierversuche zeigten eine deutliche und schnelle Umwandlung von radioaktiv markiertem Androstendion in Testosteron. Damit konnte die grundsätzliche Frage positiv beantwortet werden.
- Die Ergebnisse wiesen schon auf zwei Faktoren hin, die bei den weiteren Untersuchungen beachtet werden mußten:
  - Die Aufnahme des Präkursors über den Darm und die Zirkulation im Kreislauf Leber – Galle – Darm – Leber («first-pass»-Effekt) beeinflußt die Kinetik der Umwandlung und das Ausmaß der Testosteronbioverfügbarkeit.
  - Der Präkursor wird aufgrund seiner Eigenschaft, nicht wasserlöslich zu sein, offenbar in merkbarem Umfang im Fettgewebe gespeichert.
- Die Ergebnisse des ersten und zweiten Mitarbeiterexperimentes beantworteten die grundsätzliche Frage beim Menschen ebenfalls positiv. Exogen zugeführtes Androstendion wird schnell in Testosteron umgewandelt. Bereits nach 15 min finden wir beim Menschen eine deutlich meßbare Erhöhung der Testosteronkonzentration im Blut (1. Experiment 111–273 %, im Mittel 124 %; 2. Experiment 40–83 %, im Mittel 45 %).
- Es kommt zu einer Erhöhung des Anteils des freien (biologisch wirksamen) Testosterons, die abhängig ist von der Dosis und der individuellen Reaktion des Probanden.
- Im Hinblick auf die Kinetik der Umwandlung, d. h. das Auftreten des Konzentrationsmaximums, [und] den Verlauf des Blutspiegels konnten bei positiver Grundreaktion deutliche, sich wiederholende individuelle Unterschiede festgestellt werden. Sie sind offenbar Ausdruck der individuellen Situation im

Steroidstoffwechsel der Probanden, wobei auch Besonderheiten im Leberstoffwechsel (hepatische Extraktion und Verstoffwechselung, enterohepatischer Kreislauf) und bestimmte Depoteffekte von Bedeutung sind.

- Die Erwartung einer Beeinflussung des Stoffwechselweges zum Epitestosteron erfüllte sich nicht. Auch durch mehrfache Applikation hoher Dosen konnte keine Induktion dieses Stoffwechselweges und eine daraus resultierende Konstanz des Quotienten Testosteron/Epitestosteron erreicht werden. Er zeigte deutliche Anstiege auf Werte von 10,1–35,8 im Verlauf von 6 bis 14 Stunden nach Zufuhr, jedoch eine schnellere Tendenz zur Normalisierung als bei der Zufuhr von Testosteronpropionat über intramuskuläre Injektion.
- Die perorale Applikation erwies sich als ungünstig. Der Resorptionsvorgang verläuft vergleichsweise langsam und wird durch die wechselnden Verhältnisse im Verdauungstrakt stark beeinflußt. Die Verstoffwechselung über den Kreislauf Darm – Leber – Galle – Darm – Leber verringert die Steuerbarkeit der Beeinflussung des Blutspiegels.
- Bei den hohen Dosen, die bei peroraler Applikation erforderlich sind, treten auch die Speichereffekte, die schon bei den Tierversuchen beobachtet wurden, deutlich in Erscheinung.
- Diese Ergebnisse führten zu der Schlußfolgerung, eine intranasale Applikation mittels Dosierspray zu entwickeln.
- Die Probleme, die sich durch die schlechte Lösbarkeit der Substanz für die Herstellung des Sprays ergaben, konnten durch engagierte Mitarbeit des Kooperationspartners VEB Jenapharm gelöst werden. Es wurde ein verträglicher Spray kurzfristig entwickelt, der eine exakte Dosierung des zugeführten Androstendions gestattet.
- Die Erprobung der einmaligen Anwendung ergab, daß mit Dosen zwischen 3,5 und 15 mg Anhebungen des Testosteronspiegels im Blut um 34–97% (Mittelwert 64%) erreicht werden. Diese sind im Ausmaß und Zeitablauf vergleichbar mit den Ergebnissen, die bei peroraler Zufuhr wesentlich höherer Dosen erzielt werden konnten. Im Gegensatz zur peroralen Verabreichung findet bei intranasaler Applikation keine wesentliche first-pass-Metabolisierung des Androstendions statt. Die schnelle Erhöhung des Testosteronspiegels wird dabei hauptsächlich durch eine periphere Androstendion-Testosteron-Umwandlung, die im Blut stattfindet, hervorgerufen.
- Die mehrmalige Applikation bewies die gute Steuerbarkeit der Beeinflussung. Die individuellen Reaktionslagen im Steroidstoffwechsel zeigen sich auch hier deutlich. Wie bei der peroralen Applikation, so wird auch mit der intranasalen Applikation kleiner Dosen eine meßbare Erhöhung des freien Testosterons erreicht. Aufgrund der Gegenregulation durch SHBG-Änderungen ist der Anstieg des freien Testosterons aber nicht so lang anhaltend wie der erhöhte Testosteronwert erwarten ließ.
- Im Metabolitprofil des Urins tritt bei intranasaler Applikation eine Erhöhung des Quotienten Testosteron/Epitestosteron auf. Sie ist jedoch nicht so markant (3,8 bis maximal 14,3) und normalisiert sich schnell (schon am

nächsten Tag nach Zufuhr), wobei der Testosteronspiegel im Blut noch angehoben bleibt. Auch hier ist bei prinzipiell gleicher Reaktion das konkrete Ausmaß von der individuellen Regulation des Steroidstoffwechsels abhängig.
- Insbesondere bei der intranasalen mehrfachen Androstendion-Applikation wurde ein deutlicher Langzeiteffekt gefunden. Etwa 3–4 Tage nach der letzten Applikation tritt eine erneute Erhöhung des Testosteronspiegels um 48–97% (Mittelwerte 68%) im Blut, die für weitere 6–7 Tage nachweisbar ist, ohne entsprechende Reaktion des Testosteron/Epitestosteron-Quotienten auf. [...]

Schlußfolgerungen:
- Die bereits an untrainierten Mitarbeitern nach intranasaler Applikation gewonnenen Ergebnisse bezüglich der zeitlichen Dynamik der «unmittelbaren Testosteron-Antwortreaktion» sowie des «Testosteron-Langzeiteffektes» konnten an Hochleistungssportlern ohne und mit vorheriger M1-Medikation weitestgehend reproduziert werden. Damit scheinen (n = 5!) beide Faktoren – Hochleistungstraining und anabole Medikation – auf das zeitliche Verhalten der peripheren AD-Umwandlung und die höchstwahrscheinlich zentralnerval ausgelöste gonadale Testosteronproduktionserhöhung keinen Einfluß auszuüben.
- Individuell unterschiedliche Reaktionslagen des Steroidstoffwechsels treten erwartungsgemäß auch bei Hochleistungssportlern auf. Demzufolge sind auch die quantitativen Auslenkungen, insbesondere bei der «unmittelbaren Testosteron-Antwortreaktion» zwischen den Sportlern verschieden hoch. [...]
- Unter den Bedingungen eines Hochleistungstrainings ist auch nach vorangegangener M1-Medikation bei zweimaliger Applikation von 5 mg AD intranasal in 3–4 Tagen für einen Zeitraum von mindestens 14 Tagen eine stabile, zum größten Teil über dem Ausgangsniveau liegende Testosteronkonzentration im Blut erreichbar.
- Der T/E-Quotient übersteigt in Abhängigkeit vom individuellen Steroidstoffwechsel nur an den Applikationstagen den Wert von 6. Am Folgetag befand er sich stets im individuellen Normbereich.

## Textdokument 1H

### 2. Arbeitsrichtung 2: Steigerung der Trainings- und Wettkampfleistung durch pharmakologische Beeinflussung zentralnervaler, endokriner und neuromuskulärer Steuer- und Regelprozesse

Aufgabenstellung:
Am 23. Oktober 1984 wurde im Forschungsvorhaben u. M. die Arbeitsrichtung Psychotrope Substanzen mit folgender Zielstellung konstituiert:

Verbesserung der Wettkampfleistung über die Beeinflussung von Steuer- und Regelmechanismen für
- die Beschleunigung der Entwicklung der Leistung im Training,
- die Sicherung einer stabilen Wettkampfleistung unter den verschiedenen Wettkampfbedingungen und die Steigerungsfähigkeit im Wettkampf,
- die differenzierte und individuelle Einflußnahme auf wesentliche Mechanismen der Bewegungsleistungen.

Arbeitshypothese:
Die Arbeitshypothese und die davon abgeleiteten trainingsmethodischen und biowissenschaftlichen Aufgabenstellungen wurden in wissenschaftlichen Konferenzen der AR 2 im November 1986 und März 1988 zur Diskussion gestellt und gebilligt:
- Zentralnervale, neuroendokrine und neuromuskuläre Regulationen sind insbesondere bei intensiven physischen und psychischen Belastungen bedeutsam für die Sicherung von Bewegungsleistungen. Die Entwicklung und Stabilisierung von Höchstleistungen ist dabei vor allem an Prozesse der Informationsverarbeitung im weitesten Sinne gebunden und weniger an solche grundlegenden Mechanismen wie Proteinstoffwechsel oder das energetische Gleichgewicht anaboler und kataboler Prozesse.
- Es wird davon ausgegangen, daß eine pharmakologische Unterstützung zentralnervaler, neuroendokriner und neuromuskulärer Mechanismen möglich ist und bei hohen sportlichen Belastungen eine Leistungsreserve für die wirkungsvollere Lösung von Trainings- und Wettkampfaufgaben für die nächsten Olympiazyklen darstellt. Für einzelne Sportler einer konkreten Sportart mit ihrer spezifischen Belastungs- und Bewegungsstruktur sollen günstigere Bedingungen für die Qualität der Bewegung erreicht werden.

**2.1. Wirkungsprüfung von solchen psychotropen Substanzen unter Trainings- und Wettkampfbedingungen, die sich im Laborversuch bzw. im Tierexperiment als leistungsrelevant erwiesen haben.**

[Es folgen mehrere Berichte über verschiedene Substanzen; s. Berendonk 1991.]

**Textdokument 11**

**2.1.3. Substanz P (SP)**

Arbeitshypothese:
Die Wirkung von SP erfolgt nach tierexperimentellen Untersuchungen über das dopaminerge System. Als Wirkungen werden u. a. die Unterstützung der Streßresistenz und Adaptation an veränderte Umweltbedingungen sowie die Verkürzung von Reaktionszeiten motorischer Handlungen unter Streßbelastung postuliert. In den vergleichenden Rattenexperimenten verlängerte SP den Ge-

samtwachzustand und damit das Vigilanzniveau und hatte eine aktivierende Wirkung, die stärker war als die des Analogons SP 1–4.

Beim Sportler war unter Laborbedingungen eine Verbesserung der Funktionsbreite im visuellen System, eine Verkürzung von Reaktionszeiten und die Senkung der Fehleranzahl im d2-Test nachweisbar. Wir erwarteten einen Unterstützungseffekt der Wettkampfleistung speziell bei solchen Sportlern, die aufgrund psychisch-emotioneller Probleme ihr Leistungsvermögen im Wettkampf nicht ausschöpfen können.

Methodik:

1. Wirkungsvergleich SP : Placebo an den Meßplätzen in Königsbrück:
   2 Turner je 2 Untersuchungen am VBM und KLT (1987, 1988)
   5 Fechter am VBM und Tracking (1987, 1988)
2. 1 Fechter im Neurophysiologischen Labor des FKS (1988)
3. 1 Turner im Training (zur Überwindungsfähigkeit)
4. 2 Turnerinnen des ASK Frankfurt im Lerntraining (Dezember 1987, Februar und April 1989)
5. 9 Schützen in einem Wettkampf (Luftgewehr, Luftpistole)
6. 7 Schützen unter verschiedenen Labor-, Trainings- und Wettkampfbedingungen
7. 1 Turner in der Humanzentrifuge (Königsbrück)

Als Präparat wurden Nasentropfen des Instituts für Wirkstofforschung der AdW Berlin verwendet (Prüfmuster) und daraus hergestellter Nasenspray.

Ergebnisse:

- SP erwies sich als brauchbares u. M. bei solchen Sportlern, die im Training (z. B. Balkenturnen) oder vor allem im Wettkampf besonders störanfällig sind. Statistisch nachweisbare Leistungssteigerungen konnten an den Meßplätzen Königsbrück registriert werden. Da bei zwei Turnern SP in der 3. und 4. bzw. 5. und 6. Wiederholungsuntersuchung verwendet wurde, sind die Ergebnisse unabhängig von Lern- oder Habituationseffekten im Sinne von Leistungssteigerung zu diskutieren. Bei dem einen Turner wurde SP außerdem in Training und Wettkampf erfolgreich angewendet. Im Training beim Lernen und Stabilisieren sehr schwieriger Übungen im Sinne der «Überwindungsfähigkeit» und im Wettkampf für das Durchturnen der Übung. Diese Erfahrungen konnten auch in einer weiteren Pilotstudie an Turnerinnen gemacht werden, die sowohl unter LVP als auch unter SP Lernfortschritte im Training erreichten als auch die Übungen dann im Wettkampf anbieten konnten. Bei einem Turner erfolgte im Doppelblindversuch in der Humanzentrifuge die Minderung von Regelfehlern im Tracking unter SP (bei 1,0 und 2,0 g).
- Die speziell zur Substanz P vorhandene hohe Ergebniserwartung konnte aber unter Labor-, Trainings- und Wettkampfbedingungen nicht erfüllt werden. Der Effekt blieb z. B. auch bei den speziell für SP herausgesuchten (störanfäl-

ligen) Fechtern in den vergleichenden Doppelblinduntersuchungen hinter der Wirkung von LVP zurück. Ein Pharmakaeffekt ließ sich aber an der verbesserten Koordinationsfähigkeit im Tracking sichern.

- Nach unseren Erfahrungen sollte SP bereits an mehreren Tagen vor und bis zu den Leistungsabforderungen appliziert werden, obwohl wir auch eine akute Sofortwirkung nachweisen können. Außerdem sind wir von der Applikation als Nasentropfen auf Nasenspray übergegangen. Diese Darreichungsform halten wir für günstiger.

## Textdokument 1J

### 2.2. Ergebnisse der Prüfung weiterer psychotroper Substanzen auf ihre Leistungsrelevanz

Arbeitshypothese:
Es wird davon ausgegangen, daß die Untersuchungsmethodik an der frei beweglichen Ratte Aussagen über das Spontanverhalten einschließlich motorischer Komponenten (offenes Feld, Laufrad) sowie funktionell-morphologischer Wirkung (neurophysiologische Phänomene) liefert. Damit ergibt sich die Möglichkeit des direkten Wirkungsvergleiches von Neuropeptiden und Analoga unter identischen Versuchsbedingungen. Die Ableitung von Folgerungen für weiterführende Untersuchungen am Menschen (Labor, Training, Wettkampf) sind mit geringerem Risiko und höherer Treffsicherheit möglich.

[Es folgen mehrere Berichte; s. Berendonk 1991.]

## Textdokument 1K

### 2.3. Erarbeitung theoretischer Grundlagen der Steuer- und Regelmechanismen der Bewegungsleistung und möglicher Angriffspunkte in der Handlungskette sowie ausgewählter Grundfragen der Substanzklassen, einzelner psychotroper Verbindungen und ihrer biologischen Wirkungsmechanismen.

Die Bearbeitung dieser grundlegenden und umfangreichen Aufgabenstellungen der Biowissenschaften und Trainingsmethodik ist allein durch das Potential der Sportforschung nicht zu bewältigen. Die Aufgaben, die sich für die Leistungssportforschung hinsichtlich Weltstandserkundung, Entwicklung, Synthese und pharmakologische Prüfungen sowie Wirkungsdifferenzierung ergeben, stellen vielmehr eine Herausforderung vorwiegend an das biowissenschaftliche und pharmazeutische Forschungspotential der DDR insgesamt dar.

[Es folgen mehrere Berichte; s. Berendonk 1991.]

## Textdokument 1L

### Leistungen der Kooperationspartner

- Institut für Luftfahrtmedizin Königsbrück
  An den Meßplätzen des ILM wurden 14 Experimentallehrgänge der Abteilung Endokrinologie realisiert. Es standen 14 Turner, 8 Schützen und 6 Mitarbeiter sowie 8 Fechter in den Untersuchungen. Durch Mehrfachprüfungen verschiedener Pharmaka an ein- und demselben Probanden und durch den Vergleich mit Placebo sind bis Oktober 1988 insgesamt 94 Versuchspersonen in je zwei Tests gewesen (VBM und KLT oder Tracking). Vier Untersuchungen fanden in der Humanzentrifuge statt.
  Die gemeinsamen Untersuchungen in Königsbrück sind eine wesentliche Voraussetzung für die experimentelle Begründung von Wirkungsprofilen der Testsubstanzen und für die Beurteilung individuell unterschiedlicher Wirkungen.

- VEB Pharmazeutisches Kombinat GERMED Dresden stellt die u. M. für die FG u. M. und das Staatsplanvorhaben in großem Umfang zur Verfügung.
  • M1, M2, M3, M4, M7 und anfangs auch M6.
  • Das AWD des Kombinats sicherte die vollständige Belieferung mit M10 und M9 (Nasenspray) und half bei deren Import von U4 und U7.
  Das AWD hat wesentlich die experimentelle und theoretische Einarbeitung zu den Nootropika gefördert.
- Vom VEB Jenapharm wurden Präparate nach unterschiedlichen inhaltlichen Gesichtspunkten des Staatsplanthemas gefertigt. Vor allem die Entwicklung der M2 in Richtung Arzneiware und die Entwicklung der Variante U1 in mehreren Erprobungsmustern hat die experimentelle Arbeit gefördert. Gemeinsam mit dem ZIMET wurden zu M1, M2 und U1 am Tier und am Menschen pharmakokinetische Untersuchungen mit unterschiedlichen Applikationen (per os, i. v.) realisiert. Der praktische Einstieg in Probleme des Leberstoffwechsels von Steroiden wurde durch den VEB Jenapharm mitgetragen.
- Prof. Hüller, Direktor des Institutes für Klinische Pharmakologie der Humboldt-Universität, hat
  • experimentelle Untersuchungen zur Wirkungsdifferenzierung von Substanz P und zur klinischen Anwendung in die Kooperation eingebracht.
  • Als klinischer Pharmakologe trug er im Staatsplanthema wesentliche Verantwortung für die Einführung der M2, für die Wege zur Erzeugnisentwicklung von M2 sowie für alle angewandten psychotropen Substanzen M9, M4, U7, U6, U3. Er leitete alle Untersuchungen zu M5, die zu dessen Absetzen von der Liste der bearbeitungswürdigen Pharmaka führten.
  • Prof. Hüller ist gegenüber dem MfGe und dem ZGA der verantwortliche klinische Pharmakologe des Staatsplanthemas.
- Institut für Wirkstofforschung
  Von dem Institut wurde durch Substanzbereitstellung und praktische

und theoretische Hilfestellungen die Einarbeitung der Substanz P ermöglicht.

- ZIMET Jena
  Der Bereich Steroidforschung des ZIMET hat zu den Nachweisen und zu grundlegenden Mechanismen des Stoffwechsels von M1 und M2 beigetragen. Damit wurden Voraussetzungen zur Anwendung von M1, M2 und U1 mitgeschaffen.
- Prof. Klingberg, Paul-Flechsig-Institut für Hirnforschung der KMU Leipzig
  Im Tierexperiment konnten an zwei Standardtestverfahren insgesamt 15 verschiedene Pharmakavarianten in ihrer Wirkung auf das Spontanverhalten und neurophysiologische Phänomene getestet werden. Die Untersuchungsergebnisse waren wesentlich für
  • das Verständnis von Wirkungsdifferenzierung sowie für
  • die experimentelle Stützung einer Legende der Arbeitsrichtung 2.
- Folgende Institutionen haben das Staatsplanvorhaben im Zeitraum 1984–88 unterstützt, indem im wesentlichen die Sicherung der praktischen Laborarbeit durch diese Kooperation gewährleistet wurde:
  • VEB Sächsisches Serumwerk
  • Zentralinstitut für Kernforschung Rossendorf
  • Zentralinstitut für Isotopen- und Strahlenforschung Leipzig

## Textdokument 1M

### Überführung der Forschungsergebnisse in die Praxis

Die Ergebnisse der laborexperimentellen und trainingsbegleitenden Untersuchungen, der Analysen und theoretischen Arbeiten sowie der untersuchungsmethodischen Weiterentwicklungen wurden schriftlich fixiert und liegen in Form von Forschungsberichten, Analysen und Studien im entsprechenden Speicher am FKS vor (vgl. Anlage 1). Auf der Grundlage dieser Ergebnisse wurden bearbeitet:

- Empfehlungen zur Präzisierung der Einsatzrichtlinie u. M.;
- Materialien für die Weiterbildung der Verbandstrainer und Verbandsärzte
  • zu einigen prinzipiellen Ausgangspositionen bei der Anwendung im Training und Wettkampf,
  • biochemische und hormonelle Grundlagen für den Einsatz u. M. im Sport,
  • zum Wirkungsmechanismus unterschiedlicher AS und ihre Einsatzmöglichkeit im Training und Wettkampf,
  • trainingsmethodische Aspekte für den Einsatz von u. M. im Trainingsprozeß und bei der Vorbereitung auf Wettkampfhöhepunkte.

Die Umsetzung der Forschungsergebnisse in die Praxis erfolgte unter Federführung und Abstimmung der FG u. M. in folgenden Formen:

- konzeptionelle Unterstützung der Verbandsärzte und -trainer bei der Erarbeitung der u. M.-Jahreskonzeptionen und ihrer Integration in das Training,

insbesondere in Vorbereitung auf die Olympischen Winter- und Sommerspiele 1988
(Beratungen mit allen Winter- und Sommersportverbänden);
- direkte operative Unterstützung bei der Erarbeitung, Vervollkommnung und Umsetzung der u. M.-Einsatzkonzeptionen im praktischen Prozeß im Schwimmen, Kanurennsport, Radsport, Boxen, Gewichtheben, Fechten, Turnen und LA-Sprint (SC DHfK);
- Weiterbildungen von Verbands- und Clubärzten und -trainern zum Einsatz u. M.-Einzelkonsultationen;
- Durchführung zusätzlicher Laboranalysen zur Ermittlung von Reaktionen auf den Einsatz u. M. (vgl. Anlage 2). [...]

## Textdokument 1N

<u>Zusammenfassung</u>
Im Rahmen des Staatsplanthemas wurden im Olympiazyklus 1984–88 durch das FKS, die Institute der Akademie der Wissenschaften der DDR, die Universitäten Berlin und Leipzig, das Institut für Luftfahrtmedizin der DDR, die pharmazeutische Industrie (Kombinat Germed) und z. T. das DKL Kreischa folgende Aufgaben bearbeitet und nachstehende Hauptergebnisse erzielt.

**1. Experimentelle und trainingsbegleitende Untersuchungen zum wissenschaftlich begründeten und effektiven Einsatz bekannter u. M. in der Sportpraxis**
Durch theoretische Arbeiten, experimentelle Untersuchungen an Tieren, Laborexperimente an Mitarbeitern und trainingsbegleitende Untersuchungen an Sportlern wurden die Kenntnisse zum unterschiedlichen Wirkprofil der bereits bekannten u. M. (OT, STS 646, HCG, Clomiphen) vertieft und damit bessere Möglichkeiten für einen differenzierten Einsatz in der Praxis geschaffen. Dadurch konnten die Hauptwirkungen besser genutzt werden, die unerwünschten klinischen und trainingsmethodischen Nebenwirkungen verringert und individuelle Aspekte im Einsatz der u. M. stärker berücksichtigt werden, was zum wirkungsvolleren Einsatz der u. M. im Training führte.

Ausgewählte Ergebnisse:

**1.1. Erkenntnisse zu theoretischen Grundlagen**
- Kenntnisse zum pharmakokinetischen und Stoffwechselverhalten (Biotransformation) von OT, STS 646 und Substanz XII am Tier und Menschen – damit Hinweise für die Optimierung der Dosierungsgestaltung (Zusammenarbeit mit ZIMET und VEB Jenapharm);
- Aufbau eines neuen Tiermodells zur Erfassung differenzierter Wirkungen von Anabolika auf ausgewählte leistungsbestimmende Organe und Funktionssysteme unter leistungssportlichen Aspekten;
- Wirkung von OT und STS 646 in unterschiedlicher Dosierung auf das Arznei-

mittel-abbauende System der Leber beim Tier sowie beim Menschen (Zusammenarbeit mit VEB Jenapharm);
- Wirkung von u. M. auf den endogenen Testosteronstoffwechsel durch den Aufbau der Bestimmungsmethode für das Sexualhormon bindende Globulin (SHBG).

**1.2. Erkenntnisse zur Vervollkommnung der praktischen Anwendung**
- Ergebnisse zur Dosierungsgestaltung (Zahl und Dauer von Anwendungszyklen, Dosishöhe) bei der Erst- und Mehrjahresanwendung im LA-Sprint sowie im Sportschwimmen (Anschlußtraining – weiblich).
- Empfehlungen zum differenzierten Einsatz von OT und STS 646 im Jahresverlauf für LA-Mittel-/Langstrecke,
- Abklärung ausgewählter offener Probleme in Anwendungskonzeptionen unter sportart- bzw. disziplinspezifischen Bedingungen
  - Boxen – Einfluß von OT und STS 646 auf die Körpermasseregulation,
    – Einfluß von HCG und Clomiphen in der UWV auf die Fähigkeits- und Leistungsentwicklung
  - Gewichtheben – Einfluß von Clomiphen in der UWV auf die Fähigkeits- und Leistungsentwicklung
    – konzeptionelle Zuarbeit zu Untersuchungen zur beschleunigten Ausscheidung von OT
  - Ringen – Einfluß von OT, STS 646 und Orotsäure auf die Körpermasseregulation
    – Einfluß der kombinierten Gabe von OT und STS 646 auf die endogene Testosteronproduktion
  - Radsport (Straße) – Einfluß von STS 646 auf die Entwicklung der Kraftfähigkeiten, die Belastungsverarbeitung und die psychotrope Wirkung.
- Empfehlungen für Anwendungskonzeptionen der Sportarten Gewichtheben und Leichtathletik (Wurf/Stoß, Sprung/Mehrkampf, Mittel- und Langstrecke) anhand von Mehrjahresanalysen.

**2. Entwicklung, Überprüfung und Einsatz neuer Substanzen und Einflußmaßnahmen auf bisher nicht unterstützte biologische Funktionen**
Mit dem Ziel, für die unterschiedlichen Aufgaben im Training und Wettkampf differenzierter wirkende u. M. zu nutzen, wurden weitere anabole Steroide entwickelt und psychotrope Substanzen auf ihre Wirksamkeit im Leistungssport überprüft.

Ausgewählte Ergebnisse:

**2.1. Anabole Steroide**
- Überprüfung und Einsatz von Androstendion, einem Vorläufer (Präkursor) des Testosterons zur Beeinflussung der Testosteronkonzentration; Erkenntnisse zur Applikationsform (intranasal günstiger als oral) und zur Applika-

tionsgestaltung (am Tag bzw. an aufeinanderfolgenden Tagen) ohne und mit vorangegangener u. M.-Gabe durch Untersuchungen am Tiermodell, an Mitarbeitern und Sportlern des HLT-Bereiches (Verkürzung der Nachweiszeit auf 2 Tage);
- Produktion und breite praktische Anwendung der neuentwickelten Substanz STS 646;
- Neuentwicklung und tier- und laborexperimentelle Überprüfung der Substanz XII.

**2.2. Psychotrope Substanzen**

Aus einer Vielzahl von Substanzen wurden in Tierexperimenten, in Laborversuchen am Menschen und an Sportlern, im Training und Wettkampf überprüft bzw. angewandt Lysin-Vasopressin, Oxytocin, Substanz P (in der Dopingkontrolle bisher nicht erfaßbar), Pirazetam und ACTH 4–10. Die Erprobung erfolgte am Institut für Luftfahrtmedizin Königsbrück, in Laborversuchen am FKS (EEG, Hormonprofil, Biomechanik), in Pilotstudien und teilweise im Training und Wettkampf im Turnen des ASK, im Schützenverband, im Fechten und Boxen und vereinzelt bei Radsportlern, Leichtathleten und Gewichthebern:
- Lysin-Vasopressin:
  besitzt eine zentralnervale Wirkung, die zur Begünstigung von Konzentrations- und Aufmerksamkeitsleistungen, zu operativer Zuverlässigkeit und besserer Bewegungskoordination im Wettkampf beiträgt.
- Oxytocin:
  trägt dazu bei, den zentralnervalen Aktivierungszustand und das Arbeitsniveau von Hirnfunktionen bei auszuwählenden Sportlern auf ein höheres Niveau einzustellen. Es wirkt bei geeigneten Sportlern kurzzeitig einer Ermüdung entgegen und erhöht die Konzentrationsausdauer.
- Substanz P:
  unterstützt die Streßresistenz und eine Adaptation an veränderte Umweltbedingungen im Training und Wettkampf. Es verbessert die Funktionsbreite im visuellen System und erhöht die Reaktionsfähigkeit. Der Unterstützungseffekt im Training und Wettkampf war besonders bei solchen Sportlern nachweisbar, die aufgrund psychisch-emotionaler Probleme ihr Leistungsvermögen nicht ausschöpften.
- Die Ergebnisse zu den Substanzen Piracetam und ACTH 4–10 sind bisher noch nicht eindeutig. Das bulgarische Präparat Nivalin P mußte wegen großer Nebenwirkung verworfen werden.

**3. Produktion und Versorgung des Leistungssports der DDR mit u. M.**

Durch die Kooperationspartner im Staatsplanthema wurden im Olympiazyklus 1984–88 für den Leistungssport der DDR folgende Substanzen produziert – z. T. neuentwickelt – und für die Anwendung zur Verfügung gestellt:

Oral-Turinabol, STS 646, Testosteronpropionat, Epitestosteron, Substanz XII, Androstendion, Dehydroepiandrosteron, Lysin-Vasopressin, HCG, Oxytocin, ACTH 4–10, Substanz P, Piracetam, Methylglucamin-Orotat (MGO).

Durch eine lange Zusammenarbeit mit dem Zentralen Gutachterausschuß und dem Ministerium für Gesundheitswesen wurden Möglichkeiten gefunden, bei Beachtung der gesetzlichen Bestimmungen zum Gesundheitsschutz spezielle Medikamente im Leistungssport zu überprüfen und anzuwenden.

**4. ( )[1] des u. M.-Einsatzes in den olympischen Sportverbänden (und Zusammenfassung)**

Mit dem Ziel, den Prozeß der praktischen Anwendung wirkungsvoller zu gestalten, wurden über die trainingsbegleitenden Untersuchungen in einigen ausgewählten Sportarten im Rahmen der AG u. M. durch die Themengruppe des FKS folgende Maßnahmen realisiert:

- Beitrag zur weiteren Vervollkommnung der Einsatzrichtlinie u. M. 1984–88.
- Erfahrungsaustausche, Weiterbildungen, Konsultationen – z. T. mehrfach im Abstand von 1 bis 2 Jahren: Boxen, Fechten, Kanu-Rennsport, Leichtathletik, Radsport, Rudern, Sportschwimmen, Volleyball/Bob-/Schlittensport, Schießen, Eisschnellauf, Gewichtheben, Turnen.
- Beratung der Anwendungskonzeption für das Olympiajahr mit allen Winter- und Sommersportarten,
- regelmäßige Abstimmung der Jahreskonzeptionen bzw. evtl. notwendig werdender Präzisierungen im Jahresverlauf mit den Verbandsärzten im Sportschwimmen, Volleyball, Gewichtheben, Kanu-Rennsport.

Zusammenfassend kann festgestellt werden:

Das Forschungskollektiv des Staatsplanthemas hat die entscheidenden Grundlagen für den wissenschaftlich begründeten Einsatz der u. M. im Leistungssport der DDR geschaffen und die Produktion der wesentlichen Substanzen und ihre Bereitstellung für die praktische Anwendung gesichert. Dadurch konnten

- das Training wirkungsvoller gestaltet werden – die Leistungsverträglichkeit erhöht und die Entwicklung der Kraft, Schnellkraft, Kraftausdauer und in Anfängen die Bewegungssteuerung positiv beeinflußt werden – und zur Leistungsentwicklung beigetragen werden;
- die unerwünschten Nebenwirkungen im Training (erhöhte Verletzungsgefahr, Verspannungen, Koordinationsschwierigkeiten) und im Allgemeinbefinden (besonders bei Sportlerinnen) weitgehend reduziert werden;
- durch vertiefte Untersuchungen zum Wirkungsmechanismus von Testosteron, Epitestosteron, Clomiphen, HCG und Diuretika den verschärften Dopingkontrollen begegnet und ein Beitrag zur Verhinderung positiver Nachweise geleistet werden;
- durch Weiterbildung und Konsultationen von Ärzten und Trainern sowie die operative Tätigkeit der Prozeß der Anwendung der u. M. in vielen Verbänden weiter qualifiziert werden;
- durch die Überprüfung und anfängliche Anwendung psychotroper Substanzen neue Funktionsbereiche (Bewegungssteuerung) für eine zielgerichtete Beeinflussung erschlossen werden.

1 Der Text in der Klammer ist nicht lesbar.

## Textdokument 2A

## Ungekürzter Originaltext von Programm und Protokollen («Empfehlungen und Festlegungen») des Kolloquiums «Androgene und synthetische Steroide im Prozeß der sportlichen Leistungsentwicklung» am 24.6.1981 in Leipzig (Redaktion: W. Schäker)

Forschungsinstitut für
Körperkultur und Sport
Leipzig

Ausfertigungen
Ausfertigung Blatt

Am 24. 6. 1981 fand am FKS ein wissenschaftliches Kolloquium der Forschungsgruppe "Zusätzliche Leistungsreserven" und ihrer Kooperationspartner statt.

Thema: Androgene und synthetische Steroide im Prozeß der sportlichen Leistungsentwicklung

Wissenschaftliche Leitung:

Prof. Dr. A. Lehnert - Leiter der FG ZL
MR Dr. M. Höppner - Stellv. Dir. d. SMD

Teilnehmer:

Gäste: Prof. Dr. K. Schubert, Leiter des Bereiches Steroidforschung am ZIMET, Jena

Prof. Dr. M. Oettel, Forschungsdirektor VEB Jenapharm

Prof. Dr. H. Hüller, Direktor des Instituts für Pharmakologie und Toxikologie der HU Berlin

DC J. Hendel, Sonderbeauftragter des Generaldirektors Pharmazeutisches Konbinat Germed, Dresden

Dr. Barnikol-Oettler, Persönl. Referent d. Forschungsdirektors VEB Jenapharm

D. Freiberg, Stellv. Ltr. LS II des SMD

FKS: Prof. Gürtler, Prof. Häcker, Doz. Dr. Schäker, Dr. Rademacher, Dr. Langer, Dr. Landgraf, Dr. Lathan, J. Gedrat

Vorträge:

Höppner: Zu internationalen Entwicklungstendenzen der Dopingkontrolle im Leistungssport

Häcker: Zu einigen Problemen der Wirksamkeit anabol wirkender Substanzen

Schubert: Zu Struktur-Stoffwechsel- und Wirkungsbeziehungen von Androgenen und Metaboliten - ein Arbeitskonzept

Oettel: Beeinflussung zentralnervaler Funktionen durch Steroide

Schriftlich vorbereitete Diskussionsbeiträge

Langer, Gürtler: Zur Anwendung von unterstützenden Mitteln in der Olympiavorbereitung männlicher Leistungsruderer im Jahre 1980

Lathan: Einschätzung der Wirksamkeit der Anwendungskonzeption "unterstützende Mittel" im Trainingsjahr 1979/1980

Schäker: Zur Anwendung von Steroidsubstanzen (STS) im Training und Tierexperiment sowie zur Qualitätsprüfung der STS-Präparate - Ergebnisbericht 1980/81

Empfehlungen und Festlegungen:
(zusammengestellt von W. Schäker)

In der Diskussion haben mehrere Teilnehmer des Kolloquiums über Möglichkeiten der Erhöhung der Wirksamkeit von Androgenen im Prozeß der sportlichen Leistungsentwicklung gesprochen. Differenzierte Varianten der experimentellen Unterstützung durch Applikation von Androgenen wurden beraten und empfohlen:

1. Die biologische Wirkung der Steroide wird über ihre Rezeptorbindung eingeleitet. In diesem Zusammenhang ist es wesentlich, daß Androgenrezeptoren und Rezeptoren für synthetische Androgene identisch sein sollen (und damit auch für anabole Steroide). Es wird angenommen, daß die anabol-androgene Wirkung unter anderem von der Anzahl der Rezeptoren im Targetorgan abhängt. In der Diskussion des Kolloquiums wurde angeregt zu überdenken und theoretisch zu prüfen, ob es sinnvoll und möglich ist, die Anzahl der Rezeptoren experimentell zu beeinflussen (z. B. zu vermehren).

2. Im Zusammenhang mit 1. wurde beraten, daß auch die Sensitivität und Affinität des Rezeptors die Androgenwirkung prägen und das Wirkungsspektrum qualitativ und quantitativ modifizieren können. Anhand von Literaturdaten soll deshalb eruiert werden, ob sich Hinweise für eine experimentelle Variierung von Sensitivität und Affinität ergeben (Wirkung des Trainings?).

Zur Prüfung von 1. und 2. wurden Häcker und Mitarbeiter beauftragt. Die Diskussion dazu erfolgt bei der nächsten Beratung mit den Kooperationspartnern (voraussichtlich Juni 1982). Aus den nachfolgend genannten Vorschlägen soll eine Alternative zur exogenen Testosteronapplikation abgeleitet werden:

3. Die im Einführungsvortrag von Höppner dargestellten Trends der Dopingkontrolle für exogenes Testosteron waren Anlaß zu der Überlegung, Testosteron als Nasenspray zu applizieren.
Diese Dosierungs- und Applikationsvariante könnte folgende Vorteile bieten:
Wie bei Applikationen von Neuropeptiden, Kontrazeptiva usw. müßte bereits eine geringe Dosis ausreichen, um die psychotrope Testosteronwirkung induzieren zu können (im Vergleich zur systemischen Anwendung erfolgt bei Nasenspray-Applikation die Verteilung nicht im gesamten Organismus, sondern bevorzugt an das ZNS). Damit könnte evtl. die Schwelle für den Dopingnachweis von Testosteron unterlaufen werden. Nasale Testosteronmedikationen sind wirksam (Literaturbefund).

4. Vorschlag des probeweisen Einsatzes von Steroidsubstanz 082.
Bei STS 082 handelt es sich chemisch um das 5α-Dihydrotestosteron mit $\Delta^1$-Doppelbindung. Es steht dem physiologisch im Organismus vorkommenden biologisch aktiven 5α-DHT sehr nahe. Bisher wurde zu STS 082 festgestellt, daß sie die stärkste Rezeptorbindung aller überprüften Steroide aufweist (Untersuchungen am Cytosol der Rattenprostata). Außerdem ist eine verlangsamte Metabolisierung im Organismus zu erwarten. Hinsichtlich der Dopingkontrolle könnte entscheidend sein, daß STS 082 kein Epi-Testosteron bilden soll.

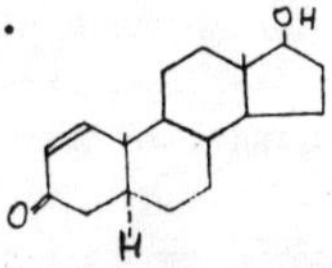


Δ1 - 5α-Dihydrotestosteron

5. Androgene besitzen im Organismus nur eine Halbwertszeit von wenigen Stunden. Dadurch klingt die Wirkung exogener Applikationen schnell ab, so daß sich in der UWV oder während des Wettkampfes die Mehrfachapplikation erforderlich machen kann. Um die Bioverfügbarkeit der Androgene für den Organismus erhöhen zu können wurde im Kolloquium angeregt, bei der unter 4. genannten STS 082 in Position 11 eine Hydroxygruppe einzuführen. Damit könnte in Analogie zu tierexperimentellen Ergebnissen mit 11ß-Hydroxy-Oralturinabol : Oralturinabol auch beim 11ß-Hydroxy-Δ1-5α-Dihydrotestosteron eine langsamere Metabolisierung erwartet werden.

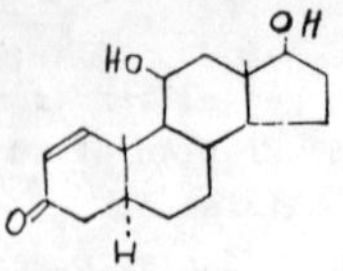

11ß-Hydroxy-Δ1-5α-DHT

6. Überprüfung der Wirkung von 5α-Androstan-3α-17ß-diol.
Dieses Androgen (3α-diol) besitzt per se keine biologische Wirkung. Seine Bedeutung könnte entsprechend der Diskussion im Kolloquium darin liegen, daß es bei exogener Anwendung das endogene Reservoir für 5α-Dihydrotestosteron auffüllt. Dafür spricht, daß das 3α-diol sehr leicht zu 5α-DHT rekonvertiert werden kann.

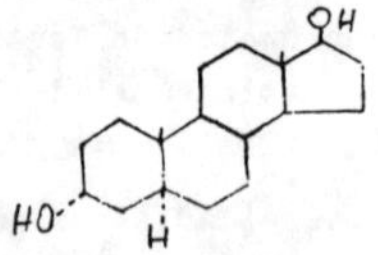

5α-Androstan-3α-17ß-diol (3α-diol)

7. Von den Präcusoren der Androgensynthese könnten theoretisch die folgenden für eine Überprüfung exogener Applikationen und ihrer Wirkung auf die Androgenkonzentration im Plasma in Frage kommen: Androstendion und Dehydroepiandrosteron(DHEA). DHEA wurde aus den Überlegungen ausgeklammert, da es selbst nur ein schwaches Androgen von ca. 10 % Wirkung im Vergleich zu Testosteron besitzt und zudem der Konversion zu Östrogenen stark unterliegt. Die experimentelle Stützung dieser Richtung der Androgenmetabolisierung zu Östrogenen bringt voraussichtlich keinen Gewinn. DHEA wird ohnehin über das Androstendion zu Testosteron/5α-DHT metabolisiert, so daß auch deshalb diese Vorstufe der Androgensynthese übersprungen werden kann.
Androstendion ist zwar auch nur ein schwaches Androgen von ca. 20 % Wirksamkeit, der Vorteil einer Applikation könnte aber darin liegen, daß es zu endogenem Testosteron/5α-DHT transformiert wird. Dieser physiologische Vorgang hat möglicherweise für Frauen eine noch größere Bedeutung als für Männer. Unter physiologischen Bedingungen ist die Plasmakonzentration der Frau höher als die der Männer.
Tierexperimentelle Ergebnisse und Untersuchungen am Menschen (Literaturbefunde) bestätigen, daß Androstendion-Applikationen die Androgenkonzentration im Plasma kurzzeitig erhöhen. Vorteile einer derartigen Androgenmedikation könnten weiter darin bestehen, daß nach Androstendion-Injektionen keine Nebenwirkungen auf

- 5 -

die Gonadotropinsekretion auftreten sollen.

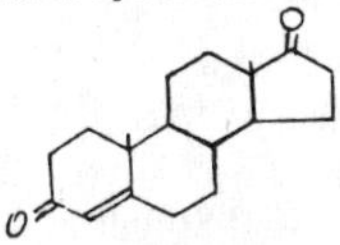

Δ 4-Androstendion (Androstendion)

8. In der Diskussion kam die Anregung, das unter 7. dargestellte Androstendion zu hydrieren. Die so entstehende 5α-Variante hätte mit hoher Wahrscheinlichkeit den Vorteil, daß sie die Transformation zu Östrogenen erschwert (wenn nicht ausschließt). Außerdem soll die Epimerisierung zu Epi-Testosteron gehemmt sein, da mit der 5α-Hydrierung als erster Stufe der Metabolisierung ein Stoffwechselweg vorgegeben wird, der nicht zur Epi-Form führt. Das hätte für die Dopingkontrolle eine große Bedeutung.

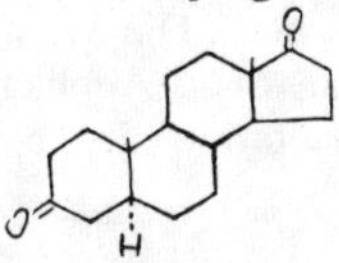

5α-Androstendion

Die verschiedenen Varianten für eine exogene Anwendung von Androgenen sollen unter Verantwortung von Oettel, Schubert und Schäker weiter diskutiert und hinsichtlich ihrer praktischen Realisierbarkeit überprüft werden. In der nächsten Beratung der Leitung der FG ZL und der Kooperationspartner bei Prof. Buggel erfolgt ein Vorschlag (Maßnahmeplan) zur Herstellung des geeigneten Präparates (Arzneiform) und zur experimentellen Überprüfung der Wirkung auf die Plasmatestosteronkonzentration.
Vom FKS ist zu sichern (Schäker), daß die entsprechenden Präparate zur Prüfung an das Dopingkontrollabor des SMD gegeben werden.

## Textdokument 2B

### Auszüge aus «Zur Anwendung von Steroidsubstanzen (STS) im Training und Tierexperiment sowie zur Qualitätsprüfung der STS-Präparate – Ergebnisbericht 1980/81» (Schäker et al. 1981), W. Schäker, unter Mitarbeit von K. Schubert, M. Oettel, U. Miedlich, J. Gedrat, C. Clausnitzer, B. Bernstein

Am 19.6.1979 fand am FKS ein Kolloquium über experimentelle Ergebnisse und Erfahrungen bei der Anwendung von Steroidsubstanzen (STS) statt. Als Folgerung aus den wissenschaftlichen Beiträgen von Schäker et al., Hinz und

Rademacher, Bredow, Buhl, Gabler und Freiberg (siehe VS-Speicher FKS) sowie der Diskussion wurde festgelegt, folgende Problemstellungen weiter zu bearbeiten:

1. Fortsetzung trainingsbegleitender Untersuchungen zur Weiterentwicklung der Anwendungskonzeption von STS
2. Vergleichende radioimmunologische und gaschromatographisch/massenspektrometrische Untersuchungen zum Nachweis von STS im Urin (Dopingkontrolle)
3. Analytische Bestimmung der Identität, Reinheit und Stabilität der STS-Präparate
4. Durchführung von grundlegenden Untersuchungen zum Aggressionsverhalten von STS im Tierexperiment, zum Rezeptorverhalten von Steroiden sowie zur qualitativen Struktur-Wirkungsanalyse

**1. Trainingsbegleitende Untersuchungen bei STS-Medikation**

Im Berichtszeitraum 1980/81 wurden STS 646, STS 648 und STS 482 bei einigen ausgewählten Olympiakadern, Nationalmannschaftskadern sowie in Experimentalgruppen der folgenden Sportarten angewandt. Die Zielstellung der Medikation war unterschiedlich, ebenso Dosierungs- und Applikationsschemata (Information Freiberg, April 1980, Konsultation der betreuenden Ärzte).

– Kanu-Rennsport

Trainingsexperiment 1980 unter Leitung von Rademacher und Gedrat.
Zielstellung: Ermittlung der Wirkung auf die Entwicklung der Kraftausdauer und Ausdauerleistungsfähigkeit sowie auf einige biologische Komponenten;
STS 646 (n = 9) und STS 482 (n = 7) im einfachen Blindversuch gegen Placebo.
Auswertung: Dissertation A von J. Gedrat, 1981
Anwendungskonzeption des Verbandes für O-Kader 1980 und NM 1981 unter Verantwortung von Meyer (Rademacher, Gedrat)
Auswertung: Analyse u. M. 1976–80 der FG ZL

– Rudern

Trainingsexperiment 1979/80 unter Leitung von Rademacher und Gedrat.
Zielstellung: siehe Kanu
STS 646 und STS 482, n = 25 Männer, einfacher Blindversuch, Placebo
Auswertung: Dissertation A von J. Gedrat, 1981

– Leichtathletik Wurf/Stoß

Trainingsexperiment unter Leitung von L. Hinz.
Zielstellung: Wirkung auf die Entwicklung der Maximalkraftfähigkeit; STS 648, Speerwurf (männlich und weiblich), STS allein sowie in Kombination mit Oral-Turinabol
Auswertung: Dissertation A von L. Hinz, 1981

– Leichtathletik Lauf
ASK Potsdam, STS 646 und Oral-Turinabol
Auswertung: Analyse u. M. 1976–80 der FG ZL

– Boxen
STS 646, ausgewählte NM- und O-Kader der unteren Gewichtsklassen
Zielstellung: erwartete psychotrope Wirkung, Unterstützung der Belastbarkeit ohne Gewichtszunahme
Auswertung: FKS-Kolloquium u. M. 1981

– Judo
siehe Boxen

– Volleyball
STS 646, NM Damen 1981
Zielstellung: Erhöhung der Belastbarkeit im Training, Alternative zu Testosteron-Applikation ohne größere Veränderungen von Körpermasse und ohne Virilisierungserscheinungen
Auswertung: durch Verbandsarzt in Arbeit

– Handball
STS 646, O-Kader Damen 1980, n = 20
Zielstellung: siehe Volleyball Damen
Auswertung: siehe Anhang (u. Miedlich – Bericht über die Wirkung des Einsatzes von STS 646 bei der Handballnationalmannschaft Frauen)

– Turnen
STS 646 bei O-Kadern und NM Damen, einzelne Männer ASK
Zielstellung: Erhöhung der Belastbarkeit im Training ohne größere Veränderungen der Körpermasse, psychotrope Wirkung

– Radsport/Straße
STS 646 bei einzelnen Kadern
Zielstellung: Unterstützung der Belastbarkeit bei Bergspezialisten mit geringer Körpermasse und Körpergröße
Auswertung: Analyse u. M. 1976–80 der FG ZL

Folgerungen:

1. Die Ergebnisse und Erfahrungen trainingsbegleitender Untersuchungen und die Wirksamkeit der Verbandskonzeption sind in Zusammenarbeit der FG ZL des FKS (Teilverantwortung Rademacher), des SMD II sowie der Verbandsärzte und Verbandstrainer zu analysieren.

2. Die Ergebnisse der Anwendung von STS bei Experimentalgruppen sind für das interne Kolloquium am FKS (Dezember 1981) aufzubereiten. Kanu: Gedrat/Rademacher; Wurf/Stoß: Hinz; Turnen: Fröhner, Schäker, Langer.
3. Aus der Zusammenstellung der Ergebnisse und Erfahrungen zur Wirkung von STS im Prozeß der Leistungsentwicklung sind folgende Entscheidungen abzuleiten:
   - Präzisierung der Anwendungskonzeption 1982–84
   - Festlegung weiterer Maßnahmen (Fortführung der Untersuchung mit STS 648 und 482 oder nicht, gemeinsame Untersuchungsprogramme mit dem Dopingkontrollabor, Empfehlungen zur Arbeit der Kooperationspartner VEB Jenapharm und ZIMET)

**2. Ergebnisse zum Nachweis von STS 646 im Urin**

An 5 Kanu-Rennsportlern wurden vergleichende Untersuchungen mittels RIA und GC/MS durchgeführt. Es erfolgte eine semi-quantitative Analyse der Urinproben nach Absetzen der Medikation (Dopingkontrollabor) sowie die Bestimmung der Ausscheidungskinetik während und nach der Gabe von STS 646 mittels RIA. Die Steroidkonzentration im Urin wurde im RIA mit und ohne Hydrolyse bestimmt. Ergebnisse:

A. K. 600 mg im Zeitraum 1. 10.–23. 11. 1979 (8 Wochen)
letzte Applikation 23. 11.
GC/MS – negativ ab 26. 11. = 3. Tag post applicationem
RIA – negativ ab 27. 11. = 4. Tag p. a.

D. B. 480 mg im Zeitraum 1. 10.–13. 10. und 22. 10.–17. 11. (6 Wochen)
letzte Applikation 17. 11.
GC/MS – negativ ab 19. 11. = 2. Tag p. a.
RIA – negativ ab 22. 11. = 5. Tag p. a.

O. S. 550 mg im Zeitraum 1. 10.–17. 11. (7 Wochen)
letzte Applikation 17. 11.
GC/MS – negativ ab 20. 11. = 3. Tag p. a.
RIA – negativ ab 19. 11. = 2. Tag p. a.

B. F. 520 mg im Zeitraum 1. 10.–13. 10. und 22. 10.–23. 11. (7 Wochen)
letzte Applikation 23. 11.
GC/MS – negativ ab 25. 11. = 2. Tag p. a.
RIA – negativ ab 25. 11. = 2. Tag p. a. (24. 11. kein Meßergbn.)

A. S. 430 mg im Zeitraum 29. 10.–23. 11. (4 Wochen)
letzte Applikation 23. 11.
GC/MS – negativ ab 26. 11. = 3. Tag p. a.
RIA – negativ ab 27. 11. = 4. Tag p. a.

Ausscheidungskinetik von STS im Urin der 5 Probanden nach Untersuchungen im RIA (B. Bernstein; Angaben in ng/ml; linke Zahlenreihe ohne, rechte mit Hydrolyse der Urinproben; Blank: 0,8 ± 0,48 ng/ml nach Bestimmung von Urinproben von 5 normalen Männern – 1,24–1,40–0,42 und 0,50 ng/ml):

Ausscheidungskinetik von STS 646 im Urin von Kanu-Rennsportlern
[Es folgt eine große Tabelle mit Urinproben-Meßwerten]

Folgerungen:
Die Ergebnisse von GC/MS und RIA stimmen gut überein. Sie weisen darauf hin, daß nach STS-Applikation die Dopingkontrolle ab 2.–5. Tag p. a. unter den genannten Versuchsbedingungen negativ verläuft. Bei einer täglichen Dosis von 10–20 mg über einen Zeitraum von 4–8 Wochen und einer Gesamtdosis von 430–600 mg wurden individuelle Unterschiede in den Abklingraten des Steroids im Urin festgestellt, die nicht mit der Höhe der Dosierung und der Länge des Applikationszeitraumes korrelieren. Diese Ergebnisse entsprechen auch den GC/MS-Messungen der Urinproben von 3 Judoka, bei denen in Vorbereitung auf die WM 1981 ebenfalls ab 2./3. Tag p. a. kein STS im Urin mehr nachweisbar war (Information D. Freiberg).

Mit den RIA-Ergebnissen werden die von Schäker et al. (1979) mitgeteilten Befunde korrigiert, nach denen maximal bis zu 12 Tagen p. a. noch Steroid im Urin bestimmt wurde.

Daraus folgt, daß quantitative Kontrolluntersuchungen zur Ausscheidungskinetik von STS im Urin mittels GC/MS dringend notwendig sind. Diese Analyse ist auch wegen der erheblichen praktischen Konsequenzen erforderlich, die aus einer sich abzeichnenden schnelleren Ausscheidung der STS im Vergleich zu Oral-Turinabol abgeleitet werden können. [Weitere Angaben bei Berendonk 1991.]

## 4. Ergebnisse tierexperimenteller Untersuchungen

### 4.1. Wirkung von STS 646 und STS 648 auf das Aggressionsverhalten von Mäuseböcken

Nach Hinweisen aus Literaturbefunden (Oettel 1980 und 1981) und nach experimentellen Stichprobenuntersuchungen von Schäker und Beyer (vgl. Schäker 1980, Diss. B. S. 130–156) besitzen Androgene eine zentralnervale Wirkung. Am ZIMET sollte geprüft werden, unter welchen experimentellen Bedingungen sich der Einfluß von STS auf das Aggressionsverhalten nachweisen läßt. Geprüft wurden STS 646, STS 648 und 19-Nortestosteron-Phenylpropionat. Die Substanzen wurden subkutan über 3 Wochen appliziert.

Ergebnis:
[Es folgt die Darstellung der Ergebnisse; vgl. Berendonk 1991.]

Anhang

U. Miedlich: Bericht über die Wirkung des Einsatzes von STS 646 bei der Handballnationalmannschaft Frauen

In Vorbereitung auf die Olympischen Spiele 1980 kam bei der Nationalmannschaft Frauen des DHV der DDR erstmals STS 646 zur Anwendung. Die Zielsetzung bestand in der Unterstützung des Sprung- und Wurfkrafttrainings sowie in der Verbesserung der Ausdauerleistung. 20 Nationalkader erhielten über einen Zeitraum von 4 Wochen in der speziellen Vorbereitungsperiode I (31.3.80–27.4.80) STS 646 in folgender Dosierung: 1. Woche 5 mg/d, 2. Woche 5 und 10 mg/d im Wechsel, 3. und 4. Woche 10 mg/d. Die erste Einnahmewoche betraf eine Heimtrainingsperiode, während der drei weiteren Wochen wurde im zentralen Lehrgang trainiert.

Ergebnisse:

- Die vor, während und nach STS-Medikation durchgeführten Kontrolluntersuchungen zur Bestimmung der Sprung- und Wurfkraft, der Schnelligkeit und der Schnelligkeitsdauer brachten folgendes Ergebnis: Als Voruntersuchung wurden Ausgangswerte vom 25.3.80 herangetragen. Das war ein Zeitpunkt, an dem gute bis ausgezeichnete Leistungen nach einem Höhenaufenthalt nachgewiesen wurden (29.2.–18.3.80). Dieses Leistungsniveau konnte durch die STS-Medikation noch verbessert werden.

[Die folgende Tabelle wurde weggelassen.]

Die durchschnittlich verbesserten Testleistungen sind jedoch im Zusammenhang mit einem sehr intensiven Training in diesem Zeitraum zu sehen. Zwei Sportlerinnen, die kein STS erhalten hatten und von denen Testwerte vorlagen, zeigten auch teilweise Verbesserungen. Derartige sehr gute Laufzeiten wie beim sportspezifischen Schnelligkeitsausdauertest 3 Wochen nach STS-Medikation sind bisher bei keiner anderen Untersuchung gemessen worden [siehe Tabelle].

Die beiden letzten Sportlerinnen [der Tabelle] erhielten kein STS 646. Testergebnisse liegen ... vor.

- Die subjektive Einschätzung der Wirkung war sehr unterschiedlich. Die Verträglichkeit der Substanz wurde als gut eingeschätzt.
- Die Kontrolle der Transaminasen und des Bilirubins vor, während und nach Ende der Medikation zeigte folgendes Ergebnis:

[Die nachstehende Tabelle wurde weggelassen.]

Nach 14tägiger Applikation beobachteten wir lediglich einen geringeren Anstieg der SGOT, während die SGPT nahezu unverändert blieb.

Ausgewählte Einzelwerte:

| | Relative Sprunghöhe (cm) | | |
|---|---|---|---|
| | vor | 2,5 Wo. nach STS | Bestwert 79/80 |
| E. M. | 83 | 86 | 80 |
| R. K. | 75 | 80 | 72 |
| E. G. | 69 | 93 | – |
| S. R. | 68 | 67 | – |
| B. H. | 83 | 74 | 76 |
| C. K. | 69 | 73 | 68 |
| S. P. | 71 | 74 | 67 |
| A. K. | 80 | 72 | – |
| A. D. | 67 | 75 | 74 |
| P. U. | 66 | 67 | 68 |
| H. K. | 66 | 69 | 64 |
| R. R. | 66 | 65 | – |

Nach Beenden der 4wöchigen Medikation entsprechen sowohl SGOT und SGPT als auch die Bilirubinkonzentration ungefähr den Werten der Voruntersuchung. Bei zwei Sportlerinnen mit erhöhten Transaminasenkonzentrationen kam es während der Medikation zu einer Normalisierung der zur Voruntersuchung erhöhten Werte. Einmal nahmen während der Medikation die Transaminasen deutlich zu. Bei dieser Sportlerin lag aber eine akute Gastroenteritis vor. Aus diesem Grund mußte auch die STS-Applikation vorzeitig abgebrochen werden.

Folgerung:
Im Training der NM wirkte sich die Medikation von STS 646 leistungsfördernd auf die Entwicklung der Sprung- und Wurfkraft sowie der Ausdauerleistungsfähigkeit aus. Es kam zu keinen unerwünschten Nebenwirkungen (Zunahme der Körpermasse oder zu Muskelspannungen). Eine psychotrope Wirkung auf die Trainingsbereitschaft konnte subjektiv festgestellt werden.

## Textdokument 2C

### Auszug aus «Einschätzung der Wirksamkeit der Anwendungskonzeption ‹unterstützende Mittel› im Trainingsjahr 1979/80 im Verband» der Gewichtheber (Lathan 1981)

Einschätzungsgrundlage:
Bisher erarbeitete Einsatzkonzeption, Analysen, Ergebnis- und Forschungsberichte; Ergebnisse von Untersuchungen der Kinetik ausgewählter Hor-

mone vor, unter und nach Gabe von u. M., Analysen der Leistungsentwicklung, Trainer- und Sportlerbefragungen, Analysen biomechanischer WK-Untersuchungen, KLD-Daten, Entwicklungsverläufe, Körpermasse sowie AKS... usw.

## 1. Allgemeine Einschätzung

### 1.1. Aufgaben des Trainings, die mit u. M. gestützt wurden:

S. Anwendungskonzeptionen (LRI/122-59/70/1–19; VVS B/433-7/79/3/...) und Einschätzungen der Wirksamkeit (LRI/122/59/79/...)

### 1.2. Zur Realisierung der Prinzipien der Dosierung

Die Realisierung erfolgte in gleicher Weise wie 1978–79 (s. dazu LRI/122-59/79/S. 11). Es konnte dabei die Zusammenarbeit mit dem Trainer verbessert werden. Kontrollen erfolgten u. a. in Form von Stichproben durch den VA (Sportlerbefragungen usw.) sowie indirekt durch eine Vielzahl von x-Untersuchungen und Ausreisekontrollen in Zusammenarbeit mit der Leitung des SMD. Regelmäßig erfolgten im Rahmen der AK aktenkundige Belehrungen der Sektionsärzte durch den VA bzw. der Sportler und Trainer durch die Sektionsärzte.

### 1.3. Ergebnisse von Kontrolluntersuchungen/sportliche Tests

Auch hierzu gibt es gegenüber 1978/79 keine wesentlich neuen Erkenntnisse (...). Der Trend zur progressiven Leistungsentwicklung konnte durch bessere Angleichung zwischen Trainingsstruktur und WK-Planung nunmehr auch im KK2 nachvollzogen werden (s. Statistik). [Es folgt eine Tabelle; vgl. Berendonk 1991.]

Hervorzuheben ist weiter, daß durch Einsatz verschiedenster Überbrükkungsvarianten (s.... LRI/122-45/79/1–14, LRI/122-18/80/1–7) in Vorbereitung von wichtigen WK und Leistungshöhepunkten ein Abfall gegenüber der vorher gezeigten Leistungsfähigkeit im Training vermieden werden konnte. Das belegen u. a. aufgestellte Bestleistungen vieler Sportler der Kaderkreise anläßlich des Pokals der Blauen Schwerter, der EM 1980, der OS 1980 (dort u. a. Letz, Ambraß, Kunz, Schliwka, Mantek, Funke, Hennig) sowie zum Baltic-Cup. Damit wurde die bereits früher gefundene Tendenz (...) bestätigt.

Weiterhin hat sich die Stützung des Trainings bei akzelerierten Junioren/Jugendlichen bewährt, die durch Einsatz von u. M. deutliche, in der Vergangenheit nicht gleichermaßen beobachtete Leistungssprünge zeigten. Damit wurden auch im DGV Tendenzen deutlich, die bei der Entwicklung von Weltspitzengewichthebern in anderen Nationen (SU, VR Bulgarien) sichtbar wurden. Voraussetzung war jedoch auch in diesen Fällen die Ausrichtung der Belastungsgestaltung auf höhere Maßstäbe.

**1.3.2. Sportmedizinisch-leistungsphysiologische und anthropometrische Testergebnisse**

Im Prinzip wurden durch sportmedizinisch-leistungsphysiologische Untersuchungen/Tests die Aussagen früherer Analysen bestätigt (s. LRI/122-59/79/ S. 12–14), u. a.:

- Senkung des Serumharnstoffspiegels unter der Gabe von Oral-Turinabol und Medikamenten zur Überbrückung;
- Depression des Serumtestosterons unter der Gabe höherer Dosierungen von Oral-Turinabol, die jedoch nicht durchgängig zu beobachten war;
- Anheben des Testosteronspiegels nach vorangegangener Depression durch Clomiphengabe bei nahezu unverändertem Verhalten des Spiegels anderer untersuchter Hormone (s. LRI/122-18/80/1–7);
- erfolgreiches iatrogenes Anheben des Testosteronspiegels durch Verabreichung geeigneter Präparate (insbesondere Testosteronönanthat), wobei prinzipiell bisherige Erfahrungen bestätigt werden konnten (s. LRI/122-45/ 79/1–14);
- Tendenz zur Wassereinlagerung bei Überbrückungsmaßnahmen, die kompensiert werden konnten durch
  - Einsatz von Diuretika (mit Ausgleich des dadurch eingetretenen Mineralienverlustes)
  - Verminderung der Dosis der zur Überbrückung eingesetzten Gabe
  - Nutzung von Clomiphen (Clomiphenstudie) Stimulierung der körpereigenen Testosteronproduktion;
- Tendenz der Abhängigkeit des Ausscheidungsverlaufes von OT vom Serumtestosteronspiegel (hoher Spiegel – schnelle Ausscheidung; Konkurrenzphänomene?)...

- Nebenwirkungen:
  - Nach wie vor in oberen Gewichtsklassen deutlich nachweisbare SGPT-Erhöhungen (SGOT weniger) ohne weitere klinische und paraklinische Zeichen einer Leberschädigung. Dabei konnte eine Abhängigkeit der Höhe der Werte von der Muskelmasse ermittelt werden, die deutlicher war als die zur Höhe der verabreichten durchschnittlichen Dosis. Eine Klärung der Genese ist notwendig.
  - Mastopathiezeichen: Sie sind nach wie vor vorhanden, wobei das gehäufte Auftreten
  - • längere Zeit nach dem Absetzen von Anabolika (bei 2 Sportlern besonders auffällig)
  - • nach Einsatz von HCG und Testosteronönanthat einer Klärung bedarf (Beeinträchtigung der hypothalamo-hypophysären Regelmechanismen sind dabei nicht ausgeschlossen).
  - Hinsichtlich des BZ-Verhaltens sowie des Auftretens muskulärer Verspannungen und der durch sie geförderten Muskelverletzungen gibt es keine neuen Aspekte.
  - Nach wie vor wird gelegentlich über Libido- und Potenzstörungen geklagt,

die bisher reversibel waren. Über den letzten Problemfall (Ciezki) wurde der Leitung berichtet.

### 1.4. Angaben zur konkreten Einbeziehung der Kader in die Konzeption

Anwendungskonzeption und Statistik

### 1.5. Allgemeine Einschätzung und Probleme

Die Anwendung u. M., insbesondere der Anabolika, ist im Gewichtheben seit langem zum Erfordernis geworden, um internationale Spitzenleistungen zu erreichen. Die im Olympiajahr diesbezüglich unternommenen Anstrengungen haben sich insofern bewährt, da es gelang,

- bei langjährig trainierenden Spitzenkadern noch eine Leistungssteigerung zu induzieren,
- eine progressive Leistungssteigerung bei jüngeren Kadern zu erzielen und dabei insbesondere im Übergangsbereich zwischen 2. und 3. FS bisher nicht erlebte Leistungssprünge zu erzielen (Kunz, Letz, Mantek, Salzwedel u. a.; s. Statistik).

Als positiv ist weiter einzuschätzen, daß mehrere ausreichend überprüfte Überbrückungsvarianten zur Verfügung stehen, die bisher erfolgreich bei allen Leistungshöhepunkten ... zur Anwendung kamen. Da weiterhin bei den meisten Spitzenkadern durch eine Vielzahl von x-Untersuchungen die Zeitdauer des sogenannten freien Intervalls optimiert werden konnte, ist für die nahe Zukunft kein Absinken der Leistungsfähigkeit nach Absetzen von Oral-Turinabol zu erwarten. ...

<u>Probleme</u>:

- Nach wie vor ist die Frage der richtigen Dosierung ein zentrales Problem. Fehlende Kenntnisse über Dosis-Wirkungsbeziehungen belasten es vor allem. Es wird auch darin deutlich, daß die der Anwendung zugrundeliegende Hypothese von der besseren Unterstützung der Ausbildung von Superkompensationsvorgängen durch belastungsadäquate Differenzierung der Dosierung bisher wissenschaftlich nicht untermauert werden konnte. Dazu ist weiterer Vorlauf erforderlich.
- Die Zahl der Nebenwirkungen ist hoch und verlangt dringlich nach exakter Abklärung deren Genese und Wertigkeit (kurz, langfristig); insbesondere bei langjährig Trainierenden sind diesbezüglich Untersuchungen u. a. über die Intaktheit neurohormonaler Regelmechanismen erforderlich. Dies ist u. a. auch deshalb erforderlich, weil die von diesem Personenkreis eingenommene Gesamtmenge an u. M. beträchtliche Ausmaße angenommen hat.
- Aus der hohen Quote von Ausdelegierungen während des Trainingsjahres wird deutlich, daß die Frage der Auswahl von Sportlern für Unterstützungsmaßnahmen besser zu klären ist als bisher.
- Unabhängig davon, daß es offenbar besser als zuvor gelang, trainingsunterstützende Maßnahmen in Übereinstimmung zu bringen mit der Belastungs-

gestaltung (und umgekehrt), ist nach wie vor der Fakt vorhanden, daß seitens einiger der Trainer und teilweise auch der Sportler die unterstützenden Mittel überbewertet werden. Dies kommt in einigen, teilweise bereits genannten Tendenzen (Forderung nach Dosiserhöhung, nach Verkürzung von Anwendungspausen, nach dem Kampf der Trainer, nach Möglichkeit jeden Förderkader in die Konzeption einzubeziehen u. a.) zum Ausdruck. Letztlich liegt der Verdacht nahe, daß auch das Vorkommnis von G. Bonk anläßlich der OS 1980 mit der Überbewertung bestimmter Mittel und Methoden in Zusammenhang steht. Da eingeschätzt wird, daß dieser Trend zur Überschätzung der Wirksamkeit von u. M. nur langfristig überwunden werden kann, muß weiter auf die Notwendigkeit von Kontrollen (Ausreisekontrollen, Kontrollen in Form nicht angekündigter Stichproben) verwiesen werden.

**2.** Siehe dazu die ... Konzeptionen sowie die Statistik

**3. Planmäßigkeit der Durchführung der Kontrollen**

**3.1.** Sämtliche geplanten Kontrollen wurden mit hohem Aufwand und Einsatz der daran beteiligten Institutionen und Personen realisiert. Ausreisekontrollen, Kontrollen im Auftrag der GWF und IWF, geplante wissenschaftliche Untersuchungen u. a.

**3.2. Ergebnisse x-Untersuchungen:**
Sie liegen vor, wurden aufbereitet und in der Vorbereitung der EM der Junioren und Senioren, der OS und des Baltic-Cups in Form individueller Absetztermine praxiswirksam (s. 1.3.).

**4. Spezielle Untersuchungsaufgaben**

**4.1. Planmäßigkeit**
Alle Untersuchungen wurden lt. Plan bzw. wie vereinbart abgeschlossen.

**4.2. Ergebnisse:**
Testergebnisse wurden unter 1.3. dargelegt und werden vervollständigt ... (u. a. Untersuchungen über die Wirksamkeit der Überbrückung des freien Intervalls mit Testotropin).

**4.3.** Die Ergebnisse waren zum Teil direkt praxiswirksam (s. 1.3. Ergebnisse x-Untersuchungen, Ergebnisse zur Überbrückung des freien Intervalls), möglicherweise auch in anderen Verbänden des DTSB. Ein weiterer Teil der Ergebnisse trug darüber hinaus bei zum vertieften Eindringen in die komplexe Wirksamkeit der a. S. auf die Leistungsfähigkeit, ohne jedoch wesentliche Fragen zu klären. Sie können somit eine verbesserte Grundlage bilden für die weitere Vervollkommnung des Einsatzes von u. M.

## Textdokument 3A

**Auszüge aus «Analyse der Wechselbeziehungen von Training, unterstützenden Mitteln und Leistungsentwicklung in den leichtathletischen Wurf-/Stoßdisziplinen im Olympiazyklus 1980/84», von L. Hinz und H.-J. Kuppardt, unter Mitarbeit von Dr. Dr. Reumuth[1], Leipzig 1986 (vgl. dazu Tabelle 8 und Kapitel 12 B; längere Auszüge bei Berendonk 1991)**

### 1. Problem-, Ziel- und Aufgabenstellung der Analyse

Analytische Untersuchungen des integrativen Prozesses von Training, u. M.-Einsatz[2] und Leistungsentwicklung in den Sprung- und Wurf-/Stoßdisziplinen im Olympiazyklus 1976/80 zeigten eine Reihe von Problemen und teilweise auch Widersprüche auf, deren bessere Bewältigung bzw. Lösung als Reserven einer weiteren Leistungsentwicklung gekennzeichnet werden konnten. Unter anderem darauf zurückgreifend ergab sich durch den Vize-Präsidenten des DTSB (Leistungssport)[3] der Auftrag, solche analytischen Untersuchungen unter Nutzung der gemachten Erfahrungen im Olympiazyklus fortzuführen bzw. zu erweitern[4], um aus einer vertieften Kenntnis von Zusammenhängen und Wechselbeziehungen Ansätze und Reserven für die Qualifizierung der u. M.-Konzeptionen in Wechselbeziehung und Übereinstimmung mit den entsprechenden Trainingskonzeptionen abzuleiten. Dabei waren die gültigen Konzeptionen an der konkreten Realisierung auf ihre Praxisrelevanz zu überprüfen, und für erkannte Probleme waren neue Lösungswege aufzuzeigen. Die daraus abgeleiteten Aufgaben bestehen daher vor allem in der Erfassung, Verdichtung, Darstellung und Interpretation der Haupttrainingsbereiche, Leistungskennziffern und u. M.-Daten in ihren gegenseitigen Verflechtungsbeziehungen von Sportlern des Kaderkreises I und II, die auf sportpolitisch bedeutungsvolle Wettkampfhöhepunkte vorbereitet wurden.

Die in den Disziplingruppen Sprint/Hürden, Sprung/Mehrkampf, Wurf/Stoß und Mittel-/Langstreckenlauf durchgeführten Analysen werden im folgenden unter Berücksichtigung der Sicherheitsbestimmungen in die einzelnen Disziplingruppen getrennt vorgelegt.

### 2. Untersuchungsmethodik

#### 2.1. Untersuchte Personen

In die Analyse wurden 24 Personen, davon 7 Diskuswerfer (3 ♂ [männlich], 4 ♀ [weiblich]), 7 Kugelstoßer (2 ♂, 5 ♀), 5 Speerwerfer (3 ♂, 2 ♀) und 5 Hammerwerfer einbezogen. Es handelt sich ausnahmslos um Sportler, die schon bei internationalen sportpolitischen Höhepunkten eingesetzt wurden, 16 errangen

1 Chefverbandsarzt des Leichtathletikverbandes der DDR (DVfL) bis 1986.
2 Unterstützende Mittel, hier Anabolika, speziell Oral-Turinabol (OT).
3 Prof. Horst Röder, Vizepräsident.
4 Unterstreichungen durch die Verfasserin.

bei internationalen Meisterschaften bzw. 1984 bei den Wettkämpfen der Freundschaft Medaillen.

### 2.2. Bearbeitung der Untersuchungsunterlagen

Es wurden die Belastungskennziffern leistungsbestimmender Trainingsmittel aus Belastungsprotokollen und Trainingsauswertungen des Sektors Wurf/Stoß des Wissenschaftlichen Zentrums[1] und der FG Wurf/Stoß des FKS, die Wettkampf- und Testleistungsentwicklung im Jahres- und Mehrjahresverlauf aus Bestenlisten und Aufzeichnungen der Trainer sowie die Wochen- und Jahressummen der applizierten anabolen Steroide (in mg) erfaßt und mathematisch-statistisch bearbeitet.

- Die Wochenmittelwerte der Vorbereitungsperiode, der Wettkampfperiode und UWV sowie des Gesamtjahres wurden für alle Wochen des Applikationszeitraumes und gesondert abzüglich der Wochen der freien Intervalle berechnet.
- Diese Werte wurden in tabellarischer Form der Leistungsentwicklung mit dem Wettkampfgerät, einer Maximalkrafttestübung, einem schweren Wurfgerät sowie der Anzahl von Wiederholungen im Hantel- und speziellen Training gegenübergestellt.
- Die Leistungs-, Trainings- und Dosierungsdynamik wurde im Mehrjahresverlauf (über vier Jahre) grafisch dargestellt. Sieben grafische Darstellungen wurden als exemplarische Beispiele in den Bericht eingefügt.

Erfaßt wurden:

- die Leistungen mit dem Wettkampfgerät (WKS), dem schweren Wurfgerät (SG) und in Hanteltestübungen (Planjahr 1984 = 100 %), – das prozentuale Verhalten der Umfangsbelastung im Hantel- und speziellen Training, letzteres noch untergliedert in die unterschiedlichen Gewichtsabstufungen (1980 = 100 %),
- das prozentuale Verhalten des mittleren Hantelgewichtes (mHG),
- die absoluten Werte der OT-Jahressummen.
- Auch die Leistungs-, Trainings- und Dosierungsdynamik im Jahresverlauf wurde von allen Sportlern grafisch dargestellt. Erfaßt wurden die Belastungsumfänge in den Haupttrainingsmitteln Hantel-, spezielles und allgemeines Training. ...

## 3. Analyseergebnisse zum Mehrjahresverlauf

### 3.1. Dosierungsdynamik (Bezugspunkt – OT-Jahresmenge)

Obwohl von Trainern und Sportärzten oftmals noch die Meinung vertreten wird, daß es notwendig sei, mit steigenden OT-Jahresmengen einem Wirkungsverlust entgegenzuwirken, kann aus den vorliegenden Unterlagen kein eindeutiger Bezug zu einem durchgängigen Anstieg der OT-Dosierung im Mehrjahresverlauf festgestellt werden. Neben einer ansteigenden Gesamtdosierung (sechs

1 Wissenschaftliches Zentrum des Leichtathletikverbandes der DDR (DVfL).

Sportler) bleibt die Dosierung annähernd gleich (sieben Sportler) bzw. kann ein Abfall beobachtet werden (fünf Sportler). In diese Rechnung wurden die Erstanwender nicht einbezogen....

Im Rahmen dieser drei Grundtendenzen sind individuell unterschiedliche Nuancen erkennbar. Ein Teil der Sportler mit steigender Tendenz bzw. mit relativ gleichbleibenden Spitzenwerten der OT-Jahresmengen wenden im Mehrjahresverlauf alternierend geringere und höhere Applikationsmengen an (Sportler 12, 22, 31, 35, 43, 62).[1]

Hervorzuheben ist die Tendenz einer deutlichen Erhöhung der OT-Menge im letzten Jahr des Olympiazyklus. Darin kommt einerseits die o. g. Auffassung zum Ausdruck und der Gedanke, daß diese Erhöhung eine hohe Gewähr für das Erreichen eines hohen Leistungsziels ist, obwohl bei langjährig trainierenden Sportlern schon früher nachgewiesen wurde..., daß ein solcher Zusammenhang nicht besteht (vgl. Pkt. 3.3.). Andererseits verbinden einige Trainer die Dosierungserhöhung aber auch mit einer Belastungserhöhung, kein Vorgehen, das für jüngere Athleten zu empfehlen, für Sportler, die schon ein bestimmtes Dosierungsmaximum erreicht haben, kritisch zu prüfen ist.

### 3.2. Verflechtung von leistungsbestimmenden Haupttrainingsmitteln und OT-Applikation

Im speziellen Training wurde bei 50,0% der Sportler ein höherer Belastungsumfang (beurteilt anhand der Anzahl von Wiederholungen) mit einer höheren OT-Jahresmenge unterstützt. Im Hanteltraining besteht eine gleichartige Verbindung mit der OT-Jahresmenge bei 33,3% der Sportler. Diese Übereinstimmungen sind in erster Linie durch die Bedeutung des Olympiajahres determiniert, in dem bei vielen Sportlern sowohl Belastungs- als auch Dosierungserhöhungen vorgenommen wurden....

Da bezüglich der Verbindung von Belastungsumfang und den OT-Jahresmengen im speziellen Training bei 12,5% der Sportler ein entgegengesetztes Verhalten und bei 37,5% keinerlei Zusammenhänge festzustellen sind und im Hanteltraining die analogen Werte sich auf 16,7 bzw. 50% belaufen, muß man annehmen, daß wir es hier mit Zufälligkeiten zu tun haben, daß es im Mehrjahresaufbau nur bei wenigen Trainern eine gezielte, bewußte, einen Systemcharakter widerspiegelnde Verbindung von Dosierungs- und Belastungsdynamik gibt....

### 3.3. Zum Bezug von OT-Jahressummen und Leistungsentwicklung

Eine Beziehung zwischen der Höhe der Gesamtdosis im Trainingsjahr und der

1 Die Nummern bezeichnen: 11 Udo Beyer, 12 Ulf Timmermann, 22 Armin Klemme, 23 Jürgen Schult, 24 Wolfgang Warnemünde, 31 Detlef Gerstenberg, 32 Ralf Haber, 33 Mathias Moder, 34 Günter Rodehau, 35 Roland Steuk, 41 Uwe Hohn, 42 Detlef Michel, 43 Gerald Weiß, 51 Ilona Slupianek-Briesenick, 53 Helma Knorscheidt, 54 Heidi Krieger, 55 Ines Müller-Reichenbach, 61 Gisela Beyer, 62 Silvia Madetzky, 63 Irina Meszynski, 64 Martina Opitz-Hellmann, 71 Petra Felke, 72 Antje Zöllkau-Kempe.

erreichten Bestleistung mit dem Wettkampfgerät besteht nur bei 12,8% der Sportler. Für die Maximalkraftübung Reißen konnte eine Dosisabhängigkeit bei 31% der Sportler ermittelt werden. Die Ergebnisse der Analyse unterstützen die schon mehrfach getroffene Aussage, daß Leistungsentwicklungen nicht primär durch höhere OT-Gaben bedingt sind, sondern durch die Effektivität des Trainings als Wirkungskomplex einschließlich der gezielten Integration unterstützender Mittel....

Die analytischen Untersuchungen stützen die Hypothese, wonach bei Sportlern mit generell niedrigen bis mittleren Dosierungen bis zu 2000 mg bei den Frauen und ca. 2500 mg bei den Männern bei Einhaltung eines ½jährigen freien Intervalls keine Anzeichen eines Wirkungsverlustes auftreten. Dagegen scheint es sicher, daß mehrjährige OT-Applikationssummen von über 3000 mg pro Jahr zu Stagnationserscheinungen im Leistungsvermögen mit dem WKG führen....

### 3.4. Einschätzung individueller Entwicklungsverläufe ausgewählter Sportler

...

Kugelstoßen Frauen (...) – Sportlerin 51 [Ilona Slupianek-Briesenick; vgl. auch Tabelle 8 und Abb. 22]

...

- Die OT-Gesamtdosis lag im Olympiajahr am höchsten, genauso ihr Wochendurchschnitt und die Länge des Anwendungszeitraumes. Die Gesamtdosis wurde im Olympiajahr im Vergleich mit dem vorolympischem Jahr um 73% gesteigert. Generell wurde eine größere durchschnittliche Dosis in der VP angewendet. Die Anwendungszeiträume waren ebenfalls länger (1:2 bis 1:4)....
- Beurteilung: Trotz der Steigerung der Gesamtdosis um 73% im Vergleich mit dem vorolympischen Jahr und der Verlängerung des Anwendungszeitraumes um 50% kam es zu einer Abnahme der spezifischen Leistungsfähigkeit um 2,5%.

Kugelstoßen Männer (...) – Sportler 12 [Ulf Timmermann; vgl. auch Tabelle 8 und Abb. 21]

...

- In der OT-Gesamtdosierung wird bei annähernd gleichen Jahressummen bis 1983 im Olympiajahr 1984 eine wesentliche Steigerung (35,7%) vorgenommen. Im selben Jahr lag bei nahezu dem gleichen Anwendungszeitraum in VP und WKP die Dosis in der WKP um 44% höher als in der VP. Die wöchentliche Durchschnittsdosis stieg in der WP gegenüber der VP um 32%. Erhöht wurde im Olympiazyklus auch die Länge des Anwendungszeitraumes.
  Beurteilung: Die deutliche Verbesserung der spezifischen Leistungsfähigkeit wird vor allem in den drei ersten Jahren des Olympiazyklus durch eine hohe Wirksamkeit des Trainings mit kaum veränderten, für Kugelstoßer relativ niedrigen OT-Jahressummen ohne Anzeichen eines Wirkungsverlustes erreicht....

Diskus Frauen, Sportler 64 [Martina Opitz, spätere Hellmann; vgl. auch Tabelle 8 und Abb. 22] ...

- Sowohl der Jahres- als auch der Wochendurchschnitt der OT-Applikation liegt in einem sehr niedrigen Bereich (...) mit einer abfallenden Tendenz des Wochendurchschnittes im Olympiajahr bei Verlängerung der Anwendungszeiträume. Es wurde also eine sehr geringe Dosis über einen längeren Zeitraum appliziert.
  Beurteilung: Es wurde eine beachtliche Leistungssteigerung erzielt. Sie basiert auf hoher Wirksamkeit der Trainingsgestaltung in Verbindung mit sehr niedrigen OT-Dosierungen über einen relativ langen Zeitraum mit einer sehr dynamischen Anwendungsvariante (Erhöhung der Anzahl von Wochen mit freien Intervallen).

Diskus Frauen, Sportler 63 (...) [Irina Meszynski; vgl. auch Tabelle 8 und Abb. 22]

- Im Olympiajahr wird nahezu das gleiche Dosierungsschema wie im Jahre 1982 angewendet. Dabei wird eine Akzentverschiebung Vorbereitungsperiode und Wettkampfperiode vorgenommen. Im Olympiajahr wird die Dosis in der Wettkampfperiode erhöht, bei einer Reduktion in der VP. Im Vergleich mit der Sportlerin 64 [Opitz] liegt der Gesamtjahresdurchschnitt um 147 % höher (fast das Dreifache der OT-Jahresmenge von Sportlerin 64), der Wochendurchschnitt um 161 % bei geringfügig kürzerem Anwendungszeitraum (im Olympiajahr).
  Beurteilung: Die deutliche Leistungssteigerung wird mit einem erheblichen Mehraufwand in der Dosierung im Vergleich zu 64 (ebenfalls einer Diskuswerferin [Opitz]), realisiert. ...

Diskuswurf Männer, Sportler 23 (...) [Jürgen Schult; vgl. auch Tabelle 8 und Abb. 21]

...

- Die OT-Jahresmenge wird im Vergleich mit dem ersten Jahr des Zyklus aus einem relativ niedrigen Niveau (1675 mg) in den nachfolgenden Jahren kontinuierlich gesteigert, bleibt aber unter den im Diskuswurf der Männer bisher üblichen Werten. ... Während im vorolympischen Jahr Zeitraum und Dosis in der VP länger und höher waren als in der WP, wurde im Olympiajahr die Gesamtdosis in der WKP zugunsten der VP erhöht und die Anwendungsdauer verlängert, ohne daß jedoch der Wochendurchschnitt in der WP gesteigert wurde.
  Beurteilung: Es gelingt im Mehrjahresverlauf mit relativ geringen, allmählich ansteigenden OT-Jahressummen und mit niedrigen OT-Wochensummen, in der VP bei einer Anwendungsdauer unter einem halben Jahr das Training wirkungsvoll zu unterstützen. Es ist zu überprüfen, ob mit ca. 2500 mg OT pro Jahr ein individuelles Optimum erreicht und eine weitere Erhöhung nicht erforderlich ist.

Speerwurf Männer, Sportler 42 (...) [Detlef Michel; vgl. Tabelle 8]

...

- Die größte durchschnittliche OT-Jahresmenge wird im ersten Jahr des Olympiazyklus und im Olympiajahr erreicht. Hier werden auch die längsten Anwendungszeiträume angewendet. ...

Beurteilung: Bei höchstem Umfang in den Würfen mit speziellen Geräten... und den niedrigsten Jahresdurchschnittswerten in der OT-Dosierung werden die größten Weiten mit dem Wettkampfgerät erreicht. Eine individuelle Bestlösung für den OT-Einsatz wird in einer Variante gesehen, die auf eine OT-Jahresmenge von ca. 1500 mg aufbaut und die eigenen und kollektiven Erfahrungen in der Gestaltung der Einsatzdynamik berücksichtigt.

Hammerwurf, Sportler 34 [Günter Rodehau; vgl. Tabelle 7]

- Im Olympiajahr wird der längste Anwendungszeitraum genutzt bei einer gleichfalls jedoch deutlichen Erhöhung der Wochen mit freien Intervallen. Die Gesamtdosis... liegen im zweiten Jahr des Zyklus am höchsten....
  Beurteilung: ...Es wird weniger mit der kontinuierlichen Erhöhung der Gesamtdosis gearbeitet, sondern mehr mit einer dynamischen Anwendungsvariante (Erhöhung der Wochen mit freien Intervallen in Verbindung mit einer Erhöhung der Zeiträume der Anwendung) bei einer deutlichen Einengung relativ unspezifischer Maximalkraftübungen mit der Hantel und verstärktem Einsatz spezieller Kraftübungen zugunsten der Entwicklung spezieller Kraftfähigkeiten.

### 3.5. Disziplinspezifische Unterschiede

Unterschiede zwischen den einzelnen Disziplinen zeigen sich in der Höhe der jährlichen Applikationssummen. Die geringsten OT-Jahressummen kommen im Speerwerfen zur Anwendung. Sie erhöhen sich bei den Männern in der Reihenfolge Hammerwerfen, Diskuswerfen und Kugelstoßen, bei den Frauen... analog. Die Rangfolge steht in logischem Zusammenhang zu den leistungsstrukturellen Merkmalen der einzelnen Disziplinen (Körpergewicht, Kraft- und Schnelligkeitsanforderungen in der Wettkampfübung) und entspricht den Ergebnissen früherer analytischer Untersuchungen....

### 3.6. Geschlechtsspezifische Unterschiede

Im Gegensatz zu theoretisch begründeten Auffassungen von Sportmedizinern, wonach beim gegebenen Hormonstatus der Frauen im Vergleich zu den Männern geringere Dosierungen bei der Applikation anaboler Steroide ausreichen, weisen die jährlichen OT-Applikationsmengen in der Regel keine geschlechtsspezifische, sondern nur disziplinspezifische Besonderheiten aus. Auf das Körpergewicht bezogen, werden von den Kugelstoßerinnen z. T. höhere Jahresdosierungswerte erreicht als bei den Männern.[1] Der theoretischen Position entsprechende Tendenzen kommen in relativ geringeren OT-Dosierungen bei wenigen Sportlerinnen... zum Ausdruck und bedürfen einer weiteren Bestätigung in der Praxis. Die Wahrscheinlichkeit, daß es sich nur um individuelle Besonderheiten der Reaktion des Organismus auf die OT-Applikation handelt, ist insofern eingeschränkt, als auch durch frühere Untersuchungen... belegt werden kann, daß vielfach der Standpunkt des jeweiligen Trainers bzw. Sportarztes die Wahl der geringeren oder höheren Dosierungsvariante bestimmt. Nach wie vor liegen die Sportler des TSC Berlin im Hammerwerfen und Diskus-

1 Unterstreichung durch die Verfasserin.

werfen der Frauen in der OT-Dosierung sowohl in den Jahres- als auch den durchschnittlichen OT-Wochenmengen weit über dem disziplinspezifischen Durchschnitt.

Die Frage Dosis-Wirkung sollte generell, besonders jedoch für den weiblichen Bereich, eingehend untersucht und abgeklärt werden. So kommt es im Vergleich der Diskuswerferinnen 63 und 64, die beide Weltspitzenleistungen erreichten, bei der ersteren zu einer Überhöhung der OT-Jahresmenge zur Sportlerin 64 auf 251 % und der OT-Wochenmenge auf 271 %. . . .

## 4. Analyse des Einsatzes anaboler Steroide und ihrer Verflechtung mit dem Training im Jahresverlauf

### 4.1. Dosierungsdynamik

Die Dosierungsdynamik ist durch drei Entwicklungstendenzen gekennzeichnet:

- es deutet sich ein zunehmender Systemcharakter in der Dosierungsdynamik an;
- mit Ausnahme beider Speerwurfdisziplinen wendet die Mehrzahl der Sportler in der Tendenz ansteigende Dosierungsvarianten an, d. h., es werden in Wettkampfserie und der UWV höhere durchschnittliche OT-Wochensummen genutzt als in der VP;
- in den Frauendisziplinen erhöhte sich die Anzahl der Sportlerinnen, die mit Erfolg die Variante der gleichbleibenden Dosierung in Verbindung mit geringen OT-Applikationsmengen und mehreren freien Intervallen bevorzugen;
- freie Intervalle werden in größerem Maße eingesetzt.

. . .

### 4.2. Verflechtung von leistungsbestimmenden Haupttrainingsmitteln und OT-Applikation

Den konzeptionellen Vorgaben entsprechend erfolgte in den meisten Disziplinen der OT-Einsatz vorrangig in Trainingsabschnitten zur Entwicklung und Ausprägung spezieller Leistungsvoraussetzungen (im speziellen Training). Eine Ausnahme stellt das Kugelstoßen dar. Vor allem bei den Kugelstoßerinnen wurde im Rahmen der Doppelperiodisierung in superlangen Anwendungszeiträumen bis zu 30 und mehr Wochen pro Jahr in starkem Maße auch das Training in Perioden unterstützt, die durch hohe und höchste Belastungen im Hanteltraining gekennzeichnet waren. Im Gegensatz zu den Ergebnissen bisheriger Untersuchungen, wonach das Hanteltraining im MKT-Abschnitt nicht (3) [Bauersfeld et al. 1973] oder nur mit geringen (1) [Hinz 1985] OT-Dosierungen unterstützt werden sollte, um Disproportionen in der Entwicklung von Maximalkraftfähigkeiten (Hanteltestleistungen) und speziellem Leistungsvermögen zu verhindern, wurden im Kugelstoßen der Frauen Höchstbelastungen (Wochenspitzenwerte) im Hanteltraining mit hohen OT-Wochensummen (105 mg) verbunden.[1] . . .

1 Unterstreichung durch die Verfasserin.

## 4.3. OT-Einsatz und Leistungsentwicklung

Bei den meisten Sportlern ist der Zeitraum der OT-Applikation durch eine zunächst steiler und nach ca. 10–12 Wochen flacher werdende Verlaufskurve der Testleistungen mit dem WKG in den speziellen und Maximalkraftübungen gekennzeichnet. In der Regel ordnen sich hier alle Sportler ein, die im betreffenden Jahr im Vergleich zu den Vorjahren ihre Wettkampfleistung verbessern konnten.... Im Kugelstoßen der Frauen führten hohe OT-Dosierungen im Abschnitt des Hanteltrainings und generell in der ersten VP... zu einem schnellen, aber kurzen Leistungsanstieg, der im weiteren Jahresverlauf nicht weiter ausgebaut werden konnte....

## 4.4. Disziplinspezifische Unterschiede

Leistungs- und trainingsstrukturelle Besonderheiten der Speerwurfdisziplinen bedingen vor allem die Unterschiede in der Verflechtung von Training und OT-Applikation. Sie ergeben sich aus den höheren koordinativen Anforderungen, die durch das relativ leichte WKG und die hohe Abwurfgeschwindigkeit der Geräte, den schnellen Wechsel von Spannung und Entspannung bedingt sind.

Die Disziplinspezifik äußert sich in geringen durchschnittlichen OT-Wochenmengen; in einer gleichbleibenden bzw. absinkenden Dosierungsdynamik; in einer längeren Dauer der freien Intervalle in der Wettkampfserie und vor dem Jahreshöhepunkt in der UWV. In hoher Übereinstimmung mit den OT-Jahresmengen bewegt sich auch die disziplinspezifische Differenzierung der durchschnittlichen OT-Wochenmengen....

## 4.5. Geschlechtsspezifische Unterschiede

Von den... dargelegten Fakten abgesehen, die bestimmte logische Auswirkungen auf die OT-Anwendung im Jahresverlauf haben, sind keine geschlechtlich bedingten Differenzierungen festzustellen. Durch Einzelbeispiele läßt sich belegen, daß bei den Frauen durchschnittliche OT-Wochendosierungen um 50 mg eine effektive Unterstützung des Trainings bewirken und die Entwicklung von Weltspitzenleistungen ermöglichen.

## 5. Erstanwendung

Bei fünf der in der Analyse erfaßten Sportler wurden im O-Zyklus 1980/84 erstmalig anabole Steroide zur Unterstützung des Trainings eingesetzt....

## 5.1. Alter und spezielles Leistungsniveau

Der erstmalige Einsatz anaboler Steroide erfolgte bei den einzelnen Sportlern mit erheblichen Unterschieden im kalendarischen Alter, aber mit wesentlichen Niveauunterschieden, bezogen auf die Wettkampfleistung [vgl. nachstehende Tabelle].

Bei den Sportlern 32, 33 und 72 wurde der Ersteinsatz anaboler Steroide den konzeptionellen Vorgaben entsprechend im Jahr der Junioren-Europameisterschaften (JEM) vorgenommen. Die Sportlerin 54 [Heidi Krieger] begann schon ein Jahr vor ihrem Auftritt bei den JEM mit der Applikation von OT, der Sport-

[Tabelle] Ausgewählte Analysewerte der Erstanwendung

| Sportler Nr. | Alter z. Z. der Erstgabe | OT-Jahressumme (mg) | Maximale Wochendosis | [Mittel d.] Wochendosis (mg) | WKL Entw-Rate (in % zum WR) |
|---|---|---|---|---|---|
| 32 | 19 | 375 | 105 (3 Wo) | 93,8 | 8,7 |
| 33 | 18 | 955 | 105 (1 Wo) | 59,7 | 9,7 |
| 41 | 20 | 535 | 70 (1 Wo) | 44,6 | 8,3 |
| 54 | 17[1] | 885 | 70 | 63,2 | 12,3 |
| 72 | 18 | 165 | – | – | 14,7 |

[1] Das heißt, daß Heidi Krieger vom SC Dynamo Berlin, geboren am 20. 7. 1965, schon ab Herbst 1981, d. h. als Sechzehnjährige, mit einem Anabolikum gedopt wurde – und zwar mit insgesamt 885 mg pro Jahr. Im zweiten Dopingjahr steigerte sie die OT-Dosis dann auf insgesamt 1820 mg und wurde 1983 in Schwechat (Österreich) Doppel-Junioren-Europameisterin im Kugelstoßen und Diskuswerfen. 1986 wurde sie in Stuttgart Europameisterin im Kugelstoßen mit 21,10 m.

ler 41 im Jahr nach den JEM. Die vorzeitige Anwendung anaboler Steroide durch die Sportlerin 54 erfolgte aus unserer Sicht unbegründet, da das Ausgangs-Leistungsniveau (im Jahr vor dem Ersteinsatz) von 14,08 m mit nur 62,7 % des bestehenden Weltrekordes deutlich unter dem empfohlenen Vorgabewert ... von 70 % zum Weltrekord lag.[1]

Im Gegensatz dazu erfolgte bei dem Sportler 41 [Uwe Hohn] der Ersteinsatz bei einem sehr hohen Leistungsniveau (89,4 % vom Weltrekord) ... Es gelang diesem Sportler, ein Jahr nach dem Sieg bei den JEM auch den Titel bei den Europameisterschaften der Senioren zu erringen.

**5.2. Leistungsentwicklung**

Die verwendeten OT-Jahressummen lagen im Bereich der Vorgabewerte, ...
Die Jahresentwicklungsraten im Jahr der Erstanwendung weisen bei einer Ausnahme (72) eine hohe Abhängigkeit zum WKL-Ausgangsniveau aus. Je geringer das Ausgangsniveau, um so höher die Entwicklungsrate. ... Andererseits muß jedoch gefolgert werden, daß die durch die OT-Applikation bewirkte Leistungsentwicklung in der Regel nicht ausreicht, wodurch die Entwicklungsraten generell nicht die Größen der in der Vergangenheit realisierten Bestlösungen erreichen. ... Eine Bestlösung scheint mit der Sportlerin 72 [Antje Kempe][1] gelungen, die mit geringem OT-Einsatz einen deutlichen Leistungsschub (14,7 %) realisierte, und mit einer weiteren Leistungssteigerung im folgenden Jahr eine Silbermedaille bei den EM der Senioren erringen konnte.

1 Spätere Zöllkau; 1984 betrug Antje Kempes OT-Jahresdosis dann schon 1050 mg.

**6. Zusammenfassung und Folgerungen**

Die Ergebnisse der Analyse unterstreichen erneut den leistungsbestimmenden Einfluß einer gezielten, bewußten Verflechtung der Trainingsbelastung und ihrer Gestaltung mit der Applikation anaboler Steroide.

...

- Um die spezielle Leistungswirksamkeit der OT-Applikation im Hochleistungstraining zu erhöhen, sind folgende Forderungen und Orientierungen zu beachten:
  - Die OT-Applikation ist als bedeutsames unterstützendes Mittel des Trainings gezielt in den Trainingsprozeß zu integrieren. Ihre Verbindung mit unterschiedlichen Trainingsmitteln ist in der Planung, Durchführung und Auswertung des Trainings zu beachten.
  - Der Einsatz anaboler Steroide ist (auch im Kugelstoßen) vorrangig an Trainingsmittel zur Entwicklung spezieller Leistungsvoraussetzungen zu binden und der Dynamik der Belastung des Trainings und der methodischen Reihung anzupassen. Gegebenenfalls muß auch das Training in Abhängigkeit von der Wirksamkeit des OT-Einsatzes verändert werden.

    So ist über die bewußte Steuerung von Training und OT-Dosierung eine proportionale Entwicklung von Maximalkraftfähigkeiten und speziellem Leistungsvermögen zu gewährleisten. Belastung und Dosierung sind mit konkreten Zielleistungen zu verbinden.
  - Die Wirksamkeit des Medikamentes im Mehrjahresverlauf kann beim Einsatz geringer bis mittlerer OT-Jahressummen (Frauen unter 2500 mg, Männer unter 3000 mg) erhalten werden, wenn zwischen den Einsatzzeiträumen der einzelnen Trainingsjahre ein freies Intervall von ca. ½ Jahr eingehalten wird.
  - Im Jahresverlauf hat es sich auch bei den Frauen als günstig erwiesen, wenn die OT-Applikation durch mehrere freie Intervalle von fünf bis acht Tagen unterbrochen wird. Offensichtlich wird damit einem Gewöhnungseffekt entgegengewirkt.

  ...
- Aus der Analyse sind Aufgaben für die künftige Forschungsarbeit auf dem Gebiet des OT-Einsatzes abzuleiten.
  - Aufzuhellen sind die Beziehungen von Dosishöhe und Leistungswirksamkeit besonders unter dem Aspekt der großen individuellen Differenzen bezüglich der OT-Jahresmengen... bei den Sportlerinnen gleicher Disziplinen.
  - Es muß nach neuen Möglichkeiten gesucht werden, den Leistungsabfall nach dem Absetzen zum sportlichen Höhepunkt mit Hilfe unterstützender und trainingsmethodischer Maßnahmen zu minimieren....

## Textdokument 3B

**Auszüge aus «Zu einigen Fragen der Anwendung unterstützender Mittel in den Sprint-/Hürdendisziplinen des DVfL der DDR im Olympiazyklus 1980/84» (Nicklas u. Reumuth 1986 – unter Mitarbeit von Mitarbeitern der Forschungsgruppe Sprint/Hürden der Martin-Luther-Universität Halle)** [längere Auszüge bei Berendonk 1991)

**2. Untersuchungsmethodisches Vorgehen und kritische Wertung**
In die Untersuchungen wurden insgesamt 25 Sportler der Kaderkreise I und II einbezogen..., und zwar aus allen Disziplingruppen. ...Die Disziplin geht jeweils aus der codierten Sportler-Nummer hervor. Allgemein wurde zwischen Sprint (S) und Hürden (H) differenziert, im Detail zwischen Kurz- und Langsprint (KS, LS, KH, LH). Hinsichtlich der Geschlechtsdifferenzierung sind:
– männlich Sportler-Nr. S 11–14, S 21–24, H 11–13, H 21;
– weiblich Sportler-Nr. S 31–35, S 41–44, H 31–33, H 41, 42.[1]
Die Mehrjahresanalyse wurde auf der Basis von Jahresdaten durchgeführt. Eine vertiefende Jahresanalyse erfolgte exemplarisch für das Jahr 1983, da hier für alle Kader relativ einheitliche Trainingsstrukturen, nämlich durch die Vorbereitung auf die Weltmeisterschaften und/oder den Europa-Cup, gegeben waren...

**3. Entwicklungstendenzen des u. M.-Einsatzes und der Leistungsentwicklung im Mehrjahresverlauf**
...Die größte durchschnittliche Leistungsentwicklungsrate mit 2,2 % wird 1981 erreicht. Nach einem weiteren Zuwachs von 0,4 % sinkt der Leistungsdurchschnitt wieder um 0,5 % ab, so daß 1984 etwa der Wert von 1981 erreicht wird. Ein tendenziell ähnlicher Verlauf wird bis 1983 auch im u. M.-Einsatz mit Steigerungsraten von durchschnittlich 52,3 bzw. 64,4 % sichtbar. 1983/84 vollzieht sich jedoch ein beträchtlicher Anstieg auf 219,6 % im Vergleich zu 1980/81. ...

Das für 1984 skizzierte Grundproblem für den unverhältnismäßig hohen Anstieg des OT und der nicht adäquaten Leistungsentwicklung wird auch bei der differenzierten Betrachtung zwischen den vier ausgewählten Disziplingruppen deutlich. Insbesondere der OT-Anstieg im Kurzsprint männlich auf 332,3 % und im Hürdensprint weiblich auf 227,3 % mit stagnierender bzw. fallender Leistungsentwicklung weisen auf unzureichende Lösungswege bei der Optimierung des Wechselverhältnisses von Training und u. M.-Einsatz hin.

Ein etwas anderes Bild zeigt sich formal im Verlauf des OT-Einsatzes im Langsprint weiblich. Hierbei ist jedoch zu beachten, daß in dieser Disziplingruppe mit durchschnittlich 885 mg OT-Einsatz... die höchsten Ausgangswerte erreicht werden...

Bei einer weiteren differenzierten Betrachtung des OT-Einsatzes fällt generell die enorme Variationsbreite auf, die im Bereich von 252 bis 1670 mg/Jahr

1 Namen vgl. Tabelle 5.

liegt. Dabei ist neben der allgemeinen bedeutenden Erhöhung des OT-Einsatzes 1983/84 insbesondere eine Konzentration erhöhter Werte auf die Frauen-Disziplinen zu beobachten.... So liegen die Durchschnittswerte der Frauen 1980/81 und 1981/82 um nahezu 50% höher als die der Männner.[1] In den folgenden beiden Jahren kommt es zu einer gewissen Angleichung, aber vor allem deshalb, weil sich der Trend zum höheren OT-Einsatz auch bei den Männern durchsetzt.

...hervorgeht, ergeben sich höhere Werte der Frauen nicht nur aus höheren Wochen- bzw. Tagesdosierungen, sondern auch durch längere Anwendungszeiträume (Ausnahme 1982/83), die 1980/82 um über 40% höher liegen. Bezieht man in diese vergleichende Betrachtung die vor allem im Gewichtheben übliche körpermassenbezogene Dosierung ein, ... so wird das prinzipiell unterschiedliche Dosierungsniveau zwischen den Männern und Frauen noch deutlicher: Diese Niveauunterschiede kommen insbesondere in den berechneten wöchentlichen Durchschnittswerten und Variationsbereichen zum Ausdruck. Durchschnittliche Wochenwerte von 0,05 bis 0,10 mg/kg Körpermasse KM bei den Männern stehen Werte von 0,11 bis 0,15 mg/kg KM bei den Frauen gegenüber. ... Damit muß insgesamt für die Sprint-/Hürdendisziplin die stärkere Differenzierung im u. M.-Einsatz zwischen Männern und Frauen als Diskussionsproblem aufgeworfen werden. Wenn man davon ausgeht, daß im hormonellen Status der Frau die männlichen Geschlechtshormone nur etwa 10% von denen der Männer betragen, so erscheint die hier vorgefundene Verfahrensweise nicht gerechtfertigt zu sein, auch wenn man das mit darauf aufbauende hohe Leistungsniveau berücksichtigt. ...

Zur Vorbereitung auf die sportpolitischen Jahreshöhepunkte wurden in den Sprint-/Hürdendisziplinen neben dem OT auch weitere Präparate für ausgewählte Sportler eingesetzt. Nach den vorliegenden Informationen traf das jedoch nur für die Frauen zu... An Präparaten wurden Depot-Testosteron [DT] und Testosteron-Propionat [TP] in Dosierungen von 125 bis 150 mg bzw. 10–75 mg pro Woche eingesetzt. Im Verlaufe der einzelnen Jahre werden die Vorbereitungsvarianten etwas verändert. Auffällig sind die hohen Dosierungen von DT bei S 35 [Bärbel Wöckel-Eckert] 1983 und die Vorgehensweise 1984, wo während der OT-Applikation die genannten Präparate [Testosteron-Ester] zusätzlich verabreicht wurden. ...

**4. Entwicklungstendenzen des u. M.-Einsatzes und der Leistungsentwicklung im Jahresverlauf**

...Dabei wurde untersuchungsmethodisch so vorgegangen, daß das eingesetzte OT den Wochen im Rahmen des prinzipiellen trainingsmethodischen Jahresaufbaus des DVfL der DDR zugeordnet wurde. ...

Aus der Darstellung wird ersichtlich, daß das OT in allen drei MAZ zur Anwendung kommt. Auffallend ist, daß besonders in der 1. VP die Zahl der Sportler, die das OT anwenden, die Anwendungszeiträume (Vorverlagerung des Ein-

1 Unterstreichung durch die Verfasserin.

satzzeitpunktes) und die Dosierungshöhen zunehmen. ... Dabei zeigt sich, daß in der Gesamtheit der Disziplingruppe hinsichtlich der Applikationszeiträume eine große Einheitlichkeit vorherrscht, die individuelle Gestaltung jedoch z. T. beträchtlich variiert. Als Problem zu kennzeichnen sind die von einigen Sportlern praktizierte ununterbrochene Applikation bis zu sieben Wochen und die vielfach zu geringen applikatorischen Etappen... Auf die extrem hohe Dosierung von 180 mg in der 20. Woche bei KS 12 und 13 [Frank Emmelmann und Olaf Prenzler] sei hier nur hingewiesen (Dosierungsbereiche aus dem Gewichtheben und den kraftorientierten Wurf-/Stoßdisziplinen). ...

**5. Generelle Erfahrungen und Probleme bei der Anwendung von u. M.**

Zur Aufnahme von Erfahrungen und Problemen im Feld der Anwendung von u. M. in der Wechselbeziehung zum Training und zur Leistungsentwicklung wurden über die Protokolldaten hinaus einige allgemein interessierende Fragen gestellt. Diese lauteten:

1. Wurden bei Frauen Kontrazeptiva angewendet? Welche? Gibt es Beziehungen zu den u. M.?
2. Zeitpunkt(e) der täglichen Einnahme (Begründung). Wird die Tagesdosierung in der Woche verändert; wenn ja, in Abhängigkeit wovon?
3. Gibt es Probleme nach dem Absetzen? Wenn, in welcher Form, wie wird das im Training berücksichtigt?
4. Werden im Jahresverlauf bzw. bei der Mehrjahresanwendung Gewöhnungseffekte beobachtet? Wie äußern sie sich?
5. Sind weitere auffällige Reaktionen beobachtet worden?
   [Ausführliche Antworten bei Berendonk 1991].

Zu 3.: Bei 80% der Sportlerinnen und Sportler werden keine Probleme nach dem Absetzen der AS gesehen; es wird dabei aber auch auf die Beachtung individueller Besonderheiten sowie auf langfristiges Absetzen vor Wettkämpfen verwiesen. Bei zwei Sportlerinnen werden zwischen dem 3.–12. Tag koordinative Störungen, eine hohe Verletzungsanfälligkeit sowie die Unfähigkeit zu maximalen Kontraktionen beschrieben.

Zu 5.: Etwa 50% der Antworten weisen keine weiteren auffälligen Reaktionen aus. Sonst werden in der Mehrzahl Muskelverspannungen, muskulärer Hartspann und koordinative Störungen angegeben. Einmal werden toxische Leberreaktionen bei der gleichzeitigen Gabe von OT und Tandaril angeführt. Des weiteren wird bei zwei Sportlerinnen auf eine Verschiebung zu erhöhtem Fettgewebe statt aktiver Muskelmasse hingewiesen. Letztlich wird eine Akne vulgans angeführt, gleichzeitig aber auch eine hohe Dosierung als Erfordernis einer hohen Wirksamkeit verlangt. ...

**6. Zusammenfassung ... und zu einigen Schlußfolgerungen**

1. Der Einsatz des OT in den Sprint-/Hürdendisziplinen weist in den vier Jahren des Olympiazyklus 1980/84 eine ständig steigende Tendenz auf. Besonders 1983/84 wird eine hohe Steigerungsrate erreicht, so daß der Steigerungswert durchschnittlich 219,6% im Vergleich zum Ausgangsjahr 1980/81 ausmacht. Neben

Dosiserhöhung sind vor allem auch die zeitliche Ausdehnung der Anwendungszeiträume... die Ursache dafür. Diesem Mehraufwand an u. M. kann die Leistungsentwicklungstendenz nicht folgen. Nach einer durchschnittlichen Leistungsentwicklungsrate von 2,2 % 1981 bleibt das Niveau in den folgenden Jahren im wesentlichen nur erhalten. Daraus ableitend muß man vor allem für das Jahr 1983/84 offensichtlich Diskrepanzen zwischen der Trainings- und der u. M.-Einsatzkonzeption annehmen, die zu keiner umfassend progressiven Leistungsentwicklung führten. Hierbei ist nicht auszuschließen, daß die durch den Mehraufwand an u. M. aufgetretenen Nebenwirkungen negative Einflüsse auf eine qualitativ hohe Realisierung der trainingskonzeptionellen Maßnahmen ausübten.

2. Die einzelnen OT-Jahresmengen weisen in den Sprint-/Hürdendisziplinen im Olympiazyklus 1980/84 eine enorme Variationsbreite auf, die sich von 252 mg [Frank Emmelmann] (S 12, 1980/81) bis 1670 mg [Bärbel Wöckel-Eckert]... (S 35, 1983/84) erstreckt. Auch wenn man berücksichtigt, daß der erste Wert offensichtlich aus dem Jahr der Erstanwendung herrührt, deuten weitere individuelle Entwicklungsverläufe darauf hin, daß zwar zu den Dosierungszeiträumen eine relativ große Einheitlichkeit besteht, die Auffassungen zu den Dosierungshöhen und applikationsfreien Zeiträumen jedoch beträchtlich auseinanderlaufen.

3. Bei einer differenzierten Betrachtung des OT-Einsatzes wird deutlich, daß in den Frauendisziplinen in der Mehrzahl auch absolut eindeutig höhere OT-Jahressummen als in den Männerdisziplinen eingesetzt werden.[1] Diese höheren Werte resultieren nicht nur aus höheren Wochen- bzw. Tagesdosierungen, sondern weitestgehend auch aus längeren Anwendungszeiträumen. Beim Heranziehen der relativen körpermassebezogenen Dosierung wird besonders deutlich, daß die Werte der Frauen im Durchschnitt z. T. beträchtlich über denen der Männer liegen (> 100 %).[1] Aus diesem Sachverhalt leiten wir ab, daß beim Einsatz der u. M. der hormonelle Status der Frau ungenügend berücksichtigt wird und daß demzufolge der Einsatz solch hoher Dosierung für die Frauen prinzipiell zu überdenken ist....

4. Eine weitere differenzierte Analyse des OT-Einsatzes in der Folge der drei MAZ der Jahre 1982/83 und 1983/84 weist aus, daß von den einzelnen Sportlern keine einheitlichen Dosierungsprinzipien angewendet werden. Das betrifft insbesondere eine Dosiserhöhung im Jahresverlauf... Insgesamt ist aber zu folgern, daß besonders in der Gestaltung der UWV noch vorhandene Reserven hinsichtlich der trainingsmethodischen Lösungswege in Einheit der u. M. besser herausgearbeitet werden müssen.

5. Die vorgelegten Ergebnisse und aufgezeigten Problemlagen sollten umgehend den verantwortlichen Trainern und Ärzten (Verbandstrainer, Verbandsärzte, verantwortliche Disziplintrainer, Sektorenleiter WZ) zur Kenntnis gebracht werden, um noch mit Beginn des neuen Trainingsjahres 1986/87 entsprechende Beschlüsse zur Präzisierung der Einsatzkonzeptionen sowie zu den notwendigen trainingsbegleitenden Untersuchungen zu fassen.

1 Unterstreichungen durch die Verfasserin.

**Textdokument 3C**

**Auszüge aus «Analyse der Wechselbeziehungen von Training, unterstützenden Mitteln und Leistungsentwicklung in den leichtathletischen Sprung-/ Mehrkampfdisziplinen im Olympiazyklus 1980/84» (Nicklas et al. 1986)** [längere Auszüge bei Berendonk 1991]

**1. Problem-, Ziel- und Aufgabenstellung der Analyse**

**2. Untersuchungsmethodisches Vorgehen und kritische Wertung**
In die Untersuchungen wurden insgesamt 21 Sportler der Kaderkreise I und II einbezogen[1], und zwar aus allen Disziplinen, sowohl männlich als auch weiblich....

- männlich Sportler-Nr. S 11–34 und MK 11, 12;
- weiblich Sportler-Nr. S 51–63 und MK 21–24.

Eine vertiefende Jahresanalyse erfolgte exemplarisch für das Jahr 1983, da hier für alle Kader relativ einheitliche Trainingsstrukturen, nämlich durch die Vorbereitung auf die Weltmeisterschaften und/oder den Europa-Cup, gegeben waren. Eine dritte größere Betrachtungsgruppe bildeten die [Junioren-Europameisterschaften] JEM- und weitere Kader in bezug auf einen Ersteinsatz der anabolen Steroide...

**3. Entwicklungstendenzen des Trainings, des u. M.-Einsatzes und der Leistungsentwicklung im Mehrjahresverlauf**

**3.1. Kader und Hinweise zum untersuchungsmethodischen Vorgehen...**

**3.2.1. Ergebnisse in den Sprungdisziplinen**

...

Dieser... Fakt wurde 1980 im Zusammenhang mit einer hohen Zuwachsrate des OT-Einsatzes so interpretiert, daß es im Zusammenspiel mit der verstärkten MK- und SK-Entwicklung sowie den u. M. gelungen ist, eine hohe Trainingswirksamkeit... zu erreichen....

Eine Zuordnung der u. M. zu systemcharakterisierenden Entwicklungsschwerpunkten läßt sich in der Gesamtbetrachtung nicht nachweisen. Mit der insgesamt steigenden Trainingsbelastung erhöhen sich auch die durchschnittlichen Zuwachsraten im OT-Einsatz, so daß 1983/84 ein Steigerungswert von durchschnittlich 187,4 % im Vergleich zu 1980/81 erreicht wird.... Die im vorangegangenen Olympiazyklus festgestellte Konzentration des u. M.-Einsatzes auf die geraden Jahre (EM, OS) ist jetzt nicht mehr festzustellen, da durch die Einführung der Weltmeisterschaften im dritten Jahr des Olympiazyklus... ständig hohe Wettkampfanforderungen für einen größeren Sportlerkreis bestehen.

...

1 Codierungsschlüssel in Abb. 12 und Tabellen 6 und 7.

Die folgenden zwei Einzelbeispiele sollen noch einmal verdeutlichen, daß bei der Wechselbeziehung von Trainingsmaßnahmen und u. M.-Einsatz gesetzmäßige Zusammenhänge zu beachten sind...

Die beim Sportler im Zusammenhang mit dem u. M.-Einsatz vollzogene Leistungsentwicklung bis 1983 führte offensichtlich zu der Schlußfolgerung, die weitere Leistungssteigerung durch einen beträchtlichen Zuwachs des u. M.-Einsatzes abzusichern... Obwohl der Umfang an speziellen Trainingsmitteln erhöht wurde..., wurde jedoch die hauptsächliche Richtungswirkung der u. M. auf die Entwicklung der Kraftfähigkeiten unberücksichtigt gelassen und dieser Trainingsmittelanteil nicht gesteigert. Faßt man jetzt auch noch die durch den hohen u. M.-Einsatz offensichtlich massiver gewordenen Nebenwirkungen (Muskelverspannungen, Koordinationsstörungen) ins Auge, so ist anzunehmen, daß auch die Qualität im speziellen Training nicht erhöht werden konnte...

...

Bei der Sportlerin W 61... [Heike Drechsler-Daute] führte eine ausnehmend hohe Jahresdosis beim Ersteinsatz... auch zu keiner weiteren Leistungssteigerung (1981/82). Diese trat ein mit der Verringerung der Jahresdosis und einer beträchtlichen Steigerung der Trainingsübungen zur Entwicklung der allgemeinen und speziellen Kraftfähigkeiten, so daß mit dieser Trainingskonstellation ein bedeutend höherer Trainingseffekt erzielt werden konnte.

### 3.2.2. Ergebnisse in den Mehrkampfdisziplinen

...Der Trend des erhöhten Aufwandes an u. M. im Ablaufe eines Olympiazyklus ist auch für die Mehrkampfdisziplinen festzustellen...

### 3.2.3. Differenzierungsaspekte beim Einsatz von Oral-Turinabol (OT)

Unterzieht man den Einsatz des OT nochmals einer gesonderten Betrachtung, so fällt die enorme Variationsbreite auf, die in den Sprungdisziplinen im Bereich von 70 bis 2480 mg und in den Mehrkampfdisziplinen im Bereich von 46 bis 1540 mg liegt... Hierin ist u. a. auch eine Ursache für die hohen Steigerungsraten bis zu 787% (MK 23) zu sehen....

Ein Vergleich des OT-Einsatzes zwischen den Sprung- und Mehrkampfdisziplinen weist aus, daß die Mehrkämpfer etwas höhere durchschnittliche Jahresdosierungen anwenden. Auch ihre individuellen durchschnittlichen Steigerungsraten liegen jährlich höher... Die Ursache dafür ist bis auf 1981/82 im wesentlichen auf die etwas längeren Anwendungszeiträume bei teilweise sogar niedriger liegenden durchschnittlichen Wochenwerten des OT-Einsatzes zurückzuführen...

Bei einer Differenzierung zwischen den Männern und Frauen zeigt sich, daß die Frauen in den durchschnittlich angewendeten Jahresmengen und in den Wochendurchschnittswerten von OT verhältnismäßig deutlich unter den Durchschnittswerten der Männer liegen... Auch ihre durchschnittliche Anwendungszeit liegt im Jahr um rund zwei Wochen niedriger.... Bei Einbeziehung der Körpermasse jedoch, die bei den Frauen um ca. 17 kg niedriger liegt..., ist darauf hinzuweisen, daß sich die vorangehend angeführte deutliche Differenzierung jedoch verringert...[1]

Einzelbeispiele wie
[Uwe Lange] W 24 mit 0,31 mg/kg KM (30. Wo. 1982)
[Heike Drechsler-Daute] W 61 mit 0,31 mg/kg KM (20. Wo. 1982)
[Uwe Freimuth] MK 11 mit 0,21 mg/kg KM (23. Wo. 1983)
[Ramona Neubert] MK 21 mit 0,22 mg/kg (14. u. 15. Wo. 1983) zeigen sogar, daß in einzelnen Wochen gleiche relative Dosierungshöhen angewendet werden...

**4.2.4. Zum Entwicklungstrend über zwei Olympiazyklen**

An zwei Einzelbeispielen (W 24, W 51) ... zeigt sich, daß sich die Tendenz der steigenden OT-Dosierung im Verlaufe eines Olympiazyklus am ersten Beispiel im zweiten Zyklus auf höherem Niveau fortsetzt....

Bei einer pauschalen Betrachtung der u. M.-Daten und Leistungsentwicklung wird deutlich, daß es zwischen Jahresdosierung von OT und Wettkampfleistung keinen direkten Bezug gibt. Insbesondere die von W 24 1982/83 gewählte maximale Jahresdosierung (2480 mg) belegt, daß die Erhöhung der Dosierung von u. M. nicht automatisch zur Erhöhung der Wettkampfleistung führt... Bei diesem Beispiel ist anzunehmen, daß die in Verbindung mit der hohen Dosierung aufgetretenen erhöhten Nebenwirkungen eine progressive Leistungsentwicklung negativ beeinflußt haben....

**3.3. Maßnahmen zur speziellen Vorbereitung auf die Wettkampfhöhepunkte**

Das System des DDR-Leistungssports zeichnet sich u. a. dadurch aus, daß der Wettkampfhöhepunkt des Jahres (OS, WM, EM, WC, EC) mittels einer UWV langfristig und zielgerichtet vorbereitet wird. Dieser besonderen Vorbereitung wird bei einigen Sportlern auch auf dem Gebiet der u. M. Rechnung getragen. In den leichtathletischen Sprung- und Mehrkampfdisziplinen waren das im Olympiazyklus 1980/84 Testosteronpropionat (TP), HCG bzw. die Kombination beider (Testotropin). Der Ordnung entsprechend kommen diese Mittel nur einmal im Jahr, ... zum Jahreshöhepunkt bei bewährten Spitzenkadern, zur Anwendung. Das war auch in den vorliegenden und analysierten 20 Fällen bis auf eine Ausnahme so... Diese Ausnahme zeigte sich 1982 bei einem Weitspringer (W 24), indem, auch in der Höhe des Mittels abweichend, 150 mg TP zum letzten Wettkampf der Wettkampfserie appliziert wurden...

Aus den vorliegenden Informationen wird deutlich, daß diese Mittel von den Mehrkämpfern zielgerichteter und konsequenter angewendet werden. Bis 1983 wird ausschließlich TP appliziert, 1984 kommt bei den Männern auch HCG bzw. die Kombination mit TP hinzu. Die Dosierungen liegen für TP bei den Frauen im Bereich von 10 bis 25 mg in den Einzeldisziplinen und 25–50 mg in den Mehrkampfdisziplinen; bei den Männern im Bereich von 25 bis 150 mg in den Einzel-

1 Hier folgt eine umfangreiche Spezialtabelle.

disziplinen und 25–100 mg in den Mehrkampfdisziplinen, HCG wird im Bereich von 150 bis 4500 IE appliziert, zum Teil kommen 25–50 mg TP hinzu.

Betrachtet man die einzelnen Vorbereitungsvarianten..., so wird deutlich, daß insbesondere bei den Einzeldisziplinen keine Variante der anderen gleicht. Bei den Mehrkampfdisziplinen ist eine größere Einheitlichkeit im prinzipiellen Vorgehen zu erkennen...

## 4. Ausgewählte Probleme des u. M.-Einsatzes im Jahresverlauf

### 4.1. Zum Einsatz von Oral-Turinabol (STS 646) und Entwicklungstendenzen in der Folge der vier Einsatzjahre 1980/81–1983/84

Die folgenden beiden Darstellungen... geben einen Überblick über die in den einzelnen Jahren des O[lympia]-Zyklus applizierten anabolen Steroide. Dabei wurde untersuchungsmethodisch so vorgegangen, daß das eingesetzte OT bzw. STS 646 den Wochen im Rahmen des prinzipiellen trainingsmethodischen Jahresaufbaus in den leichtathletischen Sprung- und Mehrkampfdisziplinen zugeordnet wurde....

Aus den Darstellungen wird ersichtlich, daß sowohl in den Einzel- als auch Mehrkampfdisziplinen in allen drei MAZ u. M. angewendet werden. Das trifft jedoch nicht für die Gesamtheit der Sportler zu. In der 1. VP wird von einigen auf den Einsatz von u. M. in einzelnen Jahren verzichtet....

Der Einsatz der Steroidsubstanz STS 646 erfolgt erstmalig 1982/83 bei einem Hochspringer (H 11) [Andreas Sam, Bestleistung 1984: 2,31 m] in der 2. VP und UWV über neun Wochen mit zwei freien Intervallen und bei einem Weitspringer (W 23) [Mathias Koch] über zwei Wochen in der UWV. Bei beiden überschneidet sich dabei die letzte Woche der OT-Applikation mit der ersten Woche der STS-Applikation. Von H 11 wird der Einsatz der STS 646 1983/84 in der 1. VP über sechs Wochen wiederholt. Problematisch ist dabei die alleinige Anwendung von STS 646 von H 11 in der UWV 1982/83 über vier und in der VP 1983/84 über sechs Wochen. Hier sind offensichtlich die Wirkungen der STS 646 im Vergleich zum OT nicht oder ungenügend berücksichtigt worden.

Bei den Mehrkampfdisziplinen kommt durch die teilweise beträchtlich geringen Werte in der Variationsbreite des OT-Einsatzes... eine zielgerichtete Nutzung der Wirkungsrichtung des OT in Hinblick auf eine verbesserte Belastungsverarbeitung im Zusammenhang mit der Einordnung in das Trainingsregime zum Ausdruck.... Der Einsatz der STS 646 erfolgt durch einen Sportler (MK 12) [Torsten Voss] im Rahmen der UWV 1982/83 über drei Wochen und 1983/84 über alle drei MAZ mit ein- bzw. zweiwöchiger Applikation....

Insgesamt zeigt sich, daß alle leistungsrelevanten HTM-Komplexe mit AS unterstützt werden, wobei in der 2. VP und UWV eine Verschiebung zu einem höheren Grad der Disziplinspezifik erfolgt. Im Zusammenhang damit werden im wesentlichen auch alle entscheidenden Belastungsschwerpunkte bzw. -abschnitte anabol unterstützt.... Besonders darauf hinzuweisen, dabei aber auch als offenes Problem zu charakterisieren, ist die durchgängig geringe Applikation des OT im Hochsprung. Hier wären u. E. bei der disziplinspezifischen

Kraftentwicklung zeit- und inhaltsgebunden etwas höhere Dosierungen vorzusehen. Des weiteren ist auch nochmals auf den uneffektiven Einsatz der STS 646 bei H 11 [Andreas Sam] aufmerksam zu machen.

**4.3. Anwendung und Einfluß der u. M. zur Entwicklung und Ausprägung der Wettkampfleistungen (Einzeldisziplinen)**

... so zeigt sich, daß 33 % der erreichten Bestleistungen in die Applikationszeiträume fallen. ...

**4.4. Zu einigen Ergebnissen bei der erstmaligen Anwendung von u. M. und Tendenzen bei der Applikation im Folgejahr bzw. in den folgenden Jahren**

Das Grundprinzip für den erstmaligen Einsatz von u. M. im DVfL der DDR und damit auch für die Sprung-/Mehrkampfdisziplinen ist, diesen zur Vorbereitung auf die JEM, und zwar mit der Vorbereitung auf die Wettkampfserie (2. VP) vorzusehen. Von den in die Analyse einbezogenen Sportlern trifft diese Situation für fünf Kader zu. ... wird von allen Sportlern der erstmalige Einsatz der u. M. mit der Vorbereitung der 2. VP vorgenommen ...; in zwei Fällen (D 32, D 34) [d. h. Jörg Elbe und Volker Mai] wird nur die UWV zur JEM unterstützt. Es kommt ausschließlich OT zum Einsatz. ... Die Anwendungszyklen betragen im wesentlichen zwei bis drei Wochen ... Die körpermassebezogene Dosierung liegt bei etwa 0,10 mg/kg KM (MK 23 = 0,04).

Etwas anders stellt sich die Situation bei den beiden Sportlern dar, die die erste Applikation von AS im Europameisterschaftsjahr 1982 vollziehen. Es wird zwar auch erst mit der 2. VP das u. M. eingesetzt, doch sowohl in der Dosierungshöhe (W 61 [d. h. Heike Daute-Drechsler] mit einem Wochenmaximum von 150 mg = 0,31 mg/kg KM!) als auch in der Zyklendauer (bis sechs Wochen) werden z. T. beträchtlich höhere Werte erreicht. ...

Im Jahr nach den JEM wird von allen Sportlern die Dosierung erhöht. ...

**5. Generelle Erfahrungen und Probleme bei der Anwendung von u. M.**

...

**6. Zusammenfassung der Hauptergebnisse und Schlußfolgerungen**

1. Im Verlaufe des Olympiazyklus 1980/81–1983/84 kommt es bis auf wenige Ausnahmen sowohl in den Einzeldisziplinen (Weit-, Drei-, Hochsprung) als auch in den Mehrkampfdisziplinen zu einer ständigen Steigerung des Aufwandes an unterstützenden Mitteln (insbesondere OT). Dabei wird in diesem Zeitraum jeweils in Abhängigkeit vom Ausgangswert 1980/81 bzw. 1981/82 in den Sprungdisziplinen eine durchschnittliche Steigerungsrate von 87,4 % und in den Mehrkampfdisziplinen von 136,4 % erreicht. Diese Vorgehensweise ist mit einer ständigen Steigerung der Trainingsbelastung verbunden. ...

2. Bei einer vergleichenden Betrachtung des OT-Einsatzes fällt die enorme Variationsbreite auf, die in den Sprungdisziplinen im Bereich von 70 bis 2480 mg und in den Mehrkampfdisziplinen im Bereich von 46 bis 1540 mg liegt. Die Mehrkämpfer wenden etwas höhere durchschnittliche Jahresdosierungen

an, die vor allem aus etwas längeren durchschnittlichen Anwendungszeiträumen resultieren.... Insgesamt zeigt sich, daß in den Mehrkampfdisziplinen der Einsatz der u. M. systematischer und einheitlicher erfolgt....

3. Bei einer generellen Betrachtung der u. M.-Applikationen und der Leistungsentwicklung wird deutlich, daß es zwischen der Jahresdosierung von OT und der Wettkampfleistung keinen direkten Bezug gibt....

5. Die eingesetzten Dosierungen des OT in der Folge der einzelnen Jahre lassen verkennen, daß insbesondere die Anwendungen in der 1. VP und in der Wettkampfserie zunehmen.... Die von einzelnen Sportlern vorgenommene Applikation der STS 646 zeigt, daß es noch keine feste Einordnung in das Gesamtsystem der anabolen Vorbereitung gibt...

## Textdokument 3D

**Auszüge aus der Dissertation B von Riedel (1986)**

**Zur Wirkung anaboler Steroide auf die sportliche Leistungsentwicklung in den leichtathletischen Sprungdisziplinen**

Dissertation B
zur
Erlangung des akademischen Grades
Doktor der Wissenschaften (Dr. sc. med.)
dem
Wissenschaftlichen Rat
der
Militärmedizinischen Akademie
vorgelegt von
Dr. med. Hartmut Riedel
Bad Saarow 1986

–1986. –208 S.; 78 Abb., 31 Tab.; 413 Lit.

Tag der Promotion: 07.04.1987

In einer klinisch-epidemiologischen Studie wurde die Anwendung anaboler Steroide bei 191 männlichen und 174 weiblichen Sportlern der leichtathletischen Sprungdisziplinen über einen Zeitraum von 7 Jahren im Hinblick auf die Verbesserung der Leistungsfähigkeit untersucht. Im experimentellen Teil wurde die Wirkung mehrerer Steroide (Oral-Turinabol, Mestanolon, Testosteronpropionat, human-Choriogonadotropin) auf leistungsvoraussetzende konditionelle Fähigkeiten, anthropometrische Parameter, Substrate und anabole/katabole Hormone unter den Bedingungen eines sprungspezifischen Trainings und kontrollierter Ernährung überprüft. Anhand der ermittelten anabolen Wirkungen werden für eine wissenschaftlich begründete Verordnung in der sportmedizinischen Betreuungspraxis Empfehlungen zur Dosierung, Ernährungsgestaltung und zur Einordnung in das Tagesregime der Sportler gegeben. Für den praktischen Betreuungsprozeß werden sportmotorische Tests zur Objektivierung der Leistungsfähigkeit vorgeschlagen.

**3.3. Klinisch-epidemiologische Befragung**

234 Sportler der Disziplingruppe (151 Männer/83 Frauen) wurden von 1976 bis 1983 über die individuelle Anwendung anaboler Steroide und die dabei gesammelten Erfahrungen ... im persönlichen Gespräch befragt. Ausgewertet wurden nachfolgende Angaben:

- Gesamt- und tägliche Dosierung in den einzelnen Anwendungsjahren,
- eingesetzte Pharmaka einschließlich Begleitmedikation,
- Ergebnisse zugeordneter sportmotorischer Tests zur Erfassung konditioneller Fähigkeiten,
- wesentliche Trainingskennziffern,
- Einschätzung des subjektiven Befindens und möglicher Nebenwirkungen,
- Beurteilung der Wirkung nach skalierter Einteilung während und nach Ende der Medikation. ...

**4.1.1. Mehrjährige Anwendung von anabolen Steroiden und Entwicklung der Leistungsfähigkeit**

In Verbindung von Training und Medikation anaboler Steroide kommt es zu einer Verbesserung der im sportmotorischen Test gemessenen konditionellen Fähigkeiten und im Normalfall auch zur Erhöhung der Wettkampfleistung, jeweils im Vergleich Ausgangsleistung und erreichte Leistung nach dem Applikationszeitraum ...

Im Mittel liegen die Entwicklungsraten absolut und relativ über denen von Sportlern, die keine anabolen Steroide erhielten und etwa die gleiche Leistungsfähigkeit aufweisen ...

Praktisch gleichbleibende Gesamtdosierungen a. S. (mg/Jahr) stehen im Zusammenhang mit annähernd unveränderten Bestleistungen der zehn Besten in der jeweiligen Disziplin. Nur bei einer deutlichen Erhöhung der Gesamtdosis (> 15%) der applizierten Steroide ist eine Verbesserung der mittleren Wettkampfleistung zu verzeichnen. ...

Dargestellt am Beispiel der Disziplin Weitsprung kommt es bei einem Anstieg der Trainingsbelastung mit einem der Leistungsstruktur entsprechenden Trainingsinhalt und der mittleren Gesamtdosis zu einem Anstieg der Wettkampfleistung bei Männern und Frauen. ...

Erhöhungen der Gesamtdosis des OT um 85 bis 805% im Vergleich zum Vorjahr bei den Männern und um 71 bis 609% bei den Frauen bewirken in Einheit mit einer entsprechenden Trainingskonzeption eine mittlere Steigerung der Wettkampfleistung um 4,1% (Männer) bzw. 2,7% (Frauen).

Bei individueller Dosierung in den letzten 12 Wochen vor dem Wettkampfhöhepunkt in Verbindung mit optimalen Trainingsreizen erreichten 11 Sportlerinnen und Sportler eine persönliche Bestleistung und erkämpften 2 Olympiasiege, zweimal den 2. Platz, zweimal den 3. Platz und weitere hervorragende Plazierungen.[1]

### 4.1.2. Einsatz der Medikation anaboler Steroide in der Erstanwendung und Mehrjahresanwendung im langjährigen Trainingsprozeß

Die Erstanwendung kann nach Abschluß des Wachstumsalters und nach Erreichen einer festgelegten spezifischen Leistungsfähigkeit (Normgrenze) im Jahr der Teilnahme an Junioren-Europameisterschaften frühestens im Alter von 17 bis 18 Jahren (Mädchen) und 18 bis 19 Jahren (Jungen) erfolgen.... Bereits niedrige Gesamtdosierungen (ca. 400 mg) und kurze Anwendungszeiträume (ca. 4 Wochen) haben in Verbindung mit einer ansteigenden Trainingsbelastung deutliche Leistungssprünge in der Wettkampfdisziplin zur Folge...

Die Mehrjahresanwendung bei einem langjährig trainierenden konstanten Sportlerkollektiv (n = 10) hat jährliche positive Veränderungen der Wettkampfleistung (+4,6%) und der konditionellen Fähigkeiten (+5,5%) zur Folge...

Im Untersuchungszeitraum konnte ein Anstieg der speziellen Leistungsfähigkeit von durchschnittlich 7,5% (Männer) und 8,2% (Frauen)... nach 6 Trainingsjahren nachgewiesen werden. Diese Verbesserungen sind sowohl ein Ergebnis der biologisch erforderlichen Steigerungsraten der Trainingsbelastung als auch der Dynamik der jährlichen Erhöhung der Gesamtdosierung (Männer um 163 bis 247%; Frauen um 191 bis 360%) anzusehen...

### 4.1.3. Medikation anaboler Steroide in Abhängigkeit von der Leistungsstruktur der unterschiedlichen Disziplinen

Mit steigenden Anforderungen an die Entwicklung von Schnelligkeit und Kraft nimmt in den Disziplinen die mittlere Gesamtdosierung und die Anzahl der Anwendungszeiträume zu... Die steigende Gesamtdosierung in der Reihenfolge Stabhochsprung, vertikale und horizontale Sprungdisziplinen und Mehrkampf ergibt sich vorwiegend durch die Häufigkeit der Anwendungszeiträume und weniger durch tägliche Dosierung oder die Dauer eines Abschnittes.

### 4.1.4. Einordnung der Medikation anaboler Steroide in die Belastungsschwerpunkte eines Trainingsjahres

...

Anhand eines Trainingsjahres werden für 10 männliche Sportler der Disziplin Weitsprung die Einordnung der a. S. in die Aufgaben und die Struktur des Trainings dargestellt... Die große Variationsbreite der individuellen Anwendung der vorgegebenen Medikation drückt sich in unterschiedlicher Zykluslänge (2 bis 6 Wochen); Dosierungshöhe (2 bis 30 mg/d bei Männern; 1 bis 25 mg/d bei Frauen) und mangelhafter Zuordnung zum Trainingsinhalt aus.

1 Hier folgt eine umfangreiche Spezialtabelle.

### 4.1.5. Subjektive Einschätzung von Wirkungen und Seiteneffekten der Medikation anaboler Steroide

...

Eine Befragung über die subjektive Wertung des Einflusses anaboler Steroide auf die sportliche Leistungsfähigkeit und vorhandene Nebenwirkungen ergab einige wesentliche Ergebnisse... Es zeigte sich eine eindeutig positive Einflußnahme auf die Kraftfähigkeit (ca. 80%), während der Einfluß auf die Wettkampfleistung und die Wiederherstellung nur von ca. 60% der Befragten positiv bewertet wird. Während die Leistungsfähigkeit von 65% unter der Therapie als reduziert eingeschätzt wird, wird sie nach dem Absetzen der Medikation übereinstimmend als ansteigend mit einem Optimum zwischen 15 bis 28 Tagen bezeichnet....

### 4.1.6. Wirkung der Medikation anaboler Steroide auf die Entwicklung konditioneller Fähigkeiten

...

Nach der Therapie mit anabolen Steroiden wird abhängig von der Zielstellung der jeweiligen Trainingsetappe eine überwiegend deutliche, z. T. signifikante... Zunahme des Niveaus der konditionellen Fähigkeiten objektiviert... Überwiegendes Krafttraining bewirkt sowohl bei niedriger (5 mg/d OT) als auch bei hoher (15 mg/d OT) Dosierung eine deutliche mittlere Zunahme der Kraft (MK-/SK-Fähigkeit), während andere konditionelle Fähigkeiten geringe Veränderungen zeigen... Beim untersuchten Sportlerkollektiv nehmen die relativen Entwicklungsraten (in % vom AGW [Ausgangswert]) in der Reihenfolge: Schnelligkeit: +3,5%, Schnellkraft: +3,7%, spezielle Leistung: +3,9% und Maximalkraft: +5,3% zu.... Sportler mit geringer Ausgangsleistung haben bei gleicher Dosierung und Trainingsbelastung die größten absoluten und relativen Zuwachsraten, während mit steigender Leistungsfähigkeit die Entwicklungsrate geringer wird.... Während die Maximalkraft bereits während der Applikation von anabolen Steroiden den größten Zuwachs hat, erreichen die konditionellen Fähigkeiten Schnelligkeit, Schnellkraft und spezielle Leistung erst 1 bis 3 Wochen nach der Applikation ihr jeweiliges Maximum.

### 4.1.7. Entwicklung der Kraftfähigkeit

...

Zwischen dem mittleren Kraftzuwachs im Vergleich der Medikation von Oral-Turinabol (100 mg) und STS 646 (100 mg) zeigen sich keine Unterschiede. Auch bei STS 646 ist der Zuwachs der überwiegend beanspruchten Muskelgruppen größer und unterscheidet sich signifikant von der Plazebogruppe. Bei einer höheren Dosierung von OT (15 mg/d) bei Männern und gleichzeitigem Einsatz von Krafttrainingsmitteln wird der Zuwachs der mittleren Kraft sowohl in den vorwiegend beanspruchten Muskelgruppen als auch in den weniger trainierten Muskelgruppen signifikant...

### 4.1.8. Einflüsse auf die aerobe Leistungsfähigkeit

Im... Test auf dem Laufband zeigte sich unter dem Einfluß der anabolen Steroide OT und STS 646 eine Verbesserung der Leistung (Laufzeit), der $O_2$-Aufnahme ($VO_2$/kg KG) bei einer Abnahme der Herzfrequenz und der Lactatakkumulation...

Die Therapie mit OT bzw. STS 646 hat bei gleicher Dosierung (100 mg) ähnliche Veränderungen in der aeroben Kapazität... Folgende wesentlichen Ergebnisse lassen sich aus den Analysen über die Wirkung anaboler Steroide auf die Entwicklung konditioneller Fähigkeiten und die Wettkampfleistung ableiten:

1. In Verbindung mit entsprechenden Trainingsreizen hat die Medikation a. S. ...eine Entwicklung leistungsvoraussetzender konditioneller Fähigkeiten zur Folge, die sich während des komplexen Trainings zeitlich phasenverschoben in der Reihenfolge Maximalkraft (+5,3%, 2. und 3. Woche), Schnelligkeit (+3,5%, 1. bis 3. Woche nach Medikation), Schnellkraft (+3,3%, 1 bis 3. Woche nach Medikation), spezielle Leistung (+3,7%, 1. bis 4. Woche nach Medikation) ausbilden.
2. Ansteigende Trainingsbelastung..., höheres Fähigkeitspotential und eine deutliche Erhöhung der Gesamtdosierung von OT (>15%) im Vergleich zum Vorjahr haben eine Verbesserung der Leistungsfähigkeit zur Folge....
3. Jährliche Anstiege von Gesamtdosierung (um 10 bis 20%) und Trainingsbelastung sind die Voraussetzungen für eine bessere Wettkampfleistung. Ein Dosierungsanstieg wird auch dadurch erreicht, daß im Untersuchungszeitraum von 7 Jahren ca. 70% der Sportler verletzungsbedingte Trainingsausfälle haben und damit Training und Medikation unterbrochen werden.
4. Der Einsatz anaboler Steroide im Jahresverlauf erfolgt vorwiegend (80%) in Phasen der Entwicklung der speziellen Leistungsfähigkeit und weniger zur gezielten Entwicklung von Maximalkraft und Schnellkraft...
5. Mit funktionsdiagnostischen Verfahren wie Dynamografie und Spiroergometrie sind Verbesserungen der Kraftfähigkeit und der aeroben Kapazität bereits nach kurzer Medikation (10 Tage) erfaßbar. Leistungsverbesserung um 6 bis 15% lassen keine Unterschiede in der anabolen Wirkung der Steroide OT und STS 646 erkennen.

## Stellungnahme von Prof. Dr. Hartmut Riedel zu seiner Position

### 1. Zu Problemen des Leistungssports in der ehemaligen DDR

Nicht zuletzt durch Erfolge im Spitzensport strebte die Staats- und Sportführung zur internationalen Anerkennung, wofür praktisch alle Mittel – auch ein flächendeckendes Doping – eingesetzt wurden. Doping und die Integration in die Trainingsmethodik war primär eine Angelegenheit der Sportführung, die sich damit auch über internationale Regeln und moralische Normen hinwegsetzte. Unabhängig davon erscheint mir auch heute – mehr als 12 Jahre nach Beginn der Untersuchungen zu meiner Habilitationsarbeit – gerade der Nachweis von Nebenwirkungen geeignet zu sein, leistungswillige Sportler vom Doping abzuhalten oder ihnen zumindest die gesundheitlichen Risiken zu verdeutlichen.

**2. Zur Rolle der Forschung**

Eine Wissenschaftsfreiheit im westlichen Verständnis war in der ehemaligen DDR nicht gegeben und gerade im Leistungssport wurden Inhalte und Schwerpunkte der Forschung weitgehend staatlich vorgegeben. Unter diesen Verhältnissen wissenschaftlich zu arbeiten – und das trifft gerade für meine Arbeit zum real existierenden Doping zu – war kompliziert und mit erheblichen Zwängen und Einschränkungen bis hin zum Verbot der Publikation verbunden. Mit meiner wissenschaftlichen Arbeit über die Wirkung von Dopingsubstanzen wollte ich zu keiner Zeit eine Anleitung für das Doping oder gar für ein Unterwandern der Kontrollen geben. Ziel der Arbeit war es, wissenschaftlich die Bedeutung von Veränderungen in verschiedenen Funktionssystemen festzustellen und eine Schadensbegrenzung und Eindämmung des Mißbrauchs gerade durch die objektivierten Nebenwirkungen zu erreichen. In meiner Habilitationsschrift heißt es dazu (Seite 9):

«Das leistungssportliche Training macht im individuellen Leben nur eine relativ kurze Spanne aus, hier dürfen keine Veränderungen im biologischen System erzeugt werden, die allein der sportlichen Leistungsfähigkeit dienen und die Gesundheit des Sportlers für das Leben einengen.»

Es ist bedauerlich, daß in dem Buch von Frau Berendonk eine selektive Auswahl der verfügbaren Literatur getroffen wird, nachdem die «sozialistischen Reißwölfe» offensichtlich 1989/1990 gute Arbeit geleistet haben.

Schlimm ist in diesem Zusammenhang das Einfügen von Sportlernamen (unabhängig vom Wahrheitsgehalt!), wodurch Sportler direkt belastet werden, die mir sehr persönliche Daten im Vertrauen auf die ärztliche Schweigepflicht und den Datenschutz offenbarten. Schlicht übersehen wird von der Autorin, daß zwischen eigenen Notizen in einem persönlichen Buch und den für die Habilitationsschrift verwendeten Daten keinesfalls immer ein Zusammenhang besteht.

**3. Zu wesentlichen Inhalten der Habilitationsschrift**

Im ersten Teil – und daraus werden Tabellen und Abbildungen mit sinnentstellenden Erläuterungen und in der Habilitationsschrift nicht namentlich genannten Sportlern versehen – wurden in einer retrospektiven Befragung bei einer großen Zahl von Sportlern die Wirkungen und Nebenwirkungen bei der Einnahme und Nichteinnahme von anabolen Steroiden unter Trainingsbedingungen verglichen. Dadurch wird vor allem die Ausgangshypothese bestätigt, daß in den 70er Jahren z. T. hohe Dosierungen zu deutlichen Nebenwirkungen führten und daß trotz verbesserter Kraftfähigkeiten keinesfalls immer eine bessere Leistung erreicht wurde.

In dem sich anschließenden experimentellen Teil wurde sehr genau auf die Einhaltung der Regelungen im DDR-Arzneimittelgesetz für die Prüfung an klinisch gesunden Personen und die Genehmigung durch autorisierte Kommissionen geachtet. Alle Sportler wurden vorher eingehend informiert und aufgeklärt. Sie nahmen freiwillig in Einzelfällen – so wie z. B. alle Minderjährigen – auch nur in den Placebogruppen an den Untersuchungen teil. Es wurden nur für die Therapie oder für klinische Prüfungen zugelassene Medikamente in längst bekannten Anwendungsschemata angewendet. Anhand der experimentellen Daten konnten nicht nur begründete Hinweise für eine drastische Dosisreduzierung und Minimierung der Nebenwirkungen abgeleitet werden, sondern in vielen Fällen verzichteten Sportler danach auch auf die Einnahme. Im Gegensatz zur Meinung der Autoren hatte die Habilitation zu keiner Zeit inhaltlich etwas mit dem Staatsplanthema 14.25 zu tun, obwohl möglicherweise daraus später Ergebnisse übernommen wurden. Meine Arbeit beschränkte sich auf die leichtathletischen Sprungdisziplinen und stellte zur damaligen Zeit aus ärztlich-ethischer Sicht das Optimum dar, welches in diesem System im Sinne einer Schadensbegrenzung für die Sportler überhaupt möglich war. Im Mai 1987 bin ich in die Bundesrepublik geflüchtet, da ich trotz einer gewissen Schadensbegrenzung eine deutliche Minimierung des Dopings nicht erreichen konnte. Da meine Familie noch bis September 1989 in der DDR festgehalten und drangsaliert wurde, konnte ich leider nicht früher einen Beitrag zur Aufklärung leisten. Meine spätere Bereitschaft dazu wurde von verschiedenen Personen nicht genutzt. Ich hoffe, daß die Veröffentlichung meiner Arbeit – die ich in absehbarer Zeit beabsichtige – größere Klarheit bringt, wobei ich auch zukünftig meinen Anteil zu einer wahrheitsgerechten Aufklärung des Dopings beitragen will.

Bayreuth, im März 1992 Prof. Dr. Hartmut Riedel

## Textdokument 3E

### Auszüge aus «Auswirkungen einer sechswöchigen Medikation von Oral-Turinabol auf biologische und trainingsmethodische Parameter in einem Trainingsexperiment bei Kanu-Rennsportlern» (Rademacher et al. 1981)

**1. Ausgangsposition und Aufgabenstellung**

Im DKSV der DDR werden gegenwärtig zwei anabole Steroide [Oral-Turinabol] (OTU und STS 646) angewendet, wobei sie auf Grund größtenteils empirisch gewonnener Erfahrungen differenziert zur Lösung unterschiedlicher methodischer Aufgaben zum Einsatz gelangen. OTU in der Vorbereitungsperiode zur Schaffung grundlegender Fähigkeiten und STS 646 in der Wettkampfperiode zur Herausbildung einer hohen wettkampfspezifischen Leistungsfähigkeit. Wie in der Mehrzahl der Verbände existieren jedoch noch eine Reihe von offenen Fragen. Sie betreffen u. a. den Einsatzzeitraum (Häufigkeit der Zyklen, Zeitpunkt, Zyklusdauer), die Applikationsgestaltung (Dosierung: Höhe allgemein, Höhe auf Körpermasse und/oder auf die Belastung bezogen), aber auch die objektivere Begründung für den Einsatz bzw. die Wahl der betreffenden anabolen Steroide. Gesamtzielstellung der langfristig mit dem DKSV der DDR geplanten Untersuchungen ist es:

1. trainigsmethodische und biologische Parameter zu ermitteln, die es gestatten, unter Leistungssportbedingungen den Einfluß von anabolen Steroiden auf die Leistungsentwicklung zu diagnostizieren und
2. durch die Überprüfung der Wirkung bekannter anaboler Steroide auf trainingsmethodische und biologische Parameter eine qualitative Verbesserung der Anwendungskonzeption zu erreichen.

In den vorliegenden Untersuchungen wurde die festgelegte trainingsmethodische Aufgabe, die Entwicklung der Kraft-, Grundlagen- und Schnelligkeitsausdauer, bei Betonung der Kraftausdauer, mit einer dosierungskonstanten OTU-Medikation unterstützt. Ziel war es dabei, einerseits die Wirkung des Trainings auf die Entwicklung einzelner leistungsbestimmender Fähigkeiten sowie auf das Verhalten endogener Androgene, weiterer Hormone, den Eiweißstoffwechsel und muskelzelluläre Voraussetzungen zu erfassen.

### 2.1. Versuchsdurchführung

An dem Experiment, das sich über 6 Wochen (11.–16. Woche) erstreckte, beteiligten sich 10 Anschlußkader aus dem Canadierbereich des SC DHfK. 5 Sportler erhielten Montag bis Sonnabend täglich 10 mg OTU, die anderen 5 Plazebos. ...

## Textdokument 3F

### Auszug aus «Untersuchungen zur wirksameren Einordnung der AS in den Trainingsprozeß von Rennkanuten (Ergebnisbericht)» (Gedrat 1981)

Unsere Untersuchungen dienten dem Ziel, Erkenntnisse für eine qualitativ bessere Einordnung der AS in den Belastungsprozeß von Kanuten des Hochleistungsbereiches zu gewinnen.

Dabei gingen wir davon aus, daß bereits gewisse Erfahrungen in der Anwendung der AS im DKSV der DDR existierten, aber einige Fragestellungen noch unzureichend gelöst waren. Das waren insbesondere:

- die Auswahl der Trainingsabschnitte im Jahresverlauf, die aufgrund der Belastungsgestaltung in leistungsbestimmenden Bereichen für einen Einsatz von AS geeignet erschienen;
- die Zuordnung der AS und ihre Dosierung entsprechend der Belastungsgestaltung (ohne jedoch die biologischen Fragestellungen der Dosis-Wirkung-Beziehungen zu beantworten);
- Probleme der individuellen Dosierung entsprechend der individuellen Belastungsgestaltung im Mikrozyklus;
- die Anwendung unterschiedlicher anaboler Steroide (OT und STS 646) als weitere Möglichkeit optimaler Formen der Unterstützung im Kanu-Rennsport zu testen.

Die Überprüfung eines speziellen Programms erfolgte mit einer Gruppe von Kanuten (Canadier-Senioren) in den Trainingsjahren 1978/79 und 1979/80. Das Programm sah ein Vorgehen in zwei Stufen vor:

- 1978/79 wurden in einem Zeitraum über 11 Wochen (6.–16. Woche 1979) anabole Steroide (Oral-Turinabol) zur Unterstützung der Ausbildung leistungsrelevanter Fähigkeiten (Maximalkraft und Kraftausdauer) in Vorbereitung auf die Wettkampfperiode eingesetzt. Die Verteilung der anabolen Steroide richtete sich nach den Belastungsschwerpunkten in den einzelnen Wochen... Die Dosierung wurde für die gesamte Gruppe jeweils gleich gewählt. Nach Beendigung der 1. Wettkampfperiode wurde ein Abschnitt von 6 Wochen (19.–24. Woche) in Vorbereitung auf die Qualifikation zur Weltmeisterschaft für die weitere Unterstützung durch anabole Steroide gewählt....

Zu unseren Ergebnissen:
Die Entwicklung der Maximalkraft zeigt von der 1. bis zur 10. Woche einen erstaunlichen Zuwachs im Gruppendurchschnitt. Der Test in der 14. Woche weist dagegen bereits differenzierte Ergebnisse auf.... Die folgende Wettkampfserie (17., 18., 20. Woche) brachte gute bis sehr gute Plazierungen über 500 m und 1000 m der Sportler A und B. Dabei ist insbesondere das Abschneiden über 500 m und 1000 m im C II (2. bzw. 1. Platz) in der 20. Woche zu einer internationalen Regatta in Sofia hervorzuheben. Dieser Termin lag 4 Wochen nach dem Absetzen der anabolen Steroide....

Die Dosierung des Oral-Turinabol erfolgte differenziert. So erhielten 2 Sportler wegen internationaler Starts die Medikation erst zu einem späteren Zeitpunkt (21.–24. Woche). Erstmalig wurde eine körpergewichtsabhängige und auf die Tagesbelastung ausgerichtete Dosierung in diesen Untersuchungen angewandt. Im folgenden die Dosierungen:

...[Angaben]

Die relativ niedrige Dosierung beim Sportler D im Vergleich zum Körpergewicht ist darauf zurückzuführen, daß es sich hier um eine Erstanwendung handelt.

Die Sportler A und B nahmen in den Wochen 19 und 20 an einem Wettkampf im Ausland teil und konnten wegen Anreiseuntersuchungen keine anabolen Steroide verabreicht bekommen.

In den Wochen 21 und 22 wurden die höchsten Dosierungen in diesem Abschnitt vorgenommen, da sich hier eine komplexe Konzentration auf die Schwerpunkte Grundlagenausdauer, Schnelligkeitsausdauer und spezifische Kraft ergab und somit eine hohe Gesamtbelastung erfolgte.... Mit der Qualifikation der Sportler A, B und D für die Weltmeisterschaften 1979 konnte diese Phase des mehrjährigen Leistungsaufbaus für die Olympischen Spiele 1980 abgeschlossen werden.

1979/80 wurde ein Programm zur Unterstützung der Belastungsschwerpunkte für das gesamte Trainings- und Wettkampfjahr erarbeitet. Die Konzeption sah folgende Schwerpunkte vor:

| | | |
|---|---|---|
| 1. Phase | 40.–47. Woche STS 646 | Über eine verstärkte Maximalkraft/Kraftausdauerentwicklung eine hohe wettkampfspezifische Leistung zu einem Test des Verbandes vorzubereiten, somit den Einsatz dieses Präparates für die Vorbereitung der Wettkampfperiode 1980 im gesamten Olympiakaderkreis des Verbandes zu testen. |
| 2. Phase | 1.–6. Woche Oral-Turinabol | Die verstärkte Maximalkraftentwicklung als Grundlage der aufbauenden Wettkampfleistung. |
| 3. Phase | 11.–13. Woche STS 646 | Unterstützung einer guten wettkampfspezifischen Leistung. |
| 4. Phase | 18.–22. Woche STS 646 | Die weitere Ausprägung der wettkampfspezifischen Schnelligkeit und Schnelligkeitsausdauer und der Vorbereitung der Olympiaqualifikation. |

Der dabei erstmalig vorgesehene Einsatz neuer Steroidpräparate im Kanu-Rennsport basierte auf Erfahrungen anderer Ausdauerdisziplinen und sollte Aufschlüsse für weitere Möglichkeiten der spezifischen Leistungsausprägung vor dem Wettkampfhöhepunkt liefern. Dafür wählten wir die 40.–47. Woche 1979 aus und richteten die Dosierung der anabolen Steroide nach der Belastung im Wochenverlauf und dem Körpergewicht der Sportler.

Die folgenden Tabellen zeigen die Belastungsgestaltung und die Dosierung des STS 646 in Auszügen aus dieser 1. Phase… (STS wurde stets abends gegeben, um die Tagesbelastung zu kompensieren und die folgende Belastung am nächsten Tag gut vorzubereiten!)

Zusammenhang und Folgerungen:
Die von uns gewählten Formen der Einordnung AS in den Trainingsprozeß der Kanuten können positiv bewertet werden. Durch ihren belastungsorientierten Einsatz, bezogen auf die Zeiteinheit und den Inhalt, und die Berücksichtigung individueller Besonderheiten, konnte in wesentlichen Fähigkeitsbereichen eine positive Leistungsentwicklung erzielt werden.

Im Vergleich zu der bis dahin im DKSV der DDR angewandten Form der Unterstützung mit AS schlagen wir deshalb folgendes Vorgehen vor:

1. Der Belastungsaufbau im Kanu-Rennsport innerhalb eines Trainingsjahres sieht die komplexe Ausbildung aller leistungsbestimmenden Bereiche über das gesamte Jahr hinweg vor, wobei die Schwerpunkte in den einzelnen Abschnitten unterschiedlich gesetzt werden. Für den Einsatz AS muß daher das gesamte Trainingsjahr in Betracht gezogen werden. Entsprechend der schwerpunktmäßigen Ausbildung der leistungsbestimmenden Fähigkeiten und unter Beachtung der Gesamtdosierung im Jahresverlauf, ist eine Anwendung in 3 Zyklen zu empfehlen:
   a) Zwischen der 40.–50. Woche zur Untersuchung der Kraftausdauer- und Maximalkraftentwicklung unter Beachtung hoher Umfänge im Grundlagenausdauerbereich I [GA I]

b) Zwischen der 6.–16. Woche (aber nach Absolvierung der Winterlager – anderer Trainingsreiz) zur weiteren Ausprägung der Kraftfähigkeiten mit allgemeinen und spezifischen Mitteln und der GA 1 + 2 und SA-Fähigkeiten in Vorbereitung auf die Wettkampfperiode.

c) Für die Dauer von 4 Wochen in Vorbereitung auf die Qualifikation für den sportpolitischen Höhepunkt (d. h. vor der IR Brandenburg) zur wettkampfspezifischen Ausprägung der SA, SK und GA 2-Fähigkeiten.

2. Bei der Anwendung von STS 646 haben wir beobachten können, daß die Sportler in der Lage waren, ständig hohe Intensitäten im Training zu absolvieren. Die Maximalkraft- und Schnelligkeitsausdauerentwicklung in dieser Phase kann mit gut bis sehr gut beurteilt werden. Die Kraftausdauerentwicklung befriedigte dagegen nicht. Hier wurden in der OT-Phase bessere Werte erzielt, bei weiterer Verbesserung der MK-Fähigkeiten. Deshalb empfehlen wir die Anwendung dieses Präparates in der 3. Phase des Trainingsjahres und nur über einen Zeitraum von 4 Wochen. In den beiden anderen Phasen sollte OT zur Anwendung kommen, da offensichtlich mit diesem Präparat bessere Zuwachsraten in der Kraftentwicklung insgesamt erzielt werden können. Biowissenschaftlich sind diese Beobachtungen noch nicht untersucht worden. Trainingsexperimente dazu sind angelaufen und werden fortgesetzt (siehe Vortrag Rademacher).

3. Entgegen der bisherigen Verfahrensweise im DKSV, eine «fallende» Dosierung innerhalb 3 Wochen vorzunehmen, empfehlen wir die Dosierung nach der Belastungsgestaltung in der jeweiligen Anwendungsphase zu wählen, wobei in der 2. und 3. Anwendungsphase Wert auf eine individuelle Dosierung gelegt werden sollte. Die angewandten Dosierungen zwischen 5 und 20 mg/die [pro Tag] zeigten keinerlei Nebenwirkungen. Exaktere Aussagen zur Dosierung in Abhängigkeit von der Belastung erwarten wir von den noch laufenden Trainingsexperimenten.

4. Für langfristig erfolgreich eingesetzte Sportler des Verbandes ist zu empfehlen, den 1. Zyklus der Unterstützung wegzulassen und sich auf 2 Phasen zu orientieren, die der Vorbereitung auf den Höhepunkt dienen, da ihr Fähigkeitsniveau weit besser ausgebildet ist und eine weitere Leistungsentwicklung im wesentlichen durch die Schwerpunktsetzung in anderen Bereichen erfolgen müßte.

5. Die erreichten Leistungsverbesserungen in den Jahren 1978–80 in wesentlichen Fähigkeitsbereichen sind bei annähernd gleichen Dosierungen erreicht worden. Eine mit jedem Jahr zunehmende Dosiserhöhung scheint deshalb nicht erforderlich zu sein; vielmehr ist der belastungsinduzierte Einsatz und die Orientierung auf einen stärkeren Grad der Individualisierung von Bedeutung. Ausschlaggebend für die Leistungsentwicklung bleibt die Steigerung der Belastung in Umfang und Intensität, die nicht von einer pauschalen Dosiserhöhung der AS begleitet werden muß.

## Textdokument 3G

Kurze Auszüge aus «Wirkungsvergleich verschiedener anaboler Steroide im Tiermodell und auf ausgewählte Funktionssysteme von Leistungssportlern und Nachweis der Praxisrelevanz der theoretischen und experimentellen Folgerungen» (Rademacher 1989)

**Aus dem Abschnitt ‹Methodik›**

Die experimentellen Untersuchungen zur vorliegenden Arbeit erstreckten sich über den Zeitraum von 1980–1986. Sie bestehen aus 2 Experimenten mit männlichen Wistarratten, 2 Experimenten mit Sportstudenten sowie 6 Komplexexperimenten mit Leistungssportlern in 2 Ausdauersportarten und einer technisch-kompositorischen Sportart (Gerätturnen). ...

Die Gesamtprobandenzahl von n = 221 setzt sich aus 14 Sportstudenten sowie 207 Sportlern (Kanu-Rennsport n = 36, Sportschwimmen n = 117, Geräteturnen n = 54) zusammen. ...

Das schriftliche Einverständnis zur Beteiligung lag vor bzw. wurde zu speziellen Untersuchungen (Muskelbiopsie – in den Experimenten Kreischa 1 und 2 sowie Kanu-Rennsport 1–3) bei bestehender Minderjährigkeit seitens der Eltern eingeholt.[1]

OT und Dianabol[2] stellen zwei im klinischen Einsatz gebräuchliche Medikamente dar. Die STS 646 und die Substanz 12 sind im ZIMET synthetisierte und vom VEB Jenapharm hergestellte anabol wirkende Steroide, die sich gegenwärtig in der Erprobung befinden.

**Aus ‹Aufbau der Experimente›**

...

3. Erfassung des Einflusses der OT-Medikation auf die Fähigkeits- und Leistungsentwicklung

n = 13, männlich, Alter 15–18 Jahre, Körpergröße 164–190 cm, Körpermasse 53,5–77,2 kg, Anschlußtraining

...

| | | |
|---|---|---|
| OT-Medikation | 1. Mikrozyklus: | 15 mg, 15 mg, 10 mg |
| | 2. Mikrozyklus: | 15 mg, 10 mg, 5 mg |
| | 3.–6. Mikrozyklus: | täglich 10 mg (Reduzierung auf 10 mg erfolgte aufgrund von Muskelverspannungen). |

1 Unsinn: Wie sollte ein 16jähriger Abhängiger Wirkungen und Nebenwirkungen abwägen und sich frei entscheiden können? Bei meiner Verwandten, einer Kanutin, die als 16jährige *ohne* Aufklärung mit OT gedopt wurde, kann jedenfalls von einer Erlaubnis der Eltern keine Rede sein: Die Mutter hat erst nach der «Wende» davon erfahren. Außerdem waren solche Versuche an Minderjährigen selbst bei Zustimmung der Eltern gesetzwidrig (S. 24 u. 25).

2 Dianabol war aber bereits 1982 von der Herstellerfirma (Ciba-Geigy) wieder vom Markt genommen worden.

... Zielstellung, sportmedizinisch-biowissenschaftliche und trainingsmethodische Aufgaben sowie untersuchungsmethodisches Vorgehen in den Experimenten Schmetterling 1–3 [Schmetterling 2, 3]

1. Erprobung eines Höhen- und Belastungsregimes unter den Bedingungen der Sporthalle Kienbaum (künstliche Höhe) zur schnelleren Akklimatisierung an den nachfolgenden Aufenthalt in natürlicher Höhe
2. Erfassung der Anpassungsvorgänge in der Belastungsverarbeitung und in der hormonellen Regulation im Einzelexperiment sowie im Jahresverlauf
3. Erfassung des Einflusses der Applikation von OT und STS 646 auf die unter 2. genannten Vorgänge

| | |
|---|---|
| n = 10, männlich, Alter 17–20 Jahre..., | n = 10, männlich, Alter 18–20 Jahre... |
| Kienbaum: 10 mg OT/Tag | Kienbaum: 10 mg OT/Tag |
| natürliche 5 mg OT und | natürliche 5 mg OT und |
| Höhe: 10 mg STS 646/Tag | Höhe: 15 mg STS 646/Tag |

... Zielstellung, sportmedizinisch-biowissenschaftliche und trainingsmethodische Aufgabe sowie untersuchungsmethodisches Vorgehen in den Experimenten Kanu-Rennsport 1–3 [Kanu-Rennsport 3]

Zielstellung: 1. Untersuchung der Wirkung von OT und STS 646 auf die Leistungsentwicklung, leistungsbestimmende Fähigkeiten und biologische Funktionssysteme des menschlichen Organismus am Beispiel der Ausdauersportart Kanu-Rennsport.

2. Ermittlung von biologischen und trainingsmethodischen Parametern, die unter den Bedingungen des täglichen Trainingsprozesses den Einfluß von anabolen Steroiden auf die Leistungsentwicklung zu diagnostizieren gestatten.

Aufgaben: 1. Prüfung, ob OT und STS 646 die gleichen oder verschiedene Regulationsvorgänge im menschlichen Organismus unter trainingsanalogen Belastungsbedingungen... beeinflussen

n = 14, männlich, Alter 16–18 Jahre, Körpermasse 65–85 kg, Anschlußtraining, Kajak und Canadier, SC DHfK

...

| | |
|---|---|
| Medikation: | n = 7, 20 mg OT pro Trainingstag |
| | n = 7, 20 mg STS 646 pro Trainingstag |
| 1. Muskelbiopsie: | ... |

**Aus dem Abschnitt Zusammenfassung und Schlußfolgerungen**

In den letzten 20 Jahren sind weltweit im Leistungssport anabole Steroide mit dem Ziel der Leistungsbeeinflussung eingesetzt worden.

...

Wir stellten uns das Ziel, folgende Probleme experimentell zu überprüfen, theoretisch zu bewerten und für die praktische Erprobung aufzubereiten:

- Erfassung des differenzierten Wirkprofils von Oral-Turinabol (OT) und STS 646 auf ausgewählte Funktionssysteme von Leistungssportlern.
- Aufbau eines Belastungsmodells an der Ratte zur Erfassung des Wirkprofils von OT, STS 646 und Substanz 12.
- Ermittlung pharmakokinetischer Parameter von OT und Dianabol unter unterschiedlichen physischen Belastungsbedingungen.

- Ableitung von Empfehlungen zum differenzierten Einsatz von OT und STS 646 in den Ausbildungssportarten.

Die Kenntnis der Wirkungsdissoziation von Anabolika auf die einzelnen leistungsbestimmenden Faktoren und damit die Erfassung ihres Wirkprofils ist jedoch für einen effektiven Einsatz von entscheidender Bedeutung, da sich im Jahres- und Mehrjahresverlauf bestimmte Trainingsinhalte ändern. Außerdem existieren zwischen den Ausdauersportarten einerseits und den Maximal- und Schnellkraftsportarten andererseits erhebliche inhaltliche Unterschiede bei den zu absolvierenden Trainingsbelastungen.

Unsere 1. Hypothese..., wonach jedes anabole Steroid... unterschiedliche Wirkungen auf die verschiedenen Funktionssysteme des Organismus ausübt und damit ein eigenes therapeutisch nutzbares Wirkprofil besitzt, konnte durch die vorgelegten Ergebnisse erstmalig experimentell bewiesen werden.

Die OT-Applikationen, insbesondere bei Dosierungen von 10 mg und mehr über 3 Wochen und mehr, führen zu einer negativen Rückwirkung auf die Ruhekonzentrationen des Testosterons. Um so höher die Dosierung und je länger der Anwendungszeitraum ist, desto größer ist die Wahrscheinlichkeit, daß dieser Konzentrationsabfall bis an bzw. sogar unter die Normgrenze eintritt.

In unseren Untersuchungen führten dagegen weder eine Applikation von 10 mg pro Tag noch eine von 20 mg STS 646 pro Tag über jeweils 6 Wochen zu einer Erniedrigung der Ruhekonzentrationen des Testosterons im Anwendungszeitraum.

Gemessen an den Ruhekonzentrationen bzw. dem Gesamtproteingehalt im Muskel erweist sich die OT- der STS 646-Medikation in der allgemein anabolen Wirkung auf den Proteinstoffwechsel überlegen. Die OT- bzw. die STS 646-Medikation üben in Trainingsphasen mit hohen Krafttrainingsanteilen einen unterstützenden Effekt auf die für die Kraftentwicklung bedeutsamen Enzymgruppen aus. Dabei bestehen zwischen beiden anabolen Steroiden in der Wirkungsrichtung keine, im Ausmaß jedoch quantitative Unterschiede, die zugunsten der OT-Applikation ausfallen.

Ein kraftbetontes Training mit einer OT-Medikation bewirkt höhere Zuwachsraten bei der Entwicklung der Kraft- und Leistungsfähigkeit als das gleiche Training mit einer STS 646-Applikation. Dabei fallen in unseren Untersuchungen die quantitativen Unterschiede bei der Maximalkraft- und Kraftausdauerfähigkeit stärker als bei der komplexen Leistungsfähigkeit aus.

Zusammengefaßt ergab der experimentelle Vergleich zwischen OT- und STS 646-Applikation als neue Erkenntnisse:

- OT ist in der Beeinflussung der Kraftentwicklung, den dafür notwendigen biologischen Voraussetzungen und in der allgemeinen anabolen Wirkung der STS 646 überlegen.
- Im Gegensatz zur Meinung in der Literatur, die generell bei anabolen Steroiden von einem negativen feed-back-Mechanismus auf den endogenen Testosteronstoffwechsel ausgeht, trat diese Nebenwirkung bei STS 646 nicht auf.
- Beide Anabolika bewirken eine stärkere zentralnervale Aktivierung, wobei in dieser Wirkung die STS 646 dem OT überlegen erscheint.

...

Unsere ... Hypothese ..., wonach die Kenntnis des Wirkprofils von anabolen Steroiden einen zielgerichteteren Einsatz bei der Unterstützung von Anpassungsprozessen entsprechend der inhaltlichen Orientierung des Trainings ermöglicht und damit erwünschte Haupt- und Seitenwirkungen effektiver genutzt sowie unerwünschte Seiten- und Nebenwirkungen gemindert bzw. ganz vermieden werden können, bestätigte sich. ...

Bei gleichem OT-Anteil in der kombinierten Anwendung von OT und STS 646 wie bei der alleinigen Anwendung von OT bleibt der dort beobachtete Abfall der Ruhekonzentration des Testosterons aus bzw. tritt nur stark vermindert in Erscheinung.

...

Bei der kombinierten Anwendung von OT und STS 646 tritt trotz 50%iger Reduzierung der OT-Gabe pro Tag gegenüber der unmittelbar vorangegangenen alleinigen OT-Applikation keine Verminderung der proteinanabolen Wirkung ... ein, obwohl diesbezüglich die OT- der STS 646-Medikation überlegen ist.

Die kombinierte Anwendung von OT und STS 646 mit wechselnden Anteilen an der Tagesdosis führte insbesondere in den Phasen des speziellen Trainings zu einer Vermeidung bzw. deutlichen Verminderung muskelkoordinativer Störungen, wie sie bei der früher alleinigen OT-Gabe auftraten und dadurch die qualitative Realisierung des Trainings behinderten.

Der anhand der ermittelten Wirkprofile von OT und STS 646 für die Ausdauersportarten abgeleitete differenzierte Einsatz ... hat in Vorbereitung auf die Olympischen Spiele 1988 seinen erfolgreichen praktischen Nachweis erbracht.[1] ...

Anabole Steroide können nur die Adaptationsprozesse in den verschiedenen Funktionssystemen beeinflussen (in der Regel unterstützen), die durch das Training induziert worden sind. In unseren Untersuchungen kommt das u. a. in der Beschleunigung der Nivellierung des Tagesganges von Hormonen, in der Verstärkung von Aktivitätsänderungen der Enzyme ... bei einem kraftbetonten Training und in größeren Zuwachsraten der Kraftfähigkeiten (Krafttraining) bzw. der aeroben Leistungsfähigkeit (Ausdauertraining) zum Ausdruck. Im Gegensatz zu Meinungen in der Literatur (Mader 1977; Hollmann 1980) leiten wir hiervon unsere Position ab, daß unter Berücksichtigung des Wirkprofils und der Einsatzindikation die Anwendung der anabolen Steroide zur Unterstützung der Fähigkeitsentwicklung bzw. zur Verbesserung der Belastungsverarbeitung nicht auf die Maximal- und Schnellkraftsportarten beschränkt, sondern auch in anderen Sportartengruppen gerechtfertigt ist.

Eine dem Leistungsniveau nicht optimal angepaßte Planung und Realisierung von Trainingskennziffern und/oder eine für die Erstanwendung zu hohe Dosierung (aus heutiger Sicht gesehen) von 20 mg OT bzw. STS 646 pro Tag

1 Unterstreichung durch die Verfasserin.

über 6 Wochen kann in einzelnen Funktionssystemen zu Störungen statt zu gewollten Anpassungsprozessen führen...

Zusammenfassend ergeben sich für den Einsatz von OT und STS 646 in den Ausdauersportarten folgende Empfehlungen:

1. Es leiten sich zwei im Prinzip unterschiedliche Einsatzindikationen ab.
   - Einsatz zur direkten Beeinflussung der Entwicklung von konditionellen Fähigkeiten;
   - Einsatz zur indirekten Beeinflussung der Entwicklung von konditionellen Fähigkeiten über die Verbesserung der Belastungsverarbeitung bzw. des Wiederherstellungsprozesses.

   Den entscheidenden Unterschied im Vorgehen stellt die deutlich niedrigere tägliche Dosierung im letzteren Fall dar.
2. In den Phasen einer betonten Kraftentwicklung bzw. der Herausbildung der aeroben Grundlagen ist vorrangig die alleinige OT-Applikation in Dosierungen von 5–15 mg pro Tag (Männer) bzw. 3–10 mg pro Tag (Frauen) anzuwenden.
3. In den Phasen des spezifischen Trainings bzw. in der unmittelbaren Wettkampfvorbereitung soll die Kombination von OT und STS 646 bei einer Gesamttagesdosierung von maximal 20 mg (Männer) bzw. 15 mg (Frauen) erfolgen. Dabei überwiegt zunächst der OT-Anteil. In Annäherung an den Wettkampfhöhepunkt verschiebt sich der Anteil in Richtung STS 646.
4. Dosierungen von mehr als 10 mg OT pro Tag und über einen Zeitraum von länger als 3 Wochen sind zu vermeiden bzw. durch applikationsfreie Intervalle zu unterbrechen.
5. Die Medikation sollte vormittags erfolgen, da aufgrund des zeitlichen Konzentrationsverlaufes im Blut eine ausreichende Wirkstoffkonzentration sowohl zum Zeitpunkt der zu absolvierenden Trainingsbelastungen (tagsüber) als auch in der Wiederherstellungsphase (nachts) vorhanden ist.

## Textdokument 4 A

### Auszüge aus Anlage 3 von «Relevanz und Entwicklung ausgewählter Kraftparameter bei Kugelstoßern der nationalen Klasse» (Wolf 1989)

In der Praxis der Anabolika-Applikation gibt es wohl heutzutage nur noch wenige Sportarten, wo neben anderen motorischen Eigenschaften die Kraft entscheidend ist, in welcher kein Anabolikaabusus herrscht. Zu den Sportarten, welche größtenteils betroffen sind, gehören mit Sicherheit das Bodybuilding und die Leichtathletik (in besonderem Maße die Wurfdisziplinen).

Tagesdosierungen im Bodybuildingbereich (bei Bodybuildern der Spitzenklasse) liegen bei etwa 500–1000 mg; Spitzen um die 1500 mg (1,5 g) Tagesdosis sind gegenwärtig keine Seltenheit mehr. Größerer Beliebtheit erfreuen sich in zunehmendem Maße auch die sogenannten «Cocktails», Mixturen aus verschiedenen Präparaten in verschiedener Dosierung, in welchen nicht nur reine

Anabolika, sondern auch Antiphlogistika (Entzündungshemmer) und Präparate mit Depotwirkung Anwendung finden.

Häufig verwendete Präparate sind Stromba (oral), Strombajekt (i. m.), Nerobol (Dianabol, oral), Primobol (i. m.), Megagrisevit (oral) usw. ... Die Praxis in der Leichtathletik zeigt einen nicht so hohen Konsum (Dosierungen) wie z. B. im Bodybuilding. Dosierungen, hier auf den Wurfbereich bezogen, liegen etwa zwischen 10–70 mg höchster Tagesdosis, Spitzen darüber, etwa bis 100 mg und darüber, dürften Seltenheitswert besitzen. Konkret lagen die Dosierungen bei Claus-Dieter Föhrenbach bei einer Tageshöchstdosis von 25 mg (Stromba, oral), durchschnittliche Dosierung (Durchschnitt aller Tage, an welchen Anabolika eingenommen wurden) bei etwa 15–16 mg. Bei Kalman Konya lag die Tageshöchstdosis bei etwa 25–30 mg (Stromba, oral, und andere Präparate), die durchschnittliche Dosierung bei etwa 15–18 mg. Werner Günthör wies 1988 eine durchschnittliche Dosierung von etwa 12–15 mg auf und dürfte damit eine Tageshöchstdosierung von etwa 20–25 mg aufweisen.

Der Zeitraum der Applikation liegt 2–3 × jährlich bei etwa 6–10 Wochen, wobei etwa zwischen 500–700 mg Anabolika pro «Kur» verbraucht werden, also etwa jährlich zwischen 1500 mg (1,5 g) und 2100 mg (2,1 g).

Zeiträume, in welchen die Einnahme erfolgt, sind täglich, wöchentlich oder in Intervallen (z. B. Montag, Mittwoch, Freitag) zumeist an solchen Tagen, an welchen ein Krafttraining durchgeführt wird. Die Praxis zeigt hier eine große individuelle Streubreite in der Methodik der Einnahme, da ein Anabolikum individuell wirkt.

...

Um die Problematik auf die vorangegangene Studie zu übertragen, so kann zweifellos der praktizierte Trainingsplan beider Athleten als Maßstab angesehen werden. Für den Kenner der Trainingslehre dürfte es außer Zweifel stehen, daß ein solches Pensum an Trainingsumfang und -intensität im Wurfbereich über Monate bzw. Jahre hinweg von keinem Athleten ohne Einnahme bzw. Zuhilfenahme von leistungssteigernden Mitteln im Trainingsprozeß durchgestanden werden kann, ohne physisch zu zerbrechen. Ein weiteres Indiz der Einnahme von leistungssteigernden Mitteln sind die für gut trainierte Athleten «utopisch» anmutenden Kraftwerte (Parameter), speziell im Bankdrücken und in der Kniebeuge, wo die obere Grenze, speziell bei diesen Übungen, für die «medikamentös unbelastete Physis» im Bankdrücken bei etwa 160–180 kg und in der Kniebeuge bei etwa 190–220 kg liegt. Ausnahmen bestätigen auch hier die Regel.

Mit Sicherheit dürfte zu sagen sein, daß der Trainingsprozeß an Umfang und Intensität bei keiner Einnahme von Dopingmittel um die Hälfte des bisherigen Standes gekürzt werden müßte, die Kraftwerte rapide absinken würden und bei derzeitigem Stand des technischen Könnens beider Athleten die Kugelstoßleistungen sich in einem Bereich von 16–17,5 Meter bewegen würden.

Um Bezug zur Morphose der Athleten zu nehmen, so sind aus den Parameterkurven, speziell aus den Übungen Bankdrücken und Kniebeuge, Entwicklungen der Maximalkraft innerhalb eines Zeitraumes von 1–2 Monaten von 20–30 kg zu ersehen, was ohne medikamentösen Einsatz nicht möglich wäre.

Die vielleicht auffälligste Entwicklung ist bei Kalman Konya zu beobachten, welcher seine Kugelstoßbestleistung (6.1.) im Jahre 1983 von 14,80 Meter auf 17,84 Meter im Jahre 1985 verbesserte. ... Mit der Einführung von regelmäßigen, unangekündigten Dopingkontrollen für Kaderathleten dürfte der Dopingentwicklung ein wenig Einhalt gegeben sein, jedoch besteht nach wie vor für besser und hoch bezahlte Athleten (DLV-Höchstförderstufe, z. B. Diskus-Kader) die Möglichkeit, ihre Trainingsaktivitäten in das Ausland zu verlegen und somit einer wirksamen Kontrolle zu entgehen.

Mit Deutlichkeit kam in der Studie zum Ausdruck, daß übermäßig hohe Kraftwerte, wie sie beispielsweise im Bankdrücken erzielt wurden, aufgrund von Steroideinnahme schlecht adaptiert und koordiniert sind und daher keine willkürliche Verfügbarkeit über die angelegte Masse (gezielter Krafteinsatz) besteht.

## Textdokument 4B

### Zum Anabolikadoping von Birgit Dressel

**Auszüge aus dem rechtsmedizinischen Gutachten vom 23.7.1987, erstellt im Auftrag der Staatsanwaltschaft Mainz von Prof. Dr. med. R. Mattern (Institut für Rechtsmedizin, Universität Mainz) und Prof. Dr. med. H.-J. Wagner (Institut für Rechtsmedizin, Universität des Saarlandes Homburg/Saar) im Ermittlungsverfahren gegen Unbekannt wegen Verdachts der fahrlässigen Tötung der Birgit Dressel (1 Ujs 1656/87 StA Mainz)**

Seite 15
Auf Frage eines Arztes der Universitäts-Klinik Mainz während der hier erfolgenden Behandlung von Frau Dressel kurz nach 18.00 Uhr des 10.04.1987 (AS 151) war ...[1] nach Hause gefahren, um eine Liste über die von Frau Dressel eingenommenen Präparate aufzustellen. Ein handschriftlicher Zettel über diese Zusammenstellung findet sich in den Krankenakten der Intensivstation der II. Medizinischen Klinik der Universität Mainz (Bl. 32):
Megagrisevit (= 15 mg Clostebol-Acetat) ...

Seite 16
In seiner Vernehmung vom 14.05.1987 (AS 146 ff) berichtet ... auf Frage (AS 153), Frau Dressel habe erstmals im März 1987 während eines Trainingslagers in Portugal (08.–28.03.1987, also 2–3 Wochen vor ihrem Tod) das Anabolikum Megagrisevit eingenommen. Sie habe dieses Präparat von anderen Sportlern bekommen, es sei ihr kurz vor dem Trainingslager ohne Absenderangabe zugesandt worden. Sie habe etwa 15 Tabletten [pro Tablette: 15 mg] davon ein-

1 Unterstreichungen durch die Verfasserin.

genommen, das Mittel aber nach 2 Wochen abgesetzt, da sie Pickel im Schulterbereich bekommen habe.

Zuvor, etwa seit Beginn 1986, habe sie das Präparat «Stromba» eingenommen, in mehrwöchigen Intervallen mit Unterbrechung während Wettkampfphasen, anfangs 2 Tabletten [pro Tablette: 5 mg] pro Woche, später 6 Tabletten pro Woche, die Höchstdosis. Diese Substanz sei von... verordnet worden (AS 154). Offen bleibt, ob und wann dieses Anabolikum wieder abgesetzt wurde. ...

Seite 60
Zur Verordnung von Anabolika: [Prof. A. Klümper]
... gibt auf Blatt 193 der Akten an, daß sich aus seinen Krankenunterlagen kein Hinweis dafür ergibt, wonach die Birgit Dressel im Rahmen seiner Behandlung Anabolika erhielt, wenngleich Frau Dressel 1985 «eigentlich planmäßig hätte Anabolika bekommen müssen» (AS 194), «dies gelte im weiteren Sinne» auch für 1986 (AS 195).

Der... gibt demgegenüber auf Blatt 153 an, daß die Birgit Dressel «seit etwa Beginn 1986» das Präparat Stromba unter Ausklammerung der Wettkampfzeiten (Doping-Kontrolle) zuletzt mit der Höchstdosis von 6 Tabletten pro Woche eingenommen habe. Dieses Präparat sei... auf einem Rezeptformular ohne Patientennamen verschrieben worden. Im März 1987 sei ein weiteres derartiges Präparat ausprobiert worden (Megagrisevit?). Davon habe Frau Dressel 15 Tabletten genommen. Das Präparat sei jedoch wegen Hautreaktionen (Pickel im Schulterbereich) abgesetzt worden.

Seite 61
Bei den vorgenannten Präparaten handelt es sich um Stoffe mit vorwiegend anaboler und geringer androgener Wirkung. Anabolika werden wegen der vermehrten Stickstoffretention therapeutisch bei konsumierenden Krankheitsprozessen (u. a. nach schweren Operationen, nach Strahlen- und Zytostatika-Behandlung, bei Tumorleiden) eingesetzt, wobei sie insbesondere bei Frauen mit großer Zurückhaltung verordnet werden sollten (vergl. Dukes u. Kimbel, I. c. S. 473). Von Sportlern werden sie zur Steigerung der körperlichen Leistung eingenommen...

Seit Jahren gehören Anabolika aufgrund der im Sport geltenden Doping-Regeln zu den verbotenen Medikamenten. Neben den seit Jahren diskutierten Möglichkeiten der Zunahme der Muskelkraft durch Anabolika sind aber ernsthafte Nebenwirkungen gefürchtet, so daß ihre Einnahme nur aus streng medizinisch begründeter Veranlassung gerechtfertigt ist. Neben einer Beeinflussung der Sexual-Sphäre steigt bei Langzeitbehandlung das Risiko von Schädigungen an Nebennieren und Leber sowie das Verletzungsrisiko für die Muskulatur an (vergl. L. Peterson u. P. Renström: Verletzungen im Sport, Dtsch. Ärzte-Verlag, Köln 1987, u. a. S. 135).

Faßt man die aus den Akten gewonnenen Erkenntnisse zusammen, so ist davon auszugehen, daß bei der Birgit Dressel keine Indikation zur Anwendung von Anabolika vorlag, diese aber dennoch über einen längeren Zeitraum (seit Anfang 1986) genommen wurden. Inwieweit es bei der Birgit Dressel dadurch mitbedingt zu einer erhöhten Verletzungsanfälligkeit der Muskulatur kam, bleibt offen, ist aber nicht beweisbar.

Seite 94
Welche Bedeutung haben die von... verabreichten Mittel für den Ablauf des Geschehens (z. B. Zelltherapie usw.)?

Antwort:

Es besteht der Verdacht, daß das zum Tod führende komplexe toxisch-allergische Geschehen durch die polypragmatische Behandlung von... gefördert wurde (Sensibilisierung durch Trockenzellpräparate, Schwächung der Immunabwehr durch Anabolika, Organschäden nach jahrelanger Therapie mit vielfältigsten Medikamenten unterschiedlicher Nebenwirkungsspektren). Ein Kausalzusammenhang zwischen dieser Behandlung und dem Todeseintritt ist allerdings nicht beweisbar.

Seite 97
Entsprach die Behandlung durch... (Medikationen, Zelltherapie, Anabolika usw.) ärztlich verantwortbarem Verhalten oder war es aus ärztlicher Sicht pflichtwidrig und setzte Ursachen zum Tode von Birgit Dressel? War es bei der Behandlung von Birgit Dressel für... vorhersehbar, daß sein Tun für den späteren konkreten Geschehensablauf ursächlich oder mitursächlich sein werde bzw. werden konnte?

Antwort:

Die von... ausweislich seiner Unterlagen hier angewandten Behandlungsmaßnahmen müssen aus pharmakologisch-toxikologischer Sicht als nicht überschaubar bezeichnet werden. Nach Auffassung des Wissenschaftlichen Beirats der Bundesärztekammer «ist es nicht gerechtfertigt, die Zelltherapie als wissenschaftlich begründetes Heilverfahren anzuerkennen», dazu gehört auch die zytoplasmatische Therapie. ...hat diese teilweise entgegen den Empfehlungen der Hersteller-Firma angewandt, ohne daß aufgrund aller durchgeführten Untersuchungen ein gesicherter Kausalzusammenhang zwischen dieser Behandlung und dem zum Tode führenden Schockgeschehen bei der Birgit Dressel feststellbar ist.

Bezüglich der Verordnung von Anabolika hätte dann eine Pflichtwidrigkeit vorgelegen, wenn von den Aussagen des... ausgegangen wird. Es ist ärztlicherseits nicht beweisbar, daß das «Tun von... für den späteren Geschehensablauf ursächlich oder mitursächlich» war.

**Textdokument 4C**

**Auszüge aus Dokumenten des fünfmaligen Deutschen Meisters im Diskuswerfen und Sechsten der Olympischen Spiele 1984 in Los Angeles (Bestleistung 67,80 m), Alwin J. Wagner (Melsungen), von Beruf Polizeihauptkommissar, zum Anabolikadoping der Leichtathleten des DLV, der dazugehörigen Drogenbeschaffungen und der Rolle des Bundestrainers Karlheinz Steinmetz.**

**1. Aus der Erklärung an Eides Statt gegenüber der Staatsanwaltschaft Darmstadt (19.12.1990).**

1. Der Bundestrainer am Deutschen Leichtathletik-Verband (DLV), Herr Karlheinz Steinmetz, hat von meinen jahrelangen Anabolika-Doping-Einnahmen gewußt, mir dazu geraten, mir nie davon abgeraten und mir und anderen bei zwei Gelegenheiten persönlich Testosteron-Zäpfchen zu Dopingzwecken übergeben.
2. Ich habe Doping-Mittel (Anabolika) von Herrn Prof. Dr. Armin Klümper (Freiburg) und einem seiner Ärzte rezeptiert bekommen.
3. Bei einem Leichtathletik-Länderkampf in Turin im Jahr 1983 haben Funktionäre und Trainer des Deutschen Leichtathletik-Verbandes mir und anderen Wettkämpfern geraten, Wettkampfergebnisse so zu manipulieren, daß wir einer Entdeckung unseres Anabolika-Dopings durch damals unverhofft angesetzte Doping-Kontrollen entgehen konnten.
4. Bei einer Doping-Kontrolle nach einem Wettkampf ist statt meines höchstvermutlich Anabolika-positiven Urins Anabolika-freier Fremdurin abgegeben worden, der von Bundestrainer Steinmetz stammte...

**2. Zitat-Auszüge aus einem Brief Wagners an den DLV-Rechtswart, Norbert Laurens, vom 14.2.1991**

Seit Karlheinz Steinmetz der für mich verantwortliche DLV-Bundestrainer war, verschrieb mir Prof. Dr. Armin Klümper (Freiburg) Anabolika.

Steinmetz, der bei den meisten Arztbesuchen in Freiburg anwesend war, wußte von meinen jahrelangen Anabolika-Einnahmen.

Bei seinem Amtsantritt hat er mir selbst dazu geraten, Anabolika zu nehmen. Später hat er mir nie davon abgeraten; er hat mir auch DIANABOL und bei zwei anderen Gelegenheiten persönlich Testosteron-Zäpfchen zu Dopingzwekken überreicht. Leider habe ich für diese Aussage keine Zeugen. Hätte ich mir damals diese «Aktionen» schriftlich bestätigen lassen, so wäre ich bereits 1977/1978 in «Ungnade» gefallen und nicht erst nach 1986...

Am 13.1.1981 schrieb Prof. Dr. Armin Klümper einen vertraulichen Brief an Steinmetz [dieser Brief Klümpers ist von Steinmetz (!) an die Presse weitergegeben worden]. Ganz abgesehen davon, daß Klümper durch seine Äußerungen in diesem Brief eklatant gegen seine Schweigepflicht verstößt (§ 203 STGB: wer unbefugt ein zum persönlichen Lebensbereich gehörendes Geheimnis offenbart, das ihm als Arzt anvertraut worden ist...), wird in diesem Brief aufgeführt, daß ich unzuverlässig sei.[1] Prof. Klümper hat sicher gehört, daß ich wenige Wochen zuvor einen Brief an den NOK-Vorsitzenden Willi Daume schrieb, in dem ich ihm das Doping-Problem der DLV-Werfer und Trainer schilderte. Auch Gespräche mit DLV-Athleten, die ebenfalls Doping-Präparate einnahmen und bei Prof. Klümper in Behandlung waren, sind ihm bestimmt zu Ohren gekommen. Da mir damals ein deutscher Kugelstoßer sagte, eine zu hohe Dosierung von Anabolika-Tabletten könnte zu Schäden führen..., fragte ich Prof. Klümper nach Anabolika-Injektionen. Klümper sagte mir, er hielte nichts davon, denn es könnten sich kleine Teilchen im Fettgewebe abkapseln und dann wäre der Anabolika-Konsum noch nach Monaten nachweisbar. Prof. Klümper, der mit mir offen über Anabolika gesprochen und auch immer rezeptiert hatte, zeigte sich an diesem Tag etwas «reserviert». In meinen Unterlagen fand ich Rezepte, die von Prof. Klümper ausgestellt wurden und auf denen mir Anabolika rezeptiert wurden (siehe Anlage 1):

| | | |
|---|---|---|
| 23.01.1978 | Megagrisevit | 2 OP à 60 Drag. |
| 25.01.1978 | Fortabol | 2 OP à 50 Tabl. |

Seit meinem Besuch in Freiburg (22.12.80) stellte mir Prof. Klümper nur noch Anabolika-Rezepte mit seiner Unterschrift, jedoch ohne meinen Namen und Adresse aus (siehe Anlage 2 – ein Schreiben meiner Polizeiärztin an Prof. Klümper)[2]. Zu Beginn der 80er Jahre «blickte ich noch nicht durch». Heute

1 In dem Brief [liegt mir in Kopie vor] des Arztes an den Trainer (!), in dem u. a. medizinische Details des Patienten Wagner an den (unbefugten) DLV-Trainer weitergeleitet werden, auch Beschwerden, die nichts mit dem Sport zu tun haben (!), heißt es u. a.: «Natürlich hat mich Alwin Wagner erneut zur Frage der Anabolikatherapie angesprochen, insbesondere zur Frage der intramuskulären Injektionen. Ich habe ihn vor intramuskulären Injektionen gewarnt; rezeptiert haben wir... Megagrisevit mit der Bitte, uns seine täglichen Gewichtsergebnisse formlos mitzuteilen. Bei der Unzuverlässigkeit von Alwin möchte ich ganz dringend davor warnen, zu intramuskulären Injektionen zu raten oder in irgendeiner Form davon Kenntnis zu nehmen. Ich persönlich habe mit Prof. Keul darüber beraten*, daß man sogar bei Alwin Wagner möglicherweise vor entsprechenden internationalen Einsätzen eine Kontrolluntersuchung durchführt unter dem Vorwand, die Knochentumoren am Schädel kontrollieren zu müssen; in Wirklichkeit ihn jedoch dahingehend zu überprüfen, ob Anabolika bei ihm nachzuweisen sind. Ich bin sicher, daß Sie diesen Brief vertraulich behandeln und ihn richtig verstehen.»

* Laut Angabe von Prof. Keul ist diese Behauptung Klümpers falsch.

2 In dem Brief an Prof. Klümper heißt es: «Betr.: Rezeptur für Herrn Alwin Wagner – Bezug: Ihr Schreiben vom 24.06.1983 – 12b – 0201 ÄD/ÄD 3- – Sehr geehrter Herr Kollege, mir wurden zwei Rezepte mit Ihrer Unterschrift vorgelegt, jedoch ohne Namen oder Adresse des Patienten. Sie werden mir zustimmen, daß ich solche Rezepte nicht fachtechnisch richtig unterzeichnen kann. Die aufgeführten Medikamente hatten, soweit ich mich erinnern kann, zur Indikation: Avitaminose, Osteoporose, Impotenz..., was bei Herrn W. nicht zutrifft.»

nehme ich an, daß Klümper bereits damals befürchtete, daß ich mit meiner Kenntnis über die Doping-Praktiken der Werfer und einiger Ärzte an die Öffentlichkeit treten könnte.

So warnte Prof. Klümper DLV-Trainer Steinmetz ausdrücklich davor, mir zu intramuskulären Injektionen von Anabolika zu raten oder überhaupt davon Kenntnis zu nehmen. Prof. Klümper schließt seinen Brief mit den Worten: «Ich bin sicher, daß Sie diesen Brief vertraulich behandeln und ihn richtig verstehen.»

Steinmetz verstand diesen Brief «richtig» und hielt sich fast vier Jahre zurück.

Erst im Jahre 1984, wenige Wochen vor den Olympischen Spielen in Los Angeles, war Steinmetz wieder mit dabei, als mir Dr. Hubmann (Freiburg) das Anabolikum «Stromba» rezeptierte. Im Trainingslager in den USA gab er mir Testosteron-Zäpfchen, die die Leistung im 65–67-m-Bereich stabilisieren sollten.

Zur Vorbereitung für das Europa-Cup-Finale in Zagreb 1981 fuhren Steinmetz und die Diskuswerfer Werner Hartmann, Jürgen Riese und ich nach Italien in ein Trainingslager. Da mein Neffe, Reiner Günzl, als württembergischer B-Jugendmeister auch gute Ansätze im Diskuswerfen zeigte, lud ich ihn nach Italien ein, um ihm zu zeigen, wie Deutschlands beste Diskuswerfer täglich trainieren. Günzl wußte nichts von den Doping-Praktiken der Werfer, doch bereits nach wenigen Trainingseinheiten zeigte er sich ganz enttäuscht. Er hatte offensichtlich mitbekommen, daß sowohl Italiener als auch wir Tabletten zur Leistungssteigerung einnahmen.

In seiner Eidesstattlichen Erklärung vom 12.1.1991 versichert Günzl, daß Steinmetz manchmal fragte: «Habt ihr eure Pillen schon eingenommen» oder «vergeßt eure Pillen nicht».

Günzl, der heute Diplom-Sport studiert, kann sich auch noch gut daran erinnern, daß Werner Hartmann eines Abends zu ihm sagte: «Ohne Anabolika kannst du deine Leistungen im Diskuswerfen vergessen»... (Siehe Anlage 3).

Für Reiner Günzl war dieses Trainingslager ein einschneidendes Erlebnis, denn er erzählte diese Vorfälle zu Hause seiner Mutter und wollte von da ab keinen Diskus mehr werfen.

Im Sommer (Juni) 1978 fand in Dortmund der Leichtathletik-Länderkampf Bundesrepublik Deutschland gegen die Sowjetunion statt. Nur ein paar Wochen vorher wurde der deutsche Diskusrekordhalter Hein Direck Neu... in Hannover des Dopings überführt. Dennoch wurde er von Steinmetz für diesen Länderkampf aufgestellt. Im Diskuswerfen siegte ich vor dem Russen Wichor, und beide mußten zur Doping-Kontrolle. Wichor, der den Aufruf nicht verstanden hatte und vielleicht dachte, wir gingen zur Siegerehrung, begleitete mich bis zum Kontrollraum, aber als er den Arzt im weißen Kittel sah, sagte er sofort «njet», drehte sich um und ging weg.

Steinmetz, der über meinen Doping-Konsum Bescheid wußte, kam sofort zu mir, als ich zur Kontrolle ausgelost wurde. Als ich sagte, ich verschwinde auch, meinte er nur, das können wir uns nicht leisten. So gingen wir zusammen in das Doping-Zimmer. Steinmetz nahm eine von den 15 bis 20 leeren Urinflaschen, ging auf die Toilette und füllte die Flasche. Er gab mir anschließend seine halbvolle Urinflasche, und so ist statt meines höchstvermutlich Anabolika-positiven Urins Anabolika-freier Fremdurin abgegeben worden, der vom DLV-Trainer Steinmetz stammte.

Nachdem diese Aktion klappte, haben wir – Steinmetz, Neu und ich – fürchterlich darüber gelacht, denn Steinmetz hatte vor Aufregung die Urinflasche ganz gefüllt, sie aber nicht richtig in der Hosentasche seines DLV-Trainingsanzuges verstaut. Auf dem Weg zum Doping-Zimmer muß sie umgekippt sein, denn die Innenseite seiner DLV-Trainingshose verfärbte sich und es sah so aus, als ob er in die Hose «gepinkelt» hatte.

...

# Literatur

## Literaturverzeichnis I: Geheimgehaltene DDR-Literatur auf dem Gebiet der Dopingforschung und der Dopinganwendung

Alphabetisches Verzeichnis der bisher festgestellten Fachliteratur zum Einsatz von Dopingmitteln in der DDR (die meisten davon als «Vertrauliche Verschlußsachen» deklariert)

(Abkürzungen: u. M., «unterstützende Mittel», war in der DDR ein Umschreibungsbegriff für Dopingmittel, in der Regel Anabolika oder Neuropeptide; FKS, Forschungsinstitut für Körperkultur und Sport, Leipzig; ZIMET, Zentralinstitut für Mikrobiologie und Experimentelle Therapie der Akademie der Wissenschaften der DDR, Jena; vgl. Tabelle 4)


Ackermann, W., Heyme, U. (1982) «Zum Einfluß physischer Belastungen auf die Testosteronkonzentration im Plasma. Möglichkeiten zum Nachweis von appliziertem Testosteron», Interne Publikation, FKS, Leipzig, S. 1–27

Bauch, R., Schäker, W. (1975) «Erkenntnisse und Erfahrungen aus dem Einsatz von Hypophysenhinterlappen-Hormonen im Geräteturnen der Männer», Interne Publikation, FKS, Leipzig

Bauch, R., Weber, K., Schäker, W. (1979) «Arbeitsbericht: Erprobung und Anwendung des Präparates B 17 im DKSV der DDR, in den Disziplinen Kajak m./w. und Canadier bei Aktiven des ASK Vorwärts Potsdam», Internes Material, FKS, Leipzig

Bauersfeld, K.-H., Olek, J., Meißner, H., Hannemann, D., Spenke, J. (1973) «Analyse des Einsatzes u. M. in den leichtathletischen Wurf-/Stoßdisziplinen und Versuch trainingsmethodischer Ableitungen und Verallgemeinerungen». Ergebnisbericht, Deutscher Verband für Leichtathletik (DVfL) der DDR, Wissenschaftszentrum des DVfL, S. 1–41

Bernstein, B. (1982) «Radioimmunologischer Nachweis, pharmakokinetisches

Verhalten und biologische Wirkung von Derivaten des 17-Methyltestosterons beim Menschen», Dissertation A, Militärmedizinische Akademie, Bad Saarow, S. 1–208

Bernstein, B., Rademacher, G. (1981) «Der Einfluß von Anabolika auf das natürliche Hormonsystem des Menschen in Abhängigkeit von ihrem pharmakokinetischen Verhalten». Vortrag, Internes Kolloquium am 27.11.1981 in Dresden; außerdem im Ergebniskolloquium «Zusätzliche Leistungsreserven» ed. Schäker, W., Teil II «Überprüfung weiterer u. M. auf ihre Anwendbarkeit in Training und Wettkampf», FKS, Leipzig, S. 90–105

Bernstein, B., Heyme, U., Ackermann, W., Schäker, W. (1978) «Der Serumspiegel des Testosterons/5α-Dihydrotestosterons und des LH unter dem Einfluß von körperlicher Belastung und Anabolika», Internes Material, FKS, Leipzig

Clausnitzer, C., Höppner, M., Häcker, R. (1982) «Zum Verhalten des Testosteron/Epitestosteron-Quotienten bei unterschiedlicher exogener Beeinflussung», Internes Material, FKS, Leipzig, S. 1–9.

Dörner, G. (1976) «Gutachten über die Steroidsubstanzen STS 646, 648 und 482 vom 26.4.1976», Internes Material, FKS, Leipzig

Dörner, G., Götz, F. (1978) «Theoretische Studie zur Entwicklung von anabolen Steroiden mit geringer antigonadotroper bzw. virilisierender Wirkung», Internes Material, FKS, Leipzig

Draffehn, J. (1980) «Quantitative Beziehungen zwischen der anabolen und androgenen Wirkung und physico-chemischen Parametern einiger Steroidhormonanaloga», Internes Material, FKS, Leipzig (vgl. Schäker et al. 1981)

Ferkl, Th. (1986) «Analyse der Wechselbeziehungen von Training, u. M. und Leistungsentwicklung im Mittel- und Langstreckenlauf sowie im Marathon im Olympiazyklus 1980/84», Ergebnisbericht, FKS, Leipzig

Ferkl, Th. (1988a) «Untersuchungen zum Einsatz von M1 und M2 im Mittel- und Langstreckenlauf sowie im Marathon der Leichtathletik» (Zitiert bei Lehnert et al. 1988)

Ferkl, Th. (1988b) «Zu ausgewählten Wechselbeziehungen von Training, Einsatz unterstützender Mittel und effektiver Leistungsentwicklung im leichtathletischen Mittel-, Langstrecken- und Marathonlauf», Dissertation A, FKS, Leipzig, S. 1–172

Gedrat, H.-J. (1981) «Untersuchungen zur wirksameren Einordnung der anabolen Steroide in den Trainingsprozeß von Rennkanuten», Ergebnisbericht. In: Ergebniskolloquium «Zusätzliche Leistungsreserven», ed. Schäker, W., Teil I «Erhöhung der Wirksamkeit bekannter u. M.», FKS, Leipzig, S. 7–19

Gedrat, H.-J., (1982) «Die Erhöhung der Wirksamkeit des Trainingsprozesses durch eine zielgerichtete Einordnung unterstützender Mittel», Dissertation A, FKS, Leipzig, S. 1–116

Gedrat, H.-J., Rademacher, G. (1978) «Einige Ergebnisse aus Analysen des Einsatzes u. M. im Trainingsprozeß in Abhängigkeit von der Belastungsgestaltung», Ergebnisbericht, FKS, Leipzig, S. 1–9

Gedrat, H.-J., Gürtler, H., Häcker, R., Langer, H., Lathan, H.-H., Lehnert, A., Marx, K., Nicklas, D., Rademacher, G., Röhnert, Ch., Sattler, R., Schäker, W. (1982) «Zur Anwendung von unterstützenden Mitteln im Trainingsprozeß sowie bei der Vorbereitung von Wettkämpfen (Materialien für die Weiterbildung von Ärzten und Trainern)», Internes Material, FKS, Leipzig, S. 1–56

Göhler, K.-D., Ascheron, R., Lauterbach, F., König, K., Schäker, W., Giesler, K. (1987) «Die Ergebnisse zur vergleichenden Wirkungsprüfung von U4, U7, M9 unter Bedingungen des zentralen Eröffnungswettkampfes vom 23.4. bis 25.4.87» (Zitiert bei Lehnert et al. 1988)

Gürtler, H. (1978) «Sexualsteroide». In: Feusterl, G., Gerber, G., Gürtler, H., Langer, H., Schäker, W.: «Das System der hormonellen Regulation unter Berücksichtigung sportlicher Belastungen», Sportmed. Dienst, Deutsche Hochschule für Körperkultur und FKS, Leipzig, S. 199–232

Gürtler, H., Brünnler, H., Marx, K. (1981) «Ausdauertraining und Menstruationshormone (Teil I)». Vortrag, Internes Kolloquium 27.11.1981 in Dresden. Außerdem in: Ergebniskolloquium «Zusätzliche Leistungsreserven», ed. Schäker, W., Teil II «Überprüfung weiterer u. M. auf ihre Anwendbarkeit in Training und Wettkampf», FKS, Leipzig, S. 1–3

Häcker, R. (1988) «Ergebnisse und Schlußfolgerungen zum Einsatz von U1 zur Beeinflussung der Testosteronkonzentration im Blut» (Zitiert bei Lehnert et al. 1988)

Häcker, R., Ackermann, W., Rademacher, G. (1981) «Zu einigen Problemen der Wirksamkeit anabol wirkender Substanzen». In: Kolloquium zum Thema «Androgene und synthetische Steroide im Prozeß der sportlichen Leistungsentwicklung, ed. Schäker, W., FKS, Leipzig

Häcker, R., Langer, H., Rademacher, G., Sattler, R., Röhnert, Ch. (1982) «Zur Bedeutung des Testosterons für die Entwicklung der sportlichen Leistung», Internes Kolloquium, Vortrag, ZIMET, Jena (Zitiert bei Rademacher 1989)

Häcker, R. und Mitarbeiter (1986) «Zur Beeinflussung der Testosteronkonzentration im Blut des Menschen durch einmalige Applikation von U2 (Substanz XII)», Internes Material, FKS, Leipzig (Zitiert bei Lehnert et al. 1988)

Häcker, R. und Mitarbeiter (1988) «Ergebnisse und Schlußfolgerungen zum Einsatz von U1 zur Beeinflussung der Testosteronkonzentration im Blut», Internes Material (30/88), FKS, Leipzig (Zitiert bei Lehnert et al. 1988)

Hecht, K., Oehme, P. (1981) «Zur Pharmakologie und klinischen Ergebnissen zur Prüfung von Substanz P.» Vortrag, Internes Kolloquium, Dresden, zitiert bei Schäker, Klingberg und Landgraf (1981)

Heyme, U. (1986) «Zum Einfluß von erschöpfenden Laufbelastungen verschiedener Dauer und Intensitäten auf die Testosteronkonzentration im Plasma und deren Beziehung zum Trainingszustand und zur sportlichen Leistung», Dissertation A, Humboldt-Universität, Berlin, S. 1–137

Hinz, L. (1981a) «Zu ausgewählten Problemen der Erstanwendung anaboler Steroide zur Unterstützung der Trainings- und Leistungsentwicklung in den

Wurf-/Stoßdisziplinen der Leichtathletik». In: Ergebniskolloquium «Zusätzliche Leistungsreserven», ed. Schäker, W., Teil I «Erhöhung der Wirksamkeit bekannter u. M.», FKS, Leipzig, S. 20–35

Hinz, L. (1981 b) «Trainingsmethodische Empfehlungen zum Einsatz anaboler Steroide (a. St.) in der Disziplingruppe Wurf/Stoß». Bericht, Internes Material, FKS, Leipzig

Hinz, L. (1985) «Trainingsmethodische Aspekte der Integration ausgewählter unterstützender Mittel in den Prozeß der Entwicklung von Weltspitzenleistungen in den Wurf-/Stoßdisziplinen der Leichtathletik», Dissertation B, Deutsche Hochschule für Körperkultur (DHfK), Leipzig, S. 1–181

Hinz, L., Höppner, M., Kuppardt, H. (1983) «Zur Überbrückung des freien Intervalls der Vorbereitung auf Wettkampfhöhepunkte in den Wurf-/Stoßdisziplinen der Leichtathletik», Ergebnisbericht, Referat zur Ergebniskonferenz am 7. 12. 1983, Internes Material, FKS, Leipzig, S. 20–35

Hinz, L., Kuppardt, H.-J., Reumuth, V. (1986) «Analyse der Wechselbeziehungen von Training, u. M. und Leistungsentwicklung in den leichtathletischen Wurf-/Stoßdisziplinen im Olympiazyklus 1980/84», Ergebnisbericht, Internes Material, FKS, Leipzig, S. 1–64

Hobe, G. (1988) «Untersuchungen zur Pharmakokinetik und Biotransformation von Oral-Turinabol im Vergleich zur Substanz XII und STS 646 beim Menschen», Abschlußbericht, ZIMET, Jena, S. 1–36

Holzschuh, C. (1989) «Untersuchungen zur Wirkung von Lysin-Vasopressin (LVP) auf operationelle Leistungen in psycho-physiologischen Experimenten mit visuell-kognitiven, konzentrativen und emotionalen Belastungen», Dissertation A, Militärmedizinische Akademie, Bad Saarow, S. 1–174

Höppner, M. (1981) «Zu internationalen Entwicklungstendenzen der Dopingkontrollen im Leistungssport». In: Kolloquium zum Thema «Androgene und synthetische Steroide im Prozeß der sportlichen Leistungsentwicklung», ed. Schäker, W., FKS, Leipzig

Israel, S. (1979) «Unterstützende Maßnahmen im Sport. Erkenntnistheoretische, methodologische, ethische und rechtliche Aspekte aus ärztlicher Sicht», Internes Material, FKS, Leipzig, S. 1–97

Kämpfe, E. (1986) «Untersuchungen zum Wirkprofil der u. M.», Internes Material, FKS, Leipzig (Zitiert bei Lehnert et al. 1988)

Kämpfe, E. (1989) «Untersuchungen zur Wirkungsdifferenzierung von Steroidhormonen am Modell der unbelasteten und belasteten Ratte», Dissertation A, Militärmedizinische Akademie, Bad Saarow, S. 1–129

Kämpfe, U. (1983) «Bericht über den Einfluß von Oral-Turinabol auf einige Parameter des peripheren Blutbildes» (Zitiert bei Lehnert et al. 1988)

Kämpfe, U., Lathan, H.-H., Ascheron, R., Schäker, W., Schober, F. (1987) «Bericht über eine Pilotstudie zur Verträglichkeit von U 5» (Zitiert bei Lehnert et al. 1988)

Kämpfe, U., Schäker, W., Ascheron, R., Lathan, H.-H. (1987) «Ergebnisse einer Pilotstudie über die Wirkungsprüfung psychotroper Pharmaka» (Zitiert bei Lehnert et al. 1988)

Kallenbach, P. (1986) «Differenzierter Einsatz von OT und STS 646 im Ringen», Vortrag, Kolloquium, Internes Material, FKS, Leipzig
Kuppardt, H., Thomas, B., Hinz, L. (1982) «Zu einer individuellen Variante der OT-Unterstützung bei einer Diskuswerferin», Ergebnisbericht, FKS, Leipzig, S. 1–15
Landgraf, R. (1981 a) «Neuropeptide – Kandidaten als endogene und exogene u. M.?». Vortrag, Internes Kolloquium am 27.11.1981 in Dresden. Außerdem in: Ergebnis-Kolloquium «Zusätzliche Leistungsreserven», ed. Schäker, W., Teil II «Überprüfung weiterer u. M. auf ihre Anwendbarkeit in Training und Wettkampf», FKS, Leipzig, S. 1–11
Landgraf, R. (1981 b) «Neuropeptide und Belastung». Vortrag, Internes Kolloquium am 27.11.1981 in Dresden. Außerdem in: Ergebnis-Kolloquium «Zusätzliche Leistungsreserven», ed. Schäker, W., Teil II «Überprüfung weiterer u. M. auf ihre Anwendbarkeit in Training und Wettkampf», FKS, Leipzig, S. 12–15
Landgraf, R., Gedrat, H.-J., Rademacher, G. (1981) «Suche nach einer optimalen Applikationsvariante für synthetische Neuropeptide». Vortrag, Internes Kolloquium vom 27.11.1981 in Dresden. Außerdem in: Ergebniskolloquium «Zusätzliche Leistungsreserven», ed. Schäker, W., Teil II «Überprüfung weiterer u. M. auf ihre Anwendbarkeit in Training und Wettkampf», FKS, Leipzig, S. 16–19
Langer, H., Gürtler, H. (1981 a) «Die Anwendung von Clomiphencitrat zur Verbesserung anaboler Zustandsvoraussetzungen im Rudern». In: Ergebniskolloquium «Zusätzliche Leistungsreserven», ed. Schäker, W., Teil I «Erhöhung der Wirksamkeit bekannter u. M.», FKS, Leipzig, S. 80–89
Langer, H., Gürtler, H. (1981 b) «Zur Anwendung u. M. in der Olympiavorbereitung männlicher Leistungsruderer im Jahr 1980». In: Kolloquium zum Thema «Androgene und synthetische Steroide im Prozeß der sportlichen Leistungsentwicklung», ed. Schäker, W., FKS, Leipzig, S. 1–8 und Abb. 1–8
Langer, H., Lathan, H.-H., Schäker, W. (1982) «Möglichkeiten zur Stabilisierung des Testosteronspiegels nach Anwendung von anabolen Steroiden», Internes Kolloquium, FKS, Leipzig, S. 170–178
Langer, H., Schäker, W., Gürtler, H., Ascheron, R., Fiedler, H. (1988) «Arbeitsbericht zu Untersuchungen zur Leistungsbeeinflussung mittels psychotroper Pharmaka» (Zitiert bei Lehnert et al. 1988)
Lathan, H.-H. (1980) «Auswertung der Anwendung u. M. im Olympiazyklus 1976–1980 im Gewichtheben», Sportmedizinischer Dienst, Berlin
Lathan, H.-H. (1981) «Einschätzung der Wirksamkeit der Anwendungskonzeption ‹unterstützende Mittel› im Trainingsjahr 1979/80 im Verband». In: Kolloquium zum Thema «Androgene und synthetische Steroide im Prozeß der sportlichen Leistungsentwicklung», ed. Schäker, W., FKS, Leipzig, S. 30–38
Lathan, H.-H. (1984) «Der Einsatz unterstützender Mittel im Olympiazyklus 1980/84», Internes Kolloquium, Vortrag und Text, FKS, Leipzig

Lathan, H.-H., Apel, J. (1977) «Über die Wirkung von Oral-Turinabol und Vistimon auf die sportliche Leistungsfähigkeit von Gewichthebern im Juniorenalter – Ergebnisse einer vergleichenden Untersuchung im Rahmen einer Pilotstudie», Internes Material, FKS, Leipzig

Lathan, H.-H., Kämpfe, U. (1981) «Bericht über eine Doppel-Blind-Studie zur Wirkung anaboler Steroide auf die körperliche und sportliche Entwicklung retardierter und akzelerierter Nachwuchsgewichtheber». In: Ergebniskolloquium «Zusätzliche Leistungsreserven», ed. Schäker, W., Teil I «Erhöhung der Wirksamkeit bekannter u. M.», FKS, Leipzig, S. 36–79

Lathan, H.-H., Kämpfe, U. (1982) «Zum Einsatz von Anabolika im Leistungsaufbau des Gewichthebens», Ergebnisbericht, FKS, Leipzig, S. 1–18

Lathan, H.-H., Nicklas, D. (1983) «Zum Einsatz trainingsunterstützender Mittel im Gewichtheben im Olympiajahr 1984 unter besonderer Beachtung der UWV», Ergebnisbericht, FKS, Leipzig, S. 1–19

Lehmann, J., Wahren, K. (1984) «Tierexperimentelle Untersuchungen zur Induktion des arzneimittelabbauenden Enzymsystems der Leber durch verschiedene anabole Steroidsubstanzen», Forschungsbericht, FKS, Leipzig, S. 1–11

Lehnert, A. (1975) «Theoretische Aspekte und praktische Ableitungen für den Einsatz von u. M. im neuen Olympiazyklus», Forschungsbericht, FKS, Leipzig, S. 1–15

Lehnert, A. (1980) «Zu einigen Tendenzen und Problemen des Einsatzes unterstützender Mittel im sportlichen Training und Wettkampf», Ergebnisbericht, FKS, Leipzig, S. 1–16

Lehnert, A. für das SKS (1986) «Problemliste für eine Beratung mit dem Präsidenten der Akademie der Wissenschaften der DDR, Gen. Prof. Dr. W. Scheler, zur Thematik ‹Pharmakologische Beeinflussung der Leistungsentwicklung›», Internes Material, FKS, Leipzig

Lehnert, A. (1986) «Aktennotiz über eine Beratung zum Staatsplanthema», Internes Material, FKS, Leipzig

Lehnert, A. (1986) «Gegenwärtiger Stand zur U2 (Steroidsubstanz XII)», Internes Material (105/86), FKS, Leipzig (Zitiert bei Lehnert et al. 1988)

Lehnert, A. (1987) «Festlegungen aus der Abstimmung mit dem Stellv. des Staatssekretärs, Genossen Prof. Buggel», Internes Material, FKS, Leipzig

Lehnert, A., Rademacher, G. (1986) «Thesen zum Vortrag u. M. im Training im Nachwuchsbereich», Internes Material (90/86), FKS, Leipzig (Zitiert bei Lehnert et al. 1988)

Lehnert, A., Rademacher, G. (1988) «Geschlechtsspezifische Aspekte und Empfehlungen der Wirksamkeit u. M. auf den Organismus männlicher Sportler» (Zitiert bei Lehnert et al. 1988)

Lehnert, A., Rademacher, G., Schäker, W. (1987) «Zusammenfassende Darstellung der Vorbereitungsarbeit der Themengruppe», Internes Material (85/86, 2/87), FKS, Leipzig

Lehnert, A. und Autorenkollektiv (1988) «Zusammenfassende Darstellung der Ergebnisse der Forschungsarbeit zum Staatsplanthema 14.25 im Olympiazy-

klus 1984–1988, S. 1–63, FKS, Leipzig, und alle offiziellen Stellen des Staatsplanthemas (Bericht-Verteiler)
Miedlich, U. (1979) «Ergebnisse einer klinischen Vorprüfung zur Wirkung von Steroidsubstanzen auf ausgewählte Organfunktionen und auf die physische Leistungsfähigkeit», Internes Material, FKS, Leipzig
Miedlich, U. (1980) «Ergebnisse einer klinischen Vorprüfung zur Wirkung von Steroidsubstanzen auf ausgewählte Organfunktionen und die physische Leistungsfähigkeit», Dissertation A, Ernst-Moritz-Arndt-Universität, Greifswald, S. 1–127 (ab 1981 gespeichert unter den Verschlußsachen der Militärmedizinischen Akademie, Bad Saarow)
Miedlich, U. (1981) «Berichte über die Wirkung des Einsatzes von STS 646 bei der Handballnationalmannschaft Frauen». In: Kolloquium zum Thema «Androgene und synthetische Steroide im Prozeß der sportlichen Leistungsentwicklung», ed. Schäker, W., FKS, Leipzig, S. 11–13
Miedlich, U., Schäker, W. (1978) «Ausgewählte Ergebnisse einer klinischen Vorprüfung von Steroidsubstanzen», Internes Material, FKS, Leipzig
Müller, A. (1987) «Der Einfluß von Oral-Turinabol und einer Belastung auf das mischfunktionelle Monooxygenasesystem der Rattenleber», Vortrag (Text) am ZIMET, Jena
Müller, A. (1990) «Untersuchungen zur Beeinflussung des Mischfunktionalen Monooxygenasesystems und des Glutathion-Systems durch körperliche Belastung und Steroide. Militärmed. Akademie Bad Saarow, Dissertation.
Müller, R. (1986) «Einsatz von STS 646 im Straßenradsport», Internes Kolloquium, Vortrag, FKS, Leipzig
Nicklas, D. (1983) «Analyse des Trainings, der Leistungsentwicklung und des Einsatzes unterstützender Mittel im Olympiazyklus 1976–1980 in ausgewählten Maximalkraft-/Schnellkraftdisziplinen unter besonderer Beachtung der Vorbereitung auf die Olympischen Spiele 1980», Ergebnisbericht, FKS, Leipzig, S. 70–106
Nicklas, D. (1984) «Die Anwendung von M5 und weiterer Überbrückungsmaßnahmen (M7, M4) zur Verhinderung eines ausgeprägten Leistungsabfalls nach Absetzen u. M. aus trainingsmethodischer Sicht», Internes Material (9/84), FKS, Leipzig (Zitiert bei Lehnert et al. 1988)
Nicklas, D., Lathan, H.-H. (1985) «Analyse der Wechselbeziehungen von Training, unterstützenden Mitteln und Leistungsentwicklung im Gewichtheben im Olympiazyklus 1980/84», Ergebnisbericht, FKS, Leipzig
Nicklas, D., Reumuth, V. (1986) «Zu einigen Fragen der Anwendung u. M. in den Sprint-/Hürdendisziplinen des DVfL der DDR im Olympiazyklus 1980/84», Ergebnisbericht, FKS, Leipzig, S. 1–33
Nicklas, D., Sattler, R. (1985) «Die Bestimmung der Wirkung von Training und erstmaliger Applikation von Oral-Turinabol auf die Leistungsentwicklung sowie Veränderung ausgewählter biologischer Parameter im Venenblut am Beispiel leichtathletischer Sprintdisziplinen», Ergebnisbericht, FKS, Leipzig, S. 1–68
Nicklas, D., Sattler, R. (1987) «Die Bestimmung der Wirkung von Training und

wiederholter Applikation von Oral-Turinabol auf die Leistungsentwicklung sowie Veränderung ausgewählter biologischer Parameter im Venenblut am Beispiel leichtathletischer Sprintdisziplinen», Ergebnisbericht, FKS, Leipzig, S. 1–63

Nicklas, D., Sattler, R. (1989) «Zur Bestimmung der Wirkung von Training und wiederholter Applikation von u. M. auf die Leistungsentwicklung sowie Veränderung ausgewählter biologischer Parameter im Venenblut am Beispiel leichtathletischer Sprint-/Hürdendisziplinen», Ergebnisbericht, FKS, Leipzig, S. 1–38

Nicklas, D., Schäker, W. (1975) «Konzeption zum kombinierten Einsatz von anabolen Steroiden und Hypophysenhinterlappen-Hormonen im Forschungsvorhaben Leichtathletik/Sprung», Internes Material, FKS, Leipzig

Nicklas, D., Schäker, W. (1976) «Bericht über eine Pilotstudie zum kombinierten Einsatz von anabolen Steroiden und dem Präparat B 17», Internes Material, FKS, Leipzig, und ASK, Potsdam

Nicklas, D., Jeitner, G., Reumuth, V. (1986) «Analyse der Wechselbeziehungen von Training, u. M. und Leistungsentwicklung in den leichtathletischen Sprung-/Mehrkampfdisziplinen im Olympiazyklus 1980/84», Internes Material, FKS, Leipzig, S. 1–66

Oettel, M. (1980) «Einsatz von Steroiden zur Beeinflussung von Leistungsfunktionen», Internes Material, FKS, Leipzig, VS-Speicher (Zitiert von Schäker, Schubert, Oettel et al. 1981)

Oettel, M. (1981) «Beeinflussung von ZNS-Funktionen durch Sexualsteroide – Literaturübersicht», in: Kolloquium zum Thema «Androgene und synthetische Steroide im Prozeß der sportlichen Leistungsentwicklung», ed. Schäker, W., FKS, Leipzig

Rademacher, G. (1989) «Wirkungsvergleich verschiedener anaboler Steroide im Tiermodell und auf ausgewählte Funktionssysteme von Leistungssportlern und Nachweis der Praxisrelevanz der theoretischen und experimentellen Folgerungen», Dissertation B, Militärmedizinische Akademie, Bad Saarow, S. 1–236

Rademacher, G., Baumgart, G. (1986) «Effektivere Gestaltung des Trainingsprozesses im Anschlußtraining (ANT) durch einen der körperlichen Entwicklung angepaßten Belastungsaufbau und der Erprobung einer Erstanwendungsvariante von u. M. bei Schwimmerinnen», Forschungsbericht, FKS, Leipzig

Rademacher, G., Hinz, L. (1979) «Pilotstudie zum Einsatz von STS 482 und 648 in der VP 1 1978/79 bei Spitzenathleten der Disziplingruppe Wurf/Stoß», Forschungsbericht, FKS, Leipzig, S. 1–14

Rademacher, G., Gedrat, H.-J., Häcker, R., Mayer, W. (1983) «Unterstützung unterschiedlicher trainingsmethodischer Aufgaben durch den differenzierten Einsatz von Oral-Turinabol und STS 646 im Kanu-Rennsport.» Internes Material, FKS, Leipzig

Rademacher, G., Gedrat, H.-J., Lange, F. (1981) «Auswirkungen einer sechswöchigen Medikation von Oral-Turinabol (OTU) auf biologische und trai-

ningsmethodische Parameter in einem Trainingsexperiment bei Kanu-Rennsportlern». Vortrag, Internes Kolloquium am 27.11.1981 in Dresden. Außerdem in: Ergebniskolloquium «Zusätzliche Leistungsreserven», ed. Schäker, W., Teil II «Überprüfung weiterer u. M. auf ihre Anwendbarkeit in Training und Wettkampf», FKS, Leipzig, S. 106–124
Rademacher, G., Häcker, R., Lehmann, J., Sattler, R. (1988) «Ergebnisse und Schlußfolgerungen zum Einsatz von M1 (Oral-Turinabol) für die Beeinflussung des Testosteronspiegels im Blut», Internes Material (4/88), FKS, Leipzig (Zitiert bei Lehnert et al. 1988)
Rademacher, G., Schäker, W., Häcker, R. (1987) «Ausgewählte Ergebnisse vergleichender Untersuchungen zur Wirkung von M1 und M2», Vortrag und Text ZIMET, Jena (Zitiert bei Lehnert et al. 1988)
Riedel, H. (1982) «Untersuchung zur Beeinflussung der Leistungsfähigkeit durch anabole Steroide bei Sportlern der leichtathletischen Sprungdisziplinen», Kolloquium, Internes Material, FKS, Leipzig, S. 118–128
Riedel, H. (1986) «Zur Wirkung anaboler Steroide auf die sportliche Leistungsentwicklung in den leichtathletischen Sprungdisziplinen», Dissertation B, Militärmedizinische Akademie, Bad Saarow, S. 1–208
Riedel, H., Nicklas, D. (1983) «Trainingsbegleitende Untersuchung zur Anwendung anaboler Steroide sowie Überbrückung des freien Intervalls bei Sportlern der Disziplingruppe Sprung/MK des DVfL der DDR», Kolloquium, FKS, Leipzig, S. 93–118
Ritter, P., Hillesheim, H. G., Hobe, G. (1986) «Zur Pharmakokinetik von Substanz XII beim Kaninchen», Ergebnisbericht, ZIMET, Jena, S. 1–31
Ritter, P., Hillesheim, H. G., Hobe, G. (1987) «Zur Pharmakokinetik und Biotransformation von STS 646 beim Kaninchen», Ergebnisbericht, ZIMET, Jena, S. 1–35
Ritter, P., Hillesheim, H. G., Küntzel, B., Hobe, G. (1987) «Abschlußbericht zum Stoffwechsel von STS 646 beim Kaninchen», Ergebnisbericht, ZIMET
Sattler, R. (1986) «Ergebnisse und Schlußfolgerungen aus dem Sprint-Experiment 1983–1985» Koll. AR 1, 16.1.86 (Zitiert bei Lehnert et al. 1988)
Sattler, R. (1987) «Rückwirkungen von u. M. auf den SHBG-Gehalt und das Verhältnis Gesamttestosteron – freies Testosteron im Serum bei Sportlern», Vortrag und Text, ZIMET, Jena (Zitiert bei Lehnert et al. 1988)
Sattler, R. (1987) «Wirkung von U2 (Substanz XII) auf den SHBG-Gehalt im Serum im Rahmen der klinischen Prüfung von U2 – Bericht an Dr. Hartwich», VEB Jenapharm (Zitiert bei Lehnert et al. 1988)
Schäker, W. (1977) «Steroidchemische und physiologische Ansatzpunkte zur Ausschaltung von Nebenwirkungen der Anabolika», Vortrag, Internes Material, FKS, Leipzig
Schäker, W. (1980) «Verbesserung des zentralnervalen und neuromuskulären Funktionsniveaus sowie sportartspezifischer Leistungen durch Oxytozin», Dissertation B, Fakultät für Militärmedizin, Ernst-Moritz-Arndt-Universität, Greifswald, S. 1–233 (ab 1981 gespeichert unter den Verschlußsachen der Militärmedizinischen Akademie, Bad Saarow)

Schäker, W. (1981) «Empfehlungen und Festlegungen», Ergebnisse des Kolloquiums «Androgene und synthetische Steroide im Prozeß der sportlichen Leistungsentwicklung» (zusammengestellt von W. Schäker), FKS, Leipzig, S. 1–5

Schäker, W. (1987) «Auswertung der Wirkungsprüfung von U6», Internes Material (44/87), FKS, Leipzig (Zitiert bei Lehnert et al. 1988)

Schäker, W. (1988) «Ergebnisbericht zum Staatsplanvorhaben 14.25» (Zitiert bei Lehnert et al. 1988)

Schäker, W., Landgraf, R. (1978) «Konzeption zum Einsatz von Peptidhormonen im Leistungssport», Internes Material, FKS, Leipzig, S. 1–9

Schäker, W., Sandring, L. (1987) «Möglichkeiten zur experimentellen Beeinflussung der Opioidkonzentration», Internes Material (62/87), FKS, Leipzig (Zitiert bei Lehnert et al. 1988)

Schäker, W., Ackermann, W., Heyme, U. (1979) «Zum Wirkungsspektrum von 5α-Metaboliten der Androstanreihe aus leistungsphysiologischer Sicht», Internes Material, FKS, Leipzig

Schäker, W., Bernstein, B., Müller, U. (1976) «Radioimmunologische Untersuchungsergebnisse zur Ausscheidungsrate und Nachweisgrenze von oralen anabolen Steroiden», Internes Material, FKS, Leipzig

Schäker, W., Bernstein, B., Müller, U., Langer, H., Lehnert, A., Gürtler, H., Gerber, G. (1975) «Die immunologischen und physiologisch-chemischen Vorarbeiten und erste Ergebnisse des RIA von 4-Chlor-1-dehydro-methyl-Testosteron», Internes Material, FKS, Leipzig

Schäker, W., Beyer, L., Bauch, R. (1977) «Erkenntnisse, Erfahrungen und Probleme des Einsatzes von Hypophysenhinterlappen-Hormonen zur Verbesserung koordinativer und konzentrativer Leistungen im Training und Wettkampf», Internes Material, FKS, Leipzig

Schäker, W., Gürtler, H., Ackermann, W., Bernstein, B., Heyme, U. (1978) «Erfahrungen und Erkenntnisfortschritte bei der Anwendung von biogenen und synthetischen Androgenen sowie weiteren unterstützenden Mitteln im Prozeß der Leistungsentwicklung», Internes Material, FKS, Leipzig

Schäker, W., Klingberg, F., Landgraf, R. (1981) «Wirkungsvergleich von Neuropeptiden im elektrophysiologischen Laborexperiment an männlichen Ratten». Vortrag, Internes Kolloquium am 27. 11. 1981 in Dresden. Außerdem in: Ergebniskolloquium «Überprüfung weiterer u. M. auf ihre Anwendbarkeit in Training und Wettkampf», FKS, Leipzig, S. 14–21

Schäker, W., König, K., Reschke, Voigt (1985) «Ergebnisse einer Pilotstudie zur experimentellen Prüfung von U6 im Wettkampf unter Bedingungen eines Doppelblindversuchs» (Zitiert bei Lehnert et al. 1988)

Schäker, W., Landgraf, R., Leubuscher, H., Schober, F. (1981) «Wirkung von Oxytocin und Vasopressin im psychophysiologischen Laborexperiment». Vortrag, Internes Kolloquium am 27. 11. 1981 in Dresden. Außerdem in: Ergebniskolloquium «Zusätzliche Leistungsreserven», Teil II «Überprüfung weiterer u. M. auf ihre Anwendbarkeit in Training und Wettkampf», FKS, Leipzig, S. 4–13

Schäker, W., Lauterbach, F., Göhler, R., Ascheron, R., König, K. (1987) «Ergebnisse einer Pilotstudie zur vergleichenden Wirkungsprüfung von U4, M9, U7 im Training» (Zitiert bei Lehnert et al. 1988)

Schäker, W., Schober, F., Bauch, R., Langer, H., Fröhner, G., Pahlke, U. (1983) «Zur Wirkung von anabolen Steroiden auf das zentralnervale Aktivierungsniveau und die Qualität von Trainingsleistungen bei Geräteturnern», Ergebnis- und Forschungsbericht, FKS, Leipzig

Schäker, W., Schubert, K., Oettel, M., Miedlich U., Gedrat, J., Clausnitzer, C., Bernstein, B. (1981) «Zur Anwendung von Steroidsubstanzen (STS) im Training und Tierexperiment sowie zur Qualitätsprüfung der STS-Präparate – Ergebnisbericht 1980/81». In: Kolloquium zum Thema «Androgene und synthetische Steroide im Prozeß der sportlichen Leistungsentwicklung», ed. Schäker, W., FKS, Leipzig, S. 1–10

Schubert, K. (1981) «Zu Struktur-, Stoffwechsel- und Wirkungsbeziehungen von Androgenen und Metaboliten – ein Konzept». In: Kolloquium zum Thema «Androgene und synthetische Steroide im Prozeß der sportlichen Leistungsentwicklung», ed. Schäker, W., FKS, Leipzig, S. 11–13

Schubert K., Förner, G., Götz, F., Wagner, H., Große, P. (1978) «Theoretische Studie über Lösungswege zur Entwicklung von anabolen Steroiden mit geringer antigonadotroper bzw. virilisierender Wirkung», FKS, Leipzig

Schumann, W. (1984) «Vergleichende Untersuchungen zur Pharmakokinetik und Biotransformation von Oral-Turinabol und Substanz XII beim Menschen», Forschungsbericht, ZIMET, Jena, S. 1–11

Schumann, W. (1986) (u. Mitarbeit von Hartwich, R., VEB Jenapharm, Frankenberg, G., Krahl, E., Küntzel, B., Erdmann, A., ZIMET) «Vergleichende Untersuchungen zur Pharmakokinetik von $^3$Oral-Turinabol und $^3$H-Substanz XII nach i. v.-Applikation beim Menschen», Ergebnisbericht, ZIMET, Jena, S. 1–29

Schumann, W. (1988) «Zur Pharmakokinetik von Anabolika beim Menschen», Forschungbericht, ZIMET, Jena, S. 1–25

Schumann, W. (1988) «Vergleichende Untersuchungen zur Pharmakokinetik und Biotransformation von Oral-Turinabol, Substanz XII und STS 646 beim Menschen», Ergebnisbericht, ZIMET, Jena, S. 1–36

Schumann, W., Hartwich, R., Frankenberg, G. et al. (1984) «Pharmakokinetik von $^3$H-Oral-Turinabol beim Menschen – orale Applikation», Ergebnisbericht, ZIMET, Jena, S. 1–19

Strecke, J. (1986) «Zusammenfassende Darstellung tierexperimenteller Untersuchungsergebnisse zur endokrinen Wirkungsdissoziation von Oral-Turinabol, Substanz XII und STS 646», Forschungsbericht, ZIMET, Jena, S. 1–18

Wahren, K. (1982) «Arbeitsvorschrift für den OT-RIA modifiziert nach Bernstein», Internes Material, FKS, Leipzig, S. 1–5

Wendler, H.-J., Binus, D. (1978) «Anwendung von Thioctsäure und B 17 in einigen Disziplinen der Sportarten Leichtathletik und Schwimmen», Internes Material, SC Dynamo, Berlin

**Literaturverzeichnis II:**
**Verzeichnis der allgemeinen und öffentlichen Literatur**

(ohne geheime DDR-Literatur des Verzeichnisses I)


AMA (Amer. Med. Ass.) (1990) «Medical and Nonmedical Uses of Anabolic-Androgenic Steroids», Council on Scientific Affairs, J. Amer. Med. Ass. (JAMA) *264*, 2923–2927

Aumiller, J. et al. (1979) «Doping – Siege um jeden Preis», Streitgespräch über den Mißbrauch der Anabolika im Leistungssport. Teilnehmer: Dr. J. Aumiller, Brigitte Berendonk, Prof. Dr. M. Donike, Prof. Dr. G. Hortleder, Prof. Dr. H. Krüskemper, Prof. Dr. J. Keul. Bild der Wissenschaft Nr. 1, 82–97

Bachmann, K. D., Hollmann, W., Keul, J., Kimbel, K. H., Kindermann, W., Klaus, W., Mader, A., Rost, R. (1990) «Doping im Sport. Empfehlungen des Wissenschaftlichen Beirates der Bundesärztekammer», Dt. Ärzteblatt *87*, 45–48

Bauersfeld, K. H. et al. (1979) «Grundlagen der Leichtathletik», (Berlin)

Berendonk, B. (1991) «Doping Dokumente. Von der Forschung zum Betrug», Springer-Verlag Berlin Heidelberg New York, 1–492

Biden, J. R. (1990) «Steroids in Amateur and Professional Sports – The Medical and Social Costs of Steroid Abuse», Hearing before the Committee on the Judiciary United States Senate, Serial No. J-101-102, 1–254

Black, J. (1989) «Drugs in Sport. An Interim Report.» Senate Standing Committee on Environment, Recreation and the Arts, Australian Gov. Publishing Service, Canberra, 1–520

Black, J. (1990) «Drugs in Sport, Second Report.» Senate Standing Committee on Environment, Recreation and the Arts, Australian Gov. Publishing Service, Canberra, 1–557

Breo, D. L. (1989) «Robert O. Voy, MD – Frustrated by Athletes' Chemical Crutches», Amer. Med. News *3*, April 7, 3 and 27

Breo, D. L. (1990) «Of MDs and Muscles – Lessons from two Retired Steroid Doctors», J. Amer. Med. Ass. (JAMA) *263*, 1697–1705

Brower, K. J., Blow, F. C., Beresford, Th. P., Fuelling, C. (1989) «Anabolic Androgenic Steroid Dependence», J. Clin. Psych. *50*, 475–477

Brower, K. J., Eliopulos, G. A., Blow, F. C., Catlin, D. H., Beresford, Th. P. (1990) «Evidence for Physical and Psychological Dependence on Anabolic Androgenic Steroids in Eight Weight Lifters», Amer. J. Psych. *147*, 510–512

Brower, K. J., Blow, F. C., Young, J. P., Hill, E. M. (1991) «Symptoms and correlates of anabolic-androgenic steroid dependence», British J. Addiction *86*, 759–768

Chan Siu C. (1991) «Doping control of anabolic steroids», J. Forensic Sci. Soc. *31*, 217–220

Clausnitzer, C. (1984) «Optimierung des Nachweisverfahrens für anabole Steroide im Urin unter spezieller Berücksichtigung des Testosterons», Dissertation A, Karl-Marx-Universität, Leipzig, 1–108

De Mérode, A. (1979) «Doping Tests at the Olympic Games in 1976», J. Sports Med. *19*, 1–96

Deutsch, E. (1991) «Arztrecht und Arzneimittelrecht», Springer-Verlag, Berlin–Heidelberg–New York. S. 1–480

Dickhuth, H.-H., Berg, A., Baumstark, M., Rokitzki, L., Huonker, M., Keul, J. (1989) «Doping – auch ein allgemeinmedizinisches Problem», Fortschr. Med. *107*, 585–588

Dörner, G., Grychtolik, H., Hüttenrauch, R., Schubert, A. (1966) «Neue Steroide mit hoher myotrop-androgener Wirkungsrelation», Acta biol. med. german. *16*, 323–325

Dörner, G. (1965) «4-Chlor-1-Methyltestosteron (Oral-Turinabol), ein neues oral wirksames Anabolikum», Dtsch. Gesundheitswes. (Berlin) *20*, 670–674

Donike, M. (1975) «Zum Problem des Nachweises der anabolen Steroide: Gaschromatographische und massenspezifische Möglichkeiten», Sportarzt und Sportmedizin *1*, 1–6

Donike, M. (1992) «Aktuelle Probleme des Dopings im Leistungssport», Leistungssport *1*, 5–8

Donike, M., Zimmermann, J., Bärwald, K. R., Schänzer, W., Klostermann, K., Opfermann, G. (1984) «Routinebestimmung von Anabolika im Harn», Deutsche Zeitschr. Sportmed. *1*, 14–24

Donike, M., Kaiser, Ch. M. (1984) «Dopingkontrollen», Bundesinstitut für Sportwissenschaft, Köln, S. 1–93

Donike, M., Schänzer, W. (1991) «Stoffwechsel von anabolen Steroiden: Die Ausnahmestellung von Stanozolol.» In: Häcker, R., De Marées, H. ed., Hormonelle Regulation und psychophysische Belastung im Leistungssport, Deutscher Ärzte-Verlag, Köln, 49–54

Dubin, Ch. L. (1990) «Commission of Inquiry into the Use of Drugs and Banned Practices Intended to Increase Athletic Performance», Canadian Government Publishing Centre, Printed in Canada, 1–638

Dürbeck, H. W., Büker, J., Scheuler, B., u. a. (1983) «GC and capillary column GC/MS determination of synthetic anabolic steroids. II 4-chloro-methandienone (Oral-Turinabol) and its metabolites», J. Chromatogr. Sci. *21*, 405–410

Erbach, G., Borrmann, G., Buggel, E., Döbler, H., Schönfelder, K.-J., Tropsch, F., Wonneberger, G. (1979) «Körperkultur und Sport», VEB Bibliographisches Institut (Leipzig), 1–776

Feller, K., Terhaag, B. (1976) «Pflichten und Verantwortung in der experimentellen Medizin.» In: Aktuelle Rechtsfragen des Arzt-Patient-Verhältnisses, G. Burkhardt u. W. Reimann ed., Th. Steinkopff, Dresden, 69–72

Francis, C., Coplon, J. (1991) «Speed Trap», St. Martin's Press (New York), 1–306

Glazer, G. (1991) «Atherogenic Effects of Anabolic Steroids on Serum Lipid Levels», Arch. Intern. Med. *151*, 1925–1933

Guengrich, F. P. (1989) «Polymorphism of Cytochrome P-450 in Humans», Trends Pharmacol. Sci. (TIPS) *10*, 107–109

Häcker, R., De Marées, H. (Hg.) (1991) «Hormonelle Regulation und psychophysische Belastung im Leistungssport», Deutscher Ärzte-Verlag, Köln, 1–136

Häcker, R., Lehnert, A. (1991) «Sportliche Höchstleistung aus medizinisch-biowissenschaftlicher Sicht.» In: Häcker, R., De Marées, H. (Hg.) Hormonelle Regulation und psychophysische Belastung im Leistungssport, Deutscher Ärzte-Verlag, Köln, 9–18

Häcker, R., Bernstein, B., Rademacher, G. (1991) «Pharmakokinetische Vergleichsuntersuchungen von Oral-Turinabol und Dianabol mittels Radioimmunoassay»; in: Häcker, R., De Marées, H. (Hg.) Hormonelle Regulation und psychophysische Belastung im Leistungssport, Deutscher Ärzte-Verlag, Köln, 55–63

Hallagan, J. B., Hallagan, L. F., Snyder, M. B. (1989) «Anabolic-Androgenic Steroid Use by Athletes», New Engl. J. Med. *321*, 1042–1045

Hays, L. R., Littleton, S., Stillner, V. (1990) «Anabolic Steroid Dependence», Amer. J. Psych. *147*, 1, 122

Heydenreich, G. (1989) «Testosterone and Anabolic Steroids and Acne Fulminans», Arch. Dermatol. *125*, 571–572

Hickson, R. C., Ball, K. L., Falduto, M. T. (1989) «Adverse Effects of Anabolic Steroids», Med. Toxicol. Adverse Drug Exp. *4*, 254–271

Hinderer, H. (1989) «Juristische Aspekte der medizinischen Forschung in der DDR.» In: Ethik in der medizinischen Forschung, Bibliographie Nr. 6 (Tanneberger, S. ed), Rat für medizinische Wissenschaft beim Minister für Gesundheitswesen, 15–21

Horber, F. F. (1990) «Anabolika und Sport», Schweiz. Med. Wschr. *120*, 383–387

Jakob, E., Hoffmann, R., Fuchs, V., Stüwe-Schlobies, J., Donike, M., Keul, J. (1988) «Testosteronapplikation und Leistungsfähigkeit bei Skilangläufern», Deutsche Zeitschr. Sportmed. *39*, 41–45

Janka, W. (1989) «Schwierigkeiten mit der Wahrheit», Rowohlt Taschenbuch Verlag, Reinbek bei Hamburg, 1–128

Kashkin, K. B., Kleber, H. D. (1989) «Hooked on Hormones? An Anabolic Steroid Addiction Hypothesis», J. Amer. Med. Ass. (JAMA) *262*, 3166–3170

Kerr, R. (1982) «The Practical Use of Anabolic Steroids with Athletes.» California Press, 1–178

Keul, J., Deus, B., Kindermann, W. (1976) «Anabole Hormone: Schädigung, Leistungsfähigkeit und Stoffwechsel», Med. Klinik *71*, 497–503

Kunze, R. (1990) «Deckname ‹Lyrik›. Eine Dokumentation», Fischer-Taschenbuch, 1–124

Landgraf, R. (1978) «Die mittels Radioimmunoassay bestimmte Konzentration der Neuropeptide Vasopressin und Oxytocin in Körperflüssigkeit von Versuchstieren und Menschen unter dem Einfluß physiologischer Stimuli, insbesondere physischer und psychischer Belastung», Dissertation A, Karl-Marx-Universität Leipzig, Universitätsbibliothek Leipzig

Loest, E. (1981) «Durch die Erde ein Riß», Hoffmann und Campe, 1–414

Loest, E. (1990) «Der Zorn des Schafes», Linden-Verlag, 1–395

Mader, A. (1977) «Anabolika im Hochleistungssport.» Leistungssport 2, 136–147

Mayerhausen, W., Riebel, B. (1989) «Acne fulminans nach Anabolikaeinnahme», Zeitschr. Hautkrankh. *64*, 875–880

Merkle, T., Landthaler, M., Braun-Falco, O. (1990) «Acne-conglobata-artige Exazerbation einer Acne vulgaris nach Einnahme von Anabolika und Vitamin-B-Komplex-haltigen Präparaten», Hautarzt *41*, 280–282

Müller, A., Hoffmann, K., Kämpfe, E., Barth, A. (1990) «Zur Beeinflussung des mischfunktionalen Monooxygenasesystems der Rattenleber durch körperliche Belastung und Steroide.» In: Häcker, R., De Marées, H. (Hg.) Hormonelle Regulation und psychophysische Belastung im Leistungssport; Deutscher Ärzte-Verlag, Köln 1991, 71–76

Müller, R., Hollmann, W. (1988) «Akute Lipoproteinbeeinflussung durch ein anaboles Steroid bei Kraftsportlern», Deutsche Zeitschr. f. Sportmed. *39*, 35–38

Müller-Hill, B. (1988) «Tödliche Wissenschaft», Rowohlt, 1–188

Nicklas, D., Lehnert, A. (1991) «Möglichkeiten einer zielgerichteten Trainingssteuerung durch Nutzung von Ergebnissen zur hormonellen Regulation des Energiestoffwechsels», in: Häcker, R., De Marées, H. (Hg.) Hormonelle Regulation und psychophysische Belastung im Leistungssport, Deutscher Ärzte-Verlag, Köln, 39–46

Perry, P. J., Andersen, K. H., Yates, W. R. (1990) «Illicit anabolic steroid use in athletes», Amer. J. Sports Med. *18*, 422–428

Pfetsch, F. R., Beutel, P., Stork, H.-M., Treutlein, G. (1975) «Leistungssport und Gesellschaftssystem». Verlag Karl Hofmann (Schorndorf)

Pope, H. G., Katz, D. L. (1988) «Affective and Psychotic Symptoms Associated with Anabolic Steroid Use», Amer. J. Psych. *145*, 487–490

Pope, H. G., Katz, D. L. (1990) «Homicide and Near-Homicide by Anabolic Steroid Users». J. Clin. Psychiatry *51*, 28–31

Quandt, J., Hackenberger, F., Richter, I., Müldner, J. (1982) «Zur Problematik von Arzneimittelempfehlungen in wissenschaftlichen Veröffentlichungen und zur Breite zulässiger Abweichungen von offiziellen Festlegungen und Empfehlungen hinsichtlich der Anwendung von Arzneimitteln», Dtsch. Z. Gesundh.-Wesen *37*, 2190–2195

Rademacher, G., Gedrat, J., Häcker, R., Buhl, H. (1991) «Die Beeinflussung des Adaptationsverhaltens ausgewählter Funktionssysteme von Ausdauersportlern während einer kraftbetonten Trainingsphase durch die zusätzliche Gabe von Oral-Turinabol»; in: Häcker, R., De Marées (Hg.) Hormonelle Regulation und psychophysische Belastung im Leistungssport, Deutscher Ärzte-Verlag, Köln, 77–84

Ruokonen. A., Alén, M., Bolton, N., Vihko, R. (1985) «Response of Serum Testosterone and Its Precursor Steroids, SHBG and CBG to Anabolic Steroid and Testosterone Self-Administration in Man», J. Steroid Biochem. *23*, 33–38

Sattler, R., Rademacher, G., Appelt, D., Hotz, G. (1991) «Die Beeinflussung der Konzentration des SHBG (sex-hormone-binding globulin) durch physische Belastung», in: Häcker, R., De Marées, H. (Hg.) Hormonelle Regulation und psychophysische Belastung im Leistungssport, Deutscher Ärzte-Verlag, Köln, 32–38

Schäker, W., Klingberg, F., Sterba, G., Pickenhain, L. (1966) «Der Einfluß von Oxytocin auf zentralnervöse Funktionen bei der Ratte im chronischen Experiment», Pflügers Archiv *288*, 322–331

Schafrik, J., Gitter, W., Hinsching, J., Weder, H. (1976) «Leichtathletik in Vergangenheit und Gegenwart, Band 2», Sportverlag Berlin, S. 1–241

Schänzer, W., Opfermann, G., Donike, M. (1990) «Metabolism of Stanozolol: Identification and Synthesis of Urinary Metabolites», J. Steorid Biochem. *36*, 153

Schmolinsky, G. und Autorenkollektiv (1980) «Leichtathletik», Sportverlag Berlin

Schönheit, B. (1989) «Aktuelle ethische Fragen der medizinischen Forschung in der DDR», Vortrag, gehalten auf dem 1. Seminar der Beauftragten für Ethik in der medizinischen Forschung, Berlin, 23.6.1988. In: Ethik in der medizinischen Forschung, Bibliographie Nr. 6 (Tanneberger, S. ed), Rat für medizinische Wissenschaft beim Minister für Gesundheitswesen, 1–7

Scott, M. J. Jr., Scott, M. J. III (1989) «Dermatologists and Anabolic Androgenic Drug Abuse», Cutis *44*, 30–35

Sehling, M., Pollert, R., Hackfort, D. (1989) «Doping im Sport: medizinische, sozialwissenschaftliche und juristische Aspekte», BLV Verlagsgesellschaft (München), 1–150

Steinbach, M. (1968) «Über den Einfluß anaboler Wirkstoffe auf Körpergewicht, Muskelkraft und Muskeltraining», Sportarzt und Sportmedizin *11*, 485–492

Strauss, R. H., Liggett, M. T., Lanese, R. R. (1985) «Anabolic Steroid Use and Perceived Effects in Ten Weight-Trained Women Athletes», J. Amer. Med. Ass. (JAMA) *253*, 2871–2873

Tanneberger, S. (1988) «Empfehlungen zur Wahrung ethischer Grundsätze bei der Erprobung neuer medizinischer Verfahren und Maßnahmen (im folgenden Verfahren genannt)», Z. klin. Med. *43*, 437–438

Tanneberger, S. (1989) «Ethik in der medizinischen Forschung der Deutschen Demokratischen Republik», Z. klin. Med. *44*, 2085–2087

Taylor, W. N. (1987) «Synthetic Anabolic-Androgenic Steroids: A Plea for Controlled Substance Status», The Physician and Sportmed. *15*, 140–147

Tendis, S., Klingberg, F., Schäker, W. (1987) «Arginine-Vasopressin and Lysine-Vasopressin Have Different Effects on Spontaneous Behaviour of Rats». Biomed. Biochem. Acta *46*, 719–725

Tennant, F., Black, D. L., Voy, R. D. (1988) «Anabolic Steroid Dependence with Opioid Type Features», New Engl. J. Med. *319*, 578

Turner, G. (1991) «Rechtsprobleme beim Doping im Sport», Monatsschrift f. Deutsches Recht *7*, 569–575

Voy, R. (1991) «Drugs, Sport, and Politics», Leisure Press, Champaign, IL; 1–227

Westermann, L. (1977) «Es kann nicht immer Lorbeer sein», Verlag Molden (Wien), 1–356

Wolf, N. (1989) «Relevanz und Entwicklung ausgewählter Kraftparameter bei Kugelstoßern der nationalen Klasse», Magisterarbeit (mit Anlagen 1–3), Fakultät für Sozial- und Verhaltenswissenschaften, Universität Heidelberg, 1–9

Zimmermann, J. (1986) «Untersuchung zum Nachweis von exogenen Gaben von Testosteron», Dissertation zur Erlangung des Akademischen Grades ‹Doktor der Sportwissenschaften› aus dem Institut für Biochemie, Deutsche Sporthochschule, Köln, 1–249

# Namen- und Sachregister

**(Verzeichnis einiger wichtiger bzw. häufig vorkommender Namen und Begriffe mit den jeweiligen Seitenzahlen, mit Ausnahme der Sportlernamen der Tabellen 1 und 5–12, der auf Seite 314 genannten Trainernamen und der chemischen Begriffe der Tabellen 2 und 3)**